JN282166

慶応三年十一月頃、撮影か
（東京　今井義和氏蔵、東京龍馬会提供）

坂本乙女

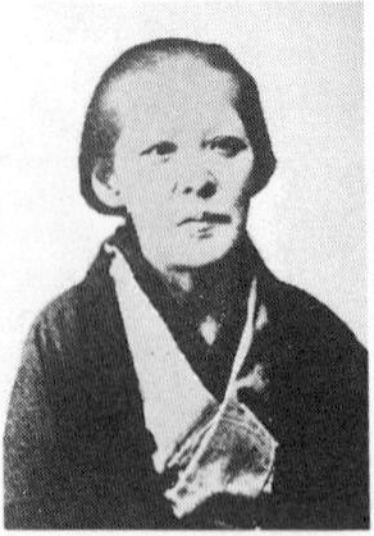

晩年のお龍

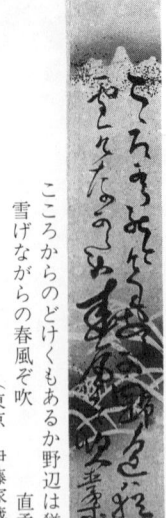

こころからのどけくもあるか野辺は猶
雪げながらの春風ぞ吹　　直柔
（東京　伊藤家蔵）

龍馬愛用の飯碗と湯呑み、長崎亀山焼
（下関市　長府博物館蔵）

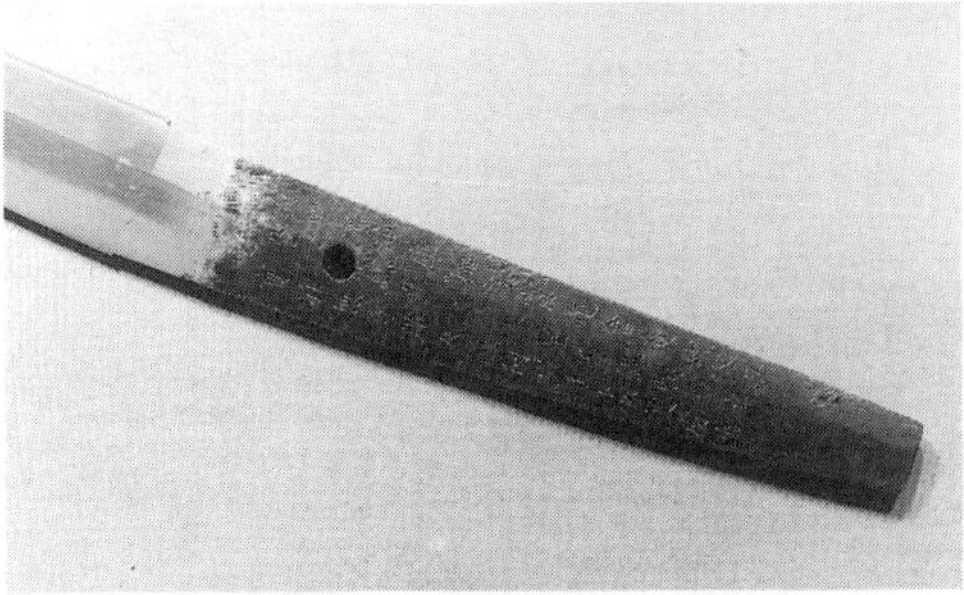

龍馬遺刀中心(なかご)の東湖詩刻銘

兵甲充神庫　稲粱実屯倉
養我父与母　一意事天皇
皇綱頼以立　宝祚無有彊
大道何明了　不必羨虞唐

（裏面銘記）
東湖先生詩録　直柔帯

（元京都霊山歴史館蔵）

慶応二、三年頃、長崎において
右は当主伊藤助太夫、中央龍馬、左は伊藤家使用人
（東京　伊藤家蔵）

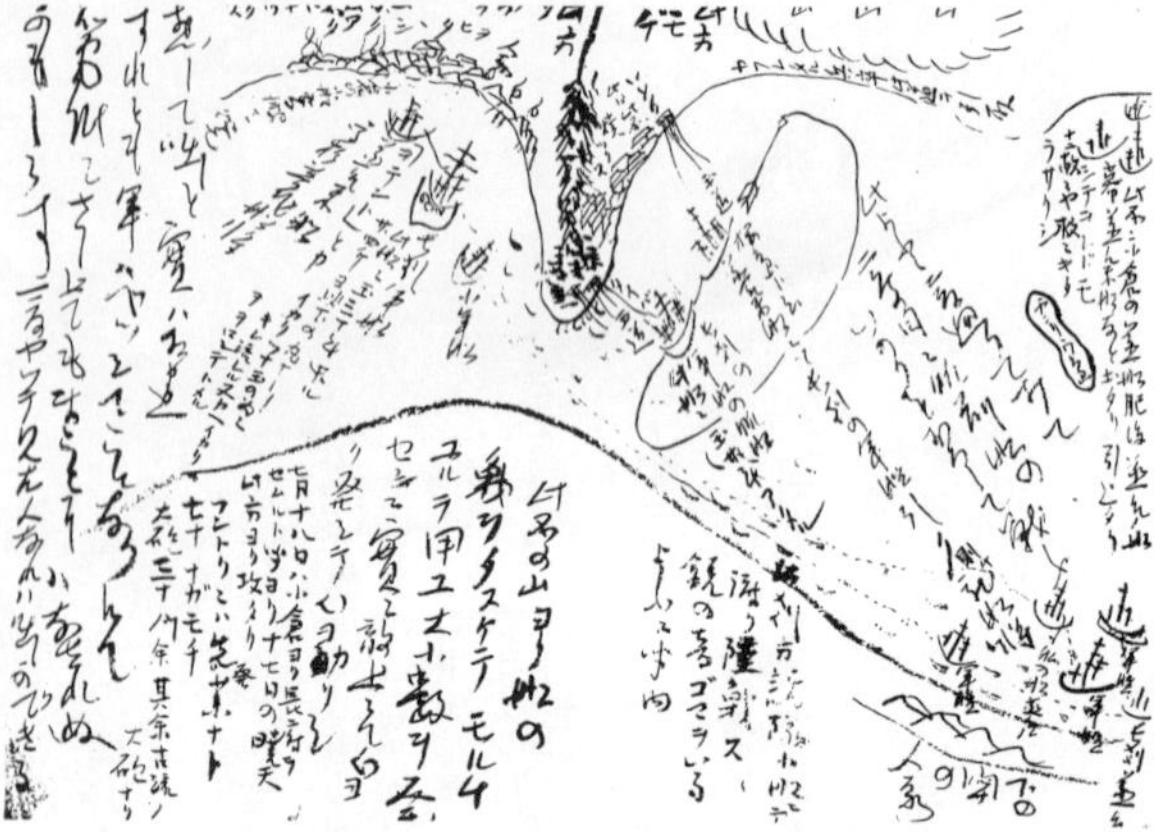

慶応二年夏、下関での長幕海戦図。龍馬筆画
（札幌市　坂本ツル氏蔵）

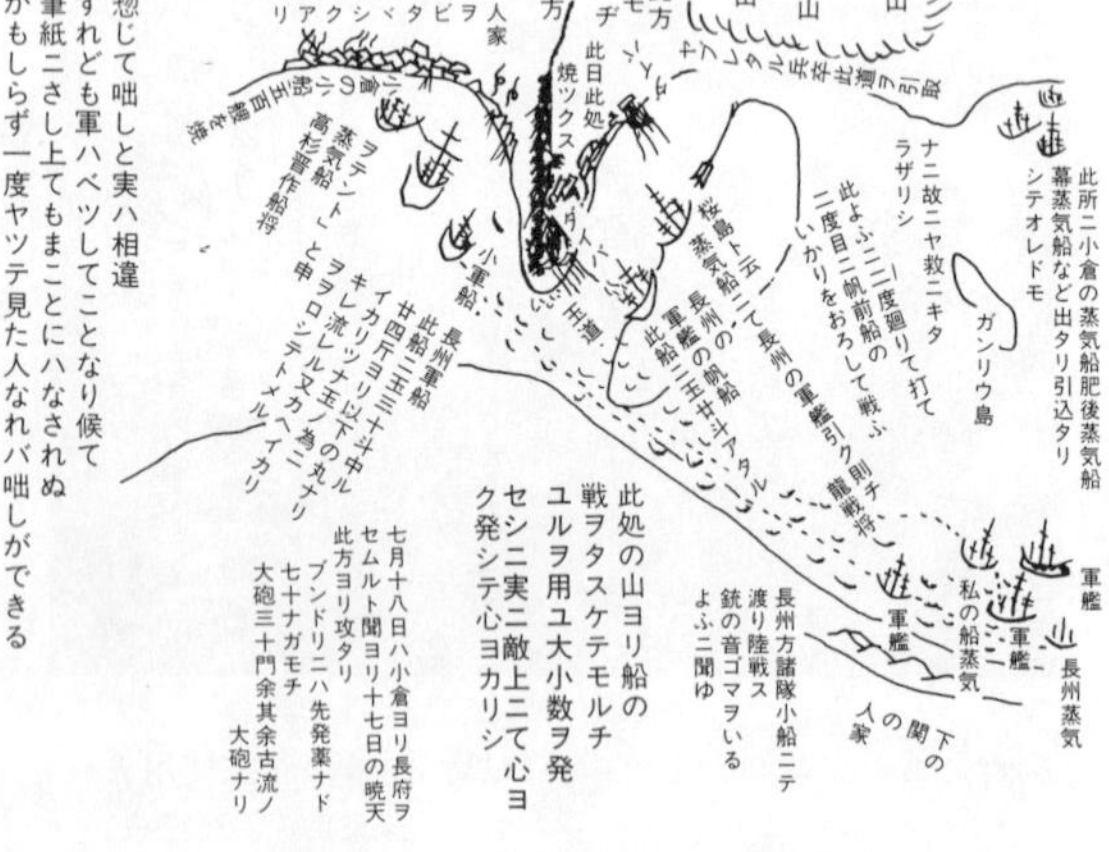

PHP文庫版へのまえがき

私のような凡々たる薄志弱行の徒が、坂本龍馬の如き巨人、天才に向きあって、とにかく『坂本龍馬全集』(昭和五十三年、平尾道雄監修、光風社書店刊行、再版より光風社出版)を、よくまとめられたものだと思う。殆ど二十年前で、私も若かったが『全集』編述の業は、ひとえに、

明治の坂崎紫瀾(『汗血千里駒』『維新土佐勤王史』)

大正の岩崎鏡川(『坂本龍馬関係文書』第一、第二)

昭和の平尾道雄(『海援隊始末記』『龍馬のすべて』)

の学恩と資料のおかげさまである。私は先人の学業を踏襲して、それ以後に発見発掘した新資料を、新幹線や飛行機、コピーやカメラという近代文明機械で運び、編述したに過ぎない。三先学の上に、協力して下さった研究者の学恩によって成立したのである。

この『龍馬全集』の殆どすべては、龍馬の手紙、手記、詠草によっている。殊に百三十通を超える龍馬書簡は、人間龍馬を語って余すところがない。

てらいのない正直な手紙、哀しい手紙から女々しい手紙まで、恨みもつらみもそして喜びも明

るさも率直に綴られている。威張った手紙から言い訳の手紙も残している。

幕末の政治状況から構想まで、奔走の苦心から黒幕の思想まで書き残している。現代も未来も語っている気配だ。夥しい幕末の青春群像の中で、人間龍馬の素顔は、他の志士たち浪士たちを抜きん出て、鮮明であり、多彩であり、変幻を極めている。

『龍馬の手紙』は、さきに旺文社文庫として百二十八通を編述してきたが、絶版となって書架から久しく姿を消していた。十余年ののちの今日、ＰＨＰ文庫として、その後の新発見八通を加えて百三十六通（写真掲載百十六葉）を上梓できたことは幸せである。内容解説写真等に至る増補改訂の業を、果たせたことも望外の幸せである。

半世紀前、岩崎鏡川の言った「完璧を期し、完璧に近附ける」ための些少の努力であった。協力、支援して下さった学恩人爵の賜に感謝したい。

物故された龍馬関係の先学、末裔の方々。平尾道雄（『全集』監修）、豊島澂（光風社書店主）、岩崎英恭（鏡川御子息）、伊藤盛吉（助太夫御子孫）、相部静子（寺田屋登勢御子孫）、坂本直行（龍馬御子孫）。

立命館史学会西尾秋風氏、土佐史談会横田達雄氏、龍馬末裔土居晴夫氏、東京龍馬会（田村金壽会長）、荒尾親成氏、山田一郎氏、小美濃清明氏、浜島君江氏、谷是氏、小椋克己氏、木村幸比古氏、一坂太郎氏たち。

旧版旺文社文庫で曾てお世話になった入江康哲氏、刊行に御理解をいただいた『龍馬全集』の光風社出版社長深見兵吉氏。殊にPHP研究所第一出版部金田幸康氏、今川小百合氏にはさきの文庫本『坂本龍馬海援隊誕生記』にひき続いて、今日再び『龍馬の手紙』の刊行に骨折っていただいた。ふんだんな普き天爵人爵に感謝する次第である。

宮地佐一郎

平成七年初夏　井ノ頭神田川畔居にて

まえがき——龍馬の素顔——（旺文社文庫版より）

「坂本先生の一生は、波瀾重畳、舟筏を傚ふて急灘を降るが如く、奇観変幻、人をして応接に遑あらざらしめ、即ち作為せずして一部の活小説であります」

今日より五十余年前、大正十五年「坂本龍馬関係文書」二冊を編述刊行し、不滅の幕末資料を遺した岩崎鏡川は、その巻頭序文にかかげている。

龍馬は幕末風雲の立ちこめる中を、大股に歩いて三十三歳の誕生日で終っている。彼がこの間、書いた手紙は最近高知で発見された、慶応三年十月八日望月清平に宛てた書簡を加え、現存あるいは記録にとどめるものが百二十八通である。

龍馬の活躍は文久二年二十八歳で脱藩してから六年間、「奇観変幻、人をして応接に遑あらざらしめ」る短期間に、その殆んどの手紙が書かれている。そして脱藩人龍馬の手紙がこのように各地で保存されてきたことを奇跡のように、私は思う。他にも書いて今日見ることのできない手紙が沢山あったはずである。

妻お龍に宛てた、赤裸々な心の丈を届ける消息文は屢々書かれたはずであるが、僅かに一通

（書簡七五）現存する。彼女は龍馬亡き後、明治初年一時土佐へ身を寄せ、上方に去る際、これらすべてを焼きすてたという。長崎海援隊本部の小曽根家には、柳行李一ぱいの龍馬はじめ勝海舟や後藤象二郎、松平春嶽らの手紙が残されていたが戦前鼠害で隠滅したことを、末裔小曽根邦治郎翁に聞かされた。

交流の濃かった薩摩人西郷隆盛や同郷の中岡慎太郎にも発信が屢々あったはずであるが、今日見ることはできない。もしすべて伝わっていたら、二百通に達していたかもしれない。このような手紙は彼の南船北馬、東奔西走のはげしい行動中を縫って発せられたことに、私は驚きを感ずる。

長州の吉田松陰は実によく手紙を書いている。現在六百通が残されている。それも二十一歳から死する三十歳までの九年間である。短い生涯で精力的な筆まめさは龍馬と双璧をなしている。龍馬の師匠である勝海舟も筆まめ以上の「書き魔」で七十七歳の生涯、夥しい日記、手紙、論策等を「海舟全集」廿数巻に遺している。龍馬は海舟の孵化した卵を、大きく逞しく自由に育てた生涯といえるが、手紙についても師海舟似であると言えそうだ。

筆蹟を見てもスピード感のある、回転の速い頭脳と、気取りのない筆さばきが、生の龍馬と対面しているかの如く伝わってくる。龍馬の手紙を宛てさき別に分けてみると、次のようになる。

姉乙女あて十二通、乙女連名のもの四通

下関本陣伊藤助太夫あて十三通
長崎時代の佐々木高行あて十二通
長府藩士三吉慎蔵あて十通
木戸孝允（桂小五郎）あて十通

このほか兄権平家族、印藤肇、陸奥宗光、寺田屋お登勢等がこれに続いている。

百数十年の昔日は、今日私たちが交信の機関として、容易に手にとることの出来る電話も無かったため、書簡が唯一無二の消息交信の役目を果たした。私たちが今日思うよりはるかに手紙を貴重視し、心を伝える文書の保存もこれに伴って来たのである。書を尊び文字を大切に伝えてきた先人のこころを、残された龍馬書簡の上に重ね合せ見る思いがする。

このように龍馬は脱藩亡命以来、質量ともに最も多く、敬愛する姉乙女に書を発したことは、残存の手紙が示している。彼女もまたその都度返信答書を弟龍馬に宛てて書いたはずであるが、今日、乙女の手紙は一通も見ることが出来ない。そしてお龍の手紙も同様である。

席の暖まる暇のない晩年の数年を、龍馬はよくこまめに発信したが、来信状はその場で破りすてるか、諸所の旅程のうちに失っていったに相違ない。または龍馬の手紙も、そのように破棄される可能性はあったはずである。

「をひとり（御一人）ニて御聞おき、かしこ」（文久三年五月十七日）。「此手がみ人にハけしてく見せられんぞよ、かしこ」（同年六月二十八日）。「この文ハ極（ごく）大事の事計（ことばかり）ニて、けしてべちやくシヤベクリにハ」（同三年六月二十九日）。「皆火中なり。此よふな文、なきあとにのこるははぢ（恥）なり」（慶応元年九月）等とあるように龍馬は包まない心を姉に宛てて「皆火中」を望み、そのような執心の無い生き方ではないか、と想定していた。然るに私はかつて取材旅行中、高知で「弘松家文書」（書簡三九）の次の数行に出会った。

「此手紙もし親類之方などに御為(おみせ)レ見被(なされ)レ成候ハゞ、必ず〱誰れかに御書取らせ被レ成候て御見セ。（高松）順蔵さんえも其書き写さ礼し書を御見セ。私手紙ハ必ず〱乙姉さんの元に御納め可(つかわさるべくそうろう)レ被レ遣候」

とあった。即ち龍馬の通信を乙女姉が管理保存することを、彼の意志として伝えている。手紙を遺したい、知己に見てもらいたい、己の価を正当に顕しておきたい。このことは龍馬の裡にある俗物性であろうか。一見、反俗と無償の中に、地位名誉も受け取らなかった如き印象を与えた龍馬は、ここに「人間龍馬」の貌(かお)を見せる。

龍馬はたしかに人のため世のため良かれと挺身した。「日本の洗濯」と「世界の海援隊」が彼の終生の二大テーマであった。そのことを、家郷の人々の間に、自分の行動思考の正当性を認知しておいてもらいたかった。誰が知らなくてもよい、坂本乙女を頂点とする眷族団にだけ、行為や奔走の理由を認識してもらいたい。風雲の立ちこめる中で何時滅するかもしれぬ生命である。状況は厳しく必ずしも周囲が理解者ばかりとは考えていない。むしろ敵に囲まれていることが多いのである。

通信は龍馬の生きた章であり、心の証言である。この証言が末長く滅しないことを祈って、心の丈を書き行動を描写して、数々の消息にこめて、長崎で薩摩で、下関で京都で、あるいは江戸より発したとしても、人間龍馬はその価を減らすものではあるまい。心おきない団欒の場に向かって書き送ったのである。

一見、楽しげに心地よげに書きなぐっているかに見える書簡の裏側には、彼の孤独と哀しみを見出す。それは諧謔や皮肉と、報告や願い事がおおいが、明日をも知れぬ動乱の最中の遺書であり、絶筆のように受けとれる。また事実、結果はその如くなって今日に伝えられている。自己を体現化し、時代の証言を家信として残しておくことは、第二次世界大戦を経験した者たちの青春が行った「学徒出陣の賦」であり、「きけわだつみの声」の記録でもある。龍馬は冷静に時にユーモラスな方言で、「出陣の賦」を故郷に向けて語りかけた「わだつみの声」の持ち主であったように思う。

「書は人なり」あるいは「文は人なり」と言われるが龍馬の手紙は、当時の志士、奔走家あるいは幕府側の若者たちもふくめて、書のおもしろさ、楽しさ、内容の多彩、形式の自由さ、発想の新しさ等、やはり一頭地を抜き、現代人の手紙に通ずるものを具えているのではなかろうか。

幕末の数年を短く生きた青春は他にも多くあるが、龍馬の如く自在豁達な思考と行動をあからさまに語り、時に茶目気で覆い、苦悩もはばからず訴えた正直さおかしさは、やはり類例が少ない。龍馬のやった仕事ないし事業は独創的でスケールも大きいが、その書簡もまた彼の人間を裏付ける。龍馬の素顔を見る。

慶応元年九月九日乙女、おやべあて（書簡一七）、楢崎一家を紹介しお龍の武勇を語る手紙。慶応二年十二月四日兄権平一同あて（書簡四二）、伏見寺田屋遭難事件や日本最初の長幕近代海戦を報告した文。同日（書簡四四）乙女へ、お龍との霧島登山新婚の旅を絵入りでレポートした文。

これらは克明な臨場感と客観性を持つすぐれたレポートである。龍馬は記録文学、ジャーナリスト的報道文学の才（ざえ）の持ち主ではなかったかを思わせる。慶応三年冬、京都近江屋における遭難事件で、もし一年前の伏見寺田屋事件のように、巧みにかわしくぐり抜けられたら、龍馬はきっとこの年末長文の生還の記を、ぬけぬけと権平乙女の許に書き送っていたことであろう。

さらに、晩年の長崎における「佐々木大将軍陣下」に宛てた酒席に誘う戯文通信等は、敗戦直後の昭和文学の旗手であった太宰治の文体を髣髴（ほうふつ）させられる。また乙女姉に宛て心を開き、リズムさえ附けて語る、おかしみと明るさの溢れる数々の手紙は、彼女と連弾で演奏しているように感じられる。これは音楽家モーツァルトが姉ナンネルに与えた、気取りのない楽しい、スカトロジー（糞尿譚）まで書いた手紙と、相重なる心地がする。

太宰治は龍馬より半世紀ばかり後に、東北の農村地主の末男に生まれている。モーツァルトは龍馬より八十年ばかり前、欧州ザルツブルクで生まれている。東西、時代を隔てているが、この三人はいずれも三十歳台で終り、しかも質量ともに天才的な仕事を果たしていることに類似項共通点を、私は感ずる。似ているのは手紙や文体だけでなく、調べれば境遇、資質、発想の仕方まで比較の対象となり、さらなる人間の大テーマを提供するに違いない。

このように龍馬の文章の楽しさ、おかしさ、そして巧まずして成った文学性については、「幕末のすぐれた奔走家たちのなかには、詩人的な資質のひとびとが多かったが、坂本龍馬は気質、才能ともに、めずらしく散文家に属する。散文家のなかでも吉田松陰は紀行文においてすぐれ、中岡慎太郎は論理的な文章においてすぐれているが、龍馬は書簡という、特定の相手に対する文章においてすぐれているといえるであろう。とくに姉の乙女や姪の春猪に書き送ったものは、江戸期の人間の感覚というよりも、近代文学の成立以後の文章感覚のようで、対人的な形式や文章の規矩準縄から、生来縁の薄かったかれのような人物によってのみ書かれたものであろうかと思える。」(「坂本龍馬全集」内容見本、司馬遼太郎氏「書簡の達人」より)として、「龍馬の手紙は口語、俗語を駆使して、暢達自在な表現力をもっている。その点書簡文の傑作といえるだろう」(「龍馬がゆく」回天篇あとがき)と位置づけておられる。

龍馬の筆蹟文字については、

「龍馬は書もいい。書くというのは型があるために、よほどの天才以外は型の奴隷たらざるをえないところがあるものだが、龍馬はその点でも、文字に堂々たる自我をもっていて、しかもその自我を芸術化することをごく自然におこなっている。その種の書がかけた人物を、歴史の上で考えあわせると、豊臣秀吉ぐらいのものではないかと思ったりするのである」（前掲書　司馬遼太郎氏「書簡の達人」より）

「『於丸山』とあるのは手紙の下書きらしいが、この書を見て私は顔真卿の『祭姪稿』を思い出した。はげしい気魄と鋭い筆勢と、顔書に雁行し得るもの。まことに傑作である。また姉乙女に宛てた長文の手紙に『……姦吏を一事に軍いたし打殺、日本を今一度せんたくいたし申候事ニいたすべくとの神願ニて候』とふつふつ血をたぎらせた文と書。姪の春猪に与えた手紙は、読めるように、ほとんどかな書きにした情愛のこまやかさと、泉の流れるようなさわやかな響きをもつ筆づかいにうたれる。そして『露の命ははかられず』云々と動乱の中に身を置く不安をかくそうとしない。これらの龍馬の書翰類は、いわば自己の命との引き換えにしたごとき書であって、まことに古今稀れなるものといわねばならぬ」（「同全集」内容見本、松井如流氏「命と引き換えの書」より）

「書、殊に手紙は人間を端的にあらわす。よい書は肉眼で見て全身で感ずる。龍馬の書は捨身の行動のあらわれで、まっすぐ人間の身心に喰いこんでくる。明るく朗らかな、きわめて近代的な書である。藩政期、幕末に見る文学の暗さや囚われがない。たとえば明治三十年代の正岡子規の書のごとく、歯切れのよさと、垢ぬけした芸術的香気とを感ずる手紙である」（「同全集」後記、東京学芸大学名誉教授田辺萬平氏）

龍馬の書については以上三先学者が言い尽したので、私が附言するに及ばない。

本書は、旺文社の入江康哲氏の企画と要請によって、今春より書きおろしをすすめて来た。この間、文庫担当の成川慶一郎氏より絶えざる励ましと協力を頂いた。また、和田不二男氏には新発見写真撮影等のお世話になった。本書は「坂本龍馬全集」（監修平尾道雄、編述宮地佐一郎、光風社出版）を底本として、すべて書き改め、最近の発見新資料等を追加解説をして、ここに成立した。本書を繙（ひもと）いて下さるなら、手紙と手紙をつなぐことによって龍馬の鮮明な像がうかび上り、龍馬の全貌は充分伝えられると自負するが、尚、これを契機に龍馬と幕末を詳しく探りたい方には、「全集」の閲覧を頂ければ幸いである。

本年は龍馬生誕百四十九年である。十一月十五日、龍馬墓前に謹んで本書を捧げたい。

宮地佐一郎

昭和五十九年九月吉祥日　井ノ頭神田川畔居にて

目次

坂本龍馬　書簡

坂本龍馬　文書

坂本龍馬　詠草

龍馬の手紙

坂本龍馬全書簡集・関係文書・詠草

坂本龍馬　書簡

一　嘉永六年九月二十三日

父坂本八平直足あて

一筆啓上仕候。秋気次第に相増候処、愈々御機嫌能(よく)可レ被レ成二御座一、目出度千万存奉候。次に私儀無異に相暮申候。御休心可レ被二成下一候。兄御許にアメリカ沙汰申上候に付、御覧可レ被レ成候。先は急用御座候に付、早書乱書御推覧可レ被レ成候。異国船御手宛の儀は先免ぜられ候が、来春は又人数に加はり可レ申奉レ存候。

恐惶謹言。

九月廿三日　　龍

尊父様御貴下

御状被レ下、難レ有次第に奉レ存候。金子御送り被二仰付一、何よりの品に御座候。異国船処々に来り候由に候へば、軍(いくさ)も近き内と奉レ存候。其節は異国の首(ママ)を打取り、帰国可レ仕候。かしく。

(「坂本龍馬関係文書第一」、野島家文書)

現存する龍馬書簡中もっとも古く、黒船消息文である。手本通りの挨拶文ながら、若き日の龍馬の面目が躍如としている。嘉永六年（一八五三）三月十七日、剣術修行のため土佐藩庁に十五カ月の暇を願い出、許されて高知を出発、はじめて江戸に旅立った。時に龍馬十九歳。父八平直足が与えた「修業中心得大意」は、忠孝を忘れず修行第一、諸道具に銀銭を費さない、色情に心を移し国家の大事を忘れない、の三箇条であった。龍馬はこの「心得」を紙に包み「守」と上書して大切にしていたという。八平直足は土佐郡潮江村（高知市）の白札山本家より坂本家に婿養子に迎えられた人で、弓槍は免許皆伝の腕前で、書や歌も巧みであった。この資質は龍馬に伝えられている。

水師提督ペリーのひきいたアメリカ合衆国艦隊の浦賀来航は、同年六月三日のことであった。「泰平のねむりをさます上喜撰（蒸気船）たった四はい（四隻）で夜もねむれず」というショックを、江戸の内外上下に与えた。江戸京橋桶町（東京八重洲京橋）北辰一刀流千葉定吉道場に入門した龍馬は、黒船警備の一員として、土佐藩の品川邸附近警衛に臨時雇いで加えられる。

同年九月九日、幕府はアメリカの国書を受理し回答を明年に約束しペリー艦隊は退去したので「異国船御手宛の儀は先免ぜられ候」とあり「来春は又人数」に加わると待機している。翌安政元年正月、ペリーは再来航、龍馬も再集結するが、幕府は「神奈川条約」を締結、龍馬は「異国（人）の首を打取」る機会を失ってしまう。出府直後の龍馬に、これらの光景が与えたものは、その後の波瀾万丈の生涯につながってゆく。兄権平にあてた「アメリカ沙汰」は伝わってない。

二　安政三年九月二十九日
相良屋源之助あて

二白、御家内へも宜敷御伝声可ㇾ被ㇾ下候、以上。

一筆啓上仕候。冷気次第に相増し候へ共、弥(いよいよ)御安全可ㇾ被ㇾ成目出度奉ㇾ存候。随而(したがって)野生儀道中筋無二異議一江戸に着仕り、築地屋敷に罷在候。乍ㇾ憚御休意被ㇾ下度候。陳者出足の節は御懇念被ㇾ下、又御見事成る御送物被ㇾ下千万忝き次第に奉ㇾ存候。早速御礼申上筈の処、失礼に打過ぎ候段、御仁免可ㇾ被ㇾ下候。定而(さだめて)御国下御静謐恐悦至極と奉ㇾ存候。先者右御礼迄、早々如ㇾ此に御座候。　恐惶謹言。

九月二十九日　坂本龍馬

相良屋源之助様

御左右

（「関係文書第一」、千頭清臣「坂本龍馬」）

相良屋源之助は高知城下の豪商である。剣術修行再遊の際、「御見事成る御送物」に礼状を、土佐藩江戸下屋敷の築地より発信したものである。前便の嘉永は六年で終り、次が安政と改まる。安政元年（一八五四）六月二十三日、龍馬は千葉道場での修行認可期限がきれて、高知へ帰って来る。次の江戸再遊がこの安政三年八月で、龍馬二十二歳。

この間、高知では安政の大地震（安政元年十一月五日）がおき、そのあと藩絵師河田小龍（かわたしょうりょう）に出会って世界情勢と開国貿易への目を開かされている。小龍はアメリカへ漂流したジョン万次郎を藩命で取調べ「漂巽紀略（ひょうそんきりゃく）」を著し、また薩摩国の反射炉を視察してきた新知識人であった。龍馬に、蒸気船を買求め、海軍と商売をすすめ、自分の弟子の饅頭屋（まんじゅうや）長次郎ら「下等人民秀才ノ人」（藤陰略話）を提供することを約束している。これは後に長崎において亀山社中や海援隊として実現する。前便の「異国の首を打取」ることから、大飛躍を遂げる。安政二年十二月父八平が病没、五十九歳。また、「坊さんかんざし」で有名な五台山竹林寺の僧と美女お馬との駈け落ちと、城下三カ所曝（さら）し事件もこの年のことであった。

此度の江戸再遊期間は一カ年であったが、翌年さらに一年延長の許しを得て、安政五年秋まであしかけ三年を千葉道場で剣を磨く。そして「北辰一刀流長刀兵法目録」（安政五年正月吉祥日）を授かる。時勢は米国総領事ハリスの来日によって、通商条約（安政五年六月十九日）が結ばれ、続いて大老井伊直弼（なおすけ）の安政戊午（ぼご）の大獄（五年九月以降）がおきる。坂本家ではこの年、兄権平が家督を相続し、また姉乙女は藩医岡上樹庵と結婚したと推定される。後出する自由奔放（ほんぽう）な書簡とくらべ形式通りの手紙も、若き日の龍馬は書いている。

三　安政五年七月頃か

坂本乙女あて

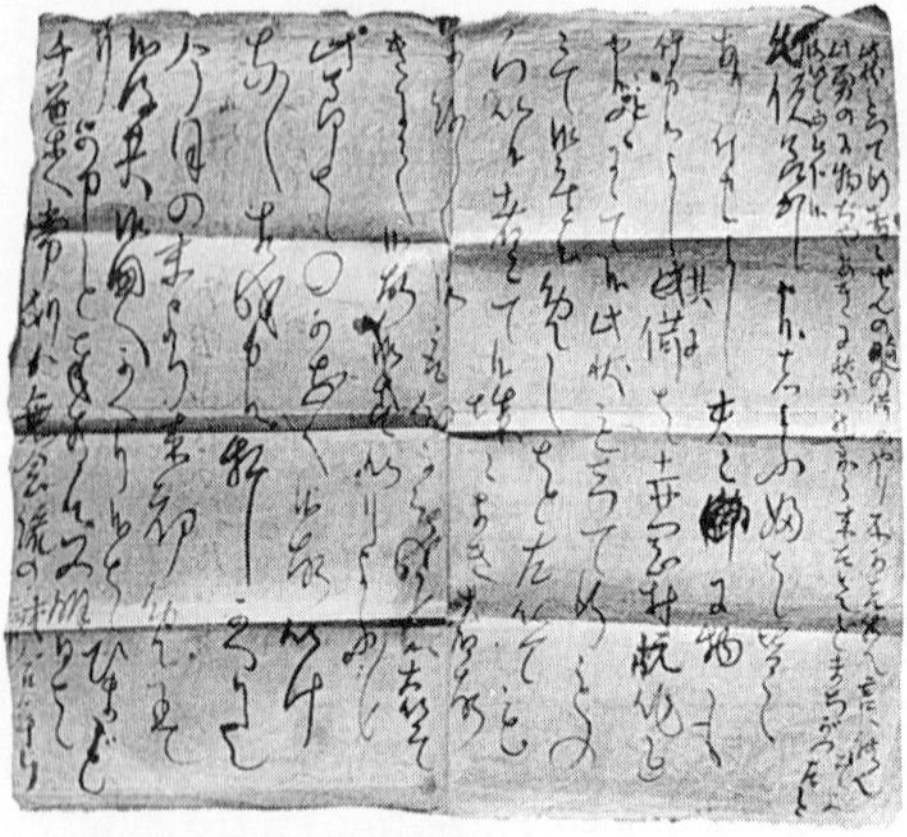

（表面）

此状もつて行者ニ、せんの大廻の荷のやり所が
しれん言ハれんぞよ。
此勇(マヽ)（男）のに物ぢやあきに、状が龍馬から来た
けんどまちがつたと
御いゝ可レ被レ下候。
先便差出し申候しよふ婦（菖蒲）は皆々
あり付申候よし、夫々(それぞれ)に物も
付（着）申候よし、其荷は赤岡村元作と
申候ものゝにて候。此状もちて行くもの
ニて御座候。めしをたいても

（北海道浦臼町　前田寿子氏蔵）

らい候者ニて候。誠ニよき者故
よろしく御取成可レ被ニ成下一候。大いそ
ぎにて候故、御すいりよふ（推量）〱。
此節は○がなく候故いけ
なく相成申候。私しかへりは
今月の末より来初めにて
候得共、御国へかへり候はひまど
り可レ申と奉レ存候。又、明日は
千葉（道場）へ、常州より無念流の試合斗（ばか）り
（裏面）
申候。今夜竹刀小手（籠手）のつく
らん故、いそがしく
御状くは敷事
かけ不レ申候。
かしこ〱
坂本龍

半紙一枚の表裏に書いた手紙で、いきなり土佐言葉で始まっている。この親しさは姉乙女に宛てたものとしか考えられない。先きに大廻り船便で送った荷中に、此の書状を携えゆく者（赤岡村出身、元作）の荷もある、と注意した追書を、冒頭に置いて本文に入っている。

「先便で差し出した菖蒲が皆々根付いたとのこと、またそれぞれの荷物も到着したとのこと。けれど其の荷（の一部）は赤岡村出身元作の荷です。即ちこの手紙を持って行く者です。江戸で飯を炊いてもらっている者で、まことに良き人物故、会ったらよろしく労（ねぎら）って下さい。大急ぎ故、この事情を御推量〳〵」

と読まれる。「赤岡村」は幕末の絵師絵金の襖絵や、今日はどろめ祭で有名な高知県香美郡赤岡町（赤岡村）と推考する。元作については未詳。「しよふ婦（ぶ）」は、江戸の堀切（旧葛飾郡南綾瀬村）の菖蒲が、安政の頃より名所として聞え、花季は遊客で賑った。龍馬はここの菖蒲を、水に吸わせて油紙にくるみ高知の乙女姉の許に送り、これが「あり付」（根付くというほどの土佐言葉）いたと、知らせを受けとったものであろうか。

若き日の龍馬（廿四歳）が使用人への心配りも、さることながら、植物が手紙に登場するのも珍しく、彼の繊細な心がしのばれる。「大廻し（おおまわし）」は江戸時代、土佐浦戸より江戸に至る五百石以上の直航便。「此節は○がなく」は、金銭欠乏で「いけなく」（行けない、出来ない）なったと告白し、「私しかへりは今月末より来（月）初めに」「御国（土佐の高知）へかへり候はひまどり（時間がかかる）」とあるので、安政五年（一八五八）九月三日（「土佐藩御用日記」）第二回帰国直前の通信ではなかろうか。

本状は「今月（七月）末より来（八月）初め」に江戸出足し九月初旬高知に到着した故、第二期剣術修行の安政五年七月頃に発信したものと推考しておく。

さらに文面は「千葉（道場）へ、常州（水戸）より（神道）無念流の試合」とあって、半紙裏面に続記されていて、「今夜竹刀小手（籠手）のつくらん（繕う、作る、着く）故、いそがしく」て詳細な手紙が書けない、と断っている。

千葉定吉（さだよし）の兄周作は、水戸の弘道館演武場に、出張教授を行い禄高百石の馬廻役であった。水戸藩と千葉家は剣を通じて、交誼が篤かった。本書簡が、どうして何時頃、高知の姉乙女の手許から北海道は雪深い浦臼の開拓者前田家（高知県長岡郡本山村出身前田千代松）に伝来したか、「龍馬全集」四訂版に考証しておいた。

四　安政五年十一月十九日
住谷信順、大胡資敬あて

尊札拝見仕候。寒気之節益御安泰、長途無ニ御罣（さはり）一御修業、珍重之御儀奉レ存候。扨（さて）仰被レ越候御趣、何レ拝願（ママ）之上御相談可ニ申上一奉レ存候。然ニ奴儀無レ拠（よんどころなく）要用ニ相掛居申候間、明後出足ニ而其御許迄参上可レ仕奉レ存候。誠ニ偏境（ママ）之地、殊ニ山中御滞留故、御徒然奉レ察候。　恐惶謹言。

十一月十九日　坂本龍馬

加藤於菟之介様
菊地清兵衛様
　貴下

（「関係文書第一」、山内家資料）

安政五年（一八五八）は龍馬二十四歳で、この年九月三日江戸再修行を終えて帰国していた。

水戸藩士加藤於菟之助（住谷寅之助の変名）、菊地清兵衛（大胡聿蔵の変名）と、従者二人が伊予と土佐国境の「誠ニ偏境之地」立川関門（長岡郡大豊町立川下名）に現われて龍馬と会見したのは、十一月二十三日で本状はその五日前に発せられた連絡文である。

さきに井伊大老は勅許を待たずに神奈川条約を取りきめ、水戸派一橋慶喜を退けて紀州派の家茂を将軍職に推し、安政の大獄をひきおこして反対派を弾圧した。朝廷は勅諚を幕府に下して反省を求め、水戸藩にも密書を授け諸藩にその回達を求めた。この回達を幕府が阻止したので、水戸藩は、激派、鎮派、奸党が鼎立して争闘の坩堝と化する。井伊打倒の激派の志士住谷、大胡は「勅諚御回達之儀ニ付、天下之諸侯応ずるや否、探索之為」（「吉田健蔵日記」）同年十月江戸を出足、西国遊説に出かけた。十一月十七日彼等は土佐国境立川駅に到着、飛脚に託して龍馬と奥宮猪惣次（土佐藩士、のち文武館教授）に一書を発し、入国の周旋を求めたのである。

「十一月廿一日夕刻、高知へ飛脚ニ差出候人物帰り申候。撃剣家坂本氏より返書来る」と、本状到着を水戸藩従者吉田健蔵が認めている。龍馬は二十三日、甲藤馬太郎、川久保為介を連れて立川に着き、住谷らと面会一泊した。その際の有様は「住谷信順廻国日記」に「龍馬誠実、可也ノ人物」とプロフィルを描き「併撃剣家、事情迂濶、何モ不レ知トゾ」「龍馬迚も役人名前更ニ不知、空敷日ヲ費シ遺憾々々」と続けている。龍馬は時勢の動向に暗くて住谷らを痛く失望させたのである。土佐入国も取扱い困難とわかり、住谷らは諦めて立川関を去る。住谷はのち水戸藩の大番頭軍用掛心得となったが京都で暗殺され、大胡は水戸藩内訌により慶応元年刑死している。

五　文久元年九月十三日

平井かほあて

先づ〳〵御無事とぞんじ上候。天下の時勢切迫致し候に付、
一、高マチ袴
一、ブツサキ羽織
一、宗十郎頭巾
外に細き大小一腰各々一ツ、御用意あり度存上候。
九月十三日　坂本龍馬
平井かほどの

(「関係文書第一」、勤王事蹟調)

龍馬脱藩の半年前、初恋の人といわれる平井かほ(加尾)に宛てた、剣と恋と革命に誘う簡潔な手紙である。彼女は龍馬の竹馬の友で土佐勤王党の同志である平井収二郎の妹で、美貌の上学問もあり才色兼備の娘であった。収二郎は高知城下井口村郷士の出で、斎藤拙堂(せつどう)門に学び隈山(わいざん)と

号した。文久二年京都で武市半平太と共に、他藩応接係として尊攘勢力を盛り上げたが、文久三年六月青蓮院宮令旨事件で、山内容堂の怒りにふれ切腹させられる。

かほは安政六年（一八五九）容堂の妹友姫が、三条実美の兄公睦に嫁した際、お付き役に選ばれて京都へ出る。友姫が未亡人となった後も三条家に止まって仕えた。この間、脱藩志士の運動を救け、親身になって世話をする姐御肌の人で、在京四年間は勤王志士の間で有名であった。

この文久元年（一八六一）の春、山内家上士と土佐郷士との間で、城下井口村刃傷事件がおき、その後で江戸から帰った武市半平太（瑞山）の周旋で土佐勤王党が結成され、龍馬は直ちに（党員百九十二人中九番目）血盟している。渦巻く時勢を背景に二十七歳の龍馬は、同志の妹に、何をうながし何を要求しようとしたのか。時勢切迫したので三種類の変装衣装と細き女持ちの大小まで用意を要請している。龍馬脱藩上洛の暁かほに男装させて、勤王運動に協力活躍させることを構想したものかと考えられる。

龍馬脱藩の翌日、収二郎は妹かほに「坂本龍馬昨廿四日の夜亡命、定めて其地（京都）に参り申すべく、たとへ龍馬よりいかなる事を相談いたし候とも、決して承知不レ可レ致」と忠告を発したが、「龍馬の奇行ハ今に始めぬことながら、定めて一大事を思ひ立ちしものならん、と女史（加尾）ハ人目もあれバ、袴地と羽織とハ親戚への土産物にかこつけ」て用意したと「平井女史の涙痕録」で述懐している。かほは後に立志社副社長や警視総監となった西山直次郎志澄と結婚し平井家と西山家を立て、明治四十二年、七十二歳、東京で終わっている。

六　文久元年十月十四日
田中良助あて

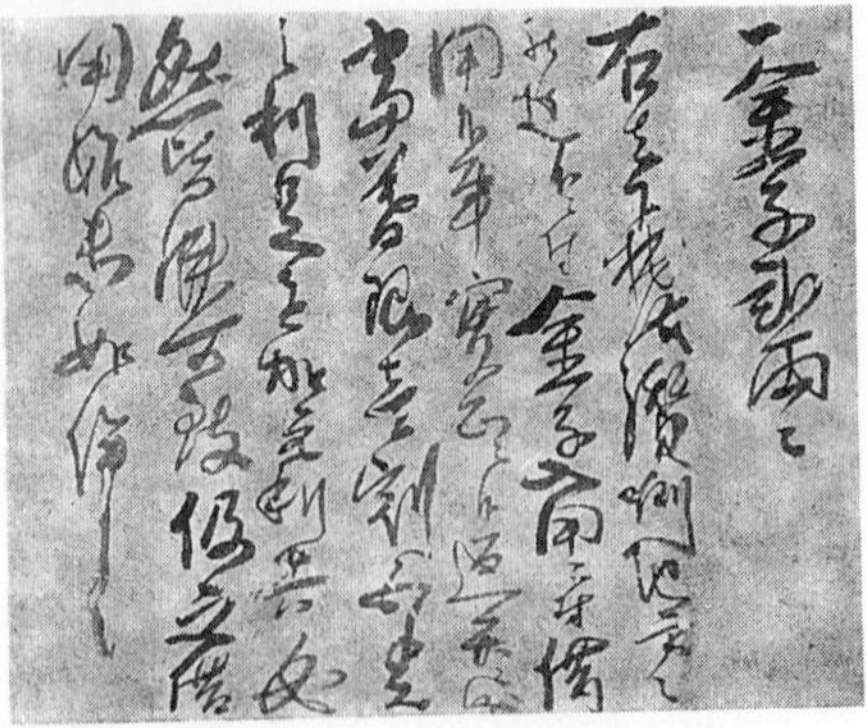

一、金子弐両也。
右者下拙儀讃州地方ニ
罷越候ニ付、金子入用ニ付借
用候事実正ニ候。返弁之儀
当暮限壱割五歩
之利足(ママ)を加、元利共必
然皆済可レ致、仍(よって)レ之借
用始末如(くだんのごとく)レ件候。
文久辛酉歳十月十四日
坂本龍馬［印］
良助殿

文久元年十月「剣術詮議」の名目で、丸亀（香川県）に旅立ち翌春長州萩にあらわれ、同二年二月末に五カ月ぶりに高知へ帰ってくる。この出発に際しての「金子二両」の借用証書で、柴巻（高知市初月）の田中家に所蔵する。柴巻には坂本家の領地があって、田中良助はその地組頭をしていたので、龍馬は時々同家を訪い、良助と兎狩りなどした仲であった。

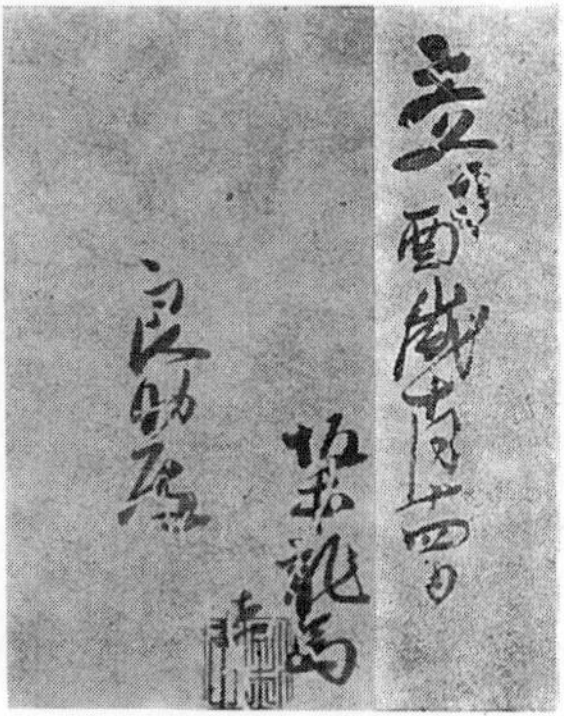

（高知　田中信栄氏蔵）

龍馬は旅程が期限ぎれになると、明年二月までの延期を藩庁に願い出、瀬戸内海を渡り芸州坊の砂（広島県）に行く手続をとり、萩城下に久坂玄瑞を訪ねている。龍馬が持ち帰った武市あて久坂の手紙に「此度坂本君御出遊被レ為レ在、無二腹蔵一御談合仕候事。竟ニ諸侯不レ足レ恃、公卿不レ足レ恃、草莽志士糾合、乍二失敬一尊藩も弊藩も滅亡しても、大義なれば苦しからず」（文久二年正月二十一日付）とある。一カ月後の龍馬脱藩の基因がここに読みとれる。

七　文久三年三月二十日

坂本乙女あて

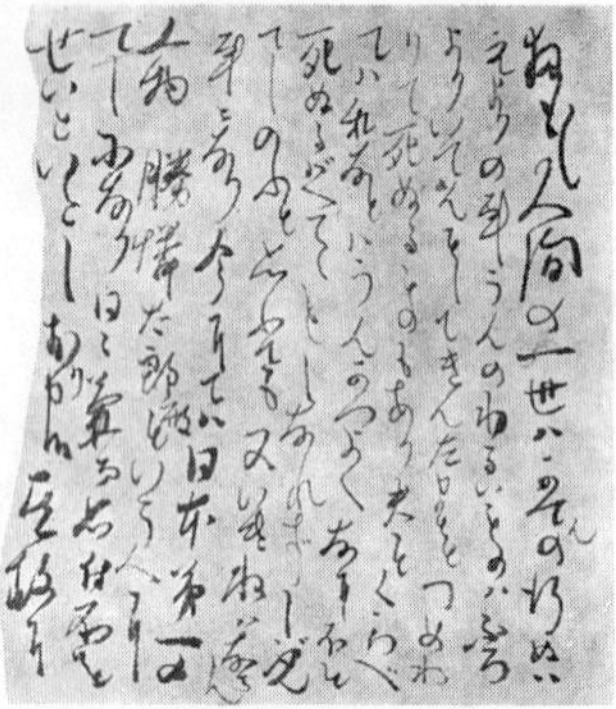

扨も〱人間の一世(ひとよ)ハがてん(合点)の行ぬハ元よりの事、うん(運)のわるいものハふろ(風呂)よりいでんとして、きんたま(睾丸)をつめわりて死ぬるものもあり。夫(それ)とくらべてハ私などハ、うん(運)がつよくなにほど死ぬるバへ(場)でゝもしな(死)れず、じぶん(自分)でしのふと思ふても又いきねバならん事ニなり、今にてハ日本第一の人物勝憐(麟)太郎殿という人にでし(弟子)になり、日々兼而(かねて)思付所をせい(精)といたしおり申候。其故に

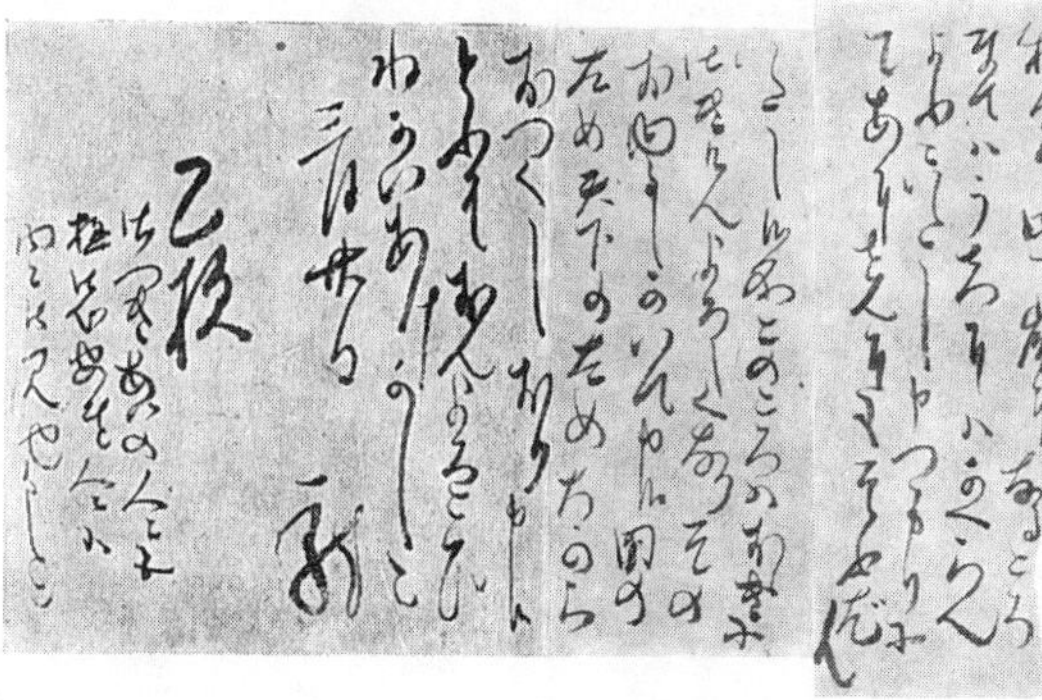

私年四十歳になるころ
までハ、うちにハかへらん
よふニいたし申つもりに
て、あにさんにもそふだん（相談）
いたし候所、このごろハおゝきに
御きげんよろしくなり、その
おゆるしがいで申候。国の
ため天下のためちから
お（を）つくしおり申候。
どふぞおんよろこび
ねがいあげ、かしこ。

三月廿日　　龍

乙様

御つきあいの人ニも、
極（ごく）御心安き人ニハ

内ゝ御見せ、かしこ。

（京都国立博物館蔵）

龍馬が土佐を脱藩してから、あたかも一年後の消息文で、姉乙女にあてた消息第一号である。この一年間、龍馬は亡命客としておびただしい辛苦に耐えて日本を廻り、遂に自分の目標を掴み「今にて八日本第一の人物」勝海舟の弟子になり「日々兼而思付所（海軍建設）を精」出していると、胸を張って報じている。

龍馬は前年三月二十四日夜、潮江村（高知市）地下浪人出身の沢村惣之丞（後の海援隊士関雄之助）と共に、高岡郡宮野々関をこえて脱藩。それより沢村と別れて、九州へ単独で渡り、薩摩入国かなわず引き返して中国路、京阪をへて、閏八月江戸の千葉家に入っている。この間、旅銀に困って刀の縁頭を売り、手拭で柄を巻いていたという。赤坂氷川崖下に住む幕臣で、万延元年遣米使節として、アメリカを見てきた軍艦奉行並の勝海舟を訪れたのは、この年十月頃であった。

「彼はおれを殺しに来た奴だが、なか〳〵の人物さ。その時おれは笑って受けたが、おちついてなんとなく冒しがたい威権があって、よい男だったよ」（氷川清話）と晩年語っているが、海舟の回顧譚は誇張癖もある。龍馬は二十歳の頃、河田小龍によって海外への目は開かされており、今回も薩摩の海軍を探ろうとして入国を求めている。氷川訪問は日本を知り自分の将来を掴むため、といった方が正しいだろう。オランダ士官から長崎で四年間みっちり海軍操練を受け、日本人で最初に太平洋を渡り世界を見てきた海舟に出会って、直ちに入門したのは当然である。龍馬は天与の声を聴いた。二人の出会いは日本近代史の幸運でもあったと言えそうだ。

　文面には、人生の舵（かじ）とりがここに決まり、前途に光明を抱く喜びと得意の状貌（じょうぼう）が、いささか卑近でユーモラスな比喩（ひゆ）を用いて、行間におどっている。文章は既出の形式的書簡から離れて、仮名文字や方言も交え、敬愛する姉と対座して打ち語る気配がある。乙女はこの十数通を明治まで大切に保存したので、今日京都国立博物館等に伝わり、人間龍馬を躍如として見ることが出来る。「あにさんにもそふだん」は、兄権平が臨時藩用で京都出張中、偶然対面したことを示す。

八　文久三年五月十七日
坂本乙女あて

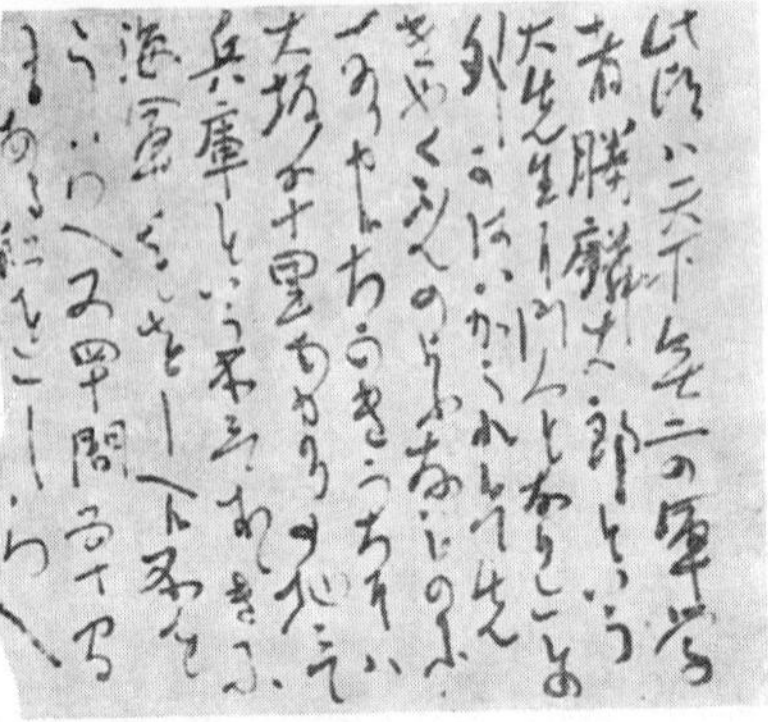

此頃ハ天下無二の軍学
者勝麟太郎という
大先生に門人となり、ことの
外かはいがられ候て、先（まず）
きやく（客）ぶんのよふなものに
なり申候。ちかきうちにハ
大坂より十里あまりの地ニて、
兵庫という所ニて、おゝきに
海軍ををしへ候所を
こしらへ、又四十間、五十間
もある船をこしらへ、

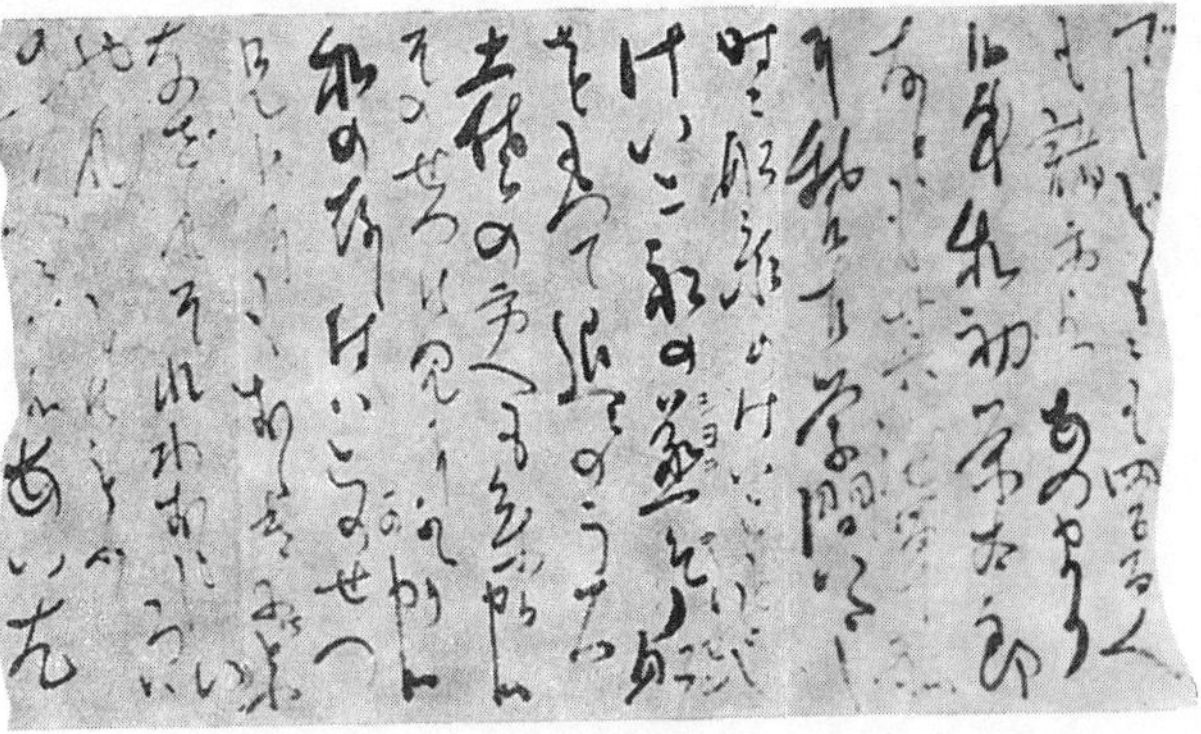

でしども二も四五百人
も諸方よりあつまり
候事、私初(ママ)栄太郎(高松太郎)
なども其海軍所
に稽古学問いたし、
時々船乗のけいこもいたし、
けいこ船の蒸気船(ジョウキセン)
をもつて近々のうち、
土佐の方へも参り申候。
そのせつ御見(目)にかゝり可レ申候。
私の存じ付ハ、このせつ
兄上にもおゝ(大)きに御どふい(同意)
なされ、それわおもしろい、
やれ〳〵と御もふし(申)
のつがふ(都合)ニて候あいだ、

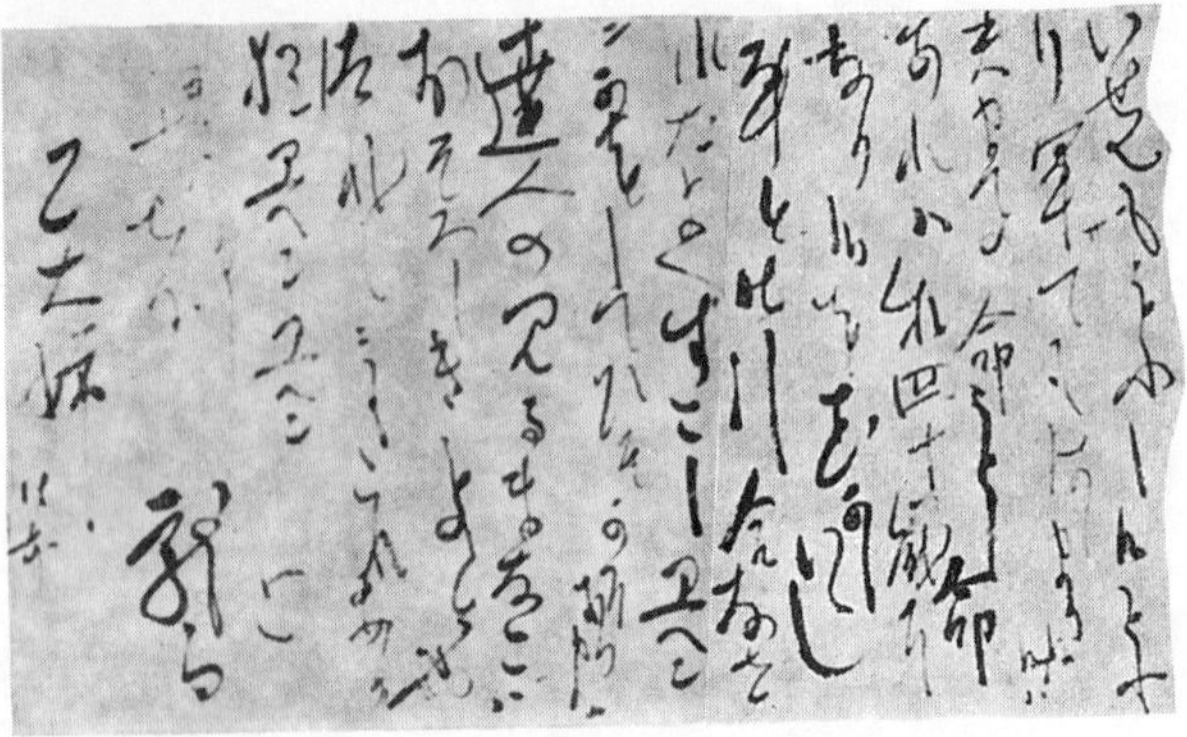

いぜんももふし候とふ
り軍サでもはじまり候時ハ
夫までの命。ことし命
あれバ私四十歳に
なり候を、むかしいゝし
事を御引合なさ
れたまへ。すこしヱヘン
ニかおしてひそかにおり申候。
達人の見るまなこハ
おそろしきものとや、
つれ〴〵ニもこれあり。
猶ヱヘンヱヘン、

かしこ。

五月十七日　龍馬

乙大姉御本

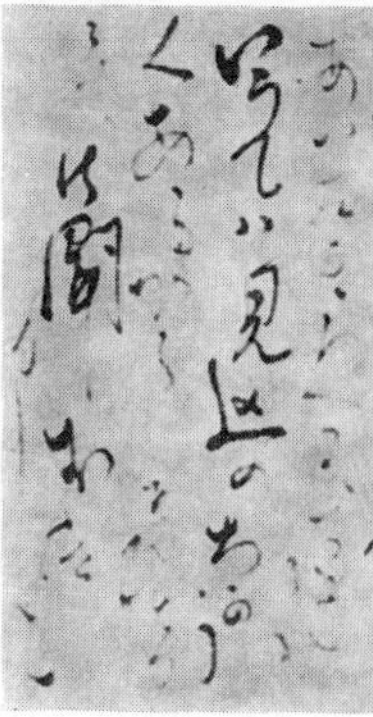
（宮内庁三の丸尚蔵館蔵）

右の事ハ、まづく
あいだがらへも、すこしも
いうては、見込のちがう
人あるからは、をひとり
ニて御聞おき、
かしこ。

前便より二カ月後の「エヘン顔」の手紙である。海舟の「でし（弟子）」が今回は「きやくぶん（客分）」となっている。「四十間、五十間もある船」「でしども二も四五百人」は、「アザの法螺」（武市半平太の龍馬評）的傾向顕著であるが、南方人種の憎めない諧謔が文面に躍っている。

この頃、甥の高松太郎（坂本直）をはじめ、沢村惣之丞、望月亀弥太、千屋寅之助（菅野覚兵衛）、それに河田小龍門下の「下等秀才の人民」饅頭屋長次郎（上杉宗次郎）、焼継屋馬之助（新宮駟）や、紀州脱藩伊達小次郎（陸奥宗光）、後に人斬り以蔵と言われた高知城下江口村足軽出の岡田以蔵などを勝門に入れ、海舟の「一大共有の海局」を学んでゆく。

「達人の見る眼は少しもあやまる所あるべからず」（『徒然草』第百九十四段）を引用し、達人海舟に認められている得意と、学のあるところを姉の前で少年のように自慢してはばからない。

九　文久三年六月十六日

池内蔵太の母あて

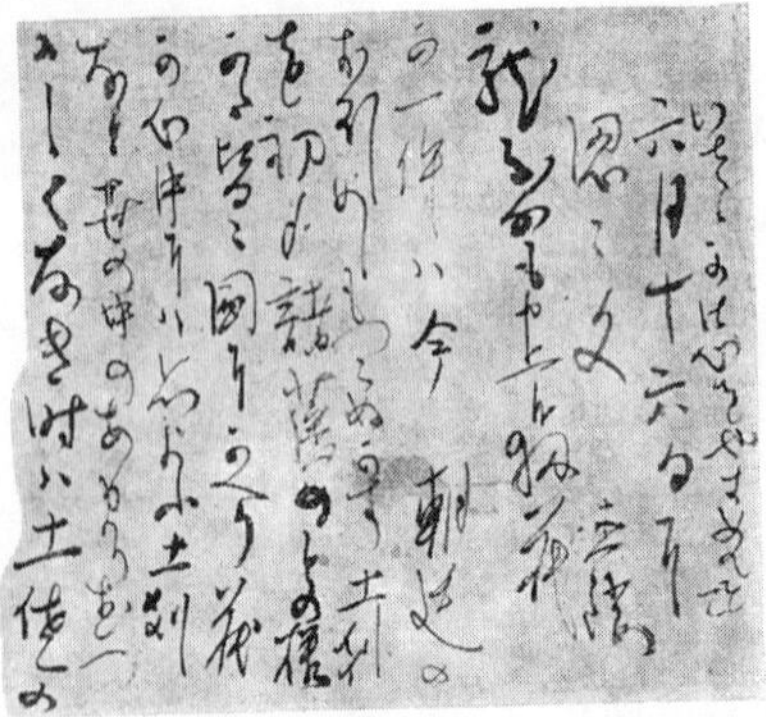

いさゝか御心をやすめんとて、
六月十六日に
認（したため）候文。　直陰
龍馬よりも申上候。扨、蔵
が一件ハ今　朝廷の
おぼしめしもつらぬかず、土州
を初メ諸藩のとの様
がた皆ゝ国にかへり、蔵
が心中にハ思よふ土州
など世の中のあまりむつ
かしくなき時ハ、土佐の

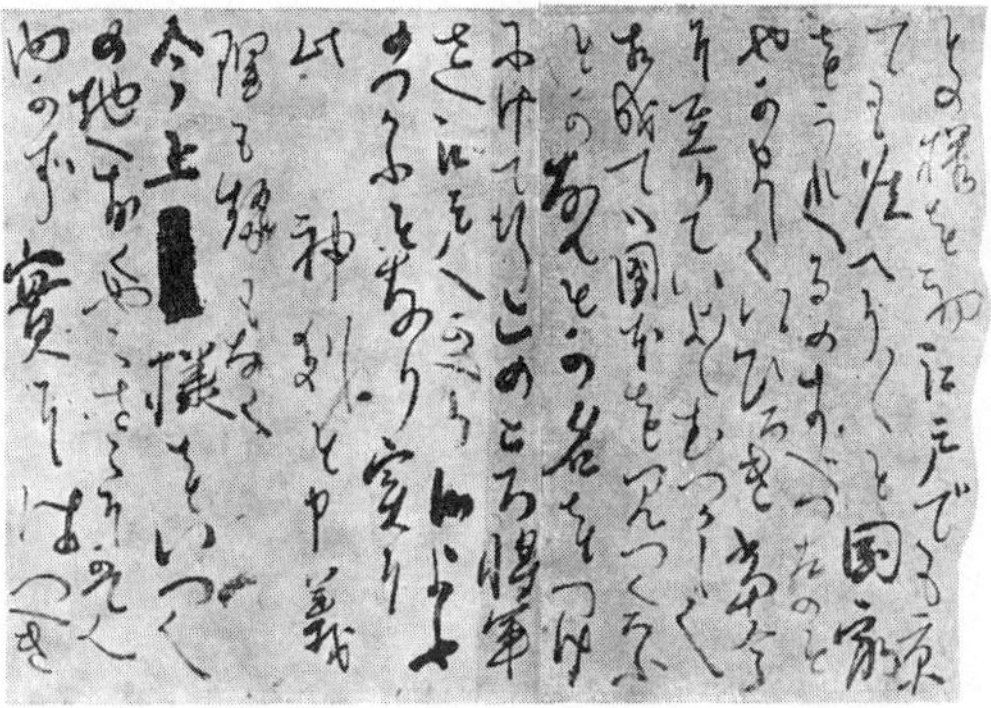

との様を初、江戸でも京
でも唯へら〱と国家
をうれへるの、すべつたのと
やかましくいゝひろき、当今
に至りていよ〱むつかしく
相成てハ国本を見つくろふ
とか、なんとか名をつけ
にげて行、このごろ将軍
さへ江戸へかへり候よふ
のつが(都合)ふとなり、実に
此　神州と申義
理も勢もなく、
今上様をいづく
の地へおくやらさらにがてん(合点)
ゆかず、実にはづべき

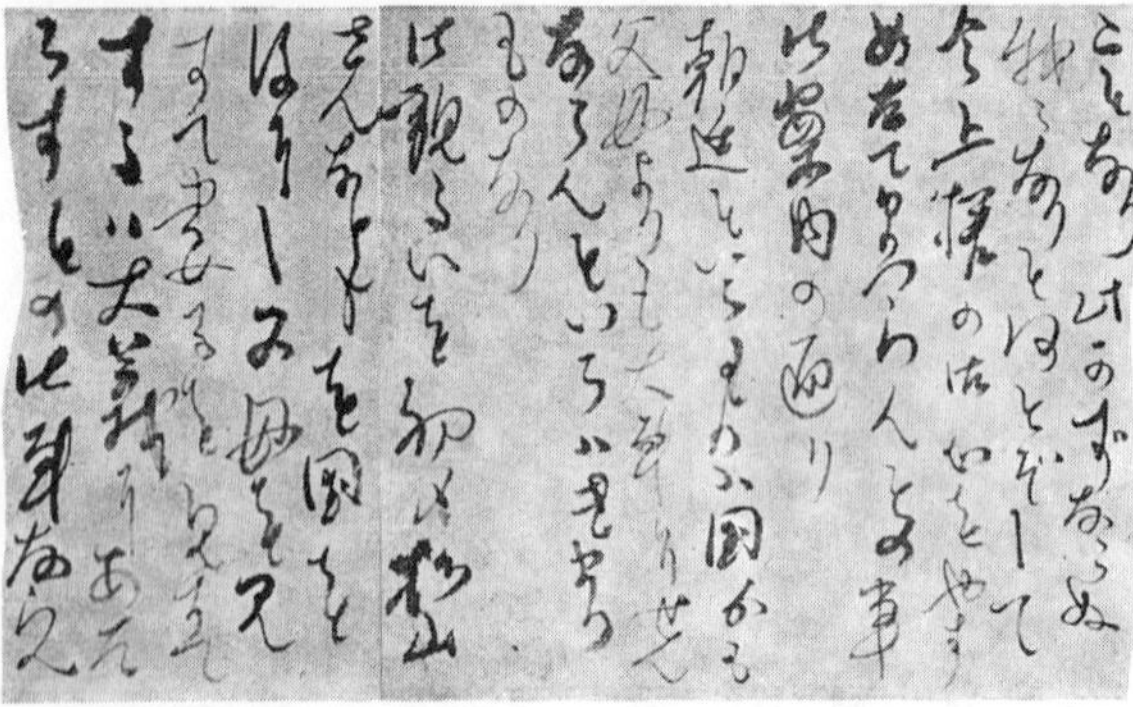

ことなり。此かずならぬ
我〻なりと、何とぞして
今上様の御心をやす
めたてまつらんとの事、
御案内の通り
朝廷というものハ国よりも
父母よりも大事にせん
ならんというハきまり
ものなり。
御親るいを初メ杉山
さんなども、を国を
後にし父母を見
すて、妻子を見すて
するハ大義にあた
らずとの御事ならん。

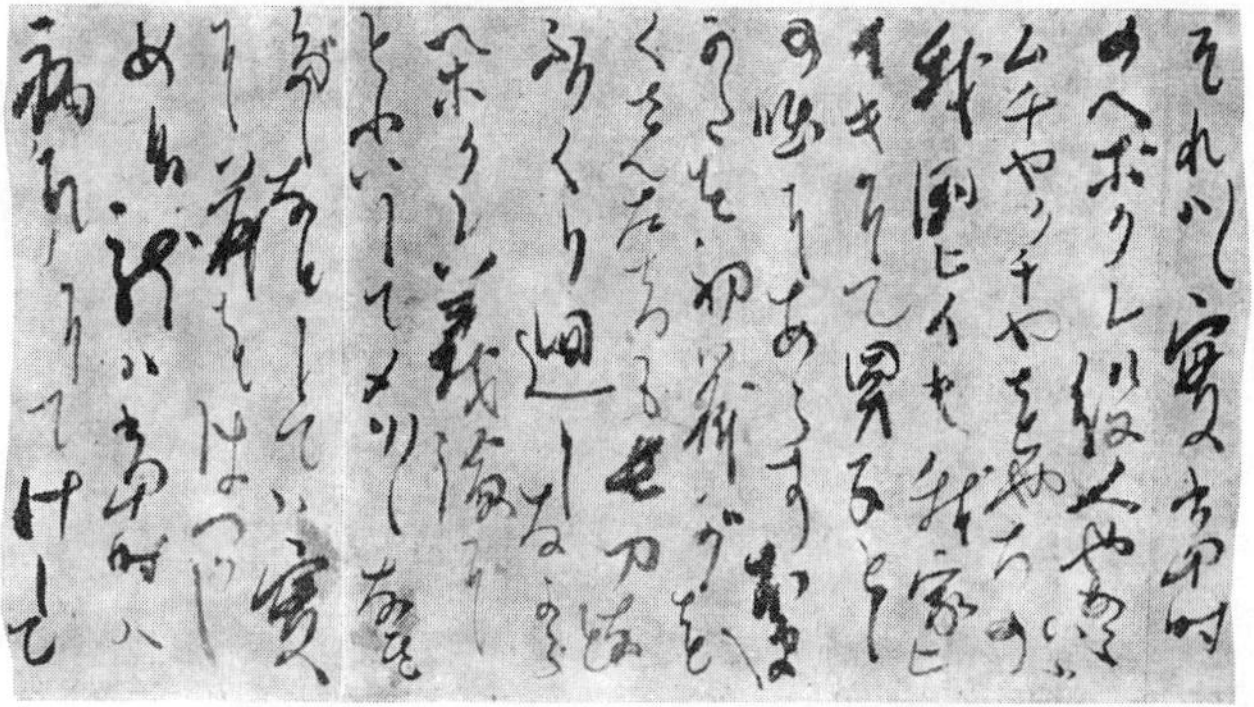

それハ〳〵実当時
のヘボクレ役人や、あるいハ
ムチヤクチヤをやぢの
我国ヒイキ我家ヒ
イキにて、男子とし（て）
の咄にあらず。おまへ
がたを初、蔵がを
くさんたちも長刀など
ふりくり廻しながら、
ヘボクレ義論(ママ)に
どふい(同意)してメソ〳〵なき
だしなどしてハ、実
に蔵をはづかし
め候。龍ハ当時ハ
病気にてけして

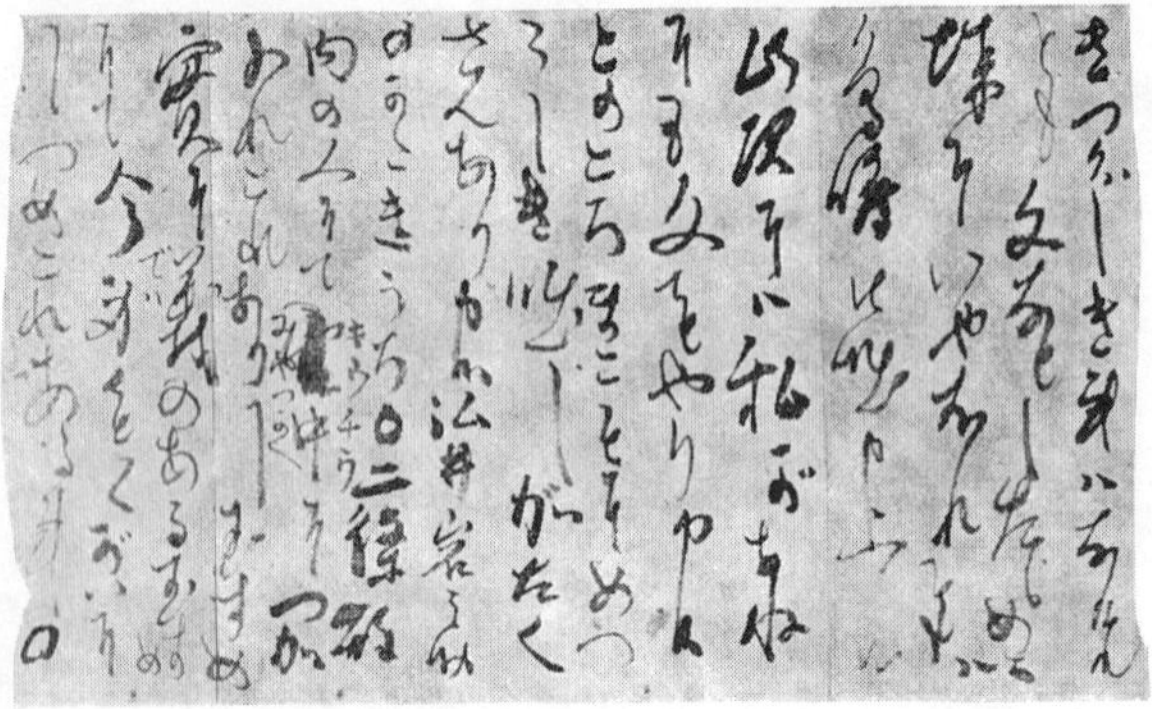

きづか(気遣)ハしき事なけれども、文などしたゝめ候ハ、誠にいやなれども鳥渡(ちょっと)御咄申上候。此次にハ私があねにも文をやり申候。このごろまことにめづらしき咄しが、たくさんあり申候。弘井岩之助(広井磐之助)のかたきうち○二条殿内の人にて、宮中(キウチウ)につか(みやつかへ)ハれこれありしむすめ、実に義のあるむすめにて、今でハ身をくがい(苦界)にしづめこれある事。○

龍がある山中にて女が
人にすてられてまよいいた
るを、金をあたへ老人を
もつておくりつかハした
る事など、其外色ゝ
御咄後より申上候。

龍拝

池蔵尊母

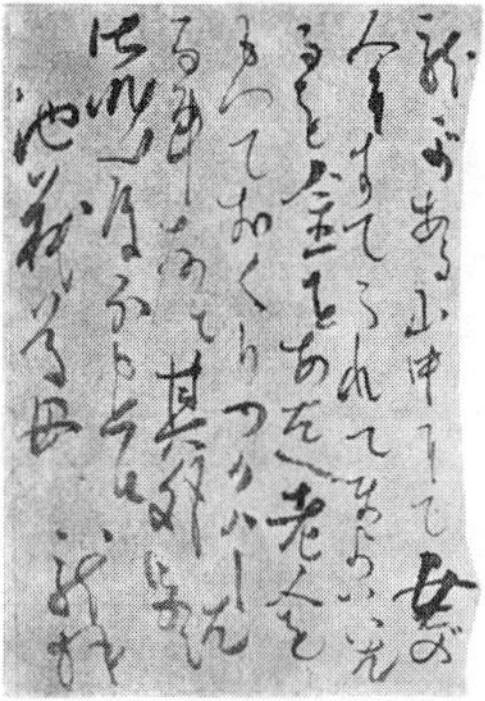
（高知　青山文庫蔵）

高知の池内蔵太（くらた）母あて、内蔵太の脱藩亡命を弁護したものである。内蔵太は龍馬の生家上町（かんまち）の近く城北小高坂村用人の出で、六歳年下であった。彼はこの年、藩命で江戸、大坂に来たが、土佐藩論の因循（いんじゅん）にあきたらず途中より脱藩して、長州に走った。五月下関で長州藩の外国船砲撃で遊撃隊参謀として活躍。のち大和天誅組や京都禁門の変で戦い、亀山社中に入り慶応二年春、五島塩屋崎で洋帆船ワイルウエフ号と共に遭難死をとげる。内蔵太は安井息軒塾の出で明敏沈着の若者で、龍馬は弟のように愛し将来を期待していた。

「を国（土佐）を後にし父母を見すて、妻子を見すてするハ大義にあたらずとの御事ならん」とする内蔵太の母たちに、龍馬は歯に衣をきせず、大義論、天皇論を述べ、支配体制側の弱体化へ批判を加えて「蔵をはづかしめるな」と戒めている。「朝廷のおぼしめしもつらぬかず――」以下は、この春、公武合体策に上洛した土佐藩主山内容堂（三月二十六日離京）と、越前藩主松平春嶽らが尊攘派勢力に制せられ途中で次々と帰国したことを、「将軍さへ江戸へかへり」は徳川家茂が六月十三日、幕艦順動丸にて大坂より江戸に向ったことを指す。「今上様」は孝明天皇、「我国ヒイキ我家ヒイキ」は土佐藩や自家中心の意味。「弘井岩之助のかたきうち」は、この月二日、勝や塾生の力添えで、土佐藩士広井磐之助が紀州和泉国境で仇討を果たしたことをいう。

一〇　文久三年六月二十九日
坂本乙女あて

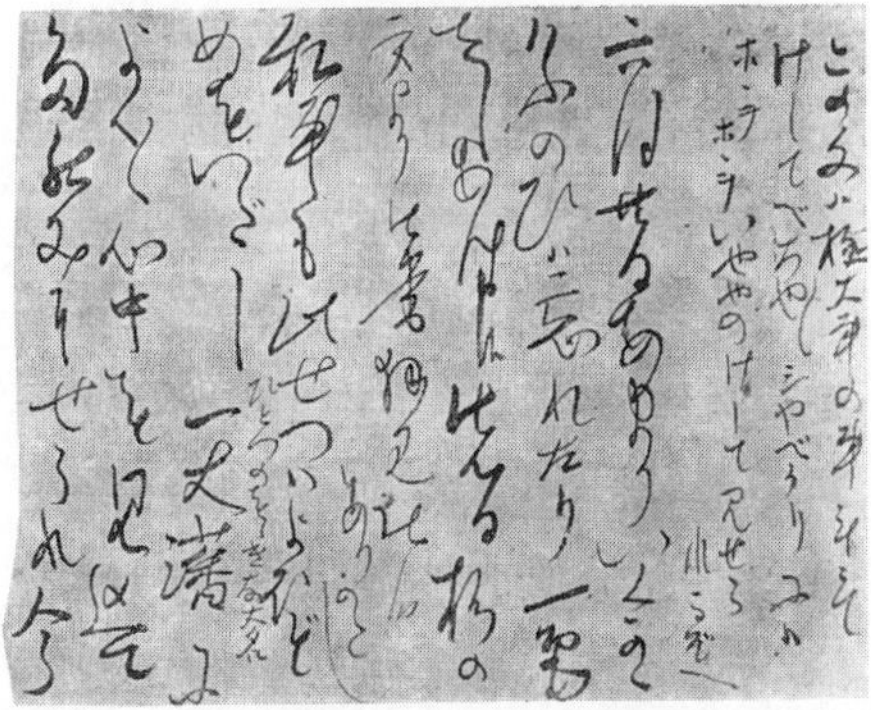

この文ハ極(ごく)大事の事斗(ばかり)ニて、
けして(決)べちやくシャベクリ(饒舌)にハ、
ホヽヲホヽヲいややの、けして見せら
れる(ぬ)ぞへ

六月廿日あまりいくか(幾日)ゝ
けふのひハ忘れたり。一筆
さしあげ申候。先日杉の
方より御書拝見仕候。ありがたし。
私事も、此せつハよほど
め(芽)をいだし、一大藩(ひとつのをゝきな大名)に
よくく心中を見込て

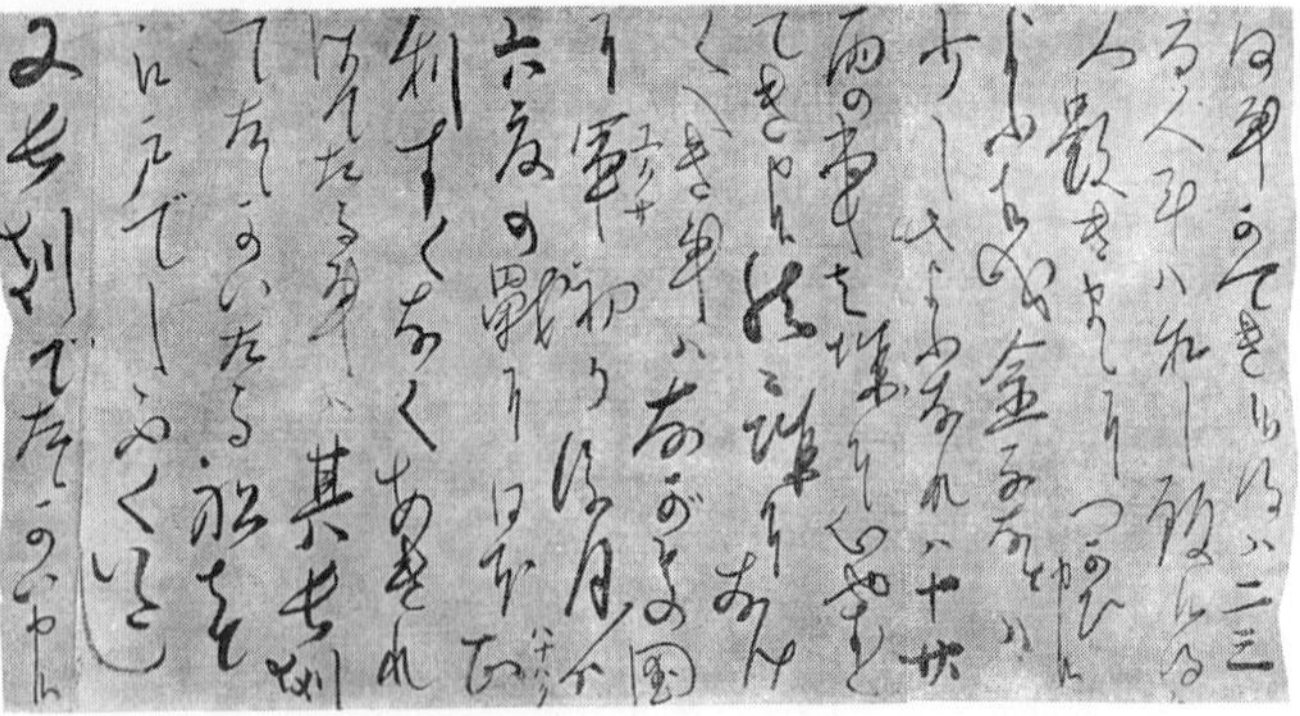

たのみにせられ、今
何事かでき候得バ、二三
百人斗ハ私し預候得バ、
人数きま〻につかひ申候
よふ相成、金子などハ
少し入よふ(用)なれバ、十、廿
両の事は誠に心やすく
でき申候。然ニ誠になげ
くべき事ハながと(長門)の国
に軍(ユクサ)(ママ)初り、後月より
六度の戦に日本甚(ハナハダ)
利すくなく、あきれ
はてたる事ハ、其長州
でた〻かいたる船を
江戸でしふく(修復)いたし

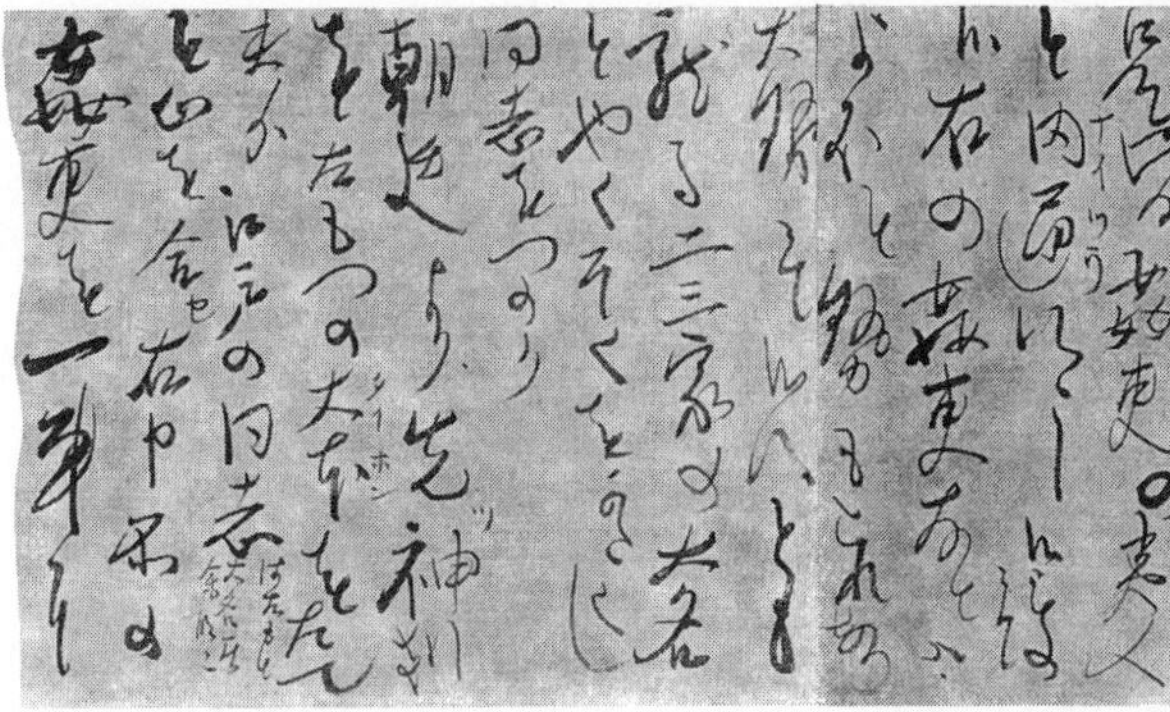

又長州でたゝかい申候。
是皆姦吏（カンリ）の夷人（イジン）
と内通（ナイツウ）いたし候ものニて
候。右の姦吏などハ
よほど勢もこれあり、
大勢ニて候へども、
龍馬二三家の大名
と（約束）やくそくをかたくし、
同志をつのり、
朝廷より先ヅ神州
をたもつの大本（タイホン）をたて、
夫より江戸の同志（はたもと大名其余段々）
と心を合セ、右申所の
姦吏を一事に
軍いたし打殺、

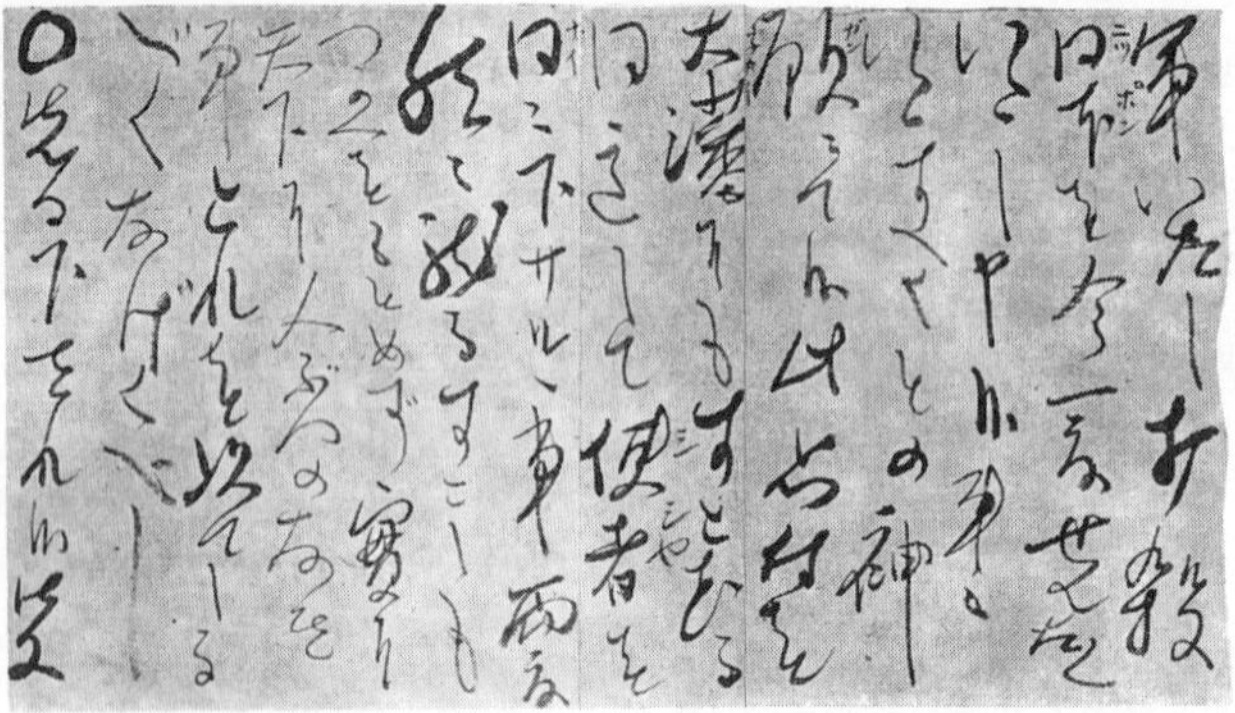

日本(ニッポン)を今一度せんたく(洗濯)
いたし申候事ニ
いたすべくとの神
願(ガン)(ネガイ)ニて候。此思付を
大藩にもすこむる(頗)
同意して、使者(シシャ)を
内(ナイ)〻下サル、事両度。
然ニ龍馬すこしも
つかへをもとめず。実に
天下に人ぶつのなき
事これを以てしる
べく、なげくべし。
○先日下され候御文
の内にぼふず(坊主)になり、
山のをくへでもはいり

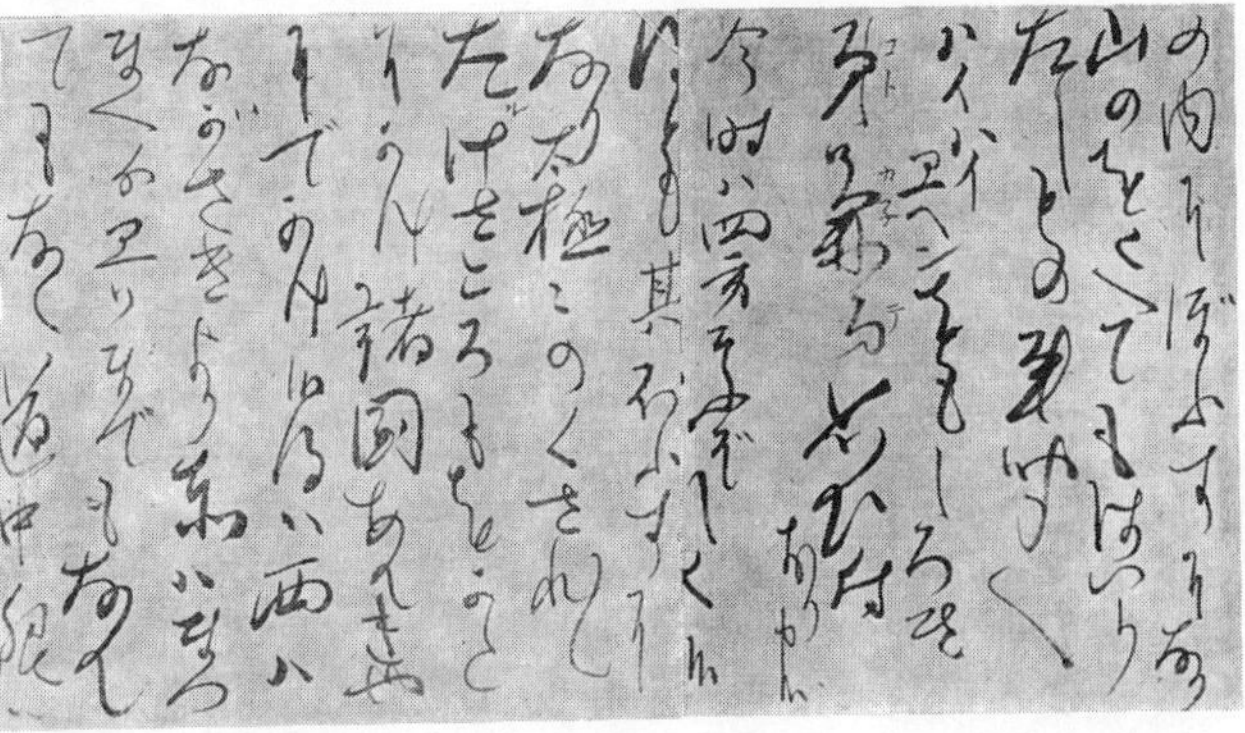

たしとの事聞へ、
ハイハイヱヘンをもしろき
事兼而（コトカネテ）思ひ付おり申候。
今時ハ四方そふぞしく（騒々）候
得ども、其ぼふずに
なり太極〻（はなはだごくごく）のくされ〱
たルけさごろも（袈裟衣）をかた
にかけ、諸国あんぎや（行脚）
にでかけ候得バ、西ハ
ながさき（長崎）より東ハまつ
まへ（松前）よりヱゾ（蝦夷）までもなん
でもなく、道中銀ハ
一文も用意におよばず。
それをやろふと思へバ
先つねのシンゴンしう（真言宗）のよむ

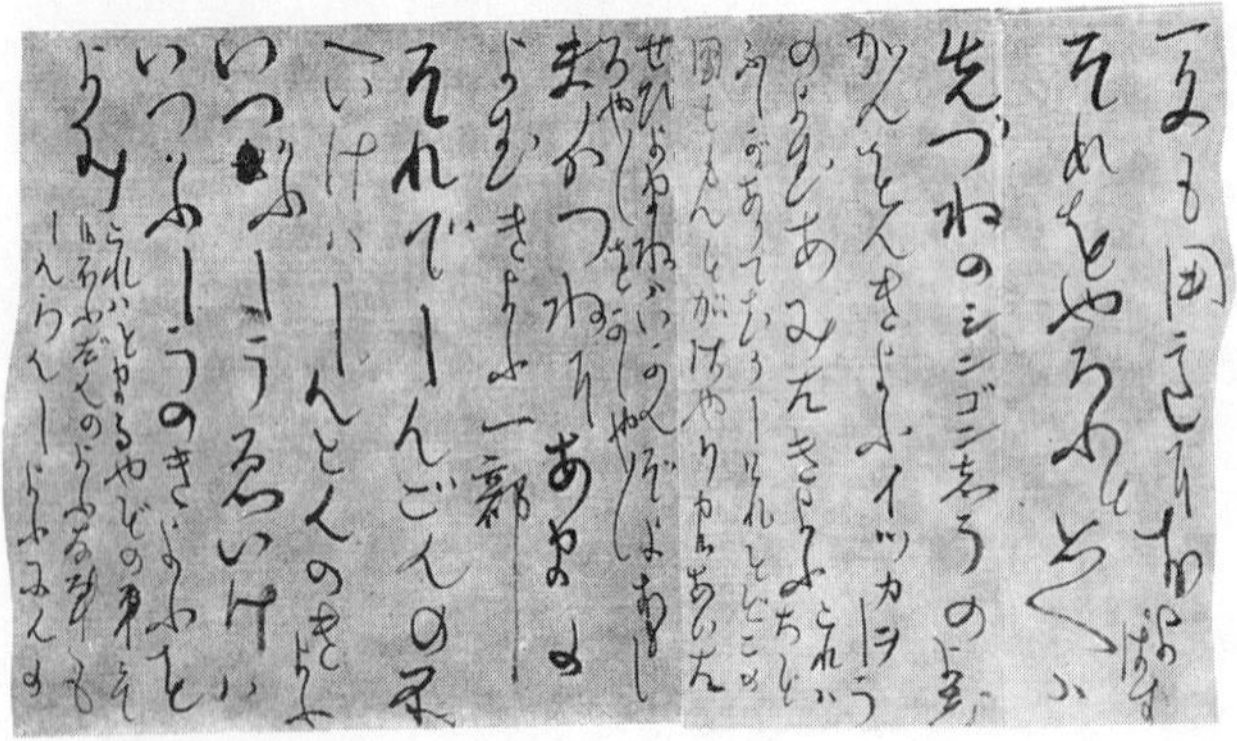

かんをんきよふ（観音経）イツカヲ（一向宗）しう
のよむあみだきよふ（阿弥陀経）、これハちと
ふしがありてむ（ン）かしけれど、どこの
国ももんと（門徒）がはやり申候あいだ、
ぜひよまねバいかんぞよ。おもし
ろやく〳〵、をかしやく〳〵。
夫よりつねにあま（尼）の
よむきよふ（経）一部、
それでしんごんの所
へいけバしんごんのきよふ、
いつかふしうゐいけバ
いつかふしうのきよふを
よみ　これハとまるやどの事ニて
候。ほふだん（法談）のよ
ふな事もしんらんしよふにん（親
鸞上人）のありがたき
おはなし
などする也。いたし、まち（町）

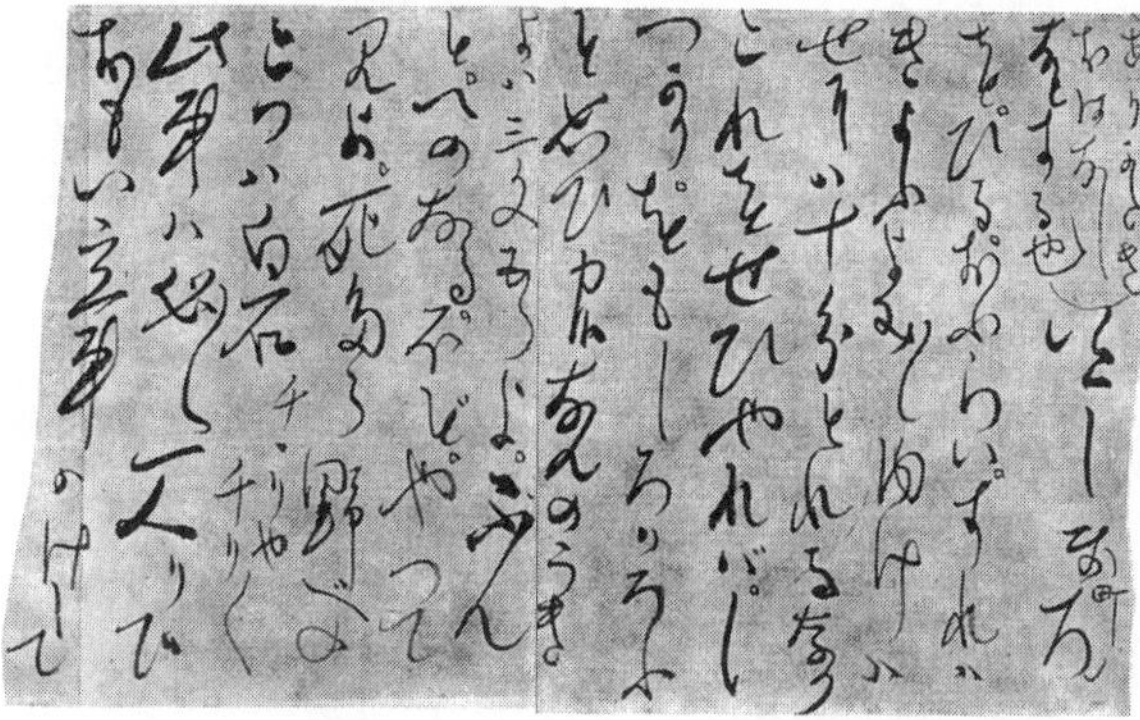

を。ひる。おふらい（往来）。すれバ
きよふ（経）よみ〳〵ゆけバ、
ぜに（銭）ハ十分とれるなり。
これをぜひやれバ。し
つかり。をもしろかろふ
と思ひ申候。なんのうき
よ（浮世）ハ三文五厘よ。ぶん
と。へ（屁）のなる。ほど。やつて
見よ。死だら野べの
こつハ白石チ、リやチリ〳〵
此事ハ必〳〵一人リで
おもい立事のけして
相（アイ）ならず候。一人リで
いたりやこそ龍ハはやしぬるやらしれんきに（ママ）すぐにとりつく。
それハ〳〵おそーしいめ

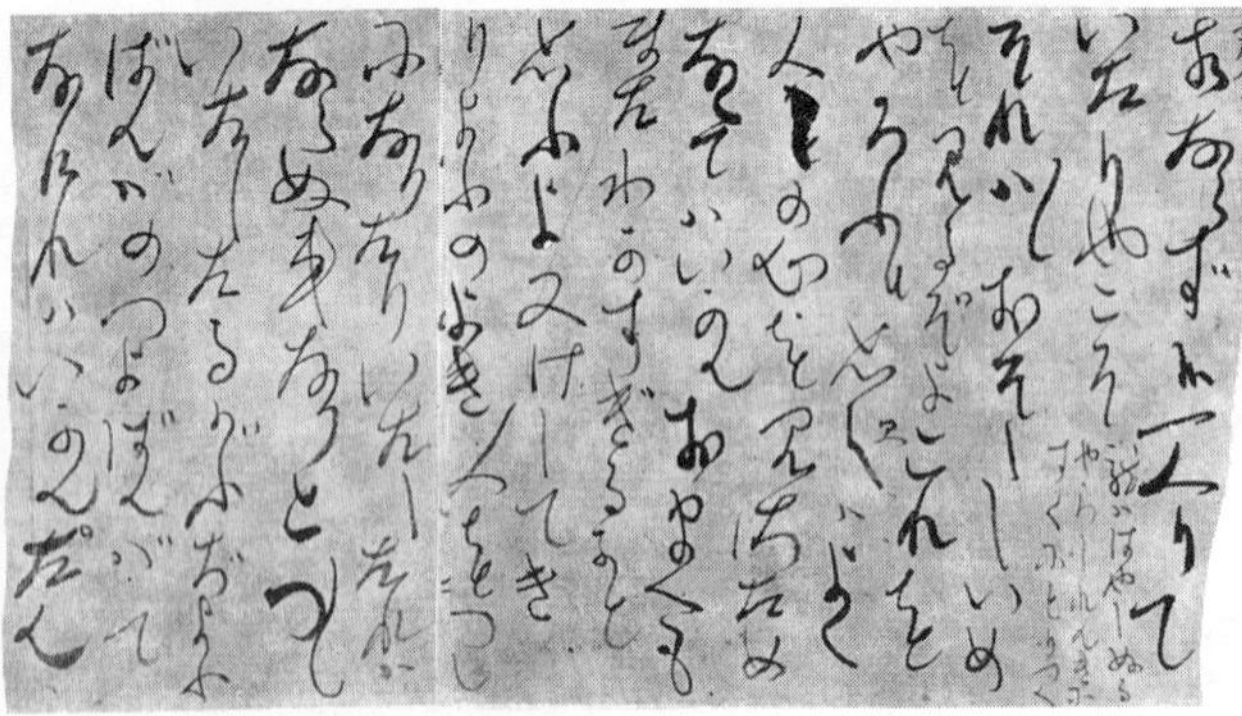

を見るぞよ。これを
やろふと思へ(ヱ)バよく
人の心を見さだめ
なくてハいかん。おまへも
まだわか(若)すぎるかと
思ふよ。又けしてき
りよふ(器量)のよき人をつれ
になりたりいたしたれバ
ならぬ事なり。ごつく(強情)
いたしたるがふぢよふ
ばんバ(老婆)のつよ(強)ばんバで
なけれバいかん。たん
ほふ(短砲)。をバ。さんゑぶく
ろ(三衣袋)の。内にいれ、二人か
三人かででかけ万ゝ(マンマン)

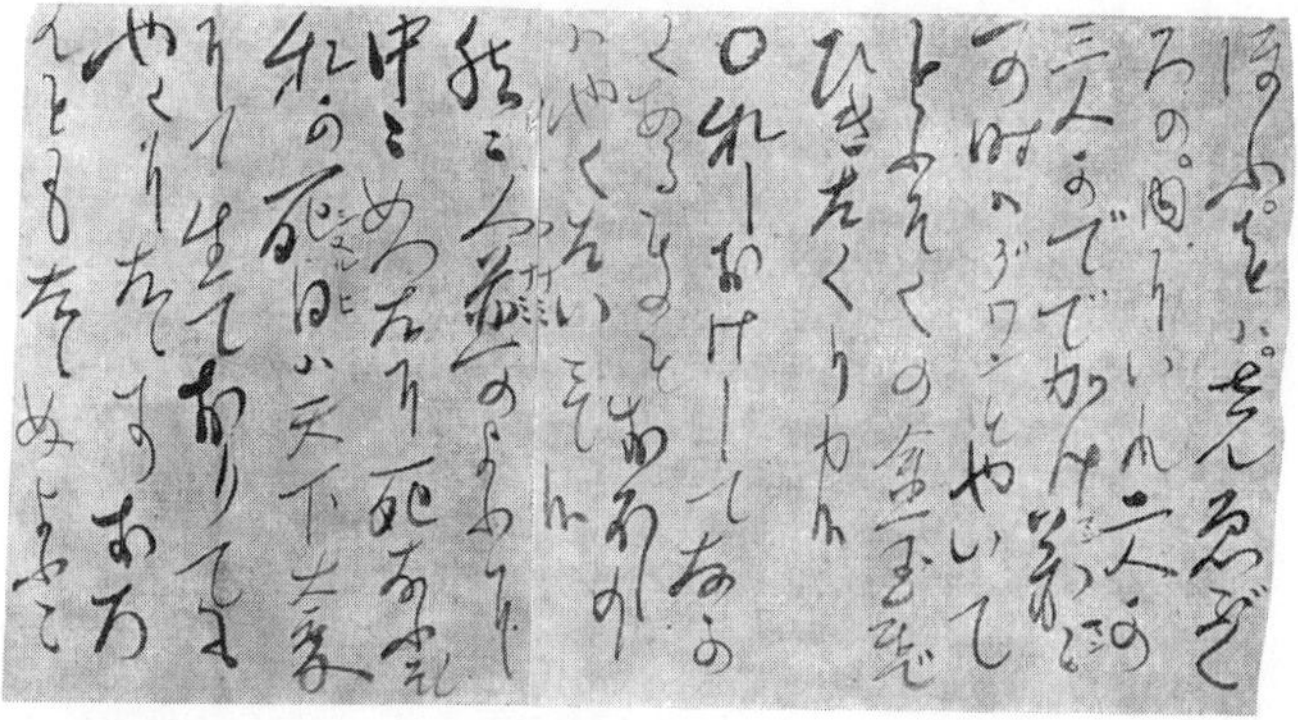

一の時ハ、グワンとやいて、
とふぞく(盗賊)の金玉まで
ひきたくり申候。
○私しおけ(決)してなが
くあるものとおぼしめし
ハやくたい(益体)ニて候。
然ニ人並(ナミ)のよふに
中〻めつたに死なふぞく。
私が死日(シヌルヒ)ハ天下大変
にて生ておりても
やくにたゝず、おろ
ん(ママ)ともたゝぬよふニ
ならねバ、中〻こすい
いやなやつで死(シニ)ハせぬ。
然ニ土佐のいも(芋掘)ほり

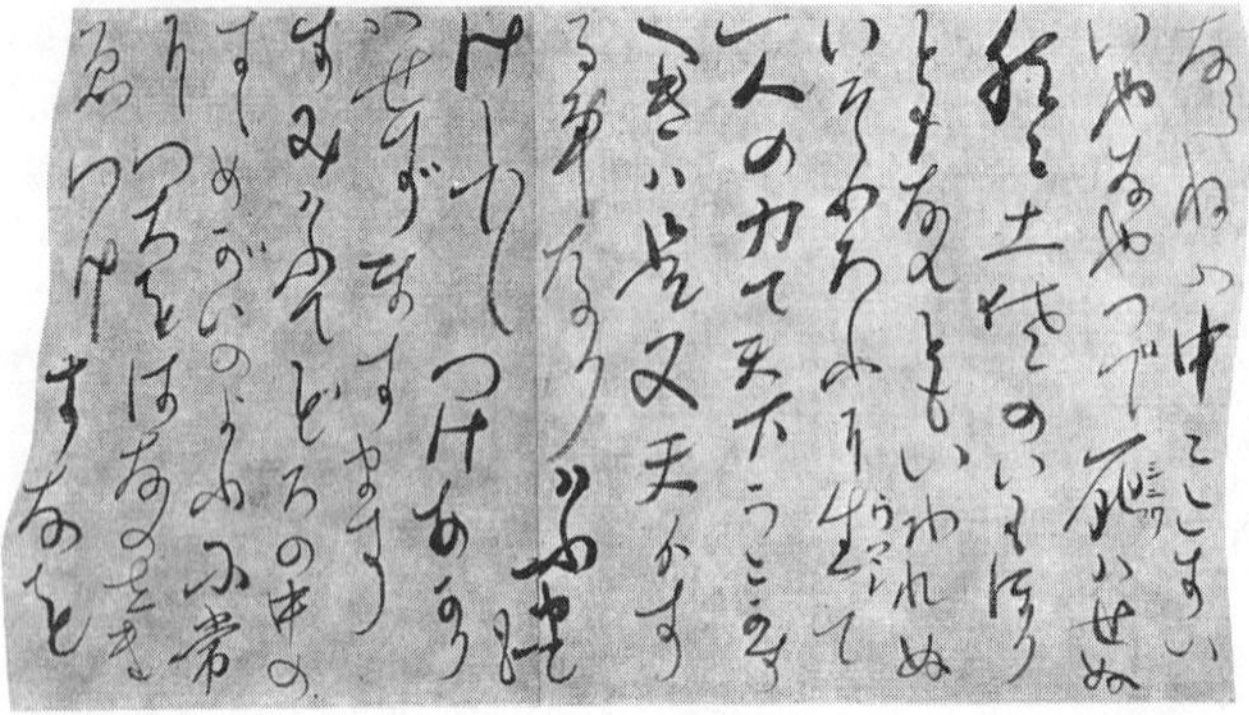

ともなんともいわれぬ、
いそふろ(居候)に生(ウマレ)て、
一人の力で天下うごかす
べきハ、是又天よりす
る事なり。かふ申ても
けして〱つけあがり
ハせず、ますます
すみかふて、どろの中の
すゞめがい(蜆貝)のよふに、常
につちをはなのさき
ゑつけ、すなを
あたまへかぶりおり申候。
御安心なされかし。
穴かしこや。

弟　直陰

大姉　足下
今日ハ後でうけた
まハれバ六月廿九日
のよし。天下第一
おふあら(大荒)くれ先生
を初めたてまつり、
きくめ(菊目)石の御君ニも
よろしく、むバ(乳母)にも
すこしきくめいしの
下女とくますやへいてをりた にしざいごのこんやのむすめ
にもよろしく、
そして平井の
収次郎ハ誠に
むごい〳〵。いもふと(妹)
カじんもうじ(カ字文十)

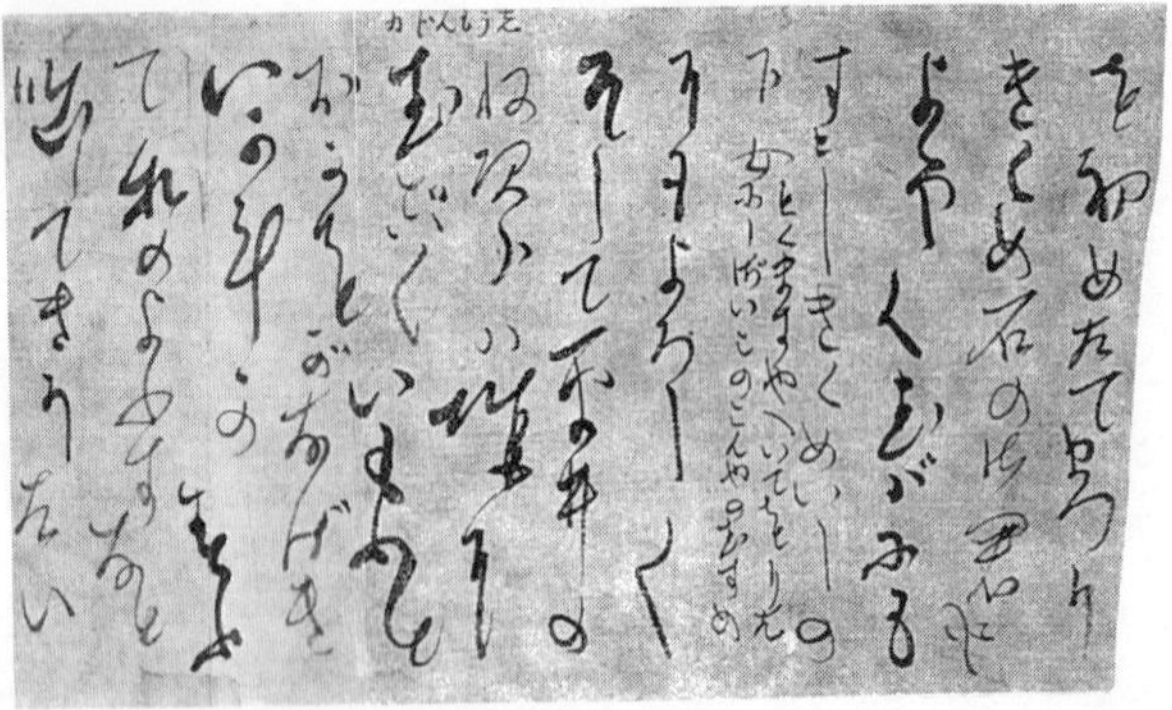

おか(加尾)をがなげき
いか斗か、ひとふ
で私のよふすなど
咄してきかしたい。
まだに少しハ
きづかいもする。

かしこ。

しもまちのまめそふも、
もをこわれハせんかへ
けんごなりや、なををかしい。

龍馬は姉乙女に自分の心境を胸中にある「極大事の事斗(ばかり)」と記し、長い消息文に認めている。龍馬の神戸操練所時代の最中、生き方や人生観を語り、激動する時勢にふれている。「天下第一 おふあらくれ（大

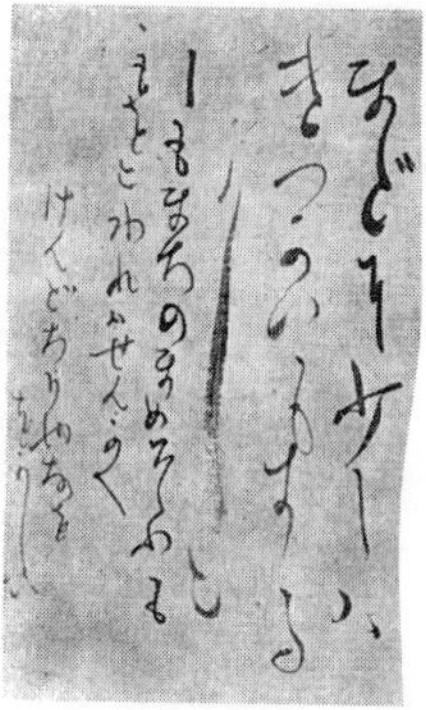

（京都国立博物館蔵）

荒くれ）先生」の姉乙女が厭世出家のこころを、独特の擬声語で話しかけるように慰撫してゆく。龍馬の情味が溢れている。

前半の「長州でたゝかいたる船を江戸でしふく（修復）いたし」た事に怒っているが、「龍馬京都より帰坂仕候て同道仕、大隅守様（大坂町奉行松平信敏）え罷出（まかりいで）、時勢の儀申上候。長州にて戦争の異船横浜にて修補、且手負（ておい）人等療養為レ致候事にて、夷（人）の手を借、薩長を打たしむると風評仕候事」（文久三年八月七日、「海舟日記」）はこれを裏付けている。外国軍艦が下関で長州を報復砲撃した際、幕府はこれと内通し、艦船修理の援助をしていることを、龍馬は憤り「日本を今一度せんたく」せんと決意し「神州（日本）をたもつの大本をたて」ようと乗り出してゆくのである。「よく〱心中を見込てたのみにせられ」た一大藩とは越前福井藩をさす。

後半は乙女が婚家岡上家との不和を生じ（のち離縁）厭世的な手紙を書き送ったためであろう。龍馬はこの姉に同情しながら、仏教的慰撫で答えている。判読に苦しむ文言もあるが、時にからかい時に説教し、肉親を想う真率さが窺われる。「収次郎は誠にむごい〱」は、この六月九日、

「青蓮院宮令旨事件」で、容堂の怒りにふれて切腹させられたニュースが、はやくも京坂の地にとどいていたのである。「いもふとおかをがなげき」如何ばかりかと気遣い、加尾への愛の揺曳の気配を示している。翌元治にかけて日本国内は変乱続出、大揺れとなるが龍馬はこの渦中で時勢をよく観望し「土佐のいもほり」と「居候」の自覚と「一人の力で天下うごかすべき」革命的使命を抱懐、「どろの中のすゞめがい（蜆貝(しじみがい)）」のように常に「すなをあたまへかぶりおり」という、自戒と自覚を自分に課している。龍馬の真骨頂を示す手紙である。「べちや〳〵」「ホミヲホミヲ」などは、方言を交えた独特の擬声語。

一一　文久三年七月八日か
村田巳三郎あて

唯今肥後邸ニ横井を尋(たづね)候所、夜前申合候通、伏水(見)ニ相待(あひまつ)と申て、今日八ツ時頃、出足ニて候よし。

下拙(げせつ)ニ於ても一言、神戸へまて申遣(まうしつかは)し度儀(たきぎ)も有レ之(これあり)、又先刻御談申せし儀も有て、薩邸ニも早々参(まゐりた)多し。

故ニ今夜伏水ニ下り明朝上京と存付候間、吉井への状一封今夜中、何卒御遣しの程奉レ希(ねがひたてまつる)。

頓首々

八日

花押

坂本龍馬

村田巳三郎様　　　　　直陰
足下

〈現代語訳〉

唯今、京の肥後藩邸に横井小楠を尋ねましたところ、昨夜申し合せたとおり伏水（伏見）で待つと申して、今日、八ツ時（午後二時）頃、出発したとのことです。

小生においても一言、神戸へ連絡したい事もあり、また先刻談論しました件もありますので、薩摩藩邸へも早急に参りたいと考えております。

それ故に、今夜伏水に下り、明朝上京いたしますので、薩摩藩の吉井仲介（幸輔）へ書状を一封、今夜中に届けていただくようお願い申し上げます。

この書状は平成十三年（二〇〇一）九月、福井市で発見されたもので、霊山（りょうぜん）歴史館（京都市東山区）の木村幸比古学芸課長が鑑定を依頼された。書状は軸装されているが複製品と判明した。原本は福井震災などで焼失した可能性が高いとされていたが、平成十五年になって某オークションに「坂本龍馬他貼交屏風（はりまぜびょうぶ）」が出品され、そこにこの書状の原本が貼ってあった。

龍馬の他に、吉田松陰、西郷隆盛、橋本左内、梅田雲浜、横井小楠、大久保利通、木戸孝允ら計八通の書状が貼ってあり、すべて福井藩御目付・村田巳三郎氏寿（むらたみさぶろううじひさ）あてであった。

しかし、この屏風はオークション出品が途中で取り消され、下見会にも展示されることはなかった。現在（二〇〇三年十月）は公になっていない。

書状を全体的に見てみると、文字のつながりが左へ傾斜していく龍馬のくせがなく、丁寧に書かれているという印象を受ける。花押も初出である。〝龍〟一字の書状は他にもあるが、福井藩の御目付へ少し丁重に花押を書いたのであろうか。

「海舟日記」文久三年（一八六三）五月十六日の記述に、

「龍馬子を越前へ遣わす。村田生へ一書を附す」

とある。坂本龍馬は勝海舟の命で、神戸・海軍塾への費用助力を乞うために越前へ向かった。村田生とは村田巳三郎であり、海舟から村田への書状を持参したのである。

この頃、福井藩では藩の総力を挙げて京都へ上るという「挙藩上洛計画」が進められていた。松平慶永（春嶽）、藩主茂昭父子を先頭に約四千の藩兵で上洛し、京の治安を回復し、朝廷、将軍、公家、大名、雄藩要人、外国の外交官、尊攘派の要人らで「大会議」を開催して政局を一挙に転換させるという計画であった。計画立案者は横井小楠である。

松浦玲著「横井小楠」〈増補版〉（朝日選書）ではこの「大会議」を「国際会議」ととらえている。

五月二十四日、城中で大評定が行われて、六月一日、「挙藩上洛計画」決定が藩士全員に伝えられた。

五月十六日、大坂を出発した龍馬は十九日か二十日には福井に到着している。滞在中のある夜、横井小楠が小舟に龍馬を乗せ足羽川（あすわ）を渡り、対岸の三岡八郎（由利公正）宅を訪ねて、一夜語り明かしたという有名なエピソードがある。この時、龍馬は「挙藩上洛計画」を小楠から直接聞いていたと思われる。

福井藩の記録「続再夢紀事」文久三年には、

六月六日「村田巳三郎御目付京都に出発す」
同廿一日「村田巳三郎吉井仲介を訪ひ牧野主殿介、沼田勘解由を訪ふ」
廿九日「土州藩坂下（ママ）龍馬村田巳三郎の許に来る（中略）勝の使事ハ騎兵銃一挺を本藩へ贈れるなり」
七月朔日「坂下（ママ）龍馬近藤昶次郎来る村田面会す」
同　四日「村田巳三郎京都を出発し途中程を兼ね六日暁福井に着す」
十日「暁八時村田巳三郎福井を出発し十二日朝五ツ時京師に着す此日村田薩藩吉井仲介を訪ふ」

とこの書状に関連する記録がある。

「挙藩上洛計画」は時期尚早ということで七月二十三日、中止となる。八月十一日、失意の小楠は福井から故郷の熊本へ帰っていった。小楠が再び上京するのは明治と改元されてからである。こうした流れから考えると、この書状の「八日」は、文久三年六月八日か七月八日と推定される。

しかし、六月六日、小楠が福井から熊本へ送った書状が存在し、六月十四日、小楠が福井から京都の村田巳三郎・青山小三郎へ宛てた書状が残っている。この二通の書状から小楠は六月八日、福井にいることが分かる。

残るのは七月八日である。しかし、村田は七月四日に京都を出発し、六日朝、福井に着いているので、七月八日は福井にいる。

龍馬は七月一日、近藤昶次郎（長次郎）と共に村田を訪ねていたので、七月八日、村田は在京しているものと思い込んでいた。

小楠は七月四日、福井から熊本へ書状を出しているので、翌五日、福井を出発したとすれば、七日夜、京都に着くことができる。途中村田とは行き違ったことになる。

京都へ着いた小楠は肥後藩邸へ入った。最初、福井藩邸に入らなかったので村田が福井へ戻ったことを小楠は知らず、龍馬にも村田不在が伝わっていないのである。

この書状は村田不在の福井藩邸に置かれていた筈であり、七月十二日朝、京都に戻った村田はこの書状を開封する。そしてこの日薩摩藩邸の吉井仲介を訪ねている。

福井藩の「挙藩上洛計画」が成功するか否かは薩摩藩、肥後藩の協力にかかっていた。

前年、十二月十九日、江戸で小楠が肥後藩江戸留守居役・吉田平之助の別宅において酒宴中、刺客に襲われる事件があった。その時、現場から離れた小楠は「士道忘却」として肥後藩から激しく糾弾され、死罪となるところを春嶽のとりなしで免れ、福井へ戻っていた。

その事件後初めて小楠は肥後藩邸を訪れたのである。「挙藩上洛計画」が頓挫しようとしていた段階で、小楠は必死の思いで京都の肥後藩邸を訪れたと思われる。龍馬も小楠を助けて薩摩藩の吉井仲介を訪ねようとしていた。小楠の思想に共感し、「挙藩上洛計画」を実現させようと奔走する龍馬の姿が浮び上ってくる書状である。

勝海舟は六月十六日、江戸へ戻っているので、神戸へ「申遣し度儀」とは龍馬の仲間たちへの伝言と思われる。

（小美濃清明筆）

一二　文久三年八月十四日か
坂本乙女あて

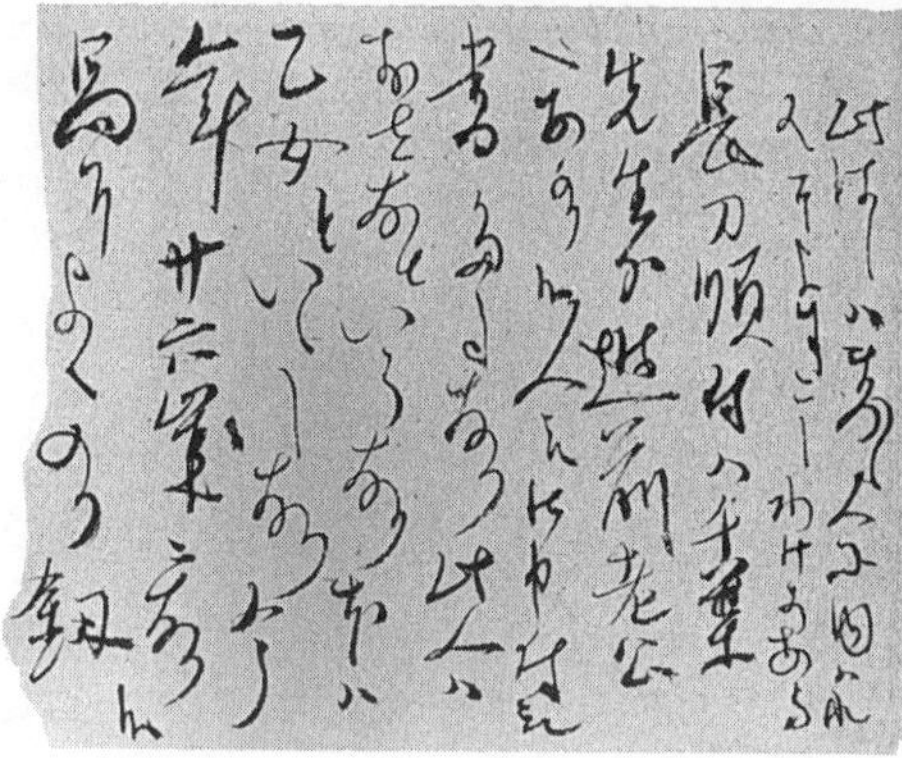

此は（な）しハまづ〳〵人にゆ（言）ハれ
んぞよ。すこしわけがある。
長刀順付ハ千葉
先生より越前老公
へあがり候人江（へ）、御申付ニて
書たるなり。此人ハ
おさなというなり。本ハ
乙女といゝしなり。今
年廿六歳ニなり候。
馬によくのり劒
も余程手づよく、長（なぎ）

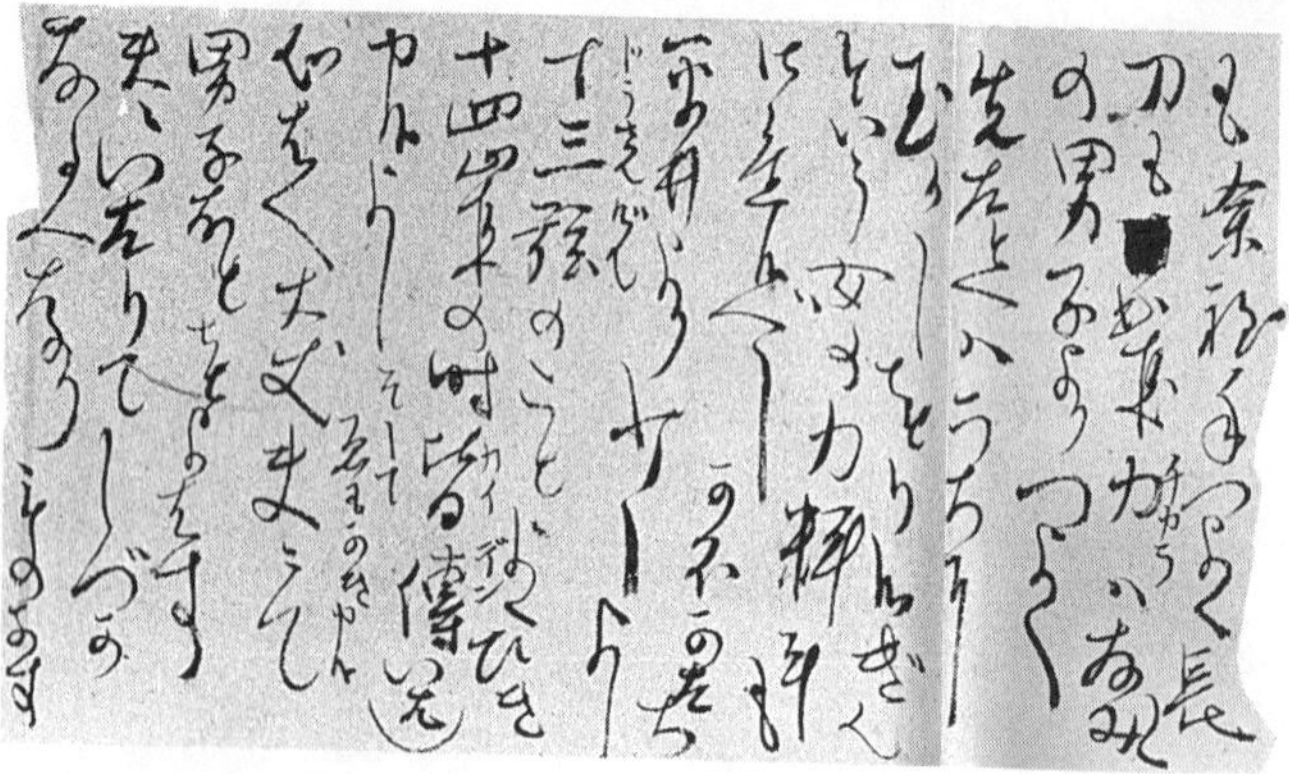

刀（なた）も出来、力（チカラ）ハなみ〳〵
の男子よりつよく、
先たとへバうちに
むかしをり候ぎん
という女の、力料斗（ばかり）も
御座候べし。かほかたち
平井（加尾）より少しよし。
十三弦（じうさんげん）のことよくひき、
十四歳の時皆傳（カイデン）いたし
申候よし。そしてゑもかき申候。
心ばへ大丈夫ニて
男子などをよばず。
夫ニいたりてしづか
なる人なり。ものかず
いはず、まあ〳〵今の

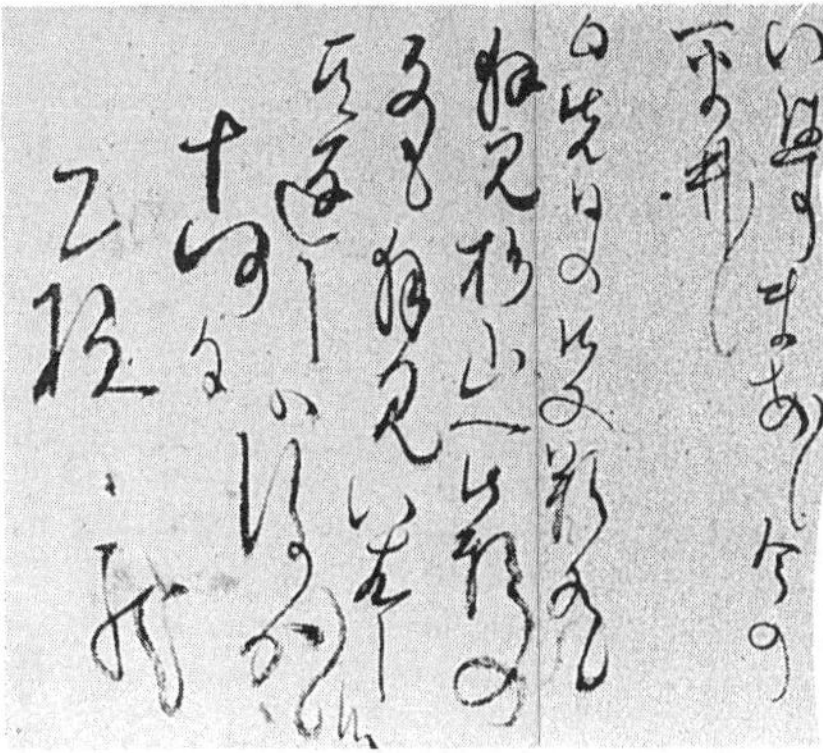

（札幌市　某家蔵）

平井〳〵。
○先日の御文難レ有
拝見。杉山へ御願の
事も拝見いたし候。
其返しハ後より〳〵。
十四日
乙様

龍

龍馬生誕百五十年（昭和六十年）の「坂本龍馬展」の掲示資料として、札幌市松坂屋デパートで初公開された書簡である。所蔵者は入手伝来経歴等を明かさないことが発表条件であった。内容はこれまで絶えてなかった千葉佐那について認められていた。

「此は（な）しハ、まづ〱人にゆ（言）ハれんぞよ。すこしわけがある」

と耳許に口を寄せるように土佐言葉で、姉に呼びかけている。

「長刀順付ハ千葉先生（定吉）より、越前老公（松平春嶽）へあがり候人江（へ）御申付ニて書たるなり。此人ハおさな（佐那）というなり」と書き出して、佐那を熱烈に姉に紹介、「本ハ乙女といゝしなり、今年廿六歳ニなり候。馬によくのり剣も余程手づよく、長刀も出来、力ハなみ〱の男子よりつよく、先たとへバうち（坂本家）にむかしをり候ぎんという女の力料斗も御座候べし」

北辰一刀流剣術師範、桶町道場主千葉定吉の長女佐那は、元は「乙女」で偶然ながら姉乙女と同名であると告げ、彼女は乗馬、剣術、長刀も出来て、昔坂本家に女中奉公していた力持ちの「ぎん」を想定します、と紹介。この時点で龍馬の心が激しく佐那に向っていることが察せられる。

男勝りで剣術切紙の腕前で馬術、弓術、水泳にも達していた乙女姉に詳報し、共感を得ようとする気配である。竹馬の友平井収二郎の妹で、初恋の女と言われる平井加尾を出して、「かほかたち平井（加尾）より少しよし。十三弦（絃）のことよくひき、十四歳の時皆伝いたし申候よし、そしてゑ（絵）もかき申候」と、一絃琴をはじめ音曲堪能の乙女姉に重ねて説いている。高知の加尾より江戸の佐那が「かほかたち」が良いのみか、体力、心ばえ、教養まで秀でているように褒めている。龍馬の燃え上っている胸中を惻々と伝え、大恋愛進行中の心も、姉に打ちあけている。

本書簡は、何年何月の「十四日」だろうか。佐那「今年廿六歳ニなり」とある。彼女は明治二十九年十月十五日、東京府南足達郡千住中組九九三番地（東京都足立区千住仲町）で五十九歳で没している。逆算すると天保九年（一八三八）生れで、佐那二十六歳は文久三年（一八六三）である。八月十四日と考証した理由及び彼女の晩年から墓碑のことは「龍馬全集」（四訂版）に詳細に掲げた。

なお、「日本歴史」第四九四号に掲載された松岡司氏の「初見の坂本龍馬書状と北辰一刀流長刀兵法目録」の中で、本状発掘の経緯を詳細に載せている。

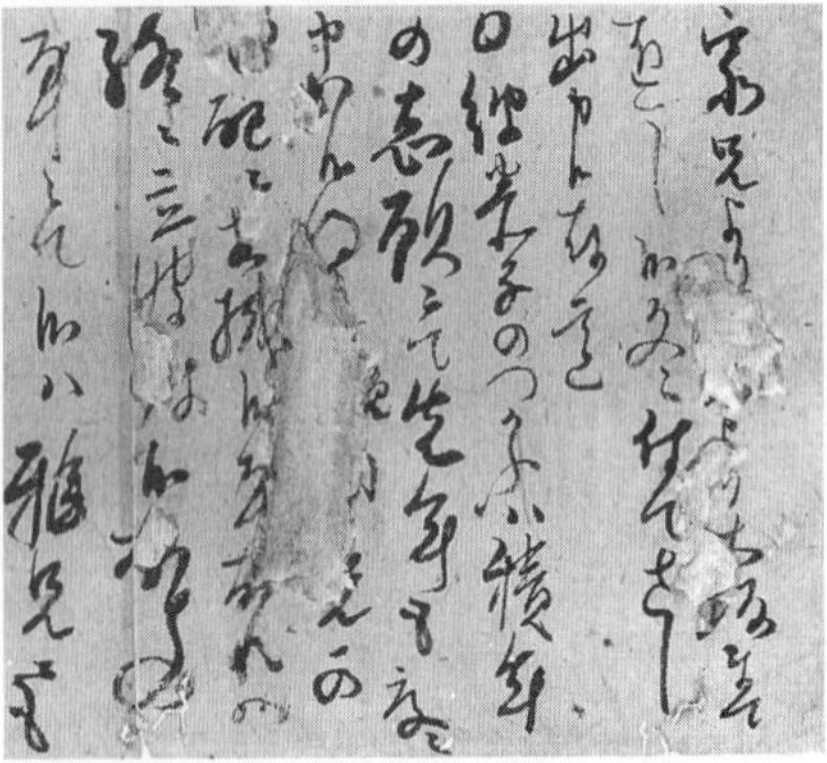

一三　文久三年八月十九日
川原塚茂太郎あて

家兄(坂本権平)より（京）より大坂まで
おこし候文ニ付て、さし
出申候存意、
○彼養子のつがふハ積年
の志願ニて、先年も度々
申出候得（共兎角）兄が
（心）配ニ相掛候事なれば
終に立服(ママ)致候ほどの
事にて候ハ、雅兄ニも
よく御存(知)の所ニて候。又
兼而(て)雅兄が御論ニも

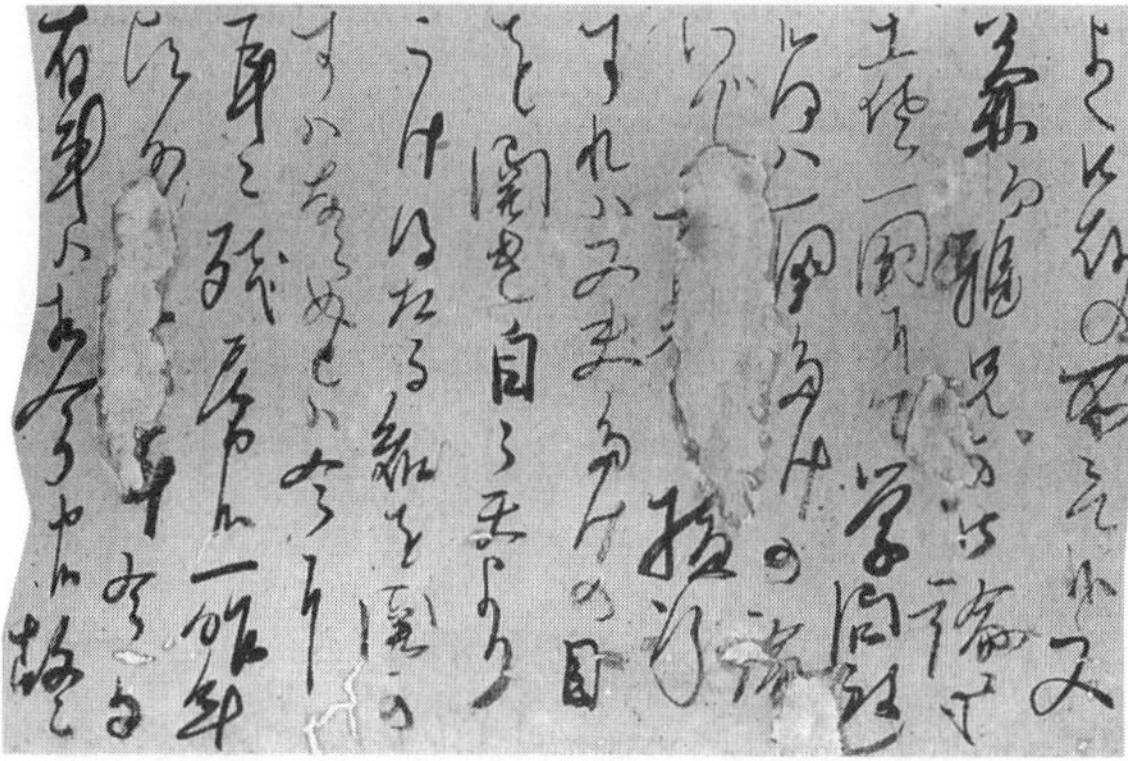

土佐一国にて学問致し
候得バ、一国だけの論（に）
いで（世界を）横行
すれバ、又夫だけの目
を開き、自ら天より
うけ得たる知を開か
ずバならぬとハ、今に
耳ニ残居申候。一昨年
頃に（も今年）今日
有事ハ相分り申候故ニ、
存意書を認（したため）候て
家兄ニも出し、親類
共ニも相談致しくれ
候。其文ニも勢ニより
てハ海外ニも渡り候事

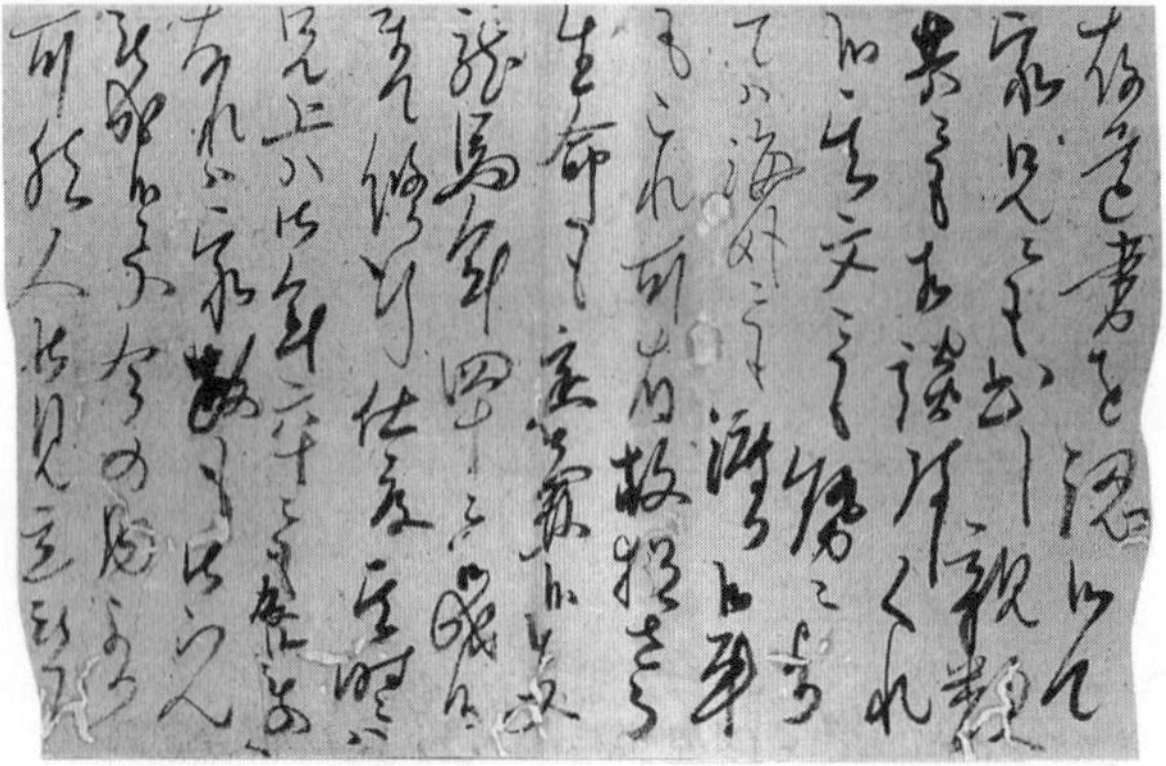

も、これ可レ有故猶さら生命も定兼候。且又龍馬年四十ニ相成候まで修行仕度、其時ニハ兄上ハ御年六十ニも及候ものなれバ、家政も御らん被レ成候には今の内より可レ然（しかるべき）人、御見立被レ下度との文も有レ之候。其文猶御らん被レ下度候。今時の武稽（ママ）修行と申ハ、元亀天正ころの武稽人の如く時々、戦争の場に出合実の稽古致し申候よふ相成申候。

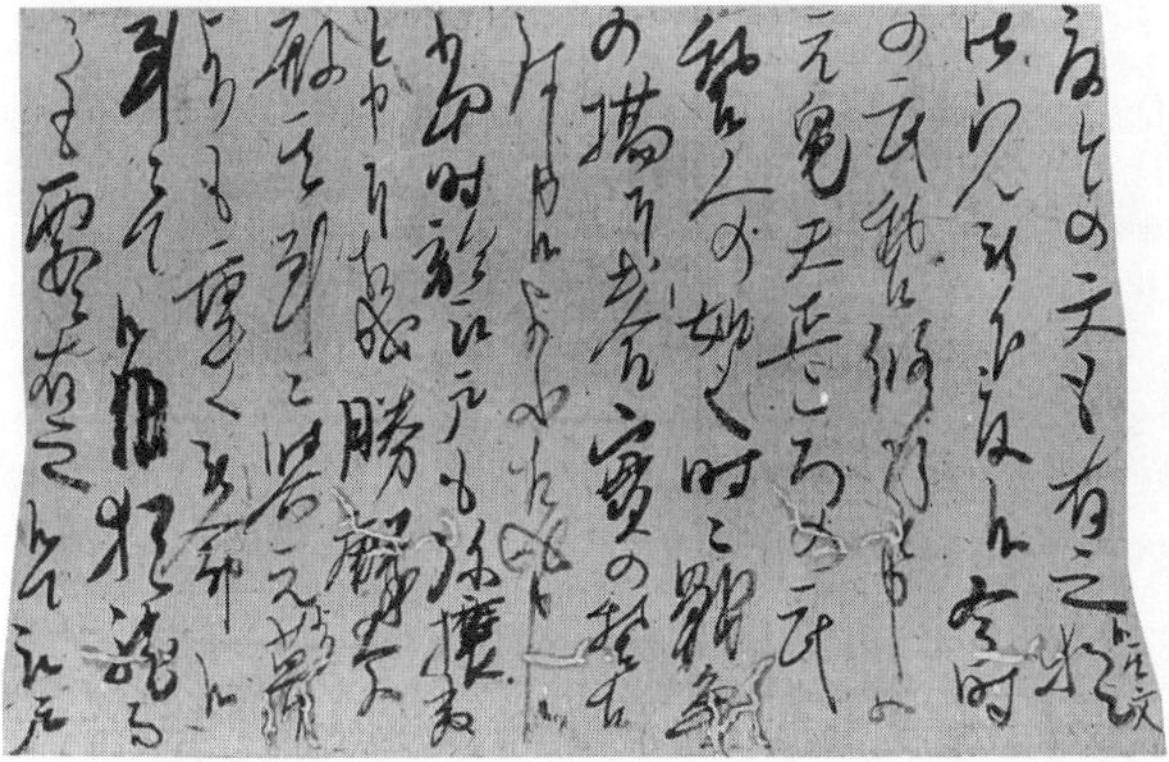

当時於二江戸一も弥（いよいよ）攘夷
と申に相成、勝麟太郎
殿其事に與（あずかり）、元より幕
よりも重く被レ命候
事ニて候。猶龍馬
らも要ニ有レ之候て江戸
よりの書状八月廿
八日ニ参り同九日ニ
大坂を発足致
事ニ相成候。右の
件ニ候得バ元より
天下の事ニ引くらべ
候得バ、一家の事ハ
かへり見るにいとまなし。
又すこしも家兄

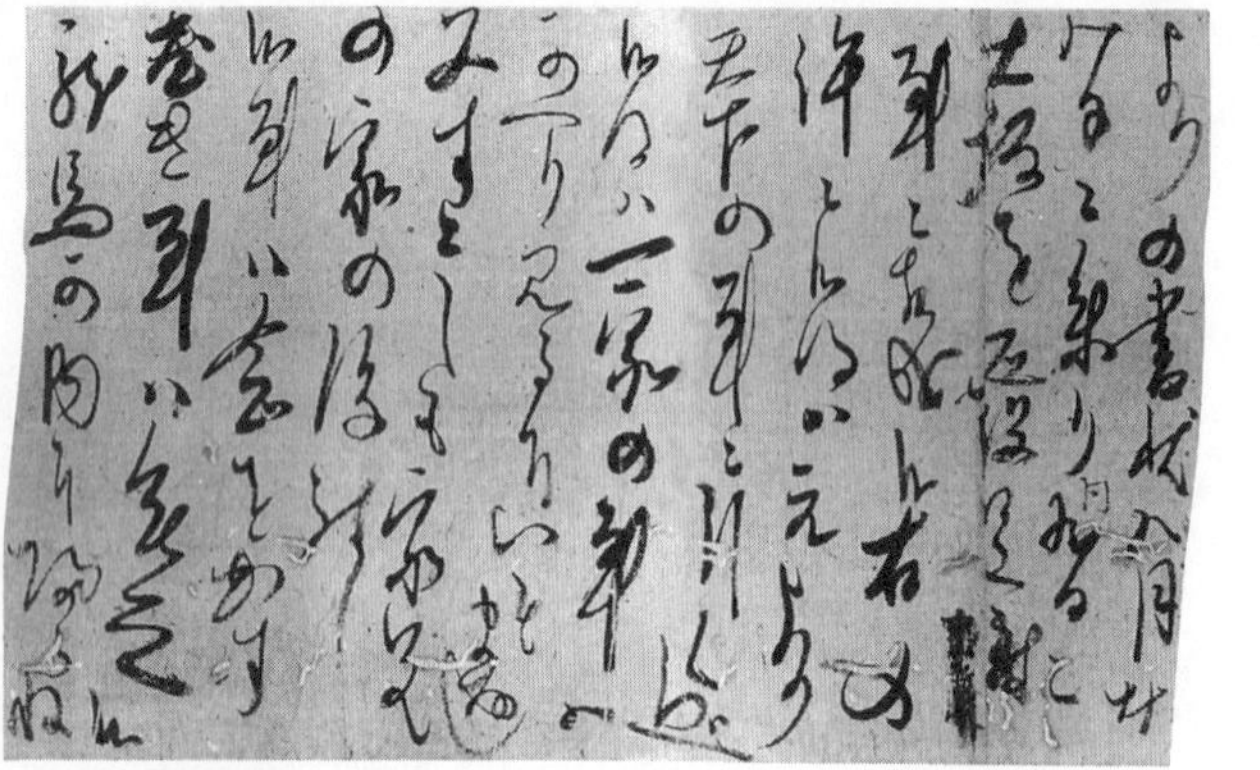

の家の後致し
候事ハ、念を出す
べき事ハ無ㇾ之候。
龍馬が内（家）に帰らね
バ養子もできず、
家兄にまで大きに
心配相かけ候とならバ、
又々出奔か死か可
仕より外なし。
何卒以前の御心ニ
変り無ㇾ之候時ハ、
養子のつがふ（都合）御つけ
被㆓成下㆒度候。早々

恐惶謹言

八月十九日　龍馬

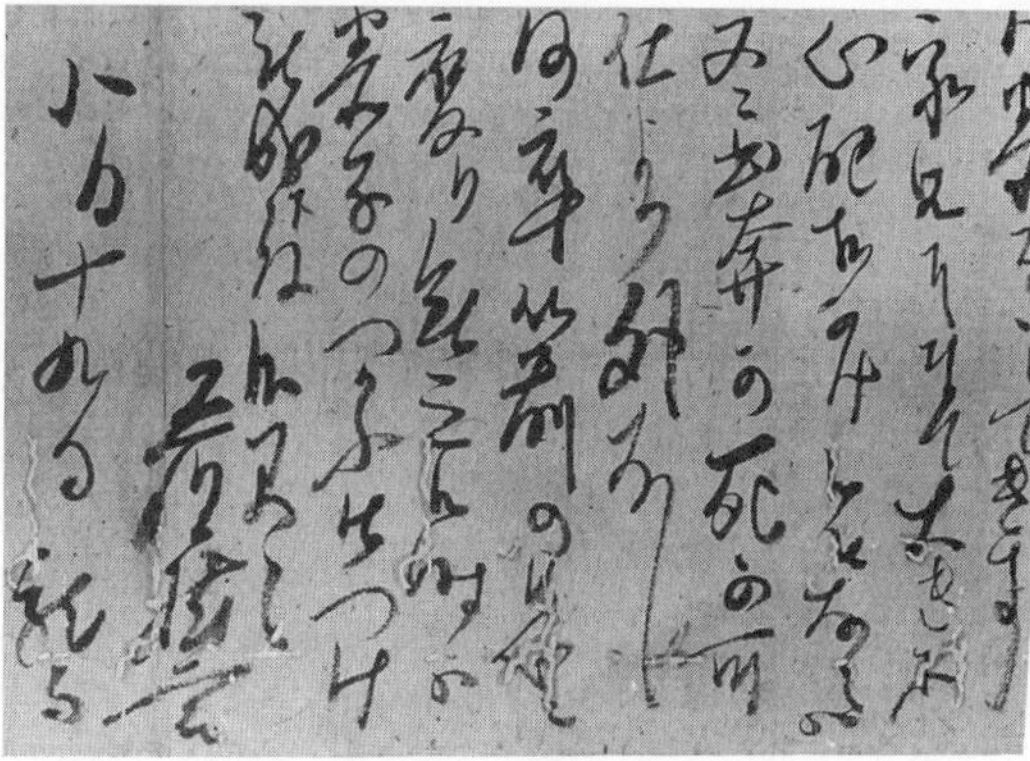

茂太郎様

足下

此状のをもむき
にてうしお（潮江）へ
よしもと（吉本）など
にも御申被ㇾ下度、
川田金平などには
猶々御儀論（ママ）
被ㇾ下度候。

かしこ

龍馬脱藩後の坂本家の家庭事情にふれて、家兄権平より大坂滞在中の龍馬に寄せた家信に対する、存意書と解したい。

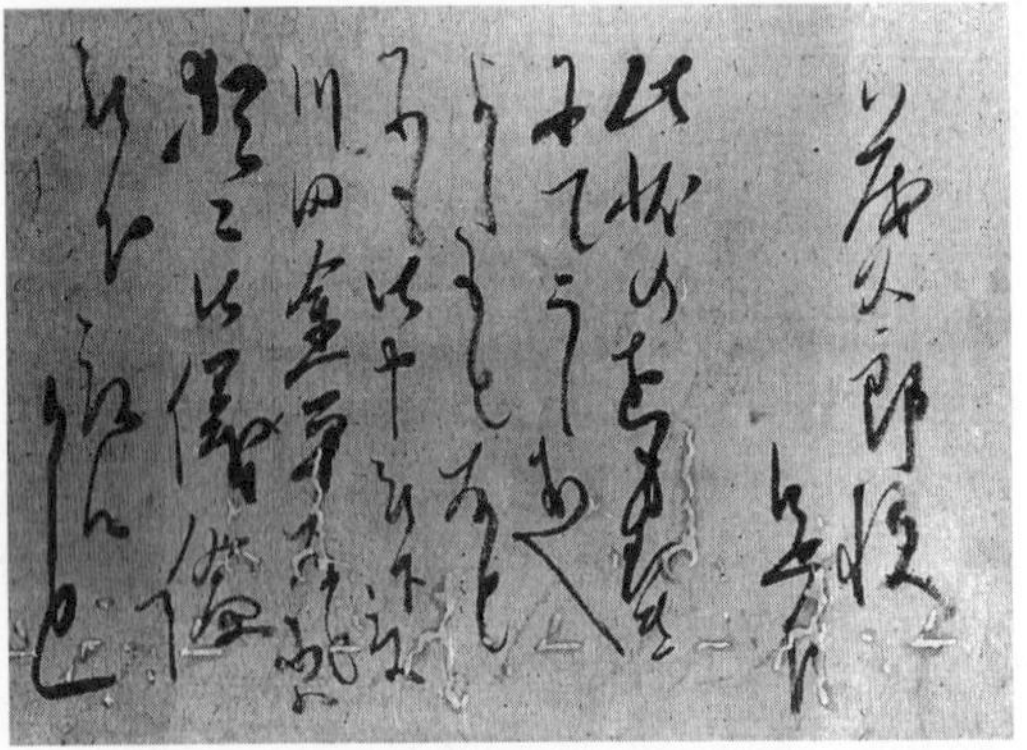
（個人蔵、京都国立博物館寄託）

「彼の養子」は、家老山内下総の家来鎌田実清の次男清次郎（明治後、三好賜）で、権平娘春猪に婿養子として迎えられたのは、「文久三年、龍馬脱藩後のころと思われる」（土居晴夫氏「坂本龍馬とその一族」）人物である。

「養子のつがふ（都合）」の内容は、龍馬を坂本家の跡取りにしたい兄の権平は龍馬に、四十歳まで勝塾での修業を認めたものの、思いは断ち難く、一方龍馬は、勝海舟とともに国事に邁進中で、とても家には帰れない。義兄の川原塚茂太郎に、その相談をしたもの。

　龍馬自身にも「勢によりては海外に渡り候事」とあって「猶さら生命も定兼（さだめかね）」「龍馬四十に相成候まで修行仕度」と当時の心境が書き送られている。

　二十一歳年上の兄権平と坂本家の「家政」のことを案じて「可レ然人」を見立てるよう頼み「養子のつがふ（都合）」をつけることを希っている。「潮江吉本」「川田金平」は未詳。本状は高知弘松家文書中の乙女、春猪あて（推定文久三年秋頃、続書簡二）の追伸「をもわくいつふハい（一杯）の所は、川らづかまで申やり候、其文御らん〳〵」と関連がありそうである。

「八月十九日」は文久三年の頃。差出しが八月十九日なので、文中の「八月廿八日」は七月の誤りと思われ、九日大坂を発足は、二十九日出発を意味し、年表の「文久三年八月、江戸に在り」が裏付けられる。

茂太郎は権平の妻千野の弟である。高知城下南奉公人町の徒士（かち）で春猪の叔父、龍馬の義兄。文久元年九月、武市の土佐勤王党に加盟。維新後は教部省十等出仕中録として奉職。明治八年四月、征韓論に敗れて下野した、板垣退助らと行動を共にして帰国。しかし其の後、自由民権と対立する大石円（弥太郎）の古勤王党に所属、有力党員として活躍。明治九年二月、国事犯の嫌疑を蒙り東京に押送されて九月病没、四十七歳。天保元年（一八三〇）生れで龍馬より六歳年上であった。

原書翰は、二〇〇〇年（平成十三）春、東京田園調布の所有者から、京都国立博物館に寄託されたため、それを参考に加筆訂正したが、当初（一九九五年PHP文庫版発行当時）は、山内家史料「幕末維新」第七篇、第十六代豊範公紀（昭和六十年六月、山内神社宝物資料館刊行）第五十巻慶応三年十一月十五日（龍馬暗殺）の項に拠った。京都国立博物館学芸課考古室主任研究官宮川禎一氏には、発表から写真撮影まで御高配を頂いた。

一四　元治元年六月二十八日
坂本乙女あて

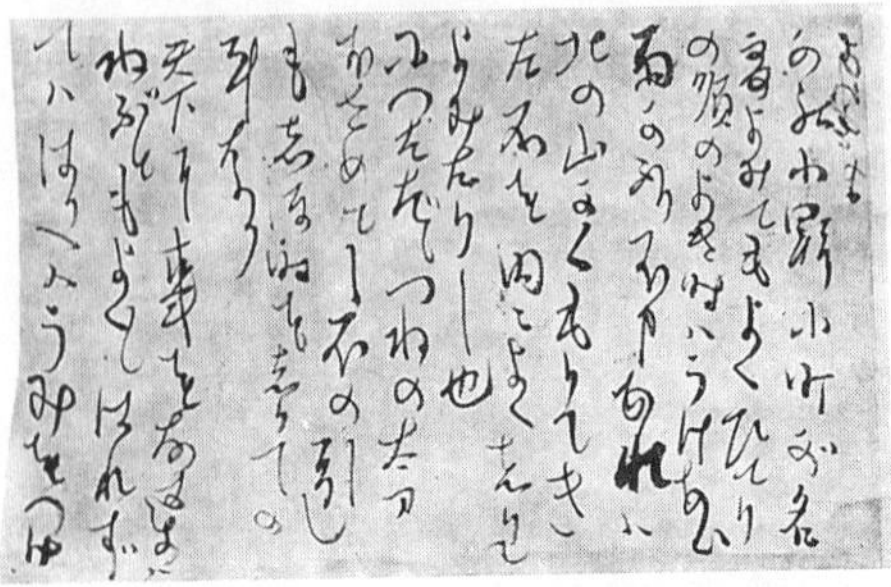

かの小野小町が名哥(歌)よみても、よくひでり(日照)の順のよき時ハうけあい(請合)、雨がふり不ㇾ申。あれハ北の山がくもりてきた所を、内ゝよくしりてよみたりし也。

につただゝ(ママ)つねの太刀おさめてしほ(潮)の引しも、しほ時をしりての事なり。

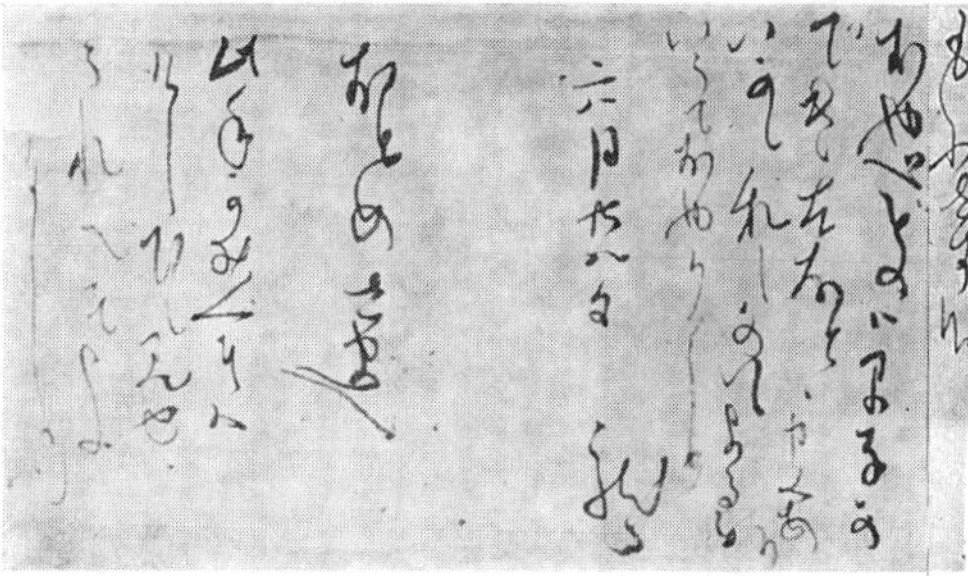

（土佐山内家宝物資料館蔵）

天下に事をなすものハ
ねぶともよく〳〵はれ（腫）ず
てハ、はり（針）へハうみ（膿）をつけ
もふさず候。
おやべどのハ早、子が
できたなど〻申人あり、
いかゞ私しがい〻よると
いうておやり、かしこ。
　六月廿八日　　　　龍馬
　おとめさまへ
此手がみ人にハ
けし（決）して〳〵見せ
られんぞよ、かしこ。

孕（はら）んでくる時勢に乗って全力投球せよ、但し世の動きや勢いを計量して進むべしと、龍馬の「ねぶと論」（腫れ物治療術）を語り、その行動哲学や独得の史観で時代を観望している。後の薩長連合の周旋、大政奉還の舞台まわし等、龍馬は「しほ時をしりての事」（潮の干満）にかかわる人生哲学を実践してゆく。教条主義的徒輩には、とても理解されないばかりか誤解を受け兼ねないだろう。故に「此手がみ人にハけして〳〵見せられんぞよ」となる。

日々繁忙の中でも「天下に事をなし」「しほ時をしりて」「はりへハうみをつけ」ることをモットーとしている。よし動機は純粋でも、時勢を洞察し機会を得なければ敗れ去る。土佐藩政改革を急いで青蓮院宮より密旨を仰いだが、そのためかえって平井収二郎ら三士は切腹（文久三年六月九日）、党主武市半平太も獄につながれ（同年九月廿一日）、土佐勤王党は覆滅に追いこまれる。討幕の魁となったが、大和天誅組吉村虎太郎らは敗北（同年九月廿七日）してゆく。さらにこの手紙の十日余り前には、京都池田屋で近藤勇らの新撰組に襲われ、勝塾の塾生や、龍馬の仲間が殺された事件が起き、蝦夷地開拓の夢が破れたことなどがあり、時期を見ることの難しさを思っている感がある。「につただゝつねの太刀おさめて」は仁田四郎忠常と新田義貞を混同しているが、名将義貞の稲村ケ崎へ剣を投じた故事をさす。「おやべどのハ早、子ができた…」は文久三年秋養子に来た清次郎との間に子供が生まれることを指しており、おやべは龍馬の姪春猪の別称と推考。

一五　慶応元年閏五月五日
渋谷彦介あて

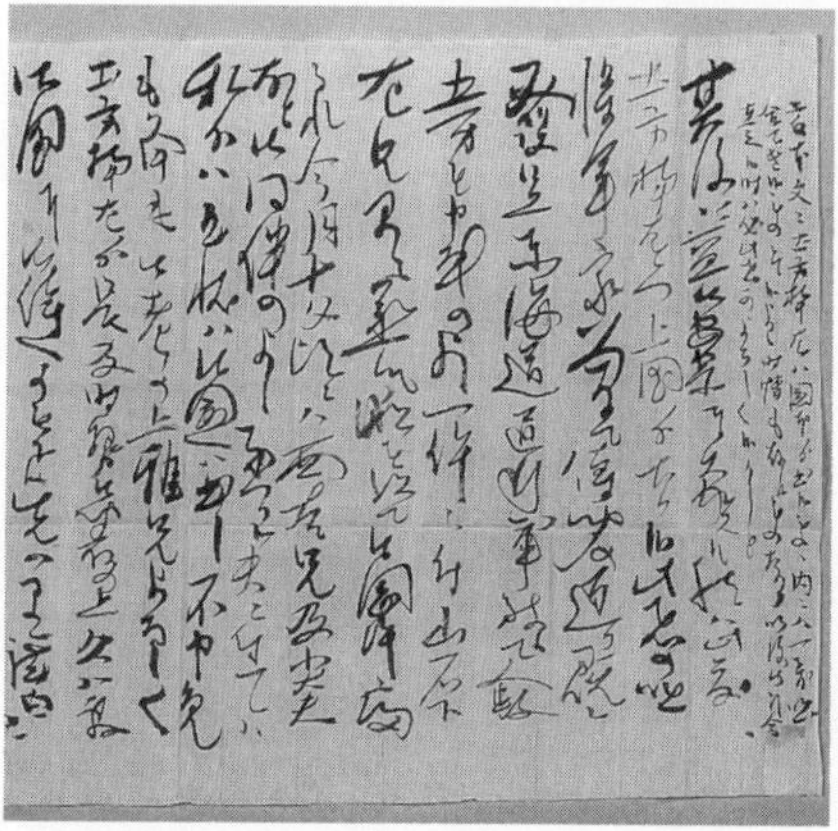

○坂本龍馬ヨリ渋谷彦助へ―将軍上洛ノ件

（包紙ウワ書）

「薩州御藩
　渋谷彦助様　　　　坂本龍馬
　　　足下」

〆

二白、本文ニ土方（ひぢかた）楠左（楠左衛門久元）ハ国本（土佐）より出候ものゝ内ニハ一寄咄合（はなしあひ）て遣候ものニて候よし、時情も存候ものなり。以後御引合在ㇾ之候時ハ必此者がよろしく候、かしこ。

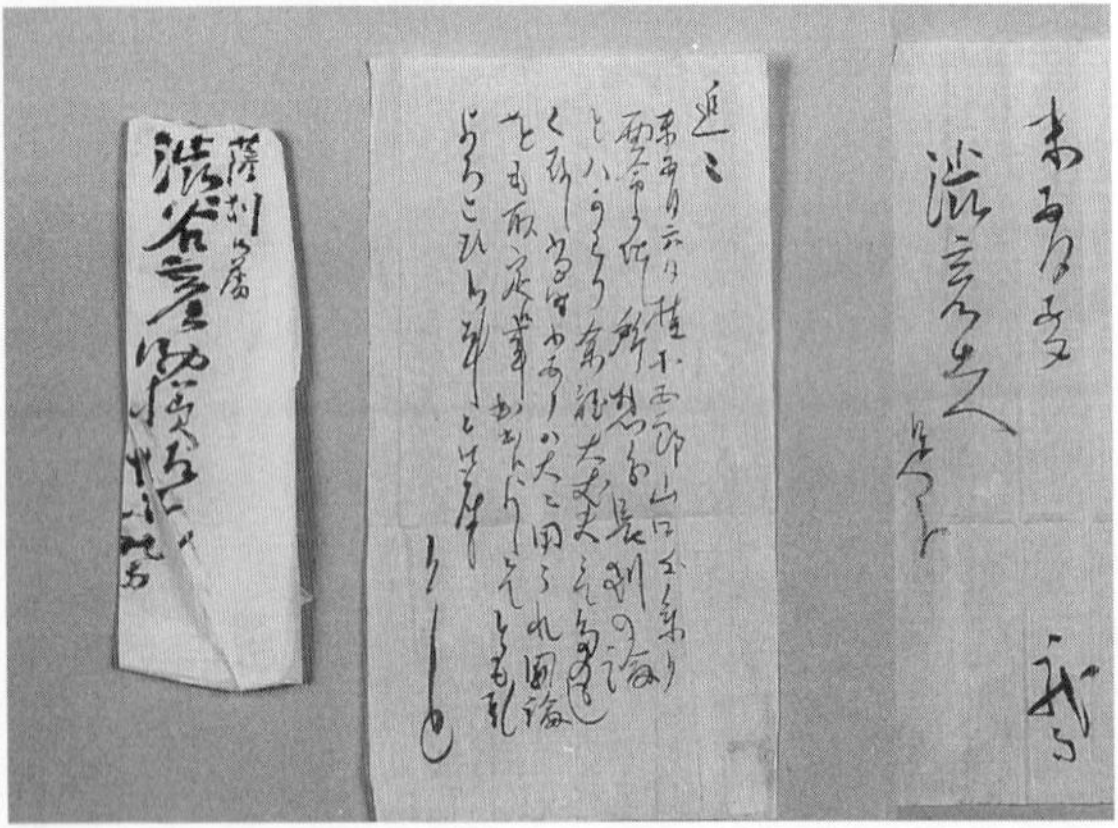

（個人蔵、鹿児島県歴史資料センター黎明館寄託）

其後益御安泰奉二大賀一候。然バ此度
土方楠左衛門上国より下り候。此者の咄、
将軍家曽て(かつ)伝聞の通り既ニ
発足。東海道通行軍旅候て、人数
五万と申事のよし、一件に付岩下
左兄（方平(みちひら)）早々蒸気船を以て御国許ニ帰
られ、今月十日頃ニハ西吉兄（西郷吉之助）及
小大夫（小松帯刀(たてわき)）
など御同伴のよし承り候、夫(それ)ニ付てハ
私よりハ書状ハ御国へハ出し不レ申、兎
も角も御老(ママ)の上雅兄よろしく
土方楠左より長（州）及時勢被二聞取一の上久(く)
ハ敷
御国ニ御伝へ可レ被レ下候、先ハ早々謹白候。

未五月五日　　　　龍馬

渋彦大人

足下

（文書原寸　縦二六・八糎（センチ）　横三九糎）

追々

来五月六日桂小五郎（木戸孝允）山口より参り面会仕候所、惣方長州の論とハかわり余程大丈夫ニてたのもしく存候。当時小五郎ハ大ニ用られ国論なとも取定候事書出候よしニて、ともに〳〵よろこび候事ニ御座候、かしこ

（文書原寸、縦二六・八糎、横一五・三糎）

「鹿児島県史料玉里（たまざと）島津家史料四」（鹿児島県歴史資料センター黎明館（れいめいかん）編集、平成七年一月発行）のなかの、古文書史料三千八百二十点中から、龍馬書簡と関係史料書簡が見つかり、「堂々日本史」（平成八年九月、ＮＨＫ）放映を機会に世に広く紹介された。

私も後記する方々の学恩、御協力によって、この史料に接したので、私見を交えて解義と所感を述べてみたい。

本状は太宰府で三条実美卿らを警衛の薩摩藩士渋谷彦介にあてて、下関の龍馬が手紙を土方久

元に託したものである。書簡本文の意は、

「その後ますますご安泰で大賀奉ります。この度は土方楠左衛門（久元）が京都より下関へ帰り、この者の話に将軍家（家茂）はかねて噂のように、すでに江戸を発足、東海道を軍勢を従えて上り、その人数五万と申します。

このことにつき岩下方平（薩摩藩士）は、この件を知らせるために早々と蒸気船で御国許（薩摩）へ帰られ、今月十日頃には、西郷吉之助や小松帯刀など同伴、上京と聞きました。

それについては、私（龍馬）からは書状を御国（薩摩）へは出しませんので、ともかくお考えの上、雅兄（渋谷）の方でよろしく土方楠左衛門から長州や上方（京坂）の時勢を聞き取っていただき、その上で詳しく御国に伝えてください。まずは早々に謹白申します」

冒頭の二白（二伸）と後の追々は、

「本文に記する土方楠左衛門は、国本（土佐国）出身の三条卿衛士たちが寄りあい、話しあって選ばれ、派遣された者の由で、事情問い合せの時は、必ず土方がよろしいと思います」

「閏五月六日、桂小五郎（木戸孝允）が山口から参り、面会いたしましたところ、一般の長州人の考え（尊攘激派）とは違って、大人物で頼もしく存じます。当時小五郎は長州で重く用いられており、藩論を取り決めるそうです。このことをともに喜んでいる次第です」

となっている。

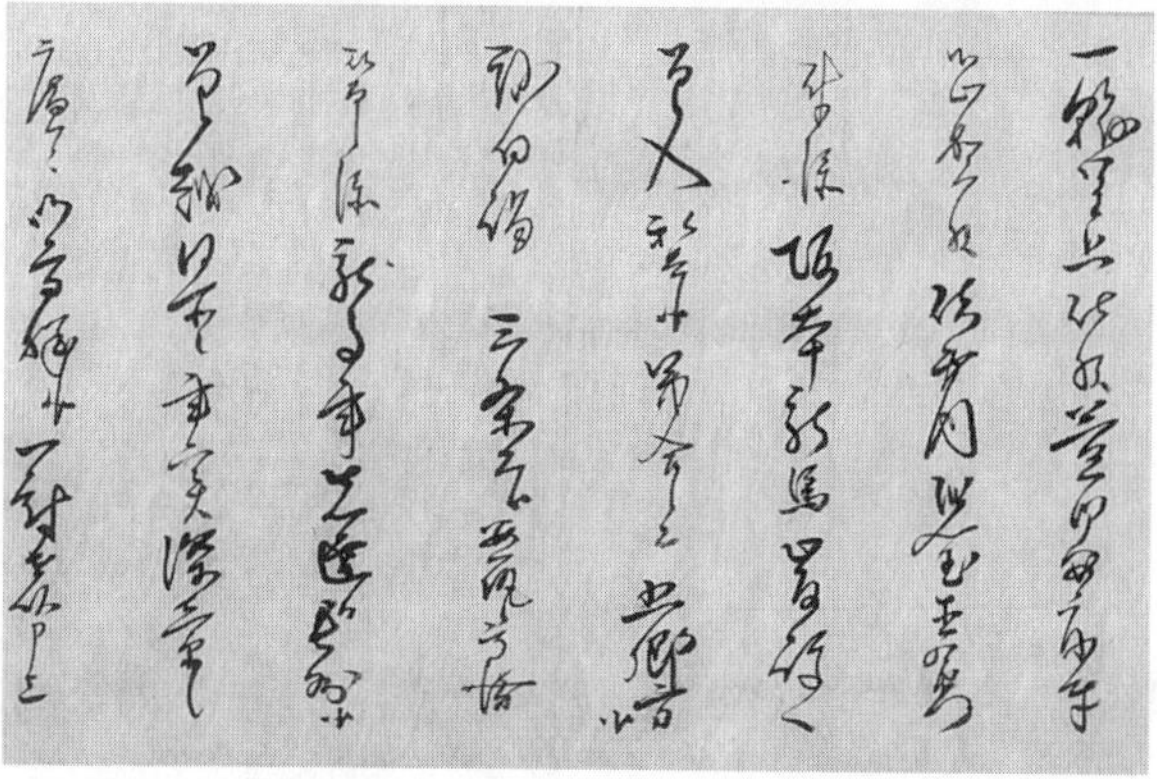

傍証となる「もう一通」

○宰府蓑田（みのだ）新平　渋谷彦介ヨリ在国西郷吉之介へ——長州事情探索ノ件（包紙ウワ書）

「御国許　　　　　　　　　宰府ヨリ
　西郷吉之助様　　　　　　　渋谷彦介
　　　　　　　　　　　　　　蓑田新平

　　閏五月十四日
　（黒緘）
〆

一翰呈上仕候。益御安康奉二
恐賀一候。偖（さて）此内児玉直右衛門
付添坂本龍馬爰許（ここもと）へ
差入、私共江曳（ひき）合之上五卿方江

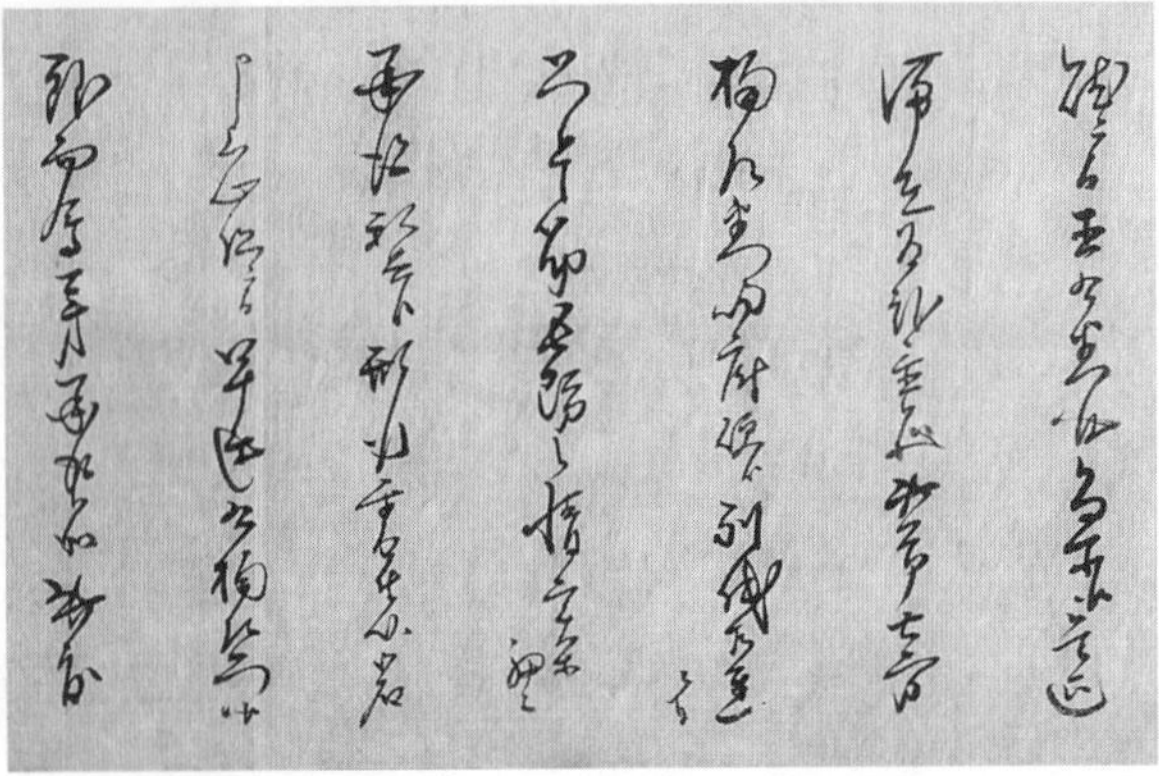

致拝謁、三条（実美）公より安芸守衛（黒岩直方）被ニ差添一、龍馬事、先達而長州江差越同所之事実探索之廉々（かどかど）御方様江一封を以、申上賦ニ而、直右衛門儀当所江是迄滞在為レ致置候処、此節土方楠左衛門帰府候より別紙相達ニ付、いづれ之筋長防之情実等細々承得、私共より形行書付以御届申上心組ニ而早速右楠左衛門江致面会旁々（かたがた）承得候処、此度蒸気船より大山彦太郎（中岡慎太郎）御国許之様罷下（まかりくだり）、方今長州

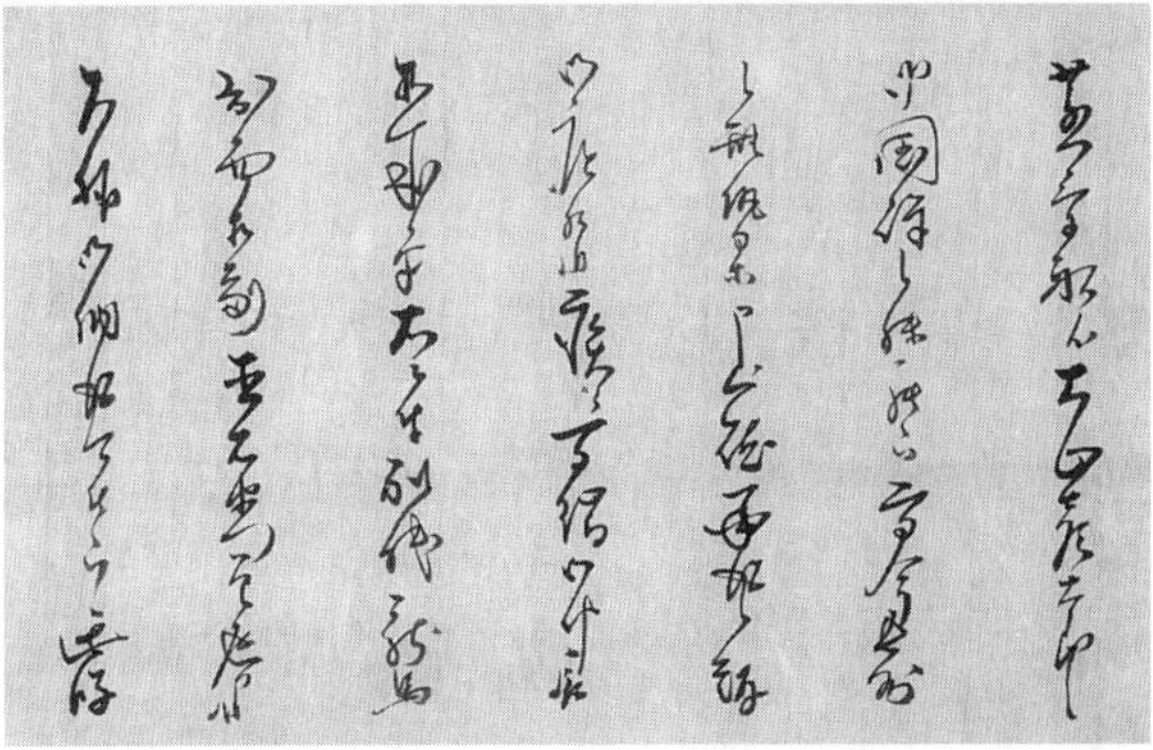

之形勢等申上賦承得候趣
御座候間、疾（つと）ニ万端御聞取
相成候事、右ニ付別紙龍馬
書面相副（あひそへ）直右衛門差返申候間、
右様御納得可レ被レ下候、此段
大略如レ斯御座候、以上。

宰府滞在

閏五月十四日　　渋谷彦介

蓑田新平

西郷吉之助様

（文書原寸　縦一六・八糎　横一〇六・五糎）

（包紙原寸　縦二三・五糎　横三三・五糎）

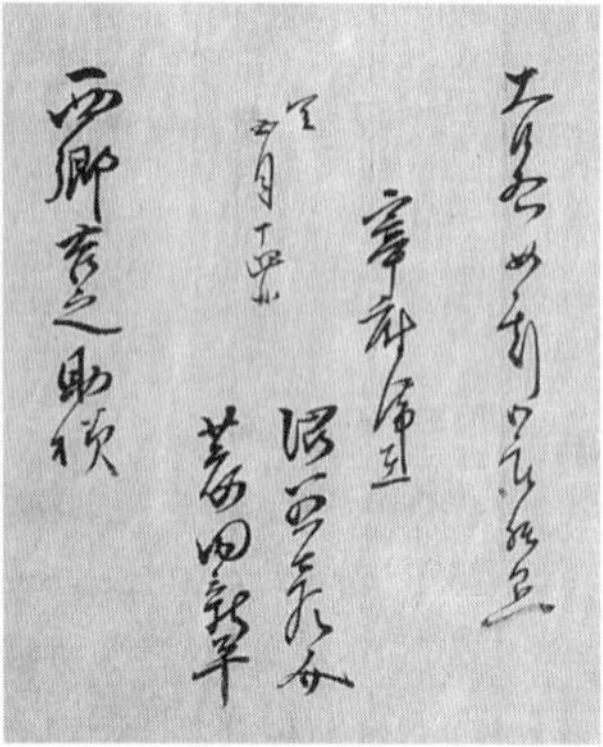

(個人蔵、鹿児島県歴史資料センター黎明館寄託)

右書簡の大意は、以下の通りである。

「お手紙を呈上いたします。ますます御安康お喜び申し上げます。

扨てこのうち児玉直右衛門(薩摩藩士)が付き添って、坂本龍馬が当地に来ました。私たちの世話で五卿に拝謁し、三条実美公から安芸守衛(黒岩直方)を差し添えて、龍馬は先日長州へ行きました。

長州の事情を探索し、その様子を御方様(西郷)に一封お知らせ申し上げるため、直右衛門を当所(太宰府)に滞在させておきましたところ、この節、土方楠左衛門が帰ってきて別紙の便がとどき、長州事情を土方から詳細に承りました。

その承ったところをお届け申し上げる心づもりで、早速、土方と面会しましたところ、今度は蒸気船で大山(中岡慎太郎)がお国元(薩摩)へ行き、今日の長州事情などを申し上げるということでございます。もう万事お聞きのことと思います。

それで別紙の龍馬手紙(龍馬より渋谷あての前掲書簡)を添え持たせ、児玉を返しましたので、御納得してください。この段大略は以上の通りです」

「薩長連合」をめざした動き

新出二書簡によって、薩長和解の準備期間中に動いた龍馬たち、土方久元、安芸守衛、中岡慎太郎らの苦心の動静がわかる。

渋谷にあてた書簡は、下関の龍馬が太宰府の土方に託したものである。土方は時勢探索のため、京都の薩摩藩邸に潜伏し、将軍家の対長州情報を摑んで、太宰府への帰途、下関に立ち寄ったのである。

土方久元は天保四年（一八三三）土佐郷士として出生。土佐勤王党に加わり、文久（一八六一－六四）の頃、藩命で上京して尊攘派公卿の三条実美、姉小路公知に仕えた。文久三年の八月十八日政変で七卿落ちの公卿に随行して脱藩。太宰府で中岡慎太郎らと薩長連合に周旋した。維新後は宮内大臣、枢密顧問官などを歴任した。

二書簡が交わされた慶応元年（一八六五）閏五月前後を追ってみると、同年四月に薩船胡蝶丸で、龍馬は西郷、小松らと共に大坂を出帆し鹿児島で半月ほど滞在。五月十六日単身出足。熊本で横井小楠を訪ねた後、二十四日に太宰府の三条卿に謁見。「薩摩の事情を陳べ、長薩相輔くるの利を説く」（「修訂長防回天史」）とある。

「坂本龍馬手帳摘要」には「五月廿三日、宰府ニ至ル、渋谷彦助ニ会ス」とある。渋谷は薩摩藩士で、三条ら五卿警衛の役目で在府していた。

「東久世伯爵公用雑記」には、

「五月廿五日　土州藩坂本龍馬面会。偉人ナリ奇説家ナリ」と出ている。

龍馬は安芸守衛と共に下関に渡り、閏五月六日、五卿従士長府藩士時田庄輔（しょうすけ）の案内で、桂小五郎（木戸孝允）と会見し、薩長連合を進めた。安芸守衛は土佐国安芸郡土居の出身で、黒岩直方、三条卿らが都落ちした時から随従していた。

「薩州の方から長州と連合しようといふことを、龍馬が木戸に初めて逢つて話をした」（「伊藤公直話」）

また「坂本龍馬手帳摘要」には、「閏五月六日、桂小五郎山口より来る」とあって、長州側の桂、時田と、土佐側の龍馬と土方は面談し、桂と西郷の会談のことをすすめたのである。本文の龍馬書簡「追々、未五月六日桂小五郎、山口より参り面会仕候所――」と符節を一にする。

連日会談があって、土方は報告のため太宰府へ向けて閏五月九日に下関出足。この際既述の渋谷あて龍馬書簡を託されたのである。

一方、中岡慎太郎（大山彦太郎）は西郷を誘って桂に会わすべく、鹿児島へ閏五月六日入国する。そして西郷が岩下方平（薩摩藩士。維新後元老院議官、子爵）らを伴って上京の途についたが、閏五月二十一日、西郷は佐賀関で、中岡の要請を聞き入れず、下関寄港をやめて一路京都へ急行した。このため下関で待機していた桂や龍馬をひどく失望させ、薩長和解の企ては蹉跌（きてつ）したのである。

中岡は傷心を秘めて彼の日記「海西雑記」に「閏五月二十一日、夜下関着。坂本、桂、安芸に逢ふ」と一行を書き留めている。

龍馬はスパイなのか？

このような歴史的状況を背景にして、龍馬新出書簡は書かれていた。土方久元を、この者と会うようにと薩摩側にその人物を推し、京都の状況の報告を取り次ぎ、桂小五郎の長州藩における地位を知らせて、その人物を推す。緊迫した情勢下、薩長和解を希い、成立の如何を憂えた龍馬の苦慮の呼吸が聞えてくる。

冒頭で述べた「堂々日本史」では、今回紹介した二通を傍証としながら、龍馬の薩長連合における主体的役割に疑問を呈して、

「長州との和解を進める工作員として、西郷に使われていた」（「堂々日本史」第三巻）

と解釈して話題をまいた。しかし私の読むところ、龍馬すなわちエージェント（工作員）説は誤解である。今回の龍馬の手紙には、

「私（龍馬）よりは御国（薩摩）へ書状を出さないので、雅兄（渋谷）が京都より帰府した土方の話を聞きとって頂き、本国（薩摩）へ状況を報告されたい」

と述べている。もし西郷の命令で龍馬が、桂のもとで使い走りをしていたら、自分で直接西郷へ発信しなければならない。本状を虚心坦懐に読めば、龍馬の主体的指導力と貫禄、政治的手腕が浮かび上ってくる。

作家大佛次郎は、

「西郷、小松など薩摩の者は、彼（龍馬）を土佐人としてよりも、同志として見ていた」（「天皇の世紀」諸家往来）

と複眼の歴史視点から、人間と歴史の本質を見抜いている。

また龍馬と西郷の間には有名なエピソードがある。慶応元年春、薩摩に滞在中の龍馬が西郷夫人に、古いふんどしを所望した時、西郷は「お国の為に命を捨てようという人だと知らないか」と激しく怒り、新しいふんどしと取り替えさせたという。

慶応三年（一八六七）八月、龍馬の死の三ヵ月前、長崎にて佐々木高行にあてた手紙は、

「先、西郷、大久保越中（幕臣大久保一翁）の事、戦争中にもかたほ（片頬）にかゝり、一向忘れ不レ申。若しや戦死をとげ候とも上許両人の自手にて唯一度の香花（こうげ）をたむけくれ候得ば、必ず成仏致し候こと既に決論の処なり」

と、男同士の敬しあい信じあった誠実を照らし出している。そんな龍馬を、果して工作員や「薩摩のスパイ」と呼べるだろうか。

もし龍馬が明治十年（一八七七）まで生きていたら、西郷の起こした西南戦争を座視していなかったに違いない。日本を揺るがした最後の士族反乱を防止すべく、龍馬は鹿児島へ三度目の入国をし、無益な日本人の同士討ちをたしなめ、時には西郷の胸ぐらをつかみ、挙兵をやめさせたかも知れないのである。

（本文はＰＨＰ研究所「歴史街道」平成十年一月号に掲載したものです）

一六　慶応元年九月七日
坂本権平、乙女、おやべあて

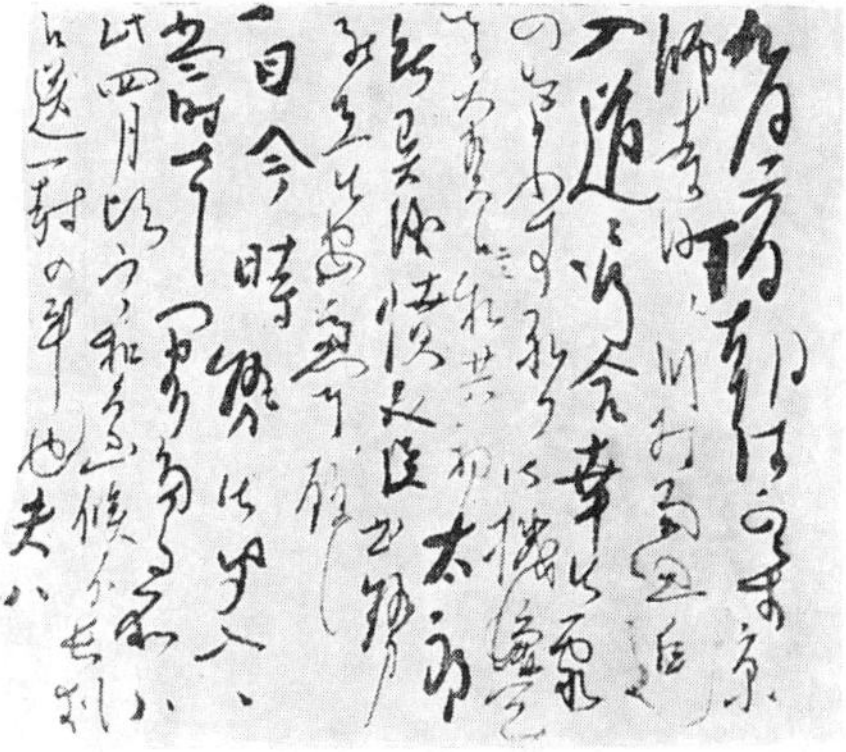

九月六日朝、はからず京
師寺町ニ川村盈進(えいしん)
入道ニ行合、幸御一家
の御よふす承り御機嫌宜
奉二大賀一候。二(つぎ)ニ私共初(はじめ)、(高松)太郎
無二異儀一憤(精)発出勢
罷在、御安慮奉レ願候。
一、目今時勢御聞入候。
当時さしつまりたる所ハ、
此四月頃宇和島候(ママ)より長州
え送一封の事也。夫ハ

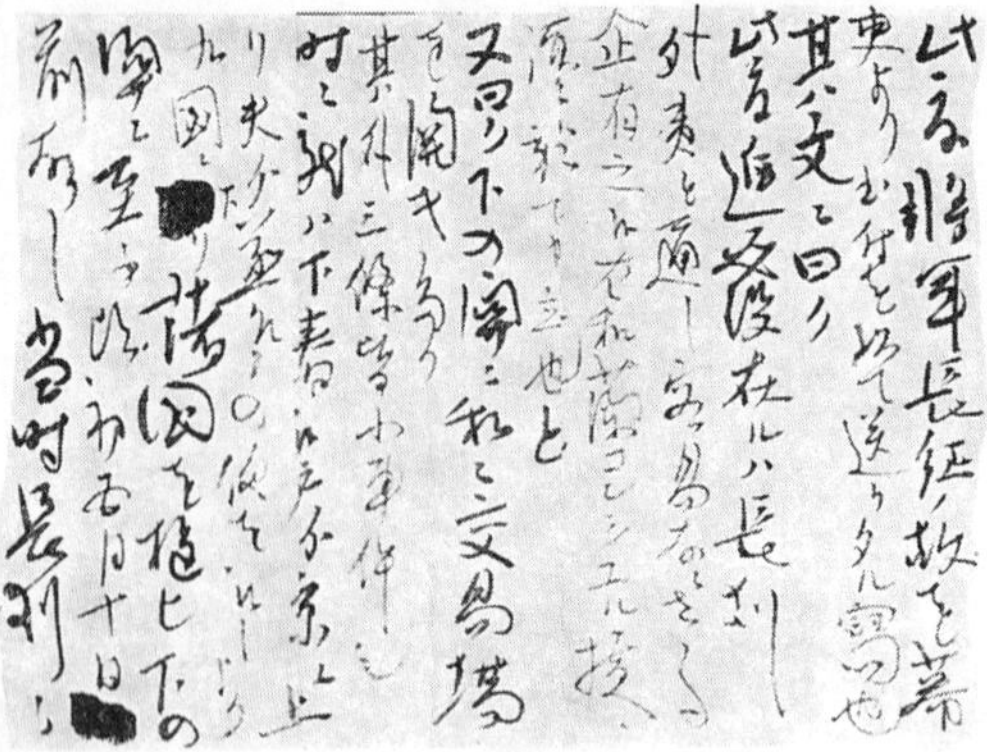

此度将軍長征ノ故を、幕
吏より書付を以て送りタル写也。
其文ニ曰ク、
此度進発在ルハ長州
外夷と通じ、容易ならざる
企有レ之候。尤(もっとも)和蘭(オランダ)コンシユル横
浜ニ於て申立也と。
又曰ク下の関ニ私ニ交易場
を開キたり。
其外三条皆小事件也。
時ニ龍ハ下春江戸より京ニ上
り、夫より蒸気の便をえしより、
九国ニ下リ諸国を遊ビ、下の
関ニ至る頃、初五月十日
前なりし。当時長州ニ

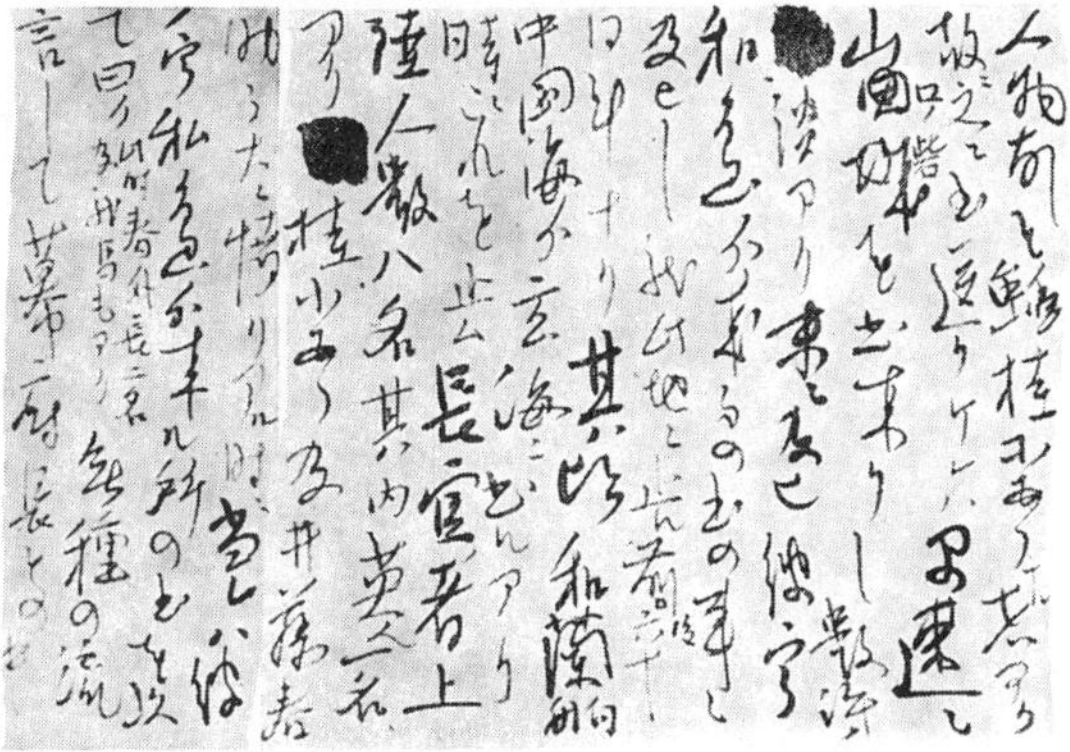

人物なしと雖、桂小五郎ナル者アリ。故ニ之ニ書送リケレバ、早速ニ山口ノ砦を出来り候。数件ノ談アリ。末ニ及ビ彼宇和島より来るの書の事ニ及ビ候。龍此地ニ止ル前後六十日計ナリ。其頃和蘭船中国海より玄海ニ出ルアリ。時ニこれを止ム。長官ノ者上陸人数八名、其内英人一名アリ。桂小五郎及井(伊)藤(後)春助(輔)ラ、大ニ憤リ、アル時ニ当レバ彼ノ宇和島より来ル所の書を以て曰ク、(此時春外長二名及龍馬もアリ。)無種の流言して幕府長との中

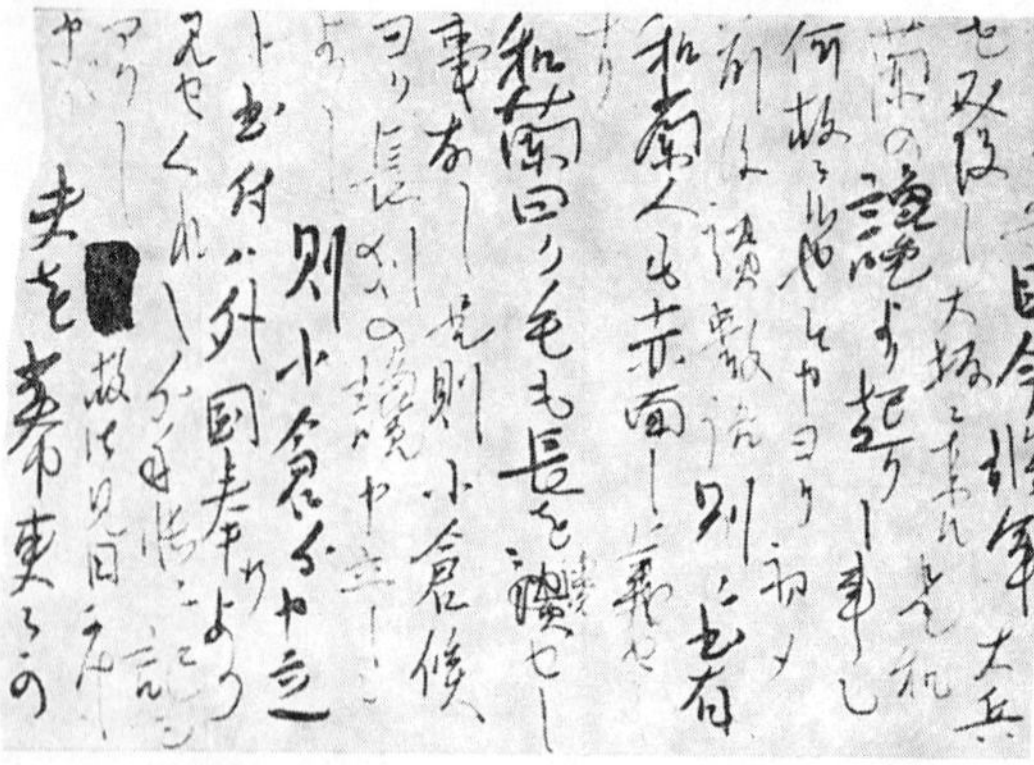

をたがへ、目今(ママ)将軍大兵を発し大坂ニ来ル、是和蘭の讒より起りし事也。何故ニ候やと申ヨリ初メ前後談数語別ニ書有、和蘭人も赤面し義(ママ)セしナリ。

和蘭曰ク毛も長を讒セし事なし。是則小倉候(ママ)ヨリ長州の讒申立しニよりし、則小倉より申立し書付ハ外国奉行より見セくれしより、手帳ニ記シアリし故、御見目かけ申べし。夫を幕吏らが

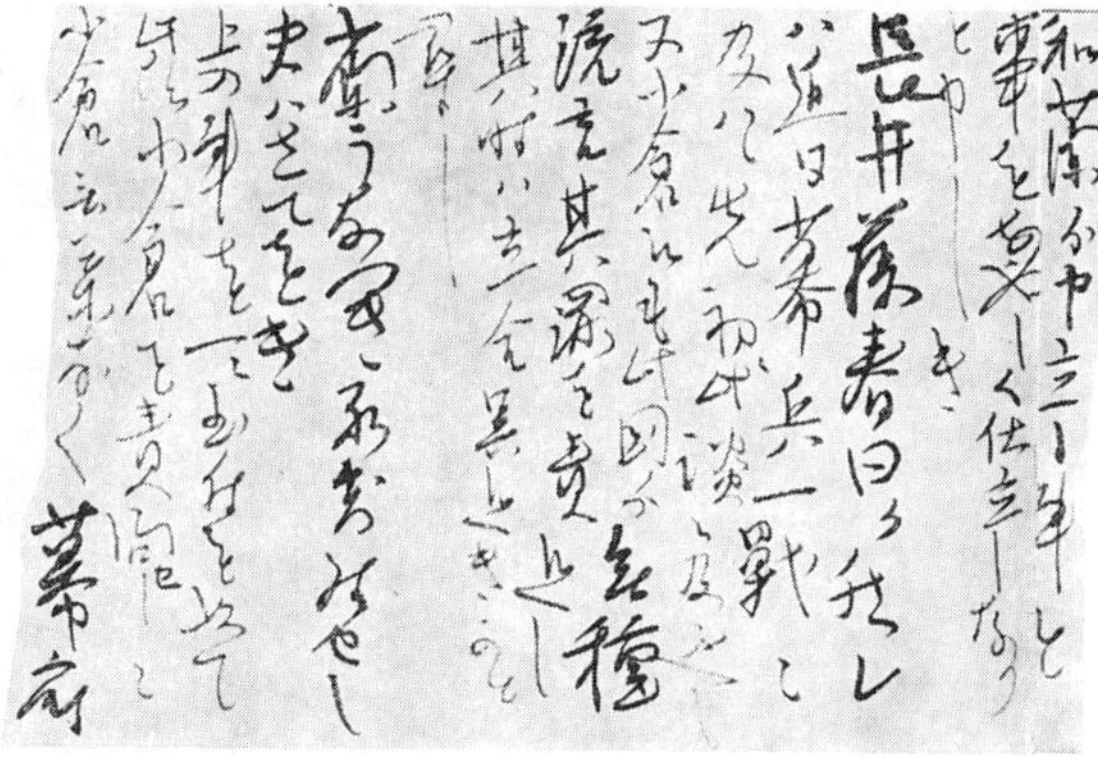

和蘭より申立し事と、
事をあやしく仕立しなり
と申しき。
長、井藤春曰ク、然レ
バ近日幕兵一戦ニ
及バ丶、先初ニ此談ニ及ぶべし。
又小倉えも此国より無種
流言其罪を責候べし。
其時ハ立合呉候べきかと
尋候。
蘭うなづき承知致セし、
夫ハさてをき
上の事を一ゝ書付を以て
此頃小倉を責問セしニ、
小倉言葉なく幕府

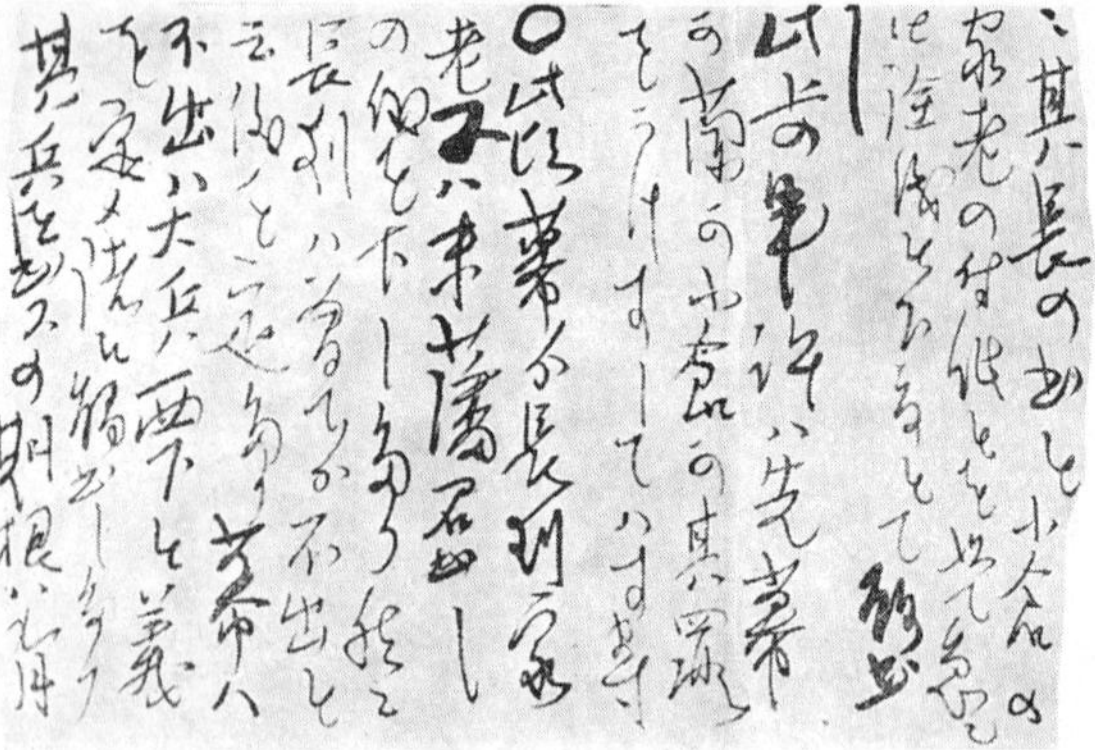

ニ其長の書と小倉の家老の付紙とを以て、急ニ御詮議被レ下度とて願出候。

此上の事許（ばかり）ハ先、幕か蘭か小倉か其罪をうけずしてハすまず。

〇此頃幕府より長州家老又ハ末藩召出しの儀を下したり。然ニ長州ハ曽てより不レ出と云儀を定たり。幕ハ不レ出バ大兵西下と義を定メ、諸々触出したり。其兵を出スの期根（限）ハ九月

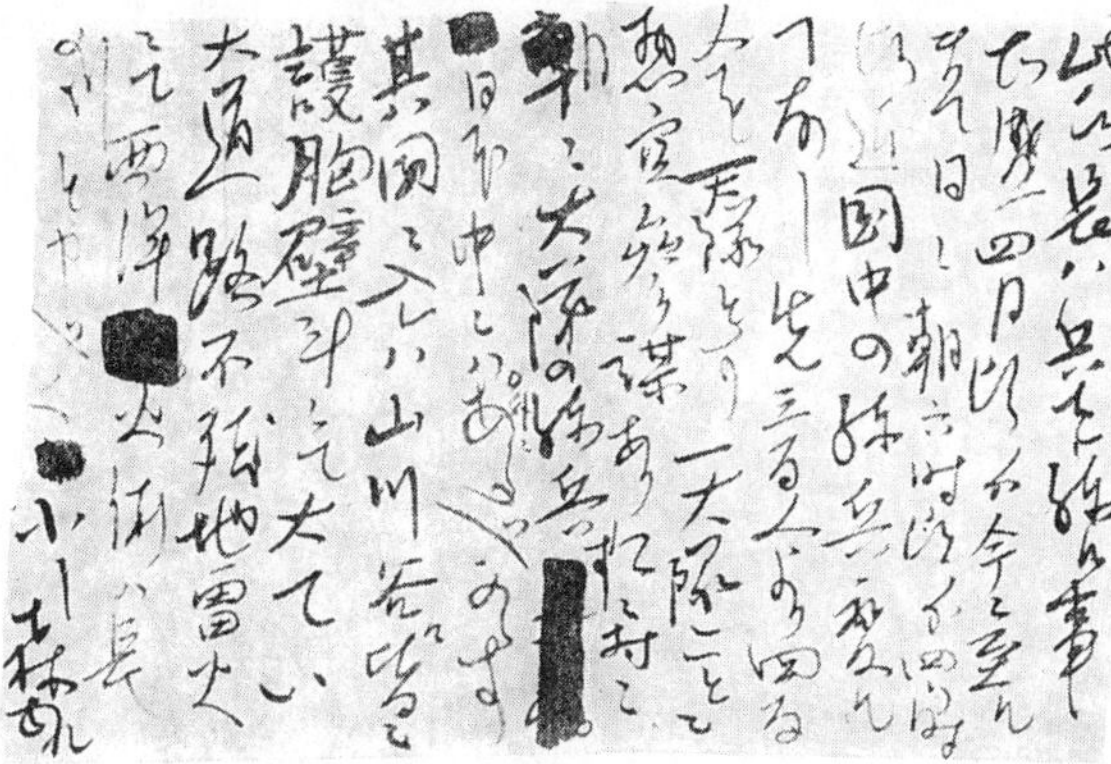

廿七日也。
此頃、長ハ兵を練候事
甚盛。四月頃より今ニ至ル
まで、日〻朝六時頃より四ツ時
頃迄、国中の練兵変ル
ヿ(コト)なし。先三百人より四百
人を一大隊とす。一大隊ごとニ
惣(総)官参謀あり、郷〻村〻
朝〻大隊の練兵す。
日本中ニハ外ニあるべからず。
其国ニ入レバ山川谷〻皆〻
護胸壁計ニて、大てい
大道路不ㇾ残地雷火
ニて、西洋火術ハ長
州と申べく、小(少)し森あれ

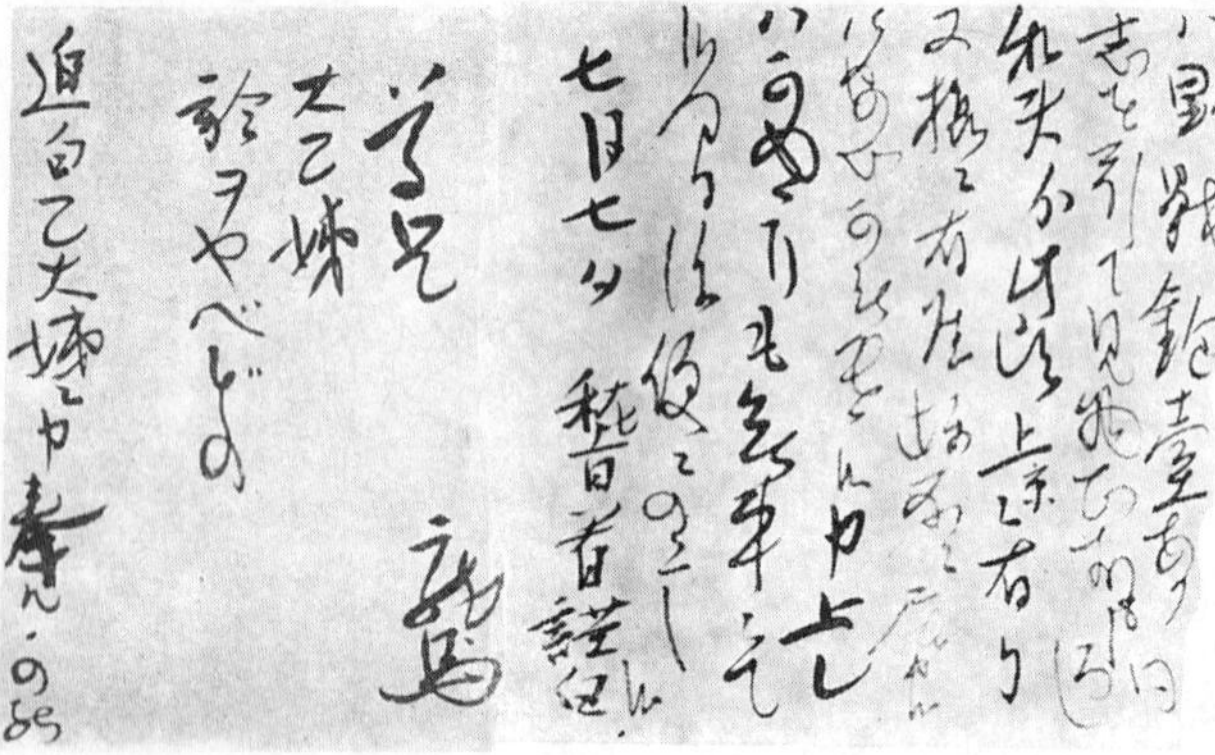

バ、野戦鉋(砲)台あり、同
志を引て見物甚おもしろし。
私夫より此頃上京ニ有り、
又摂ニ有、唯頓(ママ)所ニ居申候。
御安心可レ被レ遣候。申上レ
バかぎりも無事ニて
候間、後便ニのこし候
(九)七月七日　　稽首謹白。
龍馬

尊兄
大乙姉
於ヲやべどの

追白、乙大姉ニ申奉ル。かの
南町のうバ、どふしている
やら、時々きづかい申候。もはや

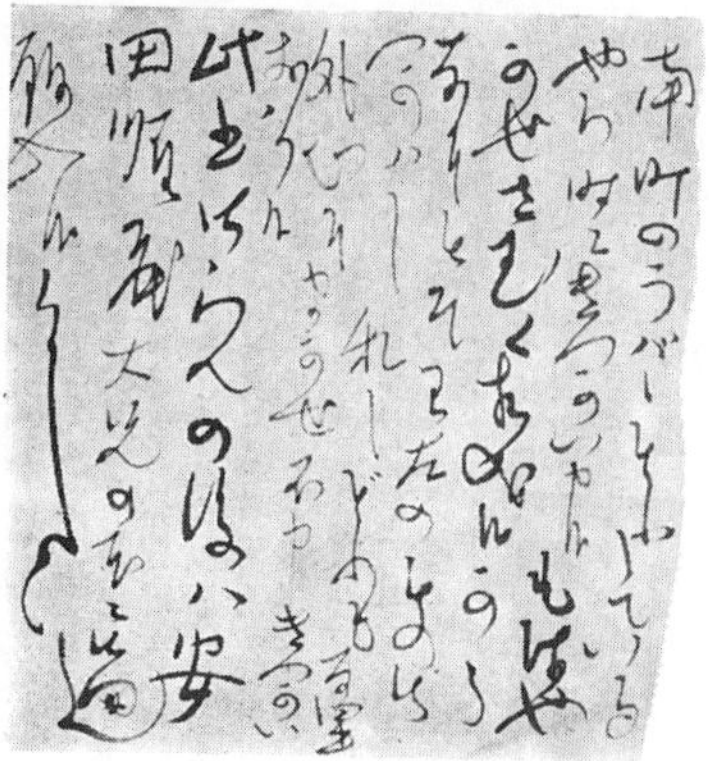

（高知県立歴史民俗資料館蔵）

かぜさむく相成候から、
なにとぞわたのもの御
つかハし、私しどふも百里
外、心にまかせ不レ申、きづかい
おり候。
此書御らんの後ハ安
田順蔵大兄の本ニ御廻
願入候。かしこ。

幕勢が盛り返した文久の終わりから元治元年は、海舟の江戸召還や海軍操練所の閉鎖、龍馬脱藩罪で追われる等、苦悩の時期をくぐり抜けている。本状では第二次長州幕府戦争前の緊張した動静にふれ、桂小五郎との会談、宇和島侯（伊達宗徳）の毛利家への斡旋、下関における和蘭総領事ファン・ポルスブルックへの詰問と陳弁のこと、「西洋火術ハ長州と申べく」「其国ニ入レバ山川谷〻皆〻護胸壁計ニて」と長州の挙国一致の熱気を伝えている。

冒頭の土佐藩医川村盈進に龍馬が京都寺町で出会ったのが九月六日であり、幕府の長州出兵期限が九月二十七日から推して「七月七日」は明らかに九月七日の誤記。ほかに龍馬が下関に到着したのは閏五月朔日で「初五月十日前」も記憶違いか。「南町のうバ」は未考。「安田順蔵大兄」は長姉千鶴の夫で、高松太郎の父。本状は、マリウス・B・ジャンセン教授（プリンストン大学）がかつて東京に留学中、池内蔵太の末裔遠戚に当る歴史家岩生成一氏から提示され、はじめて公開されたものである。

一七　慶応元年九月九日
坂本乙女、おやべあて

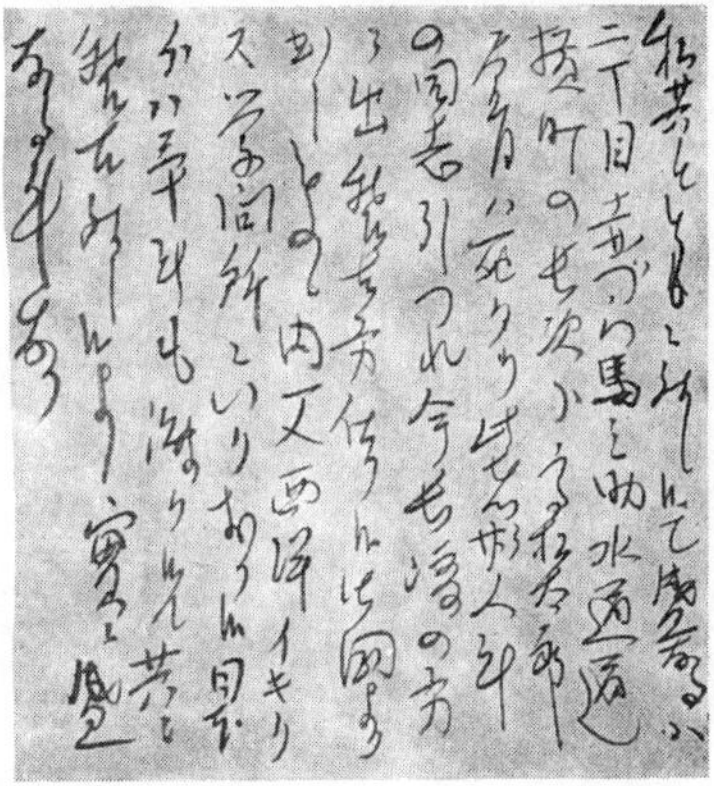

私共ともニ致し候て、盛なるハ二丁目赤づら馬之助、水道通横町の長次郎、高松太郎、望月ハ死タリ。此者ら廿人斗の同志引つれ、今長崎の方ニ出、稽古方仕リ候。御国より出(いで)しもの〻内一人西洋イギリス学問所ニいりおり候。日本より(人)ハ三十斗も渡り候て、共ニ稽古致し候よし。実ニ盛なる事なり。

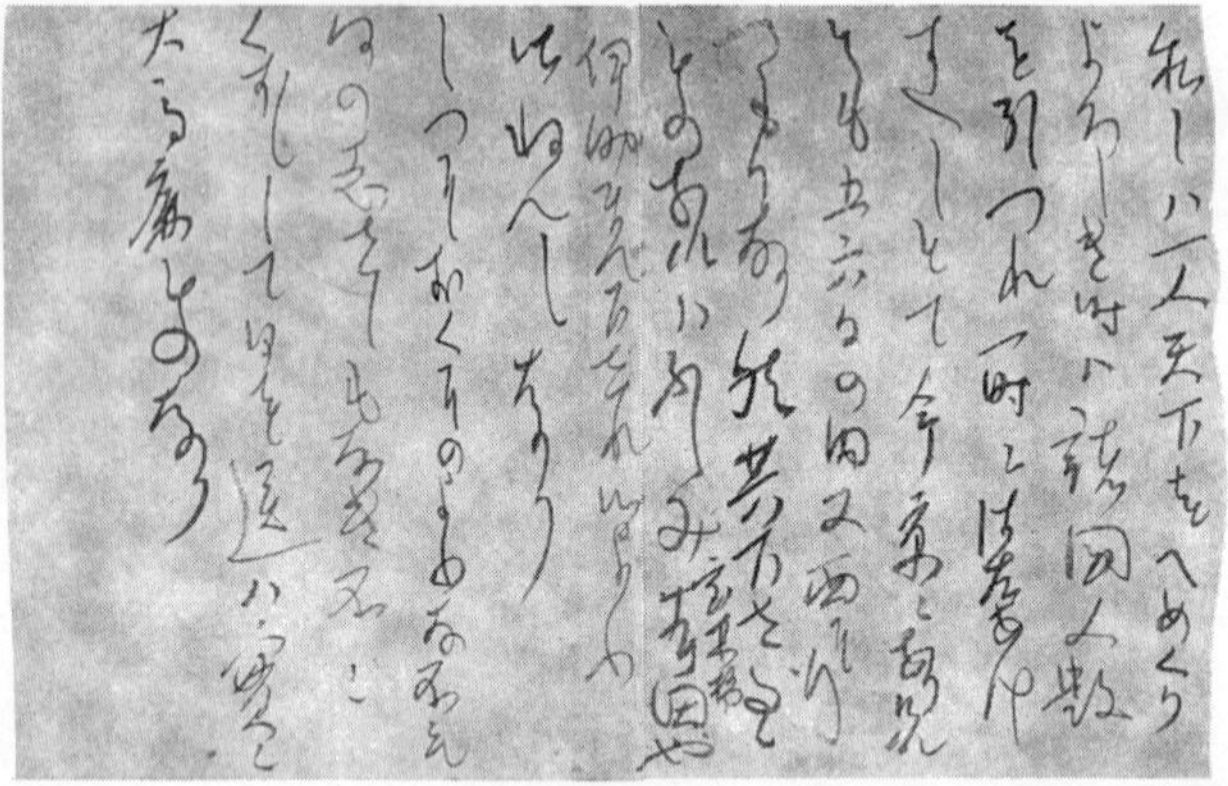

私しハ一人天下をへめぐり、
よろしき時ハ諸国人数
を引つれ、一時ニはたあげ(旗挙)
すべしとて、今京ニありけれ
ども五六日の内又西に行
つもりなり。然共下さるゝ
ものなれバ、ふしみ宝来橋寺田や
伊助まで下され候よふ
御ねん(念)じなり。
じつにおくにのよふな所ニて、
何の志ざしもなき所ニ
ぐず〱して日を送ハ、実ニ
大馬鹿ものなり。

かへすぐ〱も今日ハ九月節句とて、

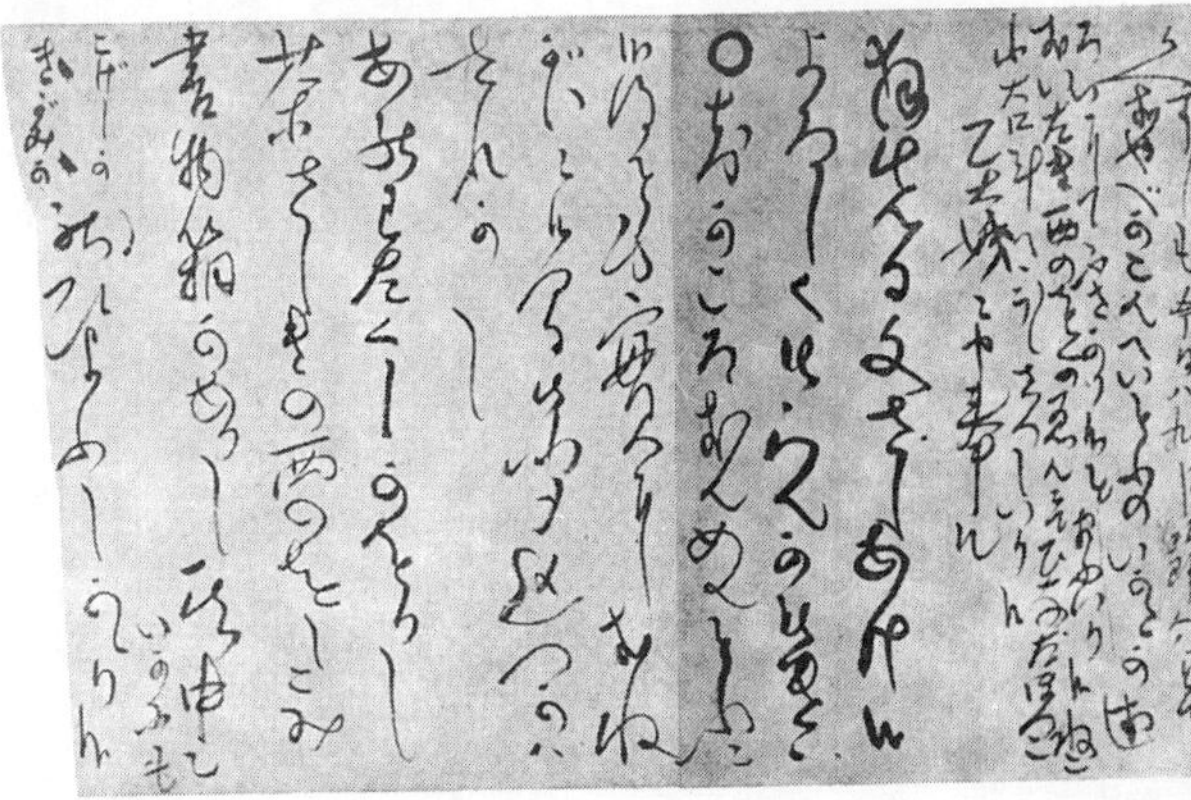

おやべがこんぺい（金米糖）とふのいがた（鋳型）が、おし
ろいにてふさがり候こと察いり候。ねこ
おいだき西のをくのゑんニて、ひなたぼつこ
ふ大口斗へ、ラ〳〵さつしいり候。
乙大姉ニ申奉ル。
扨、先日文さしあげ候。
よろしく御らん可ㇾ被ㇾ遣候。
○ちかごろおんめんどふ（御面倒）ニ
候得ども、実におね
がいニ候間、御聞込つかハ
されかし。
あのわたくしがをりし
茶ざしきの西のをしこみ
書物箱がありし、其中ニいかにも
（こげしか／きがみか）のひよふし（表紙）かゝり候、

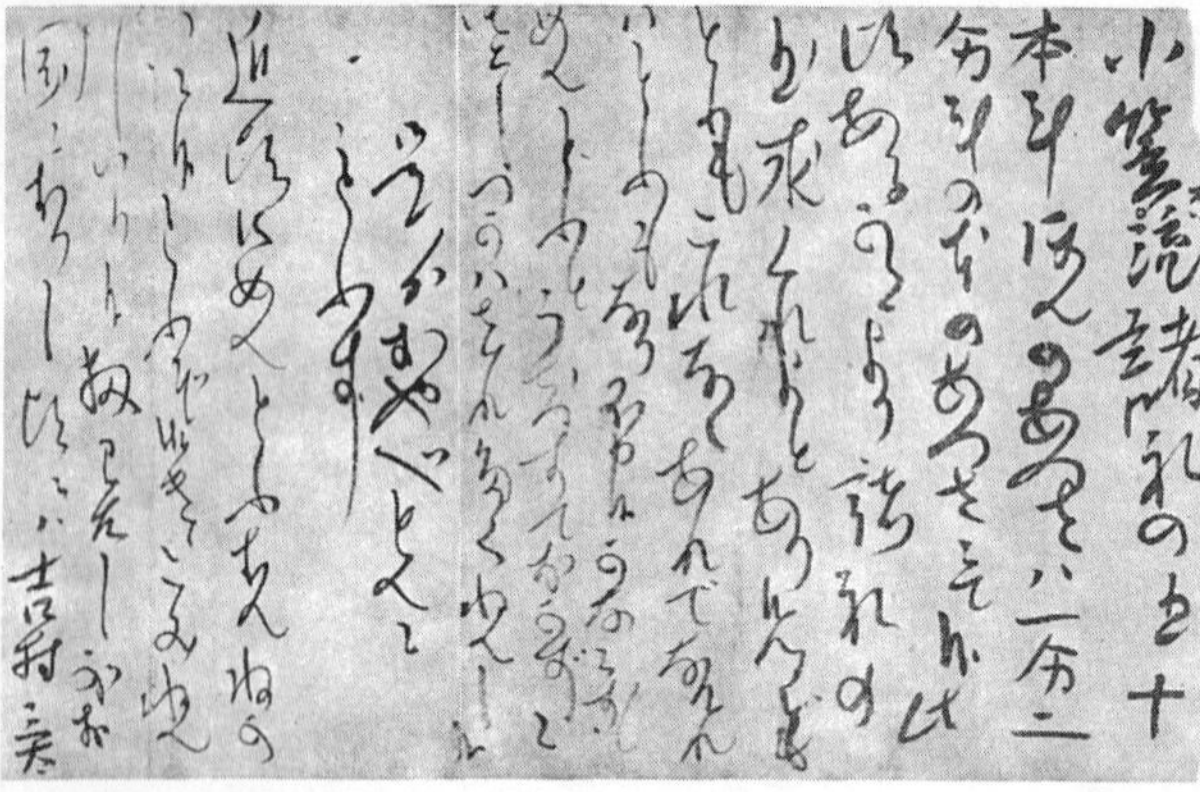

小笠原流諸礼の書十
本斗、ほんのあつさ（厚）ハ一分二
分斗の本のあつさニて候。此
頃あるかたより諸礼の
書求くれよとあり候得ども、
どふもこれなく、あれでなけれ
バどふもなり不レ申候。かならず〳〵
めんどふとうちすておかずニ
御こしつかハされたくねんじ候。
　是よりおやべどんニ
　もふす。
近頃御めんどふおんねが
い二候。どふぞ御きゝこみねん
じいり候。扨、わたしがお
国ニおりし頃ニハ、吉村三太

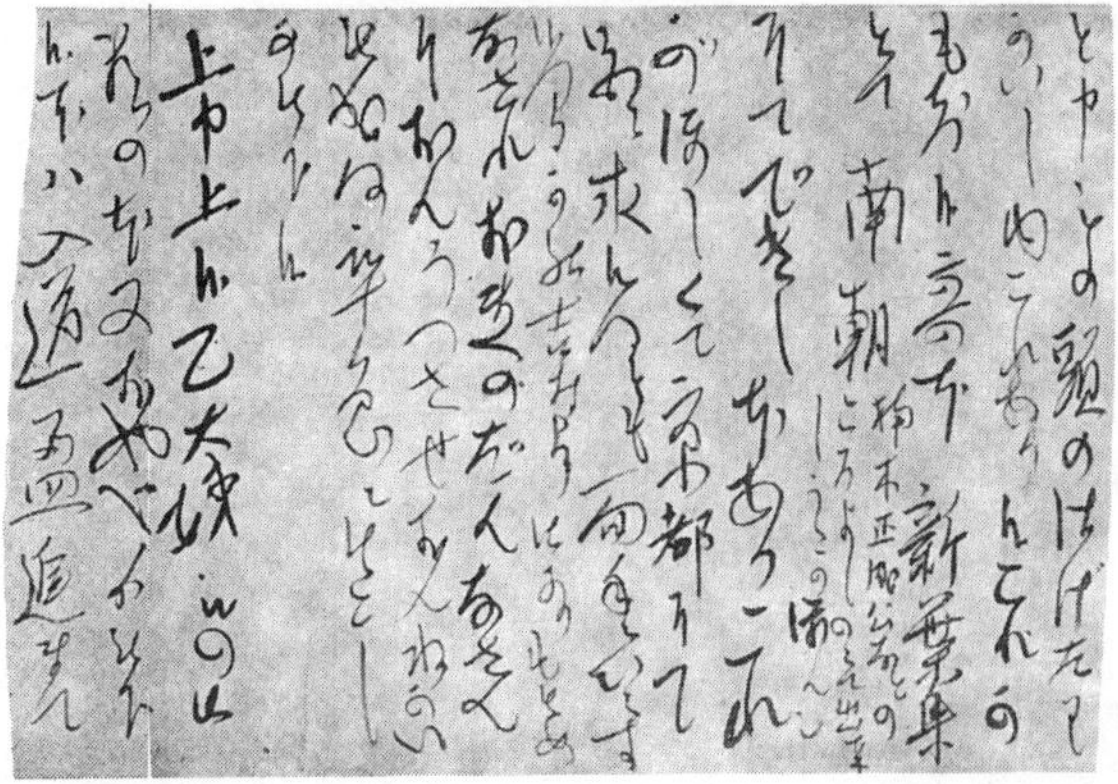

と申もの頭のはげたわ
かいしゆ（若衆）これあり候。これが
もち候哥本、新葉集
とて南朝楠木正成公などのころよしの二て出来しうたのほん也。
にてできし本あり。これ
がほしくて京都にて
色〻求候得ども、一向手ニいらず
候間、かの吉村より御かりもとめ
なされ、おまへのだんなさん（旦那）
におんうつさせ、おんねがい
被ㇾ成、何卒急ニ御こし
可ㇾ被ㇾ下候。
上申（うへに）上候乙大姉えの御
頼の本、又おやべより被ㇾ下
候本ハ、入道盈進まで

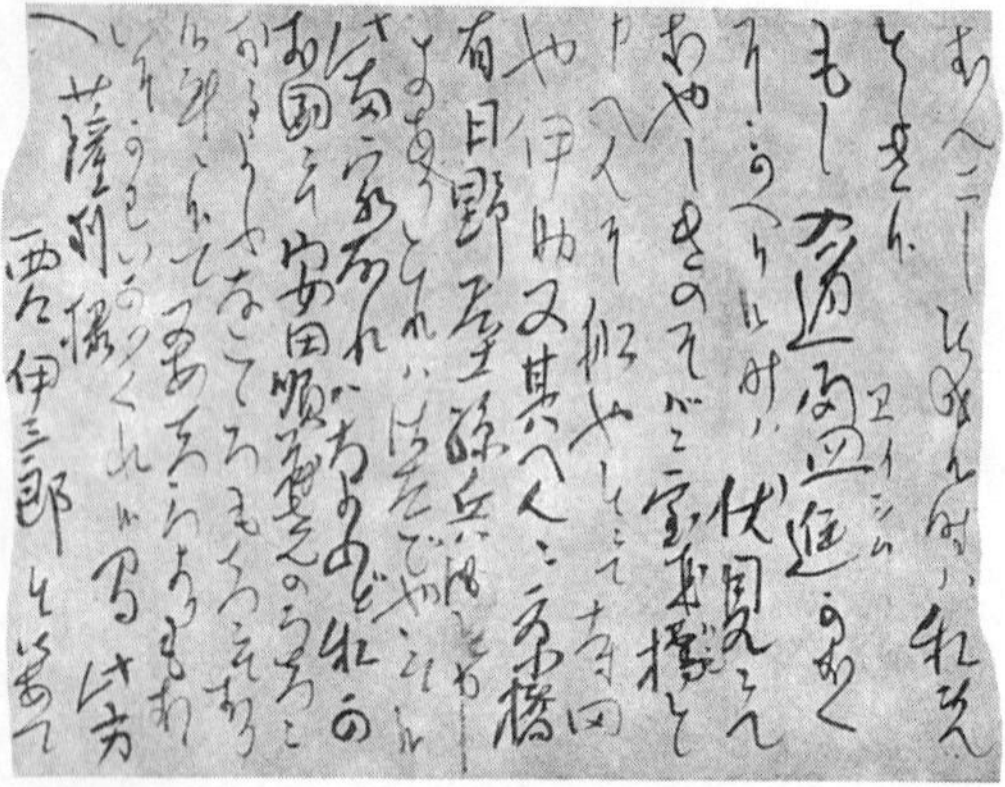

おんこし被レ成候時ハ私まで
とゞき候。
もし入道盈進（エイシム）がおく
にニかへり候時ハ、伏見ニて
おやしきのそバニ宝来橋（ハシ）と
申へんに船やどニて寺田
や伊助、又其へんニ京橋
有、日野屋孫兵衛と申
ものあり。これハはたごやニて候。
此両家なれバちよふど私が
お国ニて安田順蔵さんのうちニ
おるよふな、こゝろもちニており
候事ニ候て、又あちらよりもおゝ
いにかわいがりくれ候間、此方
へ薩州様西郷伊三郎と御あて

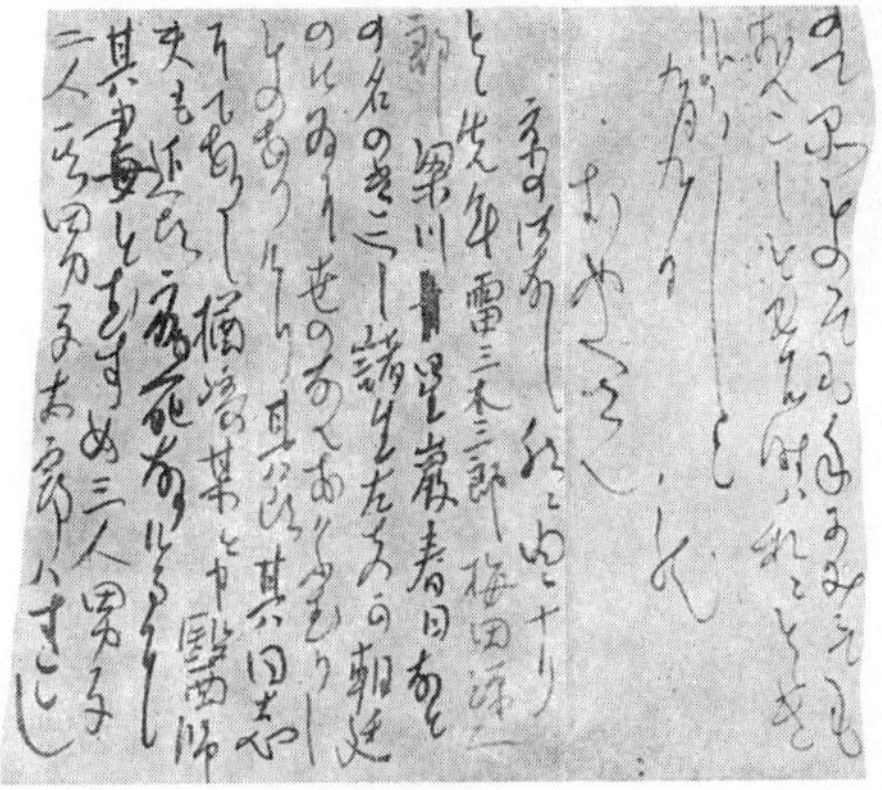

のて(ママ)、品ものニても、手がみニても
おんこし被レ遣候時ハ、私ニとゞき
候。かしこ。
　九月九日　　　　　　龍
　　おやべさん
　京のはなし然ニ内ゞナリ
とし先年雷(頼)三木(樹)三郎、梅田源二
郎、梁川星巌、春日(潜庵)など
の、名のきこへし諸生太夫が朝廷
の御為に世のなん(難)おかふむりし
ものありけり。其頃其同志
にてありし楢崎(将作)某と申医師、
夫も近頃病死なりけるに、
其妻とむすめ三人、男子
二人、其男子太郎ハすこし

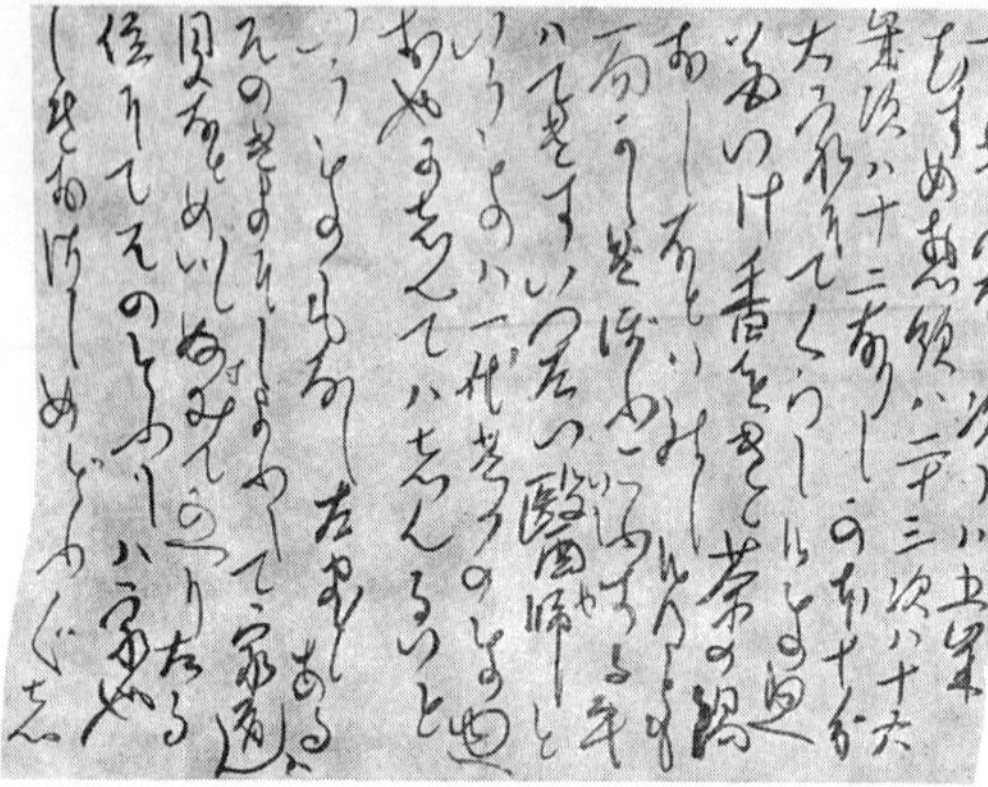

さしきれなり。次郎ハ五歳、
むすめ惣領ハ二十三、次ハ十六
歳、次ハ十二なりしが、本十分
大家にてくらし候ものゆへ、
花いけ、香をきゝ、茶の湯
おしなどハ致し候得ども、
一向かしぎぼふこふ（炊ぎ奉公）する事
ハできず、いったい医者（いしゃ）と
いうものハ一代きりのものゆへ、
おやがしんでハ、しんるい（親類）いと
いうものもなし。たま〳〵あるハ
そのきよ（虚）にじよふ（乗）じて、家道
具などめい〳〵ぬすみてかへりたる
位にて、そのとふじ（当時）ハ家や
しきおはじめどふぐ（道具）じ

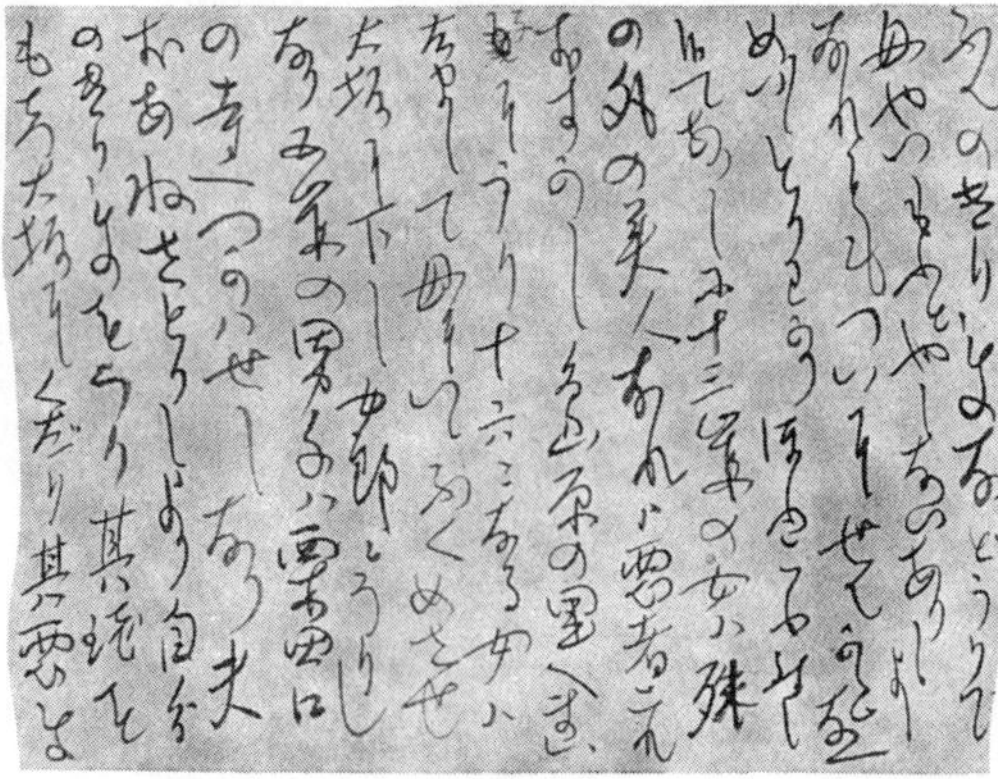

ぶんのきりもの(着物)などうりて、母やいもふとやしないありしよしなれども、ついにせん(詮)かたなく、めい／＼とりわかり、ほふこふ(奉公)致し候てありしに、十三歳の女ハ殊の外の美人なれバ、悪者これおすかし島原の里へまい子(舞妓)にうり、十六ニなる女ハだまして母にいゝふくめさせ、大坂に下し女郎ニうりしなり。五歳の男子ハ粟田口の寺へつかハせしなり。夫おあね(姉)さとりしより、自分のきりもの(着物)をうり、其銭をもち大坂にくだり、其悪もの

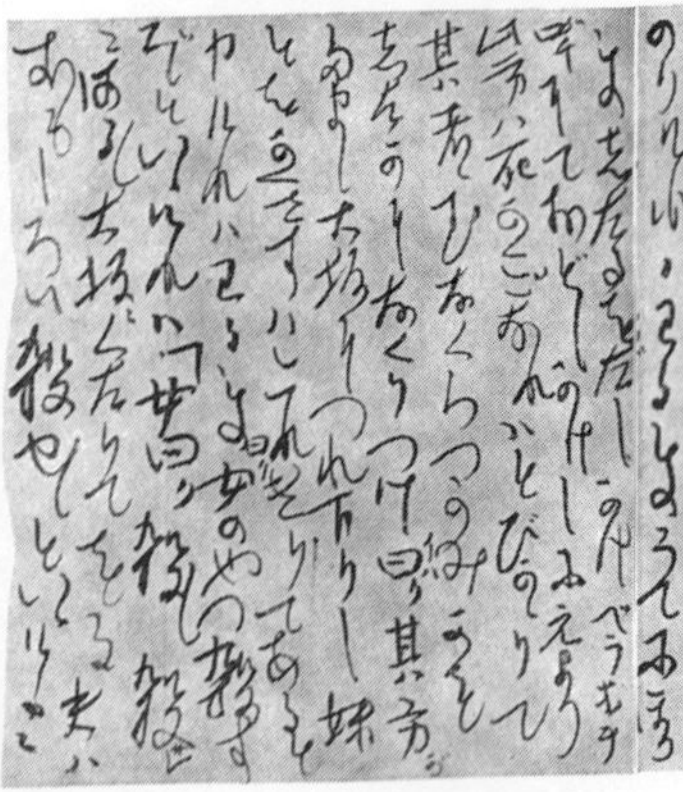

二人をあいてに死ぬるかくごにて、
刄(ハ)ものふところにしてけんくわ(喧嘩)
致し、とふ〳〵あちのこちのといゝつ
のりけれバ、わるものうでにほり
もの(刺青)したるをだしかけ、ベラボヲ
口(グチ)にておどしかけしに、元より
此方ハ死かくごなれバ、とびかゝりて
其者むなぐらつかみ、かを(顔)
したかに(ママ)なぐりつけ、曰(イハ)ク其方が
だまし大坂につれ下りし妹
とをかへさずバ、これきりであると
申けれバ、わるもの曰ク、女のやつ殺す
ぞといゝければ「女曰ク、殺し殺サレ
ニはるぐ〳〵大坂ニくだりてをる、夫(それ)ハ
おもしろい、殺セ〳〵といゝけるニ、

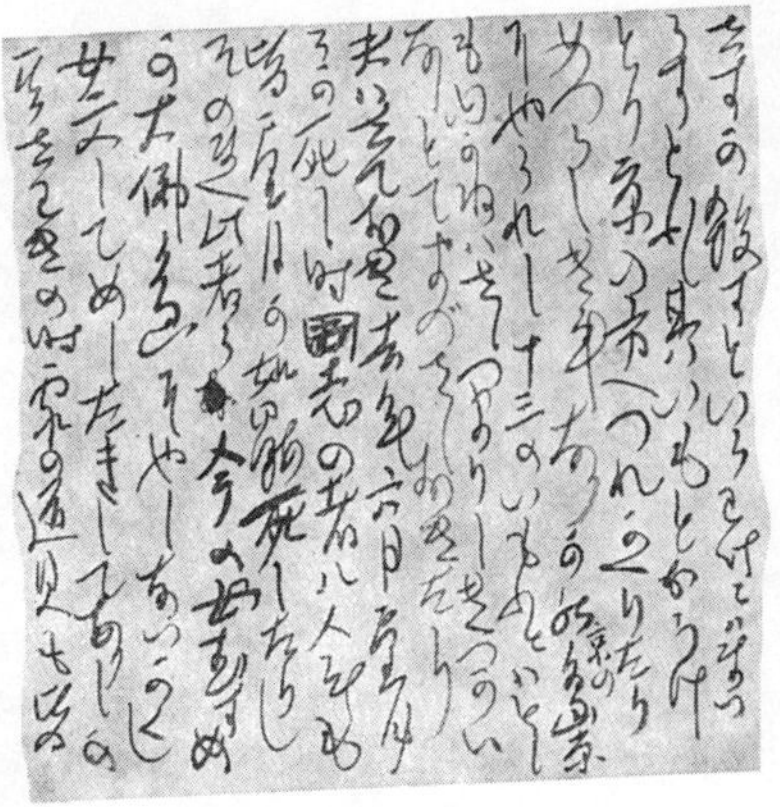

さすが殺すというわけニハまい
らず、とふ〳〵其いもとおうけ
とり、京の方へつれかへりたり。
めづらしき事なり。かの京の島原
にやられし十三のいもふとハ、とし
もゆかねバさしつまりしきづかい（気遣）
なしとて、まづさしおきたり。
夫ハさておき、去年六月望月（もちづき）
らが死し時、同志の者八人斗も
皆望月が如戦死したりし。
そのまへ此者ら今の母むすめ
が大仏辺にやしないかくし、
女二人してめしたきしてありしが、
其さわぎの時、家の道具も皆
とりでの人数が車につみとりかへ

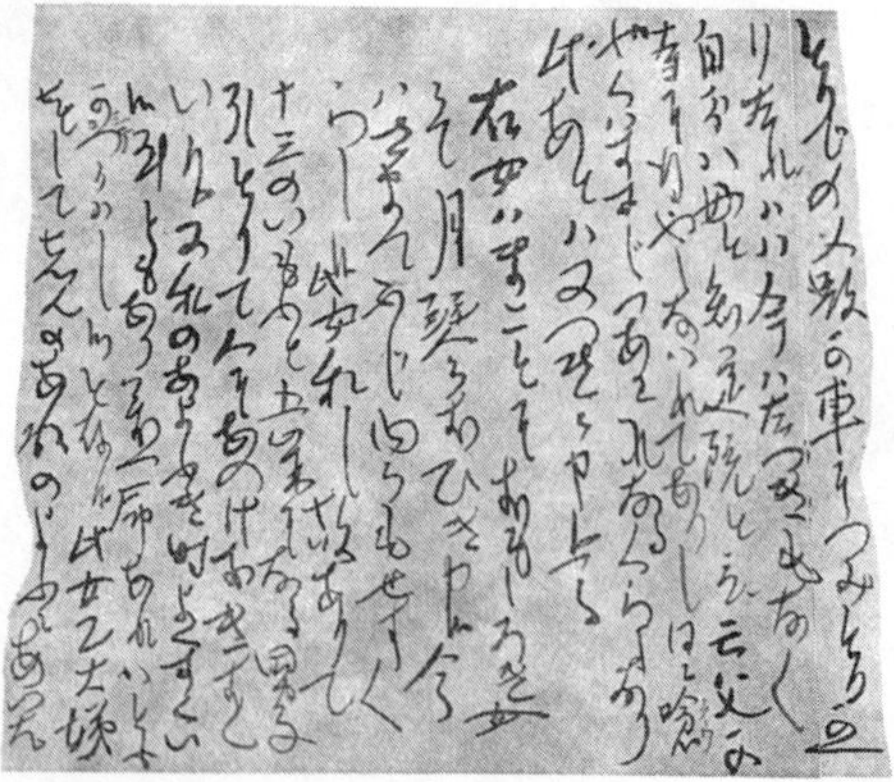

りたれハハ(ママ)、今ハたつき(活計)もなく、
自分ハ母と知定院(ママ)と言亡父が
寺に行、やしなハれてありし。日〻喰(クウ)
やくハずに、じつあわれなるくらしなり。
此あとハ又つぎニ申上る。
右女ハまことにおもしろき女
ニて月琴おひき申候。今
ハさまでふじゆう(不自由)もせずく
らし候。此女私し故ありて
十三のいもふと、五歳になる男子
引とりて人にあづけおきすく
い候。又私のあよふき(危)時よくすくい
候事どもあり、万一命あれバどふ
かシテつかハし候と存候。此女乙大姉
をして、しんのあねのよふニあいた

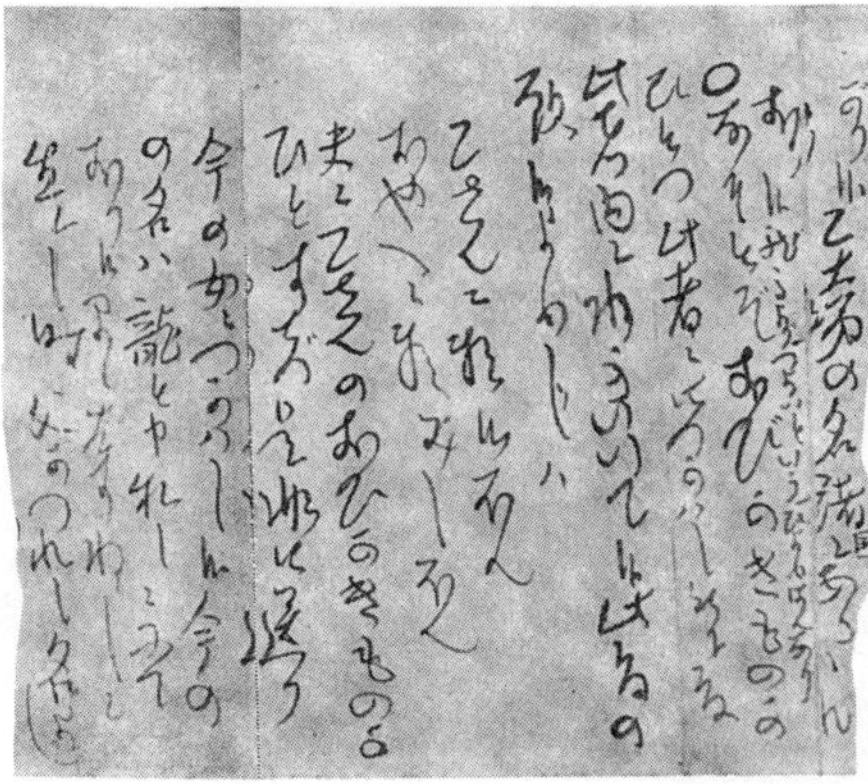

がり候。乙大姉の名諸国ニあらハれ
おり候。龍馬よりつよいというひよふばん（評判）な
り。
○なにとぞおび（帯）か、きもの（着物）か、
ひとつ此者ニ御つかハし被レ下度、
此者内ゝねがいいで候。此度の
願候よふじ（用事）ハ、
乙さんニ頼候ほん
おやべニ頼みしほん
夫ニ乙さんのおびか、きものか
ひとすぢ是非御送り、
今の女ニつかハし候。今の
の（ママ）名ハ龍と申、私しニにて
おり候。早々たずねしニ、
生レし時父がつれ（ママ）し名よし。

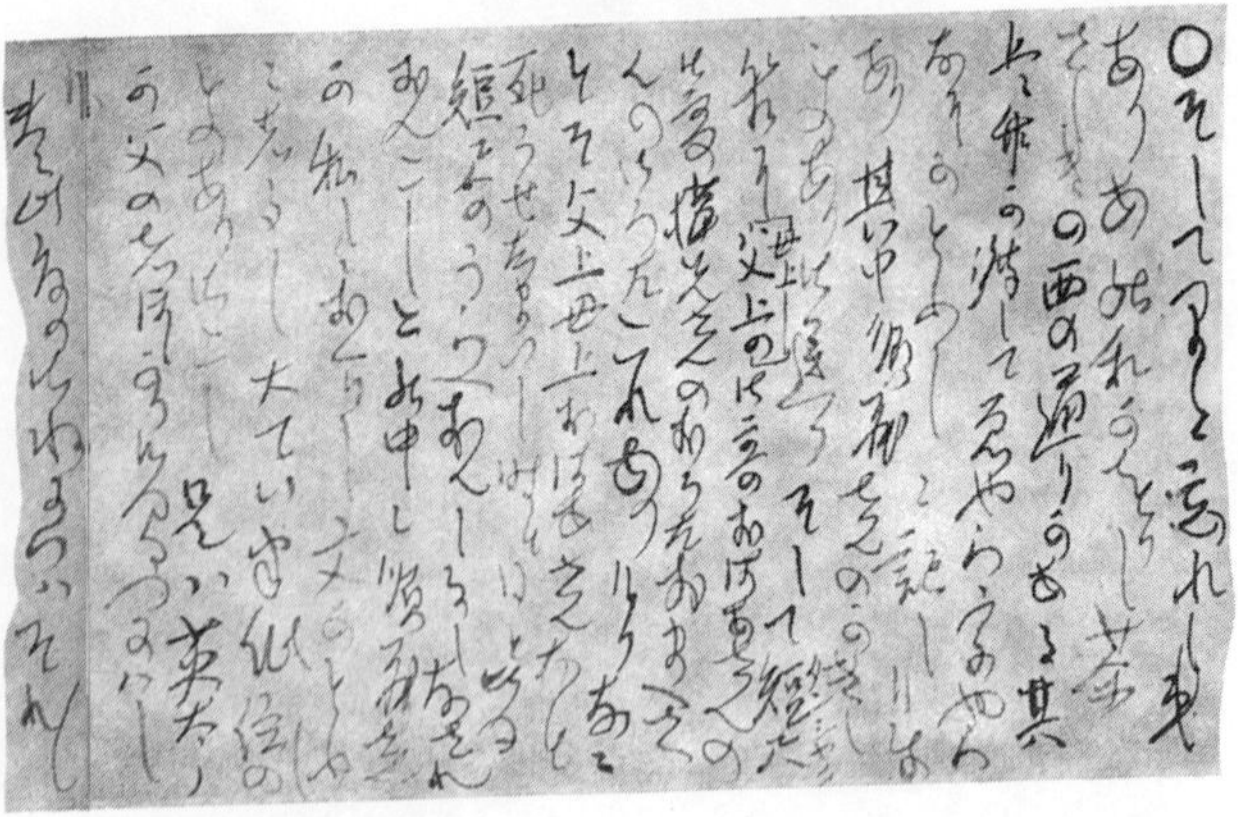

○そして早ゝ忘れし事
あり。あの私がをりし茶
ざしき(座敷)の西の通りがある、其
上ニ竹が渡してゑ(絵)やら字やら
なにか、とふし(唐紙)ニ記し候もの
あり、其中、順蔵さんのかきし
ものあり。御送り、そして短尺(タンシャク(冊))
箱に母上ー父上の御哥(歌)、おばあさんの
御哥、権兄さんのおうた、おまへさ
んの御うたこれありけり。なニ
とぞ父上母上おばあさんなど
死うせたまいし時と日と、皆
短尺のうらへおんしるしなされ
おんこし。この中ニ順蔵さん
が私しニおくりし文がとふし

（京都国立博物館蔵）

ニしるし、大てい半紙位の
ものあり、御こし。是ハ英太郎（高松太郎）
が父の者ほしがり候間、つかハし
候。
夫（それ）ニ此度の御ねがいハ、それぐ
おんきゝすてなく御こし
ねんじ（念）、かしこ。
　九月九日　　龍
乙あねさん
おやべどん

御頼のもの
かずく〳〵並ニ
おはなし
長き御返じ
被ㇾ下度候。

前便より二日後、再び長文の手紙を伏見寺田屋より高知へ送っている。前段は「おやべさん」宛てとなり、後段は「乙あねさん、おやべどん」とし、折紙の表裏にこの二通を認めている。

前段は、長崎でこの年春（閏（うるう）五月）結成した亀山社中の同志「二丁目赤づら馬之助」（焼継屋新宮馬之助、駟（しめ））「水道通横町の長次郎」（饅頭屋、近藤長次郎、上杉宗二郎）、甥の高松太郎ら二十人斗を引きつれ「稽古方仕」っていることを報じ、「じつにおくに（土佐）のよふな所ニて、何の志ざしもなき所ニぐず〱して日を送ハ、実に大馬鹿ものなり」と、歯に衣をきせず言いきっている。昨冬、神戸海軍操練所は瓦解したが、今日再び希望のある日々で「天下をへめぐり」旗挙げすべし、と胸を張っている。

そして故郷の同胞辱知の人々を気遣い、用件を依頼している。乙女には「小笠原流諸礼の書十本」ばかりを、おやべには「新葉集」を吉村三太に借りて「おまへのだんなさん」に写本してもらって送らそうとしている。この本を読ませたい「あるかたより」は、後段に出るお龍である。吉村三太は後の海援隊士丸岡莞爾で維新後は沖縄や高知で県知事を務め、明治現存三十六歌仙の一人。土佐郡久万村（高知市久万）出身の郷士で「龍馬袱紗」に名を並べた人。「新葉集」は宗良親王撰二十巻の南朝歌人集。「望月ハ死タリ」は小高坂出身の同志望月亀弥太で、昨元治元年六月池田屋事件で闘死したことをさす。

後段は「京のはなし然ニ内ミナリ」にはじまり、昨夏の動乱最中、京都で知りあった楢崎家とお龍の境遇を詳しく書き送る。殊にお龍の男まさりと武勇譚は、躍如とした文体でレポートし、「右女ハまことにおもしろき女」で「龍と申、私しニにて」おり運命的な結びつきで、その上乙女姉に「しんのあねのよふニ」会いたがっている。「なにとぞ帯か着物か」をプレゼントして下さいと申し出ている。「乙大姉の名諸国ニあらハれおり、龍馬より強ぃといぅ評判」とおだてているあたり「あざの大法螺」（武市半平太の評）が出ていて憎めない。

お龍の父楢崎将作は青蓮院宮侍医で、勤王家であったが、文久二年病死して一家離散。お龍は天保十二年生れで長女。次女光枝、三女君江、弟二人もいた。知定院は金蔵寺住職でのち二人の結婚媒酌をする知足院（ちそくいん）ではなかろうか。文久三年冬よりこの頃まで消息を絶った空白期間の龍馬の行動は次のように考えられる。海舟江戸召喚の後、薩摩藩小松帯刀らの庇護を受け薩邸にかくれ、慶応元年五月、薩船で大坂より鹿児島に行く、龍馬と中岡慎太郎の薩長連合はこの頃より熟成し、熊本の横井小楠を訪ね、ついで太宰府の三条実美（さねとみ）を訪う。このあと小松や小曽根家の援助で長崎に亀山社中を創設。六、七月上洛して西郷と会い、薩長連合和解に奔走してゆく。

一八　慶応元年九月九日
池内蔵太家族あて

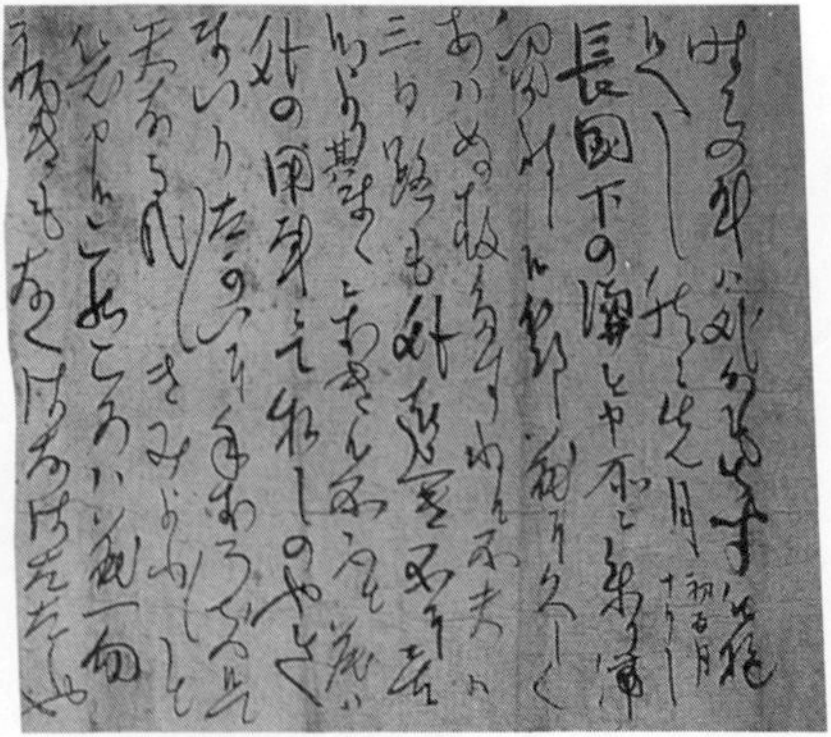

時々の事ハ外よりも御聞被レ遊
候べし。然ニ先月(閏五月)初五月ナリシ
長国下の関と申所ニ参り滞
留致し候節、蔵に久しく
あハぬ故たずね候所、夫(それ)ハ
三日路も外遠き所に居
候より其まゝニおき候所、ふと蔵ハ
外の用事ニて私しのやどへ
まいり、たがいに手お(を)うち候て、
天なる哉〳〵、きみよふ(奇妙)〳〵と
笑(ひ)申候。このごろハ蔵一向

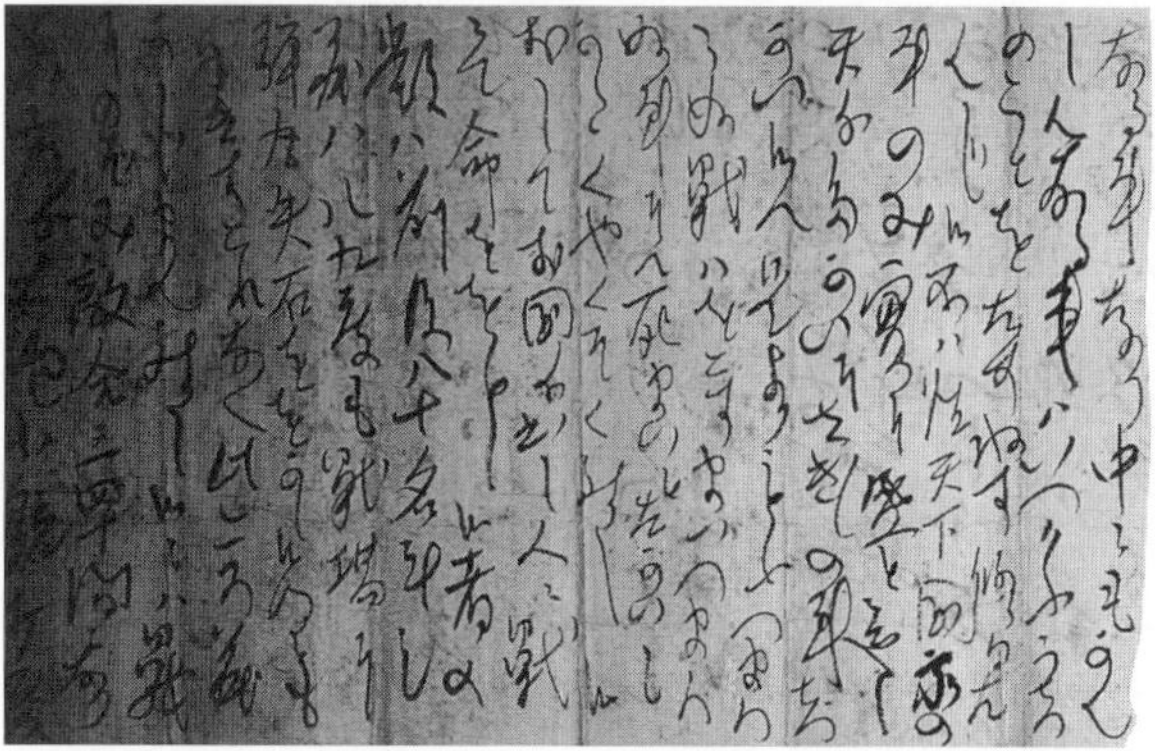

病き（気）もなく、はなはだたしや（達者）
なる事なり。中ニもかん
しんなる事ハ、いつかふ（一向）うち
のことをたずねず、修（終）日だ（談）
んじ候所ハ、唯天下国家の
事のみ。実に盛と云べし。
夫よりたがいにさき〴〵の事ち
かい候て、是より、もふつまら
ら（ママ）ぬ戦ハをこすまい、つまら
ぬ事にて死（ぬ）まいと、たがいニ
かたくやくそく致し候。
おしてお国より出し人ニ、戦
ニて命をを（お）とし候者の
数ハ、前後八十名斗（ばかり）ニて、
蔵ハ八九度も戦場に

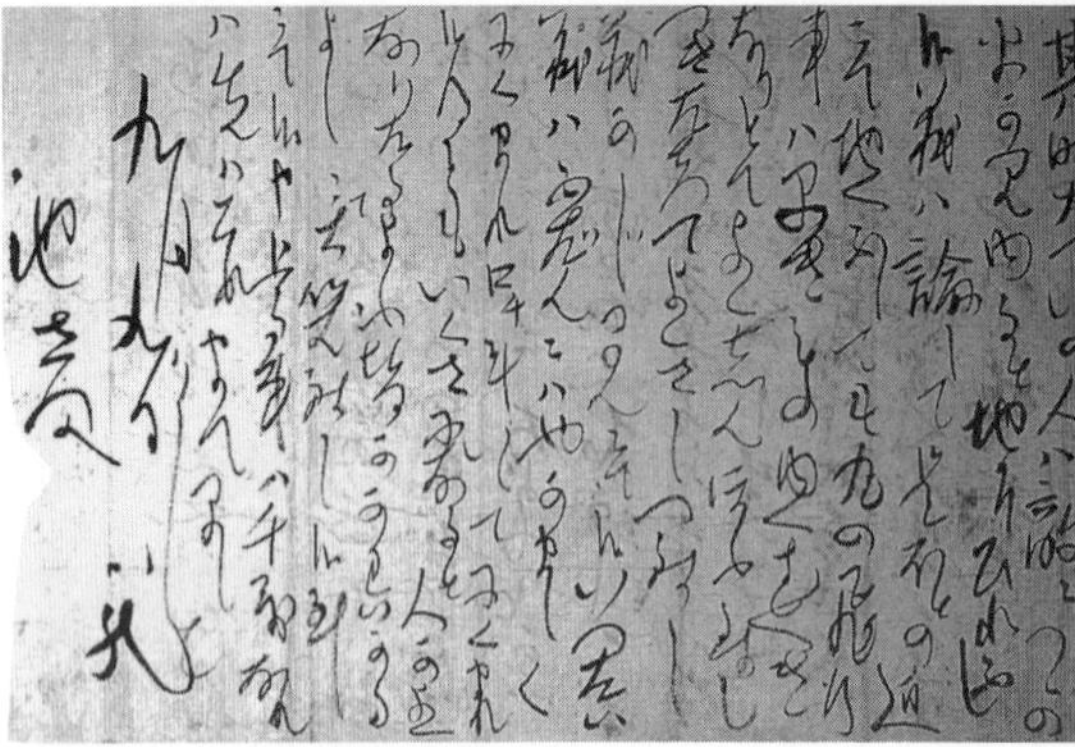

弾丸矢石ををかし候得ども、手きずこれなく此ころ蔵がじまん致し候ニハ、戦にのぞみ敵合三四十間ニなり、両方より大砲小銃打発候得バ、自分もちてをる筒や、左右大砲の車などへ、飛来りて中(あた)る丸(たま)のおとバチ〳〵、其時大ていの人ハ敵ニつゝの火が見ゆると、地にひれふし候。蔵ハ論じて是ほどの近ニて地へふしても、丸(たま)の飛行(とびゆく)事(こと)ハ早きものゆへ、むへき(無益)なりとてよくしんぼふ(辛抱)致し、つきたち(突き立)てよくさしづ致し、

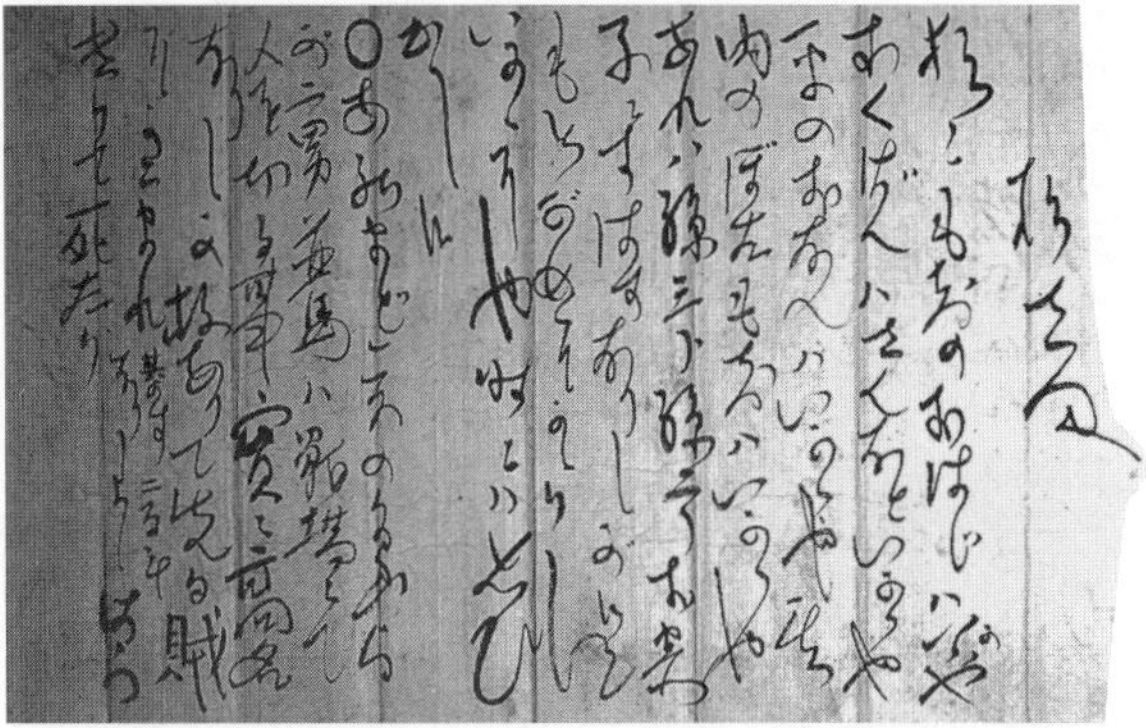

蔵がじまんニて候。いつたい
蔵ハふだんニハ、やかましく
にくまれ口チ斗(ばかり)いゝてにくまれ
候へども、いくさになると人がよく
なりたるよふ、皆がかわいがる
よしニて、大笑致し候事
ニて候。申上る事ハ千万なれ
バ、先ハこれまで、早々。かしこ。
九月九日　龍
池　さま
杉　さま
猶〻、もちのおばゞハいかゞや、
おくばんバさんなどいかゞや、
平のおなんハいかゞや。其
内のぼたもちハいかゞや。

あれハ、孫三郎、孫二郎お養
子ニす(ママ)はずなりしが、是
もとがめにかゝりし、
いかゞにや時々ハ思ひ
出し候。
○あのまど(ママ)ころの島与
が二男並馬ハ、戦場ニて
人を切る事、実ニ高名
なりしが、故ありて先日賊
にかこまれ其かず二百斗なりしよし。はら
きりて死たり。
〈ここより裏面〉
このころ時々京ニ出おり候ものゆへ、
おくにへたよりよろしきなり。
然バお内の事、ずいぶんこいし

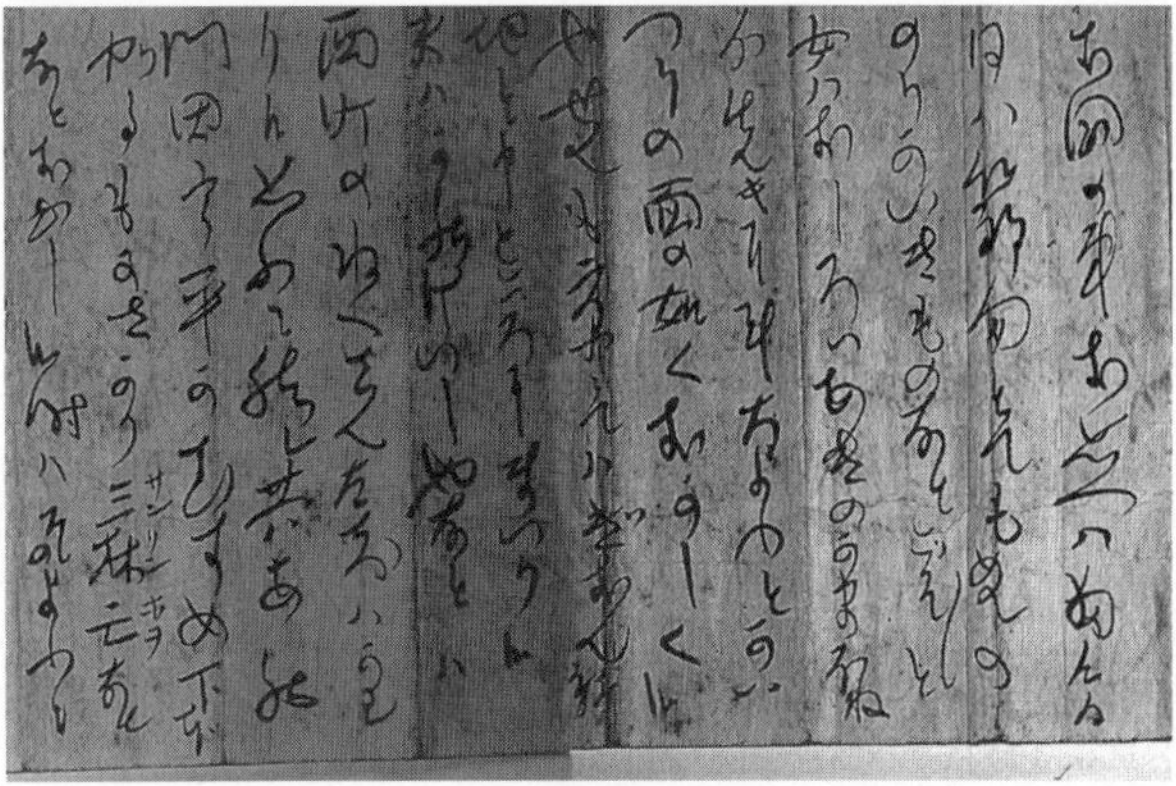

く候あいだ、皆々様おんふみつかわされたく候。蔵にも下され度候。
私にハあいかわらず、つまらん事斗御もふし被レ成候に、おゝきに私方もたのしみニなり申候。
あのかわのゝむすめハ、このころハいかゞニなり候や、あれがよみ出したる月の歌、諸国の人が知りており候、かしこ。

お国の事お思へバ、扨今日ハ節句とてもめんの（木綿の着物に

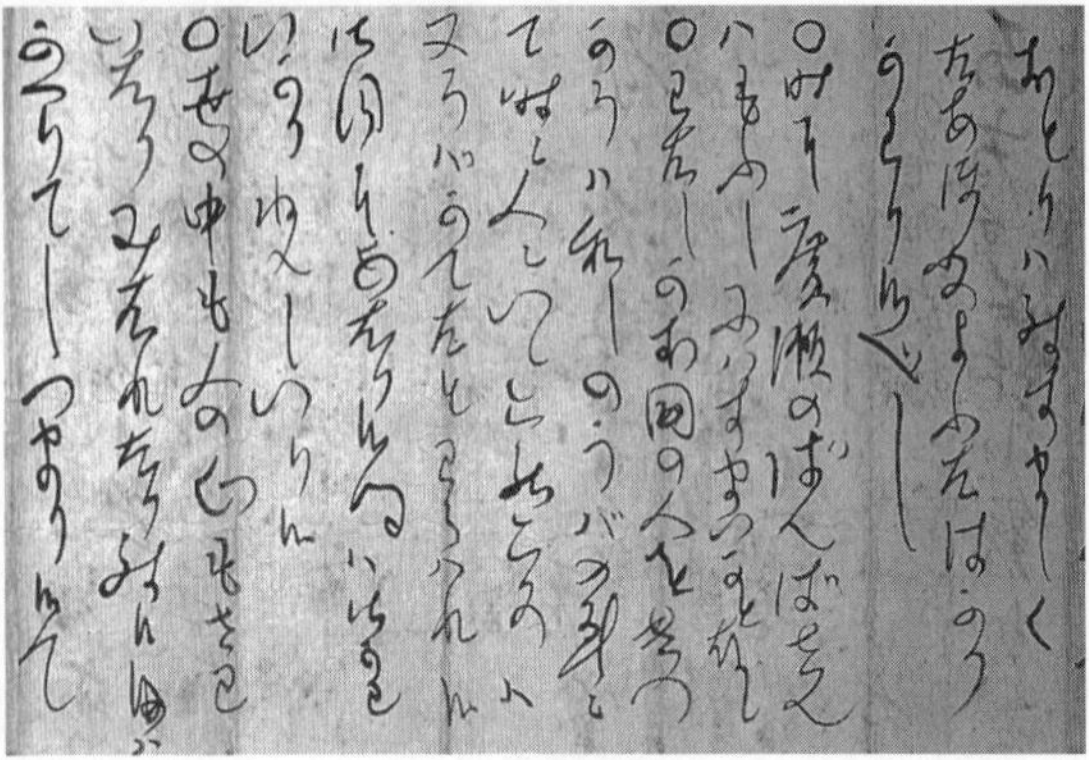

のりかい（糊をきかした）きものなどごそ〱と、
女ハおしろいあぎ（顎）のかまほね
より先キに斗、ちよふどかい（粥）
つり（釣）の面の如くおかしく候
や。せんも京ニてハぎおん新
地と申ところにまいり候。
夫ハかのげいしやなどハ、
西町のねへさんたちとハかわ
り候。思ふニ、然レ共あの
門田宇平がむすめ下本
かるもが、さかり三林亡（サンリンボヲ）（ママ）など
などお出し候時ハ、そのよふニ
おどりハ致すまじく、
たあほふ（ママ）のよふ（酔）たばかり
かわり候べし。

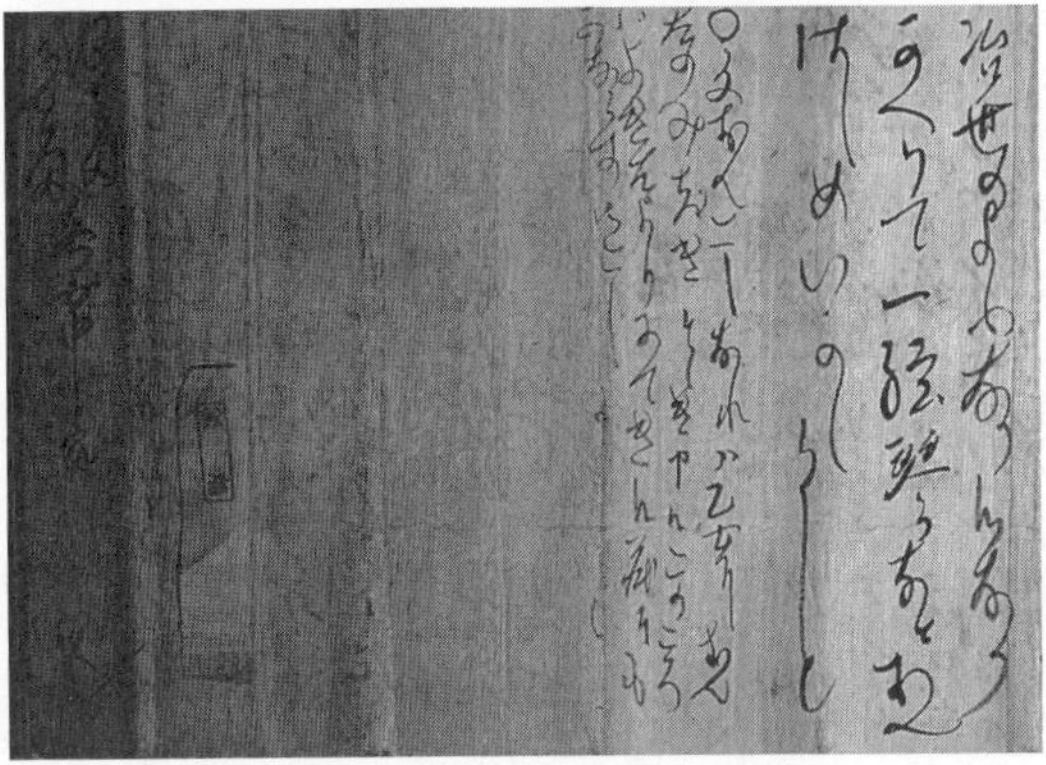

（個人蔵）

○時に広瀬のばんばさん
ハ、もふし(死)にハすまいかと存候。
○わたしがお国の人をきづ
かうハ、私しのうバ(乳母)の事ニ
て時々人にいゝ、このごろハ
又うバがでたとわらハれ候。
御目にあたり候得バ、御かわ
いがりねんじいり候。
○世の中も人の心もさわ
いだり、みだれたり致候得バ、
かへりてしづまり候て、
治世のよふなり候。なり
かへりて一絃琴などおん
はじめ、いかゞ。かしこ。
○文おんこしなれバ、乙女におん

たのみぢ(直)きとどき申候。このころハよきたよりにでき候。蔵にもかならず御こし、かしこ。

龍より

池 さま
杉 さま
各女中衆

文久の頃、龍馬と相前後して脱藩した同志池内蔵太との奇遇を伝え、内蔵太健在を彼の家族に書き送っている。内蔵太は文久三年五月、藩命の御供達御歩行の勤事途次、京都より亡命脱走。このため池家は家督断絶、家屋没収されている。彼は大和天誅組挙兵に加わり、敗れて重囲を突いて長州へ、次は京都の禁門の変に参戦、再び敗走して長州での俗論党との内戦に加わる等数度の死地をかいくぐり、「いくさになると人がよくなりたるよふ、皆がかわいがるよし」と愛弟に対する情をみせている。前便と同じ重陽節句の日である。着飾っておしろいを「かいつりの面の如く」つけた高知城下の女たちを懐しがり、湧きあがるような懐郷のこころが聞えてくる。「かいつり」は旧暦正月十四日、門松を薪に米をかゆにして炊いて食べる行事。「島与が二男並馬」は高知長浜出身の島浪間で、昨元治元年山陰道美作土井で自刃。「下本かるも(苅藻)」は城下北奉公人町のサカリ三林亡の綽名(あだな)のあった美人をさす。

今夏（平成十五年八月）京都国立博物館主任研究官宮川禎一氏によって、龍馬書簡が二通、再発見された。その一通が本状で、池内蔵太家族にあてた慶応元年九月九日の手紙である。回顧すれば二十余年の昔、筆者が「龍馬全集」編述のため、本郷は東大史料編纂所へ通った際、「取材の旅」の記録は偶然ながら本状を採り上げている。

「坂本龍馬書翰、池等宛、慶応二年九月九日（本状は池内蔵太家族あて、慶応元年が正しい）土居亀太郎家文書。

台本出所高知市八百屋町土居亀太郎所蔵原本。謄写人新井三蔵。着手大正八年十二月十八日、完了十二月十九日。校合終了大正九年六月二十三日。校正終了大正九年九月廿五日。校定準拠本出処、同上。校定終了、大正九年九月廿五日。校正者氏名及印、岩崎英重（鏡川）㊞瀬川克三㊞維新史料編纂会。」（「全集」解説）

大正八年より今年は八十四年目である。龍馬直筆が平成の陽を新しくあびて、晴々しい心地である。尚、宮川氏の書きおろし「龍馬を読む愉しさ」（臨川書店）が本年十一月に刊行された。

龍馬は、この慶応元年九月九日に長文のたよりで、お龍のことや楢崎一家のことを「乙女、おやべ」（書簡一七）に書いている。書き足りない気持があったにちがいない。残った巻紙は池内蔵太の家族を相手に綿々たる心情吐露の手紙をひき続いて書いている。

「手紙は縦16㎝横98㎝の和紙の表裏両面に書かれているため、表装されていない」（「東京龍馬会」機関誌「龍馬タイムズ」かわらばん65号）と、皆川真理子氏は解説している。

一九　慶応元年九月か
坂本乙女あて

私がいぜん(以前)もつていました、かくなじ(角な字)でかいた烈女伝(ママ)を、あれをひらがなになほしてゑ(絵)入にて、そのゑと申は、本の烈女伝のゑのとふりなり。誠におもしろし。私がかな(仮名)になを(直)そふと兼ねてをもいしが、夫(それ)を見てやめてしもふたり。夫をおまへさんになりおくにへおくりたさにたづね候。けして今時の本やにはなきもの也。故にある女にたのみてかきうつさせより申候。其女と申はげにもめづらしき人、名は御聞しりの人なり。

どうぞ〱たのしみたまへ。その本のうつしたるれいとして、私しがうちでならひよりた、いしずり(石刷)のかくなじのおりでほん(折手本)これはお前さんにあげておまへさんもならいよりた本なり。夫を御こしなされ度、兄さんまでひきやく(飛脚)に御おくりなされ度候。またまた色〻のものさし上候へども、夫はおい(追々)〱なり。此龍がおにおふさま(御仁王様)の御身をかしこみたふとむ所よくよくに思たまへ。

乙大姉　をにおふさま　　龍馬

皆火中なり。此よふな文、なきあとにのこるははぢなり。

（「関係文書第一」、坂本直衛旧蔵）

「ある女」即ち私の恋人お龍、彼女は「げにもめづらしき人」（珍らしい、愛くるしい人）で、名は前便で御聞き知りの人ですよ。劉向（りゅうきょう）の書いた「列女伝」を平仮名絵入りにして、このお龍に書き写させています。後に送りますから楽しんでいて下さい。そこで、この本を写す手本にしたいので、家にある石刷りのかくな字（楷書）の折り手本を送って下さい。私はあなたにいろいろのものを送るつもりですが、弟の龍馬は姉のお仁王さまのあなたを、かしこみ貴んでいるのを、よくよく自覚して下さいよ。——というような内容で、本文は日付を欠くが、前文（九月九日付）に前後して書かれたものと推定したい。

龍馬は機会あるごとに乙女姉へお龍を取りつぎし、双方の気質的な共通項を指摘して、二者会見の際の理解を深めるよう骨折っている。他国女お龍を、姉に心証よかれと気遣っているのである。既にお龍とは元治元年夏頃、京都金蔵寺住職知足院の仲介で、結婚していたのが真実のようである。「列女伝」は「新編古列女伝」と称され、前漢の学者劉向（BC七九〜六）の著。中国古代よりの女性百二十四人の列伝で、中には有名な猛子（もうし）の母のことや妲己（だっき）の話が載っている。各頁木版絵入り冊子で、母儀伝、賢明伝、仁智伝等八項八巻の四冊本である。

二〇　慶応元年十月三日
池内蔵太あて

去月二十九日上関に薩の小蝶（胡）丸にて参りたり。然るに此度の用事は云々、先づ京師のヨフス（様子）は去月十五日将軍上洛、二十一日、一（一橋）、会（会津）、桑（桑名）、暴（にはか）に朝廷にせまり、追討の命をコフ。挙朝是にオソレユルス。諸藩さゝゆる者なし。唯薩独り論を立たり。其よしは将軍廿一日参内、其朝大久保（利通）尹君（いんのみや　中川宮）に論じ、同日二条殿（関白二条斉敬）に論じ、非義の勅下り候時は、薩は不レ奉と迄論じ上げたり。されども幕のコフ所にゆるせり。薩云々等朝に大典の破し事憤りて、兵を国より召上せ、既に京摂間に事あらんと。龍也（や）此度山口に行、帰りに必ず面会、事により上に御同じ可レ仕候かとも存候。何れ近日、先は早々頓首。

三日　龍馬

内蔵太　様

（「関係文書第一」）

幕府の長州再征が迫っている慶応元年秋は、龍馬は中岡慎太郎と協力して薩長連合運動に席の暖まる暇がない時であった。

京都より長州にもどってくると中央の政情を内蔵太に報じ「事により上（京都）に御同じ（同道）可レ仕候か」と誘っている。彼とはこの年春（書簡一八）下関で、「天なる哉〳〵、奇妙〳〵」と対面して以来の仲である。

「去る三日（本書簡発信の日）坂本龍馬老兄を指向け、宮市迄来着。同人話頭重大之事件も有レ之、（中略）朝廷ノ御微力痛哭流涕之次第、坂本氏直話御聞取ニ候得ば、如レ形御仰天と奉ニ想像一候」（慶応元年十月五日、楫取素彦より木戸孝允あて）とあるが、幕府の長州再征伐論は急調を加え、将軍家茂は親征と称して西上、朝廷に奏上して九月二十一日、再征の勅許を取りつけたことを指している。

薩摩藩はその名分論から之に反対するが容れられず、京坂に自藩の兵力を増強、警戒を厳にする。龍馬はこの状況下、九月二十六日薩船胡蝶丸で兵庫を出航、二十九日周防（山口県）柳井に上陸し、十月三日偶然楫取素彦に会い、相携えて山口に出、参政広沢真臣（藤右衛門）らの接待を受け、在京の西郷の申し出た兵糧米を、木戸に相談し応じて送ることと決まる。藩長の提携工作は、風雲急を告げる長州を舞台に、このように進められた。

楫取は松島剛蔵の弟、旧名小田村素太郎、妻は吉田松陰の妹。そして同日本書状を宮市より下関か長府にいた内蔵太に書き送ったと推定される。翌十一月、龍馬は内蔵太を伴って再上洛し、西郷より内意を受けていた長州兵糧米承諾を告げる。さらに薩藩使黒田了助を長州に案内して薩長和解の事を諸隊に遊説（ゆうぜい）、翌年正月同盟成立までの布石を完璧なものとしてゆく。尹宮（いんのみや）は青蓮院宮で中川宮朝彦親王、文久三年八月朝廷クーデターの主謀者。二条斉敬は公武合体派の関白。

二一　慶応元年十月十二日

印藤肇あて

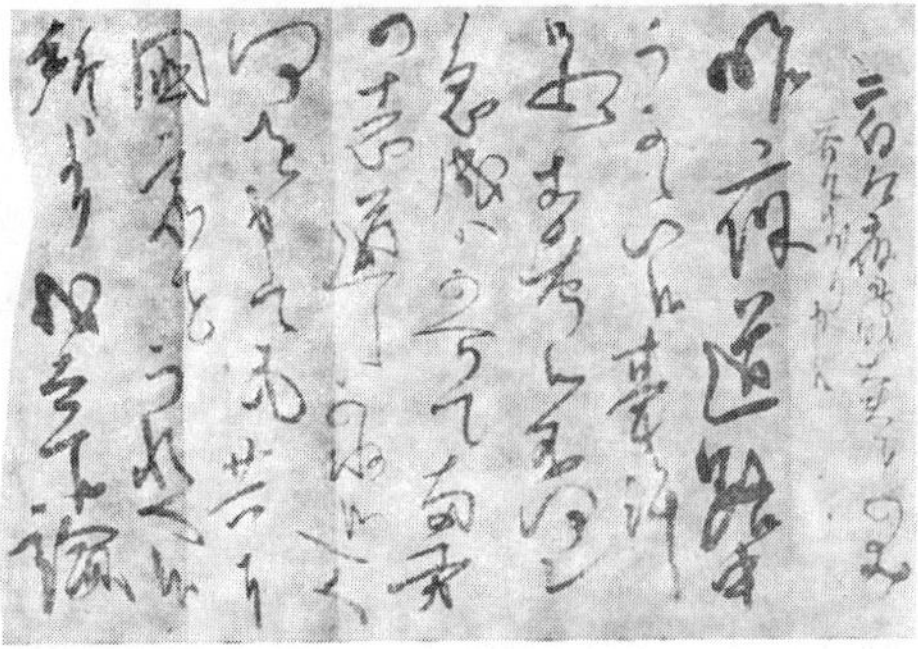

二白、今夜も助大夫(ママ)とのみ
　呑ており申候。
昨夜道路中
うかゞい候事件
色々相考候所、何レ
急成ハかへりて両方
の志通じかね候へバ、
何を申ても共に
国家をうれへ候
所より成立候論
なれば、両方の意

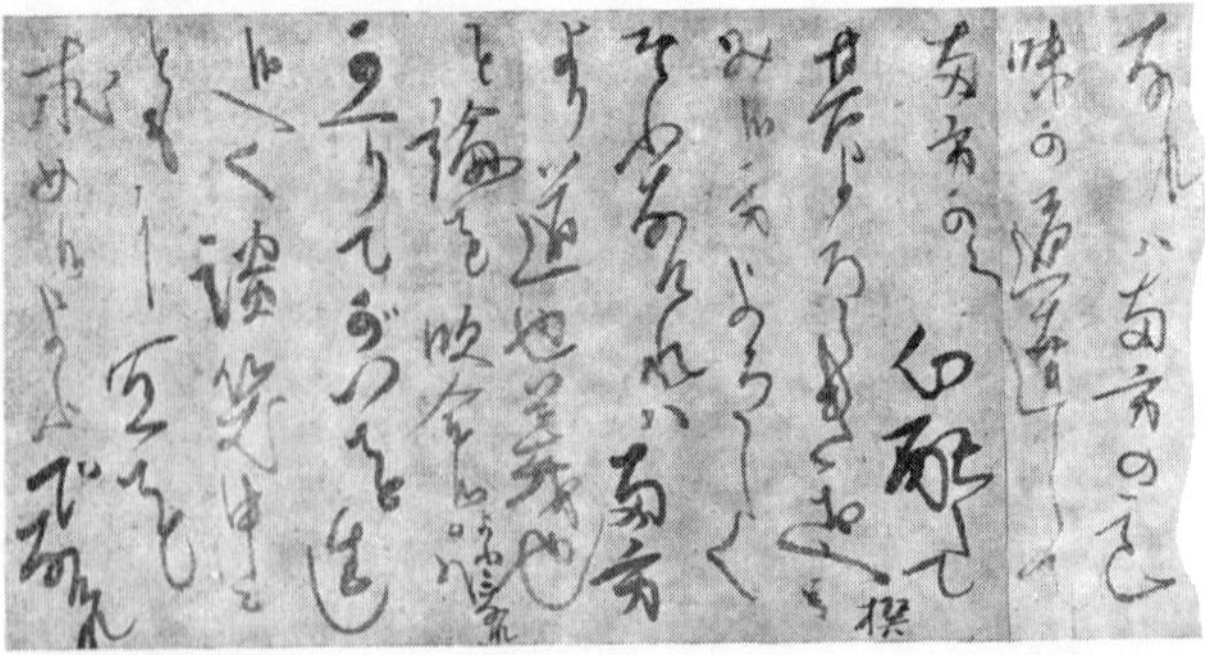

味が通達して
両方から心配して
其よろしきおへら(撰)
み候方よろしく、
そふなければ両方
より道也、義也
と論を吹合候よふニなれバ、
かへりてがい(害)を生じ
候べく、談笑中ニ
ともに宜を
求め候よふでなけれ
バ、とても大成ハ
なりがたくと奉レ存候。
何レ御深慮千万
の中と奉レ存候。

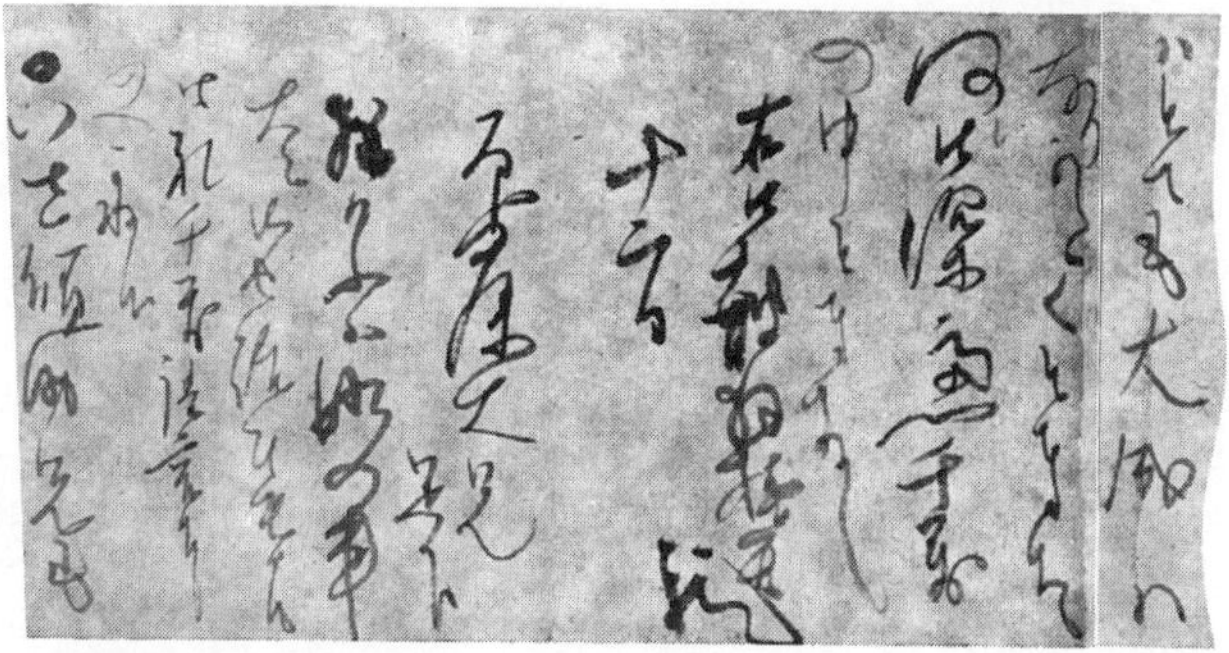

右御報拝捧候。
十二日　　　龍
印藤大兄足下
猶けふハ船の事
大ニ御セ話被レ遣候。
御礼千万語言に
かへかね候。
○いさ順助兄も
唯今出崎時計
御頼ニ候て御帰り
被レ成候。
再拝〻。
印藤大将軍陣下　　　龍
返報入

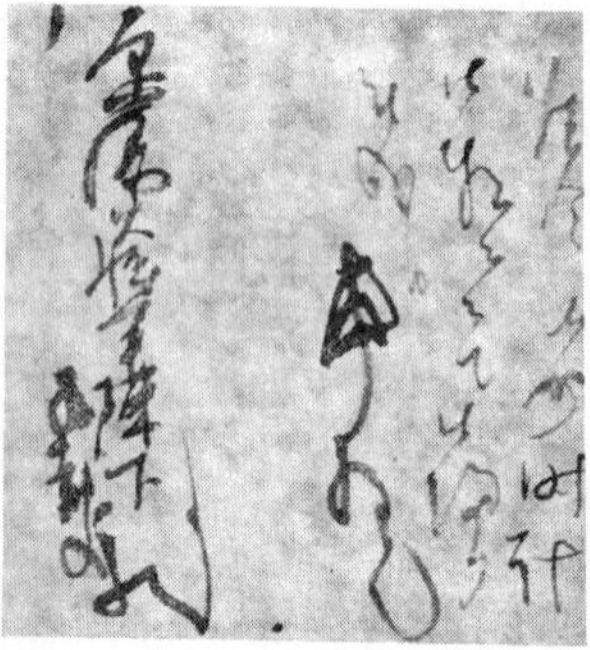

（京都大学附属図書館蔵）

印藤は長府藩士、名前は肇（はじめ）、別名聿（のぼる）、辨介。天保二年生れ、算術に詳しく槍術の奥義に達する。文久の頃赤間関（下関）砲台建築防備に尽力、元治元年報国隊を編成しその軍監。明治以後商に帰して豊永長吉と改める。渋沢栄一、安田善二郎、大倉喜八郎らと門司築港会社を創る。毛利家家政のことに尽力。明治四十四年没、八十一歳。龍馬書簡四通がある。

龍馬は九月二十六日薩船胡蝶丸で兵庫を出て長州に上陸。十月はじめ長藩士楫取素彦と山口を訪ね、二十一日桂小五郎と下関で会談している。「此度坂本龍馬上国近情報知、実ニ不レ耐二驚愕一次第、幕（府）如何程暴断ニ出候共、兼（かね）て覚悟之前是迄御決議之通り必然勿論之事」（十月四日広沢真臣より桂あて）と第二次四境戦前夜の、長州側が受けとった厳しさを伝えている。

助太夫は下関阿弥陀寺町の本陣大年寄の伊藤九三で号静斎。長崎の外商と交り和蘭商館長よりフォン・デル・ベルグの蘭名を受けた。

二二　慶応元年十二月三日

印藤肇あて

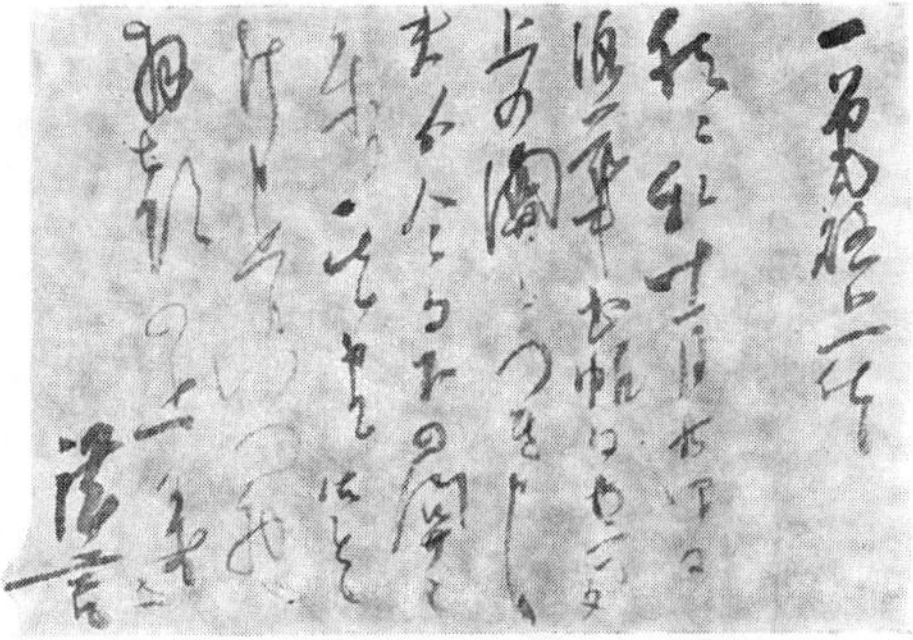

一筆啓上仕候。
然ニ私十一月廿四日
浪華出帆、同廿六夕
上の関ニつき申候。
夫より今日下の関ニ
参り其まゝ御とゞ
け申上候。いづれ
拝顔の上万々。

謹言

十二月三日　龍馬

聿大兄

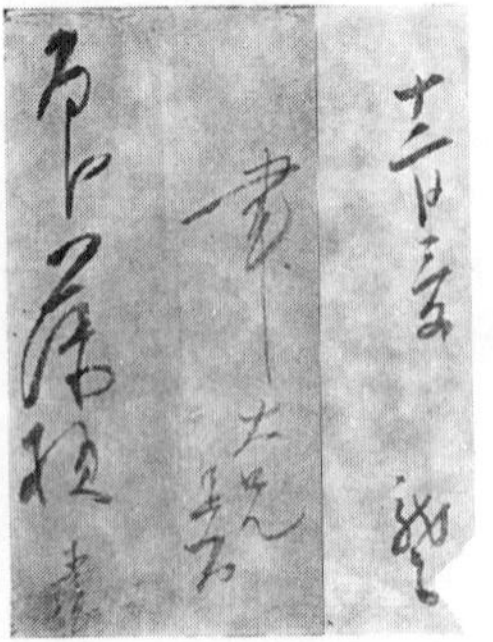

（下関　長府博物館蔵）

印藤様　足下
直陰

この年十月の頃、長崎亀山社中の近藤長次郎の周旋で、長州藩のため薩摩名義を以て英商グラバーよりユニオン号（桜島丸、のち乙丑丸。船価三万七千七百両）を購入。龍馬はこの船に乗って十一月初旬、下関を出て再上京し、西郷に会って長州糧米提供のことを報ずる。そして薩長連合の打ち合せのあと十一月廿四日、大坂を出航、廿六日上関（かみのせき）につき、この十二月三日下関に上陸、本状を印藤に報じたものである。

当時、龍馬は薩長連合のことや、社中使用船購入（のちに大極丸で実現）のことに精力的に取り組んでいた。ユニオン号は社中の奔走で購入できたが、その使用権をめぐって長州側と紛議が生じ、十二月長州藩海軍局総管中島四郎と改定条約を取り決めてやっと解決。また薩藩重役小松の協力を得て、プロシヤ商人チョルチーより洋帆船ワイルウエフ号を購入している。

英国商人グラバー（Thomas Blake Glover）は安政六年長崎開港と同時に来日し貿易商社グラバー商会を設立。大量の武器、弾薬、船艦を西南雄藩に提供し、倒幕運動の陰の立役者となった。当時の若き志士五代友厚や伊藤博文等を西欧に脱出遊学させている。倉場と名乗り日本女性つるを妻とし、終生日本でくらし、明治四十四年七十三歳で終わっている。

二三　慶応元年十二月十四日

岩下佐次右衛門、吉井友実あて

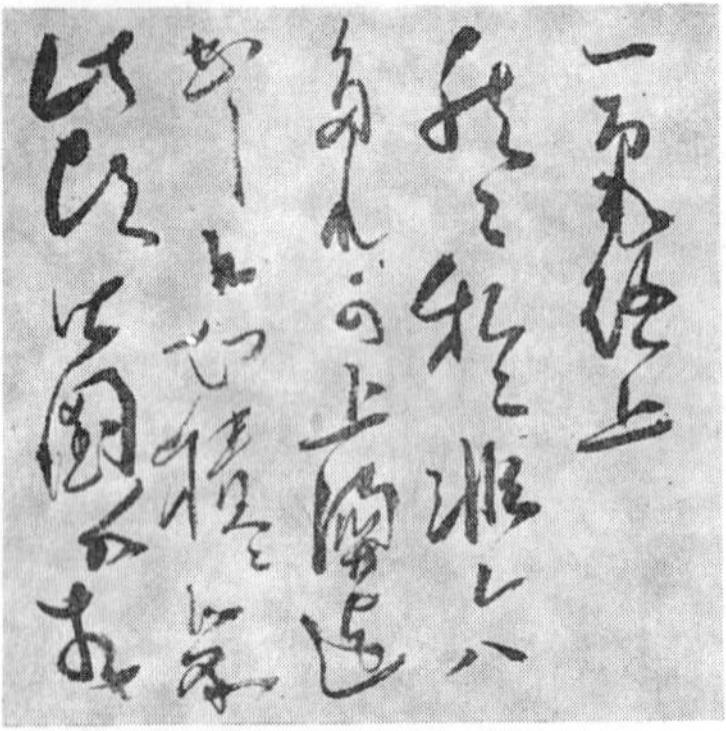

一筆啓上。
然ニ私ニ非レバ
たれか上関迄
出し候心積ニ候所、
此頃御国より相
廻り候船、下の関
ニ参候時節、人
なく幸ニ黒田
了介（清隆）殿御出ニ候
得共、今少し
御留りの儀故ニ

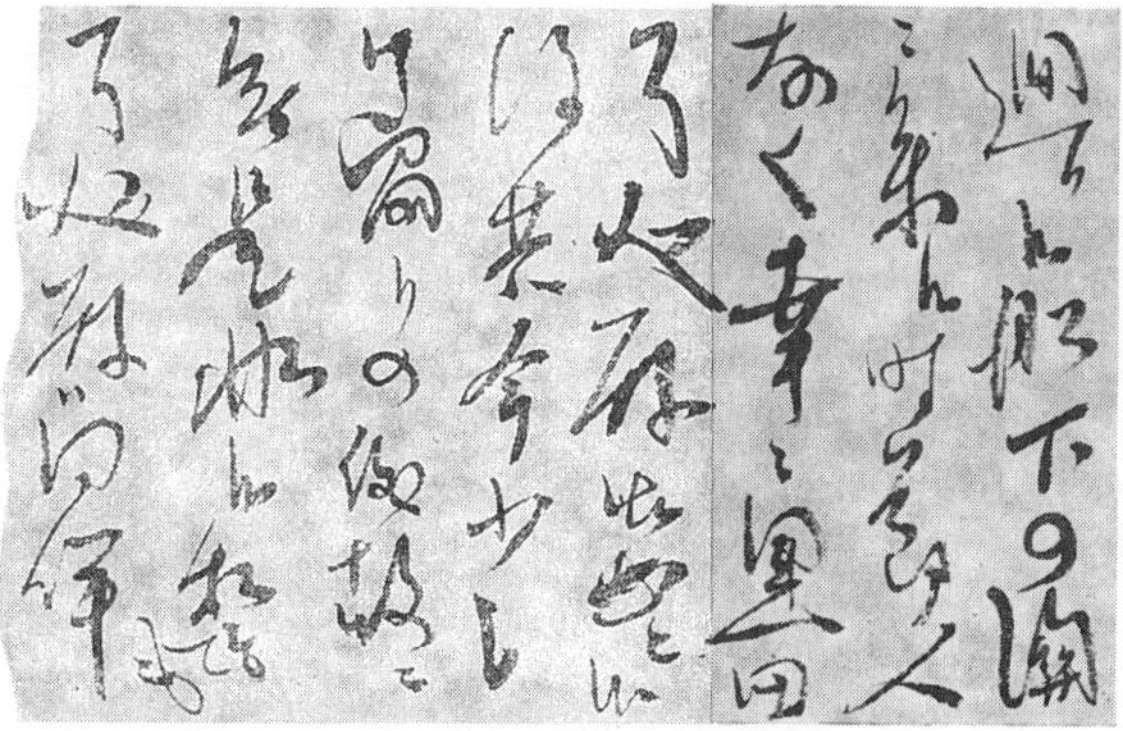

無二是非一候。私とても
了介殿御同伴
上坂も致候。芸（芸州）
永井主人（主水正）が事
ハ兼而（かねて）長州の
政府の論の如ク
相辨候所、永井
曰ク、然レバ諸隊
頭立（かしらだち）候者ニ面会
可レ致と、則諸
隊頭立候もの
面会せり。
　案ズルニ永井ハ
諸隊の者と政
府の論と、甚こと

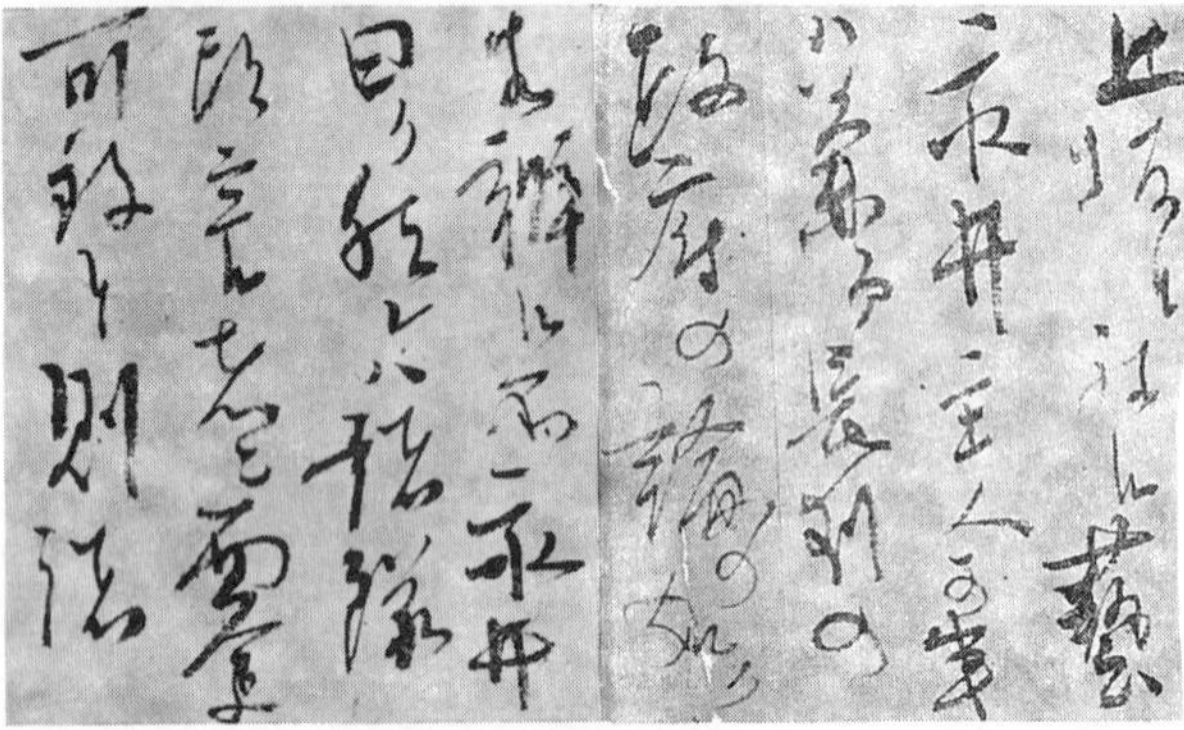

なり候心積也。
故、政府をたすけ
諸隊を撃、或ハ
諸隊を助ケて
政府を撃との
論のよしなり。
京よりミブ(壬生)浪人
同伴ニて帰りし、
長人ハ虎口を
のがれしと大ニ
笑合候。上下
一和兵勢の
盛なる、以レ長第
一とすべく存候。
何レ近程ニも

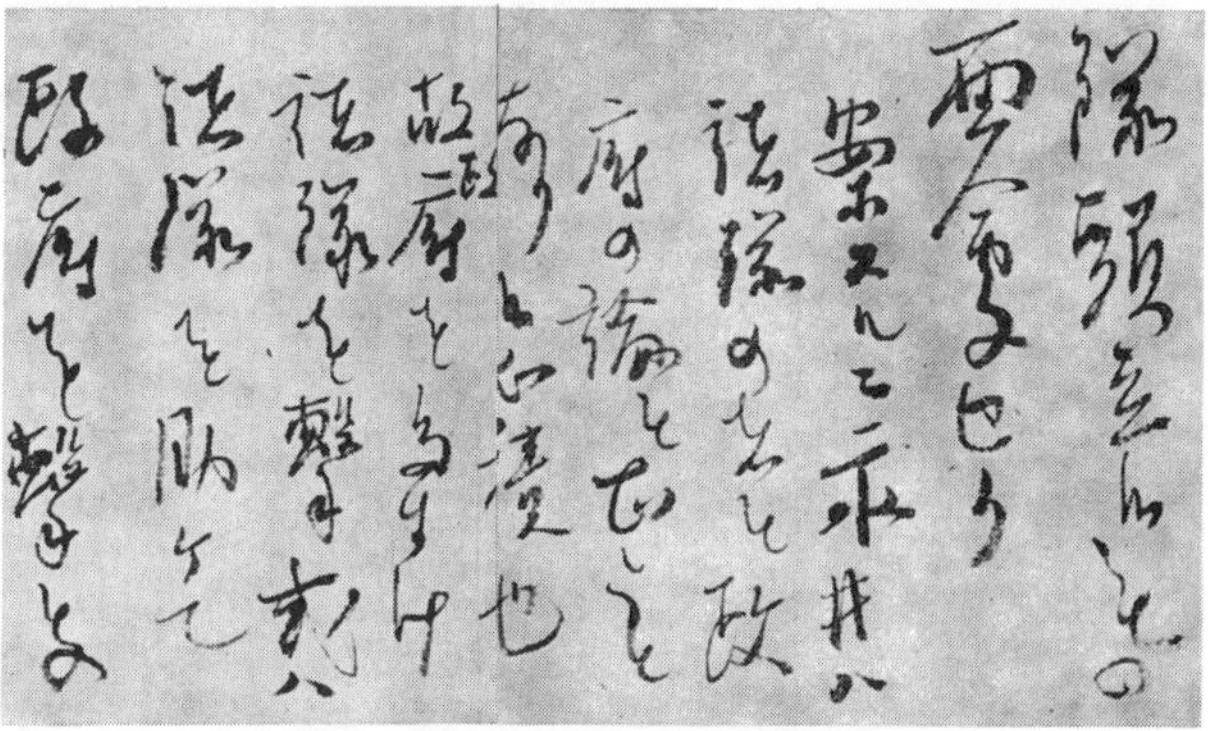

上京御咄申上候。

〆

坂本龍馬

岩下　左次兵様（ママ）

直陰

吉井　幸輔様

状況切迫し、一日も早く薩長連合実現を目ざす龍馬は下関より、西国の事情を京都薩摩藩邸にいる岩下、吉井に連絡したものである。

幕府は長州再征を前にして、永井主水正、戸川胖三郎を慶応元年十一月十六日、広島に送り長藩使者宍戸（しし ど）備後介と国泰寺（こくたいじ）において、数次折衝（せっしょう）。十二月十六日同地出発、帰途へつく。この際「京よりミブ（壬生）浪人同伴」とあるように、新撰組近藤勇、伊東甲子太郎らが同行。近藤は名を内蔵助と改め、訊問使大目付永井主水正の給人役として随行していた。

「乍㆓馬乗㆒啓上致候。弥（いよいよ）御安全奉㆑賀候。然者（しかるに）今晩

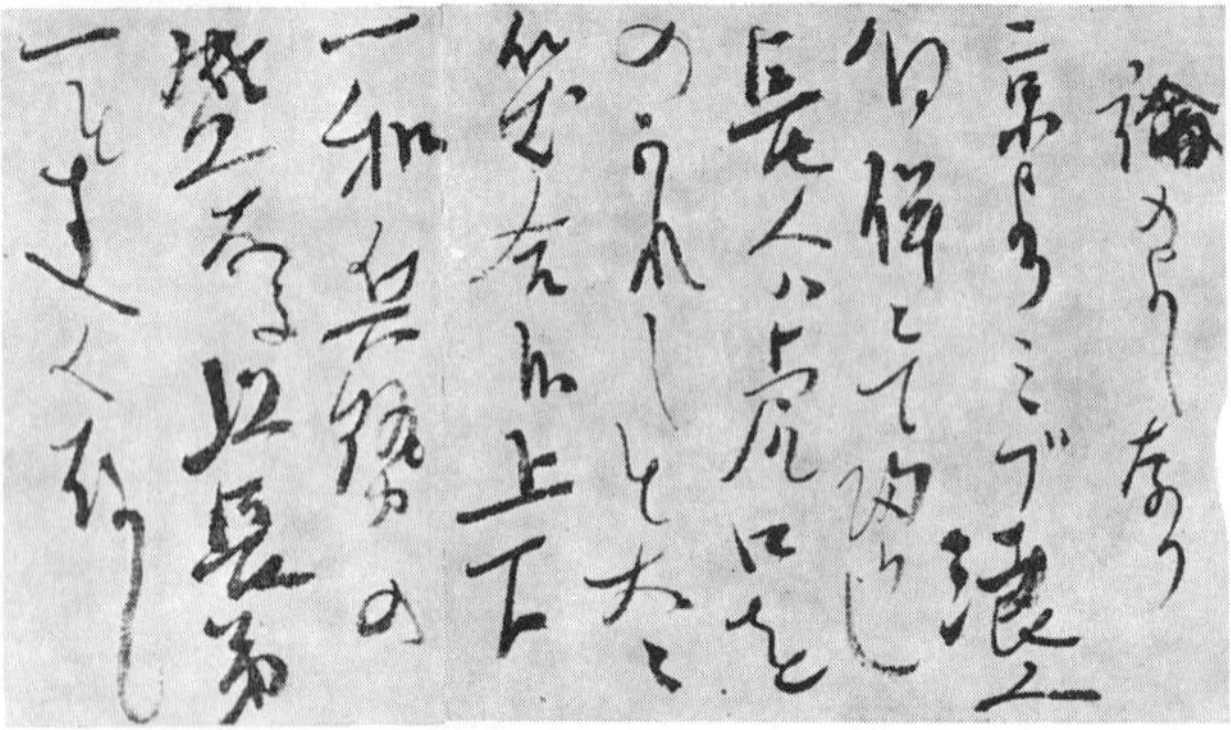

下拙事大小監察付添ニ而広島迄出張。夫より長州萩城迄下拙主従罷越候之御用被二仰付一、誠ニ不二容易一次第」（慶応元年十一月四日、近藤勇より佐藤彦五郎らあて）とある。この時、新選組の捕えていた長州藩士赤根武人、久留米浪士淵上郁太郎を放還。赤根は翌年正月、長州藩有志によって殺害される。

薩摩藩士黒田了介は馬関滞在中で、龍馬は彼を同伴上洛を予定していたが、桂と共に十二月二十七日一足さきに三田尻乗船、薩長連合を目ざして出発。吉井幸輔（友実）は薩摩藩士、維新後枢密顧問官、伯爵。歌人吉井勇の祖父。

黒田了介（清隆）はのち箱館五稜郭攻略の総指揮者で榎本武揚を助命、のち内閣総理大臣。岩下佐次右衛門（方平）は薩摩藩士。慶応二年渡仏、参与、外国事務係、元老院議員、子爵。

永井主水正尚志は玄蕃頭、幕末の開明派官僚で慶喜を扶けて大政奉還にふみ切らせた。そのことは後

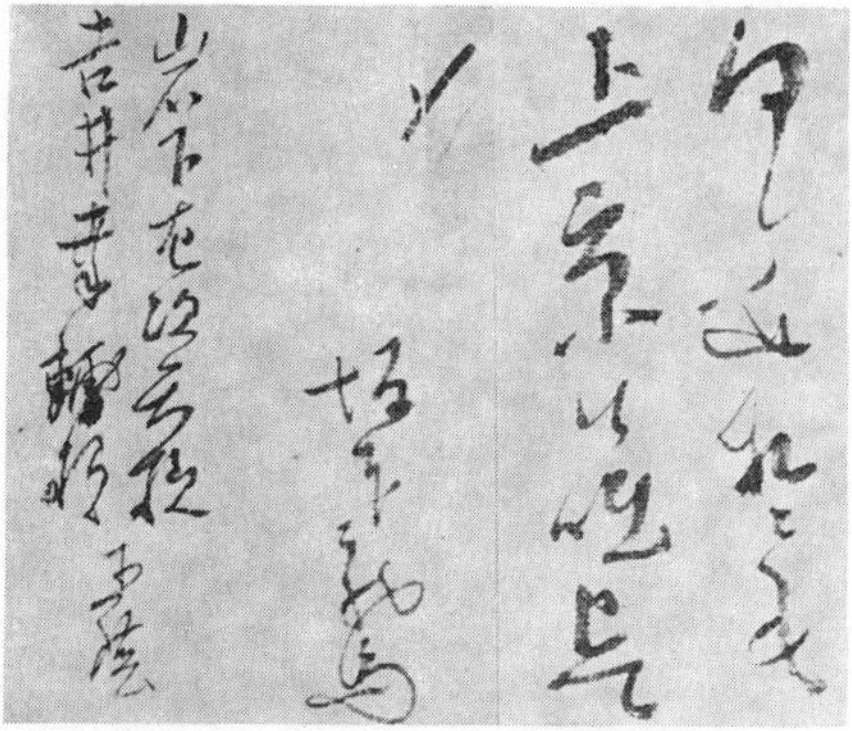

（宮内庁　木戸家文書）

出書簡（一一九）で龍馬は「彼玄蕃コトハヒタ同心（自分と心の合った仲間）ニて候」としている。
　永井は長崎の海軍伝習所の責任者であり、海舟や榎本武揚らと共に築地の海軍創設者の一人であり、維新後は榎本らと箱館に拠って官軍に抗戦。のち許されて新政府に出仕、元老院大書記官等。

二四　慶応元年十二月二十九日

印藤肇あて

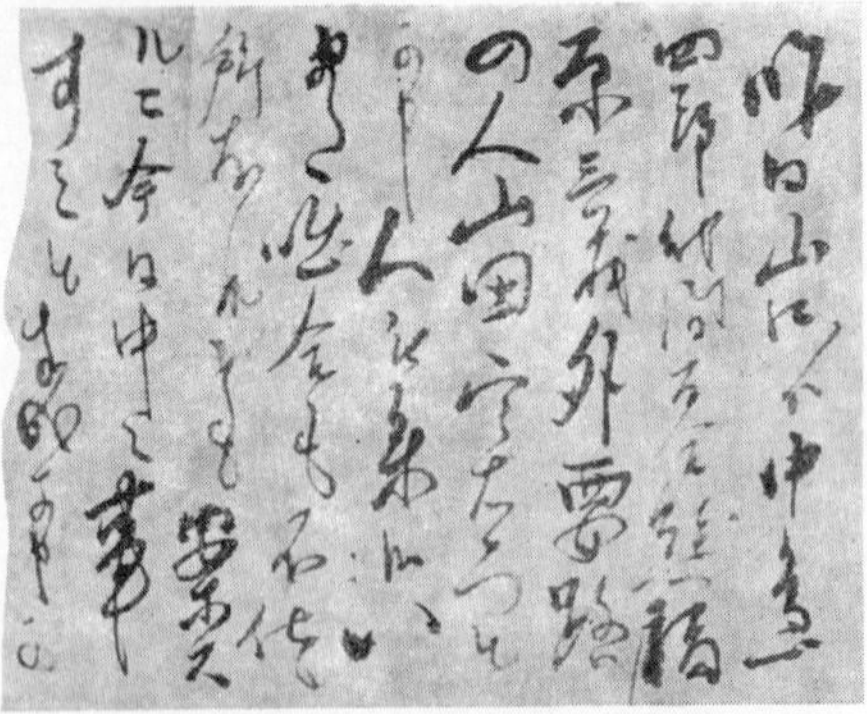

昨日山口より中島
四郎、能間百合熊、福
原三蔵外要路
の人山田宇右衛門と
か申人被レ参候。い
まだ咄合も不レ仕候
所なれども、案ズ
ルニ今日中ニ事
すミと相成可レ申か、
山口よりハ木圭(桂)小五郎
よりも長々敷手紙

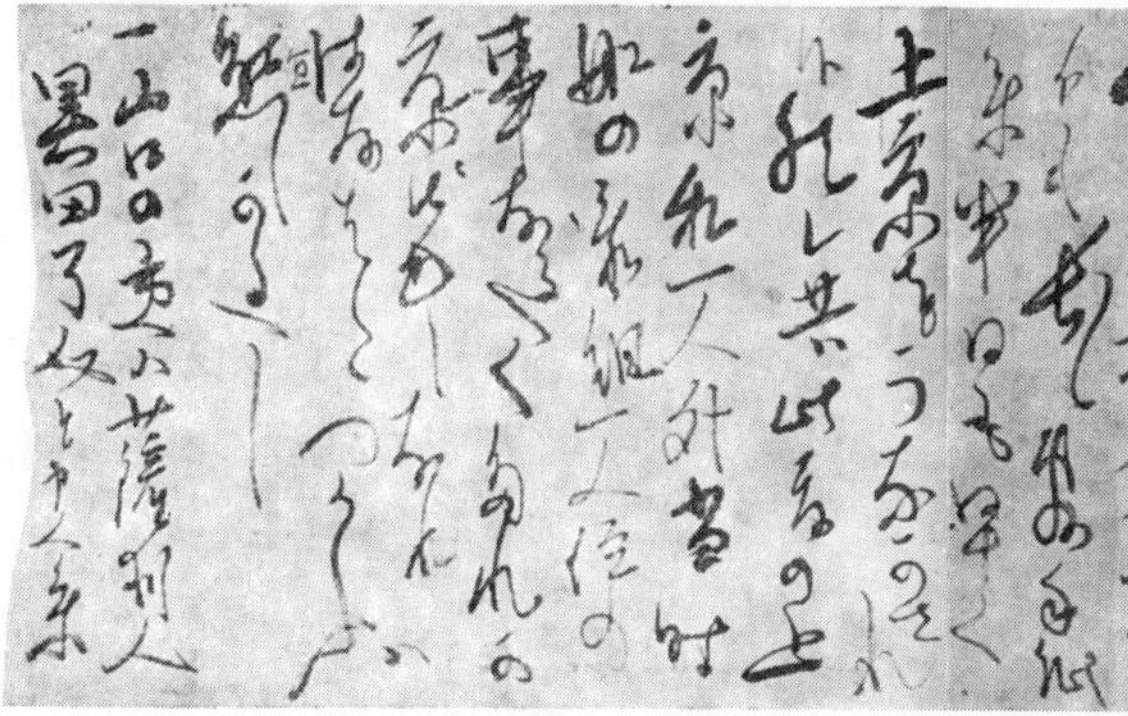

参、半日も早く
上京をうながされ
候。然レ共此度の上
京私一人外当時
船の乗組一人位の
事なるべくたれか
京ニ御出しなれバ、
はなはだつがふ(都合)
能(宜(ママ))しかるべし。
一、山口の方へハ薩州人
黒田了介と申人参
居候故、此人とともニ
桂氏ハ先日上京と
承り候。其桂ニ
諸隊の者人物

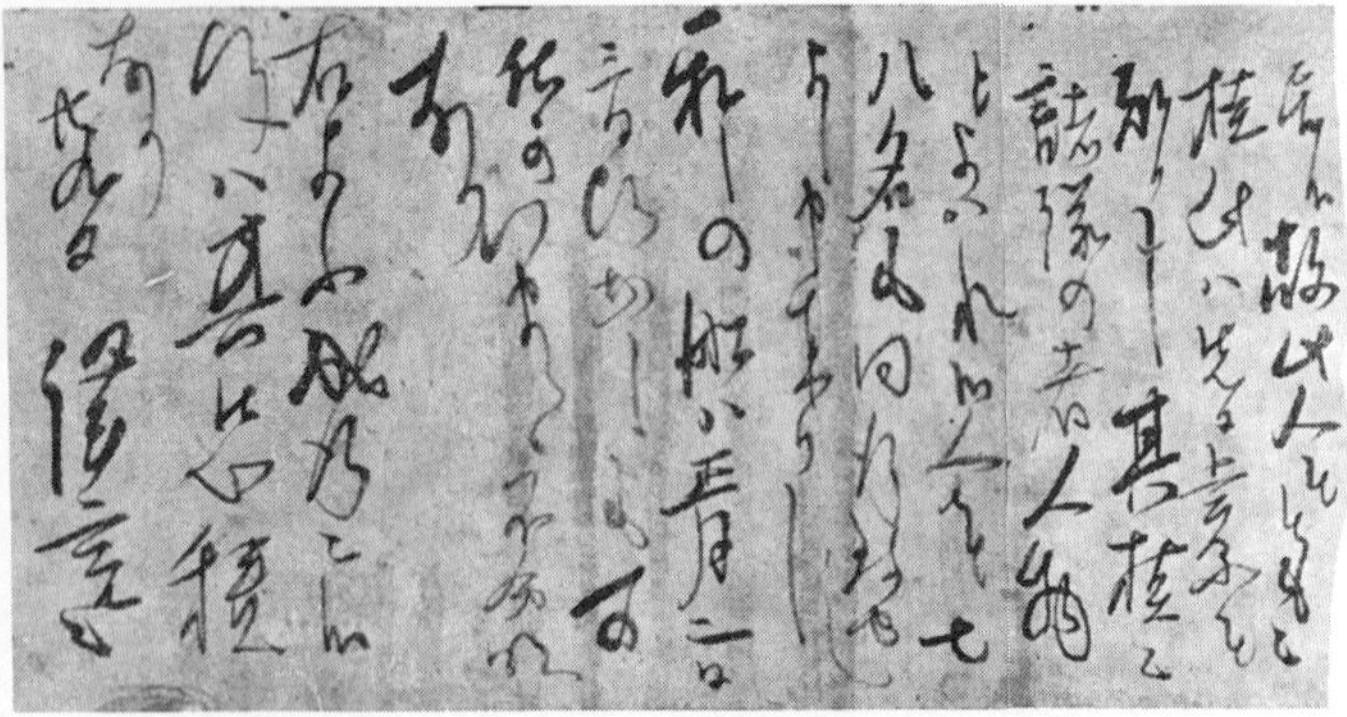

とよバれ候人を七
八名も同行致セし
よし申来り候。
一、私しの船ハ正月二日
三日頃出しも可ㇾ
仕か、いまだ不分明
なり。
右よふ成行ニ候
得バ其御心積
なり。
　廿九日　　謹言〻。
〆
印藤様　　　龍馬

桂は龍馬のすすめで西郷との会見を決意し、

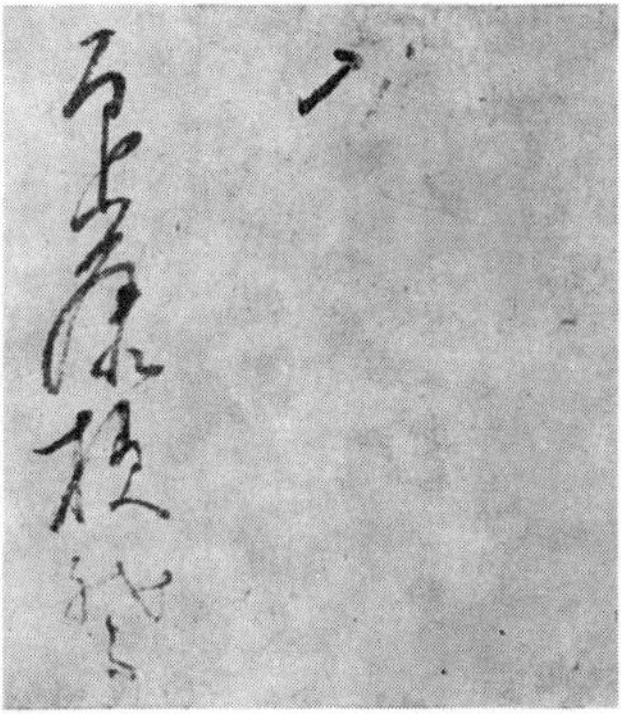

（京都大学附属図書館蔵）

黒田了介（清隆）の案内で、諸隊の品川弥二郎、三好軍太郎らを伴い、下関を旧臘（きゅうろう）二十五日出発。龍馬も「半日も早く上京をうながされ」ていて「私一人外当時船の乗組一人位」の同伴者を印藤に要請したものである。印藤は藩庁に働きかけて長府藩士三吉慎蔵の同行を実現させる。龍馬はこの間、下関と長崎を往来して社中の用務を整理し、年をこえて慶応二年正月十日、藩主毛利侯の命を受けた三吉慎蔵を伴って上洛する。桂を案じ、薩長連合の成立を見守るためである。

「慶応二年丙寅正月元日。御内命ヲ以テ当時勢探索ノ為メ、土州藩坂本龍馬へ被㆓差添（さしそわされ）㆒出京之儀被㆓仰付㆒候ニ付、即刻長府出立ニテ馬関ニ至リ福永専助宅ニ於テ初メテ坂本氏へ面会ニ付、印藤聿ヨリ引合セ三名一同方今ノ事情懇談（中略）同月十日出帆ス。風潮不順。同十六日神戸へ着。直ニ上陸ス」（「三吉日記」）龍馬はこれより三吉を篤く信頼し、晩年お龍の将来も託している。天保二年生、宝蔵院流槍術免許皆伝。資性謹厳気節に富む。維新後、北白河家に勤め明治三十四年没。

二五　慶応二年一月三日
久保松太郎あて

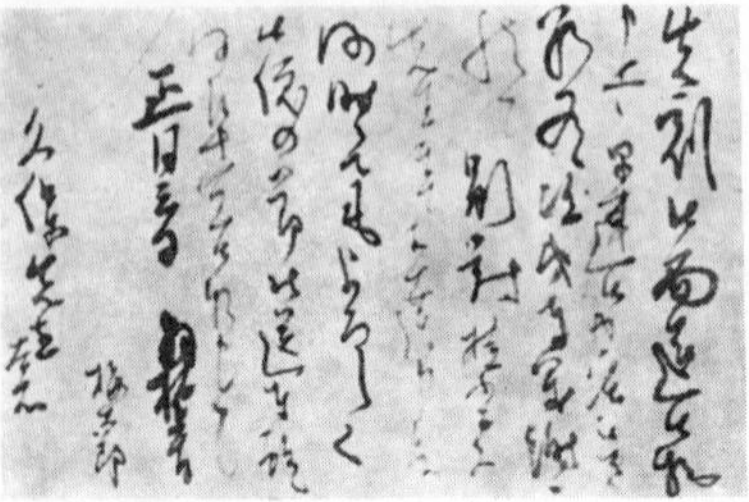

先刻御面遠(倒)御頼
申上候。早速御世話被レ遣
難レ有次第奉ニ万謝一候。
然ニ別封桂小五郎
先生まで相達申度、
何時ニてもよろしく
御便の節御送奉レ願候。
何卒宜御願申上候。
正月三日　拝稽首。
梅太郎
久保先生

左右
才谷梅太郎
久保松太郎様　虎皮下　龍

（土佐勤王志士遺墨集）

正月元日、印藤の紹介で同行者三吉慎蔵と下関で会って協議を重ねた龍馬は、風雲急な京坂に向けて直ちに出発するつもりであったが、冬の海に便船が見つからず、出発延期となる。旧臘京都に入った桂小五郎を案じ、薩長同盟の成立如何を気遣って、龍馬は桂あての一書を認め、久保に託し「御便の節御送り願い奉り候」と認めた。

ただし、この際の書状は「木戸家文書」の中にも見つからない。本状は「土佐勤王志士遺墨集」（昭和四年八月、財団法人青山会館編纂。昭和四十八年十一月、名著出版復刻）所載に、久保清一氏蔵として「此書翰は龍馬が長藩士久保松太郎に贈りたるものにして、薩長連衡の為奔走せる頃のものなるべし」とある。

久保松太郎は萩藩の世臣、松下村塾出身で松陰と親戚。明治に入り山口県令等。明治十一年没、四十七歳。本状は龍馬がはじめて、先祖才谷屋にちなむ「才谷梅太郎」を使用している。

二六　慶応二年一月二十日

池内蔵太家族あて

池御一同
杉御一同

先日大坂ニい申候時ハ、誠に久しぶりにかぜ引もふし薬六ふく計(ばかり)ものみたれバ、ゆへなくなをり申候。夫が京に参り居候所、又〻昨夜よりねつありて今夜ねられ不レ申、ふとあとさきおもいめぐらし候うち、私し出足のせつは皆々様ニも誠に御きづかいかけ候計と存じ、此ごろハ杉やのをばあさんハどのよふニなされてをるろふとも思ひ定而(さだめて)、池のをなん(阿母)ハいもばたけをいのし(猪)がほりかへしたよふな、あとも先もなき議論(ギロン)を、あねなどとこふじより、あせたしいうさるほねおりばなし、よめもともどもつバ(唾)のみこみ、きくみゝたらずとふたつのみゝほぜくりあけてぞ、きかるべしなん。ある老人論じていう、女というものハ人にもよるけれど、高のしれたをんなめ、かの坂本のをとめ(乙女)とやら、わるたくみをしそふなやつ、あまり〱たら(足)わぬちゑ(知恵)でいらざる事までろん(論)じよると、すこしでものしる人になれなれしくしたく、そふするうちになにとなく女の別もただしからぬよふニなりやすいものじゃ。なにぞききたくなると、男の方へたずねありく(歩く)よふになり、かふいうとそのや(れ)ミタ、思ひあたる人があるろふ。かの女れつじよでん(列女伝)など見ると、誠に男女の別というものハたゞしい。男の心ニハ女よりハべ(別)して女がこひしい事もあるが、あの年わかい蔵太の玉のよふなるをよめご(嫁御)を、なにぞふるきわらぢ(草鞋)のよふ思ひきりて、他国へでるも天下の為と思へバこそ、議理(ママ)となさけハ引にひかれず、又ゝこんども海軍(カイグン)の修行、海軍のというハおふけなおふねをのりまはし、砲をうったり、人きりたり、それハ〱おそろしい義理というものあれバこそ、ひとりのをや(親)をうちにをき、玉のよふなる妻ふりすて、ひき(蟇)のよふなるあかご(嬰児)のできたに、夫(それ)さへ見ずとおけ(置)いとハ、いさましかりける次第なり、かしこ。

正月廿日　　龍

杉　御一同

池　御一同

あねにも御見せ。

（「関係文書第一」、田中光顕旧蔵）

龍馬の土佐がたぎっている。懐郷の想いと同志内蔵太の壮志を讃え、心情を暴露している。「丙寅正月大。慶応二年。十日下（関）ヲ発。十七日神戸（着）。十八日大坂（着）。十九日伏見（着）。廿日二本松（〈薩摩京都藩邸入り〉「龍馬手帳摘要」）とあって、三吉慎蔵、池内蔵太、新宮馬之助を伴って十八日大坂薩藩邸に至り、同夜薩藩の通行手形により淀川を舟で伏見に上り、十九日蓬萊橋たもと寺田屋に入る。この二十日、内蔵太と新宮をつれて京都二本松薩摩藩邸に長逗留中の桂を訪い、連合如何を訊き未だしに驚き、提携さす。両藩の同盟成立は二十二日のことで更に翌二十三日夜は寺田屋遭難がおきる。この桂を訪ねて帰ってきた二十日の夜、寺田屋にて「又〻昨夜よりねつありて今夜ねられ申さず、ふとあとさきおもいめぐらし候うち」認めたものである。薩長連合斡旋のクライマックスの合い間に書かれた本状は、時代のしぶきを全身にあび国事に力闘している同志内蔵太への賛め言葉にも迫力がある。方言混りの地べたを這ってくるような表現は龍馬のノスタルジアであるが、ユーモラス且つ辛辣さを含む。

「池のをなん（阿母）ハいもばたけをいのしし（猪）がほりかへしたよふな、あとも先もなき議論」し、「かの坂本のをとめとやら、わるたくみをしそふなやつ」と、親愛を裏返した歯に衣を着せない表現、「玉のよふなるをよめご」や「ひき（蟇、美姫か）のよふなるあかご」を「ふるきわらぢのよふ思ひきりて」一身の栄誉を顧ず「おそろしい義理」のため「天下の為」に脱藩した内蔵太の真情を代弁している。内蔵太の母は城下北奉公人町の杉山より嫁し、妻は馬公（まき）で南奉公人町今村家の出。

二七　慶応二年二月三日

印藤肇あて

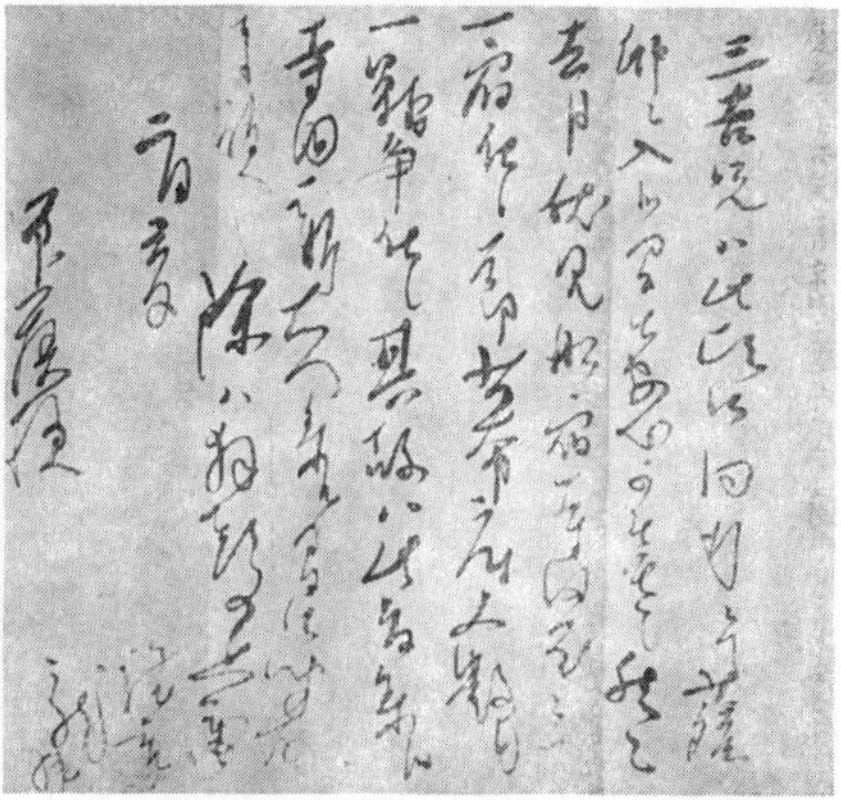

（京都大学附属図書館蔵）

三吉兄ハ此頃御同行ニて薩
邸ニ入候間、御安心可レ被レ遣候。然ニ
去月伏見船宿寺田屋ニて
一宿仕候節、幕府人数と
一戦争仕候。其故ハ此度参ル
寺内新右門（ママ）参候間、御聞取
奉レ願候。餘ハ拝顔の上、万〻。
二月三日　　　謹言。
印藤様　　　龍拝

「幕府人数と一戦争仕候」は伏見寺田屋事件をさす。

京都二本松（上京区烏丸今出川）薩摩屋敷に寄留する龍馬より長府の印藤に宛てたもの。長州へ先発する寺内より「御聞取」を願っている。

寺内は焼継屋馬之助で後、海援隊士。維新後、新宮駟(しめ)と改名、海軍大尉、明治十九年没、四十八歳。

二八　慶応二年二月五日

木戸孝允あて

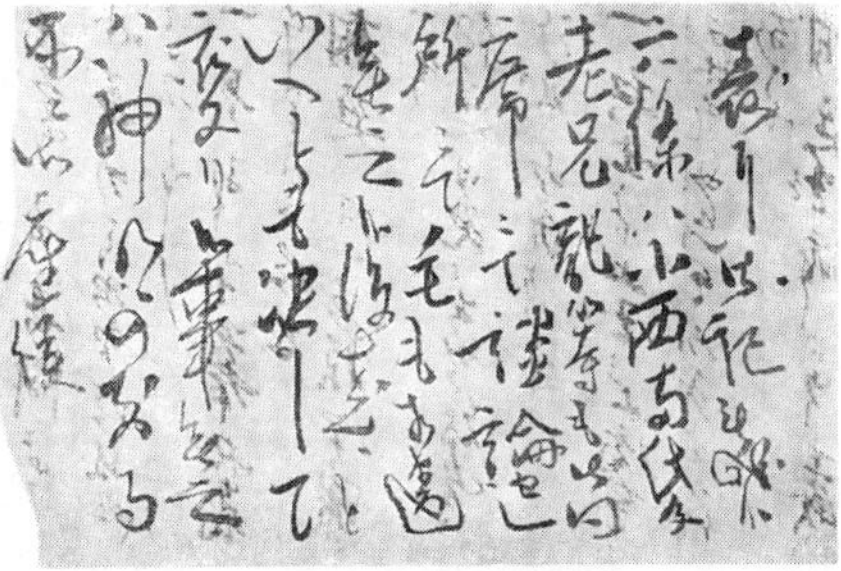

表に御記被レ成候
六条ハ、小、西、両氏及
老兄、龍等も御同
席ニて談論セシ
所ニて、毛（すこし）も相違
無レ之候。後来と
いへども決して
変り候事無レ之
ハ、神明の知る
所ニ御座候。
丙寅

（宮内庁　木戸家文書）

二月五日　坂本龍

「薩長連合の裏書」と言われる歴史を裏づける記念碑的な書簡である。文字は雄勁（ゆうけい）で、新しい歴史を創った気迫がこめられている。

龍馬が上洛して京都薩摩藩邸に桂を訪ねた正月二十日は、両藩の提携は互いの面目にかかわって、全く話し合われてなく、桂は明日でも帰国するつもりであった。龍馬は直ちに西郷に会い、桂の苦衷を伝え激励斡旋して、ここに漸く両藩の同盟が成立した。時に慶応二年（一八六六）一月二十一日のことで、「六条ヲ以テ将来ヲ約ス。良馬（ママ）亦此席ニ陪ス。（中略）六条前途重大ノ事件ニシテ、余ノ謬聞（びゅうぶん）有ランコトヲ恐レ、一書ヲ認メ良馬ニ正ス。良馬其紙背（しはい）ニ六条ノ違誤（いご）ナキヲ誓テ之ヲ返ス」（「木戸孝允覚書」）とある。桂は同盟成立と共に帰藩の途につき、二十三日（龍馬にとって伏見寺田屋遭難の日）大坂より長文の書簡を書き、龍馬に薩長密約の証判を求めた。これに対し龍馬は二月五日、京都薩邸にて簡潔な裏書を朱書したのである。表面に書いた桂の文字が浮かび映っている。

書中の小は小松帯刀、西は西郷、老兄は桂をさす。「顧れば文久壬戌（じんじゅつ）以来、癸亥（きがい）の政変、甲子の兵乱など事ごとに反目嫉視を続け、それゆえに王政復古をはばみ、幕府に乗ぜられることになったばかりでなく、多くの志士たちの命が消えた。その薩摩と長州両藩がやっと握手することができたのだ。一介の浪人の身をもって龍馬は西南二大雄藩の盟約を保証する大任をひきうけたのである。龍馬に寄せる両藩代表の信頼が、どんなに深いものであったか、これは人間が歴史をつくる一つの奇跡と見なければなるまい」(平尾道雄著「龍馬のすべて」)としている。

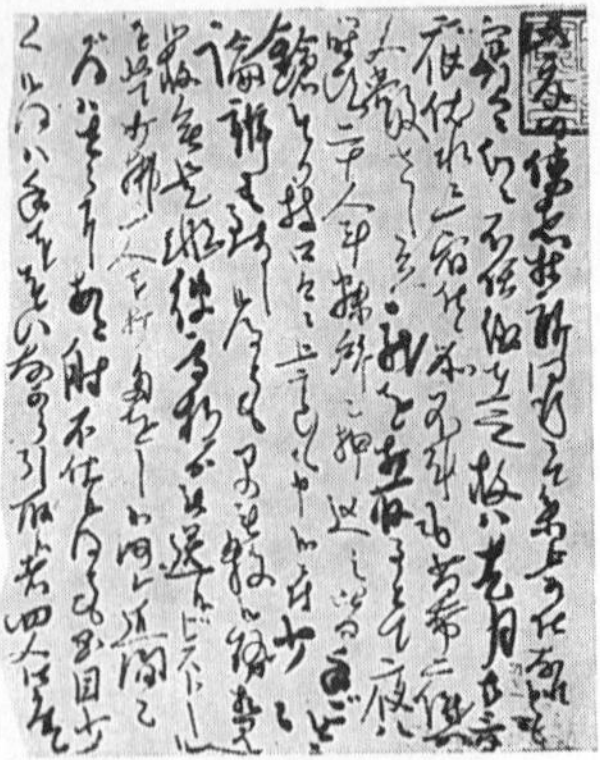

二九　慶応二年二月六日

木戸孝允あて

此度の使者村新(村田新八)同行ニて参上可レ仕なれども、実ニ心ニ不レ任(まかせざる)義在レ之、故ハ去月廿三日夜伏水(見)ニ一宿仕候所、不レ斗(はからず)も幕府より人数さし立、龍を打取るとて夜八ツ時頃二十人計寝所ニ押込ミ、皆手ごとニ鎗とり持、口々ニ上意〳〵と申候ニ付、少〻論弁も致し候得ども、早も殺候勢相見へ候故、無二是非一彼高杉より被レ送候ビストールを以て打払、一人を打たをし候。何レ近間ニ候得バ、さらにあだ射不レ仕候得ども、玉目少く候得バ、手を(負)いながら引取候者四人御座候。

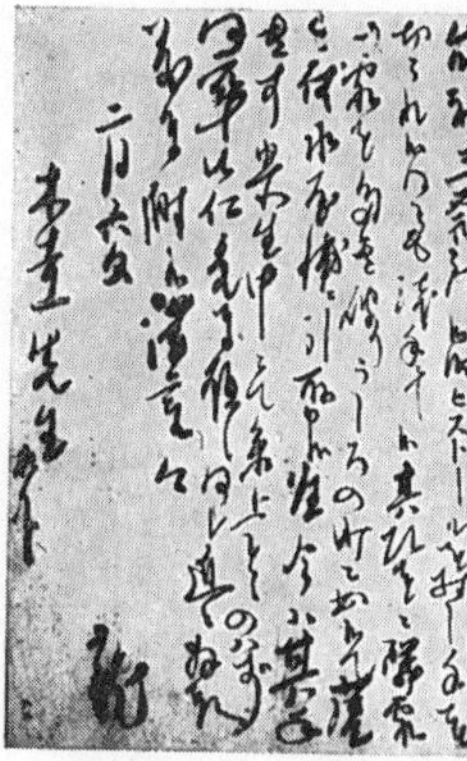

（宮内庁　木戸家文書）

此時初三発致し候時、ビストールを持し手を
切られ候得ども浅手ニて候。其ひを二（まカ）隣家
の家をたゝき破り、うしろの町ニ出候て、薩
の伏水（見）屋鋪ニ引取申候。唯今ハ其手
きず養生中ニて、参上とゝのハず
何卒、御仁免奉レ願候。何レ近ミ拝顔
万奉レ謝候。謹言々。
二月六夕　龍
木圭先生　机下

裏書をなした翌日、「実ニ心ニ不レ任義（まかせざるぎ）」即ち正月二十三日夜寺田屋にて伏見奉行配下の幕吏におそわれ、危難を逃れた有様を、桂に報じている。遭難状況は龍馬自身がこの年暮、兄権平一同にあてた詳報（書簡四二）が、当夜を眼前に彷彿させる。桂は本状に答えて見舞文に「大兄伏水（見）之御災難、骨も冷く相成驚入候（中略）狐狸之世界か豺狼（さいろう）之世間か、更に相分らぬ世の中ニ付、少敷（すこしく）天日之光り相見へ候迄ハ必々何事も御用心」（二月二十三日）と気遣いを発している。

三〇　慶応二年三月八日
高松太郎あて

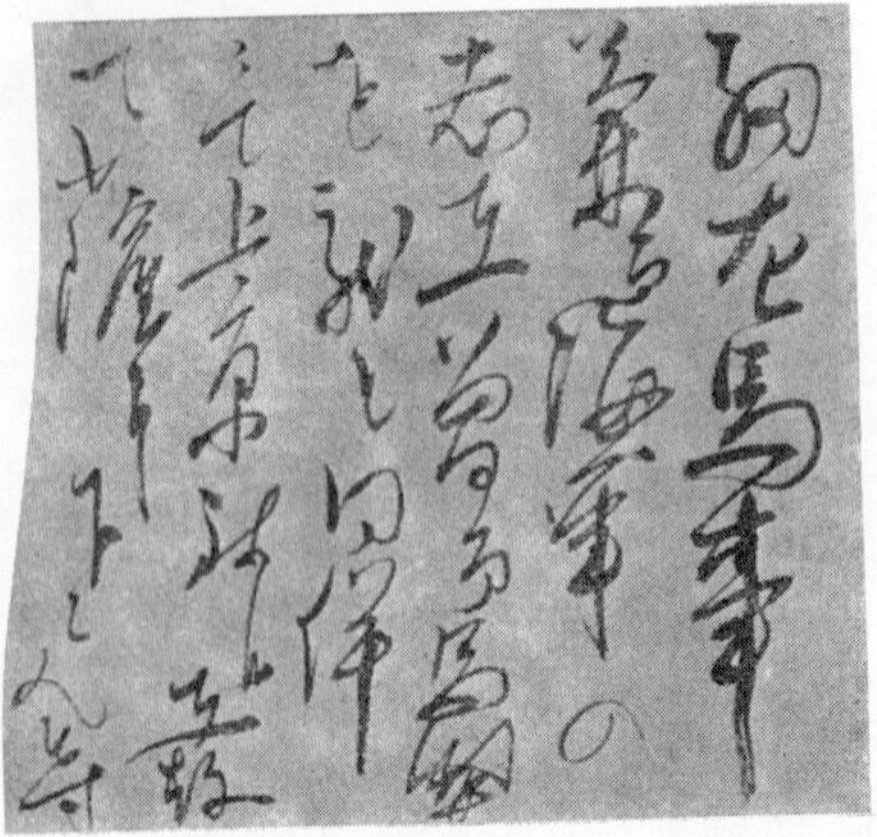

細左馬事、
兼而海軍の
志在、曽而馬関
を龍と同伴
ニて上京致候。在ㇾ故
て薩に下らんとす。
今幸ニ太郎
兄が帰長の事
を聞ク。今なれバ
彼ユニヲンに左馬を
のせ候ても宜

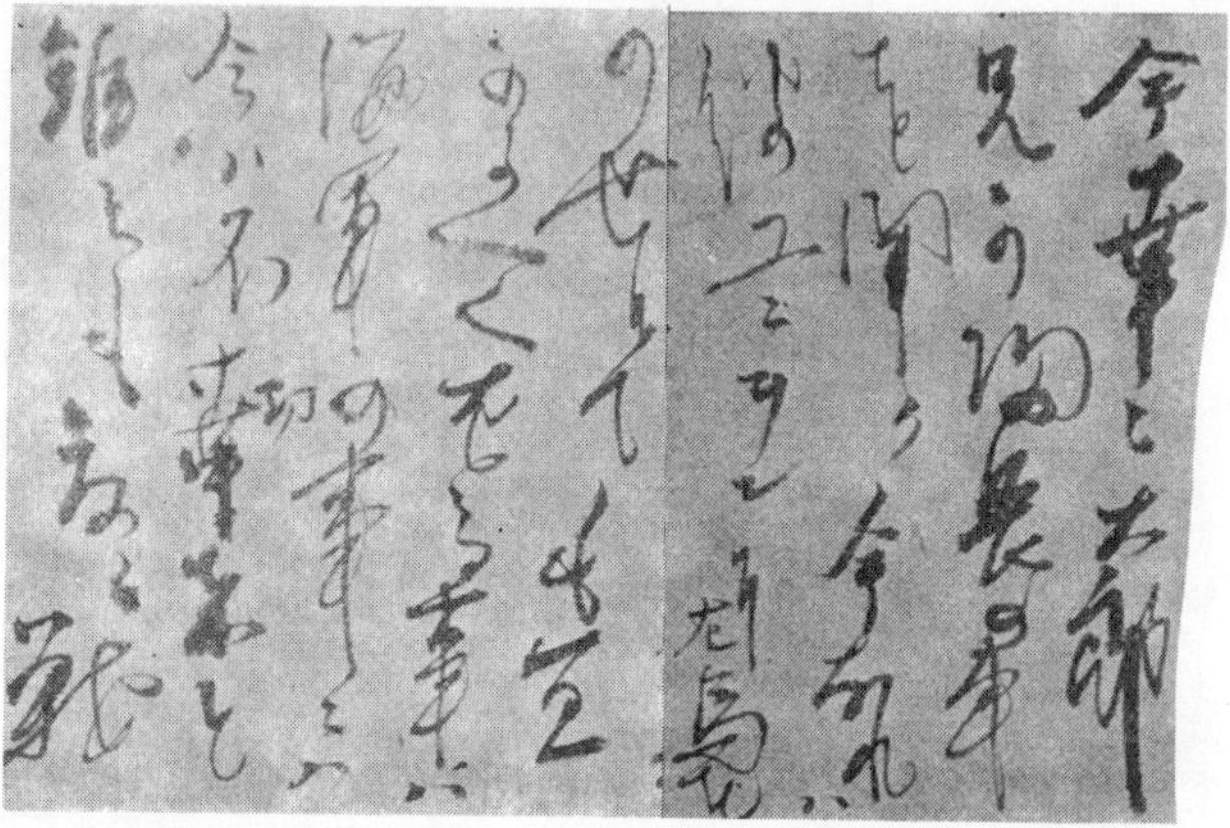

かるべく、左馬事ハ
海軍の事ニハ
今ハ不幸(功(ママ))者と
雖ども、度ゞ戦
争致候ものなれバ、
随分後にハ
頼も敷ものとも
相成候べしと楽居候。
もしユニヲンのつ(都合)
がふが宜しいとな
れバ、西吉(西郷吉之助)、小大夫(小松帯刀)の
方ハ拙者より申談
候てつがふ宜く候。
能(よく)御考可レ被レ下候。
早々頓首ゞ。

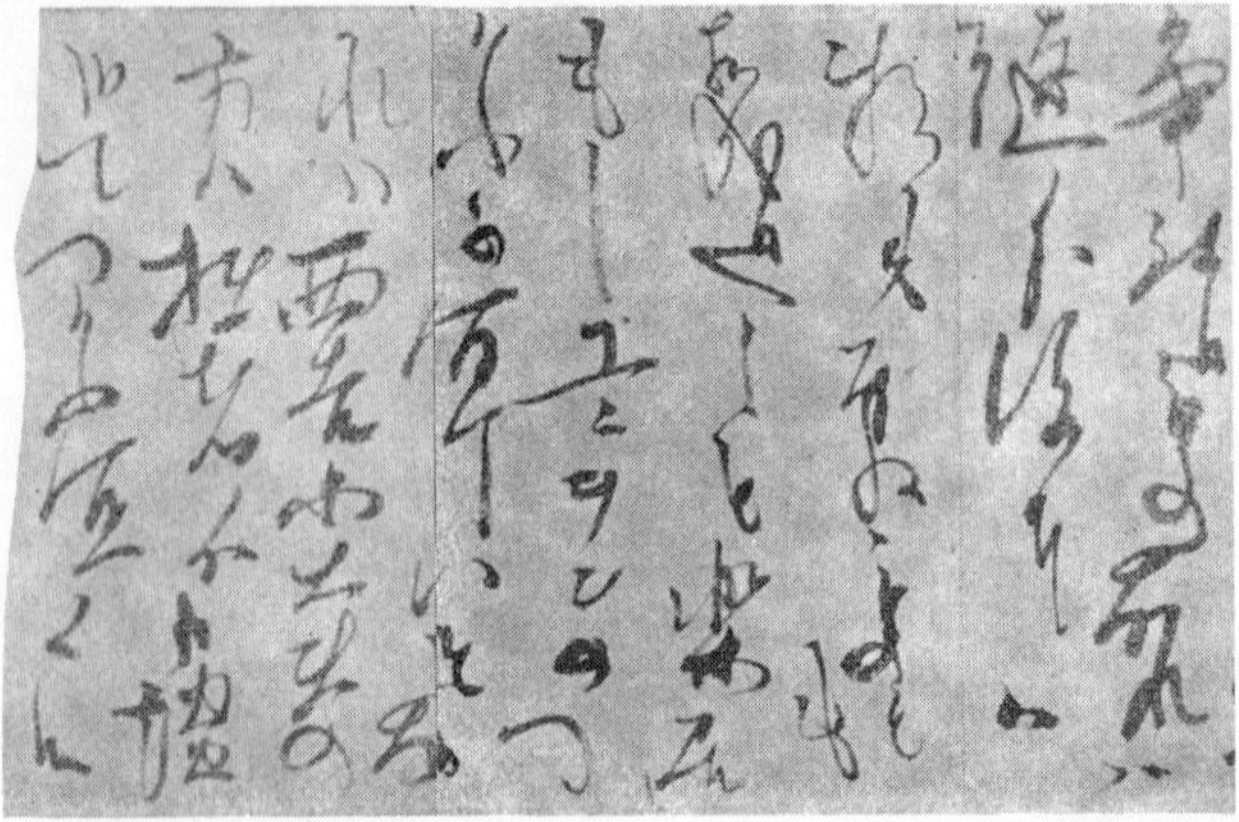

八日　龍

此書錦戸ニ頼ミ遣ス。

但シ太郎ハ又変名在レ之。

多賀松太郎様　龍

前年夏頃、下関で「たがいに手おうち候て、天なる哉〳〵、きみよふ〳〵と笑申」（書簡一八）した池内蔵太（細川左馬之助）を、長崎社中の甥高松太郎にあて、今は「海軍の事ニハ不幸（功）者」であるが、「随分後にハ頼も敷ものとも相成」ると期待して、社中同志に加えることを依頼した手紙である。

内蔵太は今回の薩長連合の際、龍馬と同伴上洛、帰路は龍馬やお龍と共に薩船三邦丸に搭乗。本文は三月八日長崎着港の際、上陸した内蔵太を社中同志

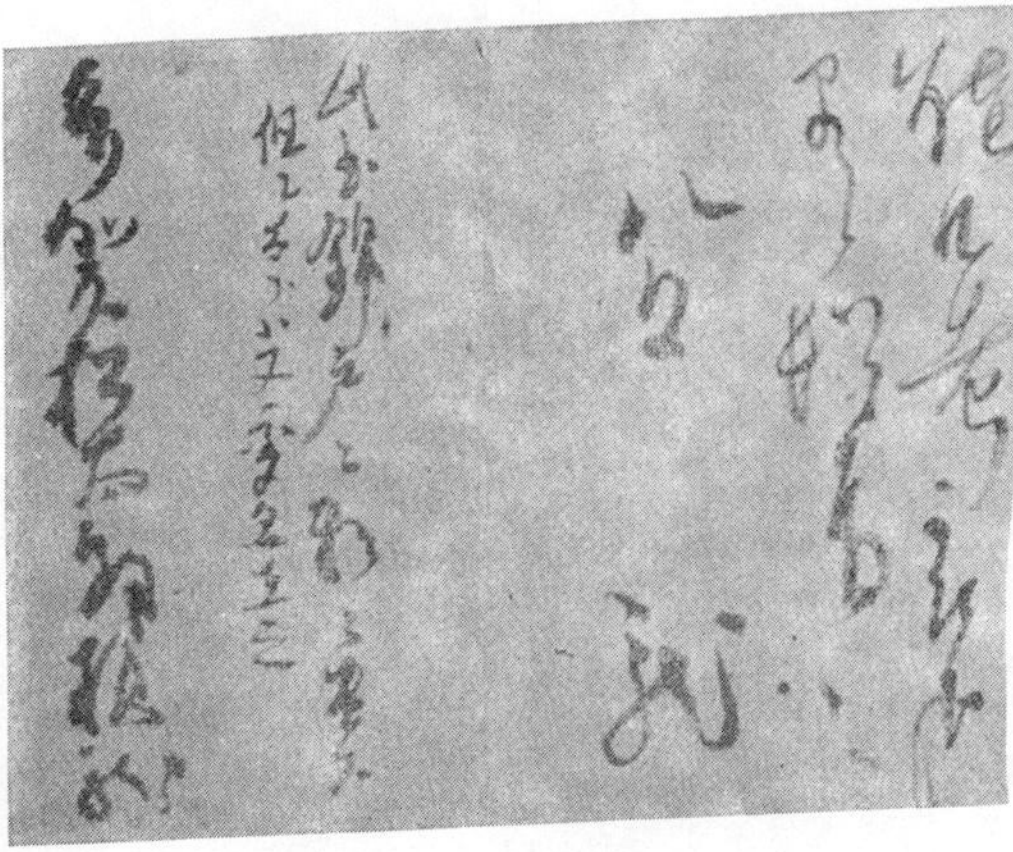

（高知　竹村家蔵）

に引き合わせ西郷、小松にも依頼し、ユニオン号乗員とする考えをもらしている。錦戸は未詳。

高松太郎は高知安芸郡安田村郷士高松順蔵の長男で、母は龍馬の長姉千鶴。天保十三年生れで龍馬より七歳下の甥。神戸海軍塾以来龍馬と行動を共にし後、長崎の海援隊で活躍。維新後は徴士として内国事務局権判事となり函館に在勤し、北方開拓意見書を作成。のち坂本家を継ぎキリスト教徒として高知で終わる。明治三十一年没、五十七歳。

三一　慶応二年六月十六日

品川省吾あて

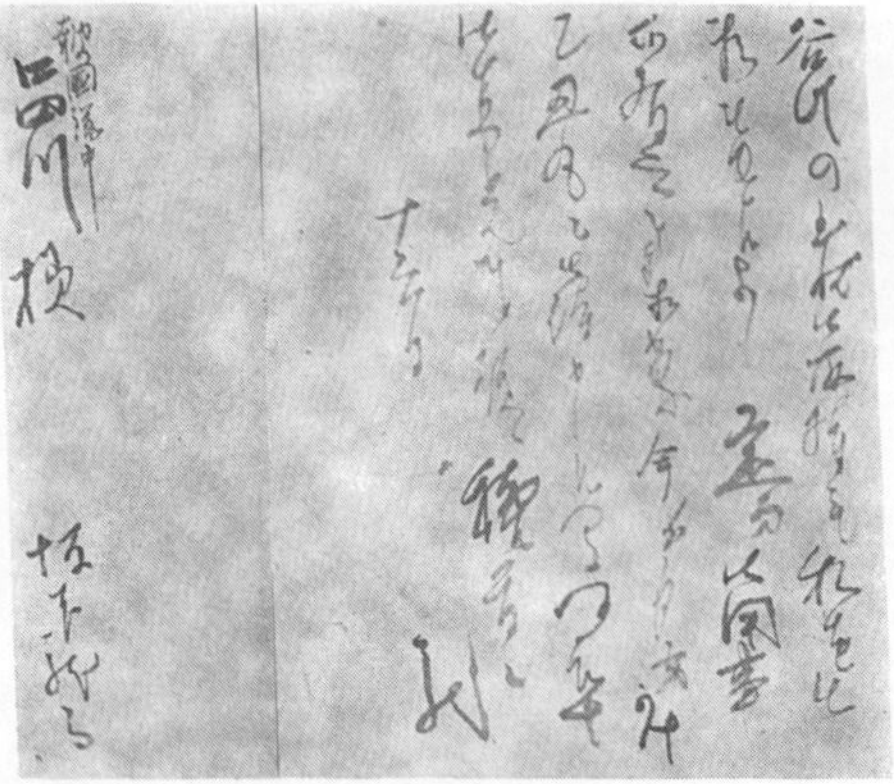

谷氏の書状御取持ニて私を御
頼被レ遣候よし、定而御用事
可レ有レ之と奉二拝察一、今より夕方かけ
乙丑丸ニ御待申候間、何卒
御来光奉レ願候。稽首〻。

十六日　　　　　龍

報国隊中
品川様　　　　　坂本龍馬

八ツ半頃ニハ必、船に
のり候よふ御心積

可レ然候。

幕府との第二次長州戦争がはじまる前日のこと、下関に到着した乙丑丸（ユニオン号）より、龍馬は長府藩報国隊士で斥候兼応接係の品川省吾に宛てた手紙。品川は谷氏（高杉晋作）の紹介状を持って乙丑丸へ龍馬を訪ねたが、何かの用事で上陸不在であったため、龍馬は帰艦後この手紙を書いて品川との会談の場所と時刻（八ツ半頃即ち午後三時頃）を報じたものである。

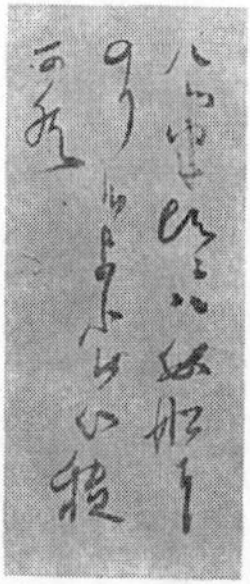
（下関　長府博物館蔵）

六月二日、龍馬は鹿児島を出帆、長崎へお龍をおろし、単身この十六日下関に入港、長州藩の申し出に応じユニオン号（桜島丸）を「乙丑丸」と改める。十七日長藩軍艦丙寅丸と共に、小倉藩領の田の浦、門司を砲撃し、長幕海戦を勝利に導くのである。

品川省吾は長府藩士、慶応元年二月報国隊軍監。維新後、歩兵第十旅団長、陸軍少将。明治二十二年没、四十五歳。高杉晋作は龍馬より四歳年少で萩藩士。松下村塾の出で慶応元年奇兵隊クーデターにより一藩を倒幕論にまとめ、この頃から龍馬と親密な接触があった。慶応三年四月病没、二十八歳。別名谷潜蔵。

三二　慶応二年七月四日
木戸孝允あて

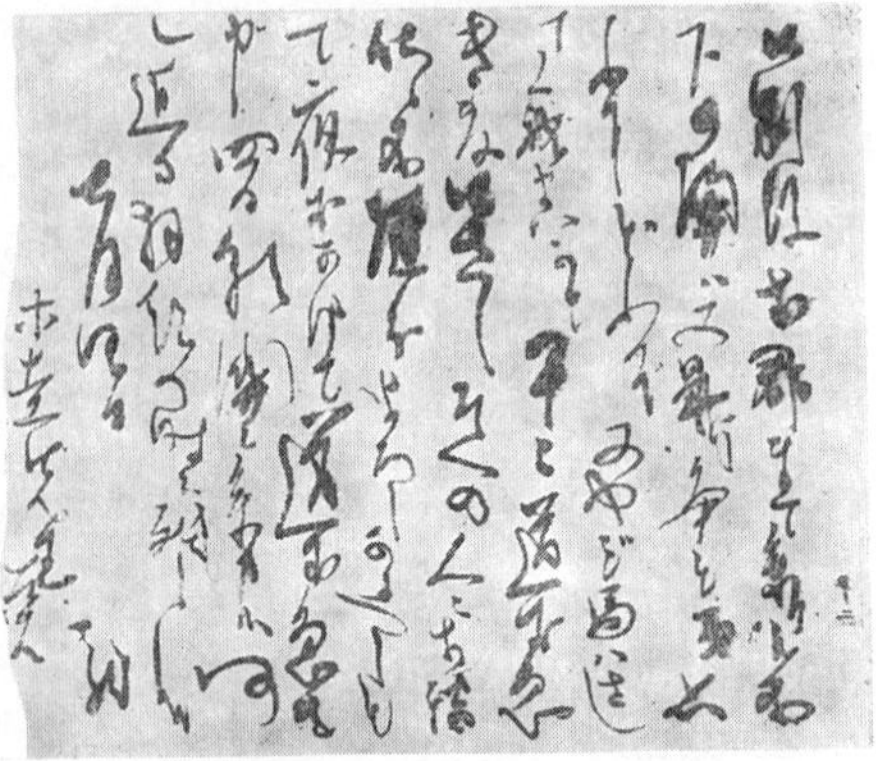

御別後お郡まで参り候所、下の関ハ又戦争と弟思ふに、どふぞ又やジ馬ハさしてく礼(れ)まいかと、早〻道お急ぎ度、御さしそへの人ニ相談仕候所、随分よろしかるべしとて夜おかけて道お急ぎ申、四日朝関ニ参申候、何レ近日拝顔の時ニ残し申候。

龍

七月四日

木圭先生　左右

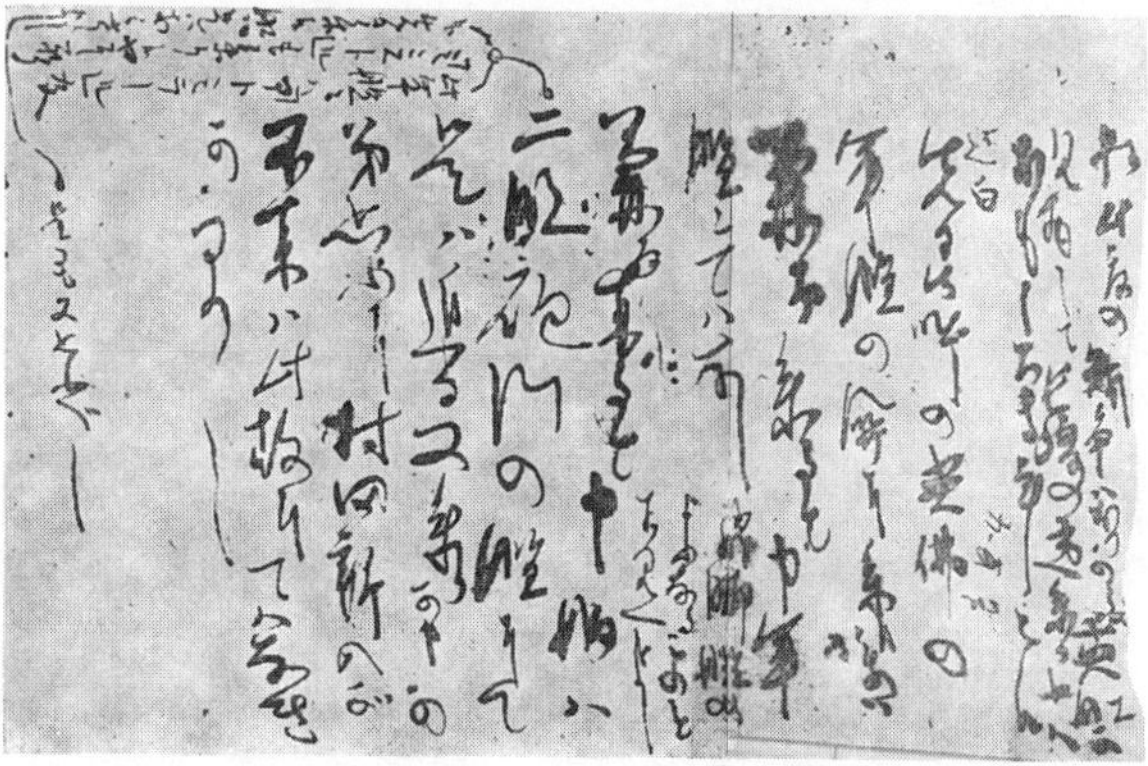

（宮内庁　木戸家文書）

猶此度の戦争ハおりから又英船が
見物して、長崎の方へ参り候ハ
おもしろき事ニ候。
追白
　先日御咄しの英仏の
軍艦の関に参候ものハ
兼而参ると申軍
艦ニてハなし。飛脚艦のよふなるものと相見へ候よし。
此軍艦ニハ「アドミラール」「ミニストル」も参り候ヤに承り及候。先日参候船ハ是ハおらざりしよし。
兼而来ると申船ハ
二舷砲門の艦にて
是ハ近日又参り可ﾚ申か、
弟思ふに村田新八が
不ﾚ来ハ此故にてハなき
か。早〻。是も又思ふべし。

六月十七日、下関の対岸で日本最初の近代砲撃戦が展開され、高杉晋作が指揮をとり勝利に導く。さらに芸州口、石州口、大島方面でも戦い、七月三日再び下関海戦がおきる。山口より龍馬は急遽、下関へ駆けつけたが、戦いに間に合わなかった。この際桂に宛てたもので「どふぞ又やジ馬（弥次馬）ハさしてく礼まいかと」夜をかけて道を急ぐこころに、長州軍の破竹の戦いぶりが目に見える。「お郡」は小郡、「関」は下関のことで、飛脚船とは郵便船のことか。アドミラール（admiral）は総督、提督。ミニストル（minister）は公使、閣僚と訳すべきか。村田新八は薩藩士で明治以後岩倉大使らと欧米を回り、明治七年帰国。時に征韓論に敗れた西郷は帰国していたので、これを追って辞官帰国。西南役には薩軍大隊長として戦闘を指揮、明治十年九月、西郷らと共に城山で戦死、四十二歳。

下関海峡における海戦について高杉は「小倉口緒戦報告書」に次のように書き残している。

「六月十六日夜半丙寅丸を以つて、癸亥丸及丙辰丸を引き、田ノ浦港に迫る。乙丑丸は庚申丸を引き門司浦に向ふ。凡暁七ツ時過、田ノ浦に迫り三軍艦より砲撃、続て門司浦の二艦よりも発砲、朝六ツ時過まで彼台場と戦ふ。台場を撃ながら他方へ丙寅丸を進め、田之浦東の方より長府報国隊が上陸いたし、其内に奇兵隊は壇ノ浦より門司の後へ渡り、田ノ浦の本陣へ乱入。（中略）奪ひし処の砲不レ知二其数一。追々人家を焼払、先陣、中軍、後陣と日本船にて帰関。其内後陣は丙寅丸にて乗せ帰る。門司も田ノ浦の如く一面火にて勢甚だ烈し。此時日将に落ちんとす」

龍馬はこの年師走（後出、書簡四二）兄権平一同にあて、戦図入りの手紙を送っている。

三三　慶応二年七月二十七日

木戸孝允あて

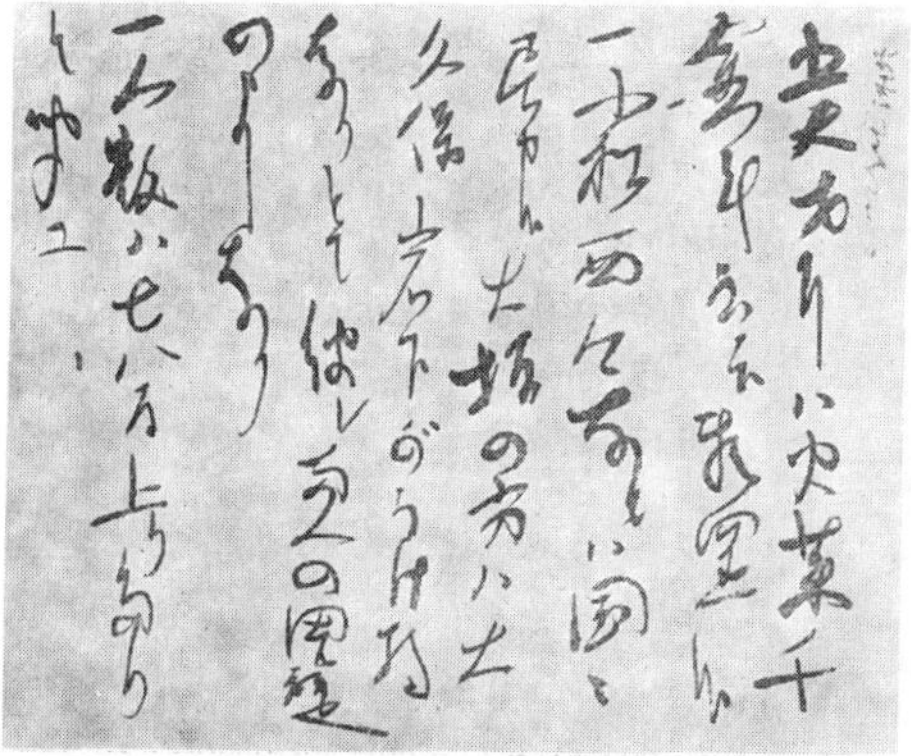

五大才（五代才助）にハ火薬千
金斗（ばかり）云云頼置候。
一、小松、西郷などハ国ニ
居申候。大坂の方ハ大
久保（利通）、岩下（佐次右衛門）がうけ持
なりとて、彼レ両人の周旋
のよしなり。
一、人数ハ七八百上りたり
と聞ユ。
一、幕の翔鶴丸艦ハ長
州より帰り、又先日出帆

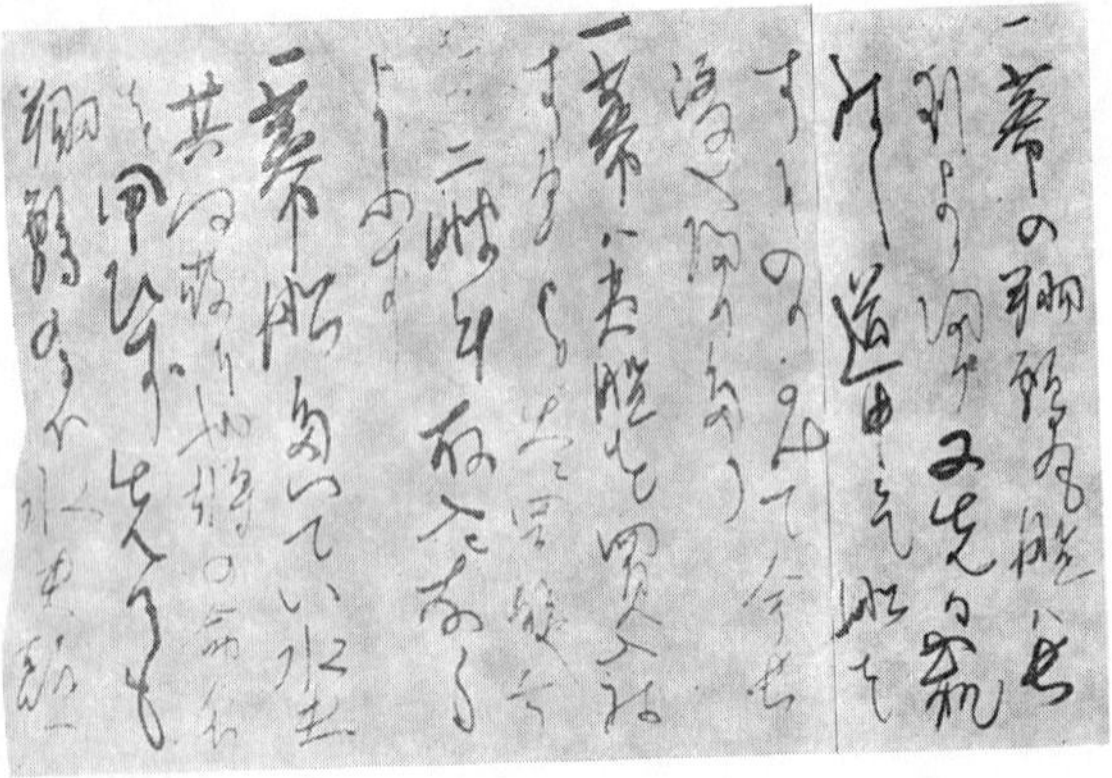

致し、道中ニて船をす(洲)にのりかけて、今長崎へ帰りたり。
一、幕ハ夷艦を買入致す事を大ニ周旋、今又、二艘斗(ばかり)取入ニなるよふす(様子)。
一、幕船たいてい水夫共何故にや、将の命令を用ひず。先日モ翔鶴丸ハ水夫頭及び其外十八人一同ににげ(逃)だし行方不レ知。
一、私共の水夫一人随分気強

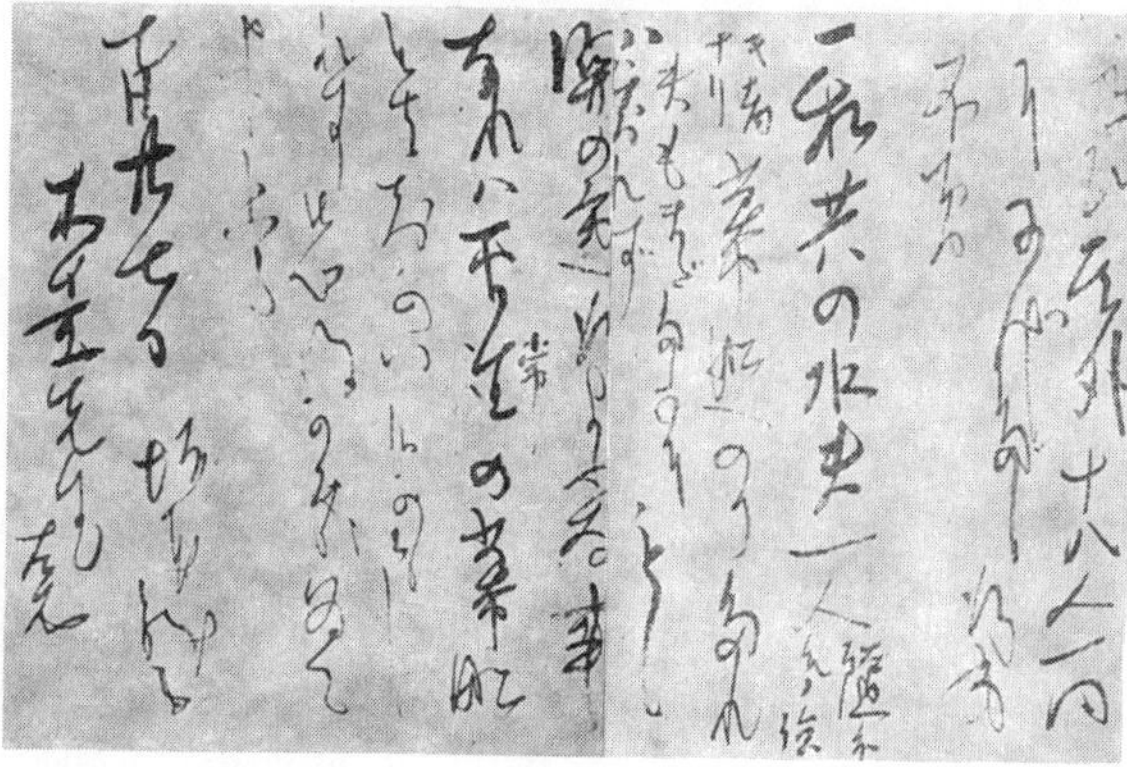

（宮内庁　木戸家文書）

キ者ナリ幕船へのりたれバ夫もまだたしかにハ知れず。もし
関の方へ行よふなる事
なれバ、平生（常）の幕船
とはちがい候かもし
れず、御心得可レ然哉、為レ之
申上る。

七月廿七日　坂本龍馬

木圭先生

左右

下関海戦が終わって、龍馬は長崎より薩摩藩と幕府軍艦の動静を、山口の桂に報じたもの。亀山社中水夫のこと（幕艦潜入）は、翌日三吉慎蔵に宛てた手紙にも出ていて、社中経営困難が報ぜられる。

五代才助は薩摩藩儒家の出で、安政の頃長崎に遊学、のち藩命でヨーロッパに留学。維新後、大阪の商工業近代化に活躍。龍馬と同年生れで、いろは丸事件で龍馬を救援した。明治十八年没、五十歳。

三四　慶応二年七月二十八日
三吉慎蔵あて

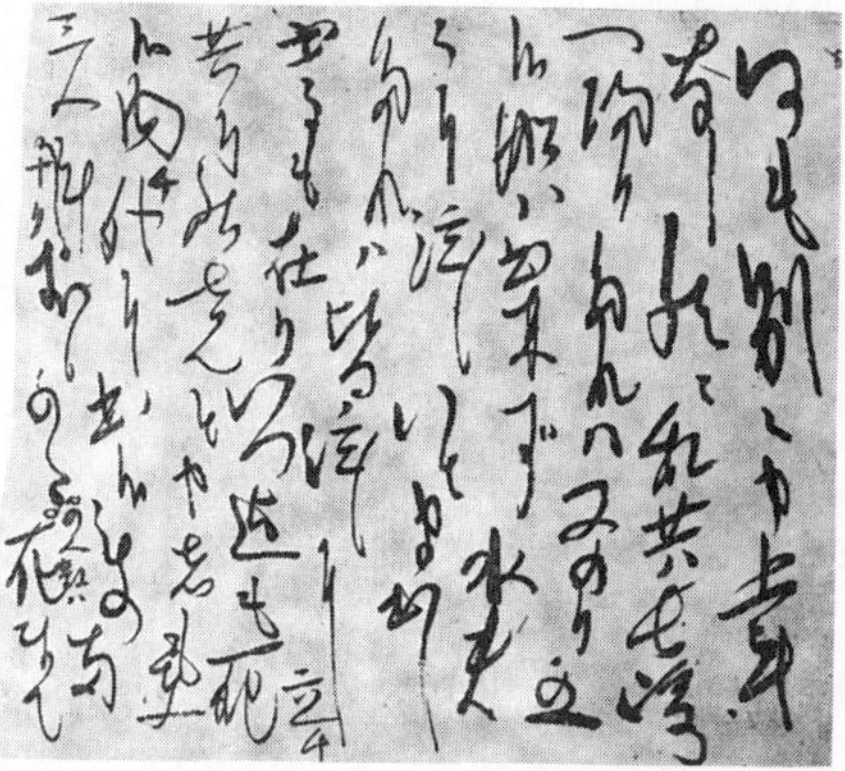

何も別ニ申上事
なし。然ニ私共長崎
へ帰りたれバ又のりかへ
候船ハ出来ず水夫
らに泣〳〵いとま出し
たれバ、皆泣〳〵に立チ
出るも在り、いつ迄も死
共に致さんと申者も在
候。内チ外に出候もの両
三人計ナリ。おゝかたの人数ハ死まで
何の地迄も同行と

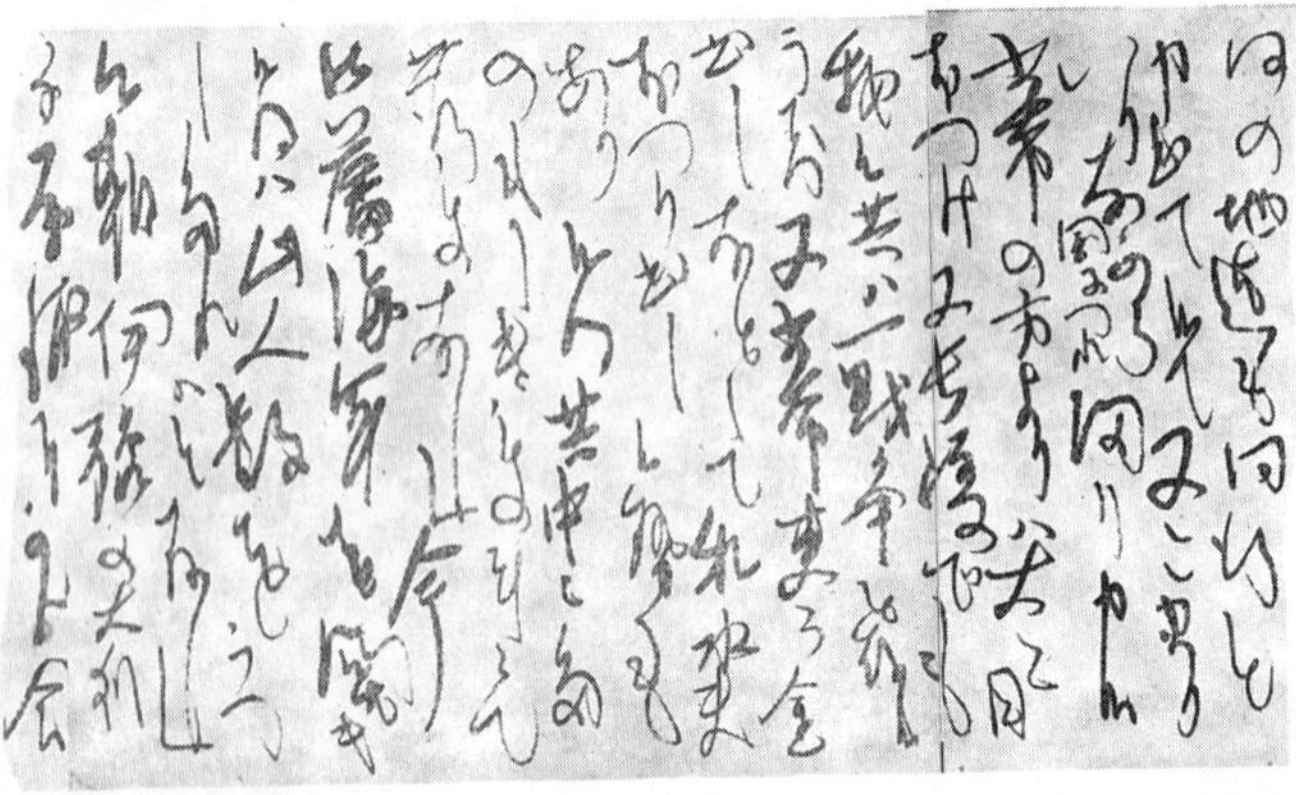

申出で候て、又こまり
いりながら国につれ帰り申候。
幕（幕府）の方よりハ大ニ目
おつけ、又長崎でも
我々共ハ一戦争と存候
うち、又幕吏ら金
出しなどして、私水夫
おつり出し候勢も
あり候得共、中ゝた
のもしきもの計ニて
出行ものなし」今
御藩海軍を開キ
候得バ、此人数をうつ
したれバと存候」
今朝伊予の大洲

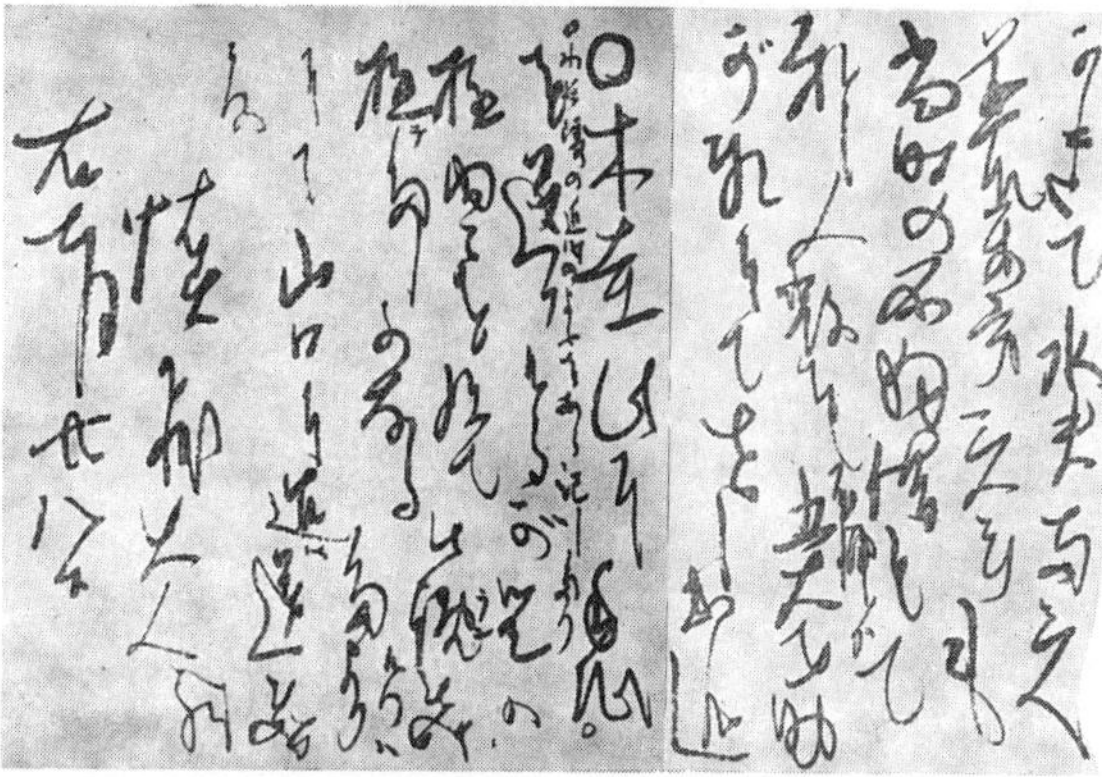
(仙台市立博物館蔵)

より屋鋪にかけ合
がきて、水夫両三人、
蒸気方三人計も
当時の所、拝借とて
私し人数を屋鋪より五大（ママ）才助
が頼にてさし出し候」
○木圭氏に手紙○
○わ長崎の近時のよふを承り記したり。
を送りけるが、是ハ
極内〻を以て御覧（ラン）被レ成候得バ、
極テたしかなるたより
にて山口に迄御送被レ成
度。

慎蔵大人
右七月廿八日

龍

「然ニ私共長崎へ帰りたれバ、又のりかへ候船ハ出来ず、水夫らに泣〳〵いとま出したれバ、皆泣〳〵に立チ出るも在り、いつ迄も死共に致さんと申者も在候」と、当時亀山社中の苦境に立っている有様を告白している。今春、薩摩藩後援で購入したばかりのスクネール型洋帆船ワイルウエフ号は五月、五島塩屋崎（長崎県有川町）で難破して沈没。池内蔵太ら社中同志十二人も殉難（書簡四二参照）。ユニオン号（乙丑丸）は既に長幕下関海戦の頃より使用権は長州に所属し、折角の海の兵も乗る船を喪い、陸にあがった河童同然となる。

龍馬は一旦は社中解散を決意したが「おゝかたの人数ハ死まで何の地迄も同行と申出で候て、又こまりいりながら国（薩摩）につれ帰り申候」となる。長崎の奉行所では高給を出して「私水夫おつり出し候勢もあり候得共、中ゝたのもしきもの計ニて出行ものなし」と社中の同志的結合の強さを示している。

伊予大洲藩に貸与した同志は、菅野覚兵衛、渡辺剛八、橋本久太夫等で、橋本は幕艦翔鶴丸から脱走し、のち社中に加わったものである。「長府と坂本龍馬」（長府博物館蔵）には、「慶応二年七月廿八日、（長府藩が）満珠艦未だ購入せられざりし頃、長崎滞在の龍馬より慎蔵宛にて、海援隊の情況を報じ、乗換ゆべき艦なきを以て、船員等を解職するに、概ね流涕して死生を共にせんことを願ひ、去る者は僅に三、四人に過ぎず。幕府よりは海援隊の行動に注目し、高金を以て船員を買収せんと試むれども、応ずる者なし。長府藩、新に海軍を組織せらるるの際、これ等の船員を移して従事せしめば如何といひ、更に伊予の大洲藩よりも交渉に依り、水夫及び機関手を貸したる事を記せり。大洲藩は毛利元周卿夫人の実家なり。終に山口の桂小五郎に宛てたる、長崎の情報を転送せんことを托せり」

と、本書簡にふれている。三吉慎蔵へ篤い信義を保った龍馬は、ほかに九通を書いている。

三五　慶応二年八月十三日
森玄道、伊藤助太夫あて

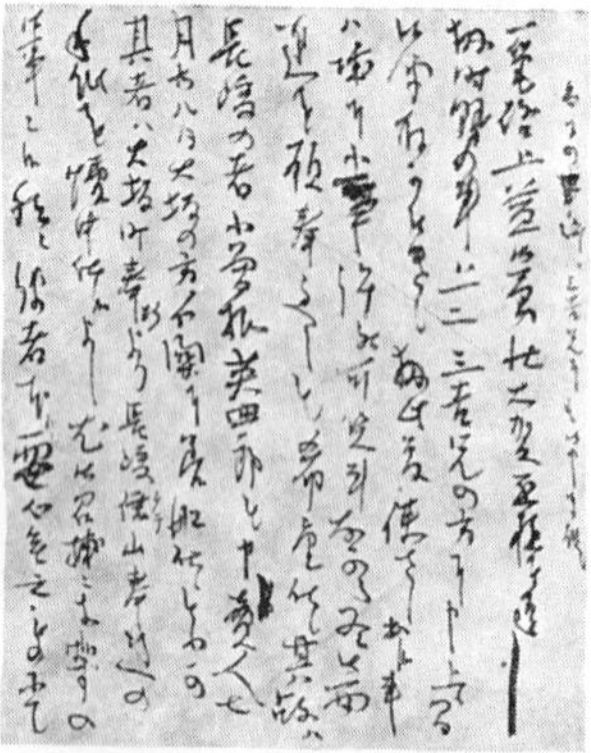

尚下の事件ハ三吉兄(慎蔵)にも御申奉レ願候。
一筆啓上益御勇壮大賀至極奉レ存候。
扨時勢の事ハ一二、三吉兄の方に申上候間、御聞取可レ被レ遣候。扨此度使さし出候事ハ誠に小事件の可レ笑事ながら、又〻御面遠(倒)を願奉るべしと希望仕候。其故ハ長崎の者小曽根英四郎と申売人、七月廿八日大坂の方より関(下関)に著船仕候。どふか其者ハ大坂町奉行より長崎健(タテ)(立)山奉行への手紙を懐中仕候よし、尤御召捕ニ相候(ママ)はずの御事ニ候。然ニ彼者本(も)ト悪心無レ之ものにて

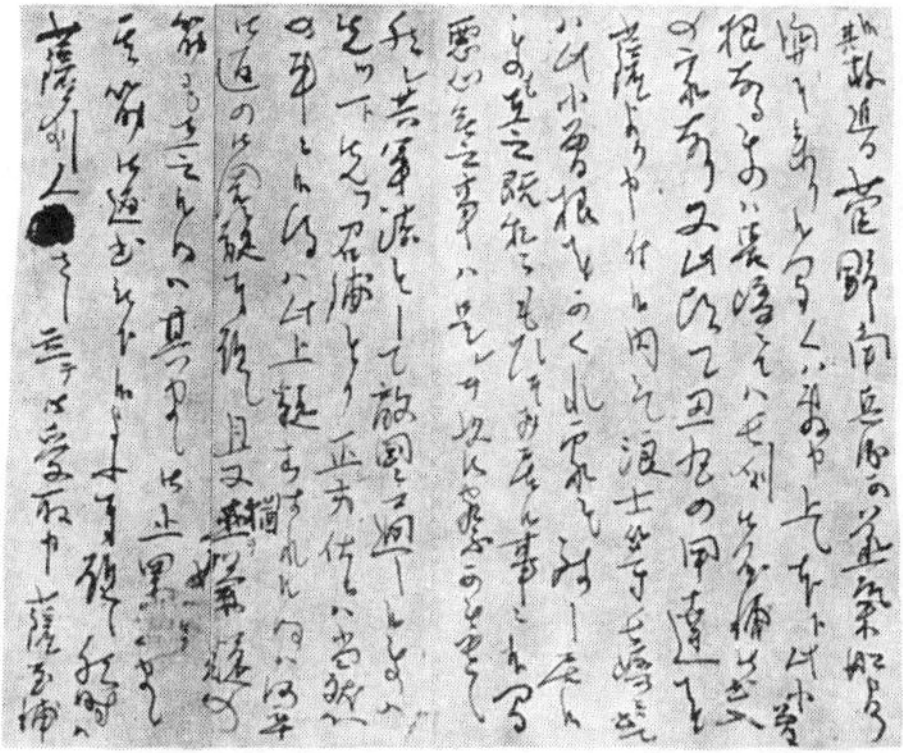

候。其故近日菅野角兵衛(千屋寅之助)が蒸気船より
関に参り候間、くハ敷申上候。本ト此小曽
根なるものハ長崎ニては長州御屋鋪御出入
の家なり。又此頃乙丑丸の用達を
薩より申付候内ニて、浪士等長崎ニ出て
ハ、此小曽根をかくれ家と致し居候
ものも在レ之、既私らもひそみ居候事ニ候間、
悪心無レ之事ハ是レヲ以御察可レ被レ遣候。
然レ共、軍法として敵国ニ通じ候ものハ、
先ヅ一ト先ヅ召捕とり(ママ)正シ方仕候ハ当然
の事ニ候得バ、此上疑相はれ候得バ、何卒
御返の御周旋奉レ願候。且又猶ヲ嫌疑の
筋も在レ之候得バ、其まゝ御止置□(不明)まゝ
其筋御通書被レ下候よふ奉レ願候。然時ハ
薩州人さし立テ御受取申、薩屋鋪

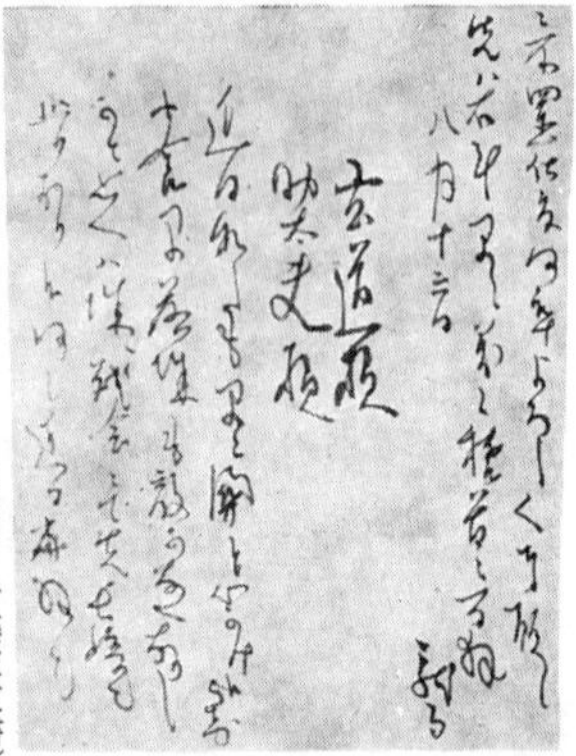

（東京　伊藤家文書）

ニ所置仕度、何卒よろしく奉レ願候。
先ハ右斗早々万々稽首々百拝。

八月十三日　　　　龍馬

玄　道様
助太夫様

近日私しも早々関と心がけ候うち、
小倉早落城も敵がなくなりし
かと思へバ、誠ニ残念ニて先、長崎ニ
止りおり候。何レ近日、再拝〱。

小曽根英四郎は乾堂の末弟である。長崎本博多町（長崎市万才町）の俠商で、長州、薩摩屋敷の御用達をつとめ、質屋営業もかねて豪商であった。翌春、海援隊本部がここにおかれている。英四郎は龍馬にとって、亀山社中時代から経済的援助を続けた恩顧のある人物でもある。

八月頃、英四郎は所用で大坂へ出かけ、帰郷するとき大坂町奉行から長崎奉行への手紙を依託されている。これが下関寄港の際、長州藩の検視役に発見され拘留となる。「悪心これなきことは、これをもって御察し遣はさるべく」と憂慮し、英四郎を救解せんとして、龍馬は直ちに菅野覚兵衛（千屋寅之助）を下関へ遣している。

第二次長幕戦争直後の幕府側の出方を警戒している長州は、小曽根に嫌疑を向けたのも当然であるが、英四郎は長崎商人として幕府も薩長も含んだ商道を歩いていた人物。事態を心配した龍馬は、下関阿弥陀寺町の本陣町作配役伊藤助太夫と、これも下関の町医者で報国隊員森玄道に、本状を発し、よしなに頼んでいる。英四郎は後にいろは丸乗船の会計官として出てくる。

三六　慶応二年八月十六日

三吉慎蔵あて

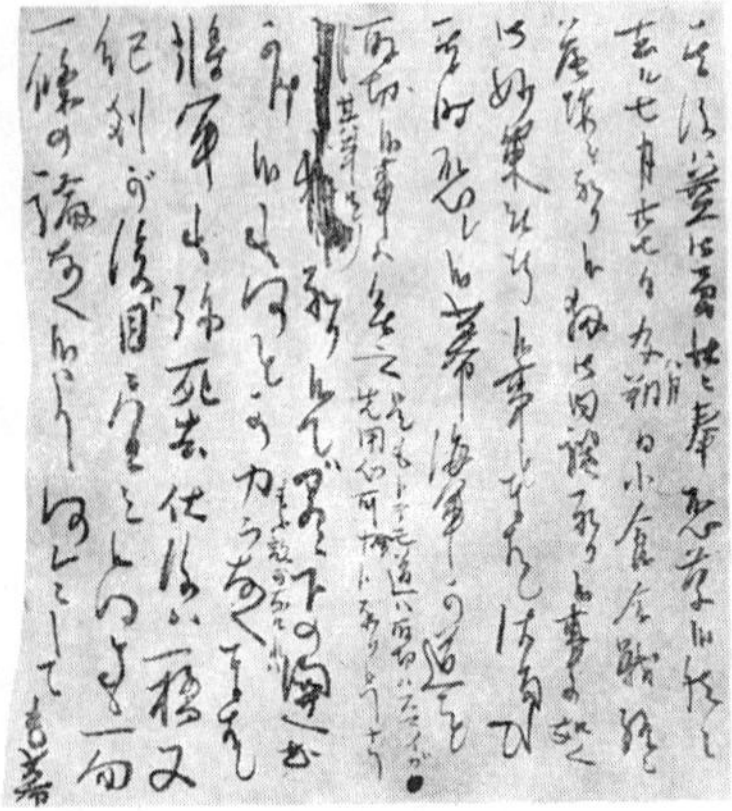

其後ハ益御勇壮ニ奉ニ恐慶一候。然ニ
去ル七月廿七日及八月朔日、小倉合戦終(つひ)ニ
落城と承り候。扨御内談承り候事の如く、
御妙策被レ行候事と奉レ存候。はたして
其時恐レ候幕海軍が道を
取切候事ハ無レ之、是もトテモ道ハ取切ハスマイガ先用心可レ成ナド承り候ヿナリ。
其事を承り候てハ、早ミ下の関へ出
かけ候も、何とか(もふ敵がなけれバ、)力ラなく奉レ存候。
将軍も　弥(いよいよ)　死去仕、後ハ一橋又
紀州が後ト目ニ望ミ候得ども、一向
一条(定)の論なく候よし。何レニしても幕

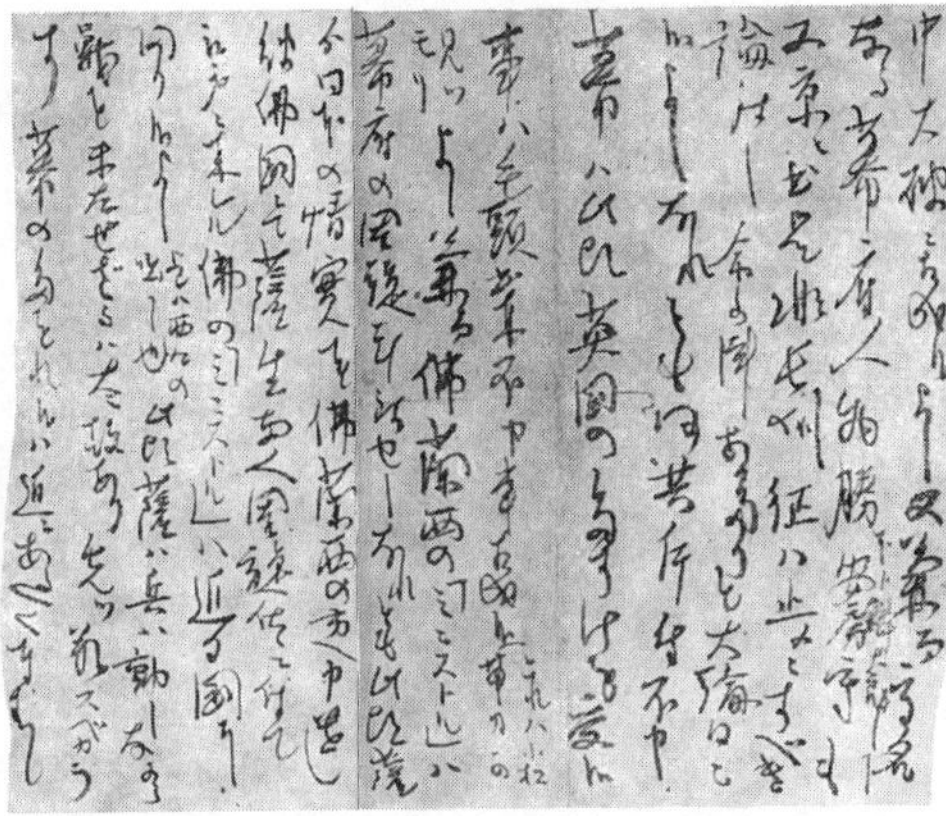

中大破ニ相成候よし。又兼而(かねて)高名
なる幕府人物勝安房守(本ト麟太郎「)も
又京ニ出、是非長州征(征伐)ハ止メニすべき
論致し、会津あたりと大論、日〻
候よしなれども、何共片付(なんともかたづき)不レ申。
幕ハ此頃英国のたすけを受候
事ハ、毛頭出来不レ申事相成候(これハ小松帯刀が見ツモリ)よし。兼而仏蘭西の「ミニストル」ハ
幕府の周旋斗致セしなれども、此頃薩
より日本の情実を仏蘭西の方へ申遣し、
彼仏国ニて薩生両人周旋仕候ニ付て、
江戸ニ来レル仏の「ミニストル」ハ近日国に
帰り候よし。(是ハ西郷の咄し也。)此頃薩ハ兵ハ動しながら、
戦を未だせざるハ大ニ故あり。先ヅ難ズベカラ
ず。幕のたをれ候ハ近(ちかき)ニあるべく奉レ存候。

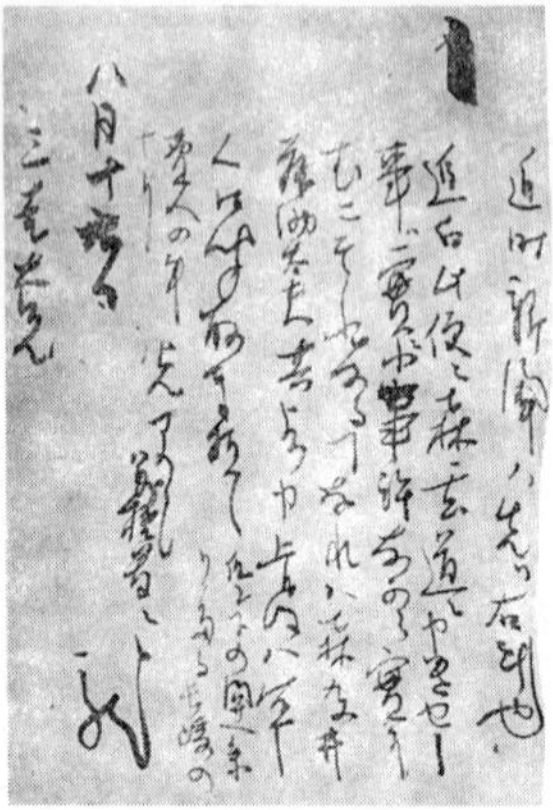

（上田　三吉家文書）

近時新聞ハ先ハ右計也。
追白、此便ニ森玄道ニ申遣セし
事ハ実ニ小事件ながら実に
むごそふなるヿなれバ、森及井(伊)
藤助太夫共より申上候得バ、宜し
く御聞取奉レ願候。但シ下の関へ参りたる長崎の売人の事ナリ。先早々。
万稽首々。
八月十六日　龍
三吉大兄

長崎より長府の三吉慎蔵に、再び手紙を送り「近時新聞」を報ずると同時に、小曽根英四郎に関わる「小事件ながら実にむごそふなることなれバ」と配慮を依頼している。

長州におけるその後の戦況は、石州口の幕軍は浜田城を自ら焼いて退却。芸州には黄瀬川で大敗して兵は動かず、九州方面でも戦線が崩れて副総督唐津藩主小笠原壱岐守長行は、長崎に脱走。小倉の守兵も自ら城を焼いて香春に退却。将軍家茂は七月二十日、大坂城で急死し、幕府軍の動揺敗北は決定的となった。その頃の状況を伝えている。

　龍馬が恐れた「幕府海軍が道を取切り候事」とは、万一、勝海舟が起用されて幕艦隊によって関門海峡の封鎖を受けることであった。「兼而高名なる幕府人物勝安房守」は、この六月海軍奉行職に復活し、九月芸州厳島に幕府の使者として戦争終結を持ちこみ、休戦成立となる。

　三吉の計画した妙策とは何かが問題であるが、龍馬の「幕のたをれ候ハ近ニあるべく」との確信に関連があろうか。龍馬の秘策として当時長崎に出張中の越前福井藩士下山尚を誘った文書が残っている。「余因テ始メテ坂本氏ト相見ルヲ得タリ。氏状貌雄偉、眉間一黒子アリ。風采閑雅音調清朗、一見凡夫ニ非ルヲ知ル。其後一夕余、氏ガ門ヲ叩ク、氏出テ迎ヘ坐久シク談天下ノ事ニ及ブ。氏危坐低声語ツテ曰ク、方今鎖攘ノ説一変シテ討幕ノ議相踵ギ起ル。専横日ニ甚ダシ。恐クハ救フ可カラズ。（中略）政権奉還ノ策ヲ速カニ春嶽公ニ告ゲ、公一身之レニ当ラバ、幸ヒニ済スベキアラン」（下山尚「西南紀行」慶応二年八月）。龍馬は既にこの頃から政権奉還のことを松平春嶽から将軍家へ建白させようとしている。下山は横井小楠の賛成を得て、春嶽に献言したが春嶽はこれを採用するに至らず、この妙策は翌年母藩山内容堂に移されたのは歴史の承知する所である。

　本書簡を千頭清臣著「坂本龍馬」には「一読甚だ無意味にして、極めて要領を得ざるが如くなれども、再読すればまた大に味ふべきものあり。蓋し薩長聯合の要諦は桂の所謂六箇条に尽くるものと見るべく、而して幕長開戦の暁、薩（摩藩）約に背きて之を実行せざりしかば、龍馬の敏慧なる、長或は薩に含まんを虞れ、故らに書を三吉に寄せ、以て両藩感情の疎隔を予防したるなり。其用意や実に周到なりと言ふべし」とある。

三七　慶応二年九月十八日か
渡辺昇あて

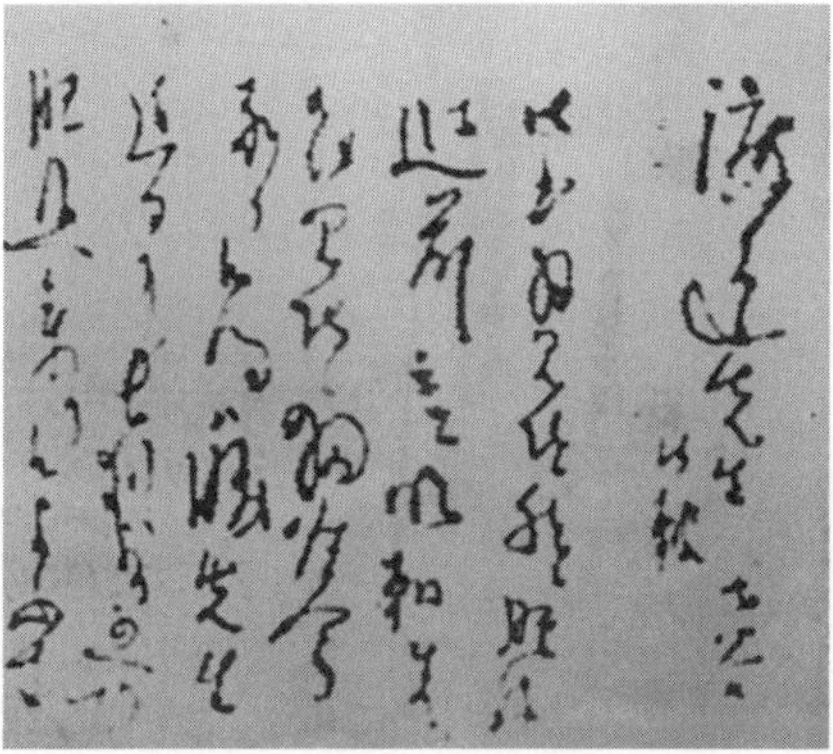

渡辺先生　　　　才谷
　　御報

御書拝見仕候。然ニ肥後
進前□て明朝まで
まい里居候。扨、唯今
承り候得バ勝先生
近日に、長州よりかへりて
肥後へ参り候よふす
いまだたしかにハ候
ハねども、先は御聞
に入候。頓首々

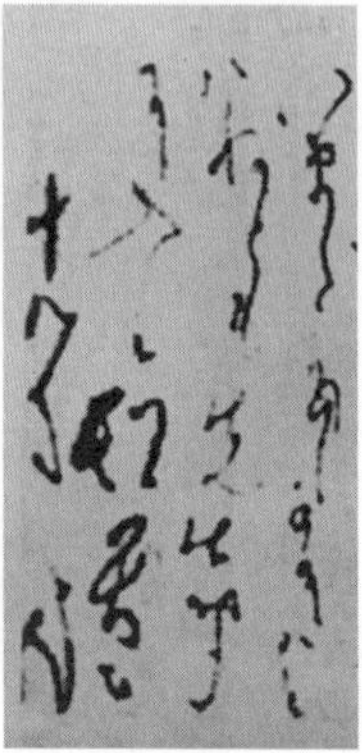

十八日　　龍

十行ばかりの龍馬書簡であるが、巷間、晩年不仲説を噂された、海舟「勝先生」について渡辺あての新出龍馬書簡である。これまでに、「飛川先生」（海舟の別称）慶応二年三月幕閣要人あて（〈東大史料編纂所蔵〉書簡番号続七）が一通あるが、今回「勝先生」が出現した。元下関市高杉晋作「東行庵」学芸員で歴史家一坂太郎氏が筆者の許に、この目録写真を届けてくれた。一坂氏は発見の動機にふれている。

「私が偶々手に入れた、昭和九年三月、東京美術倶楽部で行われた書画骨董のオークション目録に、小さな写真で掲載されたのを見つけたのだ。この目録には、渡辺家からまとめて売りに出された品々が載せられており、その中には、桂小五郎の書簡や高杉晋作の詩書なども ある。いずれも渡辺が国事奔走の最中に、交流のあった人物から書き与えられたものだろうが、没後、何らかの事情により、遺族が手放したのだろう。」（「龍馬が愛した下関」新人物往来社、平成七年八月刊行）と紹介している。目録写真には「八五、坂本龍馬、木戸松菊、尺読（牘）巻渡辺昇宛五寸三分」とある。

手紙の内容は、

「御書状を拝見致しました。然るに、肥後進前(ひごのさき)（長崎における薩摩藩邸）□て明朝まで滞在します。扨て唯今聞くところによれば、勝海舟先生は、近日長州より帰って肥後（熊本）へ参る様子です。未だ確実ではありませんが、このように聞きましたので、お耳に入れておきます。十八日。龍馬」

とあって、海舟の動向に龍馬は強い関心を抱き、これを大村藩士（長崎県大村藩二万八千石）渡辺昇(のぼる)に報じたものと思われる。

龍馬は海舟と神戸海軍操練所閉鎖で、元治元年秋に別れてより、すでに二年が経過していた。手紙は、以下考証するように慶応二年九月十八日発信のものと推考したい。慶応二年は海舟四十四歳で、精力的に国事周旋に活動している。勝部真長氏の「勝海舟全集」（勁草書房）年譜によれば、

五月、一年半の自宅閉居を解かれて、軍艦奉行再勤を命ぜられ、早々上坂して六月大坂城に出頭。これより会津、薩摩調停の内命を受けて入京。薩摩の大久保利通（一蔵）に面会して征長出兵辞退の上書を抑えて、円滑に時局を結ぶ。七月は将軍家茂が大坂城で逝去、海舟号泣す。八月、長州へ密命を帯びて単騎、大坂、芸州を経て厳島(いつくしま)へ行き、長州藩広沢兵助（真臣(さねおみ)）、井上聞多（馨(かおる)）らと面会。幕府と長州の無条件停戦と衆議採用の趣旨を演達。長州を承服させて九月十日帰京す。十二日慶喜に謁見、長州の処置は公平至当を要することを復命。十月用向き相済み、

江戸へ帰った。

したがって、「勝先生長州よりかへりて」は、勝が厳島会談のあと、九州へ渡り、熊本（例えば敬仰する横井小楠に会うべく）を訪れようとする情報を、長崎で龍馬は聞いていたかも知れない。しかし、幕命によりただちに東帰して肥後行は中止となった、と推考したい。

この際に書かれたので、慶応二年九月十八日長崎にて渡辺昇にあてたものと推考しておく。また、大村藩史料「臺山公事蹟」によれば、慶応二年八月廿七日、渡辺は薩船三国丸で長崎を発し九月二日薩摩に到着している。

後に（慶応三年八月頃）龍馬は長崎にいた土佐藩大監察佐々木高行に語り残している。

「今日、幕府に於て勝房州（海舟の別称）を登庸されては、吾々同志に一の城廓を築くもので、実に由々しき大事である。僕は房州には、非常に恩顧を受けて居るから、之を敵とする事は出来ぬ。君等宜しく注意して其間に策略を施して彼が驥足を伸ばさぬやうにして呉れ」（「勤王秘史佐々木老侯昔日談」二十四）

海舟もいち早く龍馬の情報をキャッチして、日記（慶応二年二月一日）に載せている。

「聞く。薩、長と結びたりと云ふ事、実成るか。又聞く、坂龍、今、長に行きて是等の扱を成すかと。左もあるべくと思はる」

と讃えて載せている。二人の晩年の不仲説を採る史学者もいるが、私はむしろ江戸っ子と土佐っぽ、幕臣と素浪人の、終生かわらざる敬仰と友愛が心底に流れ合っていたと思う。

書簡あてさき渡辺昇は、天保九年生れの大村藩士で、後の男爵兄渡辺清がいる。昇は江戸の斎藤弥九郎道場で、桂小五郎の後を受けて塾頭を務めた。後に大村藩を尊攘に導き固めた。長崎で薩長同盟画策中の龍馬は、昇へ長州の桂を説得させるよう頼んだ仲であった。維新後は大阪府知事、元老院議官、会計検査院長など、子爵となり、大正二年七十六歳で没した。

原書簡は、昭和の戦前から戦中の空襲や敗戦後の混乱をかいくぐって、何処にか残されているや否や。訓読、考証などは、一坂太郎氏、立命館史学会西尾秋風氏、「坂本龍馬と刀剣」（新人物往来社）の著者小美濃清明氏より頂いた。また、「肥後進前」は長崎における薩摩藩邸の陰語であることを大村市忠霊塔神官上野豊城氏より教示された。

三八　慶応二年十月五日
吉井友実あて

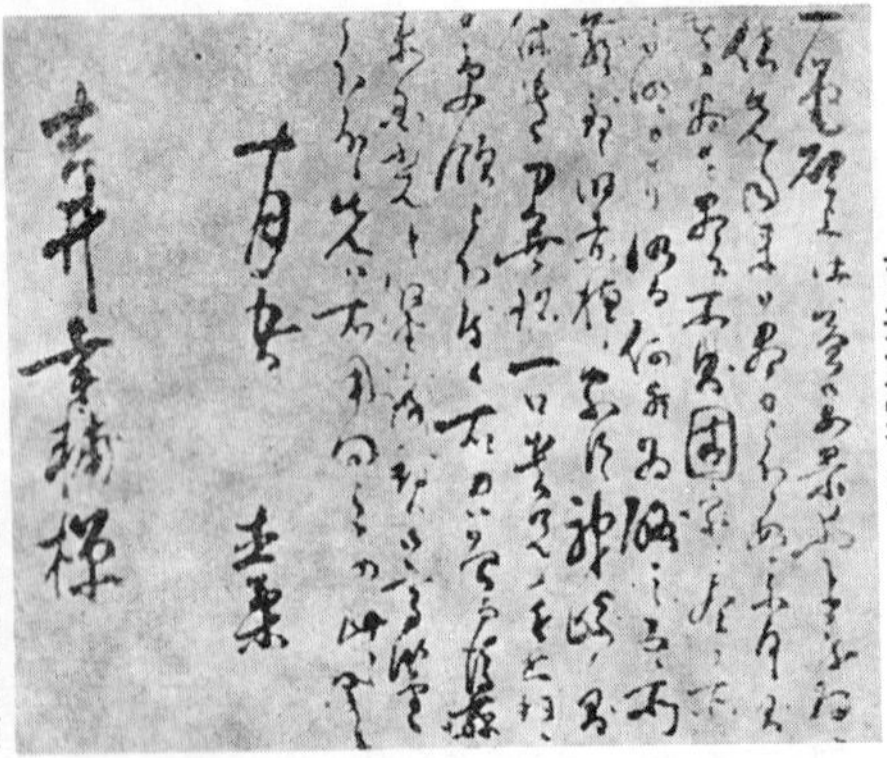
（坂本龍馬記念写真帖）

一筆啓上仕候。益御安泰愛出度（めでたく）存候。
偖（さて）先年来、御尽力被レ下候段、忝（かたじけなく）存候。則
吾ガ為メニ尽候所、則、国家ニ尽ス所タ
ルヤ明カナリ。仍而何歟（よつてなにか）為レ酬レ之、吾所
蔵致候、旧赤穂ノ家臣神崎則
休遺刀無銘一口貴兄進上致候。
御受領被レ下度候。右刀ハ曽而（かつて）後藤も
来国光と鑑識（かんしき）致候。御高鑒
被レ下度候。先ハ右用向迄如レ此候。早々。

十月五日　直柔

吉井幸輔様

「先年来、御尽力」を感謝し「吾ガ為メニ尽候所、則、国家ニ尽ス所タルヤ明カナリ」と正直に胸を張っているのが龍馬の本音で、「御尽力」は公には薩長連合への協力、私的にはお龍との新婚の薩摩行きの案内や世話をしてくれたことを指している。

龍馬は剣士の出身であるから、刀を愛したことは当然ながら、別の手紙や「手帳摘要」にも出てくる赤穂四十七士の一人神崎与五郎の遺刀を「後藤も来国光」と鑑識したと値打ちを標して吉井に贈っている。本状は年の記載がないが慶応二年と推定した。慶応三年とするならば、高知まで武器輸送をし大政奉還の仕上げに京都へ向うべく、十月一日高知浦戸を出港し、船の故障で須崎に行き土佐藩船空蟬丸に乗り替えた日が、即ち十月五日であるので、これは採らない。ただし「右刀ハ曽而後藤も」とある。「後藤」は象二郎ではない。土佐藩参政後藤象二郎と龍馬が会見し、意気投合したのは慶応三年正月、長崎に於てのことである。「後藤」について後考を待ちたい。龍馬が特に由緒のある刀を吉井に贈ったのは、これまで並々ならぬ親身の世話を受けてきたからである。慶応元年四月京都で吉井止宿先にて、龍馬は三条実美衛士土方楠左衛門（久元）と会い、薩長連合周旋を決意している。そして伏見寺田屋事件直後、吉井は京都薩藩邸から馬を飛ばして伏見に駆けつける。龍馬の負傷を案じて京都薩藩邸に引き取る時も、吉井は藩兵一小隊で警備してくれた。お龍は男装して列中に交っていたと、後で述懐している。

その後は吉井、西郷、小松のはからいで龍馬はお龍を伴って薩船三邦丸で鹿児島に旅立つ。鹿児島滞在の三カ月間は、吉井方にも二人は身を寄せ、深いもてなしを受けている。「鹿児島ニ至り、此時京留守居吉井幸助も同道ニて、船中ものがたりもありしより、又温泉ニともにあそバんとて、吉井がさそいにて」（書簡四四）日当山、塩浸温泉にも遊んでいる。後日奇しくも近江屋遭難の際、吉井は相国寺畔薩邸にいて田中光顕の知らせで駈けつけ、龍馬の死に立ちあっている。

本状については、高知の龍馬研究会の会誌「龍馬研究」（平成八年一月号）で、青山文庫館長松岡司氏が疑（偽）書と視ている。「全体に文字がバラバラではないか。筆の自然の流れがない。かなは片仮名が大半になっているのも異様。『赤穂の家臣神崎』『後藤も来国光』などわざとらしい話題から、『国』や『様』という字も、龍馬書簡全部に共通している書き方と全くちがう」とあった。筆蹟と内容にきびしい探査をしている。

龍馬の晩年、数奇な人生の事あるごとに顔を出している吉井あての珍らしい一通で、龍馬の謝念の伝わる文面である。

骨董の偽物は「二番手」とか「若い」とか言って評されるが、歴史上の書簡に二番手以下があってはならない。しかし人間のなすこと、まして百数十年を隔てた後世の人業である。私たちは「後考を俟つ」としてその道の人々に問うてきた。

後世に「完璧」に近づく龍馬像を残して終わりたい。

三九　慶応二年十一月

溝渕広之丞あて

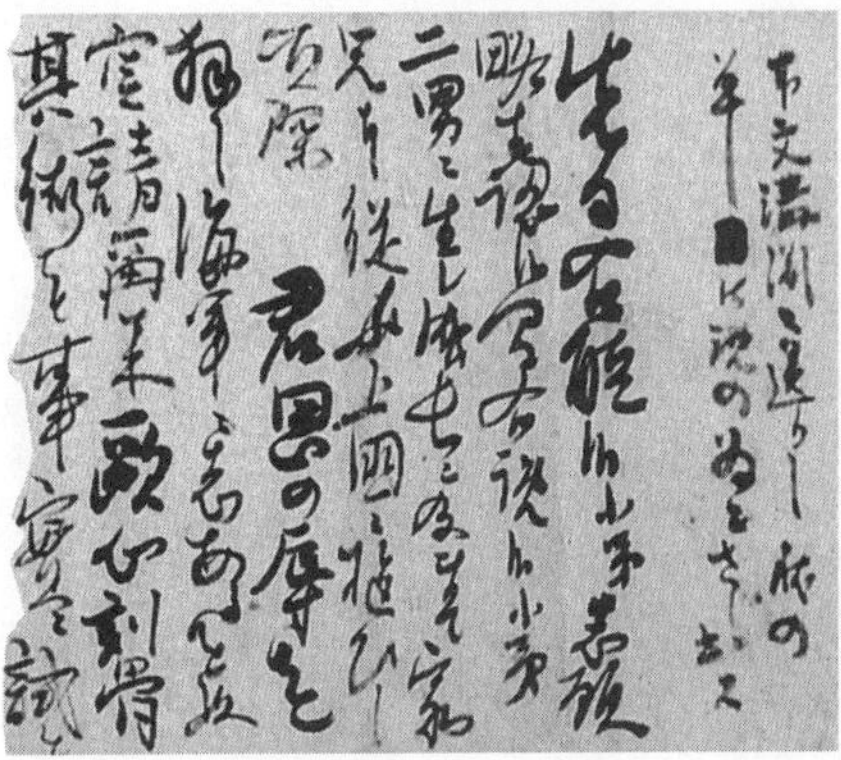

本文溝渕ニ送りし状の
草■御覧の為ニさし出ス（朱筆）

先日入二御聴一候小弟志願
略相認候間、入二御覧一候。小弟
二男ニ生れ成長ニ及まで家
兄に従ふ。上国ニ遊びし
頃、深（ふかく）君恩の辱（かたじけなき）を
拝し海軍ニ志あるを以、
官請（かんにこひ）爾来殴（ママ）心刻骨、
其術を事実ニ試と

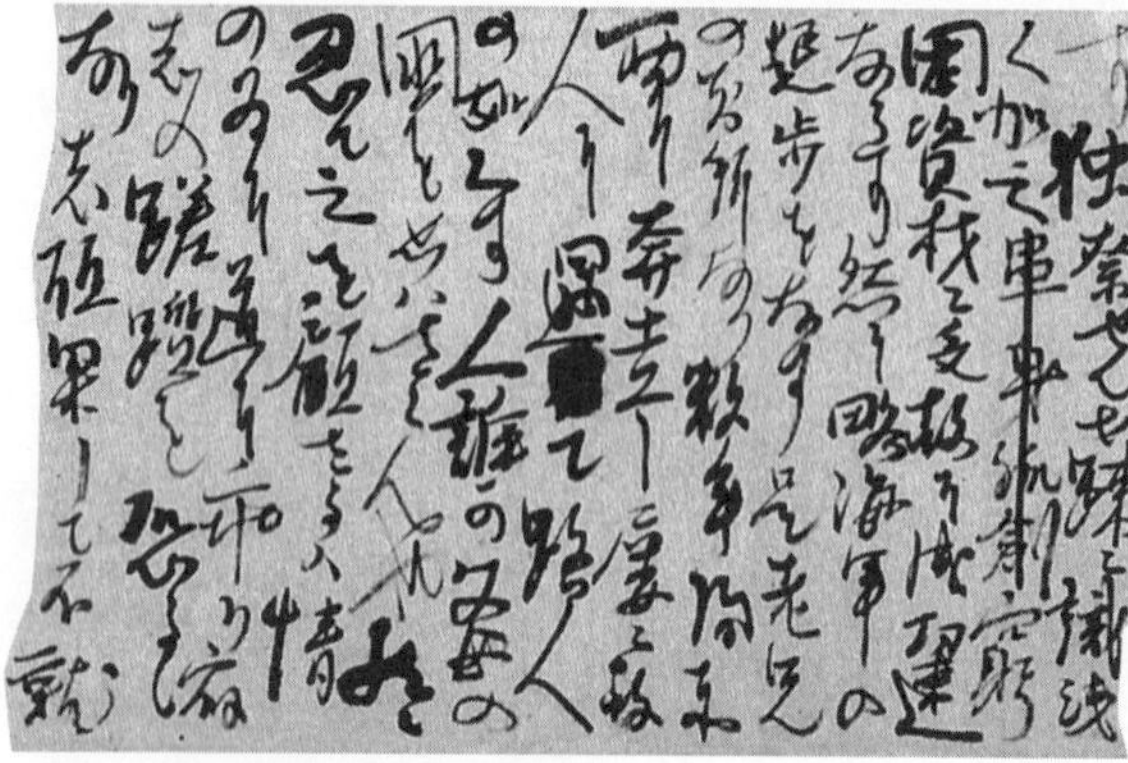

せり。独奈(ひとりいかん)せん、才疎(おろそか)ニ識浅
く加之(しかのみならず)、単身孤剣(四字消)、窮
困資材ニ乏(とぼしき)故に成功速(すみやか)
ならず、然に略海軍の
起歩をなす。是老兄
の知所なり。数年間東
西に奔走し、屢〻故
人に遇て路人
の如くす。人誰か父母の
国を思ハざらんや。然ニ
忍で之を顧ざるハ、情
の為に道に乖(もと)り宿
志の蹉躓(さち)を恐るゝ
なり。志願果して不ㇾ就(ならずん)

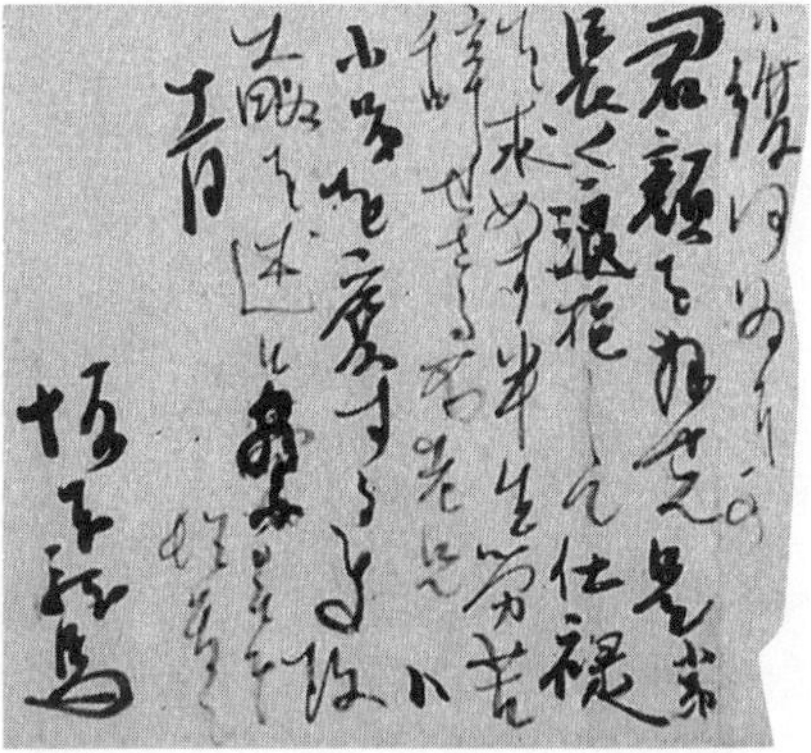

（土佐山内家宝物資料館蔵）

バ、復何為（なんのため）にか
君顔を拝せん。是小弟
長く浪遊して仕禄
を求めず、半生労苦
辞せざる所、老兄ハ
小弟を愛するもの故、
大略を述（のぶ）。御察可レ被レ下候。
十一月　　頓首。
坂本龍馬

まことに哀切である。龍馬自身の真情を書いている。

「数年間東西に奔走し、屢ゝ（しばしば）故人に遇（おう）て路人の如くす。人誰か父母の国を思ハざらんや」。故人即ち母藩土佐の上士たちを指す。

一介の商人郷士の次男で、封建秩序の身分的階級から言えば、下位の人間である。まして脱藩罪を背負う逃亡者であり、この数年間、山内家廓中侍から目を付けられた注意人物であった。「浪遊して仕禄を求めず、半生労苦辞せざる所」は「それハ〳〵おそろしい義理」（書簡二六）のためであった。龍馬の中には高度な政治的感覚や、きびしい実務者の頭脳と共に感受性の強い詩的浪漫人間が同居している。龍馬の心は旧友溝渕の求めに応じて簡潔に吐露されている。

溝渕広之丞は嘗て龍馬十九歳の時江戸へ剣術修行へ同行した竹馬の友であり、今日砲術遊学生、時勢探索の役目で長崎に滞在していた。言われるまま「小弟志願」を書いた。溝渕は旧友のため後日を計る用意があった。これより後藤象二郎を紹介し、龍馬と海援隊の道が開けてゆく。溝渕は明治以降官途につかず、世俗を去って自適の生涯に入り、明治四十二年没、八十二歳。

平成十五年正月、薩摩出身の迫田（さこだ）家（勝憲（かつのり）氏）から、西南戦争をはじめ幕末維新史料約三百点が高知県に寄贈され、土佐山内家宝物資料館が所蔵管理をすることとなった。

この中にあった一通の書簡が、溝渕にあてた存意書であった。昭和四年「土佐勤王志士遺墨集」に載せてより幻の七十年を経て、実物が出現した次第である。しかも冒頭の朱字「本文溝渕に送りし状――」も、はじめて公開された。龍馬真情吐露の貴重書簡など重要文書の帰国を共に慶（よろこ）びたい。

四〇　慶応二年十一月十六日

溝淵広之丞あて

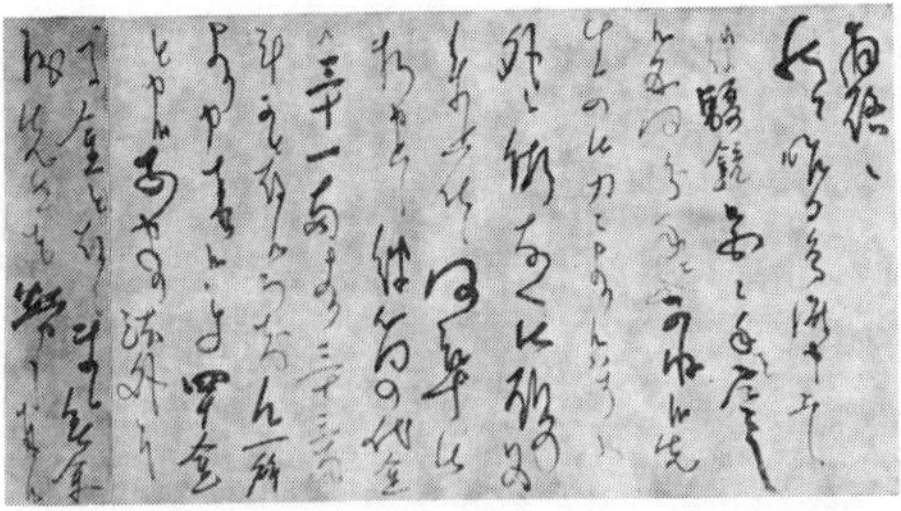

拝啓候。
然ニ昨日　鳥渡(ちよつと)申上候
彼騎銃色〻手を尽し
候所、何分手ニ入かね候。先
生の御力ニより候ハずバ
外ニ術なく御願の為
参上仕候。何卒御
願申上候。彼筒の代金
ハ三十一両より三十三両
斗かと存候。うち今一所
より申来候もの四十金

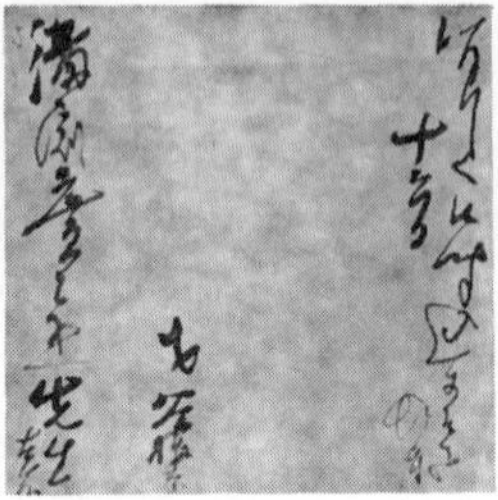

（高知　秦家蔵）

申候。あまり法外に
高金と存候まゝ無二余
儀一先生を労し奉候。
宜しく御聞込可レ被レ下候。
十六日　頓首。
才谷梅太郎
溝淵広之丞先生
左右

前便にひきつづいて十一月（あるいは十月）十六日に書かれたものと推定される。土佐藩のため外商より騎銃入手の周旋をし、その苦心を報じたもので「筒（鉄砲）の代金」を知らせ相談している。

このあと龍馬は彼を伴って長州下関へ行き、桂小五郎を紹介。土佐と長州の接近を計る。翌春早々、後藤象二郎との会見につながってゆく。

四一　慶応二年十一月二十日
寺田屋お登勢あて

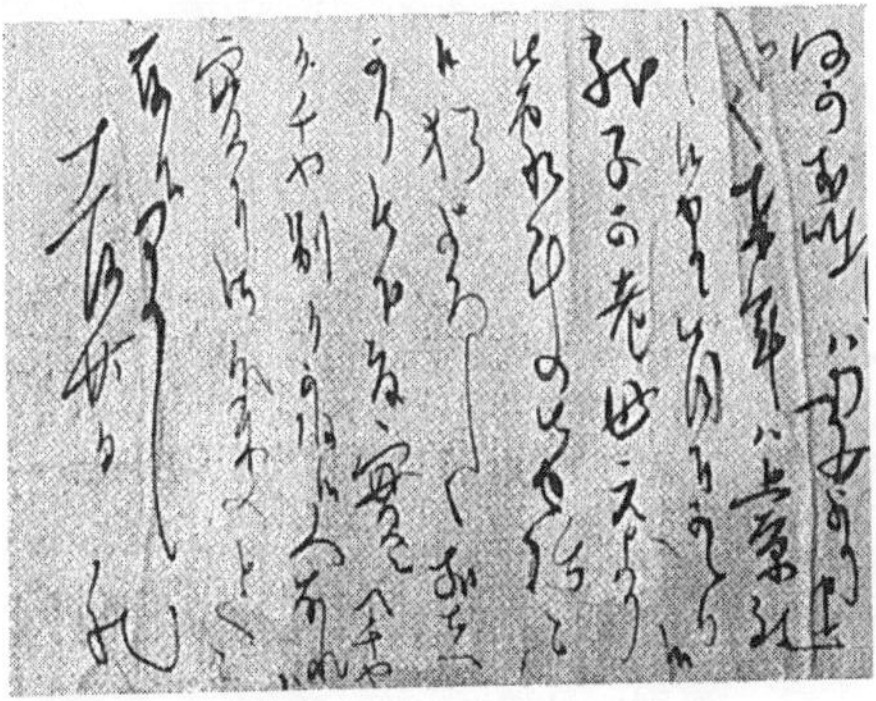

何かお咄しハ妻より申上
べく、来年ハ上京致
し候まゝ御目にかゝり候。
龍子が老母元より
御家計の御セ話ニ
候。猶よろしくおし
かり被ㇾ下度、実ニヘチヤ
クチヤ別(分)りかね候人なれバ、
実に御気のどくニ
存候。早々。
十一月廿日　　　龍

（京都府立総合資料館蔵
京都府京都文化博物館管理）

おとせさま
参らセ申
取巻の抜六（ヌケ）

心許す寺田屋の女主人お登勢にあてた赤裸々な手紙である。お龍の母親はお登勢に「家計の御セ話」になっている。龍馬は風雲の立ちこめる中を飛びまわっているが、常にお龍よかれ家族よかれの配慮を示している。彼女を「ヘチヤクチヤ別（分）りかね候人」と批判しながらも、気の毒がってよしなに頼んでいる。

「取巻の抜六」は今春、寺田屋遭難の危機より脱出した身を、戯画化し己を客観視したもの。お登勢については彼女の娘殿井力女が「懐旧談」に「寺田屋の初代は伏見の在寺田村から出て伏見の船宿を開きました。（中略）六代目伊助は父と打って変つた温順の性質で、俗に云ふお坊ちやん育ちのお人好であつたのです。所が一人の継母がありまして、之れに娘がある。（中略）嫁に来たが母も大抵ではございません。店には二十人も奉公人が居ます。母は奉公人を使ふに慣れて居ますから、先づ奉公人に評判が好い。それから継母（はゝ）には一生懸命機嫌を取りました。左しもの継母も気象ががらりと変り、我が生みの子の如くに愛するやうになりました」とある。

四二　慶応二年十二月四日

坂本権平、一同あて

此手紙もし親類之方などに御為レ見被レ成候ハヾ必ず〳〵誰れかに御書取らセ被レ成候て御見セ。順蔵さんえも其書き写さ礼(れ)し書を御見セ。私手紙ハ必ず〳〵乙姉さんの元に御納め可レ被レ遣候。

龍馬

御一同様

一、今春上京之節伏見にて難にあい候頃より、鹿児嶋に参り八月中旬より又長崎に出申候。先日江ノ口之人溝淵広之丞に行あひ候而(て)、何か咄しいたし申候。其後蒸気船の将武藤早馬に行逢候得ども、是ハ重役の事又ハ御国に帰れなど云ハれん事を恐れ、しらぬ顔して通行(すぎ)しに、広之丞再三参り、私之存念を尋候ものから認め送り候処、内々武藤にも見セシ様子。此武藤は兼而江戸に遊びし頃、実に心(こころ)路安き人なれバ、誠によろこびくれ候よし。旧友のよしミハ又忝(かたじけな)きものにて候。其私の存念ハ別紙に指上(さしあげ)候。御覧可レ被レ遣候。

一、別紙之内女の手紙有レ之。是ハ伏見寺田屋おとセと申者にて候。是ハ長州家及び国家に志ある人々ハ助けられ候事ども有レ之者なり。元より学文も十人並の男子程の事ハいたし居り候ものなり。それハ薩州に送り来り候手紙一つ指上候。伏見之危難よく分り申候。

一、別紙に木圭と申人の（桂小五郎と申人なり。）手紙有レ之候。是ハ長州の政事を預り候第一之人物にて、此人之手跡、四方之人ほしがり候。幸手元に数々有レ之から指出候。

一、社（しゃ）太郎も此頃ハ丈夫に相成候べしと存候。夫（それ）男児を育るハ誠ニ心得あるべし、とても御国の育方にてハ参り兼候べしと、実ニ残念ニ存候。

一、上ニ申伏見之難ハ去ル正月廿三日夜八ツ時半頃なりしが、一人の連れ三吉慎蔵と咄して風呂より揚り、最早寝んと致し候処に、ふしぎなる哉（此時二階居申候。）人の足音のしのび〳〵に二階下をあるくと思ひしに、六尺棒の音から〳〵と聞ゆ、おり柄兼而御聞に入し婦人、（名ハ龍今妻也。）勝手より馳（は）セ来り云様、御用心被レ成べし不レ謀敵のおそひ来りしなり。鎗持たる人数ハ梯の段を登りしなりと、夫より私もたちあがり、はかまを着と思ひしに次の間に置有レ之ニ付、其儘大小を指し六連炮を取りて、後なる腰掛による。連れなる三吉慎蔵ハはかまを着、大小取りはき鎗を持ちて是も腰掛にかゝる。間もなく、壱人の男障子細目に明ケ内をうかがふ。見れバ大小指込なれバ、何者なるやと問しに、つか〳〵と入り来れバ、すぐに此方も身がまへ致セバ、又引取りたり。早次ギの間もミシ〱物音すれバ龍女に下知して、次の間又後の間のからかみ取りはづさし見れバ、早拾人計り鎗持て立並びたり、又盗賊燈灯(ママ)(強盗提燈)二ツ持、又六尺棒持たる者其左右に立たり。双方暫くにらみあふ処に、私より如何なれバ薩州の士に不礼ハ致すぞと申たれバ、敵口々に上意なり、すはれ〱とのゝしりて進来る。此方も壱人ハ鎗を中段にかまへ立たり。敵より横を討ると思ひ、私ハ其左へ立変り立たり。其時銃ハ打金を上ゲ敵拾人斗りも鎗持たる一番右の初めとして一ツ打たりと思ふに、此者退きたり。又其次ぎなる者を打たりしに其敵も退きたり。此間敵よりハ鎗をなげ突にし、又ハ火鉢を打込色々たゝかふ。味方も又鎗持て禦ぐ。家内之戦実に屋(や)かましくたまり不レ申。其時又壱人を打しが中りし哉(や)分り不レ申処、敵壱人障子の蔭より進ミ来り、脇指を以て私の右の大指の本をそぎ左の大指の節を切割、左の人指の本の骨節を切たり。元より浅手なれバ其者に銃をさし向しに、手早く又障子の蔭にかけ入りたり。扨前の敵猶迫り来るが故に、又一発致セしに中りし哉不レ分、右銃ハ元より六丸込ミな礼(れ)ども、其時ハ五丸のミ込てあれば、実ニ跡一発限りとなり、是大事と前を見るに今の一戦にて敵少ししらみたり。一人の敵黒き頭巾を着、たちつケをはき鎗を平省(正)眼のよふにかまへ近〻よりて壁に添て立し者あり。夫を見るより又打金を上ゲ、慎蔵が鎗持て立たる左の肩を銃の台にいたし、敵の胸をよく見込ミて打たりしに、敵丸に中りしと見へて、唯ねむりてたをるゝ様に前にはらばふ如くたをれたり。此時も敵の方にハ実ニドン〳〵障子を打破るやらふすまを踏破るやら物音すさまじく、されども一向に手元にハ来らず、此間に銃の玉込ミせんと銃の[illegible]此様なるもの取りはづし、二丸迄ハ込たれども先刻左右の指に手を負ひ、手先き思ふ様ならず、阿屋(あや)まりて右玉室を取り落したり。下を尋ねると雖ども元よりふとん引さがしたる上へ、火鉢の灰抔(など)敵よりなにかなげ込し物と交り不ㇾ分。此時敵ハ唯どん〳〵計りにて此方に向ふ者なし。夫より銃を捨、慎蔵に銃ハ捨たりと言バ慎蔵曰、然時ハ猶敵中に突入り戦ふべしと云ふ。私曰、此間に引とり申さんと云へバ、慎蔵も持たる鎗をなげすて後のはしごの段を下りて見れバ、敵ハ唯家の店の方計りを守り進む者なし。夫より家の後なる屋そひをくゞり、後の家の雨戸を打破り内に入て見れバ、実に家内之者ハねぼけてにげたと見へて夜具など引てあり。気の毒ながら、其家の立具(ママ)も何も引はなし後の町に出んと心がけしに、其家随分丈夫なる家にて中ゝ破れ兼たり。両人して刀を以てさん〴〵に切破り、足にて蹈(ふみ)破りなどして町に出て見礼(れ)バ人壱人もなし。是幸と五町斗りも走りしに、私病後の事なれバ、いききれあゆまれ不ㇾ申、着物ハ足にもつれぐず〳〵いたセバ敵追着の心配あり、（此時思ふにハ男子ハすねより下にたるゝ着物ハ致すべからず候。此時ハ風呂より上りし儘なれバ、湯着を下ニ着て、其上にわた入を着、はかまハ着る間なし。）つひに横町にそれ込ミて、御国の新堀の様なる処に行て町の水門よりはひ込ミ、其家の裏より材木の上に上り寝たるに、折悪くいぬがほえて実にこまり入たり。そこにて両人其材木よりおりしが、つひに三吉ハ先ヅ屋敷に行べしとて立出しが屋敷の人と共にむかひに参り、私も帰りたり。扨彼指の疵ハ浅手なれども動脈とやらにて翼日(ママ)も血が走り止ず、三日計も小用に参ると、目舞(ママ)致候。此夜彼龍女も同時に戦場を引取り、直様屋敷に此よしを告げしめ、後ハ共ゝ京の屋敷江(え)引取り今ハ長崎江共ゝ出づ。（此頃余程短銃上達す。）

此伏見江取り手の来りしを詮儀(ママ)するに大坂町奉行ハ松平大隅守と云て、同志の様に度ゝ咄しなど致し、面会時ゝしたるに此度ハ大坂より申来りしとの事、合点ゆかず猶ゝ聞合すにはたして町奉行ハ気の毒がり居候よし。此大坂より申来りしハ幕府大目付某が伏見奉行へ申来るにハ、坂本龍馬なるものハ決而(て)ぬすみかたりハ致さぬ者なれども、此者がありてハ徳川家の御為にならぬと申て是非殺す様との事のよし。此故ハ幕府の敵たる長州薩州の間に往来して居との事なり。其事を聞多(た)る薩州屋敷の小松帯刀、西郷吉之助なども皆、大笑にてかへりて私が幕府のあわて者に出逢てはからぬ幸と申あひ候。

此時うれしきハ、西郷吉之助薩州政府第一之人、当時国中に而ハ鬼神と云ハれる人なり。ハ伏見の屋敷よりの早使より大気遣にて、自ら短銃を玉込し立出んとせしを、一同押留てとふ〳〵京留守居吉井幸助、馬上にて士六拾人計り引連れ、むかひに参りたり。此時伏見奉行よりも打取れなどのゝしりしよしなれども、大乱にも及ぶべしとて其儘に相成候よし。実に盛なる事にて有レ之候。私ハ是より少々かたハにハなりたれども、一生の晴にて有レ之候。疵ハ六十日計り致し能く直りたり。左の大指ハ元の如し、人指ハ疵口よくつげて只思ふ様に叶ぬと申斗りにて、外見苦しき事なし。右の大指のわた持をそがれしハ一番よく直りたり。右の高指の先きの節、少ゝ疵つけども直様(すぐさま)治りたり。

一、七月頃、蒸気船桜嶋とぃふふね(ママ)を以て薩州より長州江使者ニ行候時被レ頼候而、無レ拠(よんどころなく)長州の軍鑑を引て戦争セしに是ハ何之心配もなく、誠ニ面白き事にてありし。一、惣而(そうじて)咄しと実ハ相違すれ共、軍ハ別而(べつして)然り。是紙筆ニ指上ゲ候而も、実と不レ被レ成かも不レ知、一度やつて見たる人なれば咄しが出来る。

七月以後戦ひ止時なかりしが、とふ〳〵十月四日と成り長州より攻取し土地ハ小倉江渡し、以後長州ニ敵すべからざるを盟ひ、夫より地面を改めしに、六万石斗ありしよし。

右戦争中一度大戦争がありしに長州方五拾人計打死いたし候時 軍にて味方五十人も死と申時、敵方合せておびたゞしき死人也。先き手しバ〲敗セしに、高杉普作(ママ)ハ本陣より錦之手のぼりにて下知し、薩州の使者村田新八と色ゝ咄しなどいたしへた〲笑ながら気を付て居る。敵ハ肥後の兵などにて強かりけれバ、普作下知して酒樽を数ゝかき出して、戦場ニて是を開かせなどしてしきりに戦ハセ、とふ〲敵を打破り肥後の陣幕旗印抔不レ残分取りいたしたり。私共兼而ハ戦場と申セバ人夥しく死する物と思ひしに、人の拾人と死する程之戦なれバ、余程手強き軍が出来る事に候。

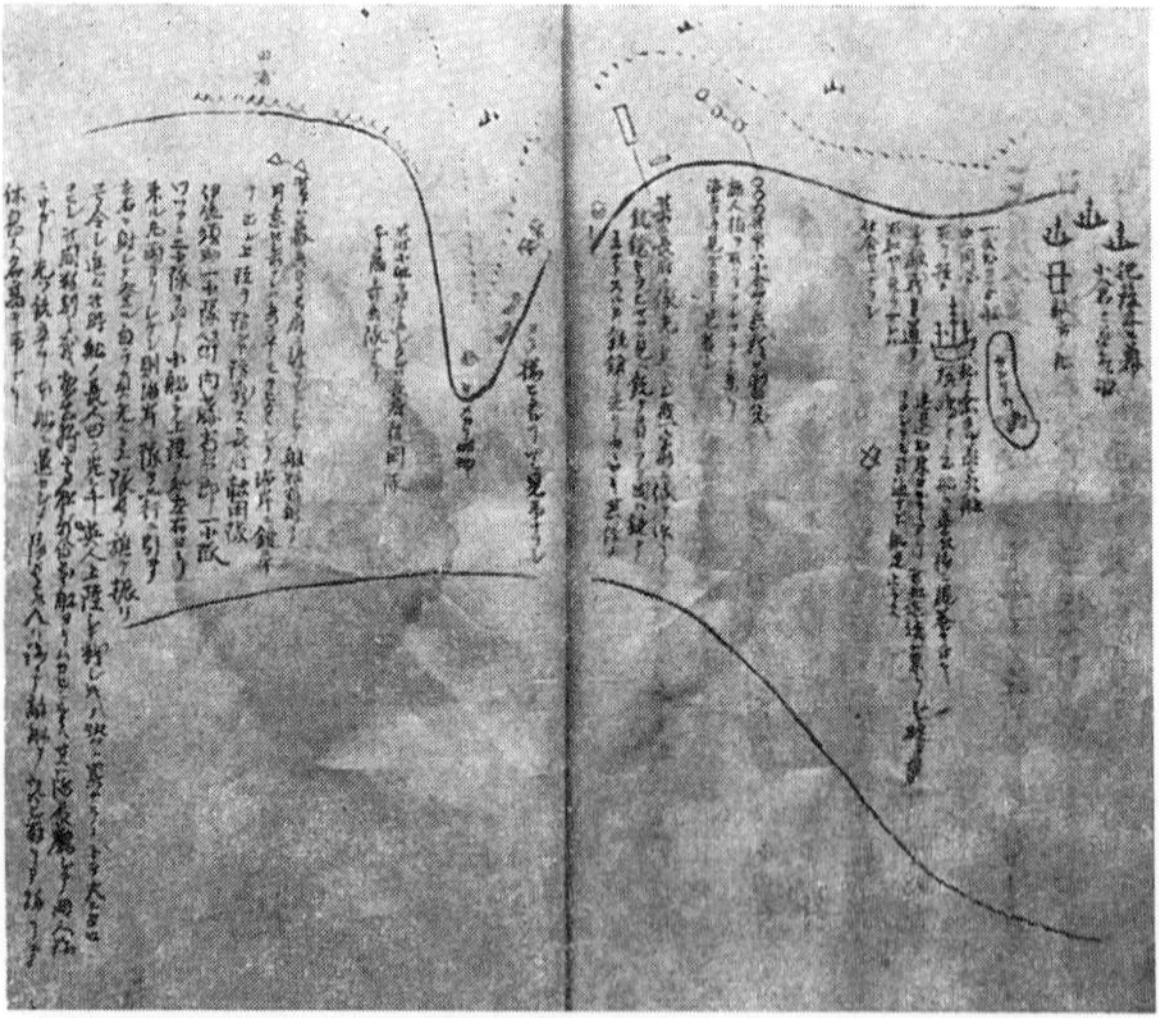

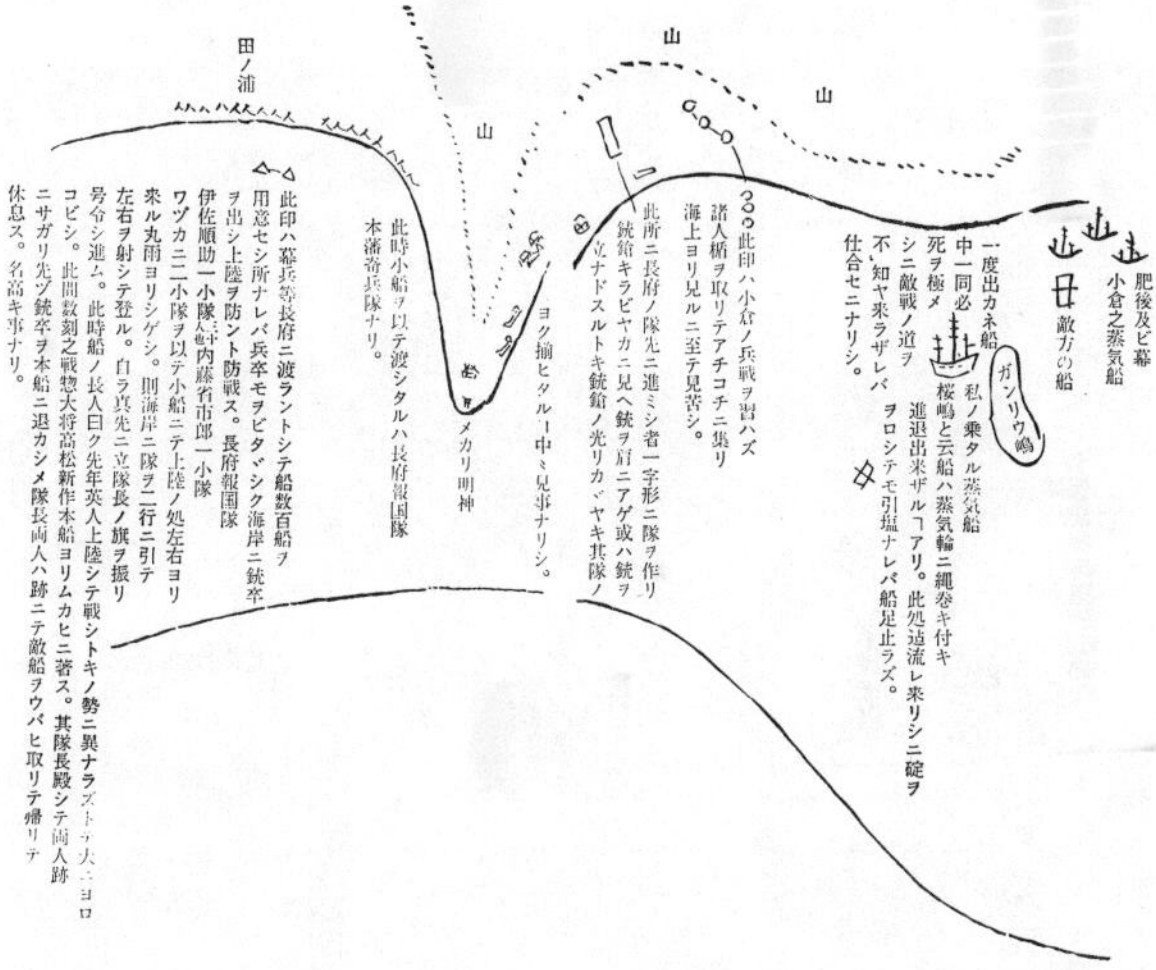
肥後及ビ幕
小倉之蒸気船
敵方の船
一度出カネ船
中一同必
死ヲ極メ
シニ敵戦ノ道ヲ
不ヽ知ヤ来ラザレバ
仕合セニナリシ。
ガンリウ嶋
私ノ乗タル蒸気船
桜嶋と云船ハ蒸気輪ニ縄巻キ付キ
進退出来ザル⌐アリ。此処迠流レ来リシニ碇ヲ
ヲロシテモ引塩ナレバ船足止ラズ。
山
山
〇〇〇此印ハ小倉ノ兵戦ヲ習ハズ
諸人栃ヲ取リテアチコチニ集リ
海上ヨリ見ルニ至テ見苦シ。
此所ニ長府ノ隊先ニ進ミシ者一字形ニ隊ヲ作リ
銃鎗キラビヤカニ見ヘ銃ヲ肩ニアゲ或ハ銃ヲ
立ナドスルトキ銃鎗ノ光リカヾヤキ其隊ノ
ヨク揃ヒタル⌐中〻見事ナリシ。
山
メカリ明神
此時小船ヲ以テ渡シタルハ長府報国隊
本藩奇兵隊ナリ。
田ノ浦
此印ハ幕兵等長府ニ渡ラントシテ船数百船ヲ
用意セシ所ナレバ兵卒モヲビタヾシク海岸ニ銃卒
ヲ出シ上陸ヲ防ント防戦ス。長府報国隊
伊佐順助一小隊三十人也内藤省市郎一小隊
ワヅカニ二小隊ヲ以テ小船ニテ上陸ノ処左右ヨリ
来ル丸雨ヨリシゲシ。則海岸ニ隊ヲ二行ニ引テ
左右ヲ射シテ登ル。自ラ真先ニ立隊長ノ旗ヲ振リ
号令シ進ム。此時船ノ長人曰ク先年英人上陸シテ戦シトキノ勢ニ異ナラズトテ大ニヨロ
コビシ。此間数刻之戦惣大将高松新作本船ヨリムカヒニ著ス。其隊長殿シテ両人跡
ニサガリ先ヅ銃卒ヲ本船ニ退カシメ隊長両人ハ跡ニテ敵船ヲウバヒ取リテ帰リテ
休息ス。名高キ事ナリ。

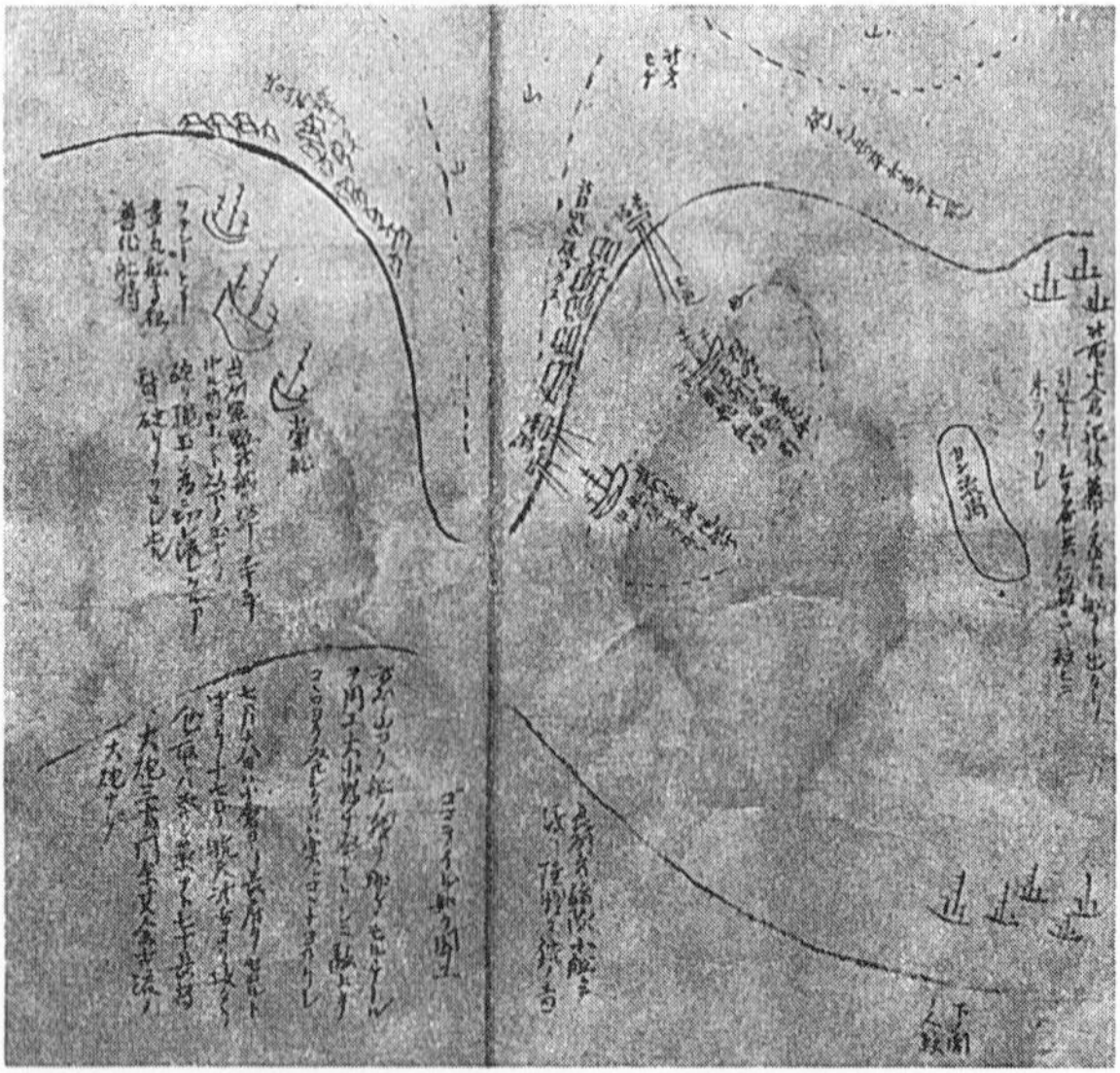

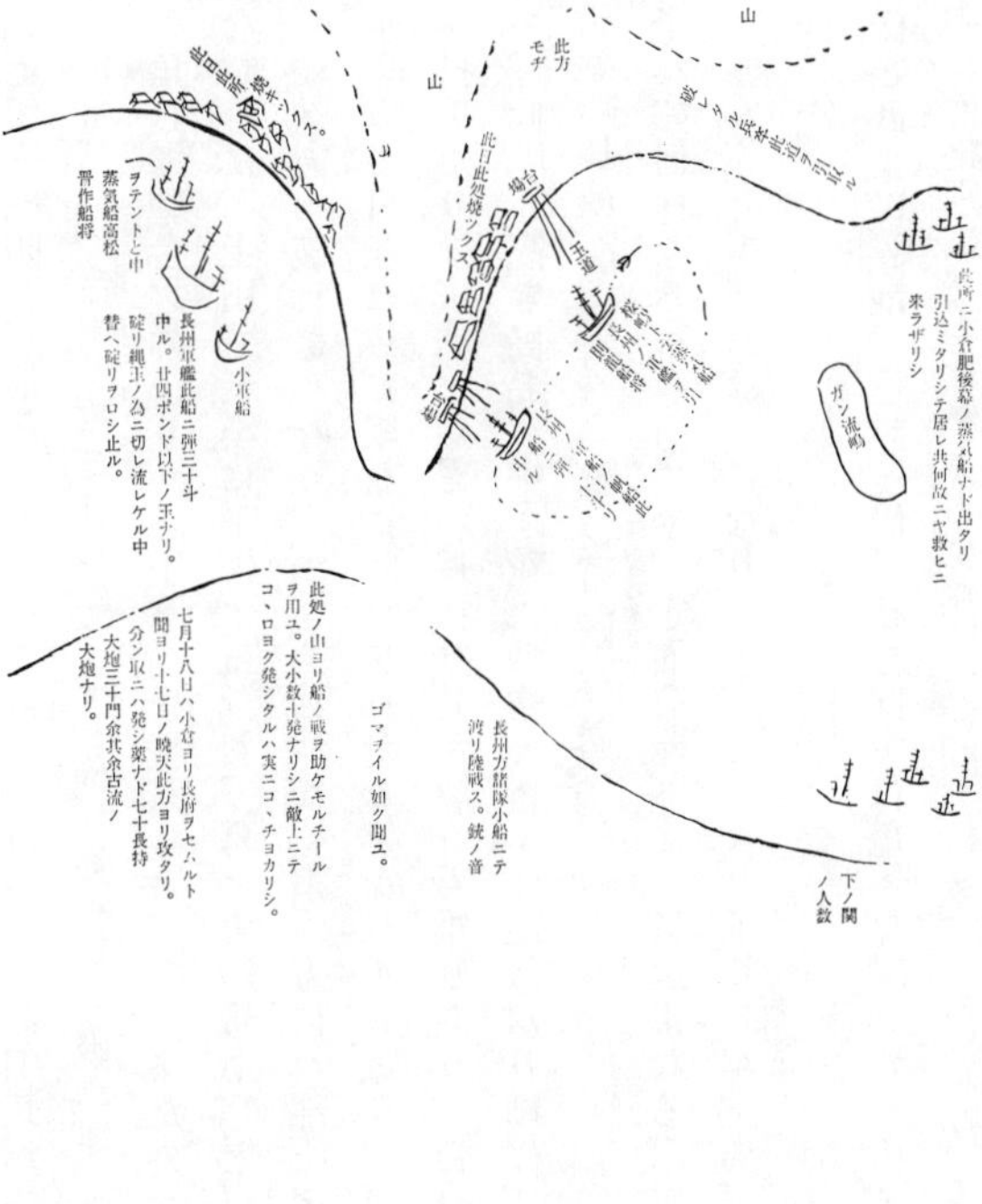
山
此方モヂ
山
破レタル兵卒此辺ヲ引取ル
此日此所焼キツクス。
此日此処焼ツクス
砲台
玉道
此所ニ小倉肥後幕ノ蒸気船ナド出タリ引込ミタリシテ居レ共何故ニヤ救ヒニ来ラザリシ
ガン流嶋
ヲテントと中
蒸気船高松
晋作船将
長州軍艦此船ニ弾三十斗中ル。廿四ポンド以下ノ玉ナリ。碇リ縄玉ノ為ニ切レ流レケル中
替ヘ碇リヲロシ止ル。
小軍船
此処ノ山ヨリ船ノ戦ヲ助ケモルチールヲ用ユ。大小数十発ナリシニ敵上ニテコ、ロヨク発シタルハ実ニコ、チヨカリシ。
七月十八日ハ小倉ヨリ長府ヲセムルト聞ヨリ十七日ノ晩天此方ヨリ攻タリ。分ン取ニハ発シ薬ナド七十長持大炮三十門余其余古流ノ大炮ナリ。
長州方諸隊小船ニテ渡リ陸戦ス。銃ノ音ゴマヲイル如ク聞ユ。
下ノ関ノ人数

一、水通三丁目に居し上田宗虎防主(ママ)、池蔵太(ママ)について大和に行しが、此頃長州ニて南奇隊参謀に成て芸州之戦に幕兵之野台場を攻たりしに、中〻幕兵強くして破れ難し。上田、士卒に下知して進ミ兎角して砲台之外よりかき上り内に飛入しに、内ハまた外なる敵に向ひ数玉など打て盛なりしに、上田も士卒に下知するうち、幕之大炮号令官と行逢、刀を抜間もなくて組合しに敵方ハ破れぎハなり、つゞく兵ハなく宗虎方にハ部下之銃卒壱人馳セ来り、ケベールを以て打殺セしに組討にてたをれたる処なれバ、敵をバ打殺しつれども、宗虎がうでを打抜たり。宗虎ハ敵をバ追払ひ其台場をも乗り取り、自身ハ手をいためし計り之事にて、此頃名高き高名、中〻花〻敷事と皆〻浦山敷がり申候。此事(に)ついて只、宗虎が親類江御咄し被レ成候得バ、喜び可レ申存候。

一、お屋べどのの養子ハ如何様なる暮し方にや、定而(さだめて)心配斗にて気之毒なる事にてあるべく、おやべにハ早、どん腹と屋(や)らおほきになりし事、とくより承りしが、男子出生なれバよろしからんと存じ候。

一、養子の事ハ如何様之武士に候哉、逢申度候。私も此頃は色〻見聞いたす内、武士だけの事ハ、今ハ日本中ニ而(て)格別はぢ申事ハさらに無レ之候間、御歓可レ被レ遣候。どふぞ養子が出て来れバ、少しハ武士道において導き可レ遣候と存候。

一、養子に御申聞被レ下度事ハ御国にて流行申候長剣ハ兼而も申候通り壱人〳〵之諠譁(喧嘩)又ハ、昔咄しの宮本武蔵の試合など申時ハ、至極宜(よろしく)候得ども、当時の戦場にてハ悪く候。人数を指引致す人などハ銃をも持たぬもの故に、随分きらひやがおる。長剣も可レ宜候得ども手に銃を取る丈の人ハ実ハ刀もなくて可レ宜候得ども、其通りも参るまじけれバ弐尺壱弐寸の刀に、四五寸計の短刀が宜候。戦場ニ而引取り而は又かけ引取り而ハまたかけ仕時、刀を心掛候人ハ銃を捨るものにて、つひにハ惣人数の銃が少くなり申ものにて候間、譬(たとへ)侍馬廻りと申ても銃にて働く者ハ、刀ハなくても可レ然存候。戦場と申ても治世に思ふよふにいそがしき物にても無レ之候。譬へ敵鼻先きへ来るとも、少しの心得があれバ随分銃の込ミ替ハ出来るものにて候。

一、池蔵太曰(マヽ)、いつの戦にても敵合三五十間に成て銃戦之時ハ銃の音のする時弱き方、必ず地へ伏し申候。此時蔵太ハ辛抱して立ながら号令致し候とて、夫が自慢にて候。

一、銃にて久しく戦時ハ必そこに拾人、かしこに弐拾人、或ハ三四拾人計り名ゝ(銘々)人の蔭により集り候。是ハ戦になれぬ者にてか様ニなり候方ハ、いつも死人多くなりまけ申ものにて候。強きものハか様にハならぬものにて候。先年英人長州にて戦しに船より上陸するとばら〳〵と開き、四間に壱人宛計りに立並び候。

一、当時天下之人物と云ハ、
徳川家ニハ大久保一翁、勝安房守。

越前にてハ三岡八郎、長谷部勘右衛門。

肥後ニ　横井平四郎。

薩にて　小松　帯刀。是ハ家老にて海軍惣大将なり。

　西郷吉之助。是ハ国内軍事に懸る事国家之進退此人ニ預る。

長州にて　桂　小五郎。国家之進退を預る当時木戸寛次郎。

　高松(杉)　普作(晋)。此人ハ軍事ニ預る、此人下の関に出小倉攻之惣大将当時谷潜蔵。

一、私唯今志延(のべて)而、西洋船を取り入たり、又ハ打破れたり致し候ハ、元より諸国より同志を集め水夫を集め候へども、仕合セにハ薩州にてハ小松帯刀、西郷吉之助などが如何程やるぞ、やりて見候へなど申くれ候つれバ、甚だ当時ハ面白き事にて候。どふぞ〱昔の鼻たれと御笑被レ遣間じく候。

一、こゝにあはれなるハ池蔵太(マヽ)ニ而(て)候。九度之戦場ニ出ていつも人数を引て戦ひしに、一度も弾丸に中らず仕合せよかりしが、一度私共之求しユニヲンと申西洋形の船に乗り、難に逢、五嶋の志ハざき(潮合崎)にて乱板し五月二日之暁天に死たり。人間一生実ニ猶夢の如しと疑ふ。杉山えも此事御咄し被ㇾ成度、元より其死たる岡にハ印あり。
右之内生残る者四人と云。

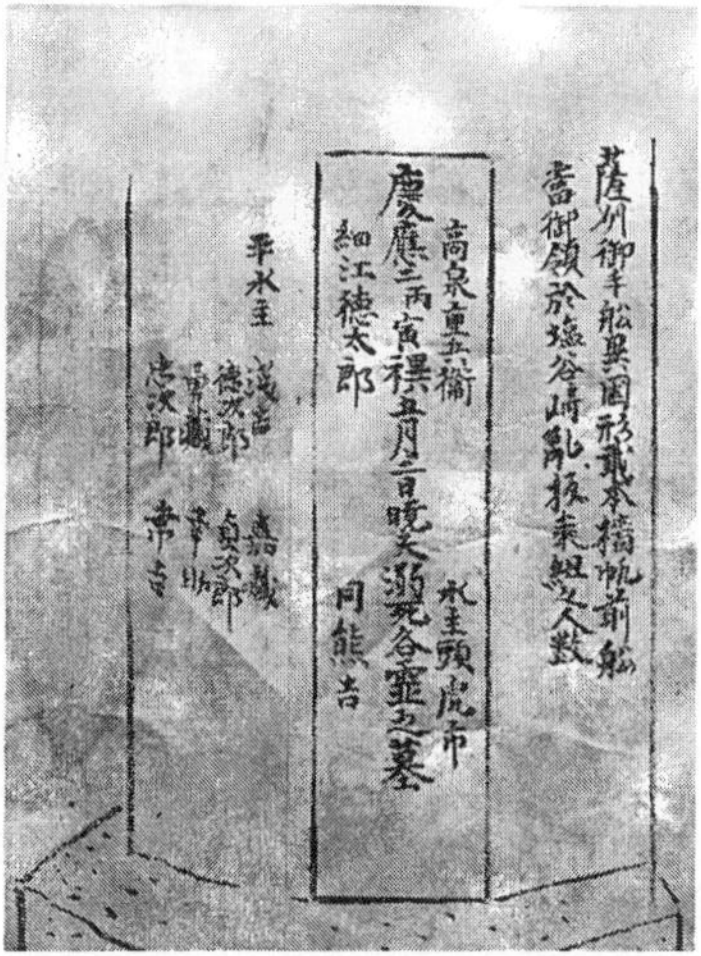

細江徳太郎と云ハ池蔵太事ニ而候。高泉と云、黒木半兵衛とて千葉十(重)太郎の門人にて、真剣勝負之時平日之稽古と違ハず、人是をおどろく。

一、何卒去年御頼申上候父上を初め、皆様之御詠歌など御越し被ㇾ遣度候。

左之通御記し被レ成。

又其上を左之通

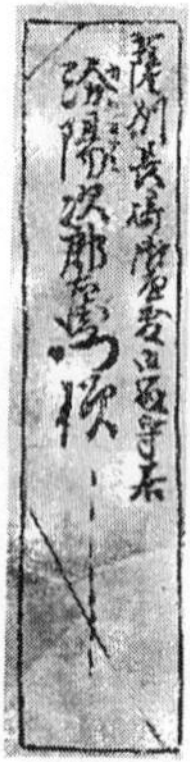

右十二月四日長崎本はかた町小曽根英四郎方にて記す。此宿ハ此八月より定宿として滞留致し居候。

（高知　弘松家文書）

「此手紙、必ず〳〵誰かに御書取らせ」て親類方へ見せ、「私手紙ハ必ず〳〵乙姉さんの元に御納め」下さいと希っているように、高知弘松家文書に写しが保存されている。龍馬書簡中、最長のもので内容も慶応二年における幾つかの歴史的事件を詳記して貴重である。本状が筆写されて今日に伝わっていることに、私はある種の感慨をおぼえる。

岩崎鏡川著「坂本龍馬関係文書第一」（大正十五年四月刊）には本状が二つの書簡（慶応二年七月と同年十月頃）となり分断削除されて紹介されているが、「龍馬全集」編述の際、弘松家文書の中に、この完全な写本を発見した。そしてこの写本表紙は「澄心斎記、慶応三卯年正月下旬、西国より来書状写」とあり、半紙十九枚綴りで、下関海戦絵図二箇所や五島塩屋崎における池内蔵太らの慰霊碑絵図も、丁寧に写書している。写書の「澄心斎」は誰だろうか。龍馬が敬愛した長姉千鶴の夫高松順蔵は、漢学者歌人として号を小埜、清素等いくつか持っているが、澄心斎は使っていないので、一族の身近な人物、例えば順蔵の一人娘茂に配した田野浦郷士弘松源治宣晴ではなかろうかと、坂本家末裔土居晴夫氏より御教示があった。

この長い消息文は、師走の幾日かの閑暇を得て、小曽根家で筆を執ったのであろう。同じ十二月四日付でさらに権平あて（書簡四三）乙女あて（書簡四四）併せて三通を、龍馬は憑かれたように書きまくり、この年死線をくぐり抜け働いてきた悉くを記録して家郷に送ったのである。来年の「露の命はかられず」と覚悟して一年間の総決算を書き記したものにちがいない。そして「どうぞ〳〵昔の鼻たれ」とお笑い下さるな、と伝えている。

下関海戦絵図は龍馬直筆画（札幌市坂本家蔵）、龍馬と溝渕合作図（高知秦家蔵）があるので、本状の二面の海戦絵図を加えて、近代日本最初の海戦を眼前に彷彿できる。

武藤早馬は颿で、土佐藩船「空蟬」の船長。社太郎は姉乙女と藩医岡上樹庵との間に生れた岡上赦太郎と推定される。上田宗虎は宗児で龍馬と同町、城下上町の茶道師でのち脱藩、天誅組に加わり長州外人部隊の遊撃隊長として戦功をあらわし、明治元年鳥羽伏見戦で戦死、二十七歳。

なお本状に添えて、お登勢書簡（伏見遭難の際の見舞）、溝渕あての存念書（書簡三九）、桂より龍馬あて書簡（二月廿二日、裏書受領の礼と寺田屋事件の見舞文）を坂本家へ送っていることがわかる。

四三　慶応二年十二月四日
坂本権平あて

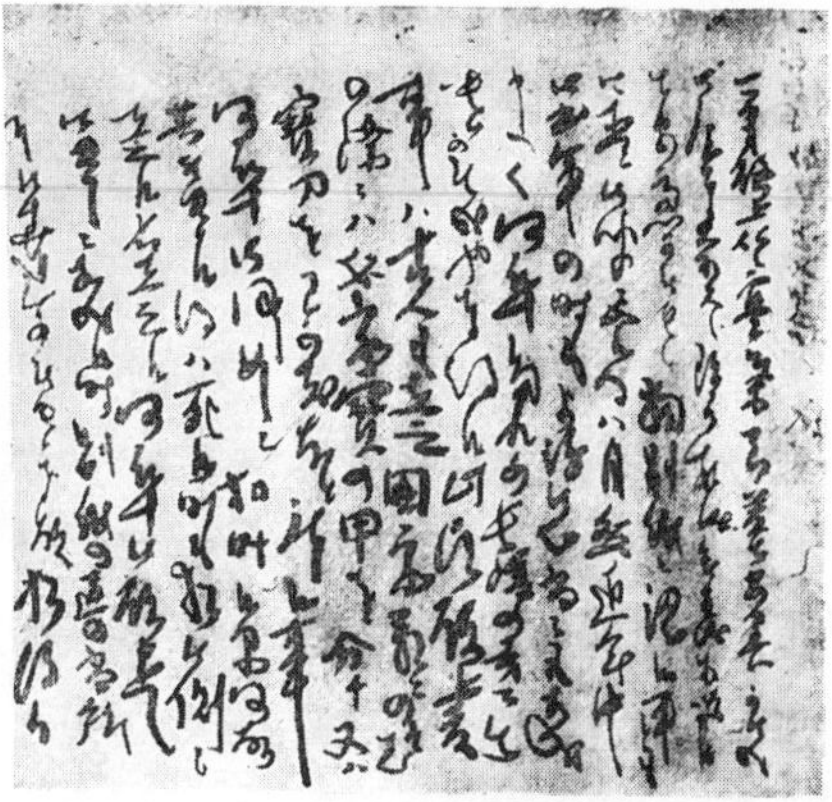

一筆啓上仕候。寒気節益御安養可レ被レ成ニ
御座一、奉ニ大賀一候。降而（くだって）私儀無ニ異議一相暮申候。
御安慮可レ被レ遣候。扨別紙ニ認候事ども
御直ニ御聞被レ成候得バ、自然近年中
御出軍の時も、よ程御心当ニも相成
申べく、何卒たれか長崎の方ニ御
遣可レ被レ成や奉レ伺候。此頃願上度
事ハ古人も在レ云、国家難ニのぞむ
の際ニハ必、家宝の甲を分チ、又ハ
宝刀をわかちなど致し候事。
何卒御ぼしめしニ相叶（あいかない）候品、何なり

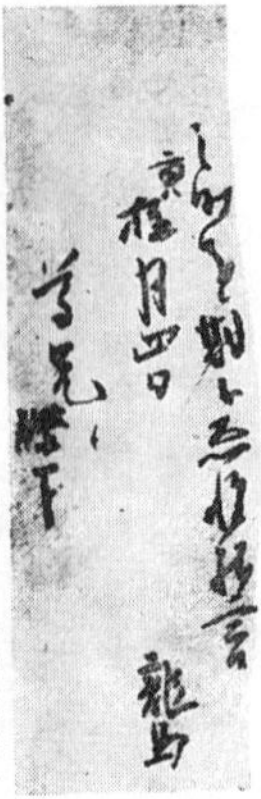

（高知　弘松家文書）

共被レ遣候得バ、死候時も猶御側ニ
在レ之候思（おもひ）在レ之候。何卒御願申上候。
御遣しニ相成候時別紙の通の当所
に御達可レ被レ遣奉レ願。猶後日
之時を期候。恐惶謹言。

寅極月四日　　　　龍馬

尊兄
　　膝下

「此頃願上度事ハ古人も在レ云、国家難ニのぞむの際ニハ必」ず、坂本家に伝わる甲冑や宝刀を遣わされ下さるならば、「死候時も猶（なお）御側ニ在レ之候思在レ之候」と、兄へ願い出ている。改まりかしこまった書状は、嘉永六年龍馬十九歳ではじめて剣術修行に江戸に出て、父八平に宛てた黒船消息文（書簡一）に通ずるものがある。日本各地を経巡っているうちにも、止みがたい望郷のこころや坂本家への懐旧の想いは、血につながる品々、亡父や祖母の短冊であったり、土佐の刀匠の鍛えた刀であったろう。一年後におきる国難に赴き殉ずる予感が、行間にただよっている。

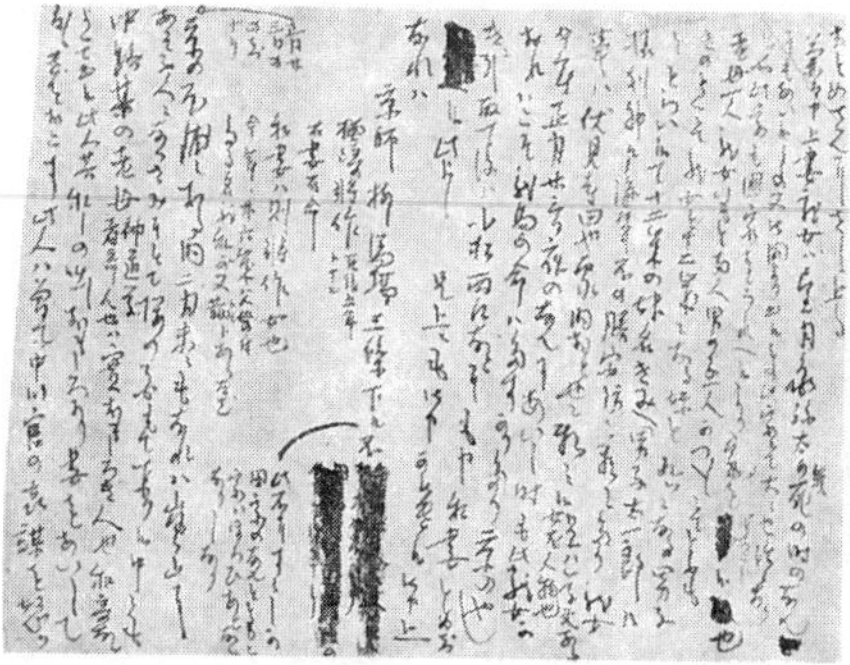

四四　慶応二年十二月四日

坂本乙女あて

おとめさんにさし上る。

兼而（かねて）申上妻龍女ハ、望月亀弥太が戦死の時のなんに（難）もあい候もの、又御国より出候もの此家ニて大ニセ話ニなり候所、此家も国家をうれへ候より家をほろこし（ママ）候也。老母一人、龍女、いもと両人、男の子一人、かつへ（飢）〳〵ニて、どふもきのどくニて、龍女と十二歳ニなる妹と九ツニなる男子をもらい候て、十二歳の妹名きみへ、男子太一郎ハ摂州神戸海軍所の勝安房ニ頼ミたり。龍女事ハ伏見寺田や家内おとせニ頼ミ候。是ハ学文ある女尤人物也。今年正月廿三日夜のなんにあいし時も、

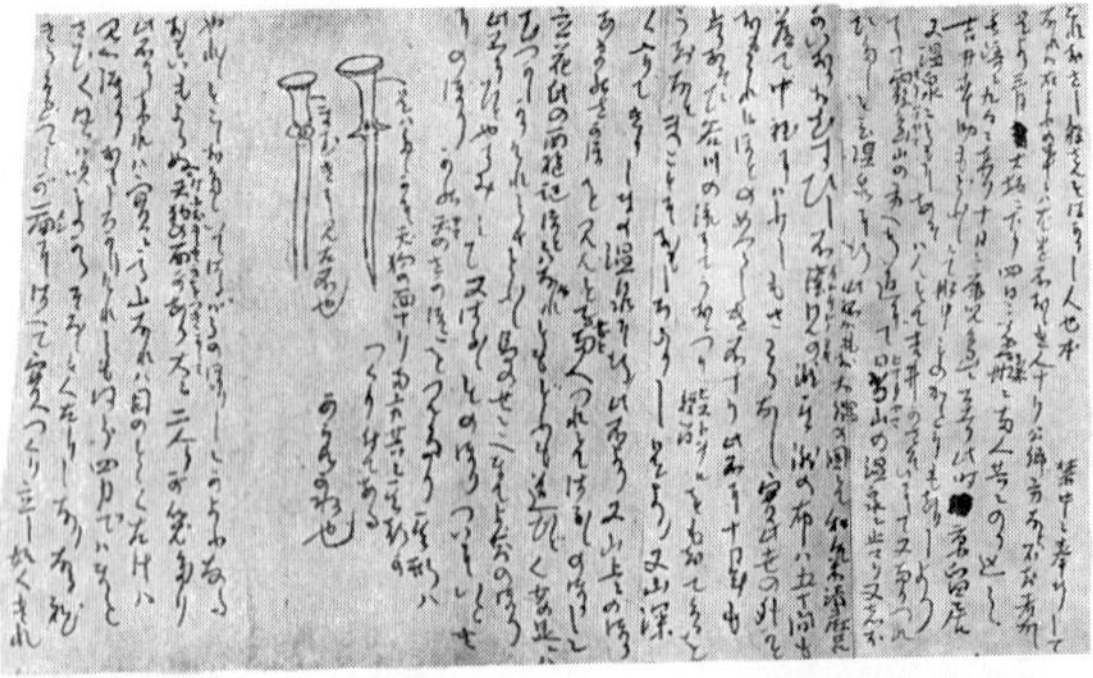

此龍女がおれバこそ、龍馬の命ハたすかりたり。京のやしきニ引取て後ハ小松、西郷などにも申、私妻と為レ知(しらせ)候。此よし兄上ニも御申可レ被レ遣候。御申上なれバ、

京師柳馬場三条下ル所、

楢崎将作 死後五年トナル。

此所にすミしが、国家のなんとともニ家ハほろびあとなくなりしなり。

右妻存命

私妻ハ則、将作女也。

今年廿六歳、父母の付たる名龍、私が又鞆(トモ)トあらたむ。

正月廿三日ののちナリ。

京の屋鋪ニおる内、二月末ニもなれバ嵐山にあそぶ人ゝ、なぐさみにとて桜の花もて来り候。中ニも中路某の老母 神道学者奇人也 ハ実おもしろき人也。和歌などよくで来候。此人共私しの咄しおもし

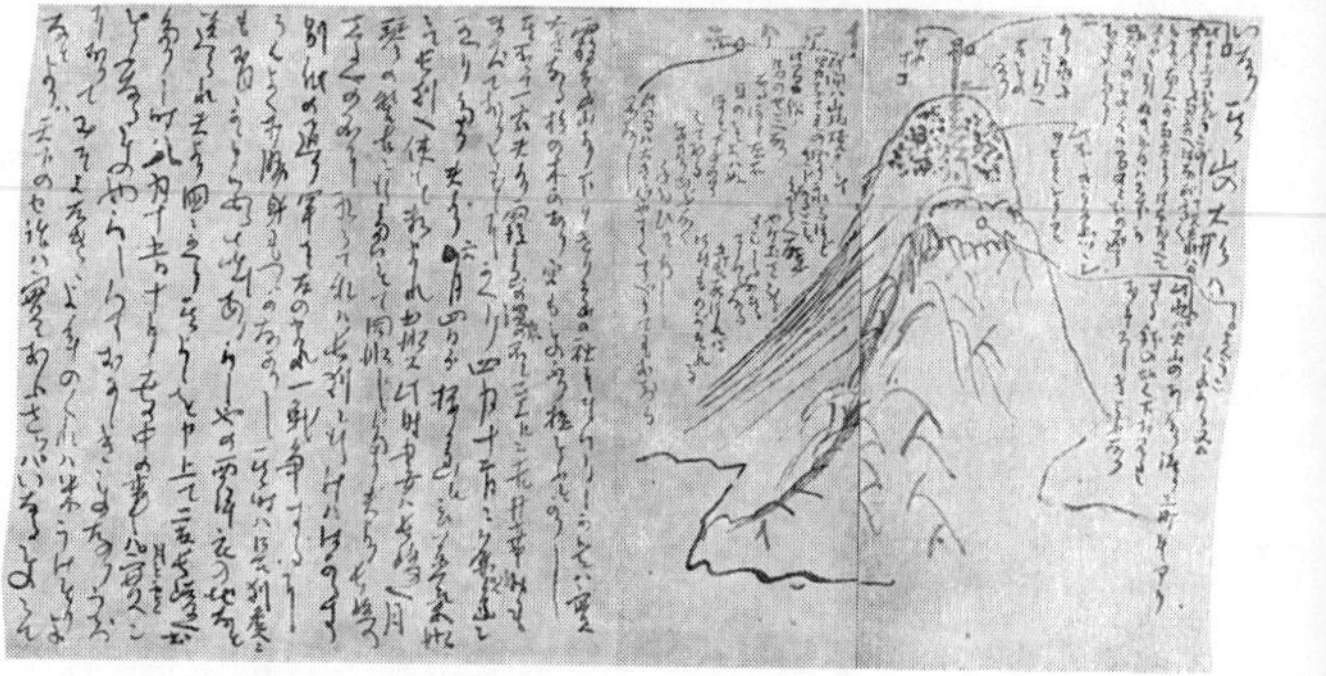

ろがり、妻をあいして度々遣(つかひ)をおこす。此人ハ曽て中川宮の姦謀を怒り、これおさし殺さんとはかりし人也。本(もと)　禁中ニ奉行(公)しておれ(ママ)バ、右よふの事ニハ、尤遣所おゝき人ナリ。公卿方など不ㇾ知者なし。是より三日大坂ニ下り、四日に蒸気船ニ両人共ニのり込ミ、長崎ニ九日ニ来り十日ニ鹿児島ニ至り、此時京留(守)居吉井幸助(輔)もどふ(同道)〳〵ニて、船中ものがたりもありしより、又温泉ニともにあそバんとて、吉井がさそいにて又両(ふた)りづれにて霧島山(キリシマヤマ)の方へ行道にて日当山(ヒナタヤマ)の温泉ニ止(泊)マリ、又しおひたしと云温泉に行。此所ハもお大隅(おおすみ)の国ニて和気清麻呂がいおり(庵)おむすびし所、蔭見の滝(インケンノタキ)其滝の布ハ五十間も落て、中程にハ少しもさわりなし。実此世の外かとおもわれ候ほどのめづらしき所ナリ。此所に十日

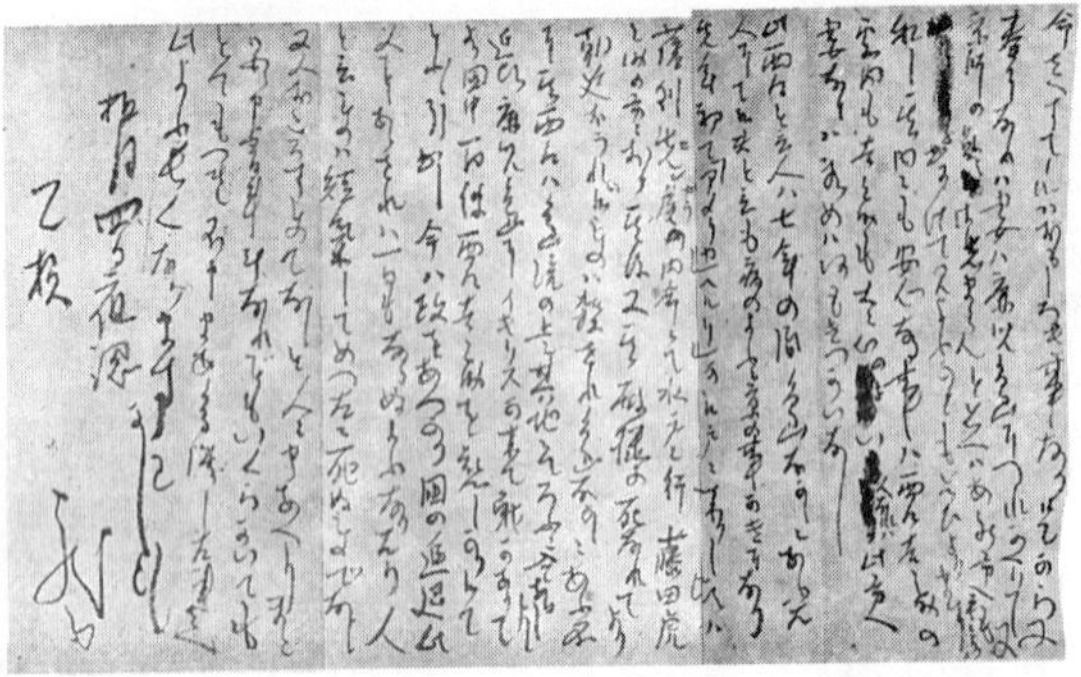

（京都国立博物館蔵）

計も止りあそび、谷川の流にてうおゝつり、短筒（ピストル）をもちて鳥をうちなど、まことにおもしろかりし。是より又山深く入りてきりしまの温泉に行、此所より又山上ニのぼり、あまのさかほこ（天の逆鉾）を見んとて、妻と両人づれニてはる〳〵のぼりしニ、立花氏（橘南谿）の西遊記ほどニハなけれども、どふも道ひどく、女の足ニハむつかしかりけれども、とふ〳〵馬のせこへまでよぢのぼり、此所にひとやすみして、又はる〳〵とのぼり、ついにいたゞきにのぼり、かの天（アマ）のさかほこを見たり。其形ハ

是ハたしかに天狗の面ナリ。両方共ニ其顔が
つくり付てある。
からかね也。

まむきに見た所也。

やれ〳〵とこしおたゝいて、はるバるのぼりしニ、かよふなるおもいもよらぬ天狗の面(げにおかしきかおつきにて)があり、大ニ二人りが笑たり。此所に来れバ実ニ高山なれバ目のとゞくだけハ見へ渡り、おもしろかりけれども何分四月でハまださむく、風ハ吹ものから、そろ〳〵とくだりしなり。なる程きり島つゝじが一面(メン)にはへて実つくり立し如くきれいなり。其山の大形(おおかた)ハ、(次頁参照)

霧島山より下り、きり島の社にまいりしが是は実大きなる杉の木があり、宮ものふり極とふ(尊)とかりし。其所ニて一宿、夫より霧島の温泉の所ニ至ルニ、吉井幸助もまちてをり、とも〴〵にかへり、四月十二日ニ鹿児島ニかへりたり。夫より六月四日より桜島と言、蒸気船ニて長州へ使を頼まれ、出船ス。此時妻ハ長崎へ月琴の稽古ニ行たいとて同船したり。夫より長崎のしるべの所に頼ミて、私ハ長州ニ行けバはからず別紙の通り軍

此サカホコハ少シうごかして見たれバ
△あまりにも両方へはなが高く
候ま丶両人が両方よりはなおさへて
エイヤと引ぬき候時ハわずか
四五尺斗のものニて候間又〻本の通り
おさめたり
よくうごくものなり又△
此穴ハ火山のあとなり渡リ三町斗アリ
すり鉢の如く下お見るニ
おそろしきよふなり
此所ニきり島ツヽジ
ヲビタヾシクアル
あらがねに
てこしらへ
たもの
なり
サカ
ホコ
ニ
ロ
イ
此間ハ山坂焼石斗
男子でものぼりかねるほど
きじなること
たとへなし
やけ土さら〳〵
すこしなき
そうになる
五丁ものぼれバ
はきものがきれる
ロ
此間彼ノ
馬のせごへなり
なるほど左右
目のをよバぬ
ほど下がかす
んでおる
あまりあぶなく
手おひき行く
ハ
ニ
此間ハ大き二心やすくすべりてもおちる
所なし
イ

をたのまれ、一戦争するに、うんよく打勝、身もつゝがなかりし。其時ハ長州侯ニもお目ニかゝり色〻御咄しあり、らしや(羅紗)の西洋衣の地など送られ、夫より国(薩摩)ニかへり、其よしを申上て二度長崎へ出たりし時ハ、八月十五日ナリ。世の中の事ハ月と雲、実ニどフなるものやらしらず、おかしきものなり。うちにおりてみそよたきゞよ、年のくれハ米うけとりよなどよりハ、天下のセ話ハ実ニおふざツパ(大雑把)いなるものニて、命さへすてれバおもしろき事なり。是から又春になれバ妻ハ鹿児島につれかへりて、又京師の戦はじまらんと思へバ、あの方へも事ニより出かけて見よふかとも思ひよります。私し其内ニも安心なる事ハ、西郷吉之助の家内も吉之助も、大ニ心のよい人なれバ此方へ妻などハ頼めバ、何もきづかいなし。

此西郷と云人ハ七年の間、島ながしニあふた人にて候。夫と言も病のよふニ京の事がきになり、先年初て「アメリカ」ヘルリ」が江戸ニ来りし頃ハ、薩州先ン(セ)侯(カウ)(斉彬)の内命ニて水戸に行、藤田虎之助(東湖)の方ニおり、其後又其殿様が死なれてより、朝廷おうれ(憂)い候ものハ殺され、島ながしニあふ所に、其西郷ハ島流の上ニ其地ニてろふ(牢)ニ入てありしよし、近頃鹿児島にイギリスが来て戦がありてより国中一同、彼西郷吉之助を恋しがり候て、とふ〱引出し今ハ政をあづかり、国の進退此人にあらざれバ一日もならぬよふなりたり。

人と言ものハ短気してめつたニ死ぬものでなし。又人おころすものでなしと、人ゝ申あへり。まだ色ゝ申上度事計なれども、いくらかいてもとてもつき不ㇾ申、まあ鳥渡(ちよつと)した事さへ、此よふ長くなりますわ。かしこ〳〵。

極月四日夜認　　龍馬

乙　様

開けっ放しにお龍との恋愛と結婚を更に新婚の旅を詳細に報じた、当時としては異色の書信である。龍馬の短い生涯のうち最もくつろいだ頃のレポートであると同時に、誰も未だ試みなかった蜜月旅行第一号の絵入り紀行文として、他に類例がない。「女の足ニハむつかしかりけれども」助けて霧島山に登り「おもいもよらぬ天狗の面があり、大(おおい)ニ二人りが笑」いあった、束(つか)の間の楽しさ幸せが目に浮ぶ。「自由な精神があればこそ、この自由な文体が生まれるのであろう。少なくともこの点だけでも龍馬は他の志士達よりは一歩先んじた、近代的精神を蔵していたといえそうだ。書簡文学として近世の白眉(はくび)ではなかろうか」（奈良本辰也氏編「幕末志士の手紙」坂本龍馬篇、楢林忠男氏）と評している。

例えば作家太宰治の小説や書簡、あるいは音楽家モーツァルトが姉のナンネルへ宛てた手紙における、活きいきと自己を語り陽気な愛と苦悩に共通する感覚がある。若くして中道にして斃(たお)れたこと、天才的な仕事の質と量、この三者には不思議な共通項があるように思う。

橘南谿は宝暦より文化に生きた伊勢久居藩の医官。天明の頃全国を遍歴し、紀行文「西遊記」「東遊記」で洛陽の紙価を高からしめた。藤田虎之助は東湖で水戸藩碩儒（せきじゅ）、徳川斉昭（なりあき）の懐刀として弘道館を創設、安政の地震で圧死、五十歳。「薩州先ン侯（せんこう）」は二十八代薩摩藩主島津斉彬（なりあきら）で、西郷を見出した幕末開明派賢侯。「龍馬手帳摘要」（「関係文書一」、参照）に霧島山登行がメモされている。

「蔭見の滝」は、犬飼の滝を聞きあやまった当字である。

四五　慶応二年十二月十五日

木戸孝允あて

益御安泰奉二大賀一候。
然に先日は
薩行被ㇾ遊候と承り
候得ども、長崎ニ於も
折あしく御面会申
不ㇾ上実失敬のヿ(コト)
此頃ハ東廻り(三田尻廻り)ニて御帰
国と奉ㇾ存候所、存外
御手間とり候て昨日
御帰りと先刻承り候。
弟此度ハ万〻御礼

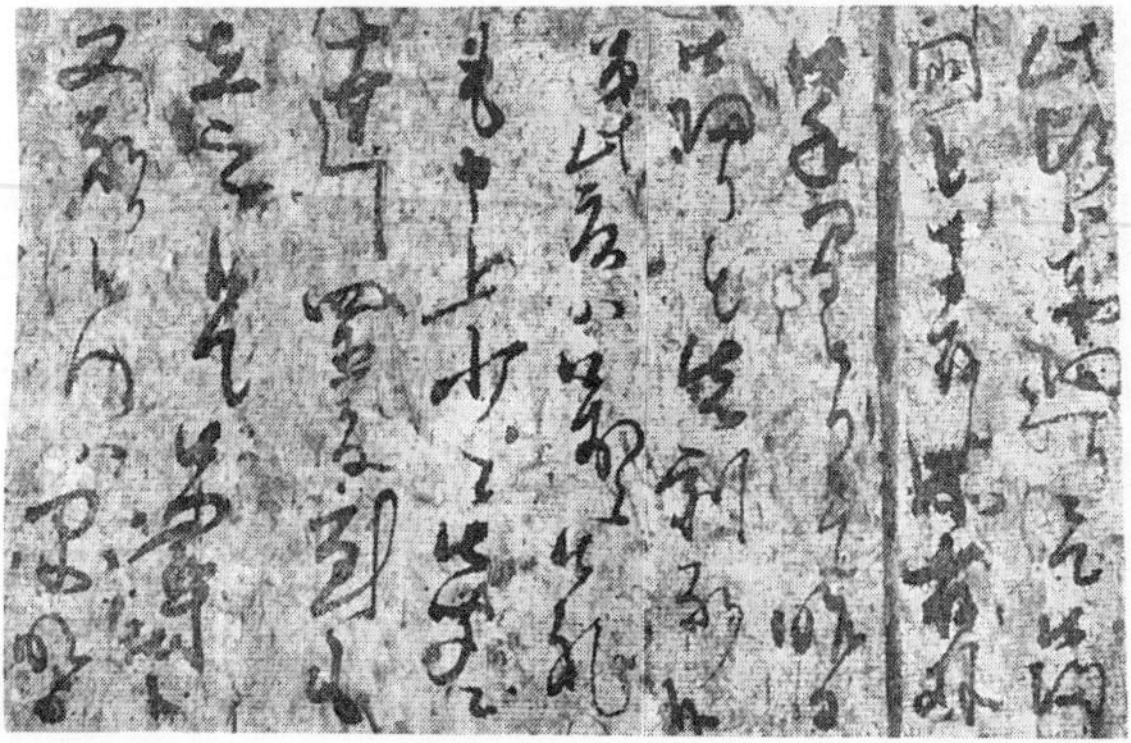

も申上、少〻御聞（耳）ニ
達し置度事も
在レ之候て御尋仕候。
又承り候得バ、早明日
御出船と、定而（さだめて）此
頃御多用ニ候べし
と奉レ存候得バ、事ニ
より近日山口まで
も御尋申べきか
と奉レ存候間、何卒
御面遠（倒）ながら御
足お止められ候所を
一筆御印置可（おしるしおきつかはさる）レ被レ
遣（べき）よふ奉（のぞみたてまつり）レ希候。
頓首。

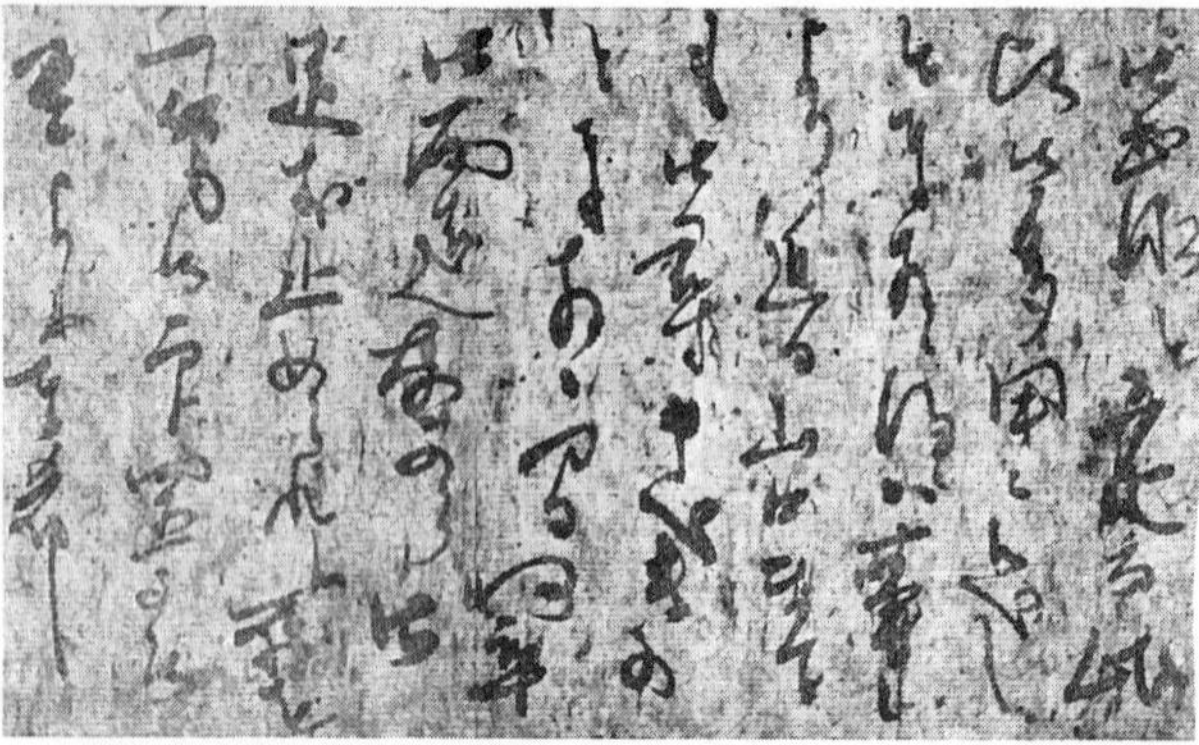

十五日

追白、弟唯今ハ伊藤
助大夫(ママ)ニとまり居申候。

再拝〻。

坂本龍馬

木圭先生机下

桂はこの十二月、鹿児島へ島津忠義を訪ねて、長崎を経て下関へ「昨日（十四日）御帰りと先刻承」ったとある。龍馬はさきの溝淵広之丞を伴って長崎を出発し、下関阿弥陀寺町伊藤助太夫方に泊っていた。長州と土佐接近のため溝淵を紹介する目的で、桂に面会を求めようとして「御足お止められ候所を一筆御印置(おしるしおき)」下さいと依頼したものである。

この後で龍馬は溝淵を案内して山口に入り、木戸と会見を果たした。先年長州藩が朝敵となって以来、

（宮内庁　木戸家文書）

毛利家から嫁していた土佐藩主十六代豊範（とよのり）夫人俊子は、幕府に遠慮して離居されてより両藩は疎隔の間であった。この際の溝淵の山口訪問は、両藩の方向に好転機をもたらすものとして龍馬は「昔の薩長土に相成り申すべく」（同三年一月十四日、書簡四八）と明るんでいる。桂が龍馬に発した手紙にも「従来の国情御噺（はなし）仕候処、元来の行がゝり一朝一夕の事に無二御座一候間（中略）此後自然貴国の御方御承知為（な）レ成（され）度（たく）」（十二月十九日）とあって、両藩和解に曙光を見せている。

四六　慶応二年十二月二十日
伊藤助太夫あて

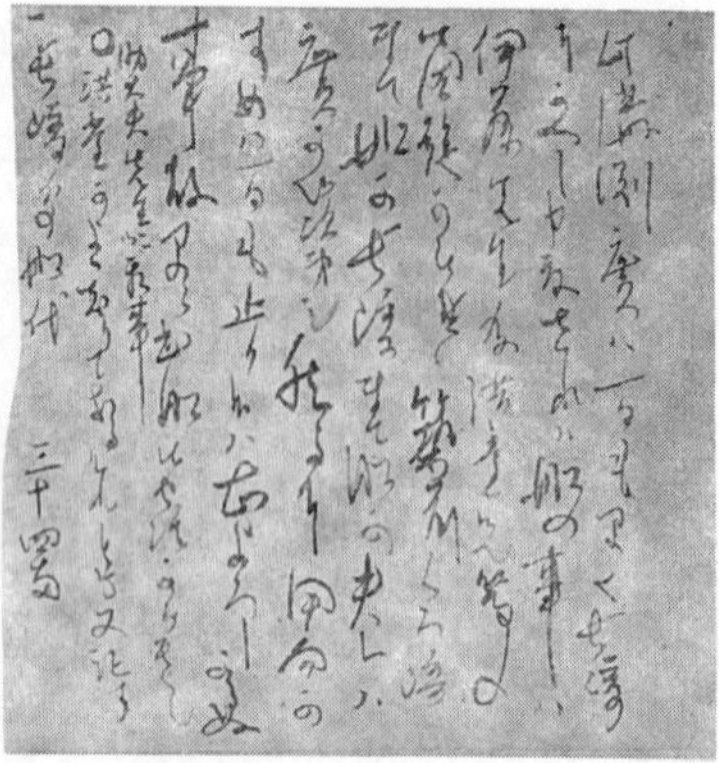

此溝淵広(広之丞)ハ一日も早く長崎
にかへし申度、されバ船の事ハ
伊藤先生及洪堂兄等の
御周旋可レ被レ遣候。築前(ママ)くろ崎
まで船か、長崎まで船か、夫レハ
広が心次第也。然るに用向が
すめバ一日も止り候ハ、甚よろしからぬ
事故、早〻出船御セ話可レ被レ遣候。
助大夫(ママ)先生に御頼事、
○洪堂がよく知りておるけれども又記す。
一、長崎よりの船代、　三十四両。

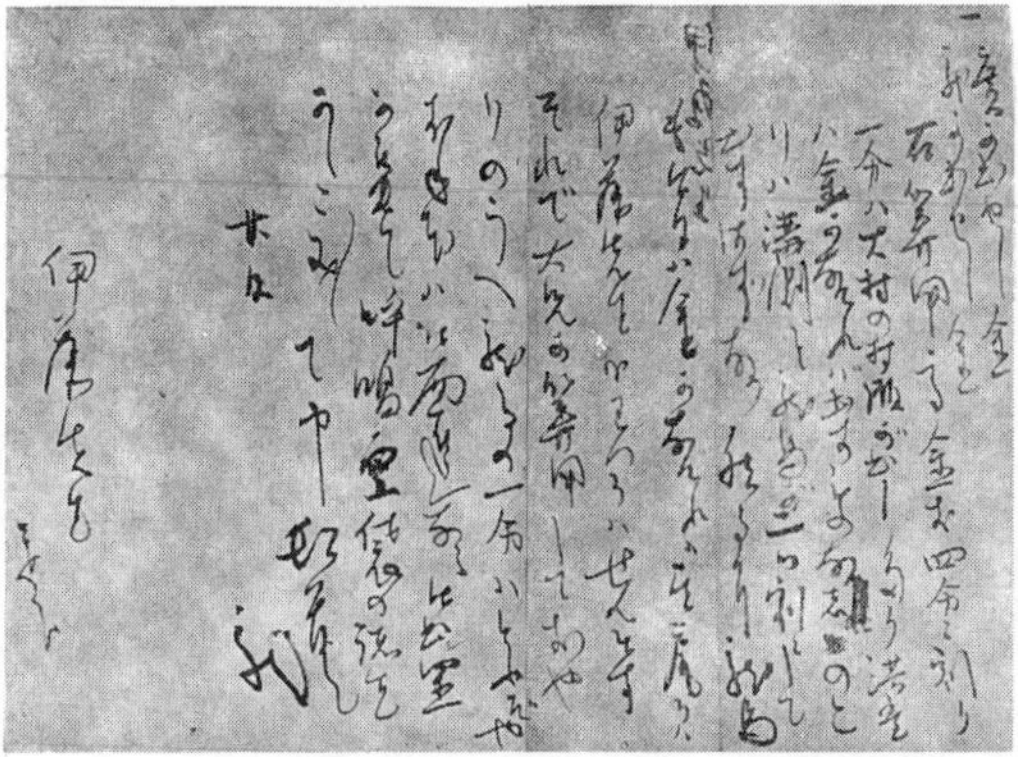

（東京　伊藤家文書）

一、広が出セし金、
　龍が出セし金、
　右算用高、金お四分ニ割り、
　一分ハ大村の村瀬（三英）が出したり。洪堂
　ハ金がなければ出すものなし。のこ
　りハ溝渕と龍馬が二ツ割ニして
　出すはずなり。然るに龍馬
　も今日ハ金がなければ其尻りハ
　伊藤先生おわづらハせんとす。
　それで大兄が算用しておや
　りのうへ、龍馬の一分ハどふぞや
　御手本（許）ハ御面遠（倒）ながら御出シ置
　可レ被レ遣候。呼鳴（ママ）、空袋の諸生
　かしこみ〳〵て申。頓首〻。

龍

廿日
伊藤先生　　足下

溝淵を桂に紹介会見させた龍馬は、長崎に引揚げる溝淵のために、下関本陣伊藤助太夫へ乗船の周旋をたのみ、旅費のことも詳しく「助太夫先生に御頼事」として打ち明けて認めている。この際の「長崎よりの船代、三十四両」にふれて経営学者坂本藤良氏は「幕末の経済人」（中公新書）で次のように解説し、龍馬の人間像を観察している。

——龍馬は一面では、むしろものごとにこだわるところさえあった。きちんとケジメをつけなければ気がすまない、そのかわり相手がわかればクドクドは言わずに、すぐ許す。そういう面があったのである。（中略）こういった几帳面さが金銭面であらわれると、つぎのような文章になる。船賃を、みんなでワリカンにしたという内容である。（中略）まず計算はどこまでもこまかく、ハッキリさせている。近代的である。ハッキリさせたうえで「洪堂ハ金がなけれバ出すものなし」と、七五調でアッサリ許してしまう。残りはさらにワリカン、というのが面白い。一見、野放図に見える龍馬が、決して豪放磊落とか無欲恬淡などということばで表現できる単純な性格の持主でないことに注目すべきであろう。わたしは龍馬の、あのとらわれない自由さの背後に、金銭面のケジメや意外な几帳面さ、義理固さがあったことが、部下からも商人たちからも信頼された一要因であったと考えている。――

洪堂は山本洪堂（復輔）で土佐出身、後の海援隊士。伊藤助太夫は下関本陣大年寄で慶応年間、長崎の豪商小曽根家と共に、龍馬が最も頻繁（ひんぱん）に往来し、お龍と共に寄宿厄介になった家。助太夫に宛てた手紙十三通は、「伊藤家文書」一巻（東京伊藤家蔵）に、伝えられている。

四七　慶応三年一月三日

木戸孝允あて

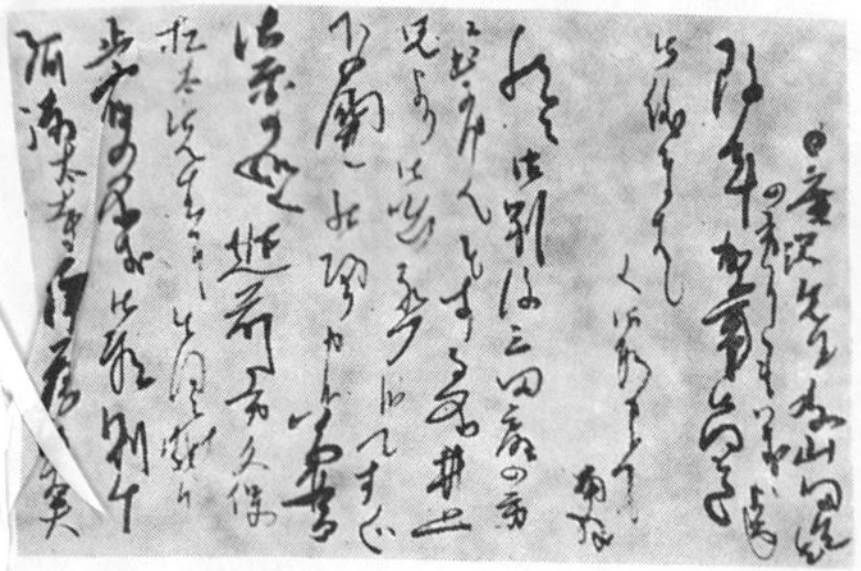

○広沢(兵助)先生及、山田(宇右衛門)先生
の方にも万々よろし
く御頼申上候。再拝。
改年賀事御同意
御儀奉レ存候。
然ニ御別後三田尻の方
ニ出かけんとする所、井上
兄より御咄置候て、すぐ
下の関ニ罷帰り申候。兼而
御示の如く越荷(こしにかた)方久保
松太先生に御目ニ懸り、

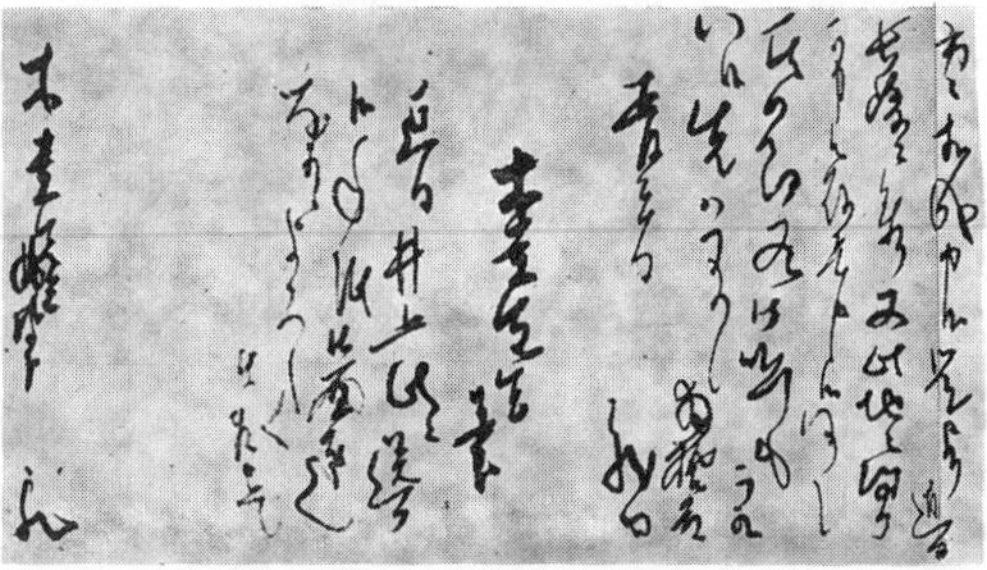

（宮内庁　木戸家文書）

止宿の所お御頼、則チ
阿弥太（陀）寺伊藤助太夫
方ニ相成申候。是より近日
長崎ニ参り、又此地ニ帰り
可レ申と存居申候。何レ
其の節又々御咄もうかゞ
い候。先ハ早ミ、拝稽首。

正月三日　　　　龍馬

木圭先生
　　足下

追白、井上氏ニ送り
候手紙、御面遠（倒）
ながらよろしく御頼申上候。

木圭先生
　虎皮下　　　　龍

龍馬最終の歳となる年頭の書である。前年暮、下関阿弥陀寺町伊藤助太夫方に止宿。本状は龍馬が三田尻に赴かんとして、下関に引返して伊藤家に、久保松太郎の紹介で止宿したことを、山口の桂小五郎に報じたものである。

平尾道雄氏「坂本龍馬、中岡慎太郎」（前掲書）によると、

——前年十二月十九日付木戸より龍馬への書中「老兄には山口御出可レ被レ下候」と勧誘の文言がある。木戸は三田尻寄港の英国水師提督キング接待に奔走し、十二月廿九日にはキングを山口に迎えて藩主毛利敬親に謁見せしめた。文献に証すべきものはないが、本書翰冒頭の御別後云々の龍馬の文辞は、右の機会に山口に於ける木戸との会見を暗々裏に物語って居るのではないか。龍馬が木戸に書翰の伝送を依頼した井上聞多（馨）は、遠藤謹助と共に英国軍艦に便乗して大坂に向って居る。該書翰は果して如何なる内容であったか、未だ見る所がない。——

正月六日、馬関（下関）の伊藤助太夫、森玄道が、三吉慎蔵に宛てた手紙に「此度、石川精之助（中岡慎太郎）大坂歳旦ニ乗船仕、一昨夜爰許へ著仕候所、坂本早速被レ参対面御座候処、京都情実慥ニ相分申候ニ付」とあり、中岡日記の「行行筆記」慶応三年正月五日「此度、坂本氏来訪ふ。頗る快談、鶏鳴に至りて坂（本）氏去る」。同六日「雨、久保（松太郎）氏を訪ふ」と符丁が一致する。これより龍馬は長土の和解を、中岡は薩土の提携に働きかけてゆく。

井上聞多はのちに維新元勲となる馨。天保六年龍馬と同年、山口湯田の産。越荷方は船舶の積荷を庫中に預り、之を担保に金を貸付ける長州藩庁の役名。久保松太郎は龍馬書簡二五参照。

四八　慶応三年一月十四日

木戸孝允あて

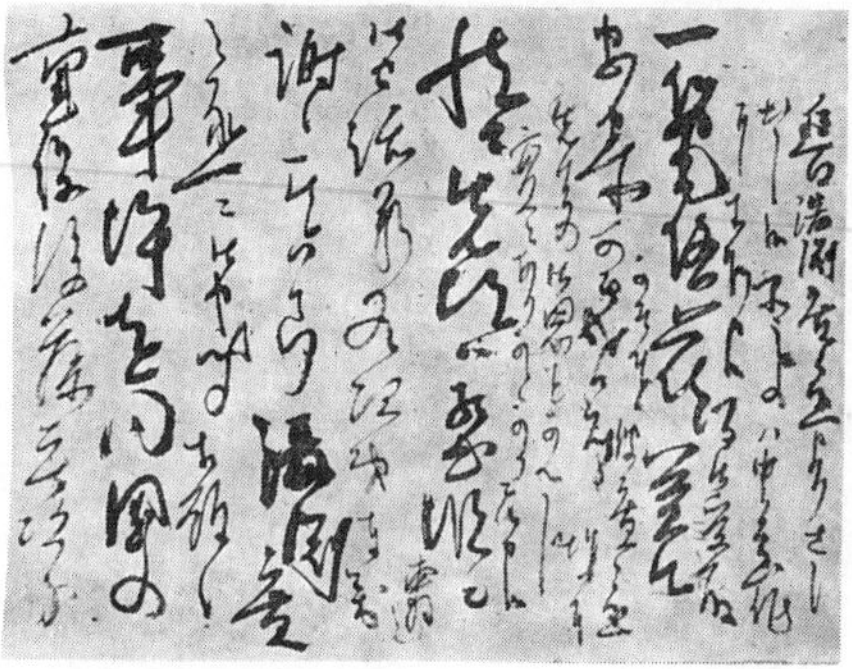

追白、溝渕広之丞よりさし出し候品ものハ中島作に相頼申候間、御受取可㆑被㆑遣候。彼広之丞誠に先生の御恩をかんじ実ニありがたがり居申候。
再拝〻。

一筆啓上仕候。益御安泰可㆑被㆑成御座候然ニ先頃ハ罷（まかり）出段〻御セ話難㆑有次第奉㆓万

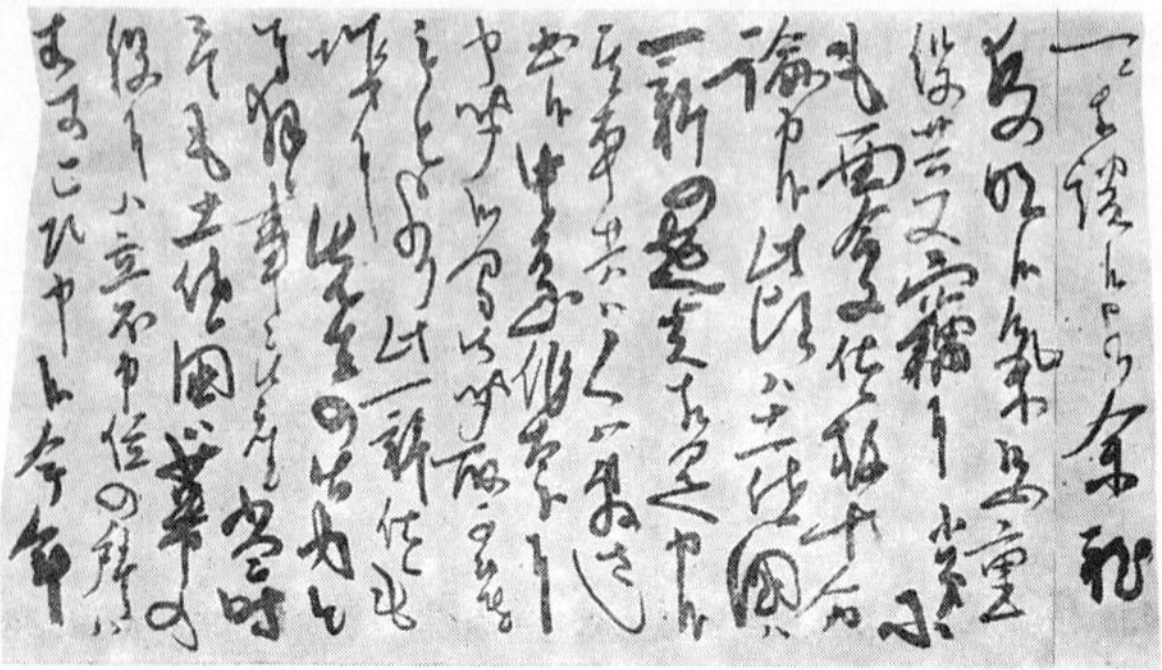

謝ㇾ候。其節溝淵広之丞ニ御申聞相願候事件を、同国の重役後藤庄次郎(象二郎)一ゞ相談候より余程夜の明候気色、重役共又竊(ひそか)に小弟にも面会仕候故、十分論申候。此頃ハ土佐国ハ一新の起歩相見へ申候。其事共ハくハ敷、さし出候中島作太郎に申聞候間、御聞取可ㇾ被ㇾ遣。もとより此一新仕候も誠に先生の御力と

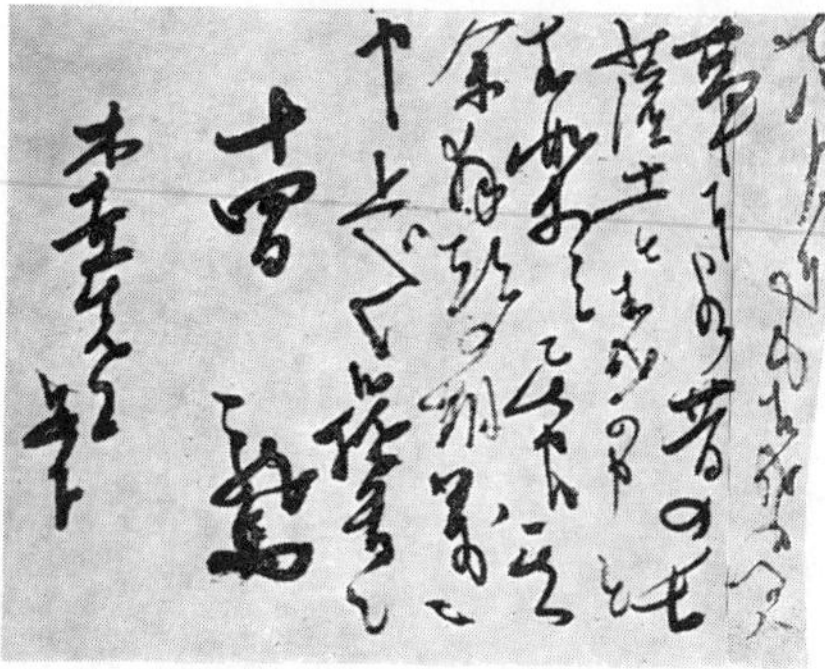
（宮内庁　木戸家文書）

奉レ拝候事ニ御座候。当時
ニても土佐国ハ幕の
役にハ立不レ申位の所ハ
相はこび申候。今年
七八月にも相成候へバ、
事により昔の長
薩土と相成可レ申と
相楽ミ居申候。其
余拝顔の期、万ゝ
申上べく候。稽首ゝゝ。

十四日　　龍馬

木圭先生

足下

前便「改年賀事」にひき続いて、長崎より桂に宛てている。「関係文書第一」では三月十四日と推定、「維新土佐勤王史」「木戸家文書」は二月十四日とあるが、正月十四日と考えたい。さきの広之丞の仲介で、龍馬が土佐藩参政後藤象二郎と対面直後のものではなかろうか。

龍馬が溝淵を下関で桂に紹介したのは前年十二月十八日頃（書簡四五、四六参照）で、溝淵は会談を終えて長州を去り太宰府をへて長崎に帰り、その内容を早速後藤象二郎へ進言する。そして正月十二、三日頃と推定される日に、後藤と龍馬の会見が長崎榎津町清風亭で実現する。

本状はこの結果を長崎より長州の桂に「土佐国ハ一新の起歩」が見えたと報告するため、中島作太郎に託したものである。中島は溝淵より依頼の贈物を携えた様子である。今日まで「公武合体」で曲折してきた土佐藩の方向が、これより大政奉還、倒幕に変ってゆく、本状はその歴史的経過を物語っている。

「余程夜の明け候気色」となり「事により昔の長薩土（文久元年秋、武市半平太が江戸において、薩の樺山三円、長の久坂玄瑞らと提携し「土佐勤王党」を結成したこと）と相成可レ申と相楽ミ」いるが「誠に先生（桂）の御力と奉レ拝候事」と桂を評価している。

後藤との会談のあと龍馬は「土佐参政後藤庄（ママ）次郎近頃の人物ニて候」（三吉あて、書簡五五）と讃めているが、両者会見が土佐の高知に伝わると「況や坂本良（ママ）馬、崎陽（長崎）に於て汝（吉田正春）が従兄大姦象次（後藤象二郎）に折旋、（中略）今幸一憤長崎に赴き良馬を打取ならば孝義両全地下元吉（吉田東洋）の霊を慰し」（吉田家文書）と、吉田東洋の一子正春に投書があったほどである。

中島作太郎は信行で土佐国高岡郡塚地村（土佐市）の郷士。元治元年脱藩、海援隊士、維新後自由党副総理、初代衆議院議長。イタリア駐在特命全権公使。先妻は陸奥宗光の妹。後妻は岸田湘烟。

四九　慶応三年一月十七日
伊藤助太夫あて

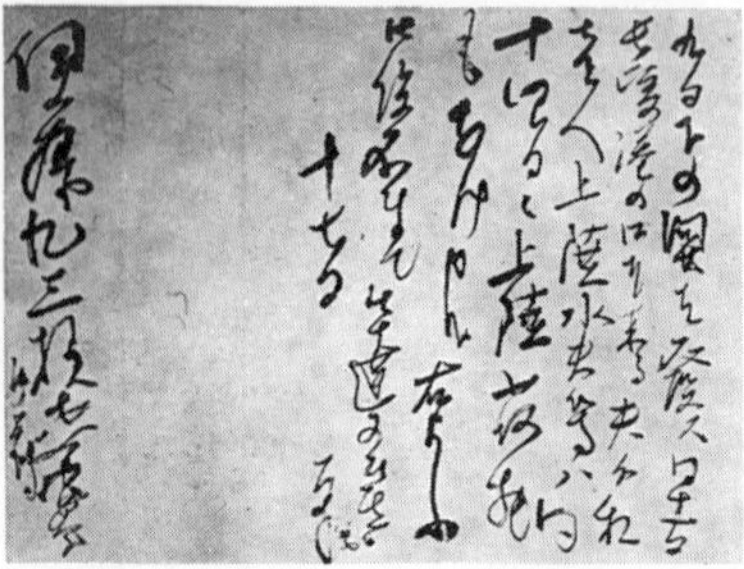
（東京　伊藤家文書）

九日下の関を発ス。同十一日
長崎港の口に来る。夫より私
壱人上陸、水夫等ハ同
十四日ニ上陸、荷物
もあげ申候。右よふ
御役所まで御達可レ被レ遣候。百拝。
十七日　　　　　　才谷梅太郎
伊藤九三様
御直披

下関の伊藤助太夫あて長崎よりの消息文。十七日は正月か五月か両説が考えられる。五月、いろは丸沈没事件直後、長崎へ無一物で帰っているので「荷物もあげ申候」はおかしい。また五月二十七日伊藤あての手紙（書簡七二）も残されているので、正月十七日と判定したい。助太夫は役者のような名前故、龍馬が「九三」と改めさせたと、伊藤家末裔より伺った。

五〇　慶応三年一月二十日

姪春猪あて

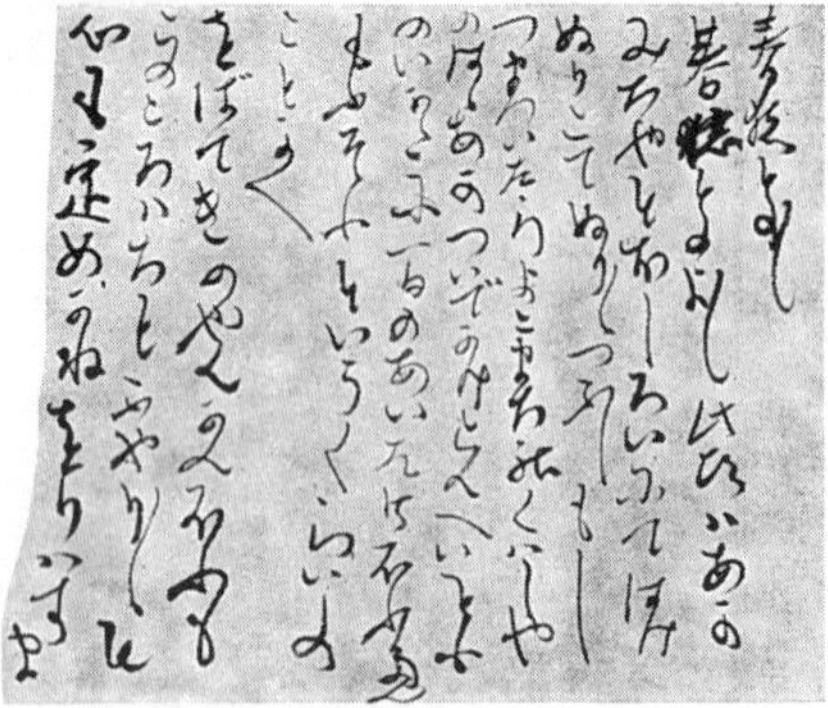

春猪どの〳〵、
春猪どのよ〳〵。此頃ハあか
みちやとおしろいにて、はけ
ぬりこてぬり〳〵つぶしもし、
つまづいたら、よこまちのくハしや
のばゞあがついでかけ、こんぺいとふ(金平糖)
のいがた(鋳型)に一日のあいだ御そふだん
もふ(申)そふというくらいの
ことかへ。
をばてきのやんかんそふも
このごろハ、ちとふやり〳〵と

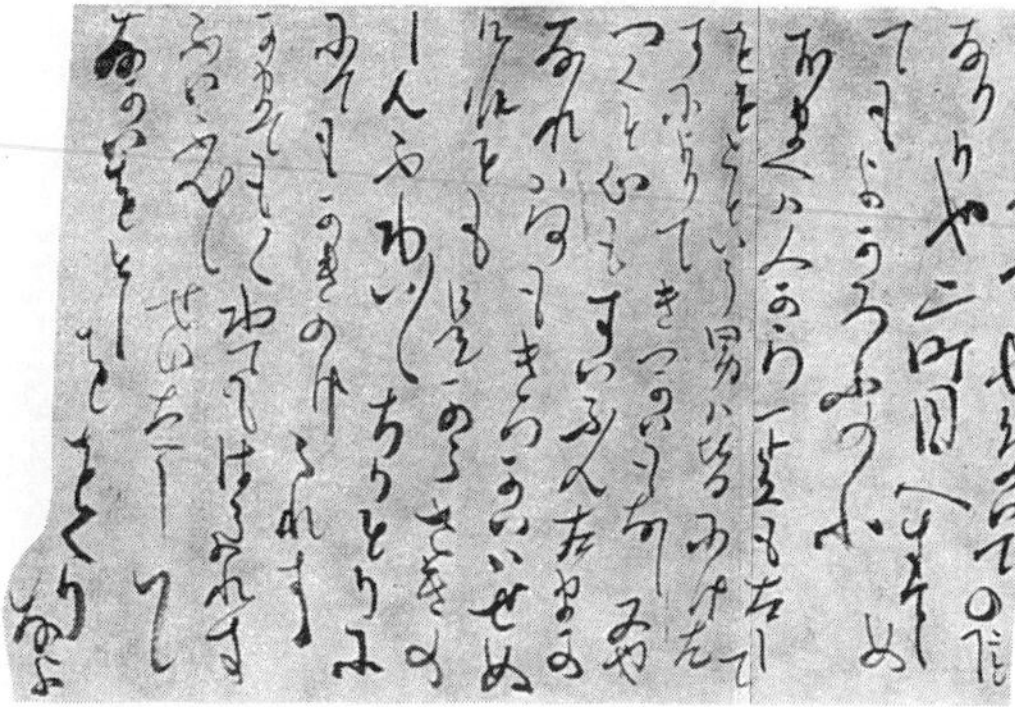

心も定めかねをりハすま
いかと思ふぞや。たいてのヿ(こと)
なり候や、二町目へすてしめ
てもよかろふのふ。
おまへハ人から一歩もたして、
をとこという男ハ皆にげだ
すによりて、きづかひもなし。又や
つくと心もずいぶんたまか
なれバ、何もきづかいハせぬ。
けれども、是からさきの
しんふわい(心配)〳〵ちりとり(塵取)に
にてもかきのけられず、
かま(鎌)でもくわ(鍬)でもはらハれず、
ふ(ず)いぶん〳〵せいだして
ながいをとし(御年)ををく(送)りなよ。

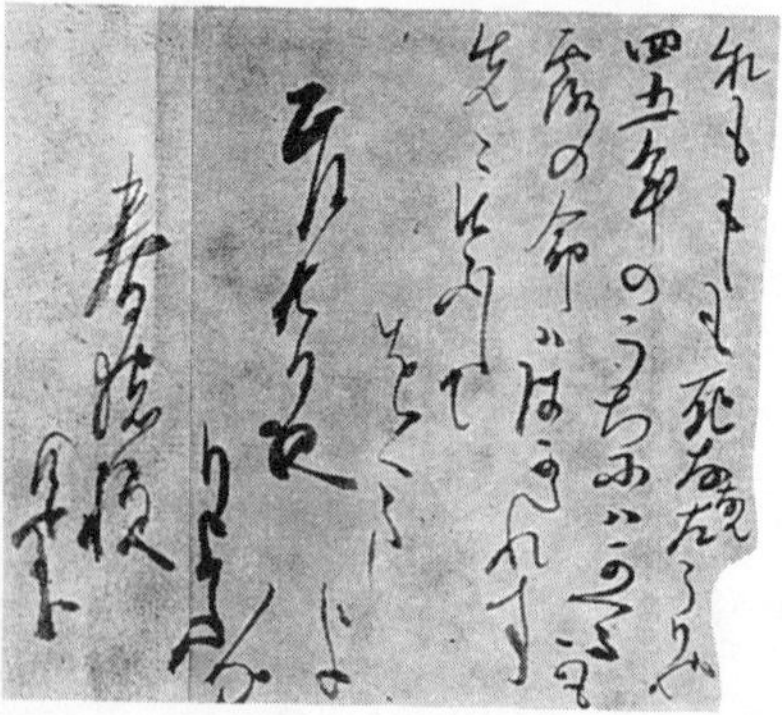

（東京　松野尾章氏蔵）

私ももしも死なんだらりや、
四五年のうちにハかへるかも、
露の命ハはかられず。
先ゝ御ぶじで、をくらしよ。
　正月廿日夜
　　　　　りよふより
　春猪様
　　　足下

書簡文体は平明軽妙な口語調で、音曲的浄瑠璃調のリズムで進められ、対座して語りかけてくる楽しさがある。「やつくと」は愛憎（あいにく）。「たまかなれバ」は確かな、しっかりしている。「しんふわい」は心配。長崎より高知の姪（権平の一人娘）「ふぐの春猪どの」に送った文で、龍馬の赤裸々な人間が伝わってくる。

をばてき（乙女姉）のやんかんそふ（かんしやく）にもふれて、ずけずけと辛辣（しんらつ）でありながら、滲みるようなやさしさもある。土佐人の冗談好き、諧謔（かいぎゃく）の心は、この国の空や海の如く独得の明色を志向している。

おしゃれな若い姪に「外国のおしろい」を、「したゝか御ぬり」（続書簡一一）と送って喜ばせた龍馬は、さらに「金平糖の鋳型（いがた）」の肌にごてごて塗りつぶすことをすすめる叔父でもある。

龍馬は自分の前に立ちこめている風雲と重ね合わせて「露の命ハはかられず」と自覚している。

五一　慶応三年一月二十二日

坂本乙女あて

此度、門為参候て海山の咄御国の咄も聞つくし、誠におもしろく奉レ存候。然、私の心中などのこらず此の為に咄有レ之候間、くは敷御聞取可レ被レ遣と存候。稽首。

正月廿二日　　龍馬

坂本乙様　左右　　直柔

（坂本直衛旧蔵）

姪春猪に宛てた手紙に引きつづき、長崎より乙女姉に発した通信。平尾道雄「坂本龍馬、中岡慎太郎」（前掲書）によると――門為は門田為之助、当時克兵衛と改称、旧臘（二年十二月）来、探索の土佐藩命を以て、九州方面遊歴中の同志である。本書は往々元治元年のものと、その年次を伝えられて居るが、寧ろ慶応三年のものとの解釈が妥当ではなかろうか。中岡の「行行筆記」慶応三年正月九日の記事にも太宰府に於いて門田克兵衛に会見のことが記されている――とある。

門田は土佐一絃琴の名手で香美郡山北村郷士門田宇平の子息。龍馬は、「直陰」を改め「直柔」をはじめて使っている。

五二　慶応三年二月十三日

寺田屋お登勢あて

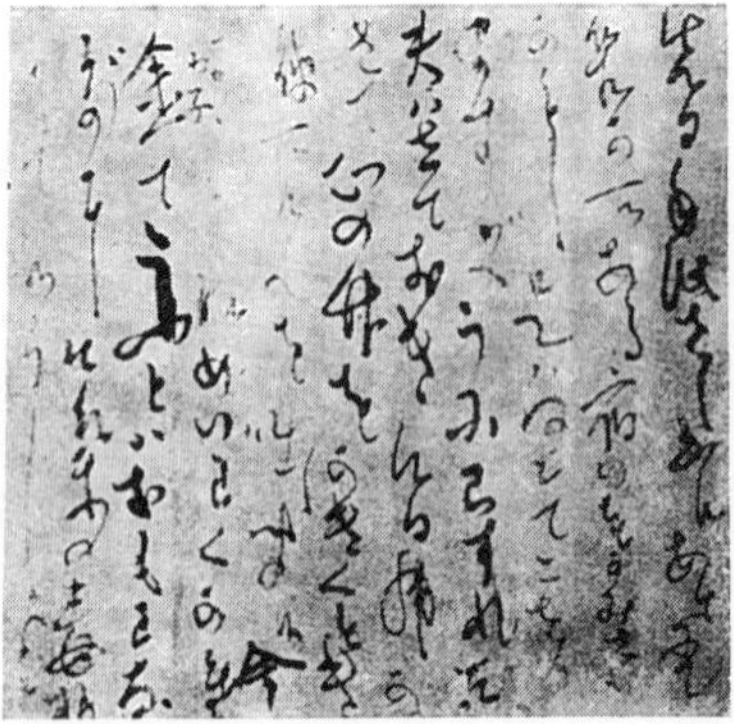

先日手紙さし出し候あとにて箱が一ツある。宿のをかみさんが、もし是は何ンでござりますゾへ、こゝにわすれた。夫ハさておき今日虎(千屋寅之助)がきて心の竹(丈)をかきくどき彼一ツけん(件)を咄し聞候、今すこし御めいわくかけ金(かね)でこふとハおもわな(ん)だに、御気の毒様にて候。かしこ。

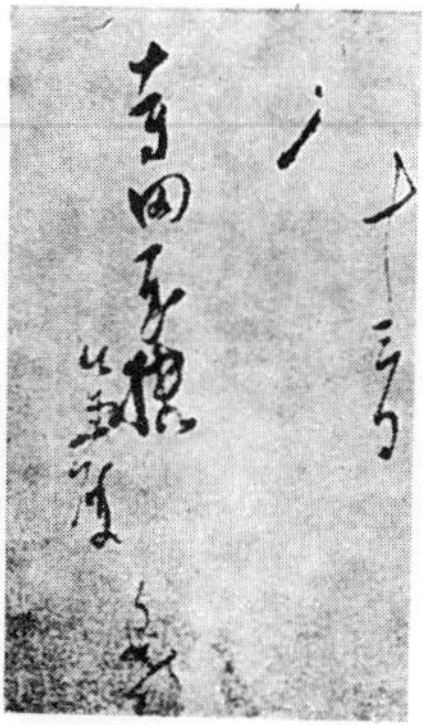

（松村正太郎氏旧蔵）

十三日

〆

寺田屋様　　　うめより

御直披

「関係文書第一」には、慶応三年正月十三日と推定しているが、龍馬は長崎にいて後藤と会見の頃である。二月十日お龍を伴って一カ月ぶりに下関に帰り、以後伊藤家に彼女を預けている。二月十三日この伊藤家で書いたものと判定しておく。

「虎」は社中の千屋寅之助、のちにお龍の妹君江を娶った菅野覚兵衛と考えられるが、心の丈をかきくどいた「彼一ツけん（件）」は未詳ながら、金銭にかかわる迷惑を詫びている。文体は桂や三吉あての手紙とは一転して、諧謔の味が出ている。原書簡不明で「土佐勤王志士遺墨集」より転載した。

五三　慶応三年二月十三日

寺田屋お登勢あて

（京都府立総合資料館蔵
京都府京都文化博物館管理）

此さし出候帯屋も助
たしかなる人なれバ、
皆〻様御返じ何なりとも
御なし可レ被レ下候。私が
おり候所ハ、
　下の関東本陣（ママ）
　　伊藤助太夫
右の所ニて候（早々）御返じ御こし。
私しの名ハ、
　　薩州
　　　才谷梅太郎と御

あてニて御こし。

本状は「龍馬全集」増補三訂版編述の際、京都府立総合資料館にて発見されたもので、追加掲載した。「先日手紙さし出し候――」の前に書いてある。
「帯屋も助」は未詳の人物。龍馬は下関東本陣伊藤家に「薩州才谷梅太郎」でいたことがわかる。

五四　慶応三年二月十四日
河田左久馬あて

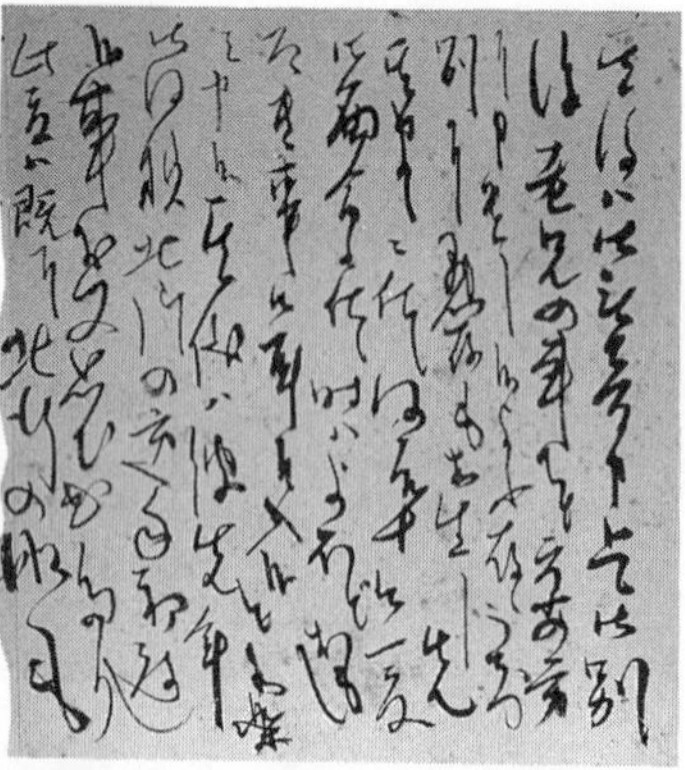

其後ハ御無音申上候。御別後、老兄の事を京の方に申遣し候よふ存候うち、別に愚存も相生じ、先、其まゝニ仕候。何卒、今一度御面会仕候時ハ、よほどおもしろき事、御耳に入候と相楽ミ申候。其儀ハ彼の先年御同様、北門の方へ手初致し候事お、又、思ひ出たり。此度ハ既に北行の船も

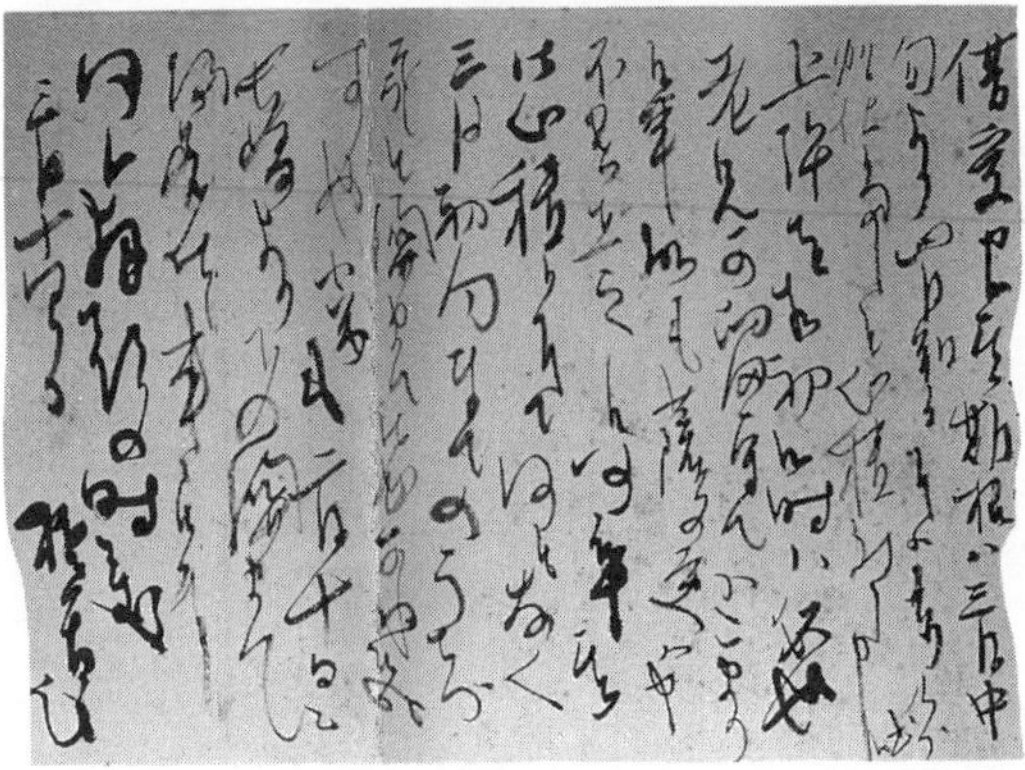

借受申候。其期根（ママ）ハ三月中
旬より四月朔日にハ多分、出
帆仕たしと心積致し申し候。
上許（ママ）を相初候時ハ、必や
老兄が留守でハこまり
候事故、私も薩の方へハ申
不レ遣在レ之候。何卒、其
御心積りにて何となく
三月初旬までのうち
そろ〳〵と、関まで御出かけ被レ成候
ずや。小弟も二月十日ニ
長崎より下の関まで
帰着仕候事ニ御座候。
何レ拝顔の時、萬々
三（ママ）月十四日　稽首〳〵

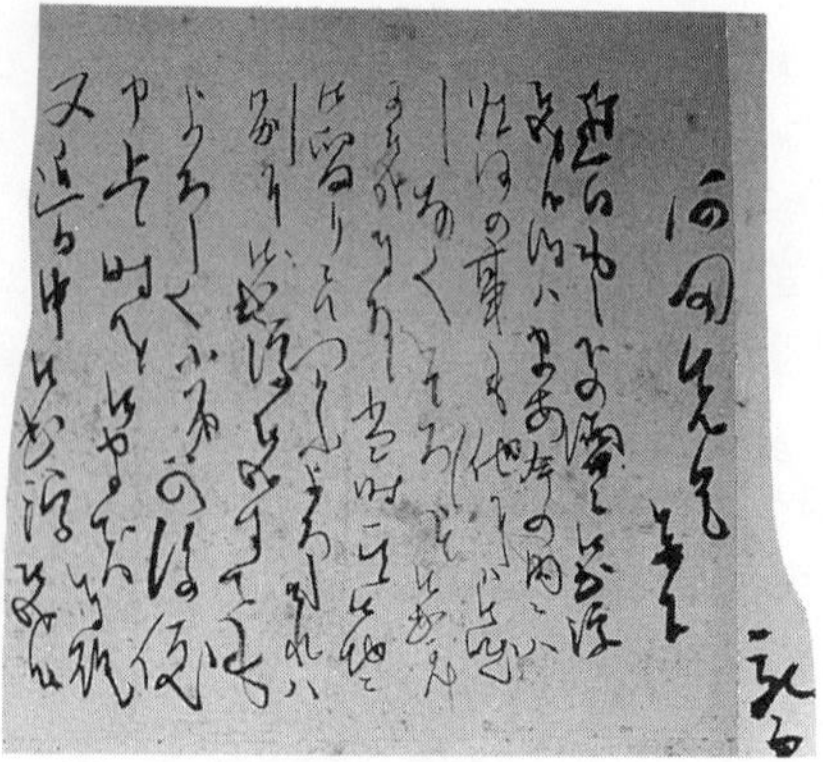

龍馬

河田先生

御案下

追白　もし下の関ニ御出浮
被レ成候得バ、まあ今の内ニハ
唯、何の事も他にハ御咄
しなく、そろ〳〵と御出かけ
可レ被レ成奉レ存候。当時、其御地ニ
御留りニて、つがふよろしけれバ
別に御出浮被レ成ずても
よろしく、小弟可ニ後便
申上一候時を御まち奉レ願候。
又、近日中御出浮被レ成候

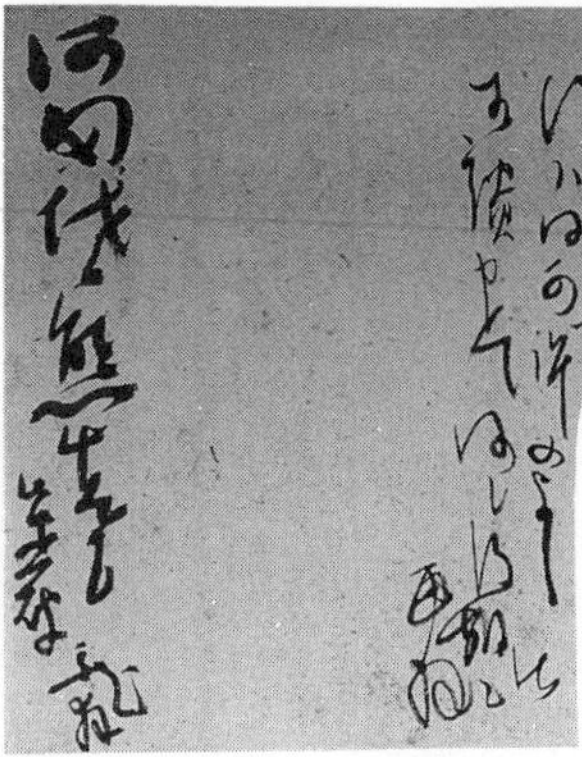

（東京　佐々木家蔵）

得バ、何か上許（ママ）のよし御
相談申上候。何レ後期ニ。
再拝

河田佐熊先生　龍拝
御直破（ママ）

（維新史余稿）
（東京　佐々木家）

「よほどおもしろき事」を御耳に入れるを楽しみ申候とあるが、「北門の方」（北海道）開拓のことである。元治の頃より龍馬の宿願であったが、この計画に参加させるため同志河田を下関に呼びよせようとしたもので、伊藤家自然堂より発信したもの。

河田左久馬は鳥取藩士で景與（かげとも）、もと伏見京都御留守居役であったが、慶応二年長州再征の頃、謹慎中の身柄から脱走して長州藩に投じた。維新後鳥取県権令、元老院議官、子爵。

本状は、「三月初旬迄のうち、そろ〳〵と関（下関）迄」出かけるようにすすめているので、この書簡発信の三月十四日は、二月を三月と誤記したものと推考される。後考をまつ。平尾氏は「坂本龍馬、中岡慎太郎」（前掲書）で――宛名は因州鳥取藩士河田左久馬（景與）である。この一通の手紙だけでは前後の連絡もなく、その内容の判断に苦しむのであるが、坂本は已に神戸海軍所時代に浪士を北海道に移して、その開発と北辺防衛を計画して居た。それを想起して再び実現しようとしたものらしく、河田に向って相談をかけたものと認められる。――とある。本書簡は「維新史余稿」に掲載されているが、原書翰は、平成六年、調布市佐々木家（佐々木男也末裔）文書「硯海拾珠」より発見され、訓読の字句を訂正し、写真を掲げた。詳細は東京龍馬会「龍馬タイムズ」（二一七号）に発表した。

五五　慶応三年二月十六日

三吉慎蔵あて

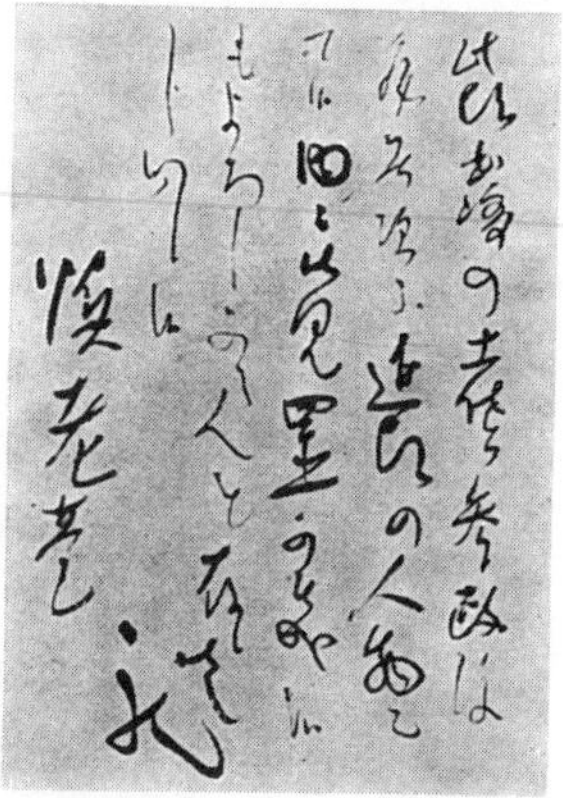

（神奈川県立公文書館）

此頃出崎の土佐参政後藤庄次郎（象二郎）近頃の人物ニて候。内々御見置可レ被レ成候も、よろしからんと存じ、さし出し候　　龍

慎老台

おうち様まで御頼申置

慎蔵先生　左右　　　　　　　　　　龍馬

追白、此頃も相不レ変御いそがしきよしにて候。御出かけなどハ、御無用、其内又参上候。弟拝首。

此十日助太夫方まで帰り申候。折柄、満珠艦出帆の時にて、同人にも吉太夫ニも御目にかゝらず。

○此度ハ又ミ家内のおき所にこまりしより、勢止お得ず同行したり。此儀ハ飯田在番（ママ）へハ耳に入置たり。御聞置可レ被レ遣候。
○長崎の勢ハ一向常ニ変りたる事なし。
○其内、土佐国の勢がよ程なおり、長崎ニ出たる参政後藤庄（ママ）次郎共、小弟に面会、十分議論致したりしに、大ニおもしろき勢、当年七八月の頃ニハ、土佐も立なおりて、昔日の長薩土となりハすまいかと相楽ミ申候。
○長崎ニて会津の家老神保修理に面会。会津ニハおもいがけぬ人物ニてありたり。其時小弟ハ土佐人高坂龍次郎と申て出かけ、色々おかしき談ありしが、変りたる事なし。

十六日　　龍馬

（上田　三吉家文書）

「長崎ニ出たる参政」「小弟に面会、十分議論した」ことに、「天皇の世紀」（諸家往来）で大仏次郎は次のように記述している。

――後藤は三十歳の若さであった。が、自分より僅か年長でいて、物に囚われぬ龍馬の若々しさを、驚きを覚えて見ることもあったろう。年下の彼の方がむしろ老人であった。龍馬の社中は、営利営業をいつも念頭に置いている。その一面に、語学、航海術を勉強する組織を作り、万国公法等までも勉強の対象にしていた。（中略）後藤から見れば、龍馬は郷士を許されているにしろ、商家の出身である。その一味から自分が政治論を聞いて傾聴しているのに、後藤は驚いた。――

後藤を「近頃の人物ニて候」と大いに認めた龍馬は、大政奉還のシテ役として彼を押したててゆく。前掲、桂への報告書（書簡四八）と共に、龍馬にとっては明るい見通しの生まれた正月の幸先よい旅であった。「会津の家老神保修理」は、会津若松松平家の家老神保内蔵助の長男修理である。修理は同藩異色の開明家で、明治元年二月鳥羽伏見戦直後、将軍慶喜の東帰恭順を主張した理由により、江戸で切腹させられた。享年三十歳。父内蔵助や妻雪子は会津落城の際戦死。「長府と坂本龍馬」（長府博物館蔵）に「此の書中に、此度も家内のおき所に困り同行したる事を載す。家内というのは、おれうの事なるべし。龍馬の書中に屢、家内を云為するものあるは、寺田屋以来、慎蔵も熟懇の間なればなるべし」と、本状にふれている。

本状は「坂本龍馬関係文書第一」（以下「関係文書」と略す）に「三吉家文書」として所載し、三吉家蔵「諸氏書簡」に筆写して所在する。「此頃出崎の――」は「土佐勤王志士遺墨集」に写真掲載されていたが「全集」三訂版の際、神奈川県立文化資料館に原書簡が発見された。

五六　慶応三年二月二十二日
三吉慎蔵あて

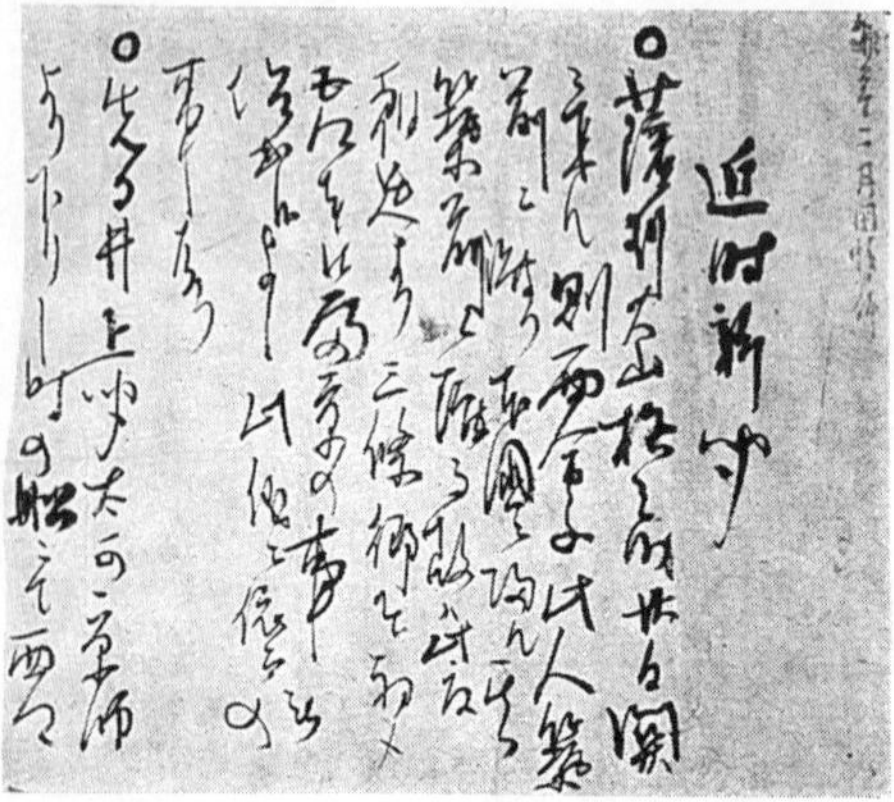

近時新聞

○薩州大山格之助廿日関
ニ来ル。則面会。此人築(ママ)
前ニ渡リ本国ニ帰ル。其
築前ニ渡る故ハ此度、
朝廷より三条卿を初メ
五卿を御帰京の事被ニ
仰出ニ候よし、此儀ニ依而の
事なり。

○先日井上聞(馨)太が京師
より下りし時の船ニて、西郷

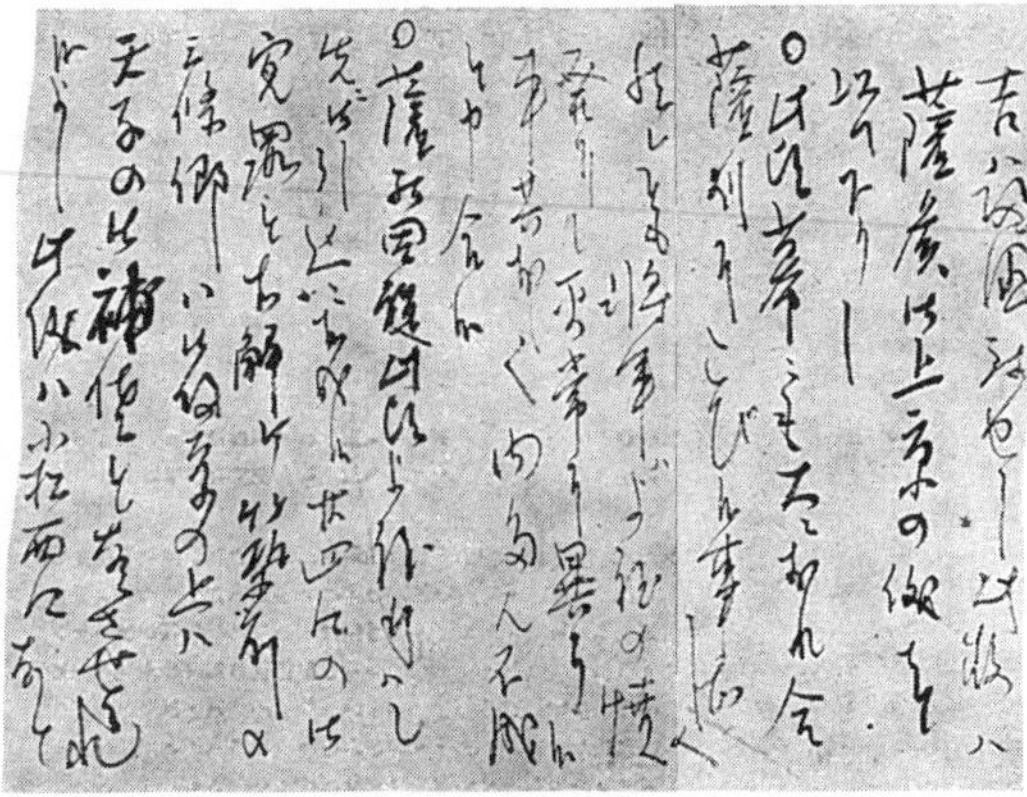

吉(吉之助)ハ帰国致セし。此故ハ
薩侯御上京の儀を
以て下りし。
○此頃幕ニも大ニおれ合、
薩州にこび候事甚しく、
然レども将軍ハよ程の憤
発にて、平常に異り候
事共おゝく、ゆだん不レ成
と申合候。
○薩の周旋此頃よ程行ハレ、
先ニ御引込ニ相成候、廿四卿の御
寃罪も相解ケ、築(ママ)前の
三条卿ハ御帰京の上ハ、
天子の御補佐とならさせられ
候よし、此儀ハ小松、西郷など

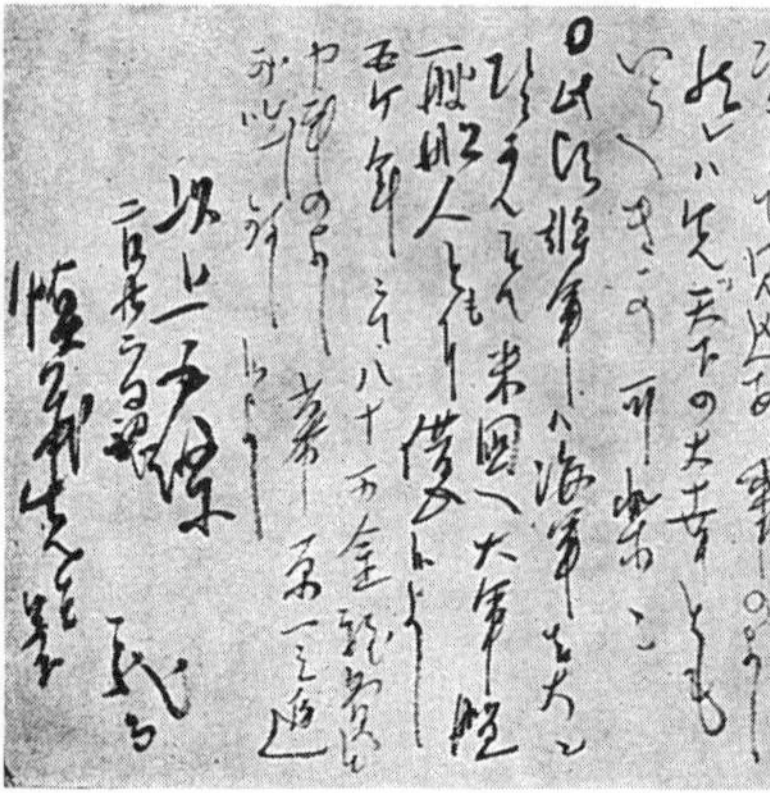

（下関　長府博物館蔵）

決して見込ある事のよし。
然レバ先ヅ天下の大幸とも
いうべきか、可レ楽ゝ(たのしむべし)。
○此頃将軍ハ海軍を大ニ
ひらかんとて、米国へ大軍艦
一艘船人ともに借入候よし。
五ケ年ニて八十万金程費と
申事のよし。幕、原一之進
が咄し致し候よし。
　以上五条
　　二月廿二日　認　　龍馬
慎蔵先生
　　足下

五項目にわたり最近のニュースを分析して、三吉に報じている。薩長連合の影響や、長州再征における幕府側の敗北と、将軍家茂の急死（二年七月二十日）は、幕勢衰退の兆となってゆく。太宰府に移されていた三条実美ら五公卿が、復帰入洛を許されるのは此年十二月八日であるが、「すべて龍馬の情報を見れば、維新前の大勢、映画の如くに眼前に髣髴たるを覚ゆ」（前掲書「長府と坂本龍馬」）とある。大山格之助は薩摩藩士、大山綱良。西南役の時鹿児島県知事で西郷を扶けた理由で斬罪に処せられた。原一之進は水戸藩士で慶喜の懐刀として働いたが、此年八月京都で暗殺された。

五七　慶応三年三月六日

印藤肇あて

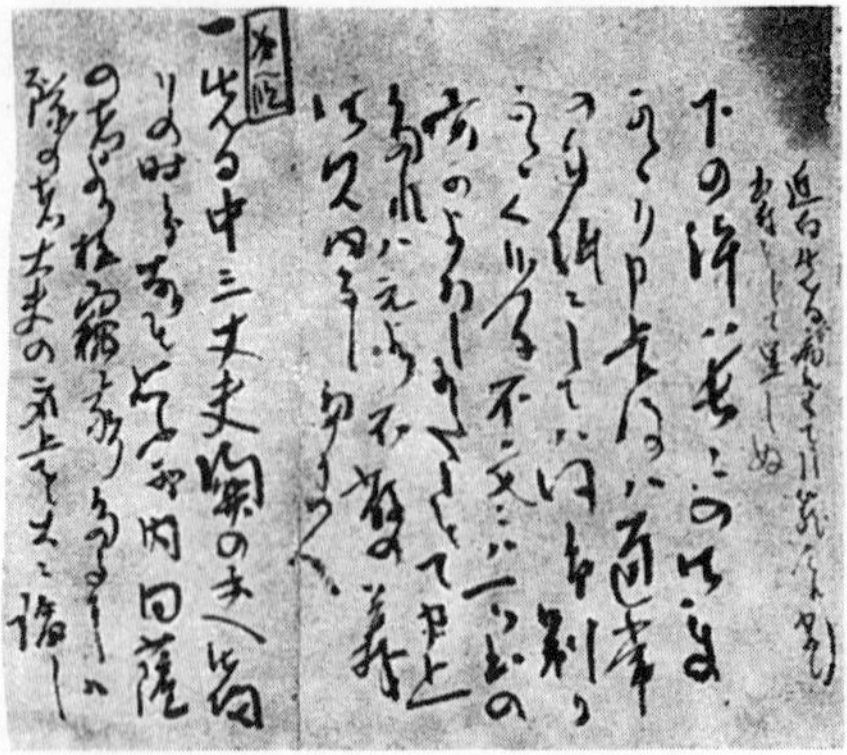

追白、先日より病気ニて引籠居候まゝ
書付として呈しぬ。
下の件ハ長〻の御ものがたり申上候得バ、通
常の手紙ニしてハ何分別(わか)りがたく候間、不文
ニハ一ツ書の方がよろしかるべしとて申上た
れバ、元より不敬の義御見ゆるしたまえ。

第一段

一、先日中三丈夫(ママ)関の方へ御帰
りの時分なりと思ふが、内同薩
の者より極竊(ひそか)ニ承りたるにハ
隊の者大夫の身上を大ニ論じ

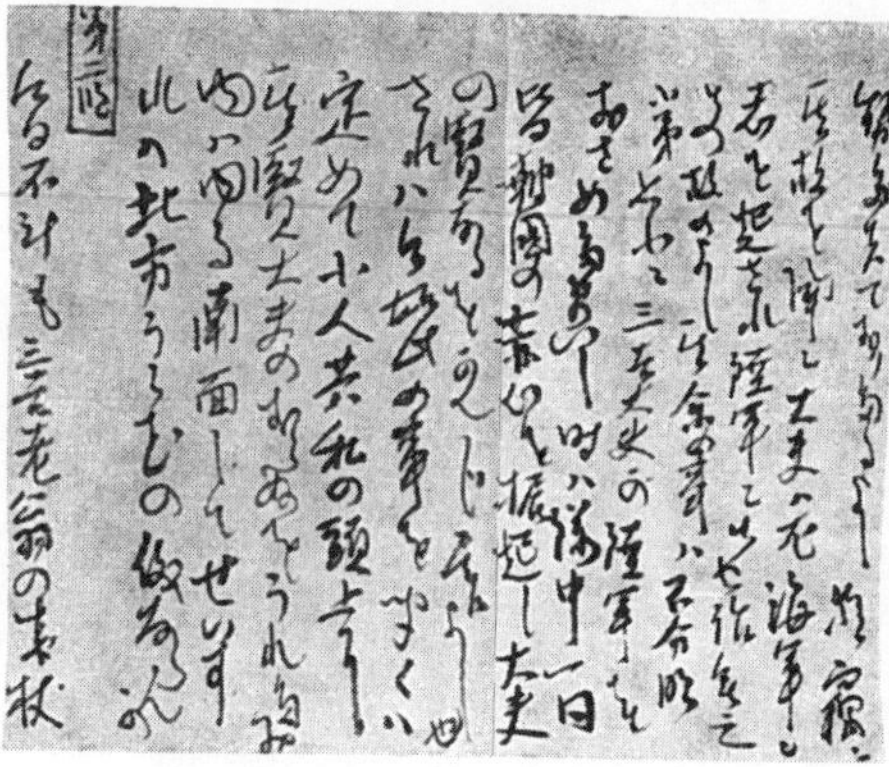

勢(せい)だしておりたるよし。猶竊ニ
其故を聞ニ大夫は尤海軍ニ
志を起され陸軍ニ御セ話無レ之
との故のよし。其余の事ハ不分明、
小弟思ふニ、三吉大夫が陸軍を
おさめたまいし時ハ隊中一同
皆報国の赤心を振起し、大夫
の賢なるをかんじ居候よし也。
されバ今如レ此の事を聞くハ、
定めて小人共私の頭上に
其賢大夫のおらぬをうれたみ、
ゆハゆる南面してせいす
れバ北方うらむの儀ならんか。

第二段

今日不レ計も三吉老翁の来杖、

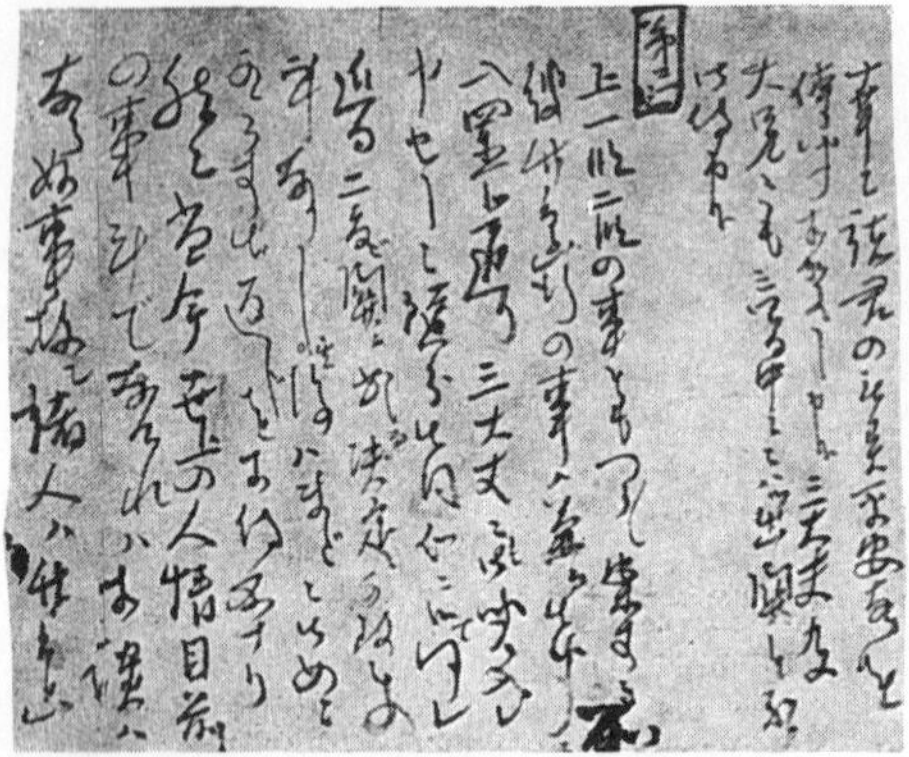

幸ニ諸君の無異平安なるを
伝聞相賀し申候。三大夫及
大兄ニも三四日中ニニ(ママ)ハ、御出関と承リ
御待申候。

第三段

上一段二段の事どもつら〳〵案ずる所、
彼竹島行の事ハ兼而(かねて)御聞ニ
入置候通り、三大夫ニも御聞ニ入レ
申セしニ、随分御同心ニ候て、何レ
近日二度ビ関(下関)ニ出候而(て)決定可レ致との
事なりし。其後ハまだニ御めニ
かゝらず、御返じを相待所ナリ。
然ニ当今世上の人情目前
の事斗でなけれバ、相談ハ
ならぬ事故ニ諸人ハ竹島

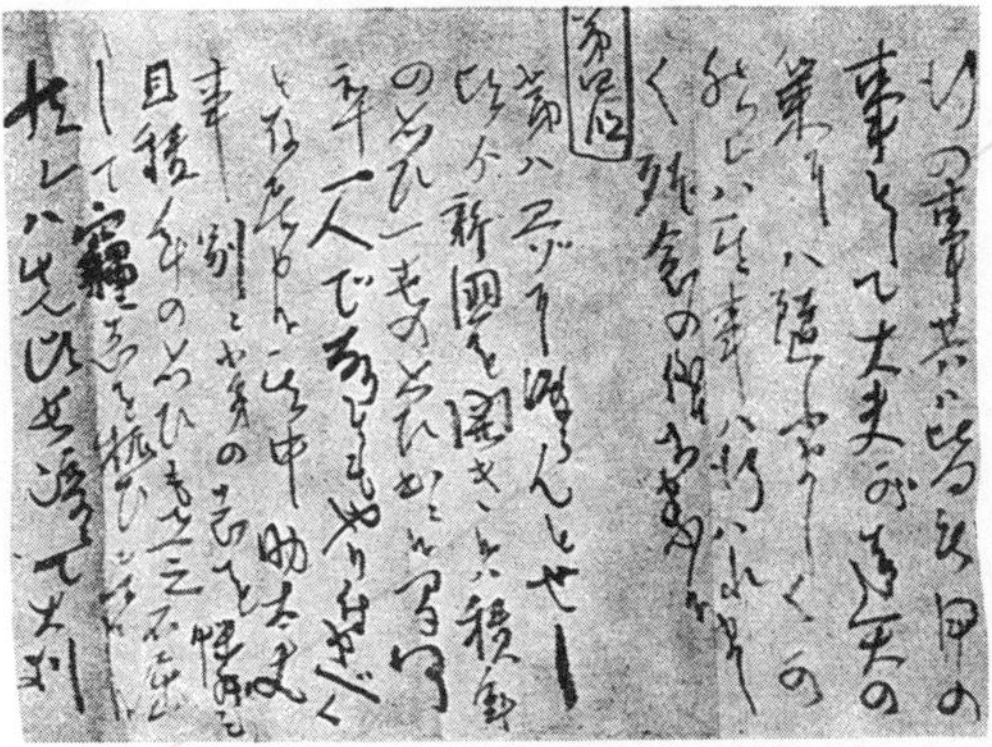

行の事共ハ、皆無用の事として大夫が遠大の策にハ随ふまじくか、然レバ其事ハ行ハれまじく残念の儀に相察し候。

第四段

小弟ハヱゾ（蝦夷）に渡らんとせし頃より、新国を開き候ハ積年の思ひ一世の思ひ出ニ候間、何卒一人でなりともやり付申べくと存居申候。其中助太夫（伊藤）事、別ニ小弟の志を憐ミ、且積年の思ひも在レ之、不レ屈して竊ニ（ひそか）志を振ひ居申候。然レバ先頃長崎ニて、大洲（おおず）

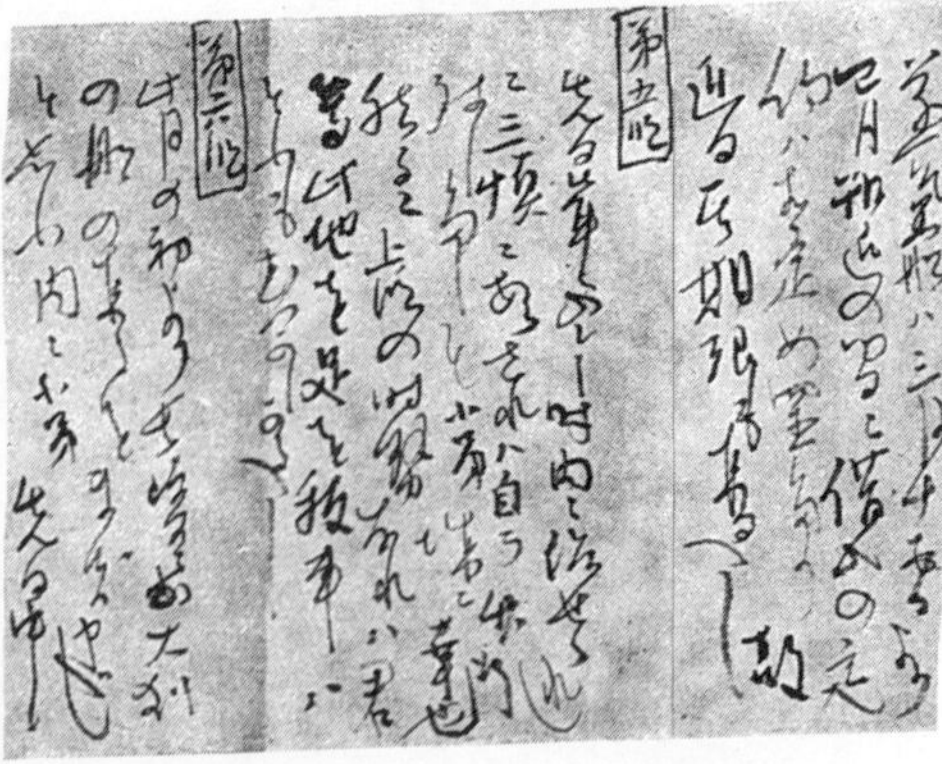

蒸気船ハ三月十五日より
四月朔迄の間ニ借入の定
約ハ相定め置たり。故、
近日其期限も来るべし。

第五段

先日御耳ニ入レし時内ミ仰せられし
ニ、三慎（三吉慎蔵）ニあらざれバ自ラ出行
致したしと、小弟誠ニ幸也。
然るニ上段の時勢なれバ、君
等此地を足を抜事ハ
どふもむつかしかるべし。

第六段

此月の初より長崎ニ出、大洲
の船の来るをまち申べし
と思ふ内ニ、小弟先日中

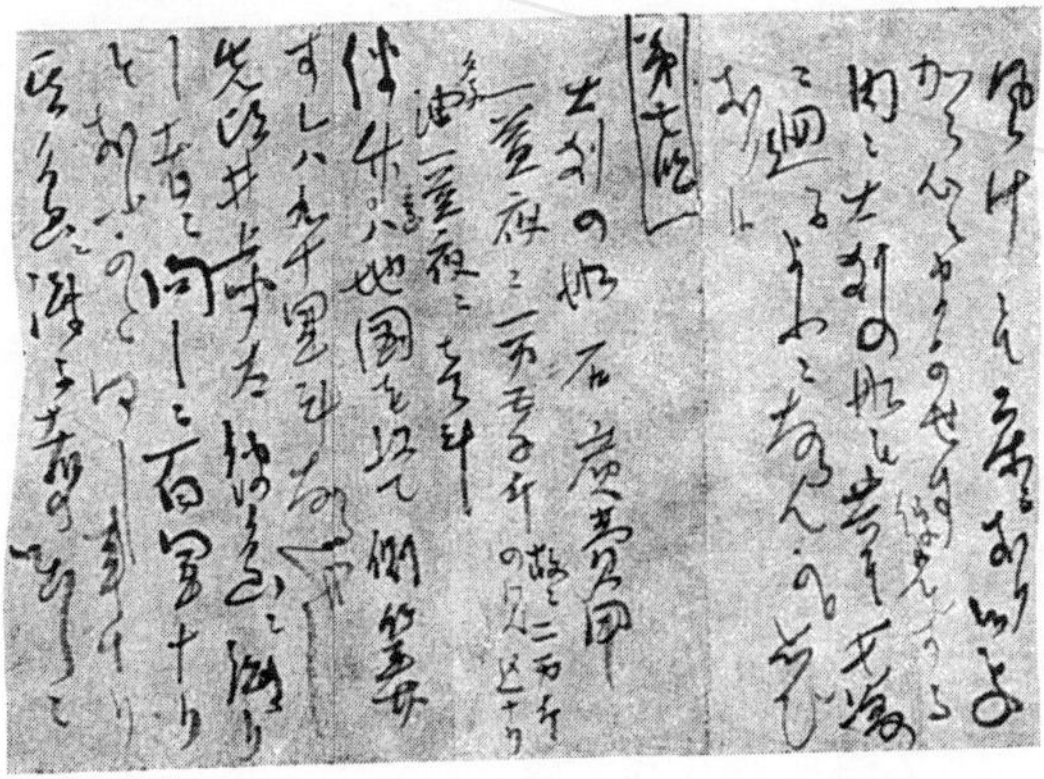

風けニて床ニおり候もの
から、心ニまかせず彼是する
内ニ、大洲の船と共に長崎
ニ廻るよふニならんかと思ひ
おり候。

第七段

大洲の船、石炭費用
一昼夜ニ一万五千斤 故ニ二万斤の見込ナリ。
タネ油一昼夜ニ壱斗、
彼竹島ハ地図を以て側算(ママ)
すレバ、九十里斗(ばかり)なるべし。
先頃井上聞太(馨)、彼島ニ渡り
し者ニ問しニ、百里ナリ、
とおふかた同じ事ナリ。
其島ニ渡る者の咄しニ

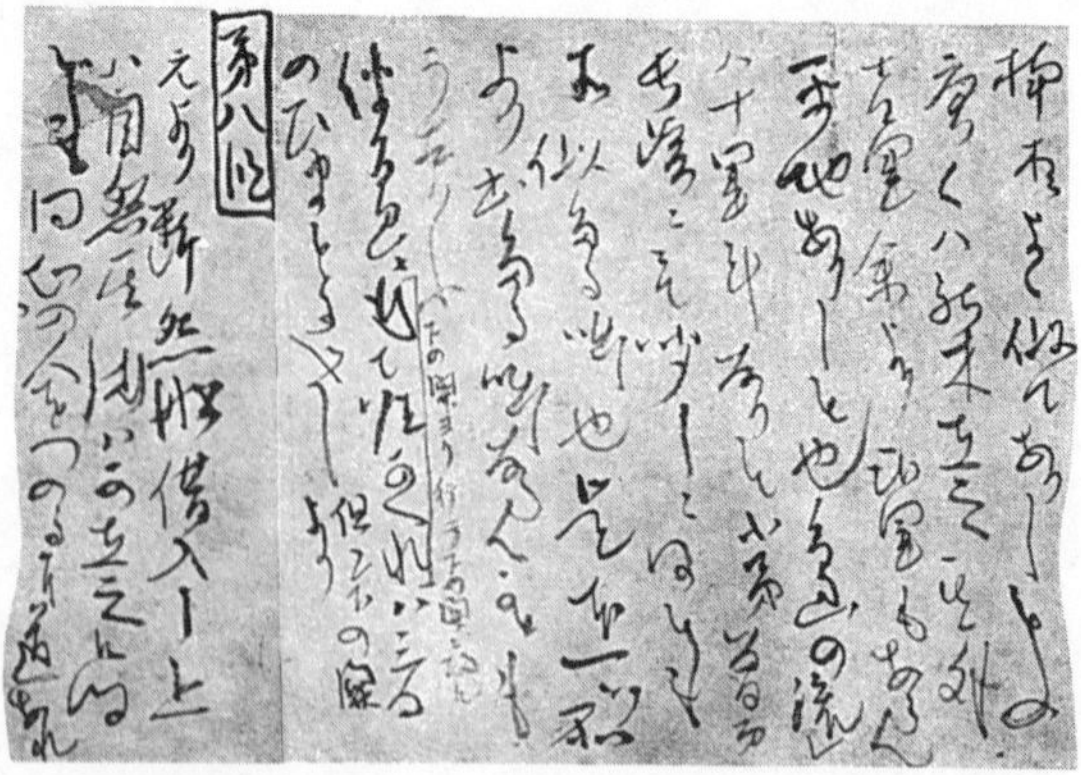

楠木ニよく似てありしもの、広くハ新木在レ之、其外、壱里余より弐里もあらん平地ありしと也。島の流レハ十里斗なりと、小弟曽而(かつて)長崎ニ(ママ)て聞しニ何とも相似たる咄し也。是本一ツ所より出たる咄しならんかともうたがふ。
下の関ヨリ行テ下の関ニ帰ル
彼島ニ行て唯かへれバ三日のひまとるべし。但し下の関より。

第八段

元より断然船借入し上ハ、自然其儀ハ可レ在レ之候得ども、同心の人をつのるに道あれ

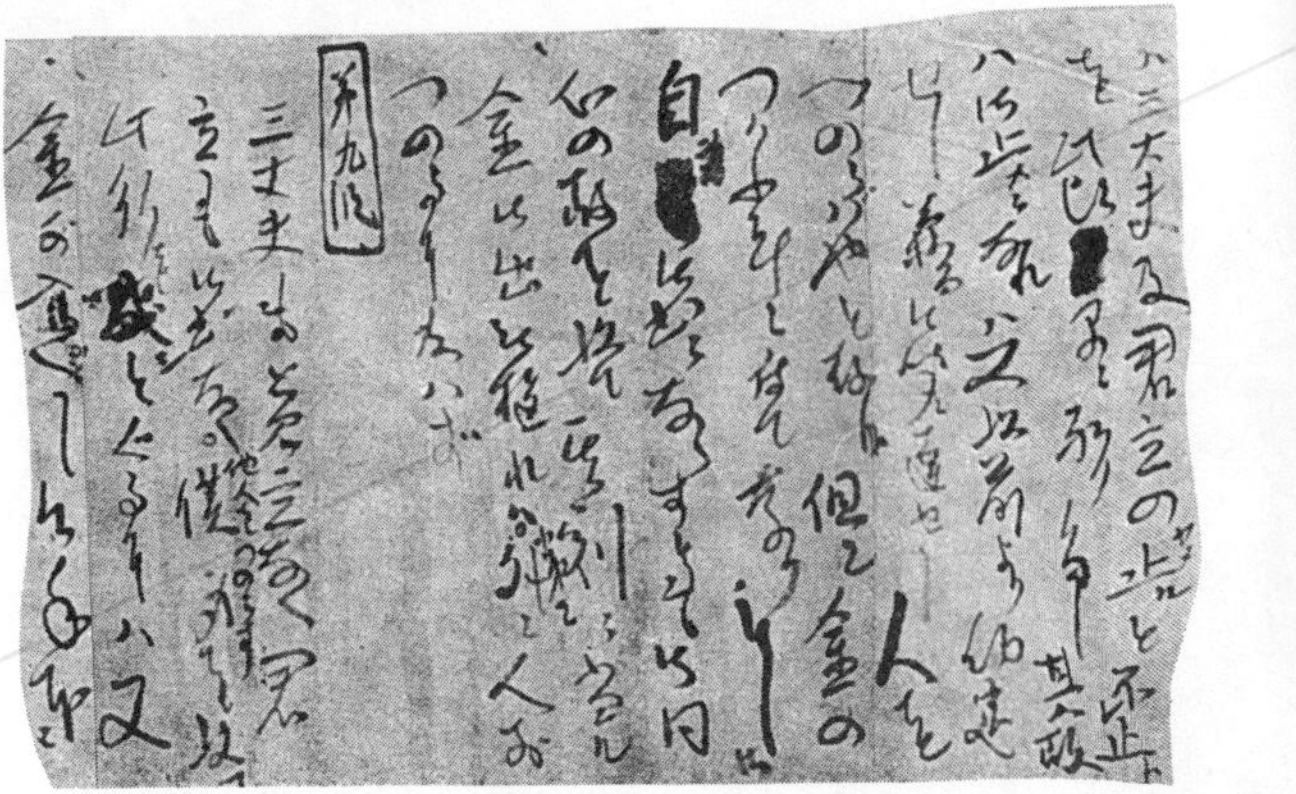

バ、三大夫及君立（達）の止（ヤメ）ルと不レ止ト
を此頃早々承りたし。其故
ハ御止メニなれバ又以前より約定
セし兼而（かねて）御聞ニ達セし人を
つのらバやと存候。但シ金の
つがふ斗ニ付てなり。もし御
自身御出ニならずとも御同
心の故を以て、其割ニ当ル
金御出被レ遊れバ、小弟も外ニ人お
つのるに及バず。

第九段

三大夫も思召立なく君
立も御出なく僕（他人をつのらず）身を以て、
此行を成シとぐるにハ又
金が入候べし。今手本ニも

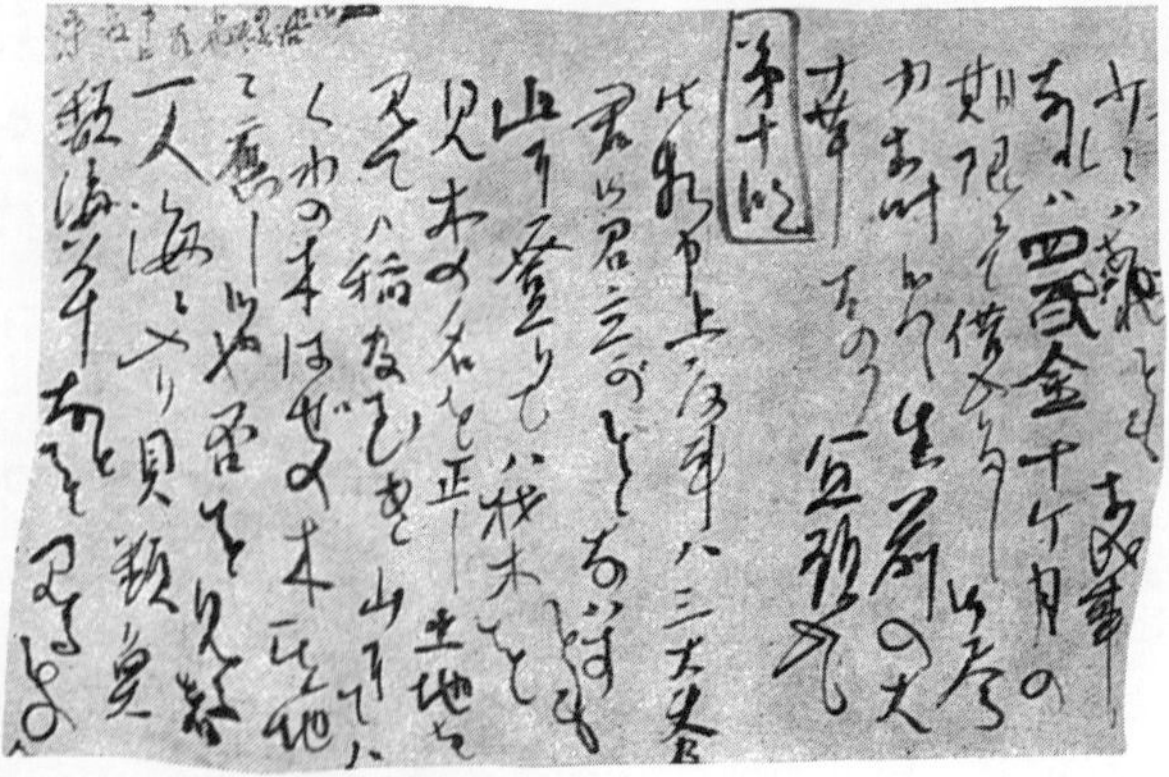

少ゞハあれども、相成事
なれバ四百金十ケ月の
期限ニて借入たし。御尽
力相叶候ハヾ生前の大
幸なり、宜願入候。

第十段

御頼申上度事ハ三大夫及
君御召立がとゝなハずとも、
山に登りてハ材木を
見、木の名を正し、土地を
見てハ稲及むぎ、山にてハ
くわの木はぜの木、其地
ニ応じ候や否を見る者、
一人海ニ入り貝類、魚
類、海草などを見るもの。

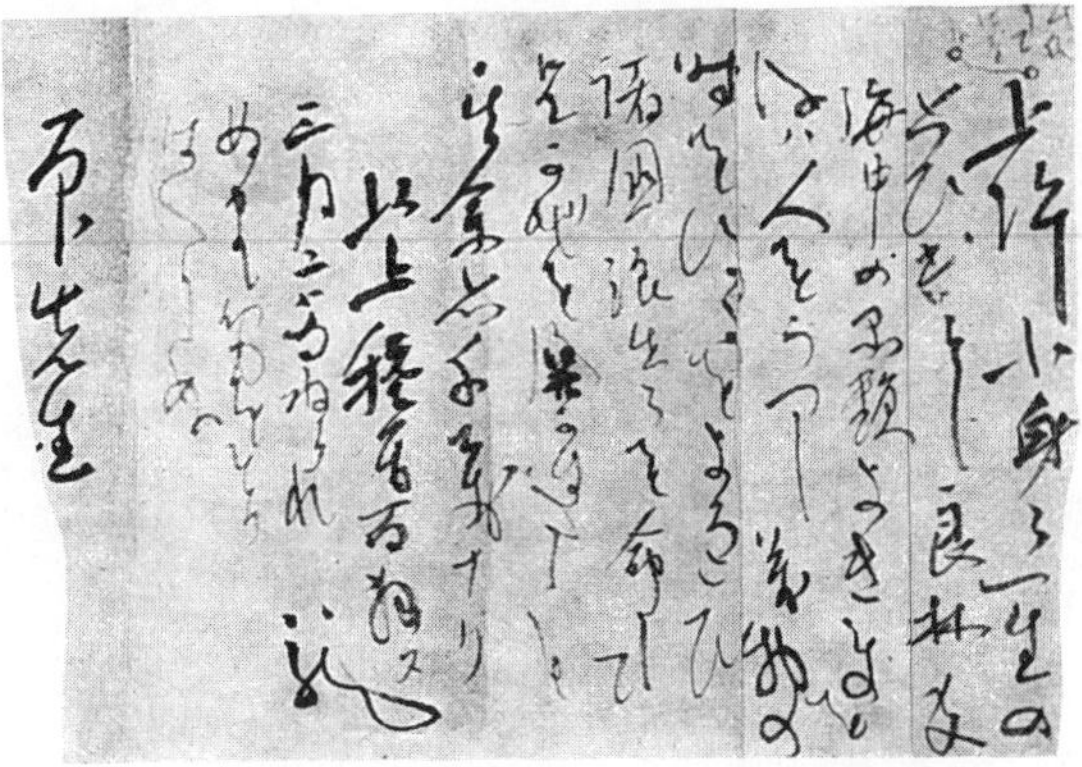

（▲御セ話可レ被レ遣候やと頼申
上度事ハ、此儀にて御座候。）
上件小身ニ一生の
思ひ出とし、良林及
海中の品類よきものを
得バ、人をうつし万物の
時を得るをよろこび、
諸国浪生らを命じて
是が地を開かすべしと、
其余思千万ナリ。
以上稽首百拝ス。　龍
三月六日、ねられ
ぬまゝ筆をとり
はべりぬ。
印先生

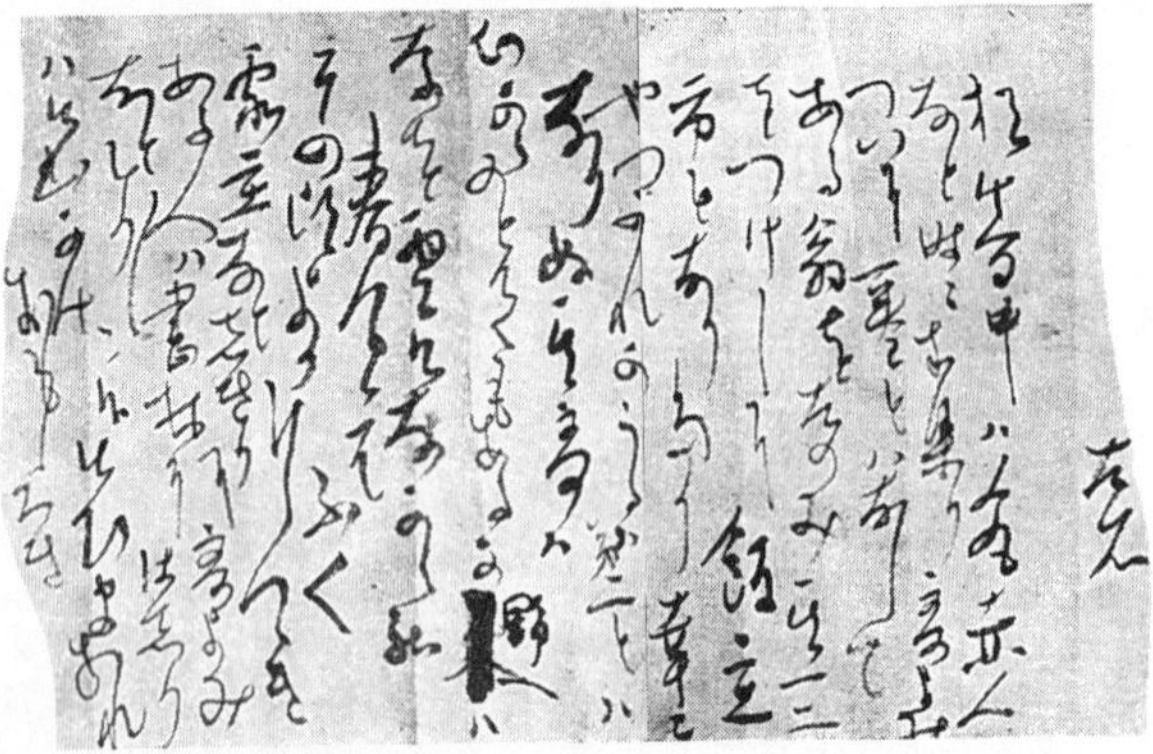

左右
猶先日中ハ人丸赤人
など時〻相集り哥(歌)よみ
ついに一巻とハなして、
ある翁をたのみ其一二
をつけしに飯立
市となりたり。幸ニ
やつがれがうたハ第二とハ
なりぬ。其哥ハ、
心からのどけくもあるか野べハ
なを雪げながらの
　春風ぞふく
その頃より引つゞき
家主などしきりに哥よみ、
ある人ハ書林にはしり

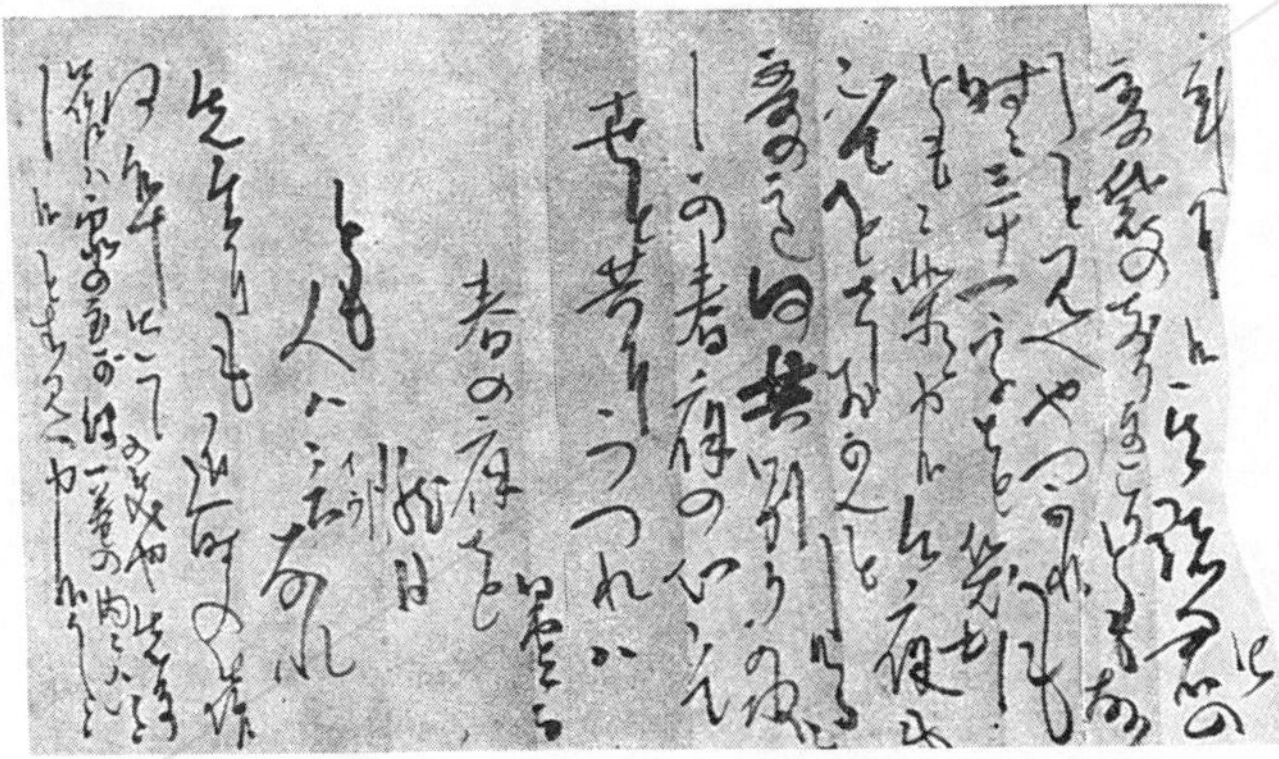

などしかぐ〳〵ニ候。御ひまあれ
バ御出かけ、おもしろき御
事に候。其諸君の
哥袋のちりなごりともなり
しこと見へ、やつがれも
時〻三十一字を笑出し、
ともニ楽ミ申候、今夜も
ふでをさしおかんとしけるニ
哥の意、何共別(わか)りかね
しが春夜の心ニて、

世と共にうつれバ曇る
春の夜を
朧月
とも人ハ言(イウ)なれ

先生にも近時の御作

何卒御こし可レ被レ成や。先日の
御作ハ家の主が、彼一巻の内ニハいた
し候と相見へ申候。かしこ。

（京都大学附属図書館蔵）

龍馬は「先日より病気ニて」阿弥陀寺町自然堂に引籠り中「三月六日、ねられぬまゝ」筆を執り箇条書長文を認め、長府藩士印藤聿（書簡二一参照）に発信したものである。

第一、二、三段は、当時の長府藩の海軍と陸軍について世評を伝え、竹島開拓行きのことに及んでいる。「三大夫」が頻出するが大夫（大人）あるいは丈夫の意味であろうか。「太夫（たゆう）」なら貴人の家の世話会計を扱う家令の意である。長府博物館の伊秩秀宣氏の御教示によれば「三吉の大夫」「三吉老翁」は、三吉慎蔵の本家筋で長府藩家老三吉周亮（維新後、島根県令）を指すのではなかろうかと。第四、五、六段は蝦夷地（北海道）開拓を「積年の思ひ、一世の思ひ出」にしようと告白し協力を乞い大洲蒸汽船いろは丸借入れについてふれる。第七段は井上聲より聞いた竹島の地理について。第八、九段は借船の件で資金繰りを相談。第十段は竹島の木材や魚介類を調査して、諸国諸生によりこの地を拓き「人を移し万物の時を得る」喜びを希っている。

追書は、伊藤邸の歌会が盛んであること、龍馬が第二席となった「心からのどけくもあるか野べハなを――」の詠草は「将軍大政返上のことありける時」（「関係文書第一」）作ったと世に伝わって来ているが、本状によりこの頃の歌会で詠まれたものと判明。人丸は柿本人麻呂、赤人は山部赤人のこと。

龍馬は詠草二十余首を遺しているが、和歌や国学について坂本家には素養がある。才谷屋六代の八郎兵衛直益(なおます)は谷真潮(ましお)（南学の祖谷秦山(しんざん)の孫）の弟子で「順水日記」を残し、龍馬の祖母は土佐の和学者歌人井上好春の娘であり、父八平は万葉学者鹿持雅澄(かもちまさずみ)の門人であった。伊藤家歌会はお龍の回想録「千里駒後日譚、第三回」にも出ている。所蔵さき京都大学図書館「尊攘堂主人」（品川弥次郎）「拝草」に「水くきのふかきこゝろをくみて知るこころ赤間のあかき心を」とある。

五八　慶応三年三月二十日
三吉慎蔵あて

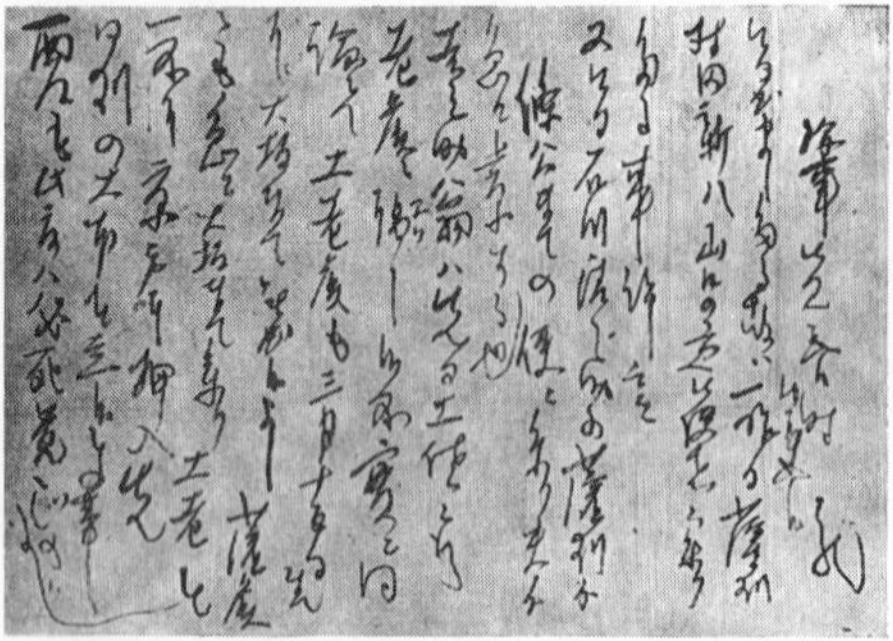

　珍事御見ニ入候時、御耳入候。龍今日出ましたる故ハ、一昨日薩州村田新八山口の方へ、御使者ニ参りたる事件云々。
又今日石川清之助（中岡慎太郎）が薩州より、条公（三条実美）までの使ニ参り、夫より急ゝ上京する也。
吉之助翁（西郷隆盛）ハ、先日土佐ニ行、老侯（山内容堂）ニ謁（エツ）し候所、実ニ同論ニて土老侯も三月十五日までに大坂まで被レ出候よし、薩侯

（上田　三吉家文書）

にも急ゝ大坂まで参り土老と
一所に京方に押入、先（まづ）
日州の大本を立候との事、
西郷も此度ハ必死覚ごのよし。
今日ハ外ニ用向もあり、
是より印藤翁と出かけ候。
三吉慎蔵様　　直柔
　急報

「三月廿日、晴、朝馬関（下関）に著す。坂本（龍馬）を訪ひ、伊藤（俊輔）を訪ふ。同廿一日、晴、谷潜蔵（高杉晋作）を訪う。病篤不ㇾ遇而帰る」と中岡日記「行行筆記」にある。中岡は鹿児島に赴き西郷らと雄藩諸侯の京都集会を企てて西下、この日自然堂の龍馬を訪問、この報をもたらしている。

五九　慶応三年三月二十四日

坂本春猪あて

猶南町むば（乳母）にもよろしく御伝へ御たのみ申あげ候。

御文難レ有、然ニ御ちうもん（注文）の銀の板うちのかんざし（簪）と云ものに、京打、江戸打と云あり、板打中にも色々の通り在レ之、画図でも御こしなれバ、わかり可レ申候。然りといへども後便ニ一つさし出し可レ申と存じ候。御まち、かしこ。

三月廿四日　　　　龍

呈　ふぐの春猪様　　　　龍馬

御前へ

（野島寅猪文書）

「図面に書いて寄こしなさい。京打ちでも江戸打ちでもその通りの簪（かんざし）を送ってやるよ」と心やさしく頼もしげな龍馬叔父である。それにしても河豚（ふぐ）と呼ばれて、その代り簪をもらわねばならぬ姪春猪も大変である。南町むばは「龍馬先生、乳母ノ恩ヲ忘レズ時々思ヒ出セシモノト見ユ。此乳母後チニ福井（高知西郊）ニ住セシ由ニ聞ク」（野島寅猪文書、原註）とある。

　龍馬に「ふぐの春猪さま」と称された姪、坂本春猪は天保十四年生まれで八歳年下。のち土佐藩家老山内（酒井）下総の家来で、鎌田実清の次男清明（のち海援隊士坂本清次郎）を入婿に迎え結婚。清次郎との間に一男三女を生んだ。清明は維新後三好賜と改め、保守派「高陽新報」の仮編集長兼印刷長となり、自由党と対立した。のち坂本直寛（南海男）の三大事件建白運動にも加わり、広島市へ移住し、この地で没。清明の死後、春猪は札幌で牧師をしていた直寛を頼って渡道したが、直寛の後妻と合わず、晩年は娘の亀代に養われた。墓は高知市小石木、鎌田家墓所にあるはずだが不明と末裔土居晴夫氏が報じている。

六〇　慶応三年四月六日

伊藤助太夫あて

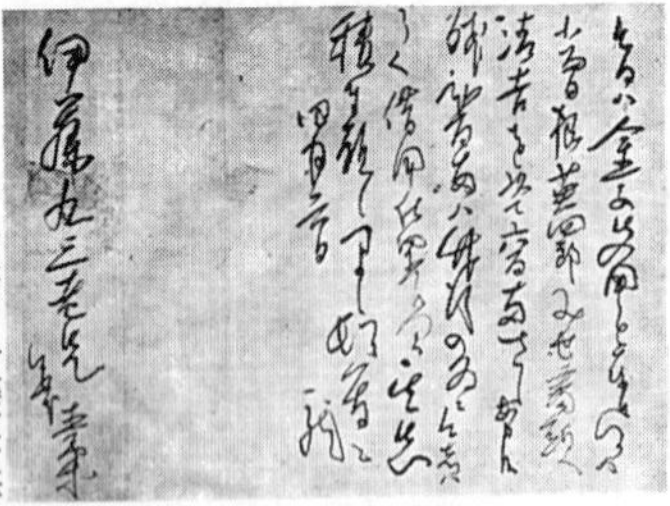

（東京　伊藤家文書）

今日ハ金子御入用と存候得バ、
小曽根英四郎みせ番頭
清吉を以て、六百両さし出申候。
残弐百両ハ竹行の為ニ今シバ
らく借用仕置候間、其御心
積奉レ願候。早ゝ頓首ゝ。

四月六日　　　　龍

伊藤九三老兄　　　　直柔

足下

伊藤九三（助太夫）より八百両借用していて、六百両を小曽根英四郎より返済させ、残りの二百両はしばらく借用のことを申し出ている。英四郎（書簡三五参照）は亀山社中結成以来の長崎の俠商で、龍馬のパトロンとして、この下関の伊藤と共に理解者であり、思想的にも共鳴する友人であって、脱藩亡命の龍馬はその智力、胆力、人徳でもって人を動かしてきた。この赤手空拳の男に、さからい難い魅力があったためでもあろうか。

他人（豪商であったり、西南雄藩）の財力を縦横に動かし事を成し得たのは、封建武士の末裔とは異なった、才谷屋商人の血統につながる敏腕の故であろうか。そして他人の懐を借りるときは、天下国家に役立てて私利をさしはさまなかった。支払い等にも義理固かった。（書簡四六参照）

この多額の金子は何に役立てたものであろうか。同月十九日長崎を出航する海援隊初仕事である。大洲藩からチャーターしたいろは丸を傭い、積荷購入に関するためのものではなかったろうか。一航海十五日間、五百両で貸借契約をなし、商品と武器類を満載して上方諸藩に売りさばくためであった。小曽根家兄弟のことを記す。長兄は十三代乾堂で勝海舟と莫逆の交を結び、書家篆刻家として明治の国璽や天皇の玉璽を彫って名を残した。海舟が長崎時代生ませた遺児も世話した。次弟清三郎は貿易商として上海に出、のち長崎でガラス製造経営をした。三弟正雄は剣の達人として聞こえ、京都奉行幕下で働きのち鳥羽伏見の役で戦死。四男は英四郎で高島秋帆門下で鉄砲の名手、長崎時代のお龍に短銃を教えたと云う。

六一　慶応三年四月七日
坂本乙女あて

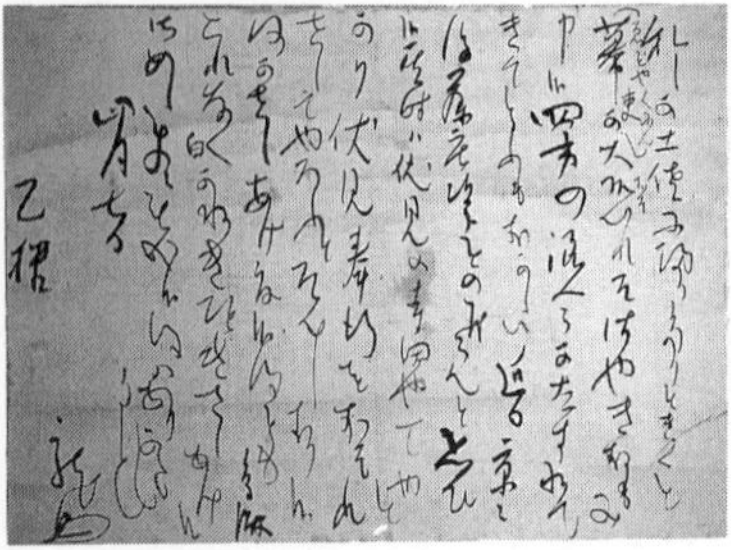

（東京　中村鋼子氏蔵）

私しが土佐に帰りたりときくと、幕吏（ゑどやく）が大恐（おそ）れぞ、はやきおもみ申候。四方の浪人らがたずねてきて、どふもおかしい。近日京ニ後藤庄次郎どのおらんと思ひ候。其時ハ伏見の寺田やでやどかり、伏見奉行をおそれさしてやろふとぞんじおり候。何かさしあげ度候得ども、鳥渡（ちよつと）これなく白（金巾）が（ママ）ねき（二匹）ひときさしあげ候。御めしものニ被ㇾ成候得バ、ありがたし。かしく。

四月七日　　　　　　　　　　　龍馬

乙様

（坂本龍馬記念写真帖）

「慶応三年丁卯四月初旬（日不詳）龍馬ノ（亀山）社中、初テ土藩ニ附属スルノ名義ヲ得テ、海援隊ト称シ、龍馬其ノ隊長ニ任ゼラレ」（坂崎紫瀾「海援隊始末ニ」）とある。後藤らの計らいで晴れて海援隊を組織した直後の得意の状況を乙女姉に訴え、先年正月幕吏に襲撃された「伏見奉行を、おそれさしてやろふ」と、わざと心配させている。金巾（かなきん）は堅くよった綿糸で、目を細かく薄地に織った広幅綿布のこと。

「坂本のお仁王様」と龍馬に尊称を奉られた姉乙女の生涯にふれておく。彼女は天保三年生まれで三歳年上。乙女の夫は、坂本家に近い上町（かんまち）二丁目（本町筋二丁目）に住んでいた山内容堂の典医岡上新甫樹庵（しんすけじゅあん）であった。長男赦太郎を生むがやがて離退して坂本家へ帰る。赦太郎と樹庵は明治四年、相前後して死没。乙女の晩年は兄権平の養子直寛に養われ、明治十二年八月病没、享年四十九歳。現在、高知市丹中山（たんちやま）坂本家墓所に仲姉坂本栄の墓と並んでいる。

書簡は、東京中村鋼子氏御所蔵より、撮影掲載した。

六二　慶応三年四月初旬
坂本乙女あて

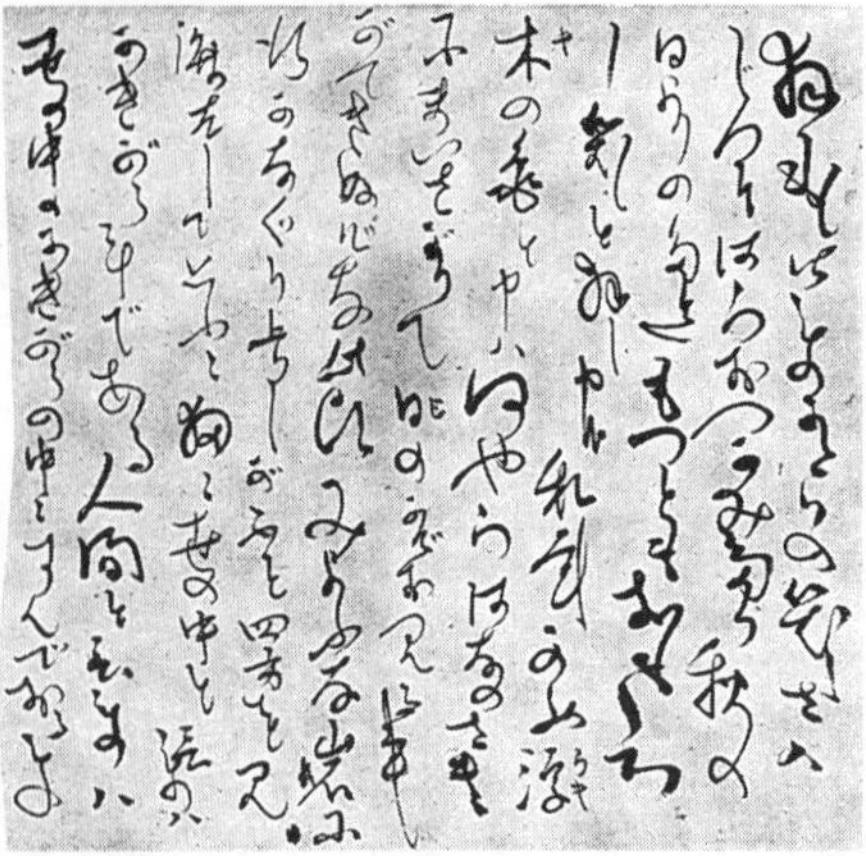

扨も〳〵、御ものがたりの笑(おか)しさハ、じつにはら(腹)おつかみたり。秋の日よりのたとへ、もつともおもしろし笑しと拝し申候。私事かの浮(ウキ)木(キ)の亀と申ハ何やらはなのさきにまいさがりて、日(ヒ)のかげお見る事ができぬげな。此頃、みよふ(妙)な岩に行かなぐり上りしが、ふと四方を見渡たして思ふニ、扨ゝ(さてさて)世の中と云ものハかきがら(牡蠣殻)計である。人間と云ものハ世の中のかきがらの中ニすんでおるもの

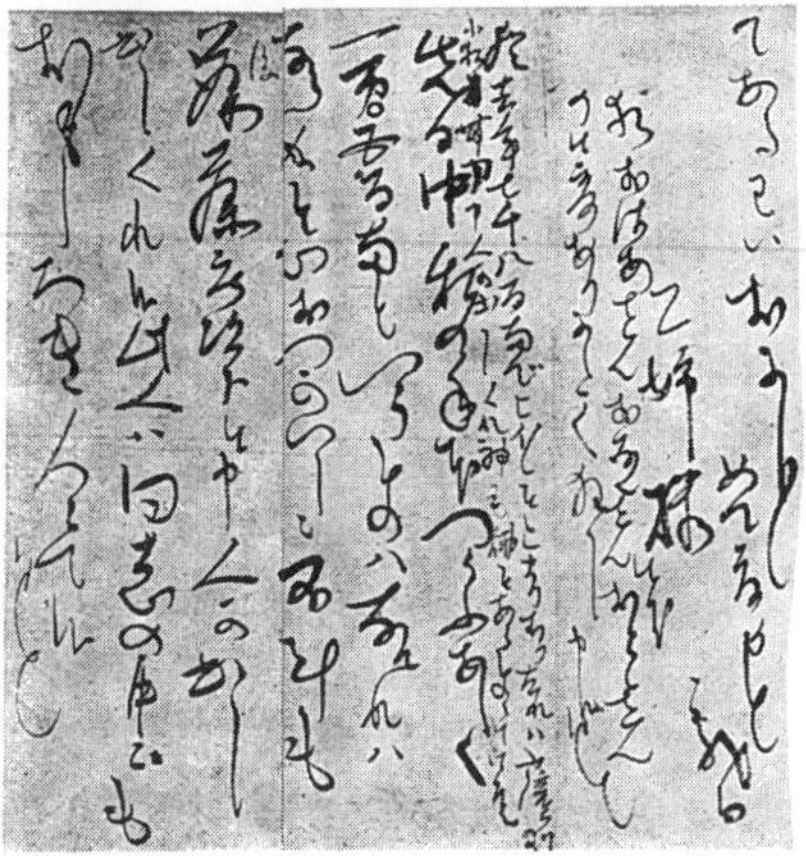

（京都国立博物館蔵）

であるわい、おかしく〳〵。めで度かしこ。

龍馬

乙姉様　御本

猶おばあさん、おなんさん、おとしさん
の御哥ありがたく拝し申候、かしこ

猶去年七千八百両でヒイ〳〵とこまりおりたれバ、薩州
小松帯刀申人が出しくれ、神も仏もあるものニて御座候
先日中、私の手本(もと)つがふあしく
一万。五百両というものハなけれバ
ならぬと心おつかいしニ、不レ計(はからず)も
藤(後)藤(ママ)庄次郎と申人が出し
出し(ママ)くれ候。此人ハ同志の中でも
おもしろき人ニて候。かしこ

「人間と云ふものハ世の中のかきがら（牡蠣殻）の中ニすんでおるもの」で「おかし〳〵」とある。さきの「しほ時」論（書簡一四）や「どろの中のすゞめがい」論（書簡一〇）に続く、龍馬の特異な人生論を展開している。順風満帆、とんでもない。「私事かの浮木の亀」であった、とここ数年間の苦闘変転に感慨を示している。四月初旬いろは丸出航前のものである。

七千八百両云々は昨二年十月プロシヤ商人より大極丸購入の際の薩藩保証を、一万。五百両の融通金は「同志の中でもおもしろき人」後藤が支払った、と打ち明けている。

六三　慶応三年四月二十七日
寺田屋お登勢あて

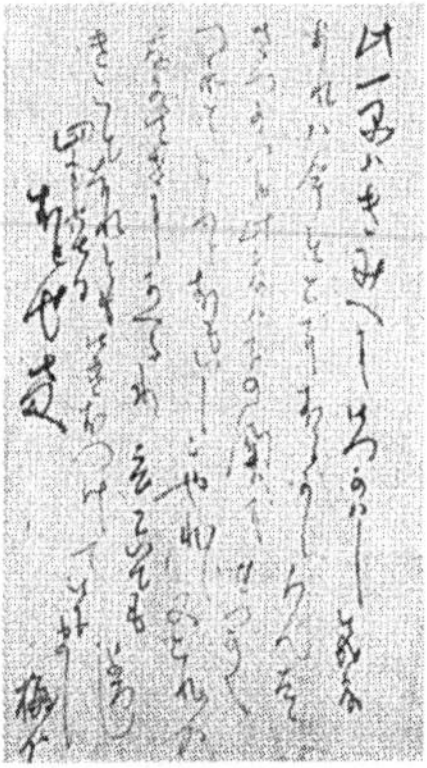

（京都府立総合資料館蔵
京都府京都文化博物館管理）

此一品ハきみ（樽崎君江）へにおつかハし被ﾚ成度、
あれハ今どこにおるかしらん、たゞ
きづかい候。此度ハ下の関にせつかく
つれてこふとおもいしニ、やれ〳〵、又これより
ながさき（長崎）にかへるわ。言わいでもよろし
きことなれども、御きおつけて被ﾚ下まし。
　四月廿七日　　　　　　　　梅より
　　おとせさま

寺田屋お登勢あての龍馬の手紙は五通残っていて
今日、京都府立総合資料館が所蔵している。「関係文書第一」によれば、包封上書に「伏見宝来橋寺田や様まで　梅より」となっている。お登勢は龍馬より五歳年上で、大津（滋賀県）山本家の出で十八歳で寺田屋六代伊助に嫁いだ。船宿寺田屋は薩摩藩の定宿でもあり西郷らが贔屓(ひいき)にした。文久二年薩藩士上意討ち事件があった。慶応三年四月二十三日、いろは丸沈没事件の突発により、京都へ行けないで、長崎へ引き返すことを告げている。君江はお龍の末妹で後に菅野覚兵衛（千屋寅之助）の妻となり、東京で昭和九年没、八十二歳。

六四　慶応三年四月二十八日
菅野覚兵衛、高松太郎あて

拝啓。然に大極丸は後藤庄次郎引受くれ申候。そして小弟をして海援長(ママ)と致し、諸君其まゝ御修業被ㇾ成候よふ、つがふ(都合)付呉候。是西郷吉(吉之助)が老侯(山内容堂)にとき候所と存候。福岡藤次郎此儀お国より以て(ママ)承り申候。然に此度土州イロハ丸かり受候て、大坂まで急に送り申候所、不ㇾ計(はからず)も四月廿三日夜十一時頃、備後鞆(とも)の近方、箱の岬と申所にて、紀州の船直横より乗かけられ、吾船は沈没致し、又是より長崎へ帰り申候。何れ血を不ㇾ見ばなるまいと存居候。其後の応接書は西郷まで送りしなれば、早々御覧可ㇾ被ㇾ成候。航海日記写書送り申候間、御覧可ㇾ被ㇾ成候。此航海日記と(ママ)長崎にて議論すみ候までは、他人には見せぬ方が宜と存候。西郷に送りし応接書は早ゝ天下の耳に入候得ば、自然一戦争致候時、他人以て我も尤と存くれ候。惣じて紀州人は我々共及便船人をして、荷物も何にも失しものを、唯鞆の港になげあげ主用あり急ぐとて長崎に出候。鞆の港に居合せよと申事ならん。実に怨み報ぜざるべからず。

早々頓首。
才谷　龍
四月二十八日
菅野覚兵衛様
多賀松太郎様
追而(おって)船代の外二千金かりし所、是は必代金御周旋にて御下被レ成るよふ御頼み申候。
(坂本直衛旧蔵)

別紙ハ航海日記、応接一冊を西郷ニ送らんと記せしが猶思ふに諸君御覧の後、早々西、小松などの本(もと)ニ御廻、付てハ、石川清の助(中岡慎太郎)などにも御見せ奉レ願候。又だきにて御一見の後、御とゞおき被レ成候てハ、不レ安(やすからず)候間、御らん後、西郷あたりニ早ゝ御見せ可レ被レ下候。実ハ一戦仕りと存候間、天下の人ニよく為レ知(しらせ)て置度存候。早々。
龍
四月廿八日
菅野様
多賀様
(野島家文書)

四月二十三日夜半、瀬戸内海を航行中突発したいろは丸衝突事件は、龍馬に大きな試練を与えた。以下、四、五月にかけて相手側紀州藩との、折衝対策にかかわる手紙（書簡六四―七九）が十五通を数える。日本近代海難事故のはじめてのケースであった。

冒頭の大極丸購入は、後藤により土佐藩の融資を仰いだことは前便でふれたが、「西郷が老侯（容堂）にとき候所」以下は、次のことを指す。西郷隆盛は薩藩使者としてこの年二月十六日、高知城下を訪い、容堂へ四侯会議を説き上京を約す。そして此月参政福岡藤次（孝悌）は門田為之助らを随えて高知を発して長崎に赴き、龍馬は正式に「脱走罪差許され、海援隊長仰付けらる」こととなる。

海援隊誕生矢先の処女航海であった。伊予大洲（おおず）（愛媛県）藩船いろは丸（百六十トン、四十五馬力）をチャーターし、鉄砲弾薬などを大坂方面の諸藩に売り捌くため、荷物満載で四月十九日長崎港を出帆。京都近江屋「井口家文書」によると、近江屋新助の実弟小三郎も乗船、積荷は近江屋のものであったとある。龍馬自ら搭乗、簿籌官（ぼちゅうかん）（会計）小曽根英四郎ら総勢三十四名の顔ぶれで「今日をはじめと乗り出す船は稽古始めのいろは丸」の船歌と共に進発。「不レ計（はからず）も四月廿三日夜十一時頃」瀬戸内海「鞆の近方箱の岬」附近で濃霧の中からあらわれた紀州藩船明光丸（八百八十トン、百五十馬力）に激突されて沈没、乗員は明光丸に乗り移り無事であったが、船と荷物をすべて喪った。

「唯鞆の港（福山市鞆町鞆）になげあげて主用あり急ぐ」と、長崎へ先発した紀州側へ「実に怨み報ぜざるべからず」と強い怒りを発している。本状は大坂に駐在している菅野と高松に宛てたもので、航海日誌や応接書を西郷や小松に送るつもりであったが再考して、その前に隊中同志に一覧させるため追書を認めたのである。「だき」は「惰気」で不整頓だらしないの意味。

六五　慶応三年五月五日
三吉慎蔵あて

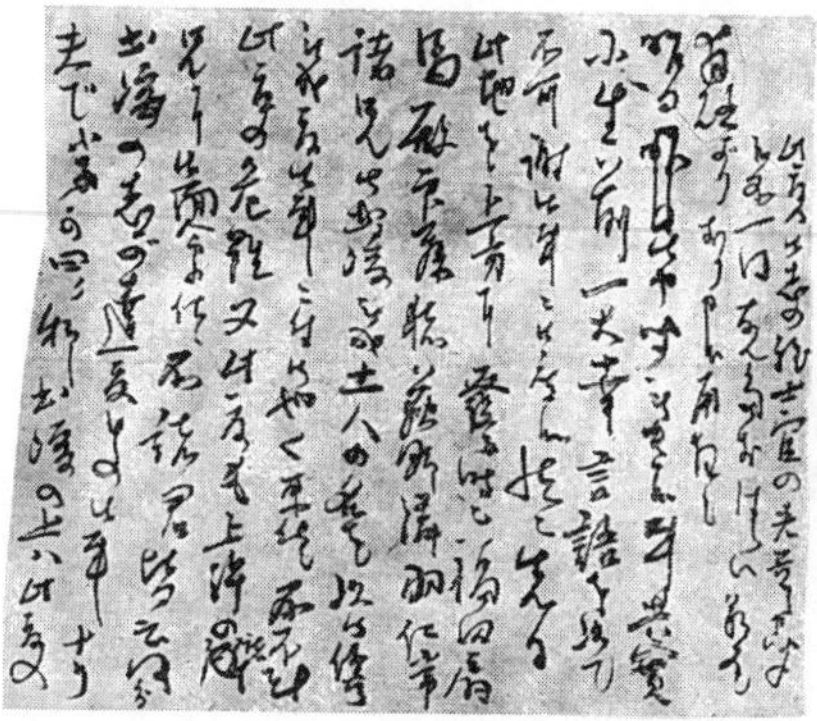

　此度の御志の程、士官の者共に申聞
　候所、一同なんだ(涙)おはらい難レ有
　がりおり申候。再拝〻。

拝啓。

昨日御申聞被レ遣候事共、実
に生前一大幸、言語を以て
不レ可レ謝(しやすべからざる)御事ニ御座候。然ニ先日
此地を上方に発る時ニ福田扇
馬殿、印藤猪、荻野隣、羽仁常
諸兄御出崎被レ成、土人(土佐藩士)の名を以御修行
被レ成(なされ)度御事ニ付、御やく束仕候所、不レ計(はからず)

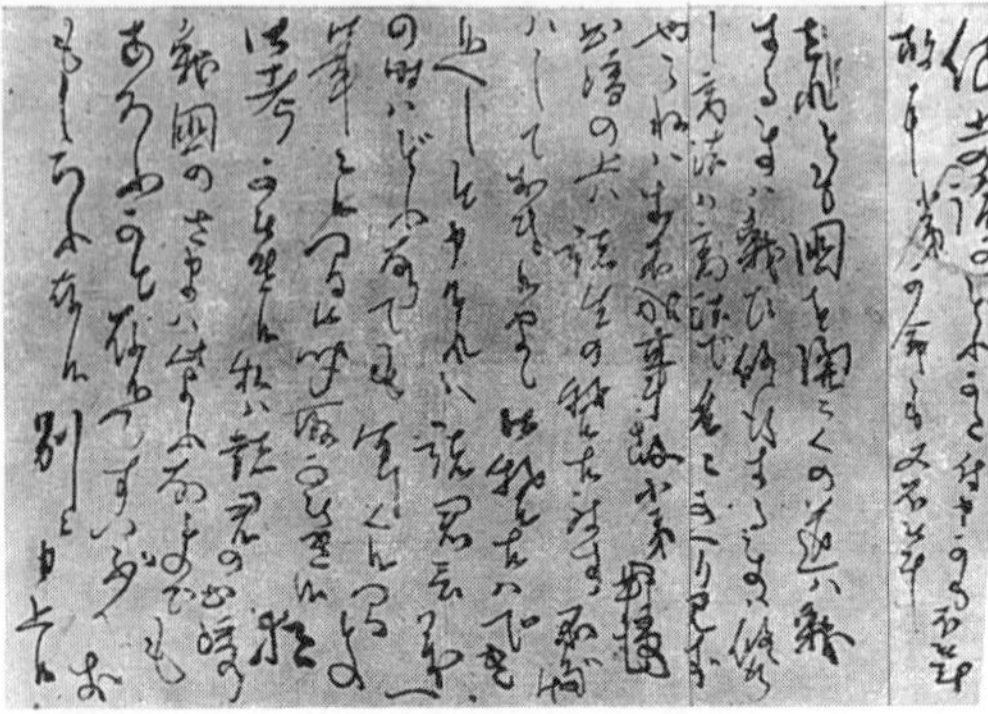

此度の危難、又此度も上件の諸兄に御面会仕候所、諸君皆云、何分出崎の志が達度(たつしたし)との御事ナリ。夫で小弟が曰ク、私し出崎の上ハ此度の紀土の論がどふかた付申かも不レ被レ計(はかられず)、故に小弟が命も又不レ被レ計、されども国を開らくの道ハ、戦するものハ戦ひ、修行するものは修行し、商法ハ商法で名々(めいめい)かへり見ずやらねバ相不レ成事故、小弟出崎の上ハ諸生の稽古致す所だけハしておき候まゝ、御稽古ハでき候べしと申ければ、諸君云、万一の時ハどふなりても宜しく候間との御事ニ候間、御聞取可レ被レ遣候。猶、

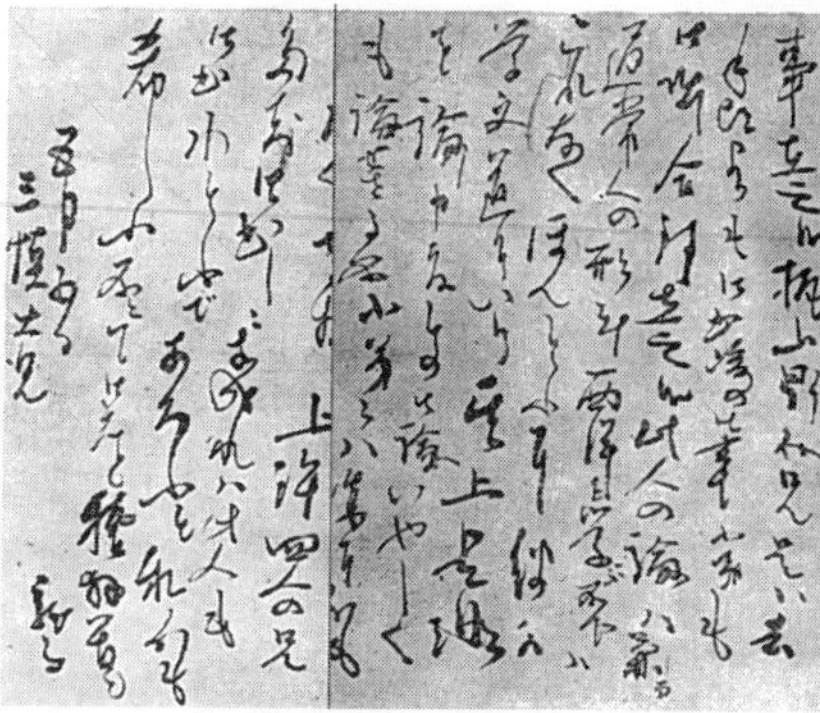

御考可レ被レ遣候。私は諸君の出崎、戦国のさまハ此よふなものでもあろふかと存候てずいぶんおもしろふ存候。別ニ申上候事在レ之候。梶山鼎介兄是ハ去年頃よりも御出崎の御事、小弟も御咄し合致し在レ之候。此人の論ハ兼而(かねて)通常人の形斗(かたちばかり)西洋を学ぶ所でハこれなく、ほんとふに彼が学文道にいり、其上是非を論じ申度との御論、いやしくも論ぜざる所、小弟ニハ誠におもしろく奉レ存候。上件四人の兄たち御出しニ相成れバ、此人も御出わどふであろふと、私よりも

希ふ所ニて御座候。稽拝首〻。

五月五日　　　　龍馬

三慎大兄

三吉慎蔵様

左右　　　　直柔

（上田　三吉家文書）

鞆の港に上陸した龍馬たちは、ここで交渉不可となると便船を得て四月二十九日下関に来て五月八日まで滞在。この間、三吉の丁重なる見舞があって、隊士一同「涙をはらい有難がりおり申候」とある。長府藩の海軍組織に尽力してきた龍馬は、その養成のため福田、印藤、荻野、羽仁の諸士を長崎に伴う約束であったが「不レ計（はからず）此度の危難」が突発し、「どふかた付（づき）申かも不レ被レ計（はかられず）」であるが、「諸生の稽古致す所だけハしておき候」と覚悟を示している。「戦するものハ戦ひ（海軍術）、修行するものは修行し（航海術）、商法ハ商法（貿易）」の海援隊の三本立のスローガンを明示し、非常の時と平和の時、現実と未来に向けた龍馬の目がうかがえる。期待されている梶山鼎介は長府藩士で報国隊員、同藩士林郡平暗殺の科により一時流罪、維新後米英仏に遊学。外務省に入り朝鮮国京城駐劄など、昭和八年没、八十六歳。

六六　慶応三年五月七日
伊藤助太夫あて

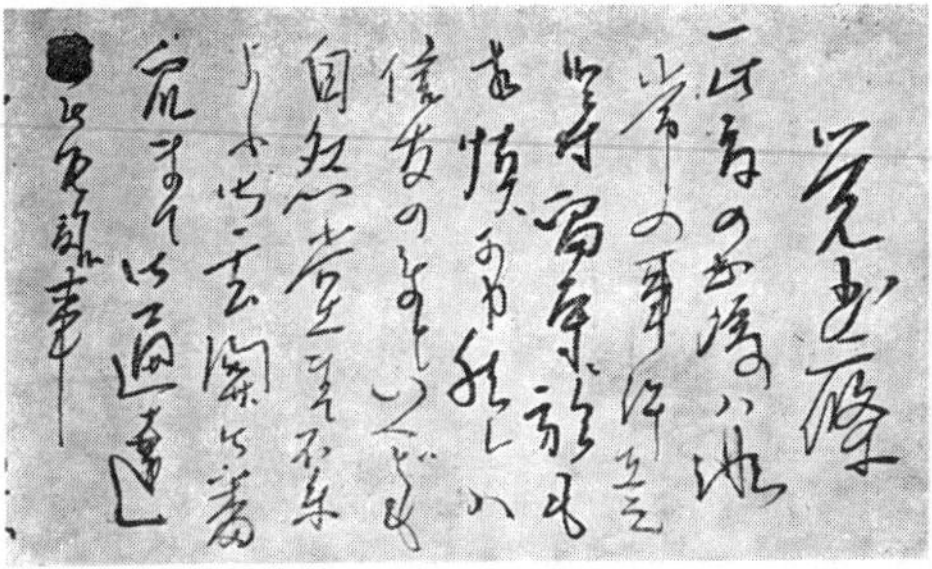

覚書二条

一、此度の出崎ハ、非常の事件在ㇾ之候ニ付、留守ニ於も相慎可ㇾ申、然レバ信（親）友のものといへども、自然堂まで不ㇾ参よふ、御玄関御番衆まで御通達被ㇾ遣度候事。

一、私し留守ニて他所

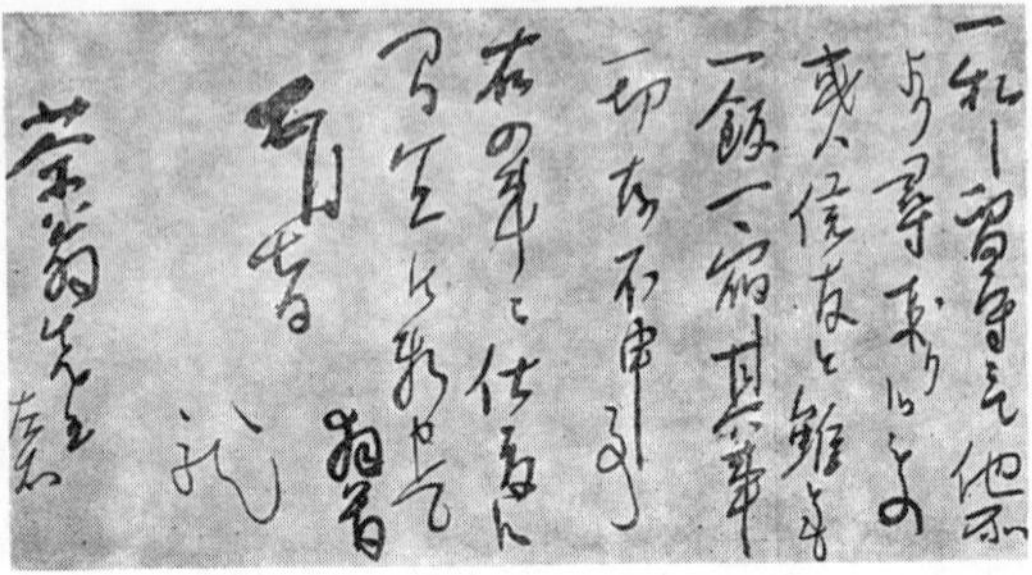

（東京　伊藤家文書）

より尋来り候もの、
或ハ信友と雖ども、
一飯一宿其事
一切存不ㇾ申事。
右の事ニ仕度候
間、宜御頼申上候。　拝首。
五月七日　　龍
茶翁先生
　　左右

非常事件の出来（しゅったい）によって身辺を整理し、一身を投げ出す覚悟を「覚書二条」に見せている。留守となるお龍の棲んでいる自然堂へは、信（親）友の者でも立ち入らせないこと、一飯一宿の事も辞（こと）わることを茶翁先生（伊藤助太夫）へ頼んでいる。

六七　慶応三年五月七日
伊藤助太夫あて

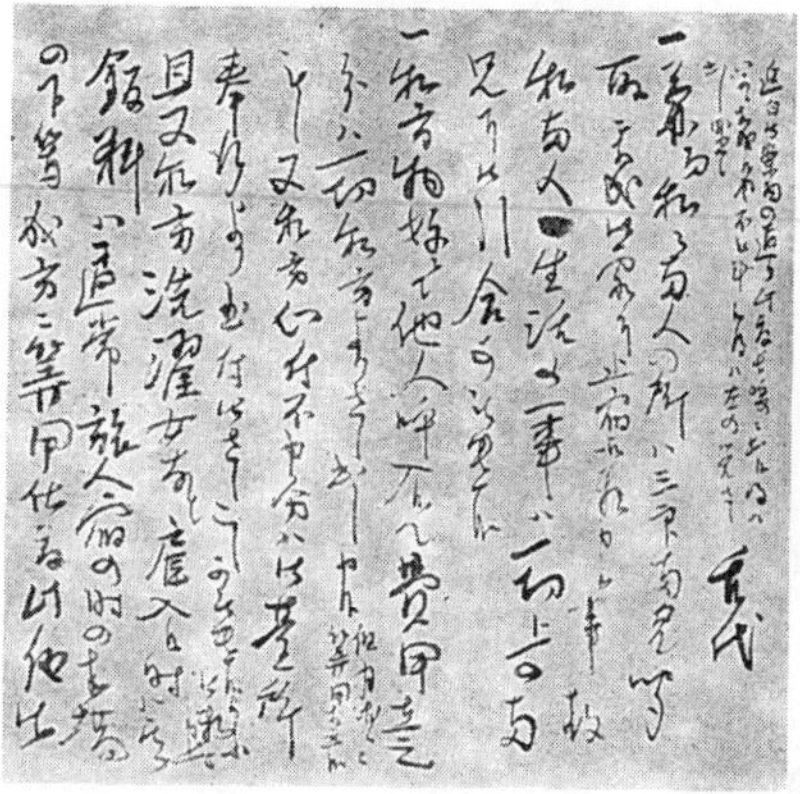

追白、御案内の通り此度長崎ニ出候得バ、いかゞ相成候や不レ被レ計候得バ、左の覚さし　舌代
出し置候。

一、兼而(かねて)私ら両人の所ハ三印両兄聞取ニ相成、御家に止宿御頼申候事故、私両人生活の一事ハ一切上の両兄に御引合可レ被レ遣候。

一、私方物好ニて他人呼入候て、費用在レ之分ハ、一切私方よりさし出し申候。但月末〳〵ニ算用相立候。もし又私方心付不レ申分ハ、御台所奉行より書付御さしこし可レ被レ遣候よふ御頼申上候。

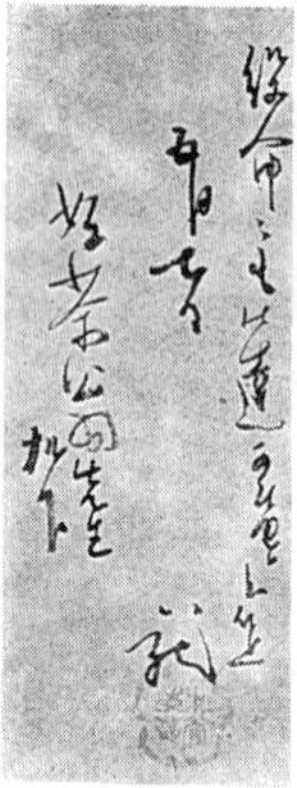
（東京　伊藤家文書）

且又、私方洗濯女など雇入候時ハ、其ノ飯料ハ通常旅人宿の時の相場の下等成方ニ算用仕度、此儀御役人中ニも御達可レ被レ遣候。以上。
　五月七日　　　　龍　（朱印）
　　好茶翁先生
　　　　机　下

この二通を同時に認めたのは下関出航前日の七日で、二通目の本状には朱印（梅花の中に才谷梅太郎と彫る）を押してある。身辺を整理して前途に向う決意がうかがえる。「舌代」は口上書き。

第一条は私たち両人殊にお龍の生活の一切は、三吉、印藤両氏にお引合せ相談してもらいたいこと、第二条は生活費交際費のすべては私方より月末算用で差し出すが、もし気付かない点があれば御台所奉行（伊藤家会計係）や御役人中（伊藤家使用人）より書付請求してほしいと、戯画的言辞を遣いながら細心配慮を示している。

龍馬は商家郷士の出だけあって、商人の心を知り機微にも通じている。そしてパトロン伊藤家に迷惑をかけまいと「洗濯女雇入れ」まで気遣い、万一の際恥を残すまいと、心懸けている気配である。

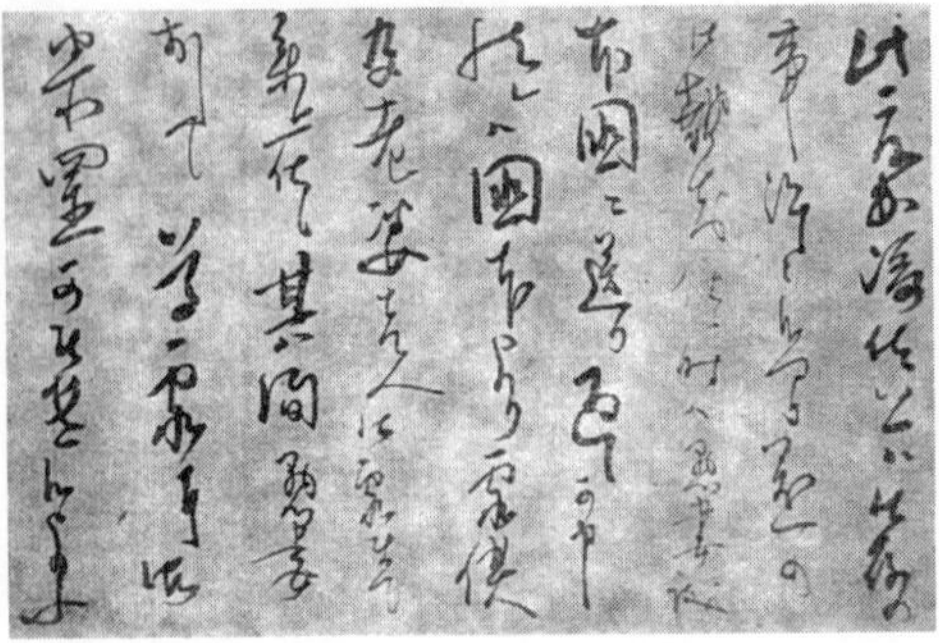

六八　慶応三年五月八日
三吉慎蔵あて

此度出崎仕候上ハ、御存(知)の
事件ニ候間、万一の
御報知仕候時ハ、愚妻儀
本国ニ送り返し可レ申、
然レバ国本より家僕
及老婆壱人、御家まで
参上仕候。其間愚妻
おして尊家に御
養置可レ被レ遣候よふ、
万ゝ御頼申上候。拝稽首。

五月八日　　　龍馬

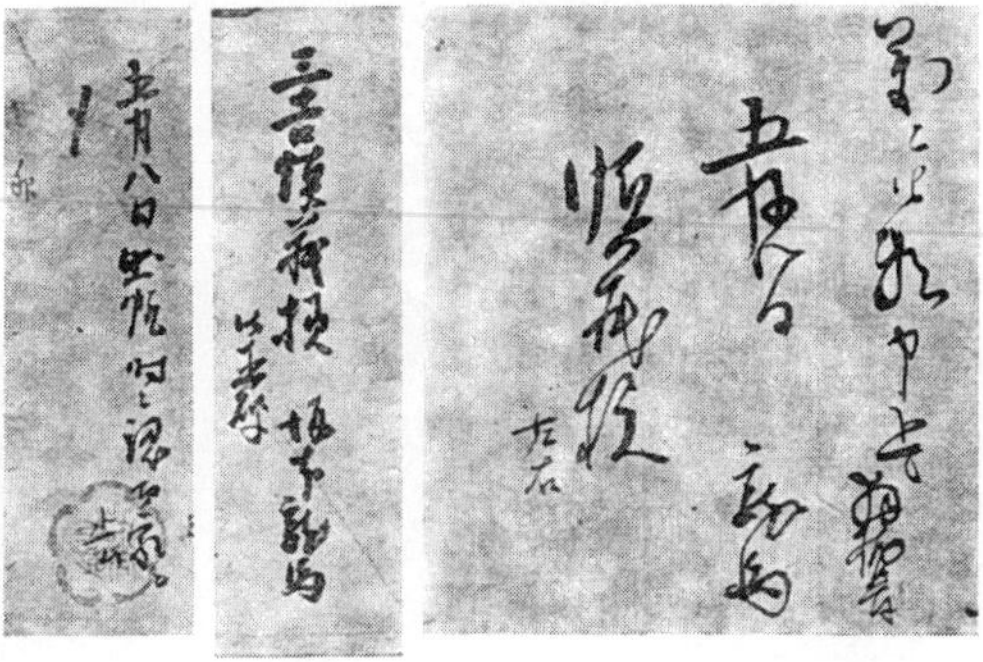

（下関　長府博物館蔵）

慎蔵様　　左右

三吉慎蔵様　　御直披　　坂本龍馬

五月八日出帆時ニ認而家ニ止ム。

卯　　（朱印）

長崎へ出航する「五月八日出帆時ニ認」めた龍馬の遺言状である。天下の御三家紀州和歌山藩と浪人結社海援隊の対決である。龍馬は冷静に事態を見抜き、事件の容易ならぬことを知って、生命を賭ける覚悟をしている。「万一の御報知仕候時」は、妻お龍の処置や身の振り方を、最も信頼する三吉に頼みおいたのである。龍馬書状に朱印を認めたのは、後にも先にも助太夫宛てとこの二通のみである。

六九　慶応三年五月十一日

秋山某あて

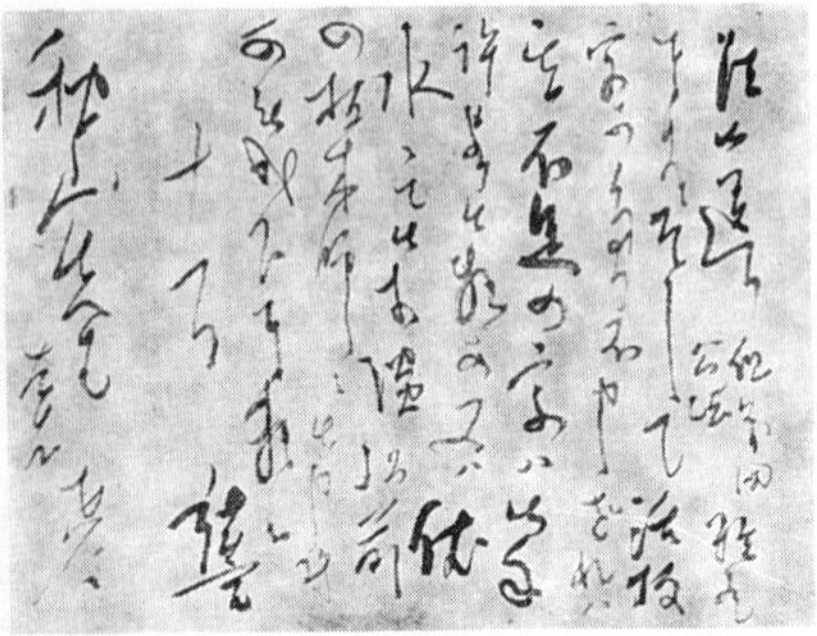

（大洗町　幕末と明治の博物館蔵）

唯御送り但万国公法。難レ有
奉レ存候。そして活板
字がたり不レ申ざれ（ママ）バ、
其不足の字ハ御手
許より御頼か、又ハ伏
水（見）ニて御相談、以前
の板木師ニ御申付
可レ被ニ成下一奉レ頼候。謹言。

十一日

秋山先生　　才谷

左右

浪士集団の海援隊が大藩紀州側と談判で勝つためには、捨身の戦法をとるしかない。決死の覚悟のもとなお合法的解決の方法として、龍馬は「万国公法」を出版公開して、自説主張の根拠を普及徹底させようと企てる。「万国公法に於て、若し出金の振合（ふりあい）に相決し候はゞ、拙者章鑑（しょうかん）相渡し置き、其期より五箇月限り金子相渡可レ申事」（五月二十六日、紀州代表茂田一次郎より後藤象二郎あて）とあって、論判が「公法」の規準によって行われたことを証している。

――「万国公法」といえば、こんにちの国際法とみるべきであろう。秋山先生とはどんな知人か未考であるが、龍馬はそれを送らせてさらに印刷に付し、一般に普及させようと考えたのである。それによって法概念を世間に認識させ、世論の支持をうけようとした。「万国公法」が彼によって出版されたかどうかは確証を得ないけれども、紀州藩との談判を前にして、彼の深謀遠慮がうかがえるのではないか。（中略）海援隊で出版事業に着手したことは、その文化的な側面を見せたものとして見落とすことができまい（平尾道雄「龍馬のすべて」）――としている。

五月十一日認められたとするなら、五月八日下関発、十三日長崎着航であるので、おそらく航海中、「公法」出版の必要を感じて発信したものであろうか。

「万国公法」の内容は、英吉利（イギリス）、法郎西（フランス）、俄羅斯（オロシア）、美利堅（アメリカ）の四大強国を範とし西洋先進国の人権、国権、法律、外国領事、海上航海、捕魚之権、諸国往来の権、商議、交戦条規、和約に至るまでの浩瀚（こうかん）な国際法書。清の同治三年（一八六四）歳在甲子し孟冬月鐫（せん）、慶応元年、開成所繙刻（はんこく）、京都崇実館存板、として六冊が刊行されている。

七〇　慶応三年五月中旬
寺田屋伊助あて

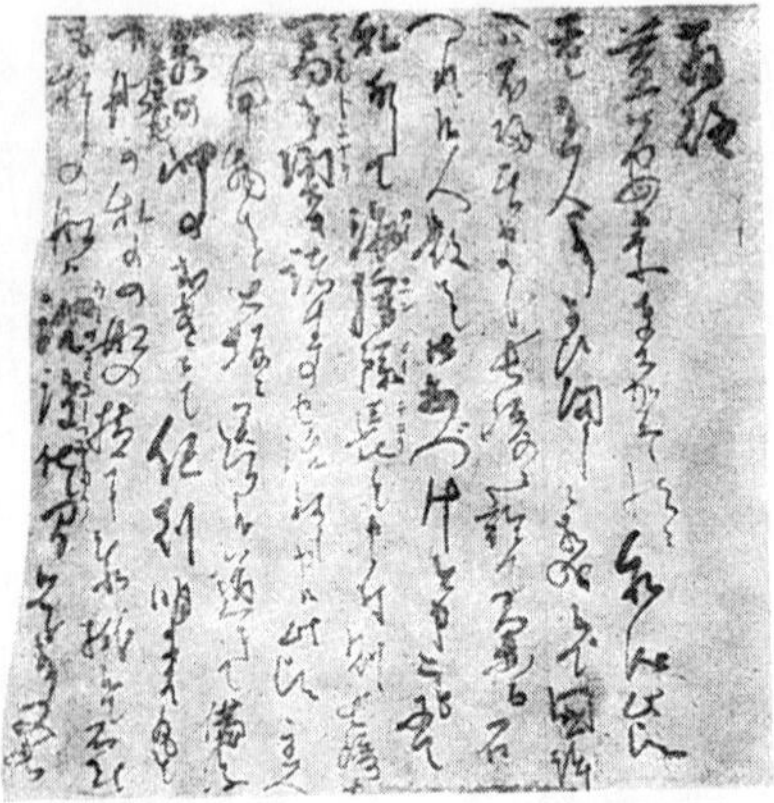

拝啓。
益御安泰奉ニ大賀一候。然ニ私儀此頃老主人(山内容堂)よりよび帰しニ相成候て、国許へハ不ㇾ帰、其まゝ長崎ニ於て、兼而召つれ候人数を御あづけ(預)被ㇾ申ことにて、私おして海援隊長(カイエンタイチヨウ)と申付、則長崎ニて一局(がくもんじよナリ)を開キ諸生のセ話致し申候。此頃主人の用物を大坂ニ送り候道にて、備後箱の岬のおきニて紀州明光丸と申船(蒸気船也)が、私のの(ママ)船の横に乗掛候て、不ㇾ計も私しの船ハ沈没(ウミのそこにしづみたり)仕候間、是より又長

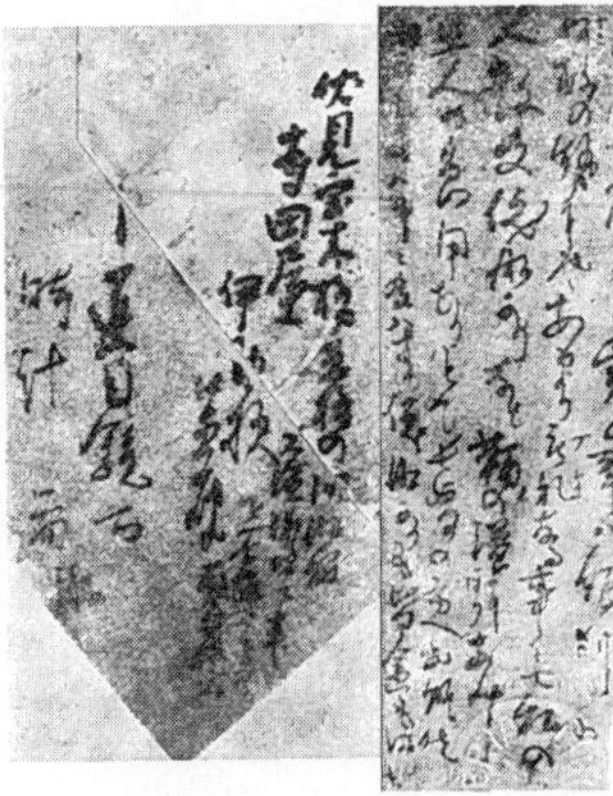

（京都府立総合資料館蔵
京都府京都文化博物館管理）

崎の方へ帰り申候。此度の事ハ紀州ハ
何(ナニ)故の勢にや、あまり無礼(ブレイ)なる事ニて私の
人数及便船かりなど鞆の港にほりあげ、
主人の急用ありとて長崎の方へ出帆仕候。
船のものハ申ニ及バず便船かりも皆金も何も
（以下断欠）

伏見宝来橋京橋の回船宿

大浜濤次郎事

寺田屋伊助様　　才谷梅太郎事

取巻抜六

御直披

遠目鏡一つ
　　　添
時計　一面

いろは丸事件を伏見寺田屋主人伊助に宛てたものである。長崎における今春の海援隊設立を報じ、早々の航海の途、不慮の事件で「不ㇾ計(はからず)も私しの船ハウミ(海)のそこにしづみたり」と知らせ、船来の望遠鏡と時計を添えて贈っている。

「関係文書第一」では日付を欠く本状を、四月下旬のものとしているが、「長崎の方へ帰り申候」とあるように、長崎に帰着後、書いたものと判断したい。五月十五日紀州側と談判開始しているので、この前後であろうか。「大浜濤次郎」は初出の変名。「取巻抜六」は昨年正月の伏見寺田屋遭難を脱出したことによる自譴的自称で、お登勢あて書簡(四一)にも既出。

七一　慶応三年五月十七日
三吉慎蔵あて

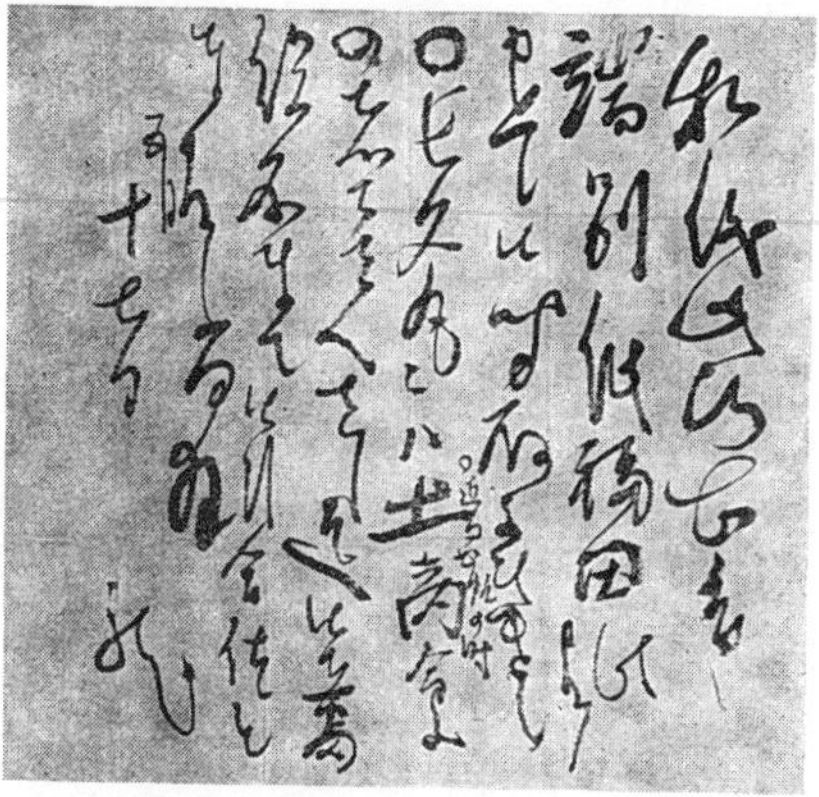

私儀此頃甚多
端、別紙福田氏(扇馬)より
申上候、御聞取可レ被レ遣(つかはさるべく)候。
○長久丸ニハ土商会（○近日出帆の時）
の者壱人さしそへ御在番
役所まで御引合仕候と
奉レ存候。百拝。
五月十七日　龍
慎老台下
三吉慎蔵様
〆　直柔

（上田　三吉家文書）

長府藩の軍艦長久丸が長崎出航のさい、土佐商会員を乗船させる旨の消息文である。土佐商会は土佐藩開成館貨殖局の長崎出張所で、責任者は岩崎弥太郎であった。同じ五月二十八日お龍あて「小曽（根）清三郎が曽根拙蔵と名おかへて参り候」（書簡七五）とあり、また同日伊藤助太夫あて「此度曽根拙蔵お土佐商会より御在番役所までさし立申候」（書簡七七）とあるように、土佐商会より派遣の人物は、小曽根清三郎で、乾堂の次弟である。福田扇馬はさきに（書簡六五）出た長府藩医福田順庵の長男で、長崎の海援隊で海軍術修行生である。

この間のいろは丸事件の折衝は次のように運んでゆく。龍馬たちは十三日長崎に着航上陸。談判開始は翌々日十五日で、出席者は海援隊側より龍馬、長岡謙吉、佐柳高次、小谷耕蔵、渡辺剛八、腰越次郎、これに土佐藩側から二人。紀州藩は明光丸船長高柳楠之助ほか八人。当日の第一次談判では互いに航海日誌を出し、海路図を示して衝突の原因責任について激しく論談した。結局、海援隊側は次の事実を、紀州藩側に認めさせた。「慶応丁卯四月廿三日、紀伊公之蒸汽船我蒸汽船ヲ衝突ス、我船沈没ス。其証、衝突之際我士官等彼甲板上ニ登リシ時、一人之士官有ルヲ見ズ。是一ケ条。衝突之後彼自ラ船ヲ退事凡五十間計、再前進シ来ツテ我船ノ右艫ヲ突ク。是二ケ条。五月十六日海援隊文司長岡謙吉応接席上ニ於テ書ス」(「以呂波丸航海日記」)

七二　慶応三年五月二十七日
伊藤助太夫あて

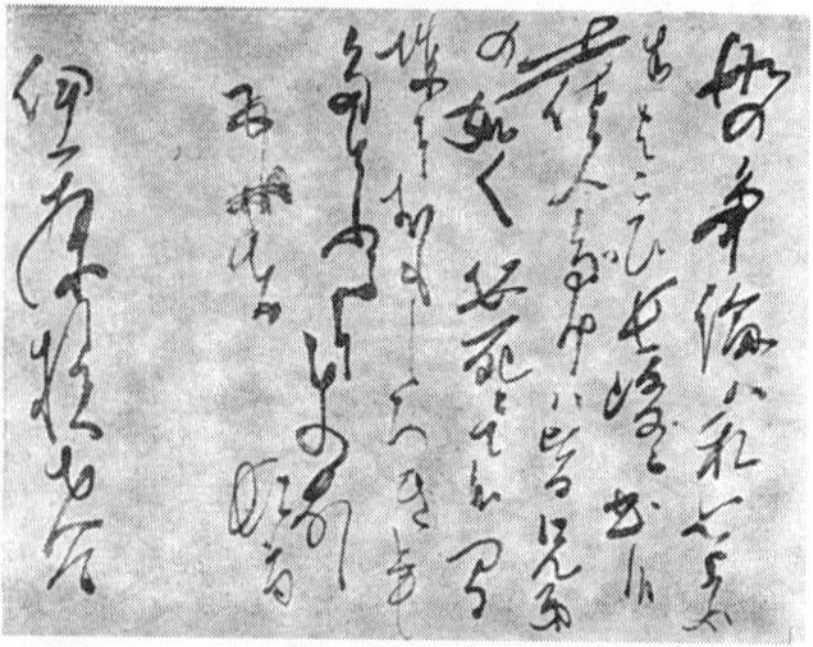
（東京　伊藤家文書）

船の争論ハ私思よふ
相はこび、長崎ニ出候。
土佐人だけハ、皆兄弟
の如く必死ニて候間、
誠におもしろき事
たとふるにものなし。頓首。
五月廿七日　才谷
伊藤様

いろは丸事件の談判進捗の中間報告である。海援隊の団結と龍馬の統制力に服し「思（おもう）よふ相はこび」

「誠におもしろき事たとふるにものなし」と述べている。土佐側を代表して後藤象二郎の交渉と共に、龍馬の裏面策も奏効する。「龍馬、進で気脈を桂に通じ、其声援を求め、俗謡を丸山の妓楼に唄はしむ。船を沈めた其償は金を取らずに国を取る」(海援隊記事)

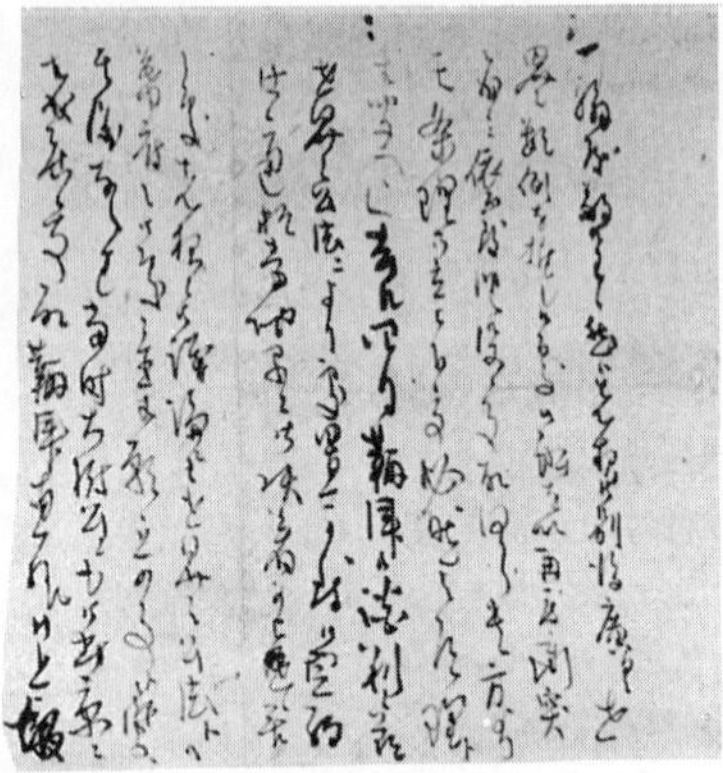

七三　慶応三年五月中下旬頃

高柳楠之助あて

一翰致ニ敬呈一候。然ハ先夜御別後、広く世界之数例を推し候処、御船を以再度衝突被レ成候ニ依而致ニ沈没一候事故、何分貴方より其条理御立被レ下候事、必然之道理ト相聞へ申候。去ル四月鞆津御談判之節、世界之公法ニより処置可レ致御定約仕候通、於ニ当地一早〻御決着可レ被レ遣候筈之処、先夜之御議論ニ者（は）世界之公法トハ幕府之御処置相願い候上の事ト被レ仰聞候。其儀なら者（ば）、当時大樹公ニも御出京ニ相成居候事故、鞆津直様御上坂

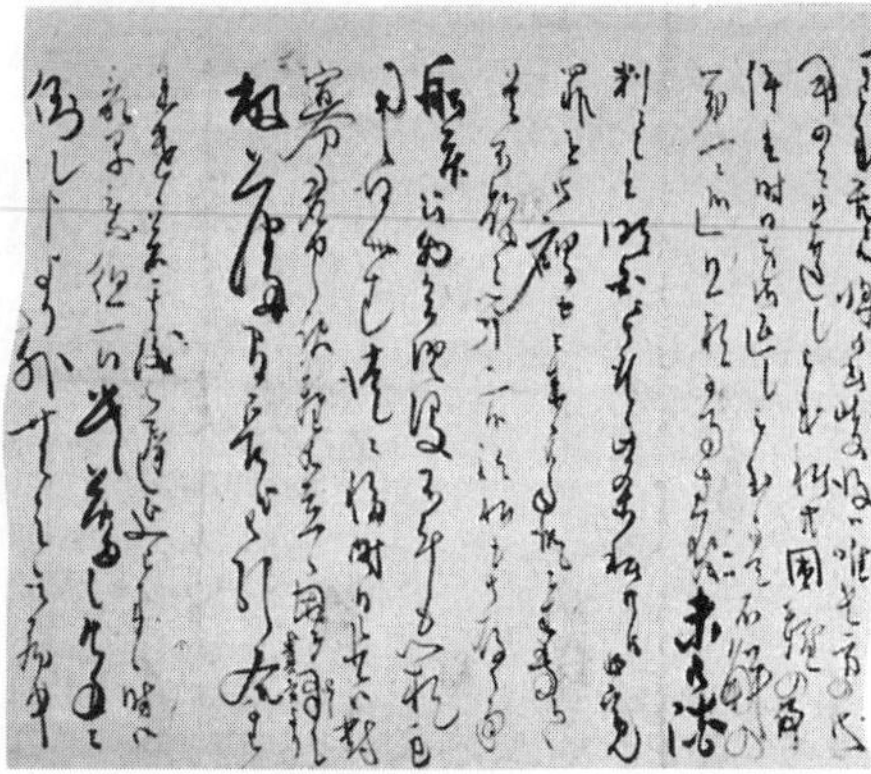

可レ被レ成筈ニ候。将御出発後ハ唯貴方の御
用のミ御達し被レ成、私共困難の事
件者時日を御延し被レ成候。是不解の
第一ニ候。
且於当方所ニハ未御談
判ニても明白ニ御座候。此条私共江冤
罪を御被セ被レ成候御手段ニ相当り候。
是不解之第二候。於私も御存之通、
船并公物多沈没、不レ計も箱主
用候得者、徒ニ移二時日一候てハ
寡君申し訳難二相立一候。因テ早ミ貴方より
敝(弊)藩官長江御引合可レ被
成遣候。若其儀も遅延被レ成候時ハ、
最早乗組一同貴藩之御手ニ
倒レ申より外無レ之候。御病中

乍二御気毒一此条申上置候。
宜御如意も可二成下一候。謹言
月日　　才谷梅太郎
高柳楠之助様

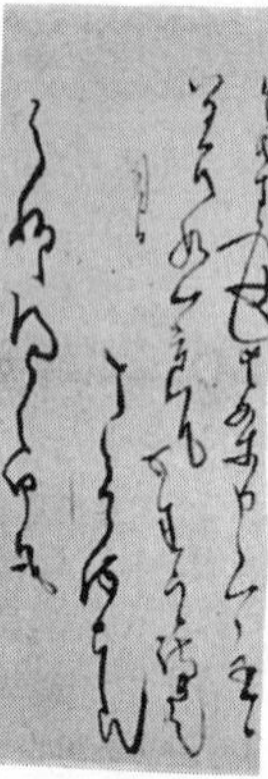
（下関　河村家）

慶応三年五月下旬、長崎において龍馬（才谷梅太郎）より、紀州藩明光丸船長高柳楠之助にあてた書状案の写しであって、「五月二十七日」（龍馬書簡七四）の前頃に認められたものと推考しておく。

内容は、いろは丸衝突沈没事件の談判交渉に関して、紀州側の不誠実、不解（不快）な二点をあげている。「再度衝突」や「世界之公法」（万国公法）のことを前面に出して、交渉遅延を詰問。丁重な儀礼語にくるんで龍馬の凄味、奥の手を示している。

「若し其儀も遅延成され候時は、最早乗組一同貴藩之御手に倒れ申すより外、これ無く候」と海援隊一同、紀州側に切り込む覚悟でいることを伝えている。

本状は、字体や文体から龍馬直筆とは断定出来ないが、彼の周辺にいた者が、龍馬書状草案を写しとったものと推定しておく。

所蔵者は、海援隊で海軍修行した長府藩報国隊士伊藤常作の末孫河村家で、昭和六十二年長府博物館に寄託され、当館主催「龍馬と下関展」（平成四年十一月）で初公開されたものである。長府博物館学芸員町田一仁氏より御世話になり同館より書状写真提供を頂いた。

なお、青山文庫館長松岡司氏は、新人物往来社刊別冊「歴史読本」中「完全検証龍馬暗殺」中、「初見の才谷梅太郎名書状草稿」と題して公開している。

七四　慶応三年五月二十七日
高柳楠之助あて

今日も鬱陶しき天気に御座候。愈御佳安奉ㇾ賀候。然れば昨日官長罷出、茂田君と御約定申上候通、今廿七日英国水師提督に対面之儀者(は)、第十字(時)より彼船に御同行申度奉ㇾ存候間、此段御通達申上候。当方へ御入来被ㇾ下候や。又当方より罷出(まかりいで)可ㇾ申や。御返事此者へ為二御聞(おきかせ)一被ㇾ下度如ㇾ此御座候。以上。

五月廿七日　　才谷梅太郎

高柳楠之助様

（海援隊文書）

高柳楠之助は明光丸船長、官長は土佐藩代表後藤象二郎、紀州代表は茂田一次郎。汽船衝突のことは我国では未だ準拠すべき判例がないので、長崎滞在中の英国水師提督に会って万国の例を聞き、公論に拠りたいと龍馬が提案し、この二十七日訪問の予定で海援隊士黒沢直次郎に本書状を持参させたもの。しかし当日に至って紀藩は会見回避し、薩摩藩五代才助に調停を依頼している。

七五　慶応三年五月二十八日

お龍あて

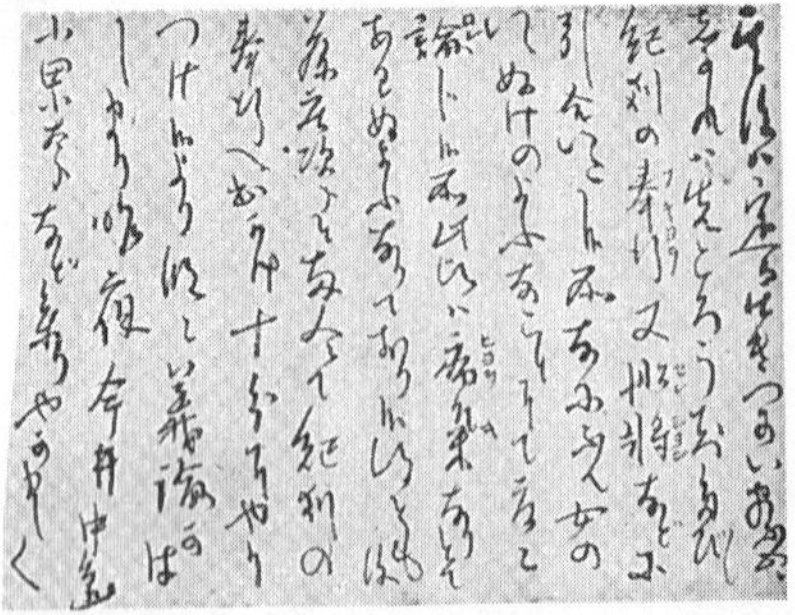

其後ハ定而（さだめて）御きづかい察入候。
しかれバ先ごろうち、たび〱
紀州の奉行（ブギョウ）、又船将（センショヲ）などに
引合いたし候所、なにぶん女の
いゝぬけのよふなことにて、度々
論（ロン）じ候所、此頃ハ病気（ビョヲキ）なりとて
あわ（会）ぬよふ（に）なりており候得ども、後
藤庄次郎と両人ニて紀州の
奉行へ出かけ、十分にやり
つけ候より、段々義（議）論がは
じまり、昨夜今井（長岡謙吉）・中島（作太郎）・

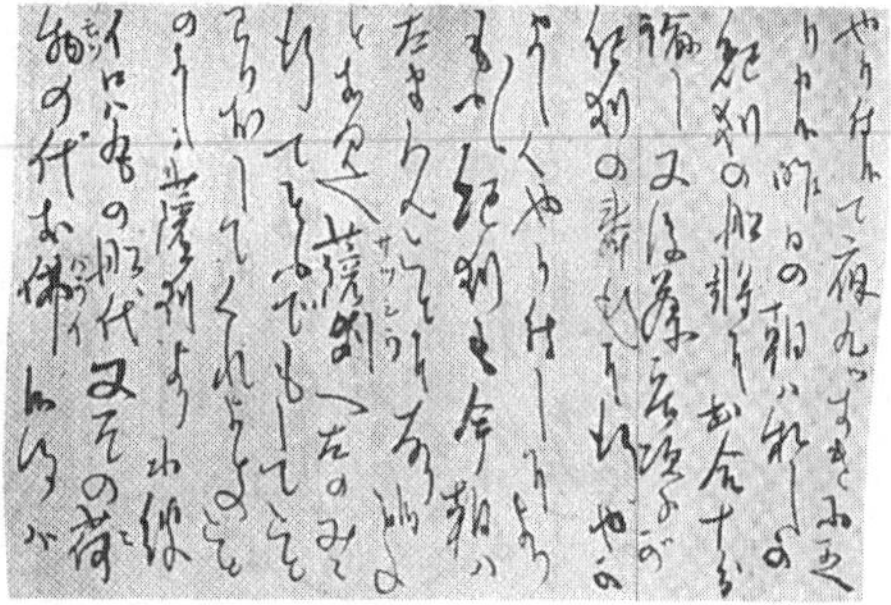

小田小太郎（吉井源馬）など参り、やかましくやり付候て、夜九ツすぎにかえり申候。昨日の朝ハ私しが紀州の船将に出合（会い）、十分論じ、又後藤庄次郎が紀州の奉行に行、やかましくやり付しにより、もふ〳〵紀州も今朝ハたまらんことになり候ものと相見へ、薩州（サッシウ）へ、たのみニ行て、どふでもしてことわりをしてくれよとのことのよし。薩州よりわ彼（かの）イロハ丸の船代、又その荷（ニ）物（モツ）の代お佛（ハライ）（ママ）候得バ、

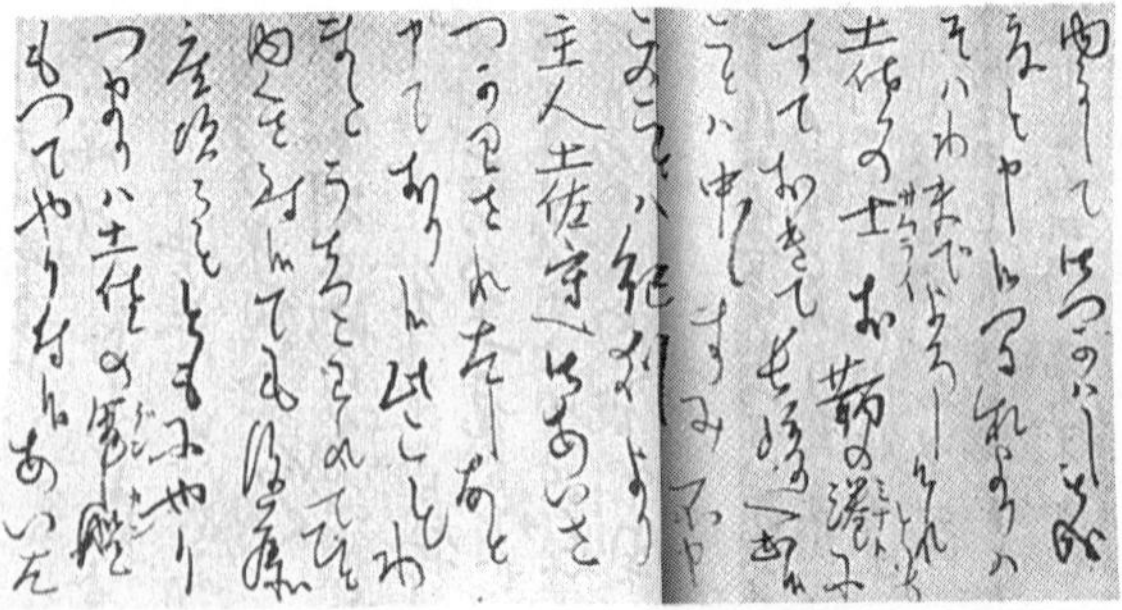

ゆるして御つかハし被レ成(なされ)
度(たし)と申候間、私よりハ
そハ(ママ)わ夫でよろしけれども、
土佐の士(サムライ) お鞆の港(ミナト)に
すておきて長崎へ出候
ことハ中〳〵すみ不レ申、
このことハ紀州より
主人土佐守へ御あいさ
つかわ(ママ)されたしなど
申ており候。此ことわ
またうちこわれてひと(二)
ゆくさ(戦)致候ても、後藤
庄次郎とともにやり、
つまりハ土佐の軍艦(グンカン)
もつてやり付候あいだ、

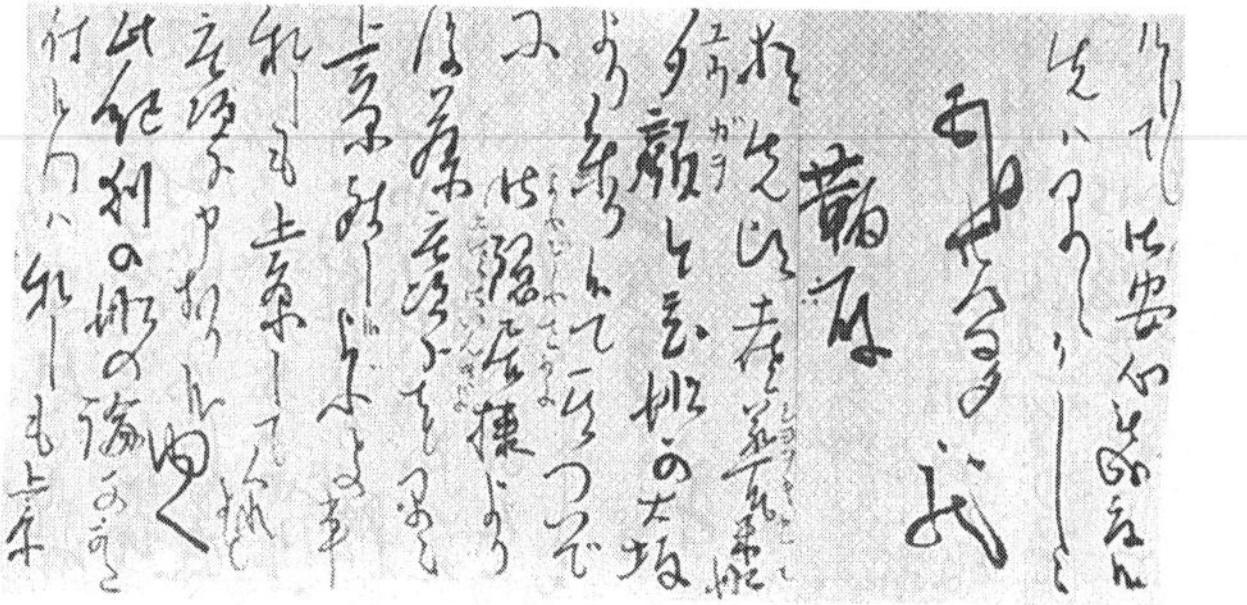

けして(決)〱御安心被レ成度候。
先ハ早々かしこ。
五月廿八日夕　　龍
鞆殿
猶、先頃土佐蒸気船(ジョヲキセン)夕顔(ユウガヲ)と云船が大坂
より参り候て、其ついで
に　御隠居様(よふどふさま)より
後藤庄次郎(土佐御いんきょ)こと早々
上京致し候よふとの事、
私しも上京してくれよと、
庄次郎申おり候ゆへ、
此紀州の船の論がかた
付候得バ、私しも上京
仕候。此度の上京ハ誠ニ

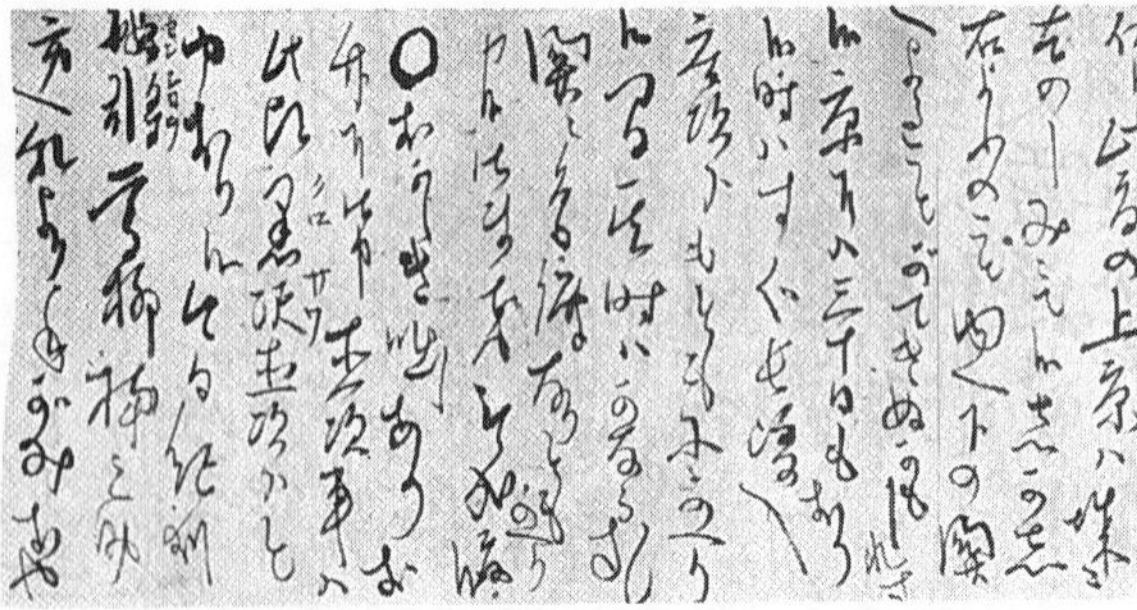

たのしみニて候。しかし
右よふのことゆへ下の関
へよることができぬかもしれず
候。京にハ三十日もおり
候時ハ、すぐ長崎へ
庄次郎もともにかへり
候間、其時ハかならず〳〵
関（下関）ニ鳥渡（ちょっと）なりともかへり
申候。御まち被レ成度候。
○おかしき咄（はな）しあり、お
竹に御申（おまうし）。直次事ハ
此頃黒沢（クロサワ）直次郎と
申おり候。今日紀州
船将（センショヲ）高柳楠之助
方へ私より手がみおや（ママ）

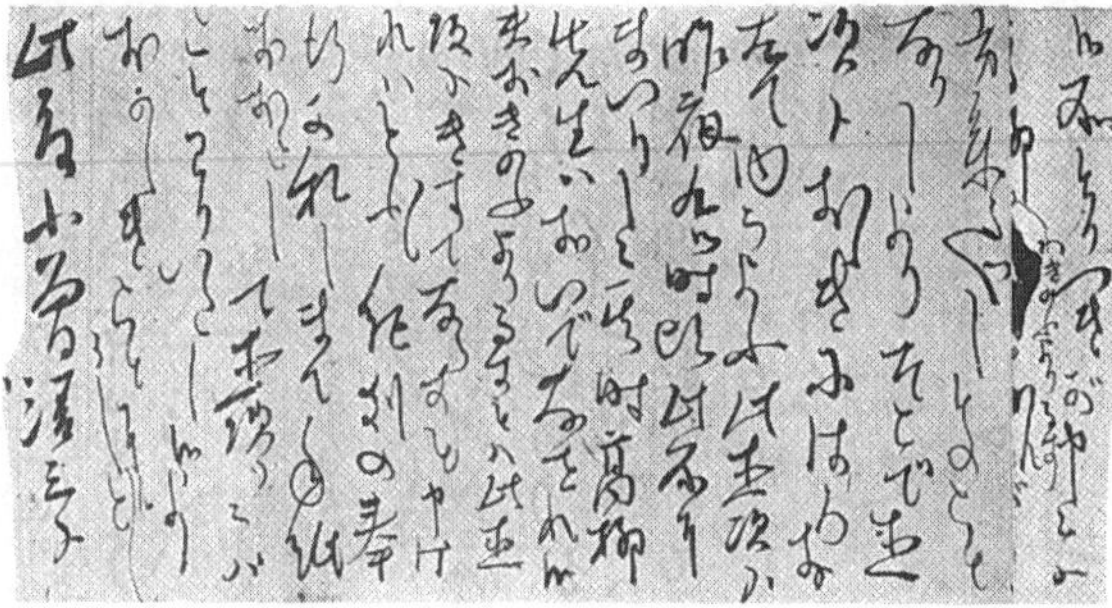

候所、とりつぎが申ニハ
高柳わきのふよりるす(留守)なれバ、夕
方参るべしとのこと
なりしより、そこで直
次郎おゝきにはらお
たてゆう(云)よふ、此直次郎
昨夜九ツ時頃此所に
まいりしニ、其時高柳
先生ハおいでなされ候。
夫おきのふよりるすとハ此直
次郎きす(ママ)てならずと申け
れバ、とふ〳〵紀州の奉
行が私しまで手紙
おおこし(寄越)て、直次郎ニハ
ことわりいたし候よし。

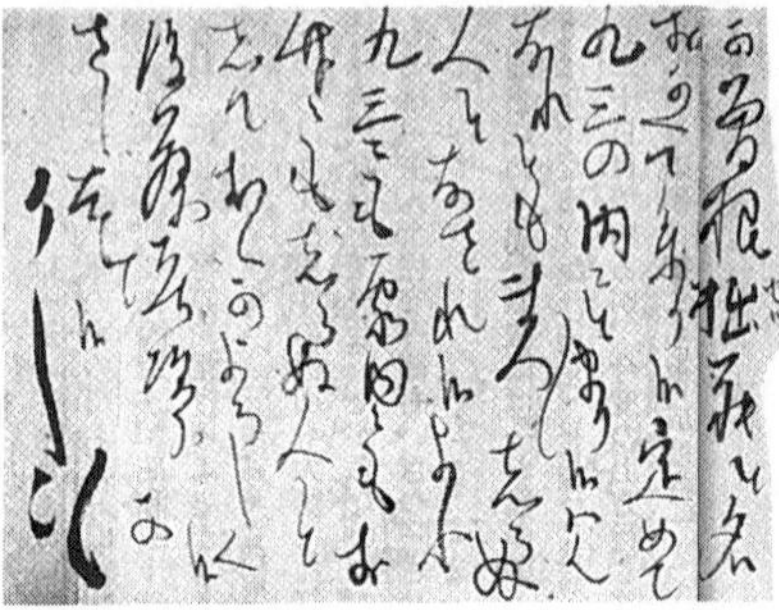

（京都国立博物館蔵）

おかしきことに候。かしこ〱。
此度小曽清（ママ）三郎
が曽根拙（セツ）蔵と名
おかへて参り候。定めて
九三（伊藤助大夫）の内ニとまり候ハん
なれども、まづ〱しらぬ
人となされ候よふ、
九三ニも家内ニもお
竹ニも、しらぬ人と
しておくがよろしく候。
後藤庄次郎が
さしたて候。かしこ〱。

龍馬の晩年は、席の暖まる暇もない東奔西走の生涯であったが、実にたくさんの連絡文や返信を遺している。寸暇を見つけて気軽に筆を走らせた。この筆まめな男が京都に長崎に、そして下関に棲わせた妻お龍へ、たくさんの消息文を書き送ったことは、充分に想像される。しかし龍馬がお龍に与えた手紙はこの一通だけしか残ってない。その理由はお龍が龍馬亡き後、明治元年高知に行きここで龍馬の手紙のすべてを焼き捨てたためである。「お龍が土佐を去るとき、この手紙は人に見せたくないからすっかり焼いてくるといひ残して行ったので、何でもないものゝやうに焼き捨てたので、今は一通の影も形もない。英雄が恋を語る手紙——若しそれが残されてあれば恐らく千金にも替へ難いものであらう」（中城仲子遺談）。なお原書簡は岩崎鏡川「龍馬関係文書」刊行以来半世紀不明であったが、昭和五十五年「龍馬全集」改定版作業中、京都井口家文書から発見され、はじめて写真を掲げることができた。お龍が本状を井口家に遺し置いた理由等は「龍馬全集」（増補改訂版後記2、三訂版補遺一〇解説）に書いた。

いろは丸沈没事件の折衝も大詰になり、その有利を報じ、紀州側が「なにぶん女のいゝぬけ」や「病気なりとて」会いたがらないのを、後藤と二人で「十分にやりつけ」、これまでの無礼に対しては「主人土佐守へ御あいさつ」させると、諧謔を織りまぜ、事件の進捗（しんちょく）を手にとるように描いている。

追書にある黒沢直次郎は「お龍の弟、すなわちかつて龍馬の世話で勝塾に預けられた楢崎太郎ではないだろうか」（前出、平尾道雄「龍馬のすべて」）とある。お龍とは去る五月八日下関で別れてより二十日目であるが、今度の上方行き旅程を説明して帰路は「かならず〳〵（下）関ニ鳥渡（ちょっと）なりともかへり申候。御まち被レ成度（なされたく）候」とやさしい慰撫を与え情愛の濃さを伝えている。

七六　慶応三年五月二十八日
伊藤助太夫あて

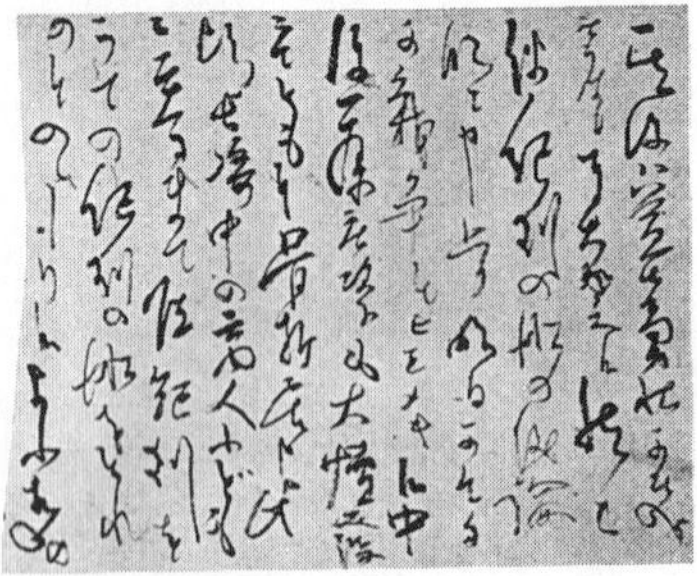

其後ハ益御勇壮可レ被レ成二
御座一奉二大賀一候。然ニ
彼紀州の船の儀論（ママ）
段〻申上り、明日か今日
か戦争とヒシメキ候中、
後藤庄次郎も大憤発
ニてともに骨折居申候。此
頃長崎中の商人小ども
ニ至るまで、唯紀州を
うての紀州の船をとれ
のと、のゝしり候よふ相成、

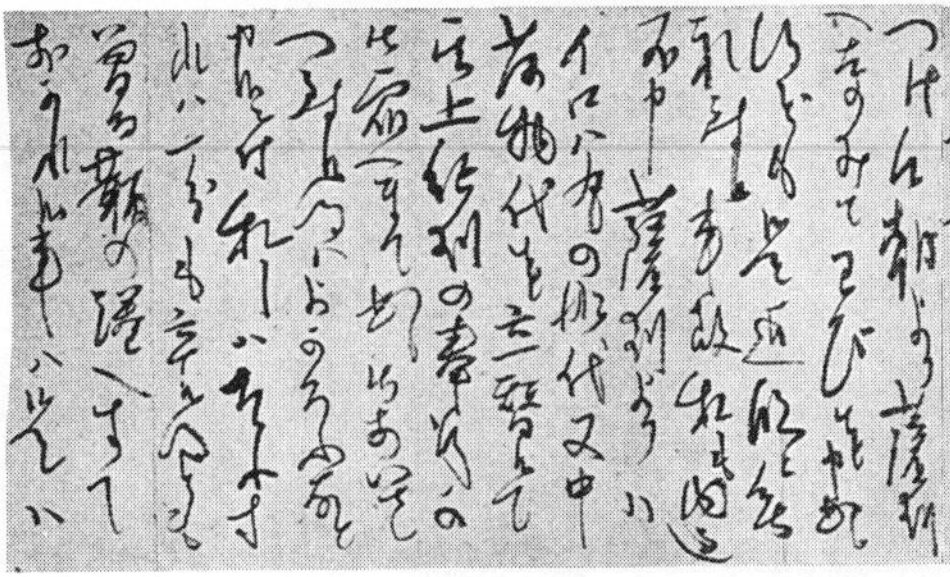

知らぬ人まで戦をすゝ
めに参り申候。紀州とハ
日〻談論とふ〱やり
つけ今朝より薩州
へたのみてわびを申出候
得ども、是迄段々無
礼致候事故、私もゆるし
不レ申、薩州よりハ
イロハ丸の船代又中
荷物代を立替候て、
其上紀州の奉行が
御宿へまで出し、御あいさ
つ致候得バよかろふなど
申候ニ付、私しハそふす
れバ一分（いちぶん）も立候得ども、

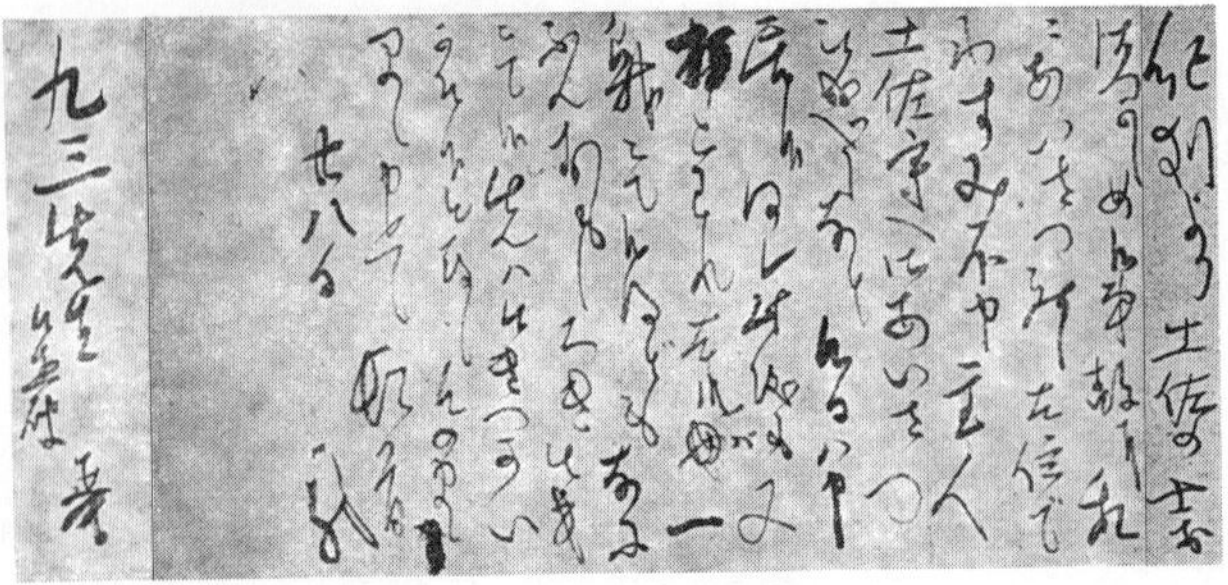

曽而(かつて)鞆の港へすて
おかれ候事ハ、是ハ
紀州より土佐の士お、
はづかしめ候事故に、私
ニあいさつ致した位で
わすみ不ㇾ申、主人
土佐守へ御あいさつ
被ㇾ成べしなど、今日ハ申
居候、何ㇾ(いづ)此儀も又
打こわれたれバ、一
戦ニて候得ども、なに
ぶんおもしろき御事
ニて候。先ハ御きづかい
可ㇾ被ㇾ下(くださるべく)と存じ、今のまゝ
早ゝ申上候。　頓首。

龍

廿八日

九三先生

御直披　才谷

(東京　伊藤家文書)

談判優勢をお龍に宛てた同日、伊藤助太夫にも与えている。「船を沈めたその償いは――」の歌謡は丸山の繁華料亭で芸妓の三味線で歌われたので、長崎町人もこの宣伝に同調した。海援隊に人気同情が集まり、前年長州で徳川の敗け戦があった後なので「長崎中の商人小どもニ至るまで、唯紀州をうての紀州の船をとれの」と紀州藩へ開戦をけしかける者さえあったという。

「疇昔沈没の際、我船士等如レ此困難窮苦せる時、尊藩（紀州）より嘗て一介の士官をも留めず、挙て之を鞆津に遺棄し、独り長崎に向ひ航し去り、更に救護愛憐の意なし、士林の交際豈如レ此なるべけんや。此の一条は他日詳かに寡君（容堂）に告げん。寡君存慮果して如何なるを知らず。且土佐一国の士氏、或は相讐視せんも未だ知るべからず。預め此意を述るのみ」（海援隊記事談判筆記）と、後藤は世論を背景に凄味を利かせ強気に出ている。

紀州側では長崎奉行所を抱きこみ、策を弄しても既に勝目がないとわかると、高柳は薩摩の五代才助を調停役に依頼する。本状は後藤の「大憤発」にて談判も「なにぶんおもしろき御事にて候」と結んでいる。

七七　慶応三年五月二十八日

伊藤助太夫あて

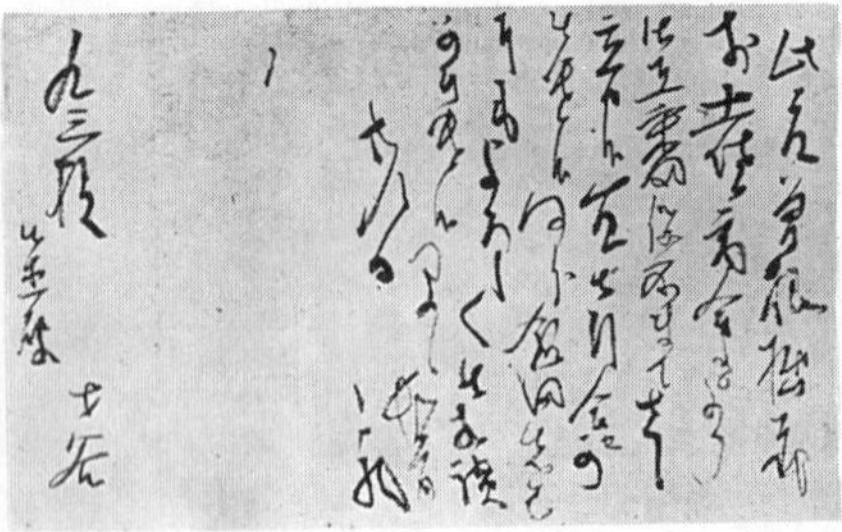

（東京　伊藤家文書）

此度曽根拙蔵
お土佐商会より
御在番役所までさし
立申候。宜御引合セ可レ
被レ遣候。何分飯田先生
にもよろしく御相談
可レ被レ遣候。草々頓首。
　廿八日　　　　龍
　九三様　　　　才谷
　　　御直披

曽根拙蔵は「此度小曽（根）清三郎が曽根拙蔵と名おかへて参り候。定めて九三のうちにとまり候はんなれども、まづ〳〵しらぬ人となされ候よふ」（書簡七五）とある人物で、当然お龍も清三郎を長崎小曽根家で見知っていたのである。あえて小曽根家の名前を伏せたのは、昨夏小曽根英四郎が長州で拘留された旧事を憚（はばか）ったためであろうか（書簡三五参照）。「しらぬ人」として伊藤家に送りこむ龍馬もなかなかの曲者（くせもの）である。清三郎こと拙蔵は、後藤象二郎の内意により海援隊客員（執役）として、土佐商会より商用で下関在番所まで引き合せ紹介したものである。

飯田先生は、飯田俊助（福原越後家臣、のち陸軍中将）か、飯田竹二郎（鋭武隊軍監）か、飯田彦太郎（干城（かんじょう）隊器械方頭人、のち越後出陣中病死）か、或は別の飯田姓か不詳。

岩崎弥太郎の長崎における「公用日記」に清三郎について次の記事が散見する。

「五月十二日、小曽根清三郎へ馬関交易（こうえき）之条約取結びニ行候様命ズ。

五月二十六日、小曽根清三郎へ馬関行条約書ヲ渡ス。右旅行用として金六十両森田晋三へ為（わたさせ）レ渡、尚会計帰着次第ノ筈（はず）。

七月九日、曽根拙蔵より此度馬関より帰候節ハ、土州海援隊執役（とりやく）と申唱（となえ）、当地入致候ニ付、於二当地一も海援隊執役と相唱、公然往来ノ出来候様、御用達へ御施（ほどこし）之上、御執計（おとりはからい）被レ下度申出。」

岩崎は慶応三年三月より土佐藩長崎商会の責任者として、爾来（じらい）二年間、商事貿易活動に従事、龍馬や後藤と経済面で親密な関係を持った。商会の任務は土佐藩開成館貨殖局の長崎出張所として、母藩の御手先商法を行う機関で、樟脳和紙等土佐物産の輸出、他藩との交易、藩用金の調達、外国商館との間で艦船、銃器弾薬の購入等を目的とし、海援隊の資金調達にも関与した。

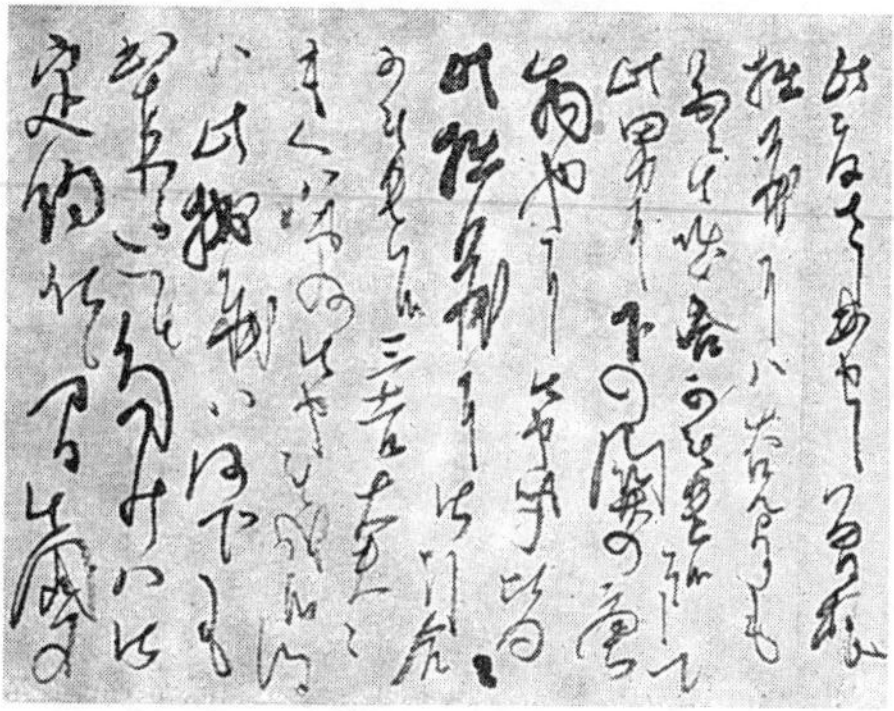

七八　慶応三年五月二十八日

伊藤助太夫あて

此度さし出セし曽根
拙蔵にハ、大兄よりも
色〻御咄合可レ被レ遣(おはなしあひつかはさるべく)候。そして
此男に下の関の唐
物やに御申聞、皆〻
此拙蔵に御引合
可レ被レ遣候。三吉大夫ニ
もくハ敷御申被レ成(なされ)候得
バ、此拙蔵ハ何でも
出来ることだけハ御
定約(ぢやうやく)仕候間、御国(長州)の

御為にも、よ程相成、
私の国（土佐）ニもつがふよろ
しく商談相立
可レ申候と存候。不具。
五月廿八日
九三先生　　才谷
机下

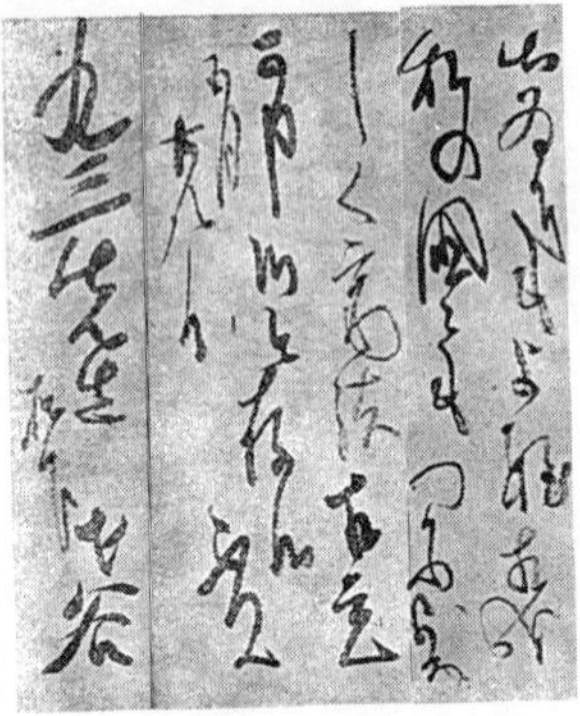
（東京　伊藤家文書）

龍馬は曾根拙蔵（小曾根清三郎）を下関に駐在させて、同地の唐物（からもの）商と結んで取引販売を依頼したもので「御国（長州）の御為にも」と、推薦している。この五月二十八日は、お龍あて一通、助太夫あて三通も書状をかいている。翌二十九日、五代才助の調停で、紀州藩より賠償金八万三千両支払い（実際は龍馬没後の十二月、七万両を受領している）と決まるのでこの日は久々に小閑を得て、たまった用件を次々と書き送ったものであろうか。三吉大夫は長府藩士三吉慎蔵のこと。

七九　慶応三年五月二十九日
小谷耕蔵、渡辺剛八あて

先達てイロハ丸紀州軍艦の為めに衝突被レ致、遂及二沈没一候儀に付、薩州五代才助、紀の内意により度々後藤象次郎へ誤(あやまり)出、何分対二薩州一不レ得レ止訳に相成、一先(ひとまず)五代之申条に任せ候処、今日紀の官長、後藤へ罷越、重々誤入候趣申に付、許し遣し候。尤、船貨公物並に水夫旅人手廻之品に到る迄、一切償金相立候定(さだめ)に候。此条、官長より被二申聞一候間、御掛合申上候。以上。

五月廿九日　才谷梅太郎

小谷耕蔵殿
渡辺剛八殿

（海援隊文書）

いよいよ、いろは丸沈没事件交渉の大詰を迎えた手紙で、談判成立を越前出身の海援隊士小谷と渡辺に通達し、二人を通じて事件の結果を全隊士に報告したものである。

五月二十七日、龍馬は前掲（書簡七四）のように明光丸船長高柳楠之助へ、英国水師提督面談につき誘いの手紙を発したが、高柳は勝算のないものと見て、これを避け、遂に五代才助に調停を求めた。五代は再度後藤を説得、また紀藩代表茂田一次郎も自ら後藤を訪ねたので、賠償金八万三千両の約束で解決した。実に沈没発生より一カ月ぶりのことであった。

当時、五代が後藤に送った書簡がある「帰宅仕候処紀藩相待居候に付、即ち愚存見込の次第、論話に及候へば、愈々其曲なるを知り只管詫出、如何様共小生差図通り畏り候に付、其趣一先拙生御通話致し置候様にとの趣申出、再三辞退致し候得共頻りに歎願、難二黙止一明光丸船長を初一統より御詫を申候得共、随分御通話の節も可レ有レ之、尚ほ御評議有レ之度相答、今夕総決申出相成筈に候。就ては明朝昇堂御直に可二申上一候得共、其内奉レ得二貴意一候」と苦心を伝えている。「坂本龍馬海援隊始末二」（「関係文書第二」所載）には、本状の後に添書が記述されている。「右之通隊長ヨリ通達有レ之候ニ付、御承知之上、水夫共ヘモ御通達可レ被レ成候。以上、五月廿九日」小谷耕蔵、渡辺剛八より佐柳高次殿、腰越次郎殿となっている。

岩崎弥太郎日記「瓊浦日歴其一」中、関連記事を掲げる。「五月二十八日、参政（後藤）云、紀州ノ談判モ遂ニ五代才助ヲ紀より相頼、如何様共償方致シ候様断出なり、最早安心なりと云々」「六月二日、雨、早朝紀州償金ノ帖面ヲ相調、到二後藤公一、与二坂本良馬一密話、二字（時）前到二五代才助一、右品物代価ノ帳面ヲ渡シ、遂大洲重役大橋采女方へ行、談二沈没之舟価取扱一」

八〇　慶応三年六月十日

木戸孝允あて

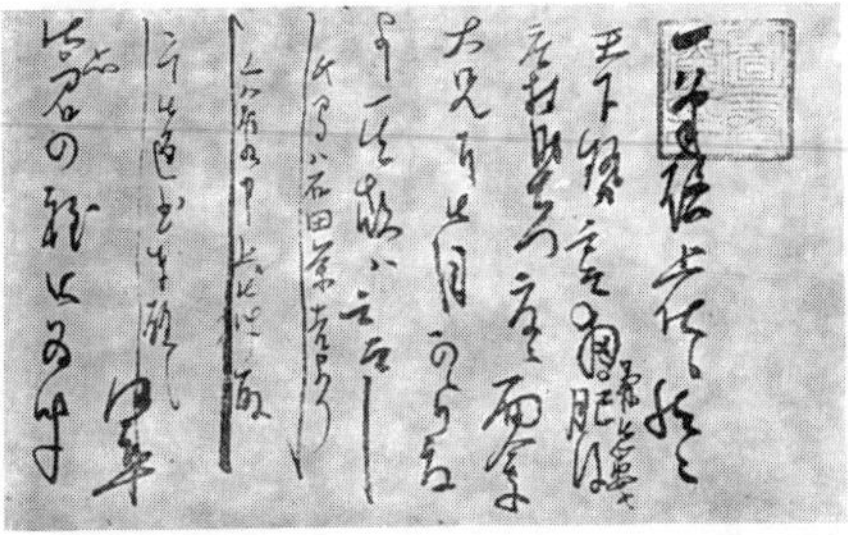

一筆啓上仕候。然ニ
天下勢云〻。拠肥後（兼御心安キ）
庄村助右衛門度〻面会、
大兄に御目かゝり度
よし。其故ハ云々――
（此間ハ石田栄吉よりくハ敷申上ル御聞取ニて御返書書奉㆑願候。）○何卒、
御思召の程御為㆑聞
奉㆑願候。謹言。

六月十日　　龍馬

木圭先生　　才谷

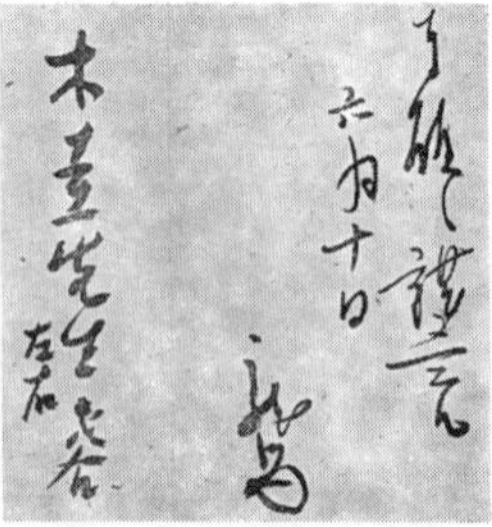

（宮内庁　木戸家文書）

左右

薩土長三藩へ肥後藩（熊本）を誘うという龍馬の魂胆で、桂へ熊本藩士荘（庄）村助右衛門を紹介しようとしたもの。荘村は肥後藩士で松崎慊堂門下生。慶応二年受洗。藩が外船購入に当っては長崎で荘村がフルベッキを介して交渉。桂や龍馬と親交があった。維新後、三条実美の秘書官等を勤めた。

本書状は「肥後藩国事史料」に収録されているが、原本は宮内庁書陵部「木戸家文書」中「尺牘（せきとく）坂本龍馬」に所載。龍馬は九日土佐藩船夕顔で長崎出港、この日下関につく。そして十三日より大坂に向けて出航。薩土盟約や大政奉還等が上方で待ちうけている。翌月はイカルス号事件の突発で、高知へ向う。本状は十日下関寄港の際、船中かもしくは自然堂から桂に発したもの。

石田栄吉は高知安芸郡安田村郷士の出、脱藩して大和天誅組、禁門の変で戦い後、海援隊士。維新後、貴族院議員、男爵。明治三十四年没、六十三歳。

八一　慶応三年六月二十四日

坂本権平あて

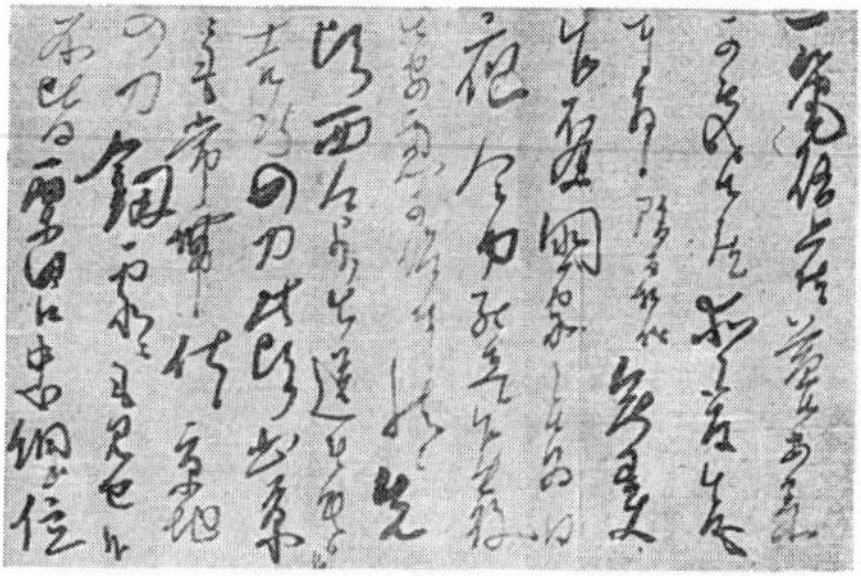

一筆啓上仕候。益御安泰可レ被レ成二御座一愛度(めでたき)御儀奉レ存候。降而(くだつて)私儀無異乍レ不レ及国家之御為日夜尽力罷在(まかりあり)候。乍二失敬一御安慮可二仰付一候。然ニ先頃西郷より御送被レ遣候吉行の刀、此頃出京ニも常帯(つねにおび)仕候。京地の刀剣家ニも見セ候所、皆粟田口忠綱位

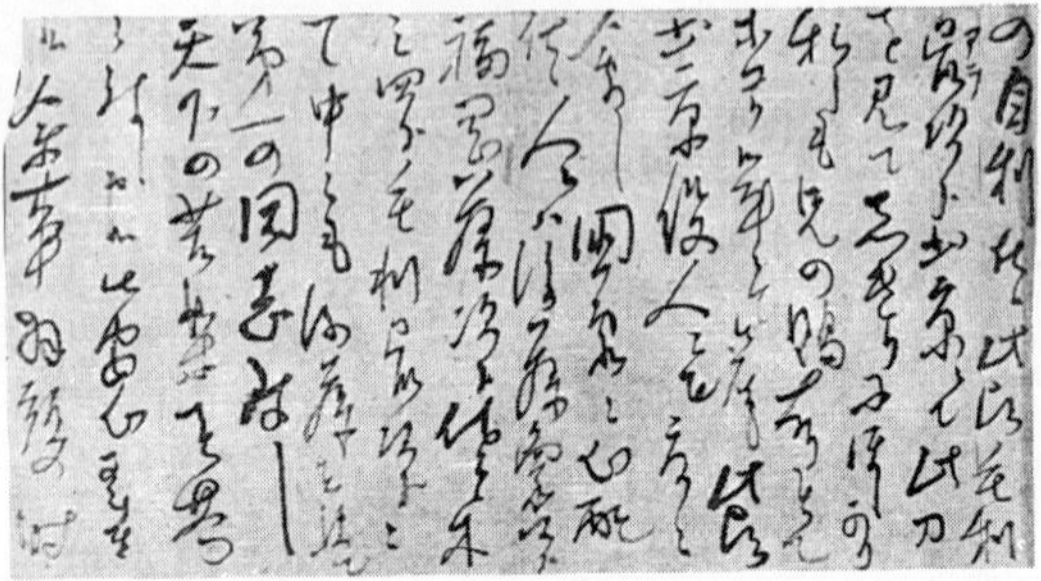

の目利（めきき）仕候。此頃毛利
荒（アラ）次郎（恭助）出京ニて此刀
を見てしきりにほしがり、
私しも兄の賜（たまもの）なりとて
ホコリ候事ニて御座候。此頃
出京役人ニも度ゝ
会し、国家ニ心配
仕候人ゝハ後藤象次郎、
福岡藤次郎、佐々木
三四郎、毛利荒次郎ニ
て、中ニも後藤を以て
第一の同志致し、
天下の苦楽を共
ニ致し申候。御安心可レ被レ遣
候。余事拝顔の時、

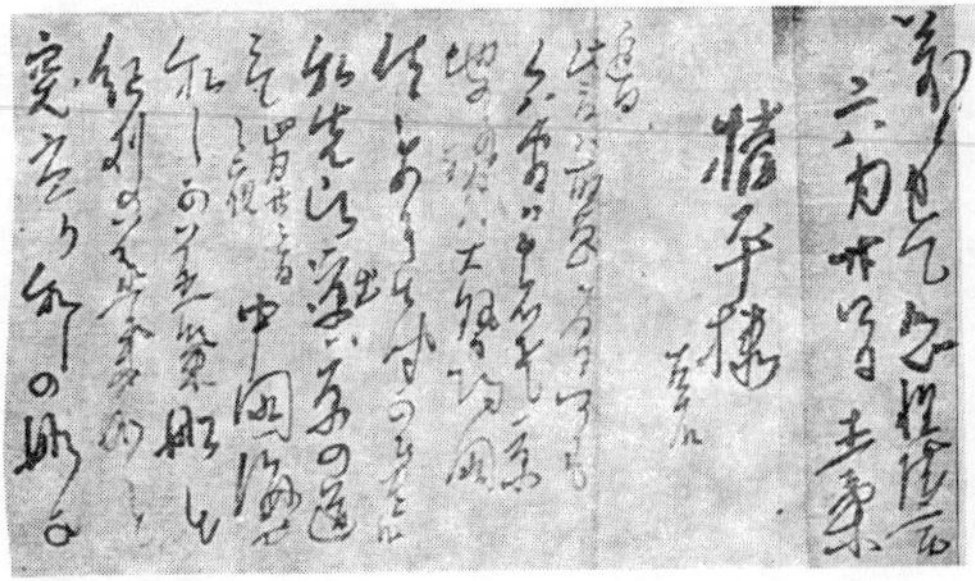

万〻申上候。恐惶謹言。
六月廿四日　　直柔
権平様
左右

追白
此度ハ取急候間、何も
くハ敷ハ申不レ遣候。京
地の勢ハ大勢帰国
仕候ものに御聞可レ被レ遣候。
私先頃京京（ママ）出の道
ニて四月廿三日之夜中国海ニて、
私しが蒸気船と
紀州の蒸気船と
突当り、私しの船が

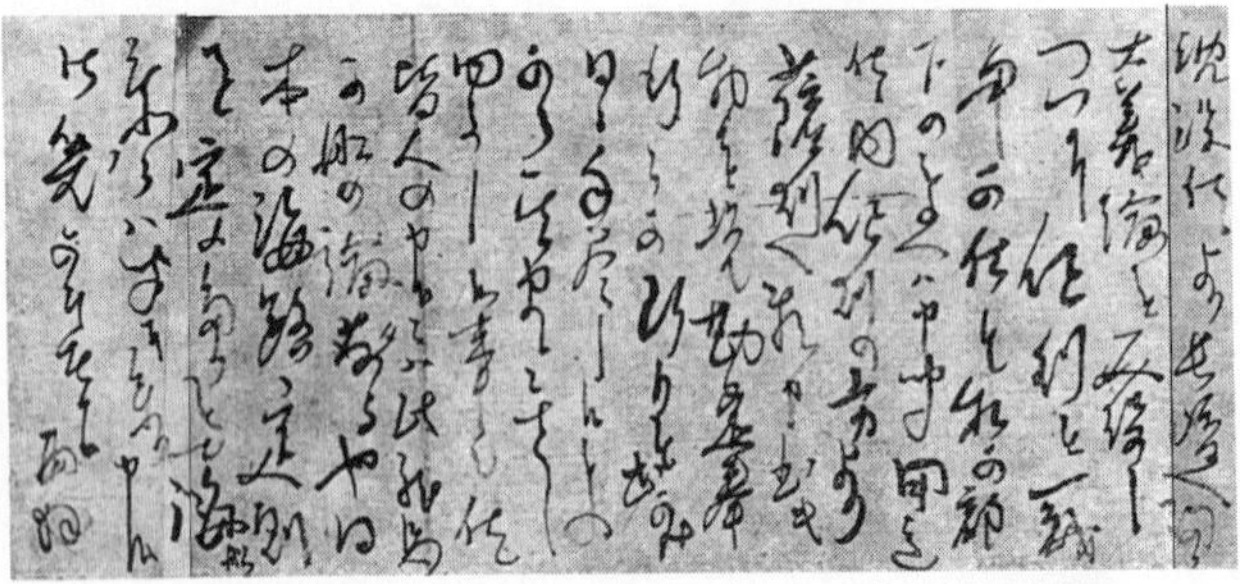

沈没仕候より、長崎へ帰り
大義論(ママ)を発し、
ついに紀州と一戦
争可ﾚ仕と、私が部
下のものへハ申聞、用意
仕候内、紀州の方より
薩州へ頼申、書キ
物を以て勘定奉
行らが断りに出かけ、
日ミ手尽し候もの
から其まゝニさし
ゆるし候事ニ仕候。
皆人の申候ニハ、此龍馬
が船の論なる(タ)や、日
本の海路定則

を定メたりとて、海船
乗らハ聞に参り申候。
御笑可ㇾ被ㇾ遣候（おわらひつかはさるべく）。　再拝。

（高知　弘松家文書）

いろは丸沈没事件が漸く解決して、同月九日後藤と共に土佐藩船夕顔丸で長崎を出発、十二日兵庫に入り、十五日京都に上り、河原町三条下ル車道の「酢屋」中川嘉兵衛方に投宿。大政奉還の基案となり維新回天の秘策となった「船中八策」（文書三参照）は、瀬戸内海航行中に成ったもの。本状執筆の前々日の六月二十二日は、京都三本木料亭で薩藩西郷ら土藩後藤ら、龍馬と中岡慎太郎陪席（ばいせき）して薩土盟約が結ばれる。翌日「六月廿三日晴、借席松本ニ会議ス、大政返上云々ノ建白ノ修正ス。夫ヨリ毛利恭助同伴ニテ才谷梅太郎、石川清之助両人ノ意見ヲ聞ク為メ会々堂ニ密会ス」（佐々木高行日記）とあって、「此頃出京役人ニも度〻会し、国家ニ心配仕候」「国家之御為、日夜尽力罷在（まかりあり）候」を裏づける。いろは丸事件解決にふれ、「此龍馬が船の論タるや日本の海路定則を定メたり」と報じ、後の海難事件の処理判例になり、龍馬の名声を高めたので「御笑可ㇾ被ㇾ遣（つかわさるべく）候」としている。「然ニ先頃西郷より御送被ㇾ遣（つかわされ）候吉行の刀」は次の真相を秘めている。西郷はこの年二月高知を訪い容堂に四侯京都会議出席を促（うなが）すが、この際坂本権平は弟の所望していた宝刀（書簡四三参照）を西郷に託した。龍馬は土佐の銘刀吉行を後日、中岡慎太郎より受けとったと推考される。

中岡慎太郎は慶応三年三月鹿児島に旅して、土佐国高知から帰国した西郷を訪い太宰府を経て下関に入り、さらに京都に向かっている。三月二十日「朝、馬関に著す、坂本を訪ひ」（「行行筆記一」）とある。この際、西郷より鹿児島で託された刀を、下関で龍馬に手渡したと思われる（小美濃清明氏『龍馬と刀剣趣味』、「刀剣と歴史」平成四年十一月号参照）。

権平→西郷→中岡→龍馬。

土佐→薩摩→長州→京都。

の経路があって「粟田口忠綱位」と目利きされた吉行を誇り、「兄の賜(たまもの)」と感謝している。しかし、半年後龍馬遭難の時暗殺剣三の太刀を、鞘のまま受けとめたのであった。

八二　慶応三年六月二十四日

乙女、おやべあて

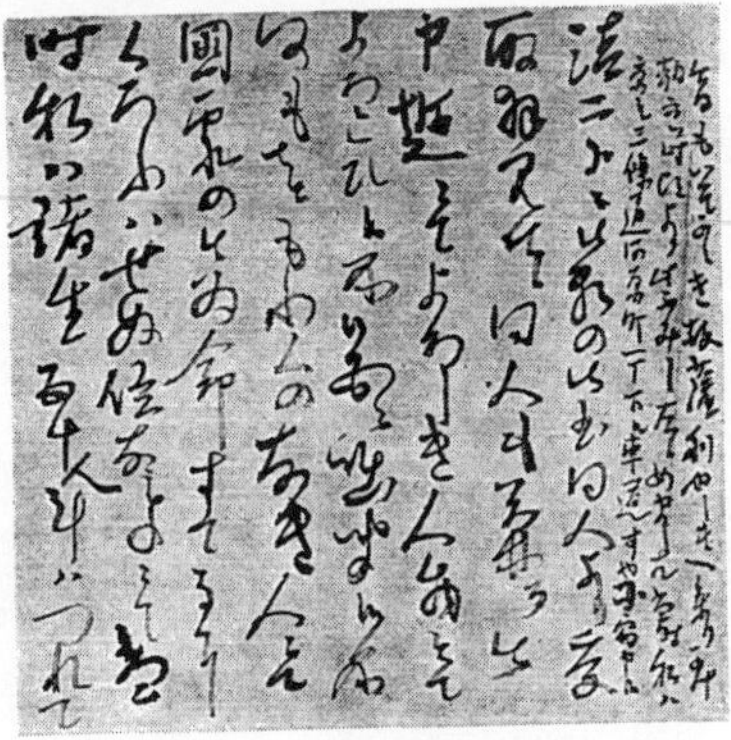

今日もいそがしき故、薩州やしきへ参りかけ、
朝六ツ時頃より此ふみしたゝめました。当時私ハ
京都三条通河原町一丁下ル車道酢屋(すや)に宿申候。
清二郎ニ御頼の御書同人より受
取拝見仕候。同人も兼而(かねて)御
申越ニてよろしき人物とて
よろこび候所、色ゝ咄(はなし)聞候所
何もをもわくのなき人ニて、
国家の御為命すてるに
くろふ(苦労)ハせぬ位なものニて、当
時私ハ諸生五十人斗(ばかり)ハつれて

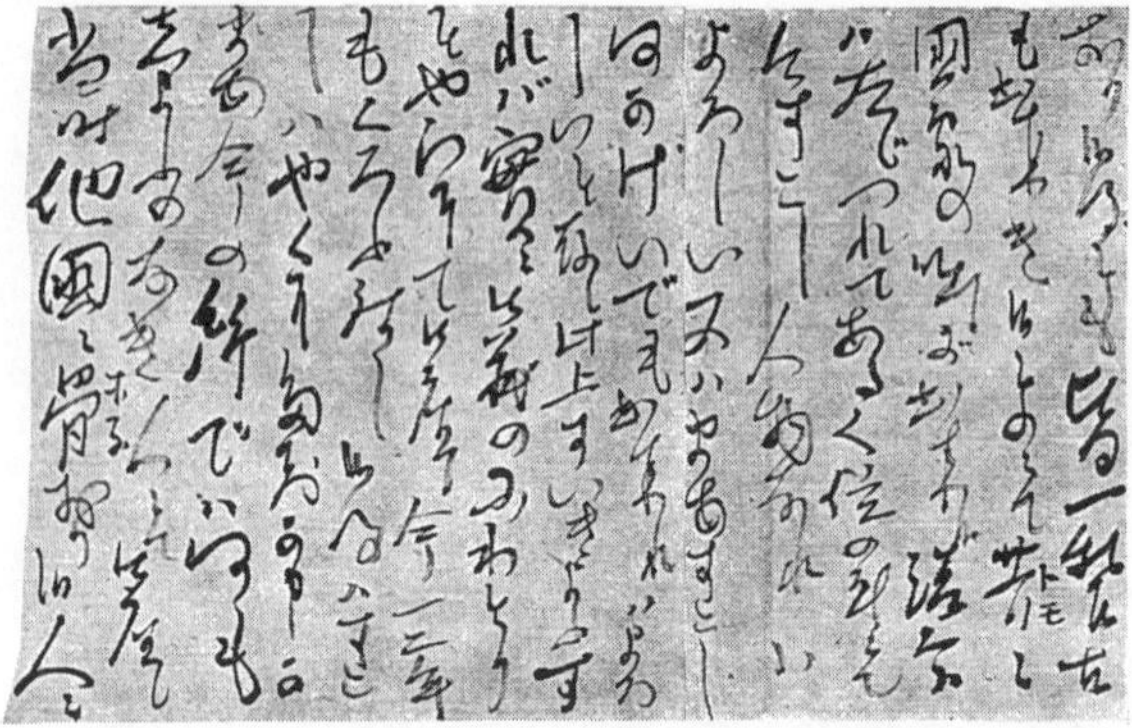

おり候得ども、皆一稽古（ひとけいこ）
も出来き（ママ）候ものニて、共ニ（トモ）
国家の咄しが出来候。清二郎
ハたゞつれてあるく位の事ニて、
今すこし人物なれバ
よろしい、又ハまあすこし
何かげい（芸）でも出来れバよろ
しいと存じ、此上すいき（酔狂）よふす
れバ、実ニ御蔵のにわとり
とやらにて御座候。今一、二年
もくろふ致し候得バ、すこ
しハやくにたち可レ申か、
まあ今の所でハ何も
しよふ（仕様）のなき人ニて御座候。
当時他国ニ骨（ホネ）おり候人ニ

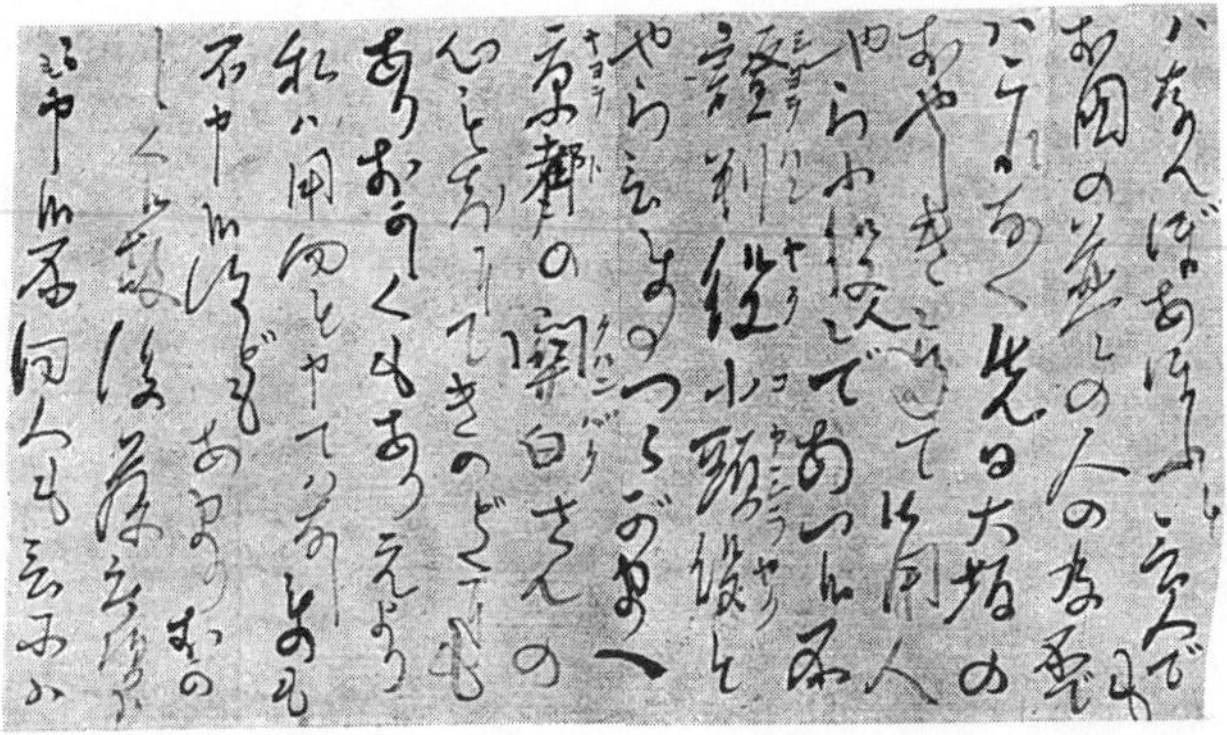

ハなんぼあほ(阿呆)ふと云人でも、
お国の並ミの人の及所で
ハこれなく、先日大坂の
おやしきニ行て御用人
やら小役人ニであい候所、
證判役小頭役(ショヲハンヤクコガシラヤク)と
やら云もののつらがまへ
京都(キヨヲト)の関白(クワンパク)さんの
心もちにて、きのどくにも
ありおかしくもあり、元より
私ハ用向と申てハなし。ものも
不レ申候得ども、あまりおか
しく候故、後藤庄次郎
ニも申候所、同人も云にハ
私しハあのよふなものお

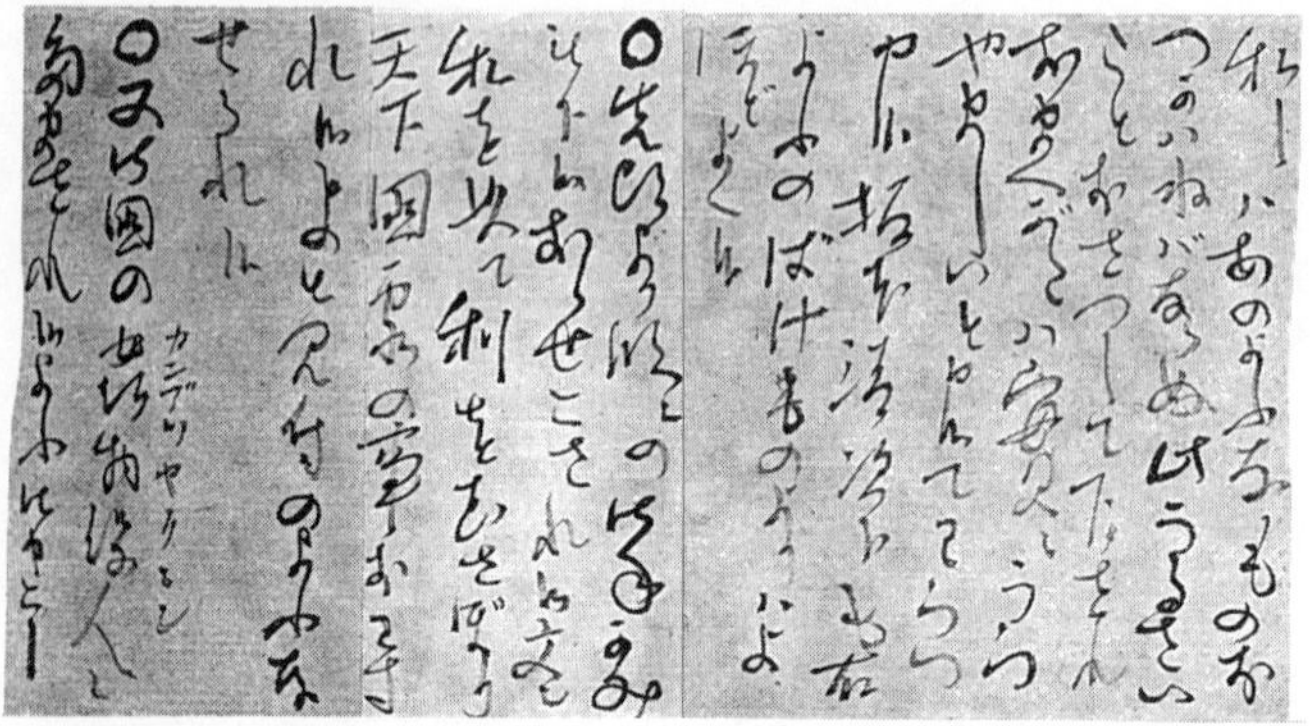

つかハねばならぬ、此うるさいことおさつ(察)して下ダされ、おまへがたハ実ニうらやましいと申候て、わらい申候。坂本清次郎も右よふのばけもの(化物)よりハよほどよく候。

○先頃より段〻の御手がみ被ㇾ下候。おゝせこされ候文ニ、私を以て利をむさぼり、天下国家の事おわすれ候との御見付のよふ存ぜられ候。

○又、御国の姦物役人(カンブツヤクニン)ニだまされ候よふ御申こし。

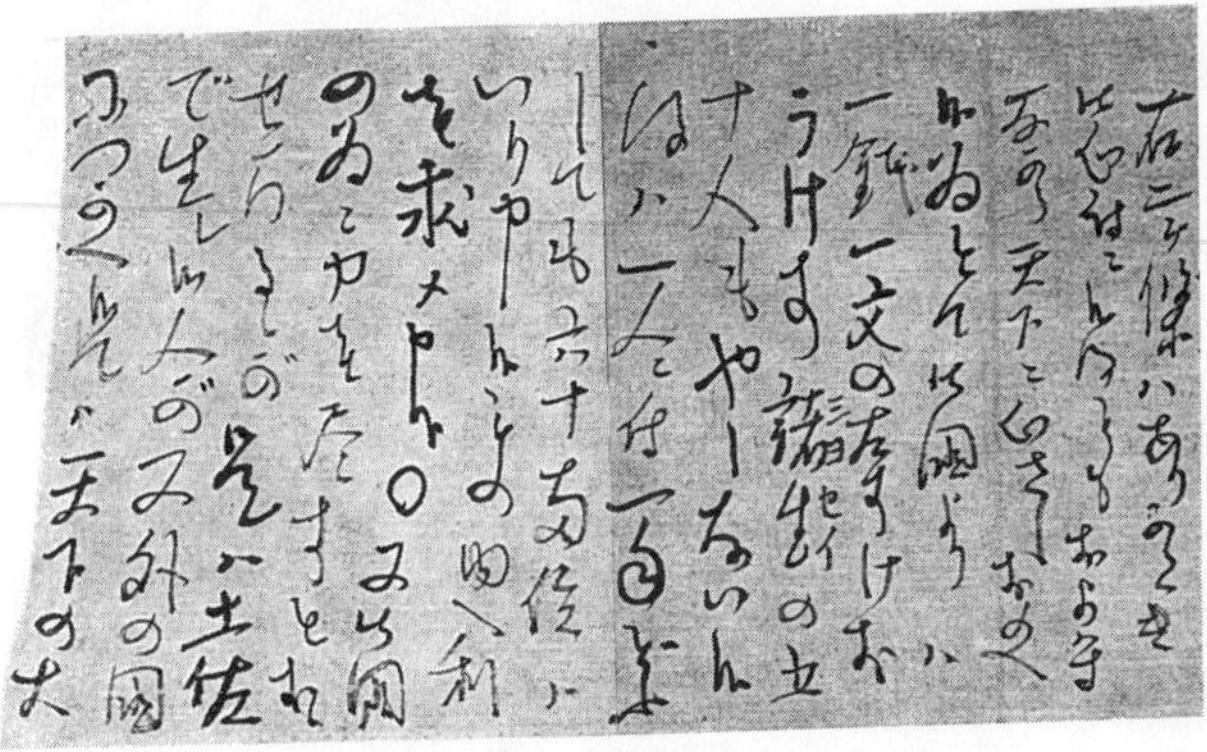

右二ケ条（ヂヨヲ）ハありがたき御心付ニ候得ども、およバずながら天下ニ心ざしおのべ候為とて、御国よりハ一銭一文のたすけおうけず、諸生（シヨセイ）の五十人もやしない候得バ、一人ニ付一年どふしても六十両位ハいり申候ものゆへ、利を求メ申候。〇又御国の為ニ力を尽すとおゝせらるゝが、是ハ土佐で生レ候人が、又外の国につかへ候てハ、天下の大

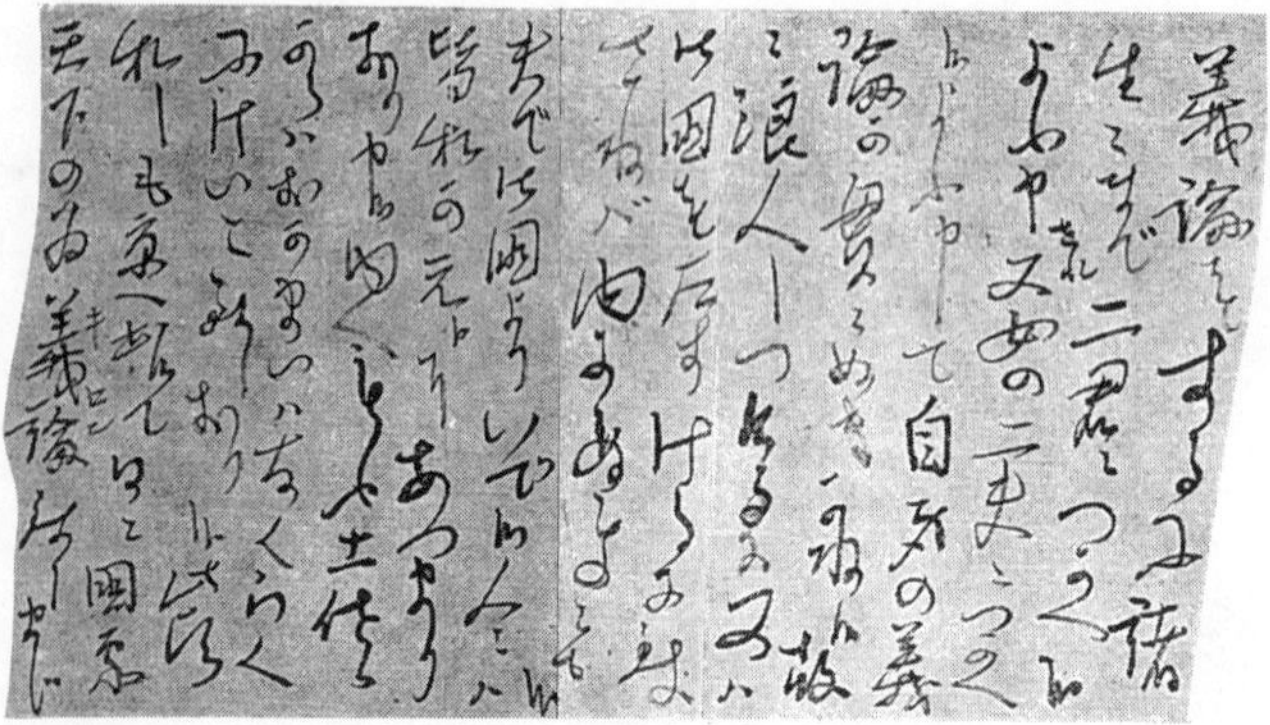

義論(ママ)をするに諸
生ニまで二君ニつかへ候
よふ申され、又女の二夫(ママ)ニつかへ
候よふ申て、自身の義
論が貫らぬきかね候故
ニ、浪人しつけるに、又ハ
御国をたすけるに致
さねバ、ゆかぬものニて候。
夫で御国よりいで候人〻ハ、
皆私が元トにあつまり
おり申候ゆへ、もふ土佐
からハおかまいハなく、らく
にけいこ(稽古)致しおり候。此頃
私しも京へ出候て、日〻国家
天下の為、義論(ギロン)(ママ)致しまじ

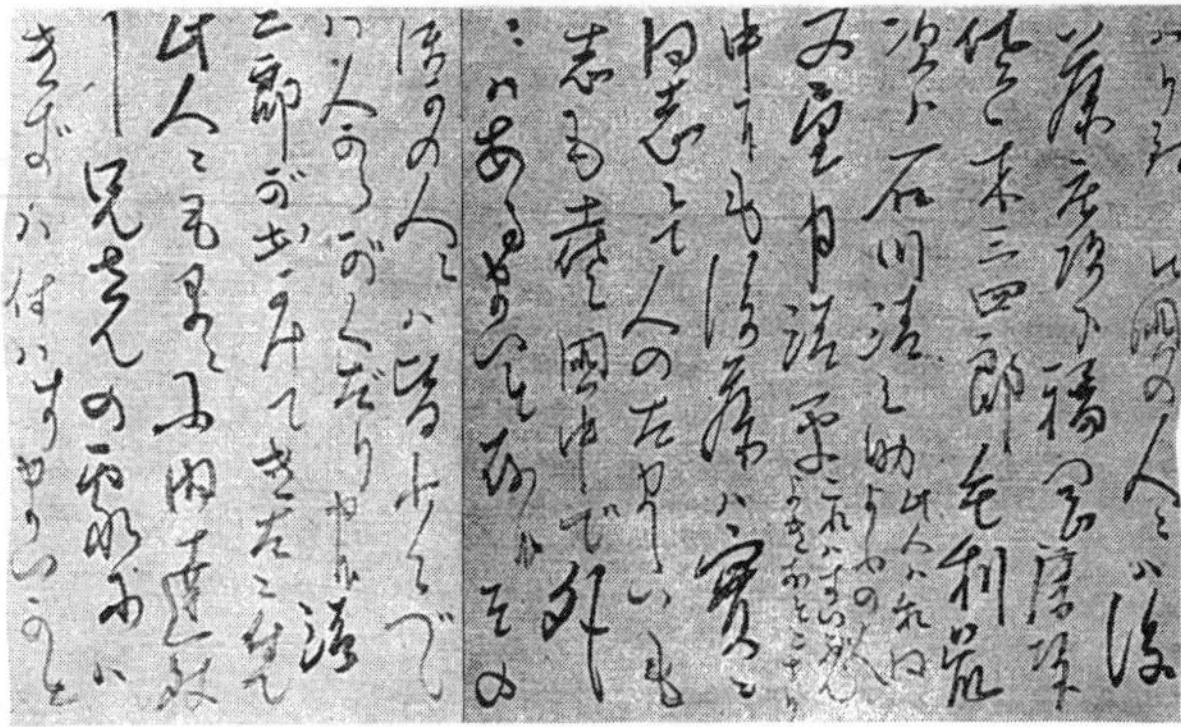

ハり致候。御国の人〻ハ後
藤庄次郎、福岡藤次郎、
佐々木三四郎、毛利荒
次郎、石川清之助 此人ハ私同よふの人。
又望月清平 これハずいぶんよきおとこナリ。
中にも後藤ハ実ニ
同志ニて人のたましいも
志も、土佐国中で外
ニハあるまいと存候。その
ほかの人〻は皆少〻づゝ
ハ、人がら（柄）がくだり申候。清
二郎（マヽ）が出かけてきたニ付て、
此人ニも早〻に内達致
し、兄（権平）さんの家にハ
きずハ付ハすまいかと、

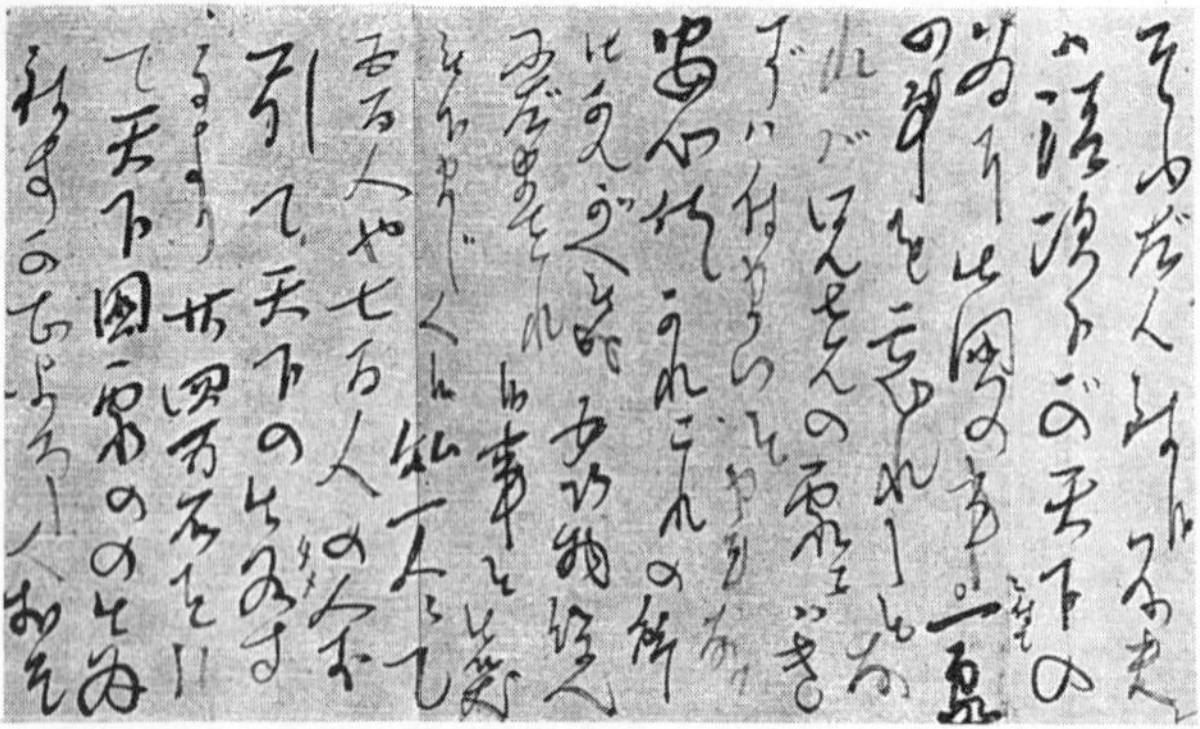

そふだん致し候所、夫レ
ハ清次郎が天下の
為に御国の事ニ付て、一家
の事を忘れしとな
れバ兄さんの家ニハき
ずハ付まいと申事なり、
安心仕候。かれこれの所
御かんがへ被レ成、姦物役人
にだまされ候事と御笑
被レ下まじく候。私一人ニて
五百人や七百人の人お
引て、天下の御為(タメ)す
るより廿四万石を引
て、天下国家のの(ママ)御為
致すが甚よろしく、おそ

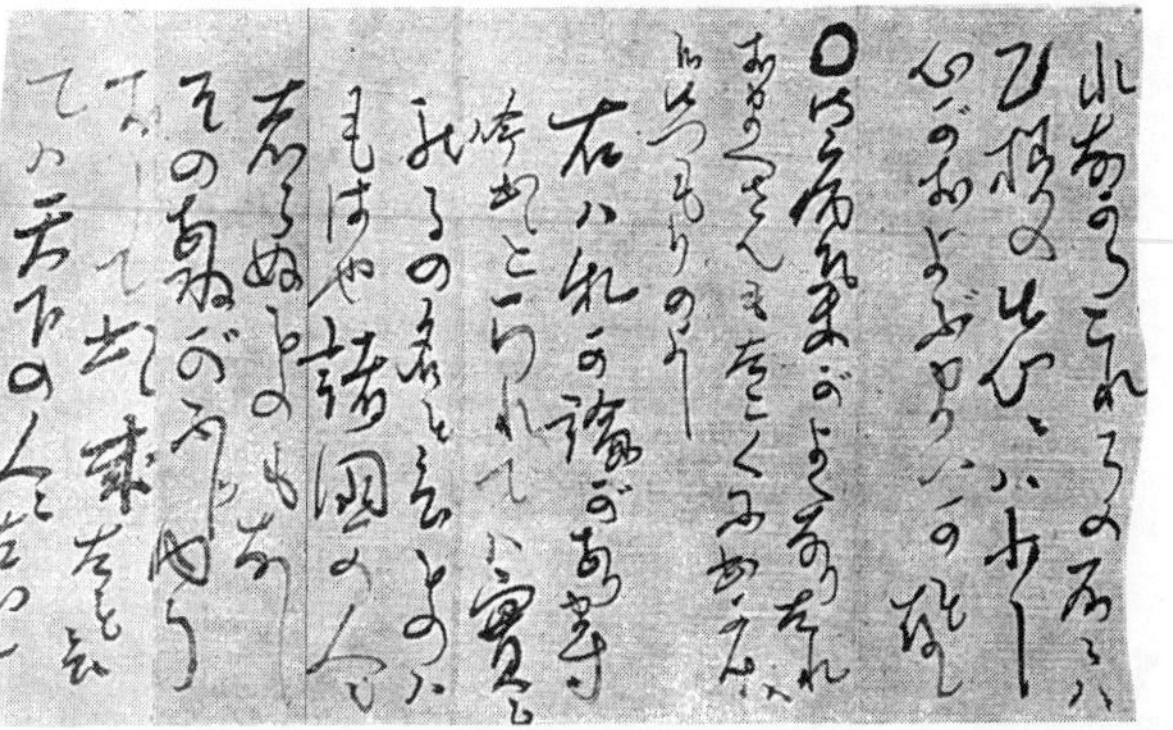

れながらこれらの所ニハ、
乙様の御心ニハ少し
心がおよぶまいかと存候。
○御病気がよくなりたれバ、
おまへさんもたこく（他国）に出かけ
候御つもりのよし。
右ハ私が論があります。
今出てこられてハ実ニ
龍馬の名と云ものハ、
もはや諸国の人ゝ
しらぬものもなし。
そのあねがふじゆう
おして出て来たと云
てハ、天下の人ニたいし
てもはづかしく、龍馬も

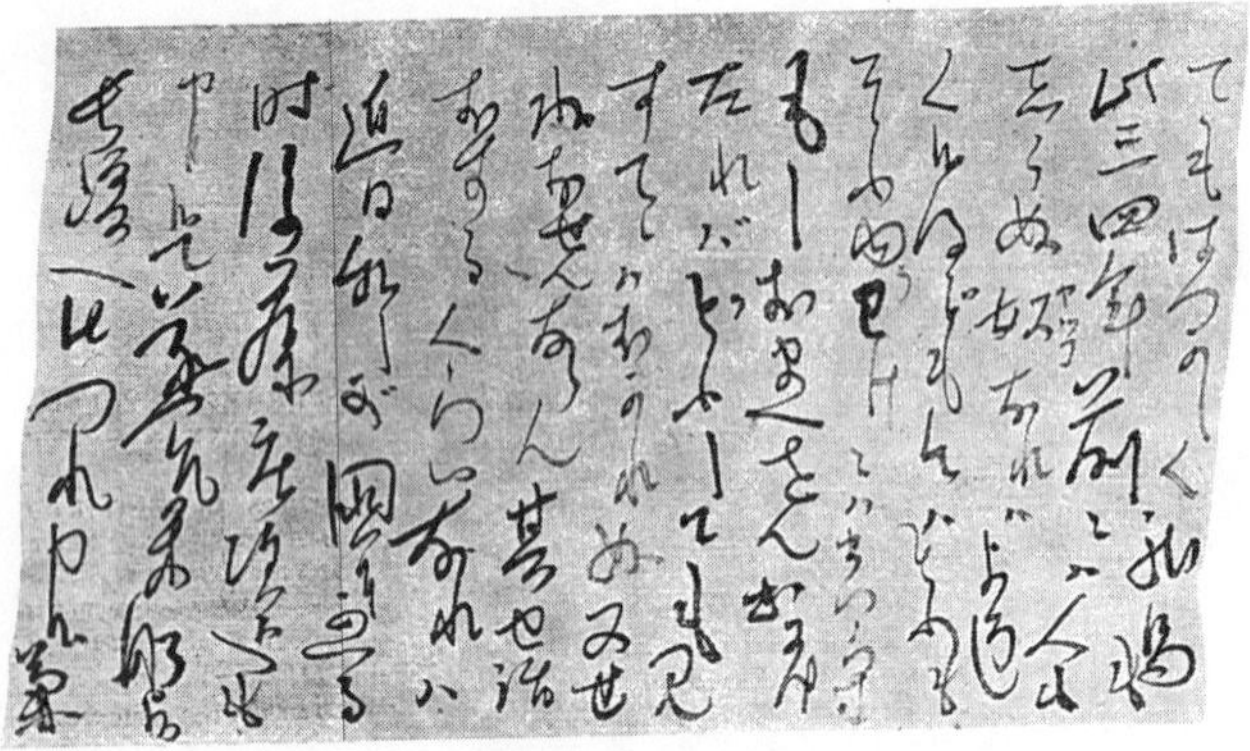

此三、四年前ニハ、人も
しらぬ奴(ヤツコ)なれバよろし
く候得ども、今ハどふも
そふゆうわけニハまいらず、
もしおまへさん出かけ
たれバ、どふしても見
すてゝハおかれぬ。又せ
わおせん(世話)ならん。其セ話
おするくらいなれバ、
近日私しが国にかへる
時、後藤庄次郎へも
申候て、蒸気船より
長崎へ御つれ申候。兼
而後藤も老母
と一子とがあるとやら

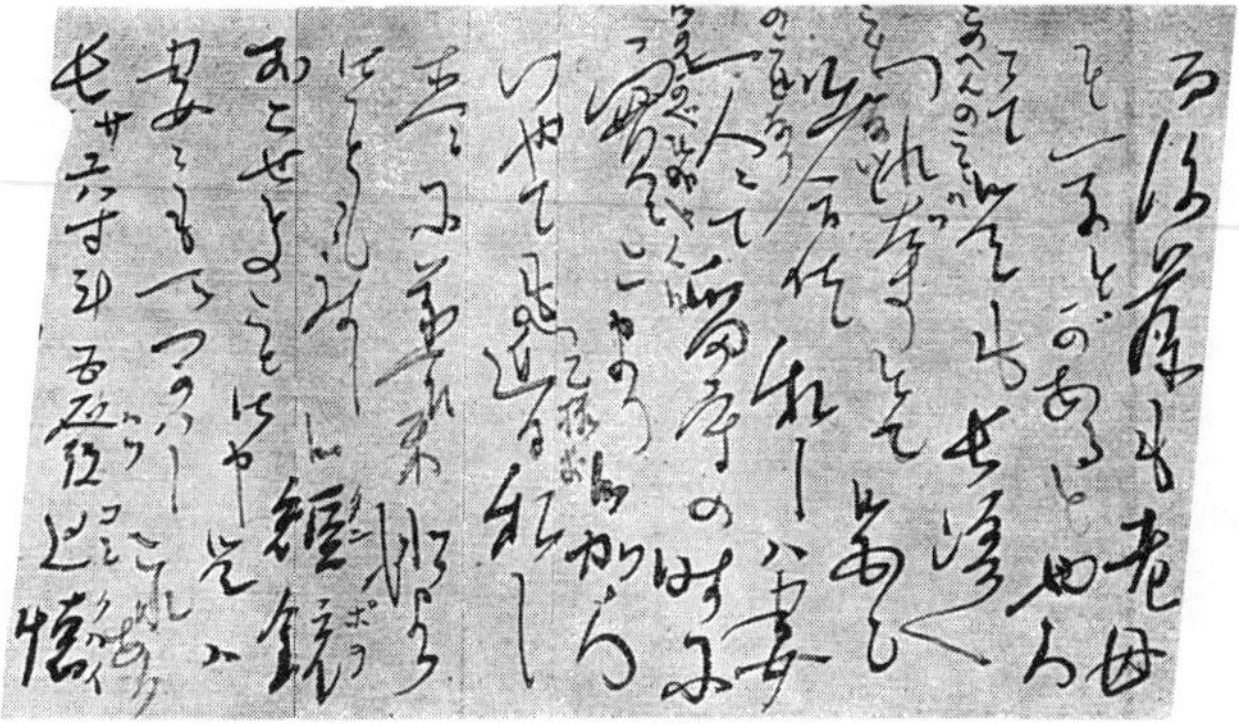

ニて、是も長崎へ
つれだすとて(このへんのことハ)色々
咄合(ごくない〳〵)仕候。私しハ妻
一人(のことなり、)ニて留守の時に
実ニこまり候から、(御かんがへ被成べく候。)

いやでも乙様お近日私し
直〻(じきじき)に、蒸気船より
御とも致し候。短銃(タンポヲ)
おこせとのこと御申、是ハ
妻ニも一ツつかハしこれあり。
長サ六寸計(ばかり)五発(ハツ) 込(コミ) 懐(クハイ)
剣よりハちいさけれども、
人おうつに五十間位
へたゞり(ママ)てハ打殺す
ことでき申候。其つれが

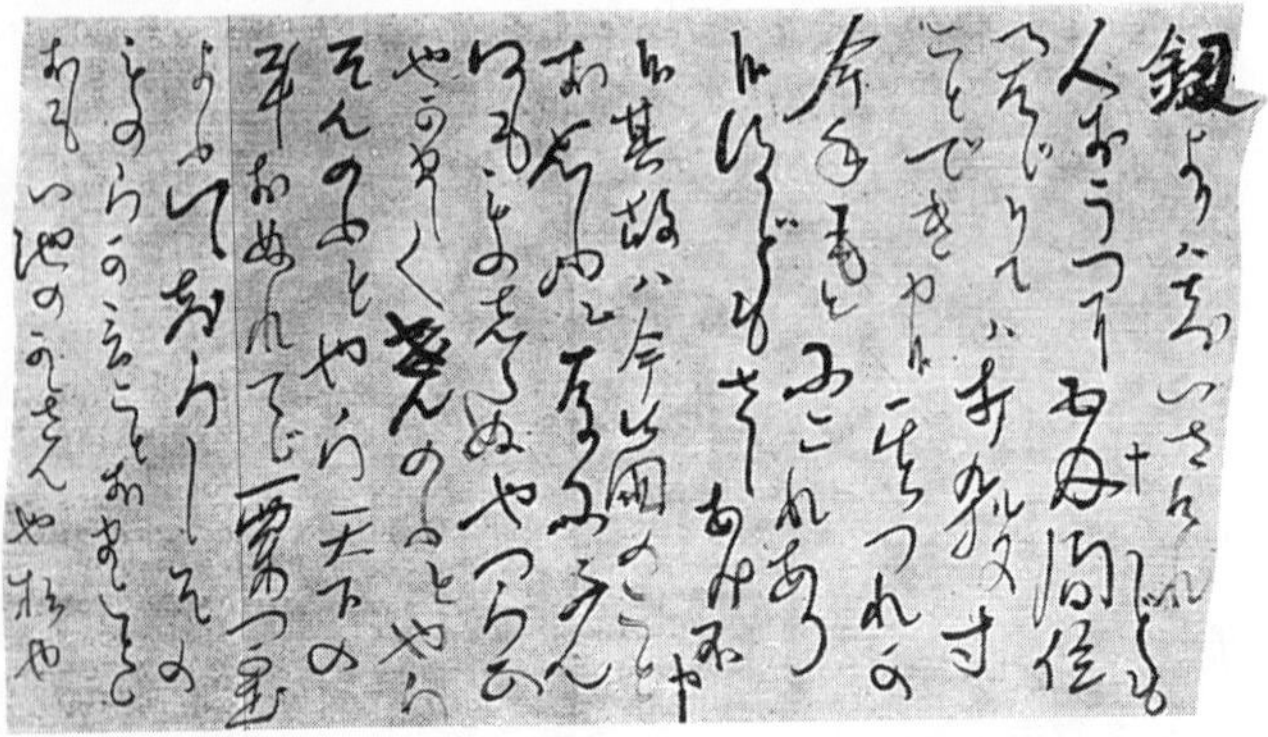

今手もとにこれあり
候得ども、さしあげ不レ申
候。其故ハ今御国のこと
お思ふニ、なにぶん
何も、ものしらぬやつらが
やかましくきん(勤王)のふとやら、
そん(尊王)のふとやら天下の
事おぬれてゞ粟つかむ
よふいゝちらし、その
ものらが云ことおまことゝ
おもい、池のかゝさんや杉や
のごけ(後家)さんや、又ハおまへさん
やが、おもいおり候よふす、
又兄さんハ島の真
次郎や佐竹讃次郎やと

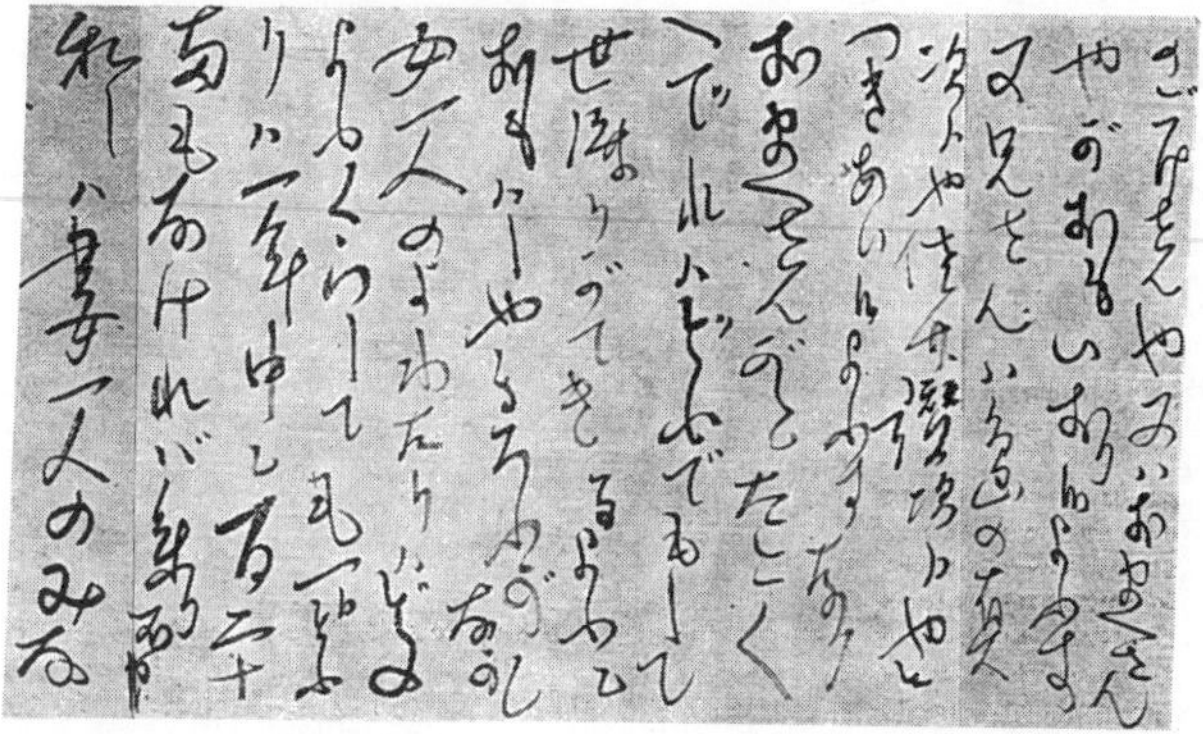

つきあい候よふすなり。
おまへさんがたこく(他国)
へでれバどふでもして
世渡りができるよふニ
おも(思)ハしやるろふが、なか〳〵
女一人のよわたりハ、どの
よふくらしても一トとふ
りハ一年中ニ、百二十
両もなければ参り不レ申。
私しハ妻一人のみな
らず、おまへさん位ハ
おやしない致すこと
ハやすいことなれども、
女の天下の為ニ国(土佐)を
出と云わけにハまいらぬ

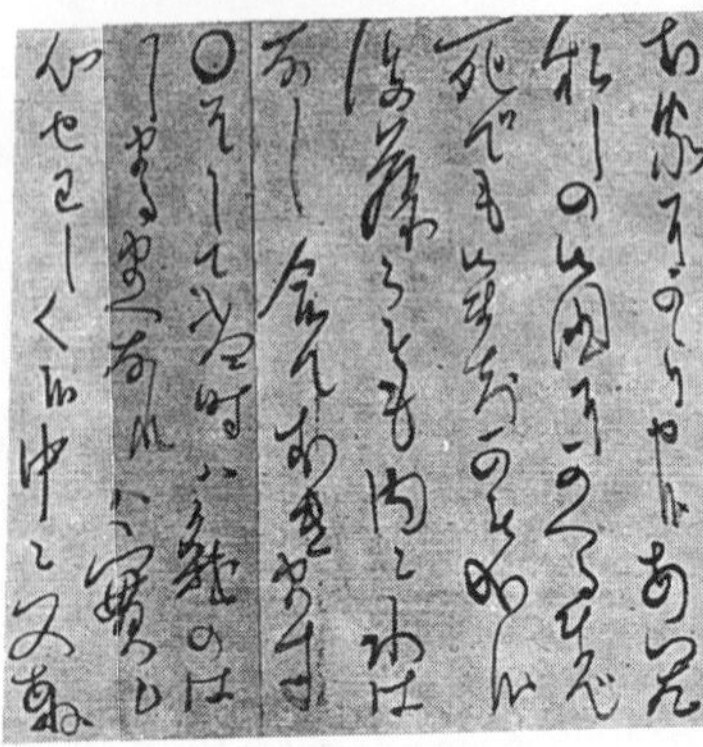

ものゆへ、ぜひ兄さんの〔〇しっぽんしたれバ〕お家にかゝり申候あいだ、私しの御国にかへるまで死でも御まち可レ被レ成候。後藤らとも内ゝわ、はなし合ておきます。

〇そして当時ハ戦のはじまるまへなれバ、実ニ心せわしく候中ニ、又あね(姉)さんが出かけ候得バ、清次郎一人でさへ此頃のしゆつぽんハ、よほどはなぐずなれども、おとこであるきに、まあをさまりハ付申べし。前後御

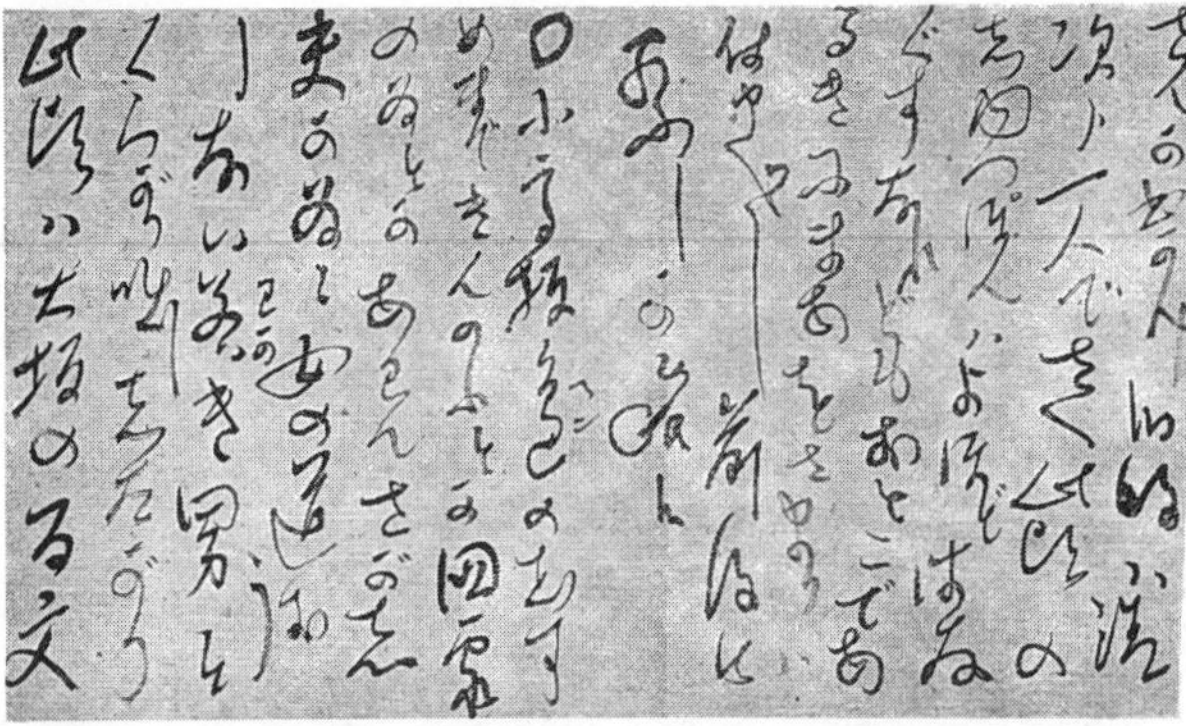

察し可レ被レ遣（つかはさるべく）候。
○小高坂（高知城西）辺（ヘン）のむす
めまで、きんのふ（勤王）とか国家
の為とか、あわて（ママ）さがし
夫が為ニ女の道おう
しない、若（わか）き男と
くらがり咄ししたがり、
此頃ハ大坂の百文
でチヨツトねるそふか（惣嫁）
と申女郎のよふなも
んぢやと申ことニて
御座候。此ことお小高
坂辺ニて心ある人ミニハ
御申聞被レ成べく候。
○私しらの妻ハ日ミ

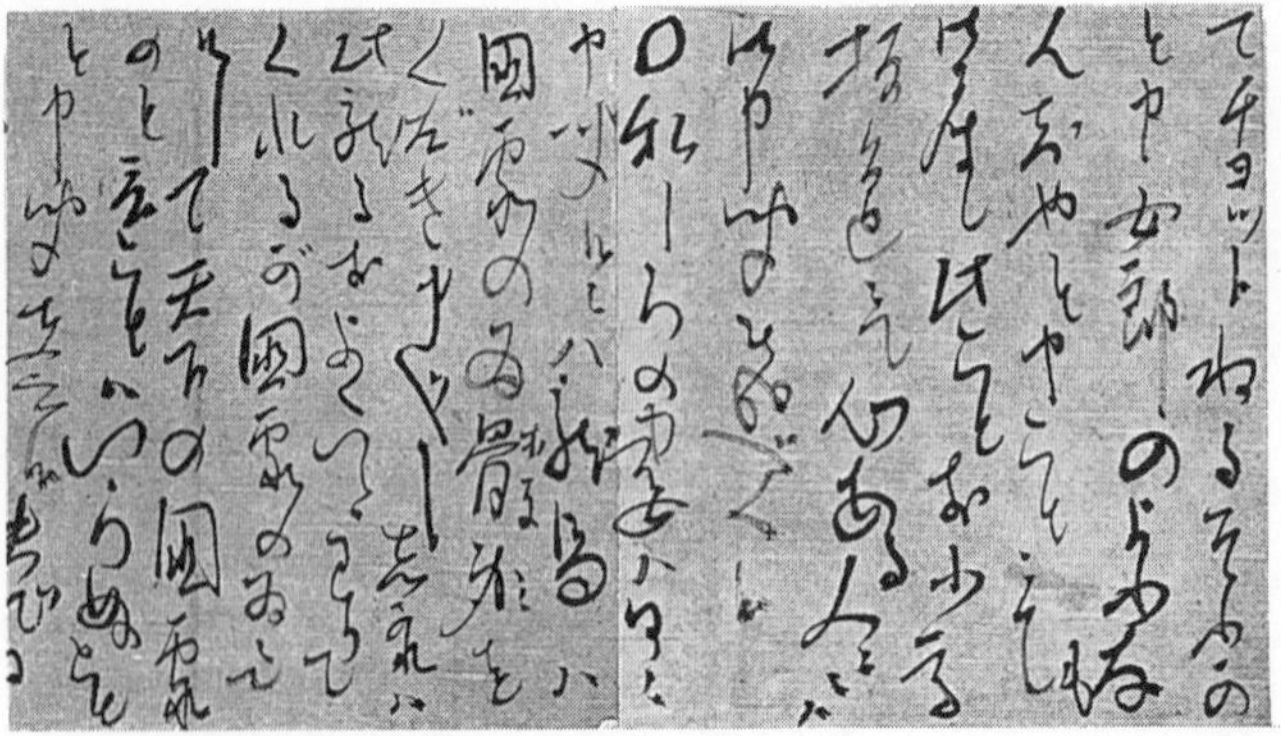

申聞候ニハ、龍馬ハ
国家の為骨身（ホネミ）を
くだき申べし、しかれバ
此龍馬およくいたわりて
くれるが国家の為ニて、
けして天下の国家
のと云ことハいらぬこと
と申聞在レ之候。夫で日
ミぬいもの（縫物）やはりもの（張物）致し
おり候。そのひまニハじぶん
にかけ候ゑりなどのぬい
など致しおり候。そのひまニハ
本よむことといたせと申聞候。
此頃（ウチ）たんぽふ（ピストヲル）ハ大分よく
発申候。誠ニみよふな

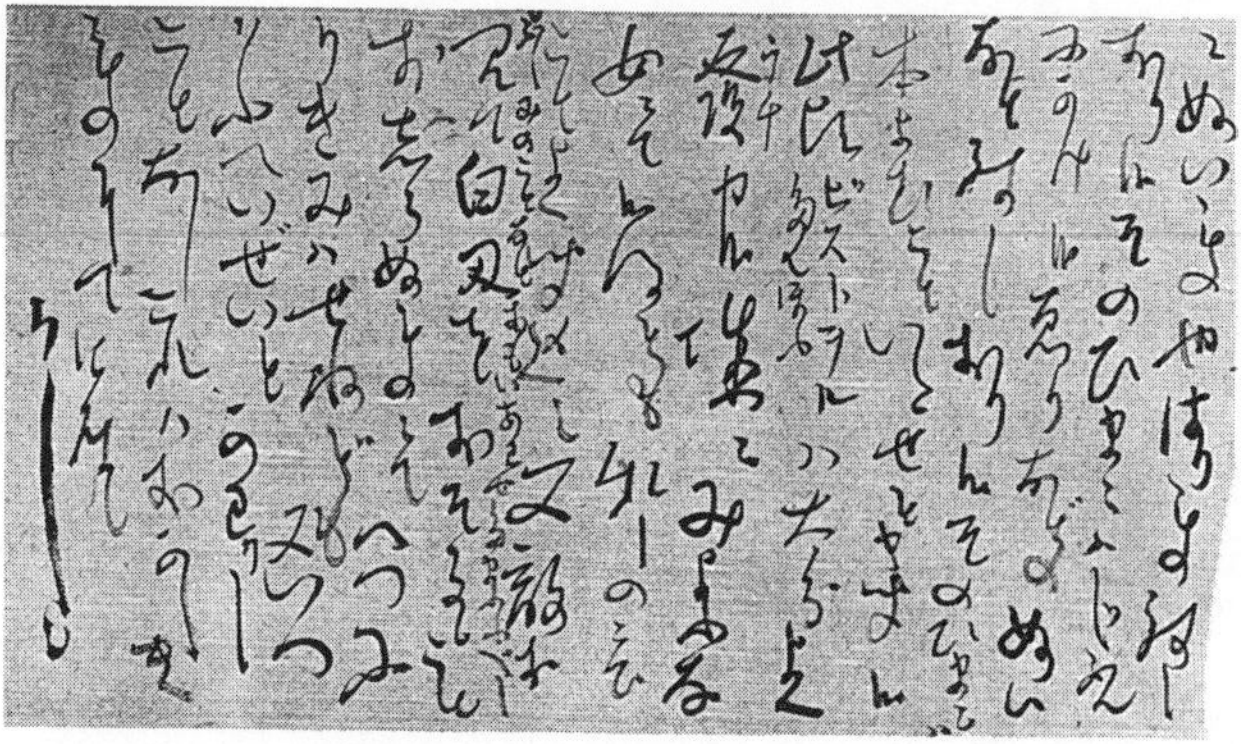

女ニて候得ども、私しの云
ことよく聞込ミ又敵お
（ふしみのことなどおもいあわせたまふべし。）
見て白刃をおそるゝこと
おしらぬものニて、べつに
りきみ（力）ハせねども、又いつかふ（一向）
へいぜい（平生）とかわりし
ことなし。これハおかしき
ものにて御座候。
かしこ

六月廿四日　龍馬

姉上様
おやべ様

追白、はるいがかんざし（簪）

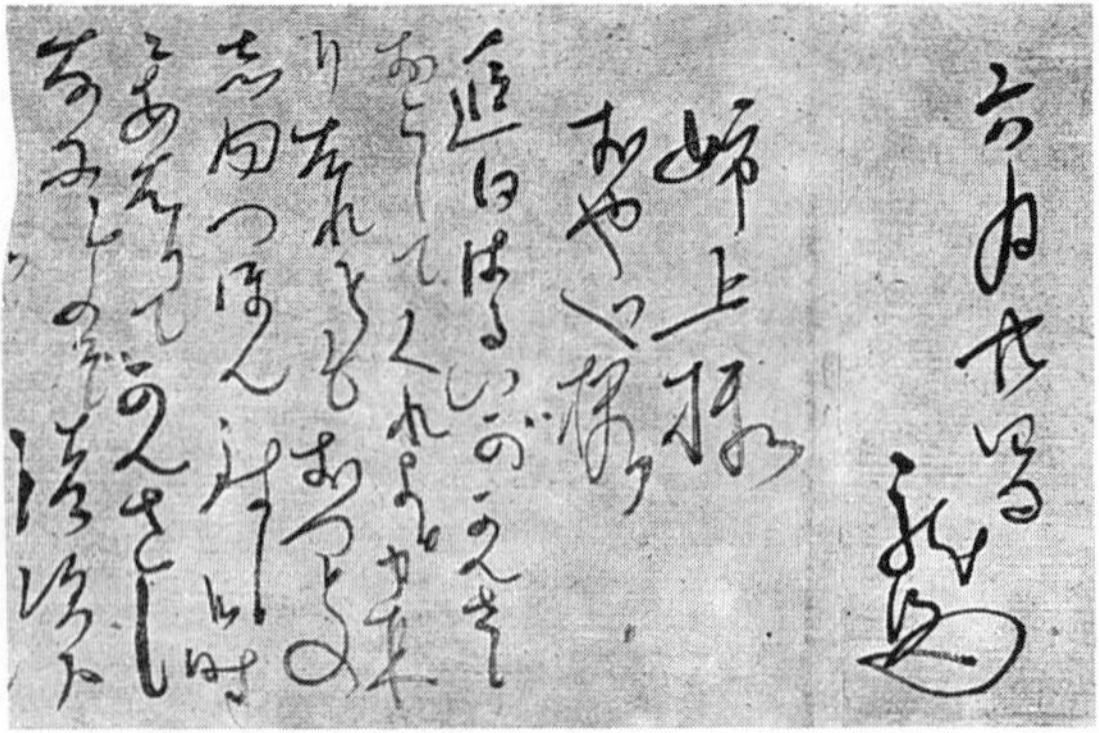

おこし(寄越)てくれよと申来りたれども、おつと(夫)のしゆつぽん(出奔)致し候時ニあたりて、かんざしなにものぞ、清次郎ニ小遣でもやりてくれよとでもいゝそふなもんなり。たゞきのどくなるハあに(兄)さんなり。酒がすぎれバ長命ハできまい。又あとハよふし(養子)もあるまい。龍馬がかへるおまてバ清次郎ハつがふ(都合)よくだしてやるものを、つまらぬでよふ(出様)おした。

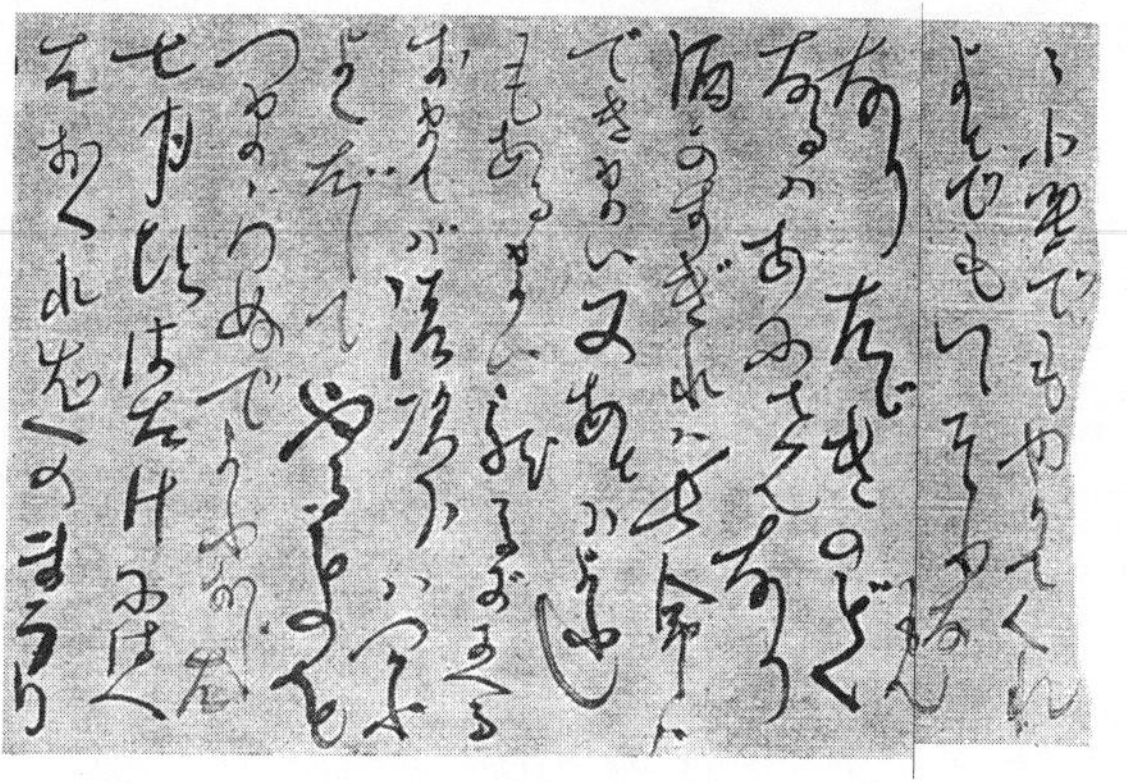

七月頃はたけ（畑）にはへ
た、おくればへのまうり
や、きうりの如し。
あわれむ人少なし、
かしこく。

思いの丈を書き綴った長文の書信である。海援隊京都詰所「酢屋」にて「朝六ツ時（午前六時）頃より此ふみ」を認めたのである。

龍馬の素顔が随所に出ている。脱藩してきた養子坂本清次郎に失望し、乙女が企てる無謀な行為を戒めている。清次郎は土佐藩家老酒井下総の家来鎌田実清の子で、権平の娘春猪に配した夫で、時に二十五歳、清明と称し明治後、三好賜と改めている。この春猪の婿に対面し「何もおもわくのなき人」（根性思想のない人）と看破し「実に御蔵のにわとり」（役

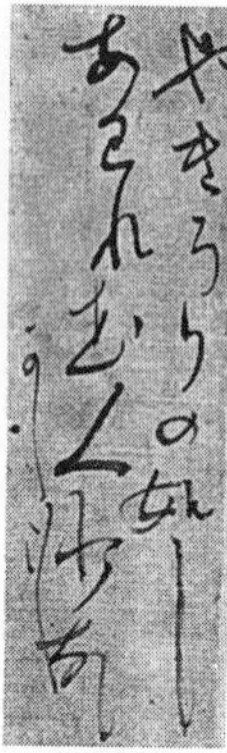

（京都国立博物館蔵）

に立たぬでくの坊的存在）であると辛辣である。それでも藩の小役人に較べると「右よふのばけものよりハよほど」良いと批評している。

「御国の姦物役人」（後藤象二郎）にだまされていると云う乙女の非難に答えている。龍馬と後藤の清風亭会談は藩情の意表に出たもので後藤を、「人のたましいも志も、土佐国中で外ニハあるまい」と認めている。数カ月後、龍馬は後藤と手を携えて日本回天の事業を果たしているので「乙様の御心ニハ少し心がおよぶまい」と大きく出て胸を張っている。亀山社中が危機に陥った頃、龍馬は慶応二年十一月、下関に一商社を設けた。海峡通過の船舶より税金を取り、社中の利益とすることを長州の広沢、薩摩の五代と謀り実施したので、運送業者の恐慌がおきた。「利をむさぼり、天下国家の事おわすれ」たと批判されたので、ここでも龍馬は回答している。「御国（土佐）よりハ一銭一文」の救けも受けず、数十人の海援隊同志を養うため「利を求メ」「土佐からハおかまいハなく（脱藩罪を解かれて）楽に稽古」をし「国家天下の為」働いているのであると。

次に姉乙女も龍馬の許へ出かけたいと言って来たので、驚き慌てている。乙女は岡上家とうまくいかず、文久の頃も尼になり入山の志を示し、たしなめた（書簡一〇）ので、再度のことである。もし出奔したら兄権平の家に迷惑をかけるので、私がお国へ帰って迎えにゆくまでお待ち、

「後藤らとも内〻わはなし合ておきます」と懸命に止めている。龍馬のもてあまし気味、迷惑顔が見える。

追伸では愛姪の不見識と呑気加減を叱り、清次郎のことを七月頃のおくれ生えのまくわうり（真桑瓜）や、きうり（胡瓜）のように間が抜けていると憐れんでいる。惣嫁女郎は当時上方で路傍で売淫する女郎のこと。毛利荒次郎は恭助、土佐藩馬廻格の出、維新後宮内省出仕、静岡県参事。望月清平は城西小高坂白札出身のち新留守居組、勤王党員。池田屋騒動で斬死した亀弥太は彼の弟。

八三　慶応三年六月二十四日
望月清平あて

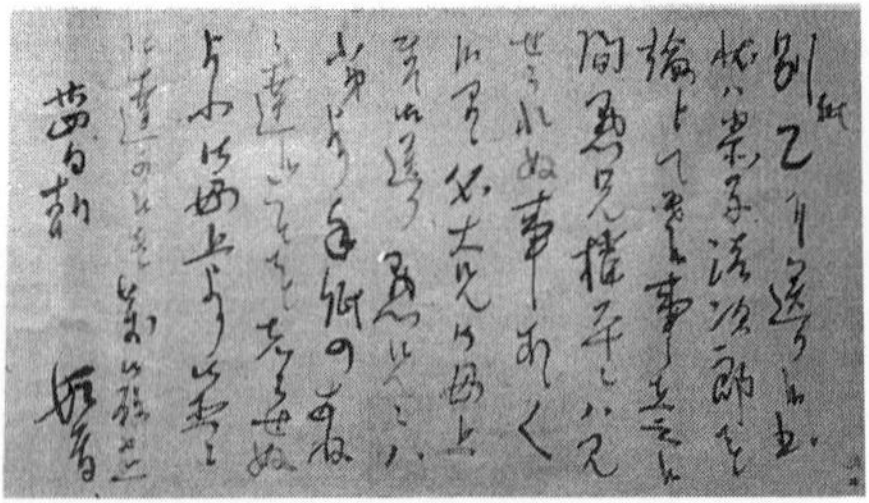

別紙、乙（姉乙女）に送り候書状ハ、養子清次郎を論じて遣候事在レ之候間、愚兄権平ニハ見せられぬ事おゝく候まゝ、必大兄御母上まで御送り愚兄ニハ小弟より手紙のあねニ達し候ことをしらせぬよふ御母上より御直（じき）ニ御達可レ被レ遣御願申上候。

廿四日朝　頓首

望月清平様　才谷拝

机下

（屋烏帖）

ある日突然、龍馬が編者の許を訪れてくれた。「龍馬全集」の編述より殆ど二十年の歳月を閲している昨夏（平成六年七月）、はからずも友人木下氏に贈られた「屋烏帖」と題する、一冊の和綴帖から本状が見つかった。

「屋烏」とは、深く愛する人の屋上に止まる烏までも好きになるように、その人にかかわるすべてのものに愛が及ぶ譬えである。歴史上の好きな人物、哀惜に耐えない男たちの筆蹟を掲げた帖である。奥付も発行者、年月も記載のない、数葉の和綴帖には幕末日本に働き影響を与えた、藤田東湖、橋本左内、吉田松陰、そして坂本龍馬の筆蹟写真が掲げられていた。

坂本龍馬は「勝海舟翁ニ贈ル建白書稿」と「望月清平氏宛書簡」（但、才谷楳太郎変名也）と目次に出ている。前者は編者が「龍馬全集」編述の際、東大史料編纂所の所蔵目録中「龍馬書簡草稿」から発見、龍馬新資料として「全集」（続書簡七、慶応二年三月「幕閣要人あてか」）に登録したものであった。しかし後者「望月清平氏宛書簡」は、初めての龍馬直筆書簡であった。

「廿四日朝」とあるのは、慶応三年（一八六七）六月二十四日と推考された。この日のこと龍馬は「六ツ時頃」（午前六時）より、京都三条通河原町一丁下ル車道、酢屋海援隊本部で、長兄「権平様」（第一部書簡八一）と乙女「姉上様、おやべ様」（同八二）の各々へあてて長文の手紙（京都国立博物館所蔵）を書いているが、この二通の書信を書いた後で、本状は京都河原町土佐藩邸にいた同志望月清平に宛てたものである。乙女あて「養子清次郎を論じ」た手紙は、別途にして清平母より姉乙女へ直接に渡してもらうことを依頼したものである。

清平は、龍馬とは竹馬の友である。池田屋事件で闘死した神戸塾生望月亀弥太の兄で、「これハずいぶんよきおとこナリ」と乙女あて書き添えている。坂本家の一人娘春猪の養子婿清次郎は、今春脱藩上洛し龍馬をたよってきたが、彼は「よろしき人物」であるが、話してみると、「何もをもわくなき人」で、「たゞつれてあるく位の事ニて」役立たずの木偶の坊だと辛辣に書き、失望を露さまにしている。もしこの文面を権平兄が読めば不快無躾を与えるにちがいない。清平に別途依頼した理由である。「たゞきのどくなるハあにさんなり。酒がすぎれば長命はできまい」（書簡八二）と労りを書き添えて、龍馬の思い遣りと気配りの細かさがのぞいている。他人に見せられぬ内面の世界から、デリケートな孤愁の一面を垣間見せている（木下由紀太氏、西尾秋風氏、横田達雄氏、東京龍馬会の御協力をいただいた）。

八四　慶応三年八月五日
寺田屋お登勢あて

御別申候より急ニ兵庫ニ下り、
同二日の夕七ツ過ギ、土佐の国
すさキ（須崎）と申港に付（着）居申候。先々（まづまづ）
ぶじ御よろこび。是より近日
長崎へ出申候て、又急々上京
仕候。御まち可レ被レ遣候。かしこ。

八月五日

おとせさま　　うめより

御本え

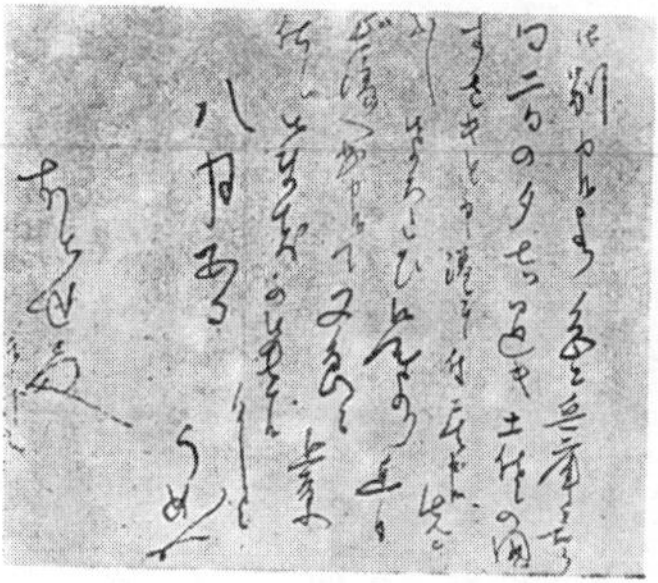

（京都府立総合資料館蔵
京都府京都文化博物館管理）

長崎で去月六日突発したイカルス号水夫殺害事件に巻きこまれた龍馬は、八月二日高知城西十里須崎港に薩藩船三邦（みくに）丸でやってきていた。長崎でいろは丸沈没事件の決着が出た後、六月九日後藤と上洛、大政奉還運動に働いていていた際である。お登勢に断りもなく急にいなくなったので心配させまいと認めたもの。

「保古飛呂比」（佐々木高行日記二）にのせている。

○慶応三年八月一日（龍馬佐々木高行等ト帰藩ス）

一、是月朔日　石川ニ後事ヲ托シテ早々出立、早駕籠ニテ蔵屋敷へ立帰リタル最早鶏鳴ナリ。直様支度シ兵庫へ向ケ夜ノホノ々々明ニ出立、駕籠夫ヲ追立々々走リ候へ共、何分心急ギ候事故、道ノ運ビ遅キ心地セリ。漸ク兵庫近ク相成候処、蒸汽船相見エ追々船モ近ク相成、遙ニ幕ノ回天丸、薩ノ三国丸、英ノ軍艦都合三艘ニ烟ヲ立テ、今ニモ運転可レ致ト待受タル模様モ相分リ候。漸ク七ツ時頃兵庫著、直様三国丸ニ乗込ミタリ。此時端舟ニテ急ギ来ル人アリ。近寄見レバ坂本龍馬ナリ。越前春嶽公ヨリ老公ヘノ書翰持参セリ。此度英人トノ事件ヲ春嶽公心配被レ致候ニ付テハ、御文通ノ由、坂本ハ是ヨリ帰京ノ心組之処、運転相初メ候場合ニテ、色々咄モ有レ之中、既ニ出帆、其儘ニ同乗シテ高知ニ向ヒタリ。

一、八月二日　昨夜海上風波、船ノ動揺甚敷、大ニ困却。漸ク日ノ入リ過ギ須崎ニ入港。上陸シテ下宿へ郡奉行原伝平、前野源之助ヲ呼寄セ、帰国之次第申述べ、程ナク英軍艦、幕軍艦入港ニ付、其用意可レ致、乍レ併追々談判可レ致ニ付、夫迄ハ人心騒立テ候義無レ之様、屹度取締可レ申、且当郡兵隊等操出シ警衛ノ義ハ、見合セ候様申談ジ候。両人モ承諾セリ。同夜須崎ヲ発シ早追ニテ急行ス。其夜モ大雨、名古屋坂等難儀、時々松火消失致シ道中中々運バズ、猪内ト自分、従者一人ヅヽ召連レ、先打モ行届カズ、人足継グ事間ニ合兼候。朝倉村番所ニ来ル、人足一人モナシ。平常ハ参政大鑑(監)察等巡回等ニハ随行者モアリ、先以テ相触候事ニ付其心得ナレドモ、此度ハ俄ノ事ナリ、従者一人ヅヽ其上京師ヲ発シ候ヨリ聊隙無レ之、殊ニ昨夜来船中動揺シテ主従共乱髪等ニテ重役ト見ヘズ、番所ニテモ余リ差急ギ人足モ呼立テズ。猪内大声ニ、吾ハ御仕置役ナリ、彼ノ方ハ大目附ナリ、大事ノ御用ニテ京都ヨリ罷帰リ候、一刻モ早ク人足ヲ出セト。番人大ニ驚キ俄ニ奔走シテ漸ク人足来ル。

八五　慶応三年八月五日
長岡謙吉あて

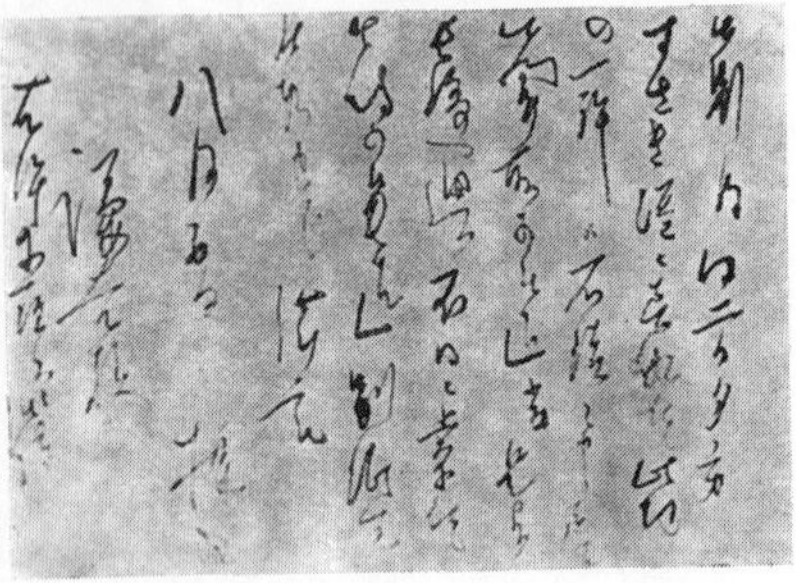

（京都国立博物館蔵）

御別後同二日夕方、
すさき港ニ着船仕候。此地
の一件ハ石清（中岡慎太郎）ニ申送候。
御聞取可ㇾ被ㇾ下」小弟是より
長崎へ廻り不日ニ上京仕候。
御待（おまちつかはさるべく）可ㇾ被ㇾ遣候。」別紙宜（よろしく）
御頼申上候。謹言。

八月五日　　楳拝

謙吉様

右件直次郎ニ御伝奉ㇾ頼候。以上。

京坂にとどまる海援隊文司長岡謙吉宛て、イカルス号事件で高知須崎港に着いたこと、此地の一件（談判の模様）は「石清（中岡慎太郎）ニ申送候」と消息を報じている。中岡の日記「行行筆記」には「七月廿八日　英人殺害之事云々に付、由比（猪内）、佐々木（高行）下坂。同廿九日、今夕才谷（龍馬）下坂之事。八月八日　此日薩船（三邦丸）すさき（須崎）より帰る。龍（馬）書状来る」と関連している。但し中岡に送った書簡は今日伝わらない。

長崎丸山で英国軍艦イカルス号乗組水兵二人が殺害されたのは七月六日夜のことであった。この翌朝、海援隊の横笛が出港、間もなく土佐藩砲艦若紫が出港し、その日の正午頃横笛が帰港した。駐在領事フローエルスは事件を重視し、長崎奉行に犯人逮捕を求め、たまたま来港した英国公使パークスも厳重な抗議を発してきた。調査の結果、その時刻、港外で犯人を若紫に移乗させて逃亡させたとの嫌疑が、海援隊と土佐藩にかかった。

証拠がないのでこれをはねつけるとパークスは怒って幕府にかけあい、問題を中央に持ちこんだ。七月二十四日老中板倉勝静はパークスの強硬な抗議を受け、京都の土佐藩留守居役へ処置を求めてきた。土佐側はこれを無実とするも、老中板倉はパークスに押され、遂に高知における交渉に移される。在京中の龍馬は七月二十九日越前邸に召され、松平春嶽から容堂あての手紙を依託されたので八月一日、大坂より神戸に馳せつける。藩大監察佐々木高行は薩藩船三邦丸を借りて乗船、出港間際であった。ここへ小舟に乗った龍馬が漕ぎつけ、佐々木と善後策を話しているうち三邦丸は抜錨したので、そのまま同乗、唐突の帰郷となったのである。

八六　慶応三年八月八日

坂本権平あて

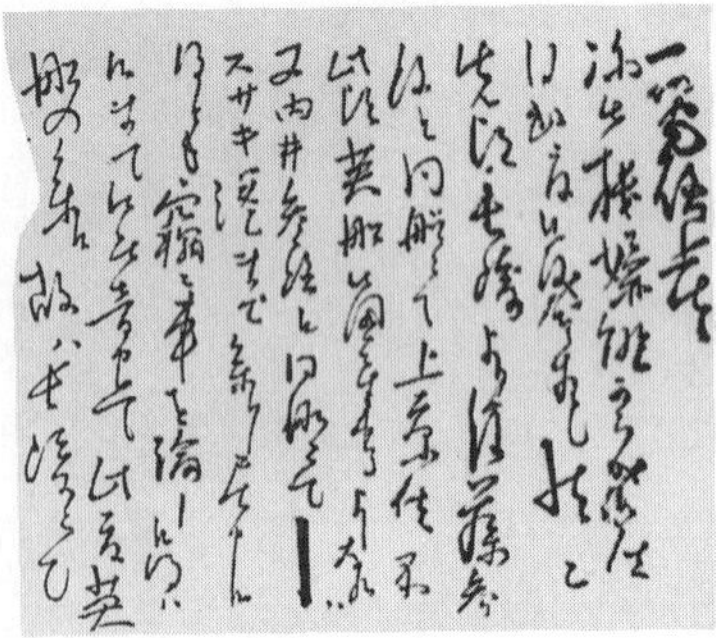

一筆啓上仕候。
弥(いよいよ)御機嫌能(よく)可レ被レ成二御座一
目出度奉レ存候。然ニ
先頃長崎より後藤参
政と同船ニて上京仕候処、
此頃英船御国ニ来るよしなれバ、
又、由井参政と同船ニて
スサキ(須崎)港まで参り居候
得とも、竊(ひそか)ニ事を論じ候得バ、
今まで御無音申上候。此度英
船の参ル故ハ、長崎ニて

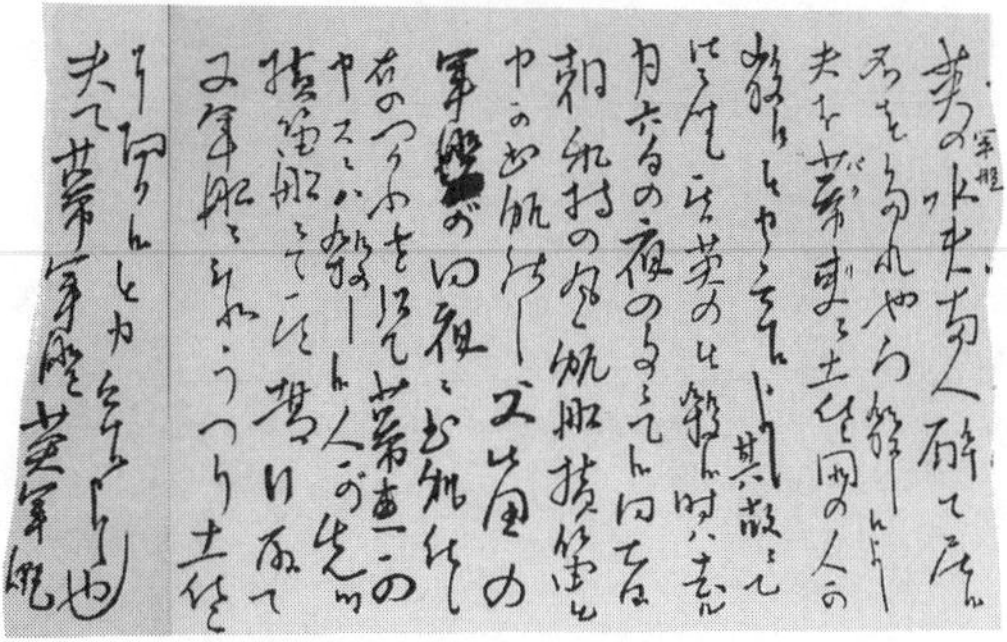

英の軍艦水夫両人酔て居候
処を、たれ(誰)やら殺し候よし、
夫(それ)を幕吏ニ土佐国の人が
殺候と申立候よし。其故ニて
御座候。其英の被レ殺(ころされ)候時ハ、去ル
月六日の夜の事ニて候。同七日
朝私持の風帆船横笛と
申が出帆致し、又御国の
軍艦が同夜ニ出帆仕候。
右のつがふ(都合)を以て幕吏が
申スニハ、殺し候人が先ヅ
横笛船ニて其場引取て
又軍艦ニ乗うつり、土佐
に帰り候と申立候よし也。
夫で幕軍艦英軍艦

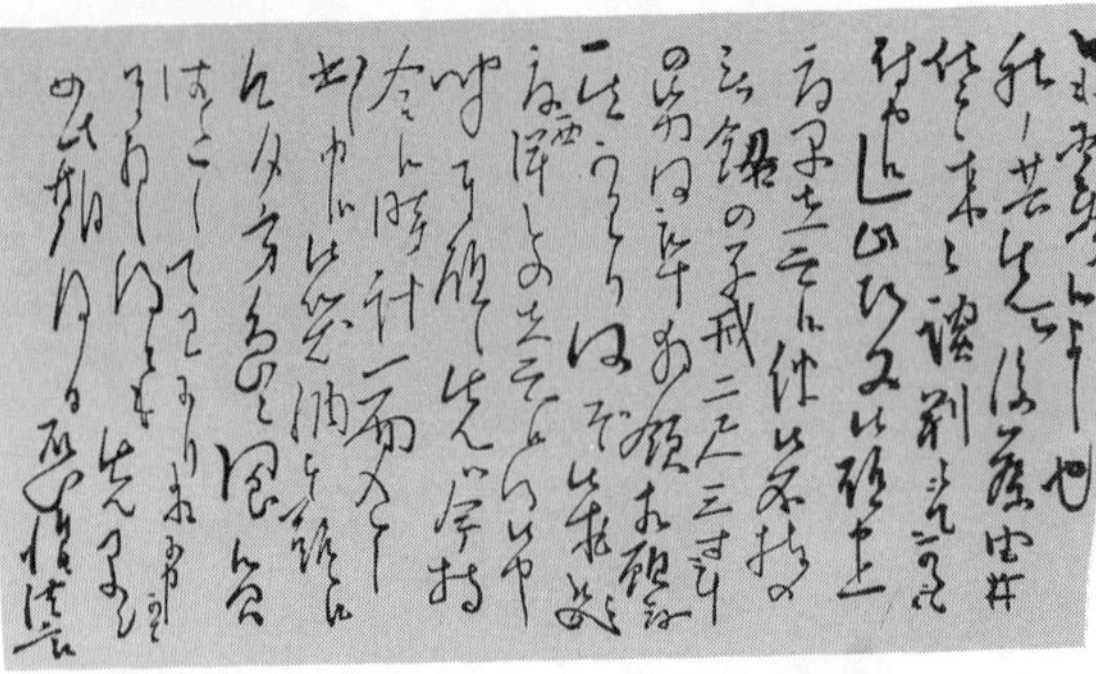

ともに参り候よし也。
然レ共先ヅ後藤、由井（ママ）、
佐々木ニ談判ニてかた
付申候」此頃又御願申上
度品在レ之候。彼御所持の
無銘の了戒二尺三寸斗
の御刀、何卒（なにとぞ）拝領相願度、
其かわり何ぞ御求被レ成（なされたく）
度、西洋もの有レ之候得ハ御申
聞奉レ願候。先ハ今持
合候時計一面さし
出し申候。御笑納奉レ願候。
今夕方急ニ認候間、
はたしてわかりかね可レ申かと
奉レ存候得ども、先早々

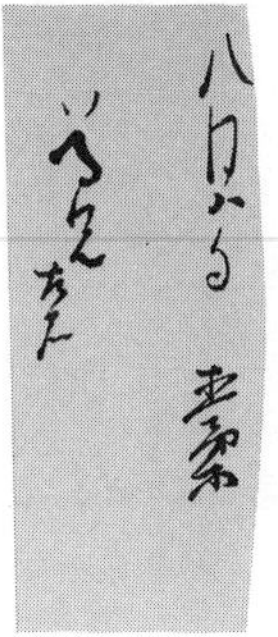

如レ此、期二後日一候。恐惶謹言。

八月八日　　　直柔

尊兄　　左右

（坂本弥太郎旧蔵）

（「東洋日の出新聞」写真木版印刷掲載）

「坂本龍馬ハ兵庫ヨリ不レ計（はからず）乗船ニテ、須崎港ニ著シ候処、同人ハ両度迄出奔致候事ニテ、御国（土佐）内ニテハ脱走人トシテ上陸致候ハ国法ノ許サヾル所ナレバ、此ノ時政府（土佐藩庁）モ佐幕家多ク、殊ニ脱走人等ヲ悪（にく）ム事甚（はなはだしき）敷事ニテ、（中略）夕顔船へ乗移ラセ船中ニ潜伏セリ。（中略）龍馬儀、内々老公（容堂）へ申上候処、老公暫（しばらく）御考慮ニテ、今日ハ先以て其取計可レ然（とりはからいしかるべく）聞置キ候、何分八釜（やかましき）敷事ナリト、御笑ヒ被レ為レ遊候ナリ」（「佐々木高行日記」、慶応三年八月二日）

とあるように龍馬は高知城下への望郷の想いを押えながら、夕顔船中で書いている。持ち合わせの外国時計を贈り、坂本家にあった無銘了戒二尺三寸を兄権平にねだったのである。けれども

「関係文書第二」(海援隊始末二) には「慶応三年丁卯八月八日夜龍馬竊ニ上陸シ、同志川原塚茂太郎 (権平の妻千野の弟) ヲ訪レ、時勢ヲ談ジ且ツ高知ノ実兄権平ニ、一書ヲ寄セ事情ヲ報ズ」とあって本状記載がある。龍馬のことだから指をくわえて船中にこもっていたとは限らない。

本状は、「関係文書第二」に「坂本弥太郎旧蔵」と記載されて、今日まで、原書簡は見ることが出来なかった。しかるに、平成六年春、長崎の「東洋日の出新聞」(明治三十六年一月一日号) より、「亀山社中ば活かす会」堺屋修一副会長が発見した。

当時、原書簡を写真にとり、版木に龍馬の筆跡を精刻した写真木版印刷である。「関係文書」の字句を原文により訂正。写真提供は堺屋修一氏。詳細は「龍馬タイムズ」(東京龍馬会、二十九号) 織田毅氏「龍馬の幻の手紙を確認」を参照頂きたい。

八七　慶応三年八月十四日

三吉慎蔵あて

今月朔日兵庫出帆、同二日土佐ニ帰り、一昨夜土佐出帆、今日馬関ニ来ル」扨、京師の時勢ハ大様（ママ）の所ハ御聞取も可レ在レ之候得共、一通申上候」薩此頃（大島吉之助等）決心、幕と一戦相心得候得ども、土佐後藤庄次郎が今一度上京をまち居申候。先頃私、後藤庄次郎上京して西郷小松と大ニ約し候事有レ之候故ナリ。（後藤庄次郎者今月十七日出京。）私事ハ是より長崎へ出候て、蒸気船を求候て、（使者又ハ飛脚ニ用ヒ候為小ナル蒸気ナリ。）早々上京と相心得申候」思ふニ一朝、幕と戦争致し候時ハ、御本藩御藩薩州土佐の軍艦をあつめ一組と致し、海上の戦仕候ハずバ、幕府とハとても対戦ハ出来申すまじく、御うち合も仕度候得ども何レ（いづ）長崎よりかへりニ致し可レ申か」近日京師の戦ニ出候人ニハ少々御出し被レ成、地利（理）など御見合可レ然と奉レ存候」私の船ハ夕方のしおに下り可レ申」何レ近日、先者（まづは）草々、謹言。

十四日　龍馬

三吉慎蔵先生　坂本龍馬

左右　　　　　　　　　　（上田市三吉家文書）

「一昨夜土佐出帆、今日馬関（下関）ニ来ル」は八月十二日夜、龍馬は土佐藩船夕顔で、佐々木高行や英国通訳官アーネスト・サトウらと高知須崎を出港、十四日下関寄港をさす。

イカルス号事件の談判は、八月七日、八日と須崎湾停泊中の夕顔船上で行われた。英国公使パークスは軍艦パブリスク号で、外国奉行平山図書頭（敬忠）は幕船回天丸で土佐へ来航してきた。英国側は幕府の弱腰のため土佐まで来れば、嫌疑だけでおそれ入って犯人や償金も出るとふんでいた。土佐側の交渉委員後藤象二郎に、パークスは中国でとった威嚇的態度で対したが、後藤の注意で態度を改めた。談判は証拠がないので解決できず。再び長崎で実地調査を行うこととなった。この間の記録はアーネスト・サトウの「一外交官の見た明治維新、下」（岩波文庫）にも収録されている。

本状は夕顔船が下関寄港の際、三吉に報じたものである。龍馬は大政奉還による平和裡の王政復古を計画するかたわら、万一の場合、武力倒幕もプランに入れている。「御本藩（萩）御藩（長府）薩州土佐の軍艦をあつめ」連合艦隊編成を提唱している。「西郷小松と大（おおい）ニ約し候事」とは六月京都での薩土盟約と奉還案を、西郷に了解を取りつけたことを指す。イカルス号事件突発で奉還建議は前進が利かなくなり、二カ月の空転が生じ、後藤が京都入りしたのは九月、建白書提出は十月三日のこととなる。

八八　慶応三年八月十六日
陸奥宗光あて

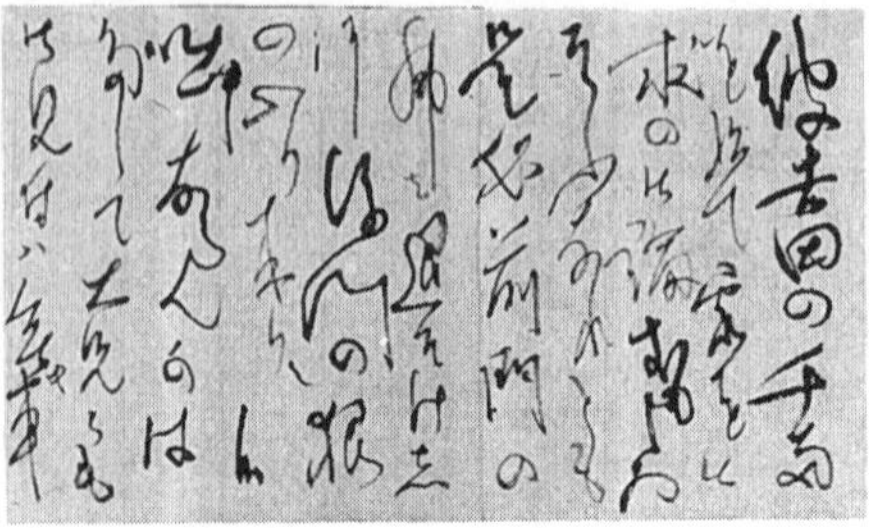

彼吉田の千両を
以て、家を御
求の御論おもしろ(面白)
そふなれども、
是必、前門の
虎は退ぞけしに
後門の狼
の入り来り候
咄しならんか。は
たして大兄ニも
御見付ハ無キ事

と奉レ察候。草々、奉レ
対二早々一ニ頓首。
十六日　　楳
陸奥大先生

（佐々木高行日記）

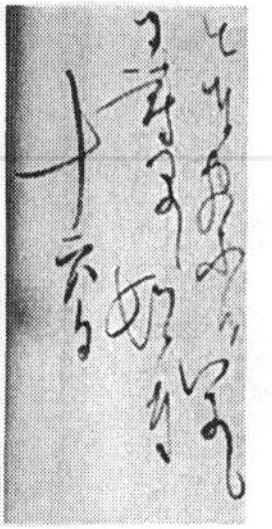
（東京　飯田家蔵）

十五日長崎に上陸、海援隊本部小曽根家に入った龍馬はこれより約一カ月間イカルス号事件解決に忙殺される。本状は九歳年少の陸奥宗光を大先生と奉り、若き智謀に「千両を以て家を御求」める計画に指令を発している。海援隊関係の相談であるが内容は未詳。
「佐々木高行日記」八月十六日に、「才谷来ル。夫ヨリ同伴（土佐）商会ニ至リ、野崎伝太、松井周助、岩崎弥太郎ニ会ス。（中略）横笛船出帆ノ手続等ノ申口ヲ聞ク」と載せている。

八九　慶応三年八月十九日
岡内俊太郎あて

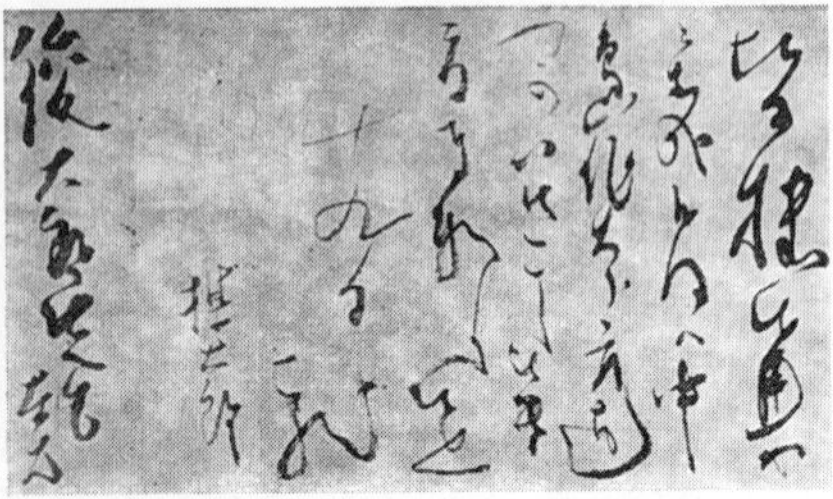
（鎌倉　野尻家文書）

皆様御集
ニ相成候得バ、中
島作太郎方迄
つかい御こし被ㇾ遣
度奉ㇾ願候。以上。
十九日　　龍
　　　　楳太郎
俊太郎先生
　　　左右

俊太郎は岡内重俊で高知潮江に生まれ藩横目役で当時、土佐商会にいた。維新後貴族院議員、男爵。

九〇　慶応三年八月二十一日

岡内俊太郎あて

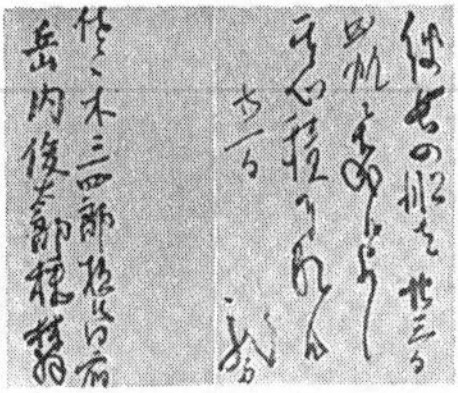

（明治維新志士遺墨集）

彼長の船は廿三日
出帆ニ相成候よし、
其心積奉レ願候。
　　廿一日　　　　　　　龍馬
　佐々木三四郎様御同宿
　岳（ママ）内俊太郎様　　　　楳拝

（瑞山会文書）

八月十五日長崎に入港上陸してより、龍馬はイカルス号事件嫌疑解決のため現地調査と、一方では土佐藩のため武器購入に奔走する。このため、藩大監察佐々木三四郎（高行）や土佐商会の岡内俊太郎とも日々交渉が持たれた。やがて土佐藩に運ぶライフル銃千三百挺購入は、この岡内の尽力が大きかったと言われる。彼長（州）の船は未詳。

九一　慶応三年八月二十三日

岡内俊太郎あて

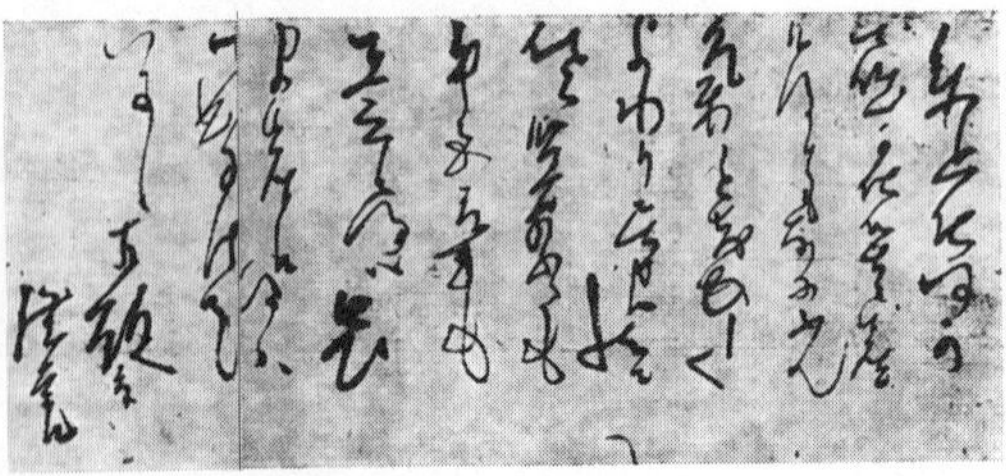

参上仕、何か
御咄可レ仕筈ニ御座
候得ども、なにぶん
気もちあしく、
よわり居申候。然ニ
佐々監察ニも
申置度事も
在レ之候得バ、御ひ
ま御座候得バ、
御出可レ被レ下候。
いかゞ相願度。　謹言。

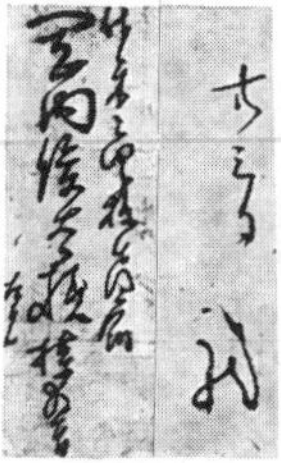

廿三日　　龍

佐々木三四郎様　御同宿

岡内俊太郎様　　楳　拝首

左右

八月たて続けに岡内にあて三通発信している。この二十三日は「気もちあしく」参上できないので、御出願い度いと頼んでいる。イカルス号事件にかかわる話し合いが目的だったろうか。佐々監察は佐々木三四郎高行で、彼の日記「保古飛呂比巻十八」八月廿三日「早天藤屋ニテ食事シ、長崎役所調役安藤鈔之助宅ニ至リ候処、早々立山（奉行所）へ出勤ノ趣（おもむき）ニ付直様（すぐさま）立山へ出勤、渡辺剛八（海援隊士）ハ六日ノ夜他出セズ、他出セシトノ事ヲ不審（ふしん）ニ付、急々取調候様被二申聞一」とある。

九二　慶応三年八月二十四日

佐々木高行あて

此度、石田英吉の船中は、兼て衣服少なき諸生なれば甚だ気の毒なり。金を御つかはしなれば、早速に求候。もし先生の御著ものでも御つかはし遣さる可く候や。右英吉は非常用向申候義は、官より右よふの事あて御つかはしにて可レ然かと奉レ存候。何卒宜御取計奉レ願候。謹言。

龍拝

佐々木様

（佐々木高行日記）

「幕府の長崎丸を借りて岡内俊太郎を薩摩へ遣わすこととし、石田英吉が船長となって八月二十五日の夕刻、長崎港を出帆した。此頃の海援隊の貧乏と言ふたらない。石田が船長となっても、其衣服がない始末。才谷より『石田も二十両もあれば間に合ふからやって貰ひたい。さもなくば自分の着古しの衣服でもやって呉れ』と頼んで来たので、其金額丈けやると、一寸した洋服を整へて先づ以て船長らしくなった」（佐々木老侯昔日談）石田英吉は既出（書簡八〇）。

九三　慶応三年八月二十五日

佐々木高行あて

石田及下等士官水夫頭には、私より金少々遣し申候。弐拾金御つかはしになれば可なり。西洋衣がとゝのい申候。彼横笛船では船将にて候得バ、夫(それ)ばかりの事してやり度奉レ存候。何れ御考奉レ願候。再拝。

八月廿五日　　龍馬　再拝。

佐々木先生

左右

（佐々木高行日記）

龍馬が続けて二通同一内容を発信している。佐々木高行が直接二十両を石田へ渡したが、急いでいた龍馬と行き違いとなったのであろうか。商用のため横笛船で薩摩に出かけていた隊士佐々木栄が、イカルス号事件の証言に、喰い違いの発言があったので、再尋問のため、石田英吉が呼び返しに出かけることになった。「佐々木三四郎氏来云、今日公辺長崎丸ヲ以テ横笛船呼返シノ都合に相成、下横目（岡内）俊太郎指立（さしたて）候也」（「岩崎弥太郎日記」八月二十五日）

九四　慶応三年八月二十六日

佐々木高行あて

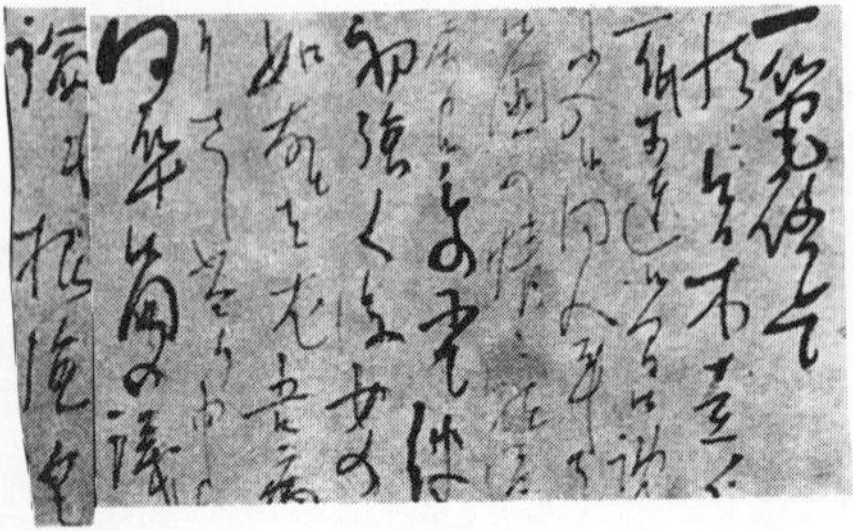

一筆啓上候。然ニ今日木圭（木戸孝允）より一紙相達候間、御覧に入候。同人事は御国の情ニ能（よく）通じ居り候ものにて、彼初強く後、女の如などは尤（もっとも）吾病にさし当り申候。何卒御国の議論も根強く

仕度、唯此所一向
ニ御尽力奉レ願候、謹言。
八月廿六日　　　直柔
佐々木先生　　　龍拝
左右

（土佐勤王志士遺墨集）

「御国（土佐）の（事）情ニ能（よく）通じ居」た木圭（桂小五郎）より「初（はじめ）強く後、女の如など」という批判を佐々木に報じている。長崎に来た桂は、自藩船修理に千両不足し困ったところ、龍馬の周旋で佐々木が土佐商会より都合して貸した。桂はこれを謝し、八月二十日夜長崎玉川亭で龍馬や佐々木を呼んで酒盃を交わした。この際欧州の諺「老婆の理屈」（実行を伴わない言論）と批判した。桂より龍馬への手紙は「龍馬全集」（第二部、関係書簡六一）にある。

九五　慶応三年八月下旬

佐々木高行あて

先、西郷、大久保越中の事、戦争中にもかたほにか丶り(片頬)一向忘れ不ㇾ申、若しや戦死をとげ候とも、上許両人の自手にて唯一度の香花をたむけくれ候得ば、必ず成仏致し候こと既に決論の処なり。然るに唯今にも引取り可ㇾ申とて糞をくらへと鎮台に攻かけ居り候。何とぞ今少し〲と待つてたべと申来り候間、例の座敷をことはり候て、皆はねかえり足を空にして昼寝をし居申候。何は兎もあれ他人は他人にして置き、西郷、越中守殿の方へは、必ずや御使者御頼み申上候。是が来らぬと聞けば、小弟に限りなげき死に可ㇾ申候。其心中返すぐ〱も深く御察し可ㇾ被ㇾ遣候。かしこ。

龍

佐々木将軍　陣下

（野島寅猪文書）

慶応三年長崎において、龍馬最後の夏から秋にかけて、佐々木高行と親密な交わりを重ねている。佐々木宛てに陽気な戯文（ざれふみ）調の手紙が頻繁に発せられてゆく。国事を計りつつこれを遊興にも戦争にも比較するこころの余裕や諧謔が、南方系ロマンチシズムに満ちている。

鎮台は立山にある幕府の長崎奉行所、戦争は今回のイカルス号事件談判にかけてある。西郷隆盛、大久保一翁（忠寛）は最も龍馬の認めた男たち（書簡四二参照）である。この両人の手で「唯一度の香花をたむけくれ候得ば」必ず成仏すると語っているあたり、龍馬の並々ならぬ心酔ぶりを示し「小弟（龍馬）に限りなげき死に可レ申」と詩情ただよう戯文を楽しんでいる。

次につづく書簡九六、九七、九八、九九にその度合が濃く増えてゆく。いずれの時代にも言えるが、革命と酒と女は、たまゆらの生命をたぎらせ憩わすものである。

「かたほにかゝり」は片頬の意味か、あるいは真帆に対する片帆の意味であろうか。本書簡は「関係文書第二」に「野島寅猪文書」として掲載して「戦争中云々ハ水夫殺害一件訊問ノ事ヲ云フ」と割註がある。しかし他の龍馬書簡十一通を収める佐々木日記「保古飛呂比」に本状の掲載を欠いている。佐々木三四郎、高行は土佐藩士で、長浜村瀬戸（高知市）に天保元年生まれ国学を万葉学者鹿持雅澄に、剣術を麻田勘七に受け、江戸の安井息軒（そっけん）、若山勿堂（こつどう）にも就く。資性温厚、気節に富む。慶応三年八月大目付として長崎に派遣され国事周旋に努めた。明治元年正月、長崎奉行河津祐邦退去の時は、薩摩藩と謀って奉行所を接収外交事務を処理、のち参議、欧米視察、枢密顧問官、侯爵、明治四十三年没、八十一歳、「保古飛呂比」十巻を遺した。

九六　慶応三年八月下旬

佐々木高行あて

私より藤屋の空虚を突可レ申、大兄も其儘ふじやに御もりかへしは、いかゞに候や。謹言。

即日　龍

（佐々木高行日記）

「藤屋の空虚を突可レ申（つきもうすべく）」「大兄も御もりかへしは、いかゞに」。やがて訪れる秋から冬にかけての帰郷と上洛、奔走と終焉。それを目睫（もくしょう）にした龍馬の生涯の閑雅な一刻の遊蕩と見たい。藤屋は「佐々木日記」に頻出するが、長崎における土佐商会、海援隊常連の酒席集合の料亭。「夕方ヨリ才谷梅太郎同伴藤屋ニ至リ、向来ノ策略談話数字（ママ）刻ニ及ビ、遂ニ鶏鳴ニ至リ帰宿ス」（「保古飛呂比」巻十七、八月廿六日）「夜才谷梅太郎来リ、談話数刻、其夜止宿ス。其節才谷ノ内話ニ、当所運上所（長崎奉行所）ニ拾万円計（ばかり）金子有レ之趣（おもむき）ニ付、一朝事起ラバ、右金子ハ吾が物トスベシ。（中略）今夜鰻ヲ出シ食ス。一金参拾壱両弐分弐朱、藤屋払」（前掲書、八月廿八日）等とある。

九七　慶応三年九月初旬

佐々木高行あて

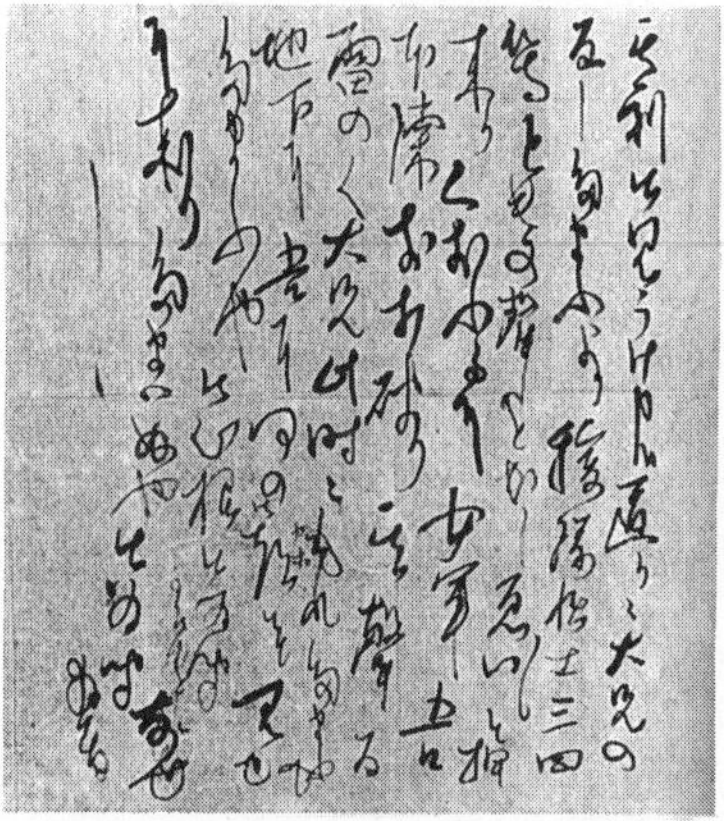

先刻御見うけ申候通りニ、大兄の
反したまふより援(ママ)隊壮士三四
等、ときの声を出し、ゑい〱と押
来り、くおふるに女軍吾
本(ママ)陣お打破り其声百
雷の（如）く、大兄此時ニもれたまふて、
地下に吾に何の御顔(カホ)を見セ
たまふや。御心根御為レ聞可レ被レ遣(つかはさるべく)候。なぜ
に来りたまハぬや、御為レ聞(おきかせ)。

拝首。

（東京　飯田家文書）

呈
佐々木将軍
陳下（ママ）
楳　拝首
（佐々木高行日記）

浪漫の王者であり且、酒席へ海濤を渡って来た千里の駒は、龍と共にまさに飛翔して崎陽（長崎）の詩人と化す。龍馬の本陣はヱイヱイと鬨（とき）の声をあげて攻め寄せる、女軍に打破られる。「大兄此時にもれたまふて、地下に吾に何の顔（かんばせ）を見せたまふや」「なぜに来りたまはぬや」と佐々木との友情提携を希う。酔余の発信、詩酒遊興の楽しさと、未来に向ける焦躁も感じられる。

　佐々木高行は慶応三年六月、七月と土佐藩（大監察）として京都に滞在した際、龍馬や中岡慎太郎と共に、大政奉還建白運動や薩土盟約を推進しあった同志であり、イカルス号事件の突発で同船帰国した間柄でもあった。また佐々木は万葉学者鹿持雅澄（かもちまさずみ）の門下生で、龍馬の父八平直足もまた同門であった。

「龍馬全集」四訂増補の際、陸奥宗光あて手紙（書簡八八）と共に東京飯田家で原書簡が発見され新らしく掲葉出来た。「勤王秘史佐々木老侯昔日談」（大町桂月編述）に、龍馬が京都で凶刃をあびて斃れた前後の様子を、次のように述べている。

――其後才谷（龍馬）は後藤、中岡等と大政返上や新政府等に就て尽力したが、惜むべし十一月十五日、新選組（ママ）の凶刃に斃れた。同月二十七日岩崎（弥太郎）と橋本（久太夫）が空蟬船（うつせみ）で（長崎へ）帰港した際に、此凶報を齎（もたら）した。自分は唯々呆然として夢の様でもあるし、また実に残念で、腹をむしる様であつた。早速海援隊の方へ通達すると、渡辺（剛八）が飛んで来た。大に怒り出し、「是から上京して仇討をします」と眼色をかへて云ふ。で自分は「今日は天下一人の仇討をする場合ではない。大仇討の策略が肝要だ。之が却（かえ）つて坂本の本意でもあらう」と漸く押静めた事であつた。かういふ様に押止めるのが却つて心苦しかつた。翌月十五日夜其祭典執行の際、風雨であつて天も心あるらしく思はれた。「君がためこぼれる月の影くらく　なみだは雨とふりしきりつゝ」一片の腰折を手向とした事である。――

九八　慶応三年九月初旬
佐々木高行あて

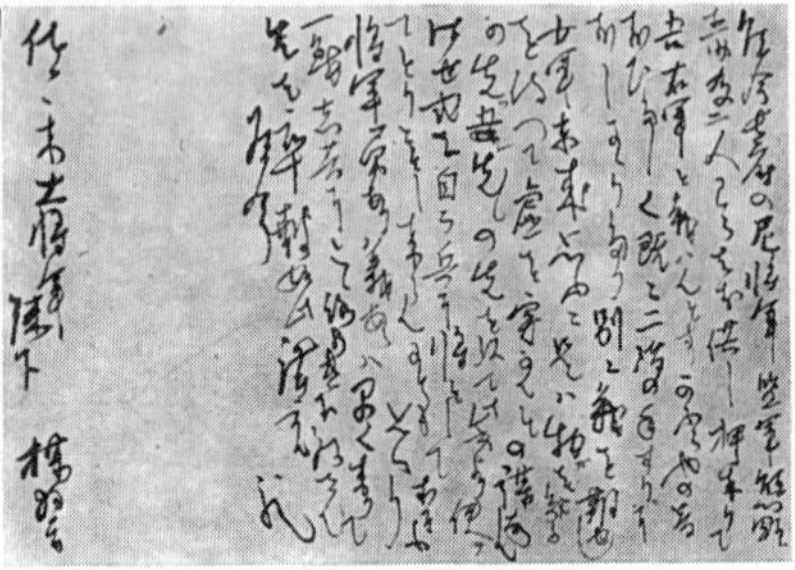

唯今長府の尼将軍、監軍熊野直助及二人、わらはお供し押来りて、吾右軍と戦ハんとす。かぶらやの音おびたしく(夥)、既ニ二階の手すりにおしかゝりたり。別ニ戦を期せし女軍未レ来(いまだきたらず)。思ふニ是ハ我ガをこたるを待つて虚を突かんとの謀ならんか。先ヅ吾レ先〻の先を以て此方より使ヲはせ、或は自ら兵に将としておそふて、とりことし来らんかとも思へり。将軍勇あり義あらバ、早く来りて

一戦志(し)、共にこゝ路(ろ)よきお致さん。
先は卒報如レ此。謹言。
唯今　　　　　　　　　　　　龍
佐々木大将軍　陳下(ママ)　　　楳拝首

（大洗町　幕末と明治の博物館蔵）

肝胆相照らす同志、海援隊のパトロンであり飲み友達で、龍馬より五歳年長の、頼り甲斐のある男、佐々木は土佐藩大監察の重役で、今は長崎土佐商会の実力者。酒席に彼を呼ぶための檄文である。酒席は戦場。女は敵軍と想定。来るべき倒幕の一戦に擬(ぎ)して丸山亭の美妓たち勢い盛んで「かぶらや（鏑矢）の音おびたしく、既ニ二階の手すりにおしか」けている故、佐々木大将軍に、「勇あり義あらば早く来りて一戦志、共にこころよきお致さん」と、龍馬の快楽主義者(エピキュリアン)が誘う。

これを手にした、後の枢密顧問官、侯爵佐々木三四郎高行の心は果して如何なるものであったろうか。醇酒美妓(じゅんしゅびぎ)に囲まれ今や龍馬は落花狼藉の最中である。死を前にした幕末革命の志士たちの痛烈激甚なあそび心、この戯文は当時の奔走家志士たちの書簡中にも類例のないように思われる。熊野直助は長府藩士熊野吉右衛門の長男陳太郎、報国隊員で長崎派遣の海援隊士。明治元年六月北越戦争に従事、越後今町にて戦死、二十二歳。

追記。佐々木高行日記二、「保古飛呂比」慶応三年丁卯九月二日に「夕方才谷下宿夷町弘瀬屋ニ至ル。神事ニ付キ案内ナリ。過日来病気ノ処、保養ノタメ加籠ニテ行ク。長府人熊野直助、軍監泉何某ノ老尼モ来会。泉氏ハ長府人ニテ、故アリ去年割腹ス。招魂所ニ祭ラルヽト云フ。渡辺剛八、(岡内)俊太郎モ来会、夜五ツ半頃帰宿ス」とあって「長府の尼将軍」は「泉何某の老尼」で九月二日かと推考される。後考を俟つ。

九九　慶応三年九月初旬
佐々木高行あて

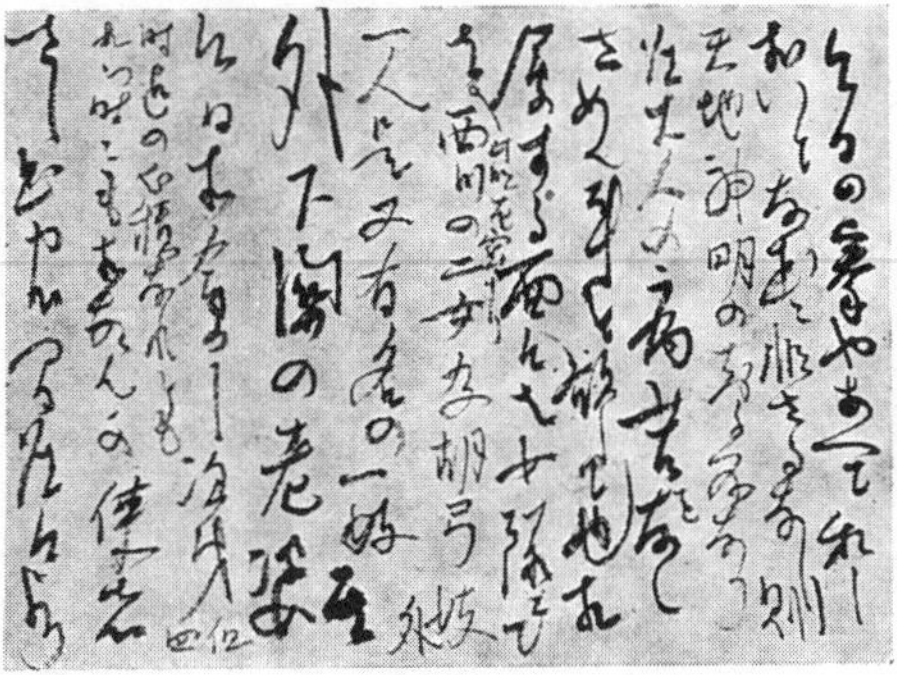

今日の挙や、あへて私しおいとなむニ非ざるなり。則天地神明の知る所なり。唯大人の病苦をなぐさめん事を欲して也。相会する面々は、女隊ニて〇此段尤密ナリは西川の二女及胡弓妓外一人、是又有名の一妓、其外下関の老婆、今日相会し次第但四時迄の心積なれども、九つ時ニも相成んか。使者

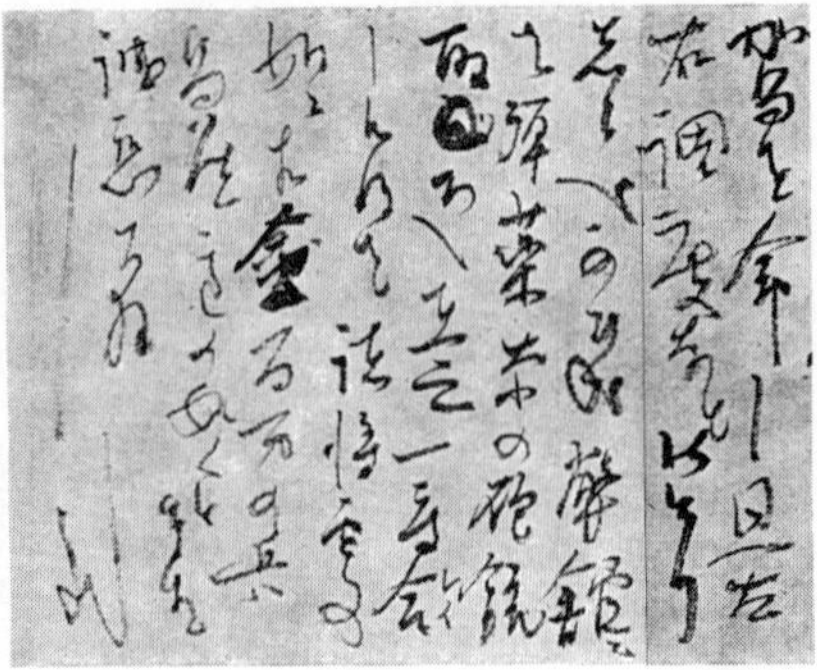

さし出申候間、唯今より
駕を命じ、且左
右調度など御とり
しらべ可レ被レ成。弊館ニ
は弾薬大小の砲銃
取りそろへ在レ之、一度令（レイ）
し候得ば、諸将雲の
如ニ相会、百万の兵
馬唯意の如くと奉レ存候。
誠恐百拝。

龍

（大洗町　幕末と明治の博物館蔵）

女軍つどい来りて戦雲酣（たけなわ）である。そのうえ弊館には弾薬から大小の砲銃も取り揃えてあり、一度佐々木将軍が号令するならば、諸将雲の如く相会し、百万の兵馬も唯意の如く動くであろう。巧妙な誘惑者龍馬は遊冶郎（ゆうやろう）としても、只の鼠ではない。生命が躍動し、多感な男の心情を伝えている。舞台は当時もっとも開明的な、貿易・医学・商業の街、長崎である。封建鉄鎖から解放された土地柄である。

「大人の病苦をなぐさめん事を欲して」する酒宴は、「天地神明の知る所なり」と手前理屈を附けて美妓を擁し、四ツ時（午後十時）までのつもりも、九ツ時（午後十二時）まで延長するだろう。佐々木三四郎よ、人生の閑雅を楽しもうではないか、来れ、来れと呼びかける。龍馬にとっては、後三カ月に迫る死の翳りもなく、生の輝きに溢れた心ゆくまでの遊興文である。

「さて話は慶応三年に立戻るが――八月長崎に来て以来、才谷は日に何辺となくやつて来る。夜遅くでもなると泊つて行く。才谷は実に時勢によく通じて居る。（中略）盛に時勢談をやつた事があるが、彼が言ふには『今日幕府に於て勝房州（勝海舟）を登庸されては、吾々同志に一の城廓を築くもので、実に由々しき大事である。僕は房州には非常に恩顧を受けて居るから、之を敵とする事は出来ぬ。君等宜しく注意して、其間に策略を施して彼が驥足を伸ばさぬやうにして呉れ』と。又言ふには『此度薩長と共にせる計画が失敗に帰したならば、耶蘇教を以て人心を煽動し、其ドサクサまぎれに幕府を倒して終ふ』と、自分は之には大に反対を表した」（「佐々木老侯昔日談」二十四）。「三字比坂本良馬来談、色々天下ノ事ヲ談、余説ニ幕府ニ仕ヘバ鎮台（長崎奉行）若クハ日田奉行立談可レ辨と云々。良馬も随分動心ノ様子ナリ。相伴上二嘉満楼一置酒久レ之回、僕点燈而迎ニ来、過二花月楼下一、安兵衛輩三人大声罵曰、中白来中白来。良馬曰、中白若何、安兵衛忽改レ声曰、大失敬大失敬、乃過」（「岩崎弥太郎日記」八月晦日）中白とは土佐汽船の旗章が赤白赤の中白なのをいい、海援隊長坂本が来たのでからかったのである。

一〇〇　慶応三年九月初旬

佐々木高行あて

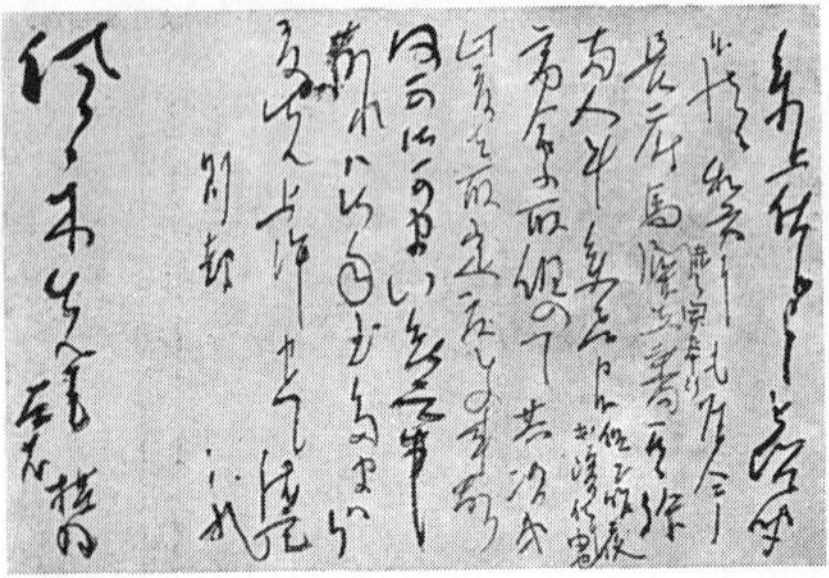

参上仕候よし被ニ仰聞一（おほせきかされ）
候。然ニ私方にも唯今
長府馬関在番（赤馬関奉行）其余
両人計参居申候。（但シ昨夜出崎仕候由也。）
商会に取組の「（こと）共次第
此度は取定度との事なり。
何か御かまい無レ之事
なれバ、御手書たまハり
度、先上件申上候。謹言。

則報　　　　　　　　　龍
佐々木先生　　　　　　楳拝

左右

（大洗町　幕末と明治の博物館蔵）

下関は即ち馬関で、赤馬（間）関とも称された。土佐商会へ所用の長府馬関在番の人々が、昨夜長崎にやってきたことで、佐々木に照会を発する手紙で岩崎弥太郎日記「瓊浦日歴」其一に「坂本良馬来云、只今馬関在番役福原（往弥）下役二人と携、商会門前ニ在リ、御対面可レ然との事ゆへ座敷へ通し一ト通リ対面、福原去。佐々木（高行）野崎（伝太）を初、高橋（勝右衛門）森田（晋三）田所一同ヲールト（商会）へ行、余ハ托レ事不レ行」とある。以上三通（九八、九九、一〇〇）は田中光顕（旧陸援隊士田中顕助、維新後宮内大臣、伯爵）が所蔵し、水戸常陽明治記念館（現在、幕末と明治の博物館）に寄贈したものである。

当時の関連記録をつづける。「一体、才谷は策略家で、耶蘇を採用するといふのも、ツマリは已むを得ざる窮策なのである。であるから耶蘇の代りに仏教を以てしやうとも言うた。自分は才谷の様に変通が出来ぬので、どこ迄も神儒を以てする事を主張したけれども、其大根たる勤王の為めに身を捧げ、時機を計つて幕府を倒さうといふ点に就ては、全然一致して居るので、かういふ風に其方法に就ては互に各方面から絶えず研究したのだ。才谷と自分との間には、随分面白い事が多く、今思へば実に抱腹する事もあつた」（前掲「佐々木老侯昔日談」二十四）。

一〇一　慶応三年九月五日
安岡金馬あて

□難レ有
次第ニ奉レ存候。私よりも何か
□
候得ども、何分御聞の通
英国さわぎにて、どうも
ひまなく□失敬□
今日も鳥渡（ちよつと）□
□残念ニ存何レ近〻
参上仕候。謹言
五日　　龍馬
金馬先生御許

写真版（昭和四十二年十二月、東京反町弘文荘販売目録所載）が不鮮明で、原書簡の所在も不明で判読し難い箇所が目立つが、新発見書簡として登録しておく。

「龍馬全集」四訂版編述中、荒尾親成氏（元神戸南蛮博物館長）より写真とコピーを頂き「現品写真は十五年ほど前、目録に出て注文しましたが、他へ取られました。実物の紙痛みが酷く、文字もうすれて写真うつりもよくありません」と書き添えてあった。

内容は、「英国さわぎ」即ちイカルス号水夫殺害事件のあと、慶応三年の九月頃の「五日」、長崎において龍馬より海援隊士安岡金馬（忠綱、平安佐輔）宛て、と推考しておく。イカルス号事件の嫌疑に関わる処理多忙のため、いずれ「近々参上」の連絡文である。

この夏、土佐国須崎港へ英国公使パークスらが事件談判に来航し、龍馬もひそかに帰港して見守る。事件解決は発生現地に持ちこされ、八月十五日長崎へ帰ってくる。龍馬は九月十五日、震天丸に武器積載して高知へ向けて出航するまで、長崎に一カ月滞在している。この間、幕艦長崎丸水夫とのトラブルが起き、安岡金馬の行動が佐々木家蔵「坂本龍馬伝」に記載されている。長崎丸の水夫の無礼に対し金馬が憤怒して斬り込みをかけようとするを龍馬は抑え、中島作太郎（信行）を派遣し「今日天下の趨勢はこのような一瑣事によって紛争を生じ、このため大事を妨ぐる時でない」と説かせ双方を納得させた事件もこの前後であった。

金馬は神戸海軍塾の時代「海舟日記」にも顔を出しているが、土佐国香美郡郷士出身で、禁門の変には忠勇隊士大砲照準係として奮戦、長州に走り第二次征長の下関海戦に庚申丸士官。のち長崎海援隊に加盟、大極丸船長。維新後大津裁判所湖水判事。西洋型スルップ船を始めて琵琶湖に浮べた。横須賀海軍機関学校にて教え明治二十七年没、五十一歳。お龍より聞書「反魂香」の筆者安岡秀峰はその子息。

なお、金馬の顕彰碑は、先祖の地（高知県安芸郡馬の上村城主、芸西村庄屋）芸西村に、安岡一族の宮地佐一郎染筆により、平成六年七月に建立された。

一〇二　慶応三年九月六日
佐々木高行あて

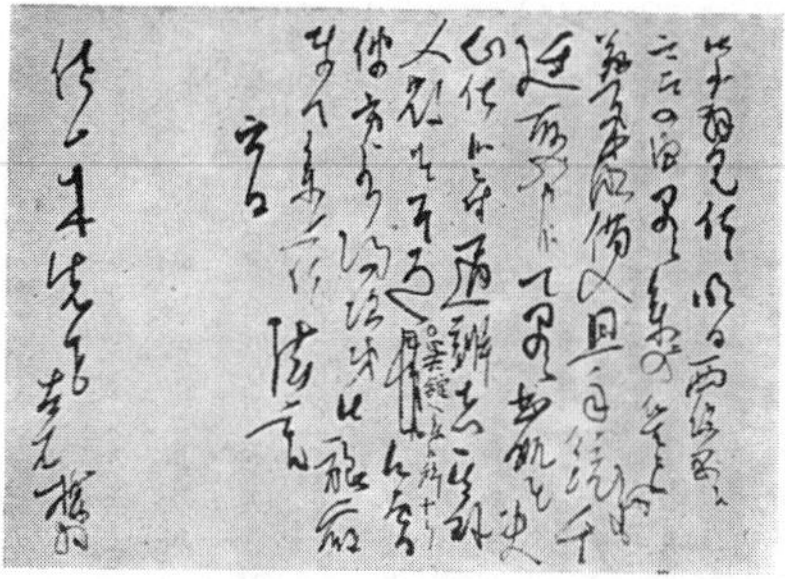

（東京　早稲田大学図書館）

御書拝見仕候。明日西役所え
云云の由、早ゝ参上の筈ニ候得ども、
蒸気船借入且手銃千
廷（挺）取入申候て早ゝ出帆と決
心仕候ニ付、通弁者其外、
人数をそろへ異館へ参候所ナリ。今宵
彼方より帰次第御旅宿
まで参上仕候。謹言。

六日　　　　　　　　　　楳拝

佐々木先生

左右

イカルス号水夫殺害事件の嫌疑解決はあたかもこの頃で、龍馬は多忙を極めている。イカルス号事件のこと、新鋭銃ライフル千三百挺購入のこと、芸州藩船震天丸の借入のこと、丹後（京都府）田辺藩との商業取引のこと等に骨おっていたのである。

今夏は降ってわいたイカルス号嫌疑事件にひきずられ、上方の大政奉還運動は、思わぬ遅れをとっていることに、どんなにか焦慮を抱いていたことであろう。万一、大政奉還の建白が無効に終った際は、武力倒幕の薩長側に加わる肚を持っていた。時勢におくれをとっている土佐藩も、この倒幕回天の運動に強力に参加さすべく、武器購入を計画、これを実現してゆく。

佐々木先生は明日、西役所（長崎立山役所）へ行かれるとの返事故、私は蒸気船（震天丸）借入れや鉄砲購入で異館（ハットマン商社）へ参り、帰り次第御宿舎まで参上しますと連絡している。

九月十四日付でオランダ商人ハットマンとの間にライフル銃千三百挺、代価一万八千八百七十五両で購入が成立。この代価を借用支払いのため、龍馬は苦心奔走し、薩藩長崎駐在吏藤安喜右衛門より大坂為替五千両の融通を得、四千両は銃代内金、一千両は周旋料と隊中雑費にあてる。銃代残金は九十日限り皆済の約束で、証人鋏屋与一郎と広瀬屋丈吉に抵当として、ライフル銃百挺を預ける。残る千二百挺を芸州広島藩の汽船震天丸を借用これに積みこみ、九月十八日長崎を出航する。船には股肱とも頼む菅野、陸奥、中島ら海援隊士をはじめ、土佐藩士岡内俊太郎、太宰府から京都に向うべく長崎に来ていた、三条実美卿衛士の戸田雅楽（尾崎三良）も乗る。二十日下関寄港、お龍と最後の対面をし、二十四日高知浦戸に入港、土佐藩に銃器を引き渡し京都に向う。

一〇三　慶応三年九月十日

佐々木高行あて

只今戦争相すみ候処、然るに岩弥（岩崎弥太郎）、佐栄（佐々木栄）兼て御案内の通りに、兵機も無レ之候へば無二余儀一敗走に及び候。独り菅（菅野覚兵衛）、渡辺（剛八）の陣、敵軍あへて近寄り能はず、唯今一とかけ合はせは仕り候。当る所ひらき申候。竊（ひそか）に思ふ、富国強兵、且雄将のはたらき、東夷皆イウタンを落し申さんと奉レ存候。

卯九月　梅拝

佐々木先生

（野島寅猪文書）

イカルス号の英兵殺害は、九月七日に至って海援隊士への嫌疑が解かれた。実に七月六日発生より三カ月を経ていた。この間、龍馬ら海援隊の者は幾度も立山の長崎奉行所に出頭し痛くもない腹を探られたわけである。以下、「佐々木老侯昔日談」（第八、慶応年間、英人暗殺事件）に、

——六日になって自分は病を押して松井（周助）を連れて西役所に出頭すると、戸川大目付、設楽小目付、両長崎奉行能勢大隅守、徳永石見守、列席の上、英人も漸く疑念が霽れたから、両船（横笛、南海）とも御構なしと云ふ判決を受けた。尤も長崎に来てから、「サトウ」と屢々往来して談話して見るが、モウ疑念もなく、また別に悪感情も持つて居らない様であるが、横笛船の方は出港手続が出来て居らぬので、奉行等も此点で大にイジメやうとして居るらしい。（中略）訊問されたが結局、佐々木栄の乗組中夜に入りしと云ふのが虚偽の申立と決し、また岩崎が出港に際して西役所に届出ぬのは、船船を支配する身として不都合であるから、孰れも「恐入る様に」と云ふ命令。（中略）然るに菅野と渡辺（剛八、もと越前脱藩者）は壮士中の壮士であるから、奉行から「恐入」様にと諭しても頑として承知しない。竟に大議論となり徹夜して恐入らせやうとしたが、奉行もトウトウ凹んで終つた。海援隊は諸国のアフレ者の集合であるので、奉行も大に憚つた者と見える。九月七日、一同麻上下着用で奉行所へ出頭、佐々木と岩崎は「恐入」つたが、菅野と渡辺は理由がないと頭を下げず、十日までねばつて奉行側は仕方なく譲歩、お構いなしと出たのであつた。——龍馬はこれによって戦争（イカルス号嫌疑事件）相済み、と一安堵し「独り菅（野）渡辺の陣、敵軍（幕府）あへて近寄り能はず」と謂れなき嫌疑を蒙ったことに溜飲をさげた。本状は日付はないが、一件落着の九月十日と推定しておく。尚二水夫殺害真犯人は福岡藩士金子才吉と、明治に入って判明。金子は事件直後自刃。筑前福岡藩はこれをひたかくしにしていた。パークスは明治四年一月、山内容堂へ陳謝の手紙を送って落着した。

一〇四　慶応三年九月十日

長崎奉行あて差出の草案

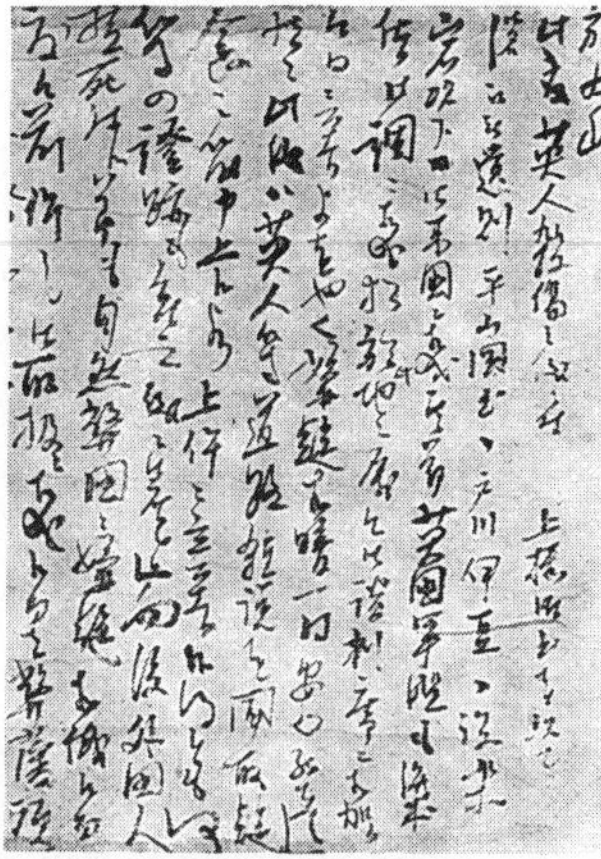

於二丸山一

此度英人殺傷之儀ニ付、　上様御書を以て

御名江被レ遣、則（すなはち）平山図書（頭）、戸川伊豆（守）、設楽

岩次郎御来国ニ相成、其節英国軍艦も渡来

仕り、御調ニ相成、猶於二此地一屢々御談判席ニ相加り、

今日ニ至りよをやく嫌疑相晴一同安心罷在候」

然ニ此儀ハ英人等道路雑説を聞取、疑

念之筋申上候より上件ニ立至り候得ども、何

等の証跡も無レ之儀ニ御座候」向後外国人

横死致候節も自然弊国ニ嫌疑相掛候而、

度々前件之御取扱ニ相成候而は弊藩頑

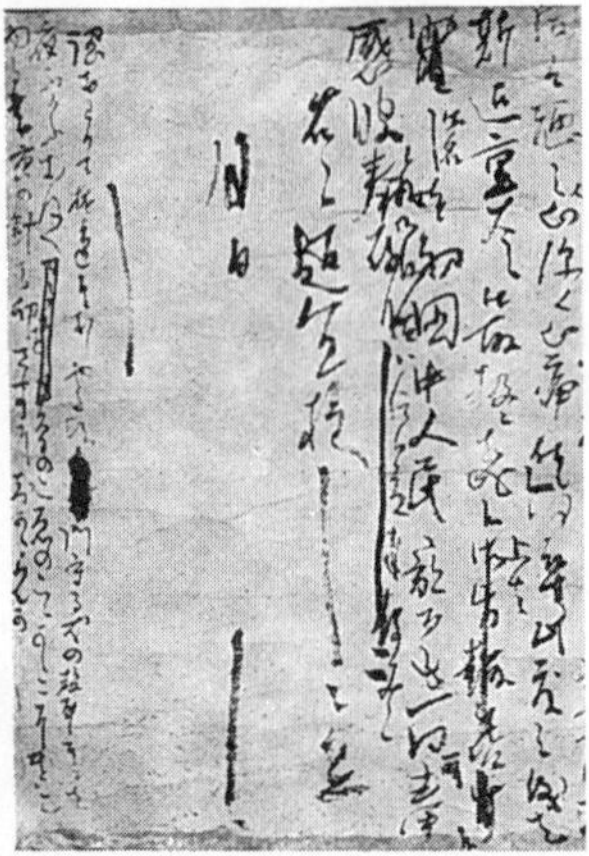

（長崎県史跡「料亭花月」提供）

固々陋之人心、深く心痛仕候」何卒此度之義（儀）を
斯迄重大之御取扱ニ相成候上は、
御名を初国中人民ニ於（おいて）而も一同可レ奉ニ
感服ニ奉レ存候。御沙汰ハ仰付度奉レ存候。
右之趣宜様以上。（朱書、磨滅）

月　日

認おわりて枕辺におしやる頃、門守る犬の声には夜ふかふおぼへ、鳥のこゑのこゝかしこにきこゆるは寅の針は卯をさすにちかゝらんか。

「――この事件に就ては藩侯初め一藩の痛心と迷惑とは一通りではなかつた。英公使が事実無根の風説を確信し、幕府に於ても之と同様の態度に出でたのは如何なる理由ぞ、実に不審に堪へぬ。（中略）之は才谷の草案で、奉行も之には少々閉口したものと見えて、何の沙汰もなかつた――。

英人は土佐人に対しては疑念が晴れたが、孰れの藩士にせよ、加害者の捜索は幕府の責任であるといふ処から、其後公使から厳談して来て、小笠原閣老も殆ど窮（きゅう）した様であるが、其中大政返上となり、鳥羽伏見の戦争となって、已むを得ず公使も此問題を一時中止した」（「佐々木老侯昔日談」第八、英人暗殺事件）。本状は、龍馬と因縁の深かった長崎の料亭花月が所蔵している。

一〇五　慶応三年九月十三日

陸奥宗光あて

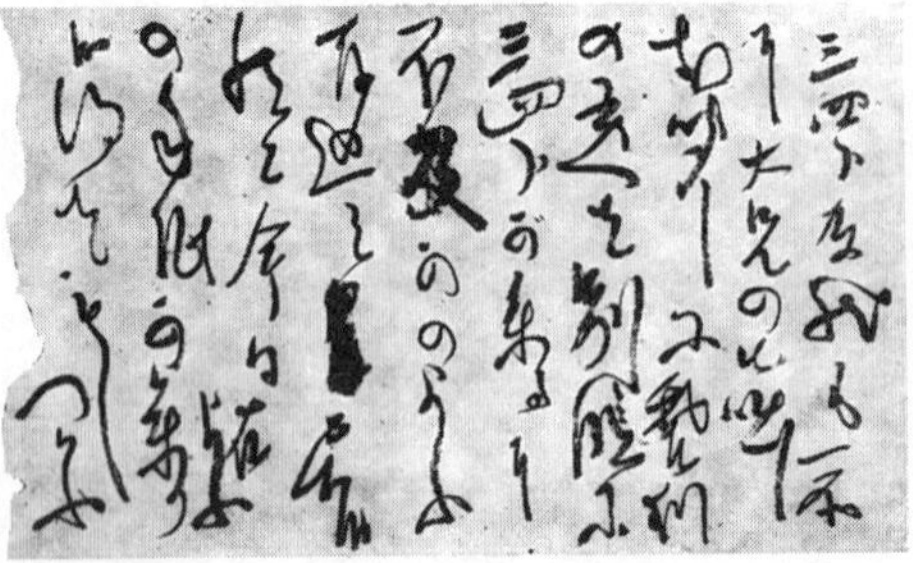

三四郎及、龍も一所
に大兄の御咄し
相聞しに、芸州
の方へは別段に
三四郎が参るに
不レ及かのよふ
存込ミ居候。
然ニ今日右よふ
の手紙が参り
候得ば、もしつがふ（都合）
あしくはあるまい

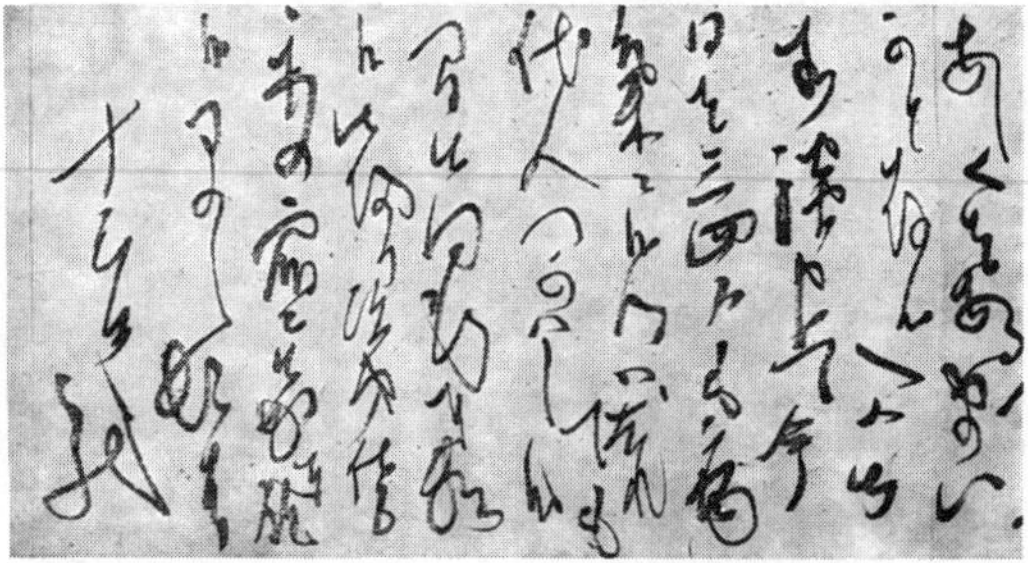

かと存候へバ、御
相談申上候。今
日は三四郎も病
気に候得バ、たれでも
代人つかハし候
間、御同行奉レ頼
候。御帰り次第、佐
々木の宿ニ御成奉レ願
候。早ゝ頓首。

十三日　龍

〆　楳太郎

奥陸（ママ）元二郎様　左右

（国立国会図書館蔵）

元二郎（源次郎）は宗光、三四郎は佐々木高行。「芸州の方へは」とあるのは、五日後に長崎を出港する、芸州藩船震天丸借用に関する事を指しているのであろうか。陸奥はこの頃、運輸拡張に関する意見書「商法の愚案（ぐあん）」を龍馬に提示している。西洋のコンペニーコンメント（同盟商法）の原理を説き、長崎に一大商社を設けて、大坂、兵庫、下関、北陸要地にも支所をつくって商事取引をなすべしと主張した。

この冬龍馬が生きて長崎に帰れば、これらは実現され「世界の海援隊」に発展したであろう。佐々木日記「保古飛呂比」巻十八、九月十三日は、——長崎ノ景況等報知ノタメ、近日岡内俊太郎帰国候筈、才谷梅太郎モ同船ニテ上京、且ツ内密御国（土佐）へ立寄ル筈ナリ。夫レニ付キ英形（ママ）ミネー銃千挺相求メ、廻ス筈、右代金無レ之、手附トシテ五千円（ママ）渡ス、此金ハ才谷周旋ニテ、薩摩邸ヨリ上国へ為替（かわせ）金ヲ借リ受ケ、大坂ニテ返弁之筈ニテ、自分ト才谷両人ニテ証文入レ借受ケタリ。小銃買入ノ周旋ハ陸奥陽之助ナリ。高千二百挺ハ、陸奥へ譲リ渡ス筈也——とあり当時二十五歳の宗光が大活躍している。このほか丹後田辺藩と商法を結び、田辺藩物産の長崎販売や仕入等を海援隊が引き受けたが、その斡旋役も陸奥が執っている。

一〇六　慶応三年九月十八日
佐々木高行あて

御目にかけ置候、木圭より私に参り候手紙、長文の方、此者に御つかはし奉レ願候。謹言。

九月十八日　　　　龍　拝首

佐々木三四郎様　　　左右

（佐々木高行日記）

この十八日は芸州船震天丸に銃器満載して出帆の日である。「木圭（桂）より私に参り候手紙、長文の方」とは九月四日付で「乱筆御高許」ではじまり「さい様　きと」で終る書簡（「龍馬全集」関係書簡六四参照）で、内容は、上方の芝居も近寄り此度の狂言（大政奉還）は大舞台の基を相立て、甘くしては成功しない、乾頭取（板垣退助）と西吉座元（西郷隆盛）と、とくと打ち合せて手筈を決めるべきである、と述べ率直に武力倒幕の用意を促している。土佐の佐幕俗論に因循する山内家中に示し、藩論を醒ます手段としてこれを携えようとして佐々木の手許より返還を求めたものである。

龍馬はかくして旅立った。この旅は、長崎や佐々木たちとも永遠の訣別となった。

一〇七　慶応三年九月二十日

木戸孝允あて

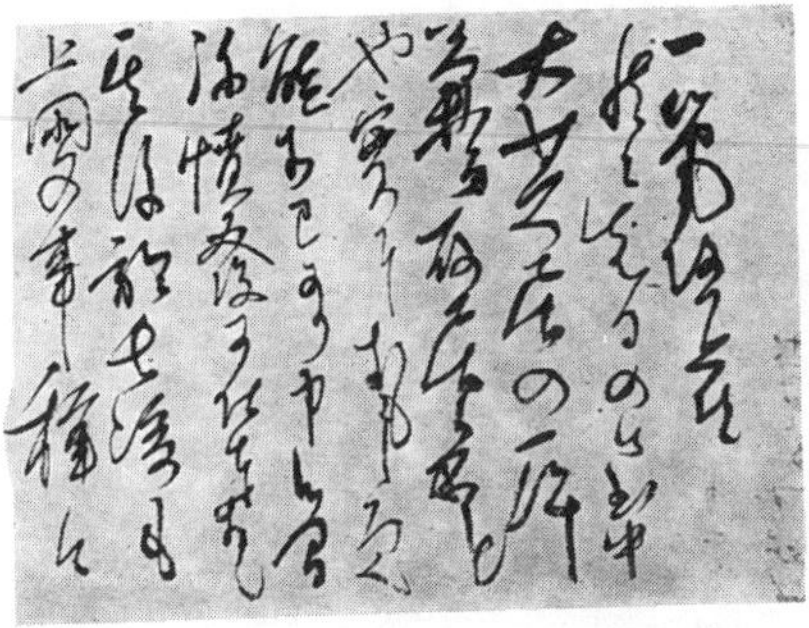

一筆啓上仕候。
然ニ先日の御書中
大芝居の一件、
兼而(かねて)存居候所と
や、実におもしろく
能(よく)相わかり申候間、
弥(いよいよ)憤発可レ仕奉レ存候。
其後於二長崎一も、
上国の事種々
心にかゝり候内、少ゝ
存付候旨も在レ之候

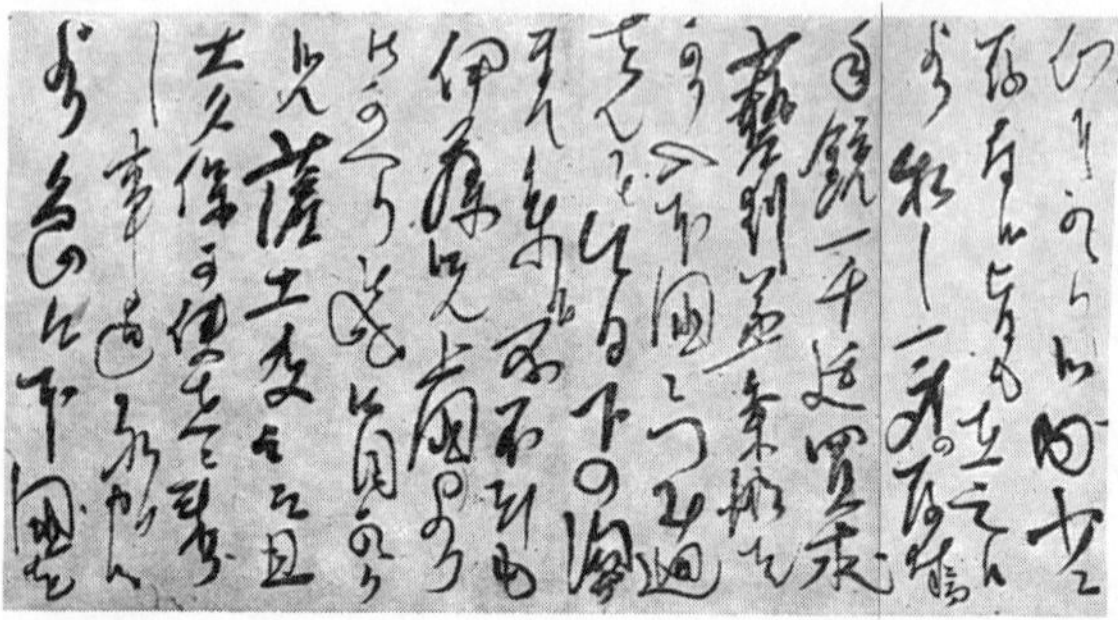

より、私し一身の存付ニ而
手銃一千廷(ママ)買求、
芸州蒸気船を
かり入、本国(土佐)ニつみ廻
さんと今日下の関
まで参候所、不レ計も
伊藤(俊輔、後の博文)兄上国より
御かへり被レ成、御目かゝり
候て、薩土及云云、且
大久保が使者ニ来り
し事迄承り申候
より、急々本国を
すくわん事を欲
し、此所ニ止り拝顔
を希ふにひまな

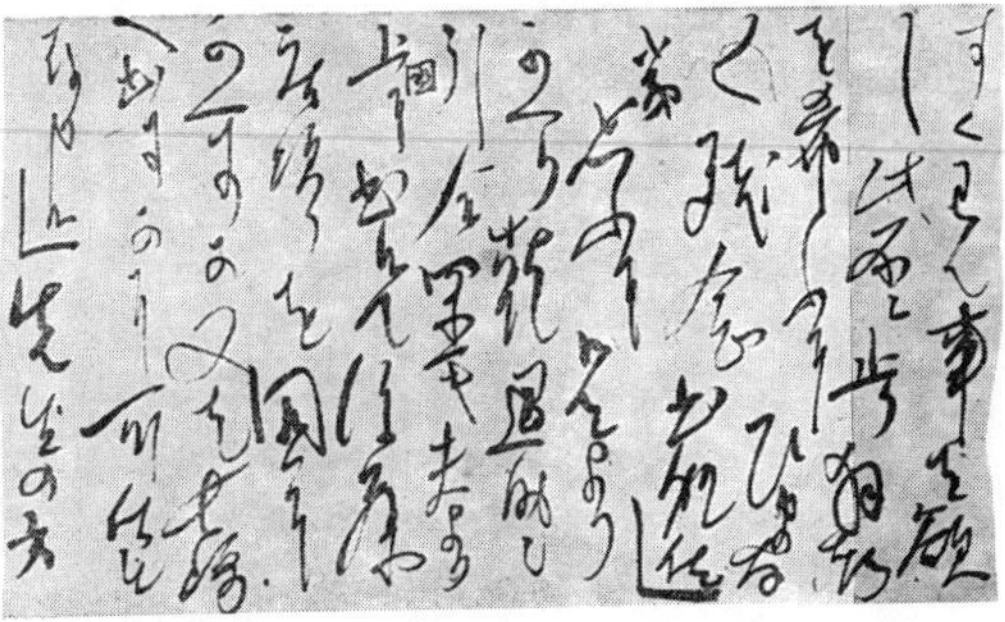

く、残念出帆仕候
小弟思ふに是より
かへり乾退助ニ
引合置キ、夫より
上国に出候て、後藤
庄次郎を国(土佐)に
かへすか、又は長崎
へ出すかに可レ仕と
存申候」先生の方
ニハ御やくし申上候時勢
云云の認(したため)もの御出来
に相成居申候ハんと
奉レ存候。其上此頃
の上国の論は先生
に御直(じき)ニうかゞい候得バ、

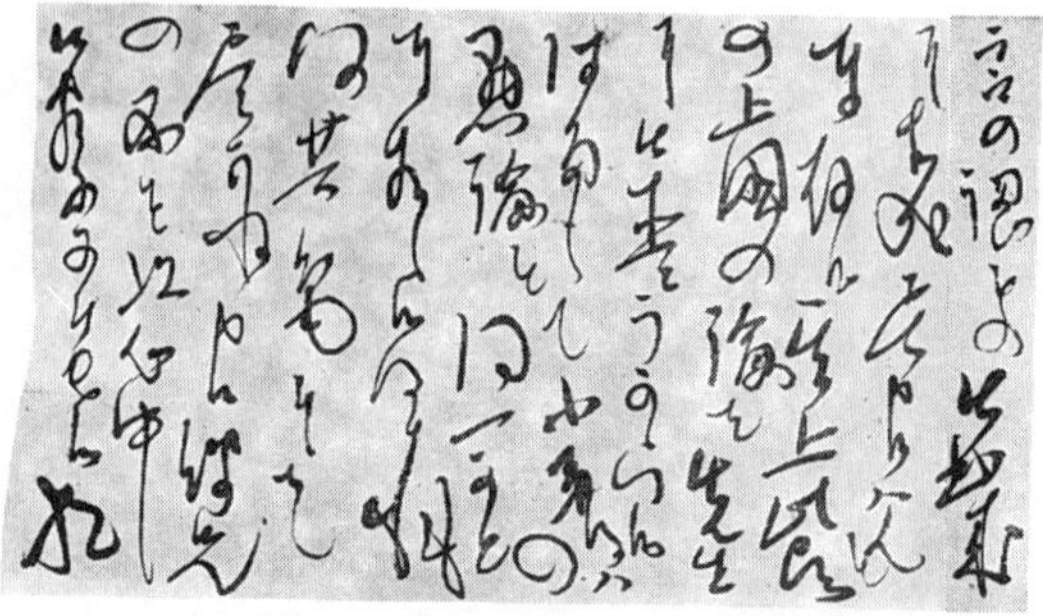

はたして小弟の
愚論と同一かとも
奉レ存候得ども、
何共(なんとも)筆には
尽かね申候。彼是
の所を以、心中
御察可レ被レ遣候。猶
後日の時を期し
候。誠恐謹言。

九月廿日　　龍馬

木圭先生

左右

——京都で後藤象二郎の大政返上の建白が円滑に動かず、薩土の関係が面白くない。京都から大久保

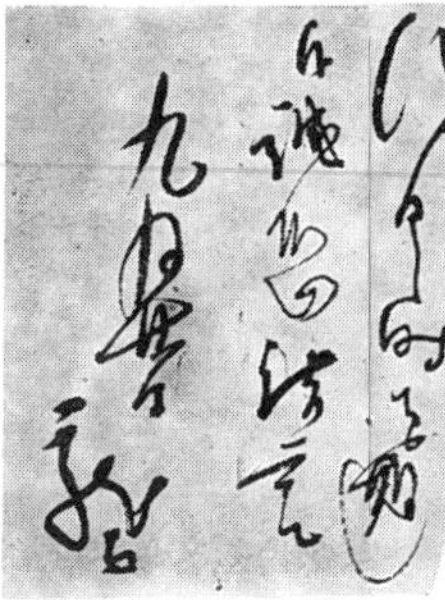

（宮内庁　木戸家文書）

（利通）と同行して来た伊藤（博文）に馬関（下関）で会って、これを聞いたのである。京都の形勢は切迫し、離れて坂本が考えていたのと全く変った。坂本は土佐藩に小銃が不足しているのに気がついて、独断で買って輸送中であったが、伊藤の話から最早自分が企画した大政奉還の時機でなくなったのを鋭敏に直覚したようである。（中略）幕府を斥ける手段は、大政奉還の建白だけに頼っているわけではない。武力に依る解決を躊躇う男では決してなかった。それならば後藤を引込めて、勇ましい乾退助に藩を率いて上京させようと、すぐに思いたった。――

大佛次郎氏の畢生の大河記録文学「天皇の世紀」（諸家往来六）は本書簡をこのように論評している。龍馬はこの日（九月二十日）下関を行き違いに出港する汽船で大久保一蔵（利通）が薩摩に向うのを見た。大久保は九月十八日、山口で毛利侯父子に謁見し桂や広沢と謀議の上、討幕出兵を約定して一旦、帰国を急いだ。時勢切迫を龍馬は目前にし直ちに震天丸を高知へ急がせる。この寄港の際、木戸に宛てたものであるが、下関滞在中のお龍とは二十二日出航が、永訣の日となる。

一〇八　慶応三年九月二十四日

渡辺弥久馬あて

渡辺先生　　左右

一筆啓上仕候。

然ニ此度云々の念在レ之、手銃一千挺芸州蒸汽船に積込候て、浦戸に相廻申候。参（まいり）がけ下ノ関に立より申候所、京師の急報在レ之候所、中々さしせまり候勢、一変動在レ之候も、今月末より来月初のよふ相聞へ申候。二十六日頃は薩州の兵は二大隊上京、其節長州人数も上坂是も三大隊斗かとも被レ存候。との約定相成申候。小弟下ノ関居の日、薩大久保一蔵長（長州）ニ使者ニ来り、同国の蒸汽船を以て本国（薩摩）に帰り申候。御国（土佐）の勢はいかに御座候や。又後藤参政はいかゞに候や。京師の周旋くち下関にてうけたまわり実に苦心に御座候。乾氏はいかゞに候や。早々拝顔の上、万情申述度、一刻を争て奉ニ急報一候。謹言。

九月廿四日　　坂本龍馬

（桑名素男旧蔵）

一介の脱藩浪士が信用と人柄によって千挺の銃を買って運んで来た。一旦、故郷を蹴り捨てた男、恩愛よりも怨みに近い感情を高知山内藩に抱いていた土佐郷士の末裔が、おおけなどっさりしたみやげを持って帰ってきた。それは舶来新鋭の武器であった。土佐人の多くがこれまで見たこともなかった手銃千挺という、空前の贈物であった。それだけでなかった。かつて吉田松陰が長州に倒幕の燠を投げこんだように、この男は土佐一国が採るべき方途を、幕府を倒して天皇を選ぶしか生きる道がない――もしこれ以上躊躇するならば、焼跡で釘を拾わねばならぬことを教えにやってきたのである。睡っている土佐に、醒めた灯を点けにやってきたのである。

九月二十三日、芸州蒸汽船震天丸は高知浦戸入港、秋の最中、紺青を流した土佐の大海原は龍馬の目に如何様に映じたことか。二カ月前、偶然イカルス号事件で来国した時は、再脱藩の憚り人として船中より高知を指呼の間に望みながらも、遂に城下帰省は叶わなかった。今回は土佐国を救い醒ますため、正面玄関から乗りこんで来たのである。

龍馬は浦戸種崎（高知市）御船手方中城家に泊り、城下へ岡内俊太郎を使者に立てた。土佐藩仕置役渡辺弥久馬（斎藤利行）に本書状と桂より龍馬あて書簡を携えさせた。二十四日六ツ時（午後六時）城東松ケ鼻の茶亭で藩重役本山只一郎らが龍馬を迎えた。中央政状切迫を伝え、銃器はすべて土佐藩購入が決定。二十九日上町の実家へ戸田雅楽を伴って入る。兄権平はじめ乙女、春猪らと実に六年ぶりの対面で、しかも家族と訣別の盃を交わすこととなった。このたまゆらの帰省中の龍馬の動静は、「男爵尾崎三良手控」（「全集」第三部三六）、「同自叙略伝」（同、第三部三五)、中城桃圃「随想随録」(同、三訂版補遺七)、「坂本龍馬の潜伏」(同、補遺八)に窺える。

渡辺弥久馬はイカルス号水兵殺害事件に際しては後藤象二郎と共に談判委員で活躍。維新後、新政府に出て斎藤利行と改名、刑部大輔参議、元老院議官。明治十四年没、六十歳。

一〇九　慶応三年九月二十七日
本山只一郎あて

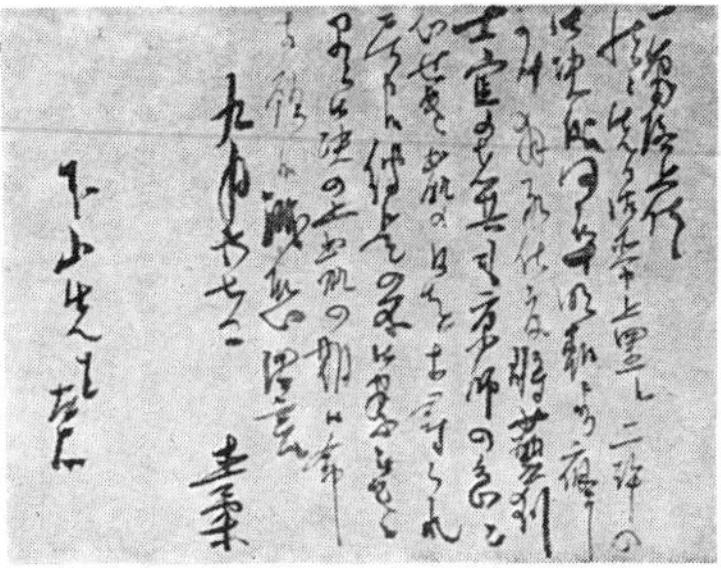
（京都　霊山歴史館蔵）

一筆啓上仕候。
然ニ先日御直（じきに）申上置候二件の
御決儀（議）、何卒明朝より夜に
かけ拝承仕度。将（はた）、芸州
士官の者共も京師の急ニ
心せき、出帆の日を相尋られ
居申候。彼是の所御察被ㇾ遣候。
早〻御決の上、出帆の期御命
相願候。誠恐謹言。
　九月廿七日　　　　　直柔
本山先生

本山先生は土佐藩大目付本山只一郎、茂任。維新後新政府に出て参事、のち談山神社宮司。本状について池田敬正氏は次のような解説を述べている。

——京都において薩長両藩とともにことをすすめるべく藩論を統一することと、ライフル銃購入の件であったが、この龍馬の書状に「先日御直申上置候二件の御決議」とあるのはそのことを示すものと思われる。なお、それにつづいて「何卒明朝より夜にかけ拝承仕度」とあることは、渡辺（弥久馬）と本山が、龍馬の意見を聞いて、藩として正式に議論し決定することを約束したことを示すものであろう。（中略）この千挺の小銃は、土佐藩庁主流が大政奉還路線であったにもかかわらず、武力討幕路線に藩の方針を切替えるための、大切な文字通りの「武器」となったのである。——（「社会問題研究」通巻七十号「京都養正社所蔵、坂本龍馬書状について」）

当時、巷間には龍馬が山内容堂に会い、「大義料五拾両」を頂戴したという噂が立ち、「有難しと御請申て水通（町）へ戻り、三日程祝席を開き、久し振りニ一家集り歓を尽せり」（井上静照「真覚寺日記」）とあるが、藩の記録や関係当事者にこれを裏付ける証言史料は見当らない。

「芸州士官」は三条卿衛士で戸田雅楽（小沢庄次）、後の宮中顧問官男爵尾崎三良である。

一一〇　慶応三年十月九日
坂本権平あて

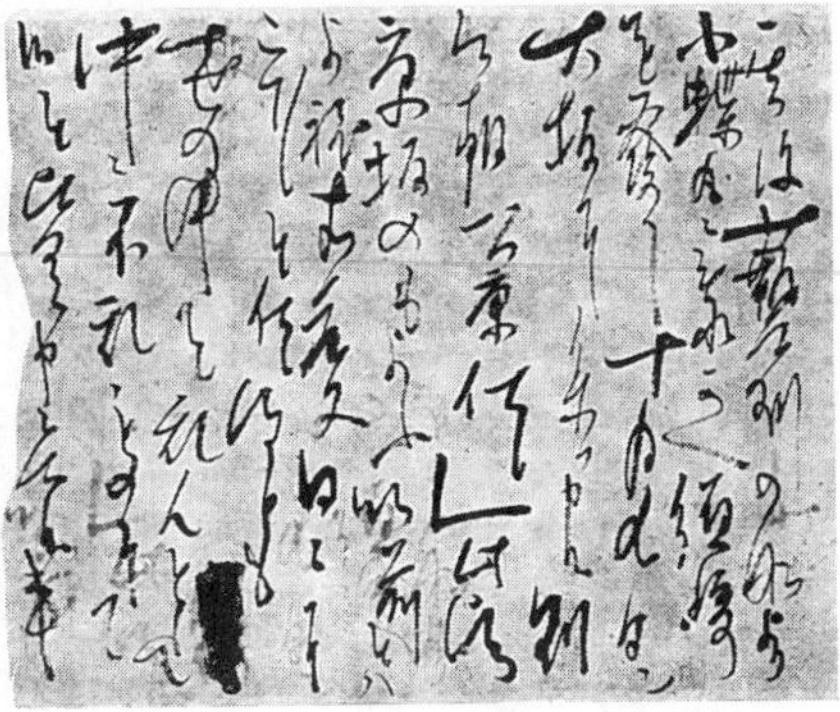

其後芸州の船より
小蝶丸ニ乗かへ須崎
を発し、十月九日ニ
大坂に参り申候。則
今朝上京仕候」此頃
京坂のもよふ以前とハ
よ程相変、日〻に
ごて〱と仕候得ども、
世の中は乱んとして
中〻不レ乱ものにて
候と、皆〻申居候事

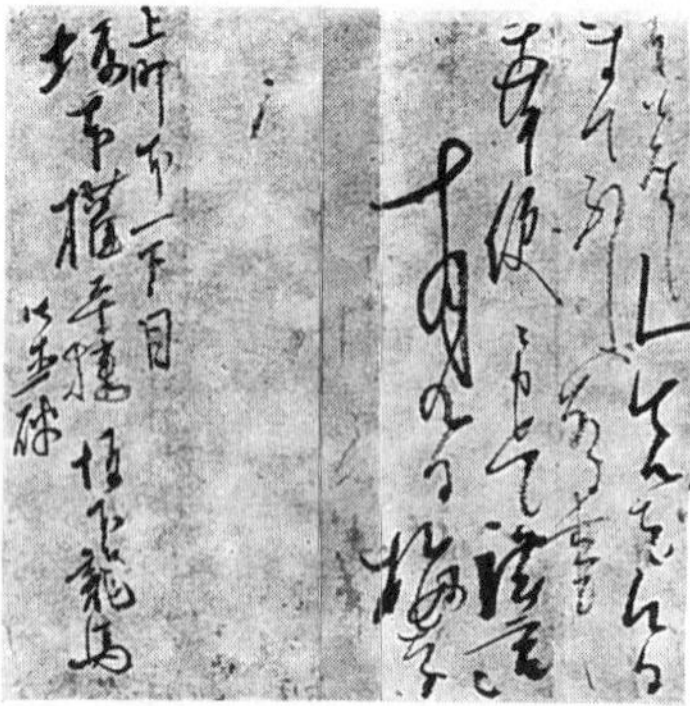

（京都国立博物館蔵）

に御座候」先は今日
までぶじなる事、
幸便ニ申上候。謹言〻。
十月九日　　　　梅太郎
〆
上町本一丁目
坂本権平様　　　坂本龍馬
御直披

在郷一週間、坂本家で二泊したのち十月一日、震天丸で浦戸を出港したが、風浪のため破損し、須崎港へ帰り、ここで岡内に交渉させて土佐藩船空蟬（うつせみ）（原名、胡蝶（こちょう））に乗り替え五日出航、六日大坂に着き、九日朝入洛、京都河原町四条上ル近江屋新助方に投宿、即日、高知の兄権平に消息を伝えた書状。大政奉還決着数日前の切迫した龍馬の呼吸が「世の中は乱んとして、中〻不レ乱」「先は今日までぶじなる事」と聞えてくる。坂本家へ消息最後のものである。

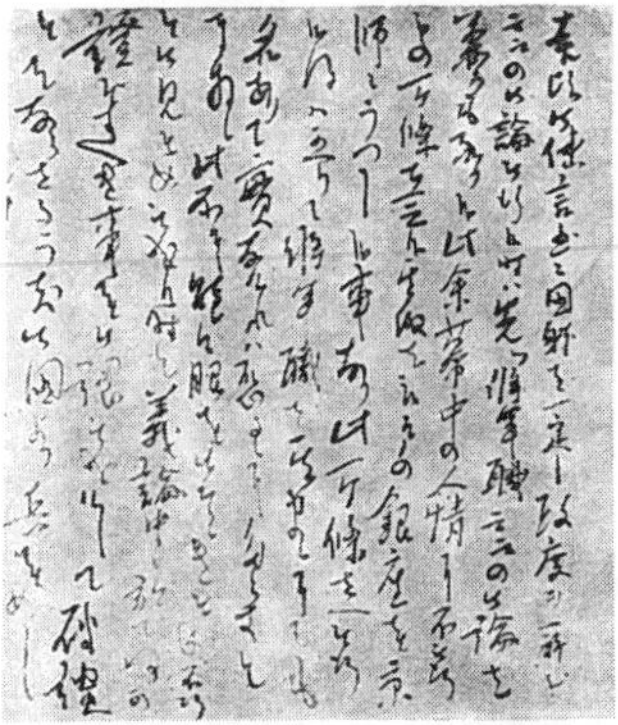

一一一　慶応三年十月十日頃
後藤象二郎あて

去ル頃御健（建）言書ニ国躰を一定し政度ヲ一新シ云々の御論被レ行候時ハ、先ヅ将軍職云云の御論は兼而も承り候。此余幕中の人情に不レ被レ行もの一ケ条在レ之候。其儀は江戸の銀座を京師ニうつし候事なり。此一ケ条さへ被レ行候得バ、かへりて将軍職は其まゝにても、名ありて実なければ恐るゝにたらずと奉レ存候。此所に能々（よくよく）眼を御そゝぎ被レ成、不レ行と御見とめ被レ成候時は、義論（ママ）中ニ於て何か証とすべき事を御認被レ成、けして破談とはならざるうち御国より兵をめし

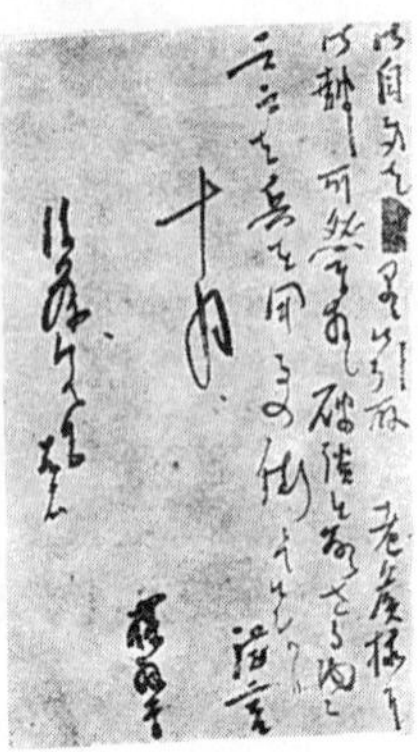

（中島家文書）

御自身は早ゝ御引取　老侯様（容堂）に
御報じ可レ然奉レ存候。破談とならざる内ニ
云云は、兵を用るの術ニて御座候。謹言。
十月　　楳　拝首
後藤先生
　左右

――一介の脱藩者で郷士出身坂本龍馬が、大政奉還をまだ人が気がつかぬ面で見ていたわけである。表面的な政変だけで終らせず、貨幣鋳造（かへいちゅうぞう）の権利を幕府から奪い、江戸の銀座を京都へ移せば、よし将軍の名を残したところで、これで幕府の体制が無に帰する。これが大政奉還の肝心（かんじん）の条件と見ていたのであった。――（前掲「天皇の世紀」諸家往来七）。後藤は九月上洛以来、西郷ら挙兵派をおさえてこの十月三日、大政奉還建白書を老中板倉勝静に提出。龍馬は後藤と協力、採用方への裏面工作に心血をそそぐ。入京翌日の十日は幕府若年寄永井玄蕃（尚志）を訪うて説得等、もし建白不採用ならば「兵を用るの術」を覚悟していたことは本書簡が語っている。

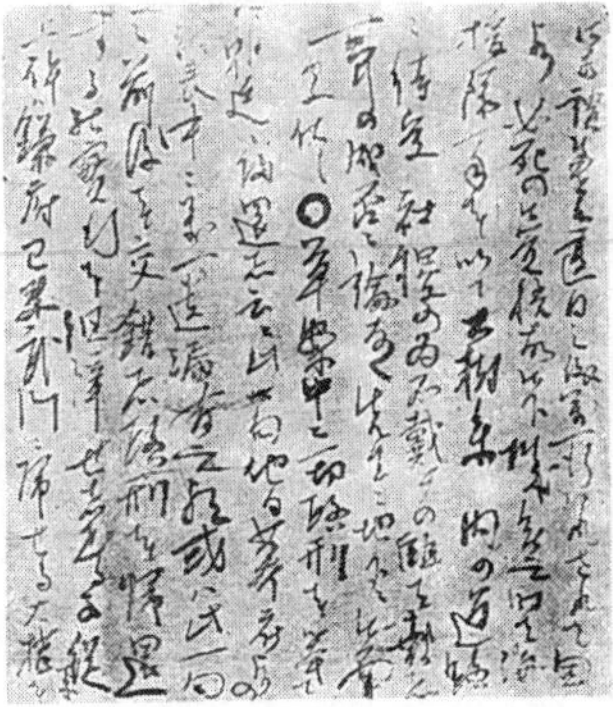

一一二　慶応三年十月十三日

後藤象二郎あて

御相談被レ遣候建白之儀、万一行ハれざれば固（もと）
より必死の御覚悟故、御下城無レ之時は、海
援隊一手を以て大樹参内の道路
ニ待受、社稷（しやしょく）の為、不戴（倶）天の讐を報じ、
事の成否ニ論なく、先生（後藤象二郎）ニ地下ニ御面
会仕候。○草案中ニ一切政刑を挙て
朝廷ニ帰還し云〻、此一句他日幕府よりの
謝表中ニ万一遺漏（いろう）有レ之歟（か）、或ハ此一句
之前後を交錯し、政刑を帰還
するの実行を阻障せしむるか、従来
上件ハ鎌倉已来武門ニ帰せる大権を

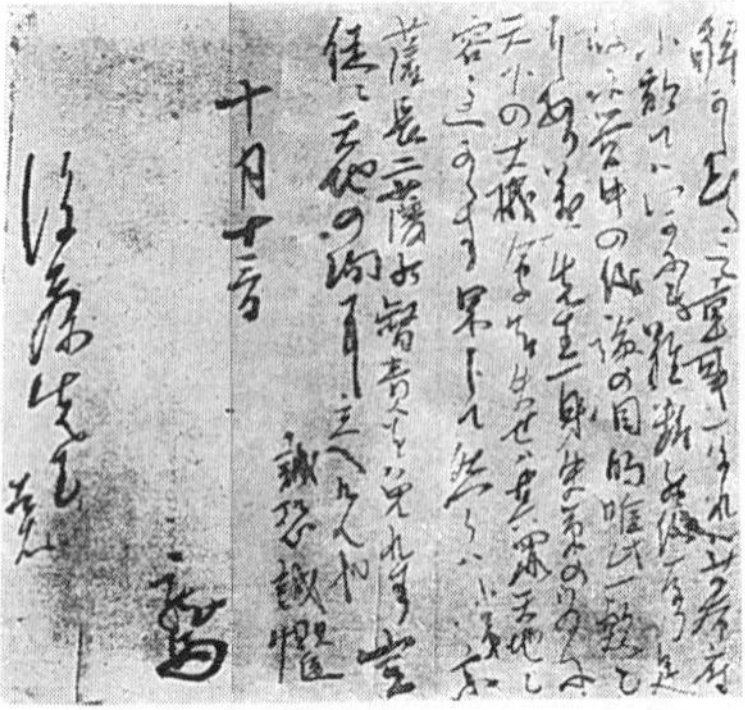

（中島家文書）

解かしむる之重事なれバ、幕府
に於てハいかにも難レ断(だんじがたき)の儀なり。是
故に営中の儀論(議)の目的唯此一欸(疑)已(のみ)
耳(に)あり。万一先生一身失策の為に
天下の大機会を失せバ、其罪天地ニ
容るべからず。果して然らバ小弟亦
薩長二藩の督責を免れず。豈
徒ニ天地の間に立べけんや。

誠恐誠懼

十月十三日　龍馬

後藤先生

左右

いよいよ大政奉還建白の可否を決する当日である。龍馬が描いた芝居の台本に、後藤が主役で登場し晴れて舞台でこれが上演されるか、それとも取り止めとなって水泡に帰するか。この天下

わけ目の歴史的な十月十三日であった。龍馬の生涯、最終の舞台廻しとなり、彼の死の一カ月前である。一世一代の真面目を発揮した日で、文面には龍馬の決意と面目が躍っている。

――これは明らかに後藤象二郎の登城に際し、激励を加へたものである。建言若し用いられざる時は生還を期せざる後藤の決意に対し、龍馬も亦死を以て将軍に博浪沙の一撃を試むる覚悟を示し、地下の再会を約せるが如きは、堂々男児の意気に燃えた快文字たるを失はない――。

と平尾道雄氏は「坂本龍馬、中岡慎太郎」（前掲書）に載せている。

後藤はこの激励叱咤に応えて、その場で折り返し一書を認め進退決意を示して登場する。

「華書拝披、於僕万々謝領ス。文中政度を朝廷ニ帰還云々之論不被行時者、勿論生還スル之心無御座候。併今日之形勢ニ因り、或ハ後日挙兵之事を謀り、飄然として下城致哉も不被計候得供、多分以死廷論スル之心事、若僕死後海援隊一手云々は君之見時機投之ニ任す。妄軽挙勿破事、已ニ登営程度ニ迫レリ。大意書之奉答　頓首。十月十三日　後藤元燁　坂本賢契」

双方言々火を発する劇的な文字となる。とにかく後藤は「死を以て廷論」する決意で登城、この十三日八ツ時（午後二時）、二条城大広間に参列する諸藩の重役は、四十藩の多きに達した。閣老板倉の指示で薩摩、土佐、長州、備前、宇和島の重臣が将軍と謁見、意見を上陳し朝廷にこれを奏聞することを促がして退出。後藤はその首尾朗報を待ちかねている龍馬へ送り届けた。

「唯今下城、今日之趣不取敢奉申上候。大樹公政権を朝廷ニ帰ス之号令ヲ示セリ。此事を明日奏聞、明後日参内勅許を得て、直接政事堂を仮に設け、上院下院を創業スル事ニ運ベリ。実ニ千歳之一遇、為二天下万姓一大慶不レ過レ之。」

——自意識過剰な後藤は、聞かなかった言葉まで聞いて来たように感じ取り、話はいつの間にか大きく成った。龍馬は、後藤の書簡を暫(しばら)く無言で見詰めていたが、傍に居た中島作太郎（信行）に向って、大息して告げたと伝えられる。「将軍家今日の御心中さこそと察し奉る。よくも断じ給えるものかな、よくも断じ給えるものかな。余は誓って此公の為に一命を捨てん」。真正直な感激家であった。——（前掲書「天皇の世紀」諸家往来、八）

一一三　慶応三年十月中旬

後藤象二郎あて

唯今田生に聞候得バ、小松者(は)おふかた蒸気船より帰るろふとの事なり。思ふニ中島作太郎も急ニ、長崎へつかハし度。紀州の事をまつろふ。陸からなれバ、拾五金もやらねばならず。小弟者(は)御国ニて五十金、官よりもらいしなり。夫お廿金人につかハし自ら拾金計(ばかり)つい(か)申、自分廿拾(ママ)金計持居申候。中島作につかハさんと思ふニよしなし。

（東京　静嘉堂文庫）

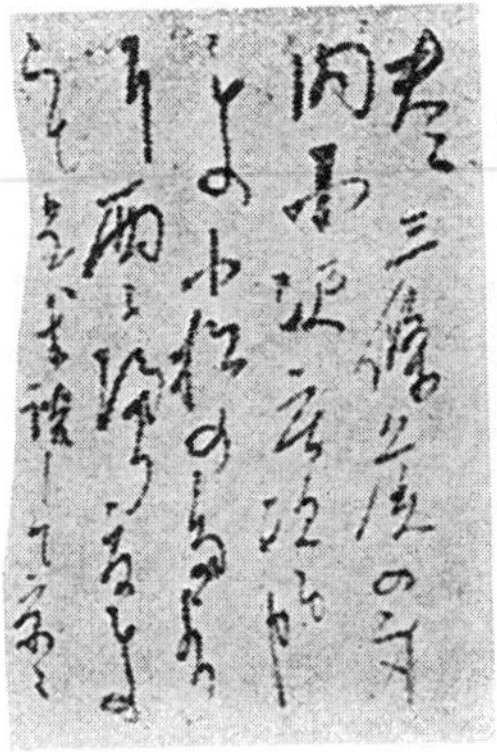

夫ニ三条侯の身内小沢庄次と申もの、小松(帯刀)のたよりに西ニ帰り度とのこと、

是ハ相談して京ニ

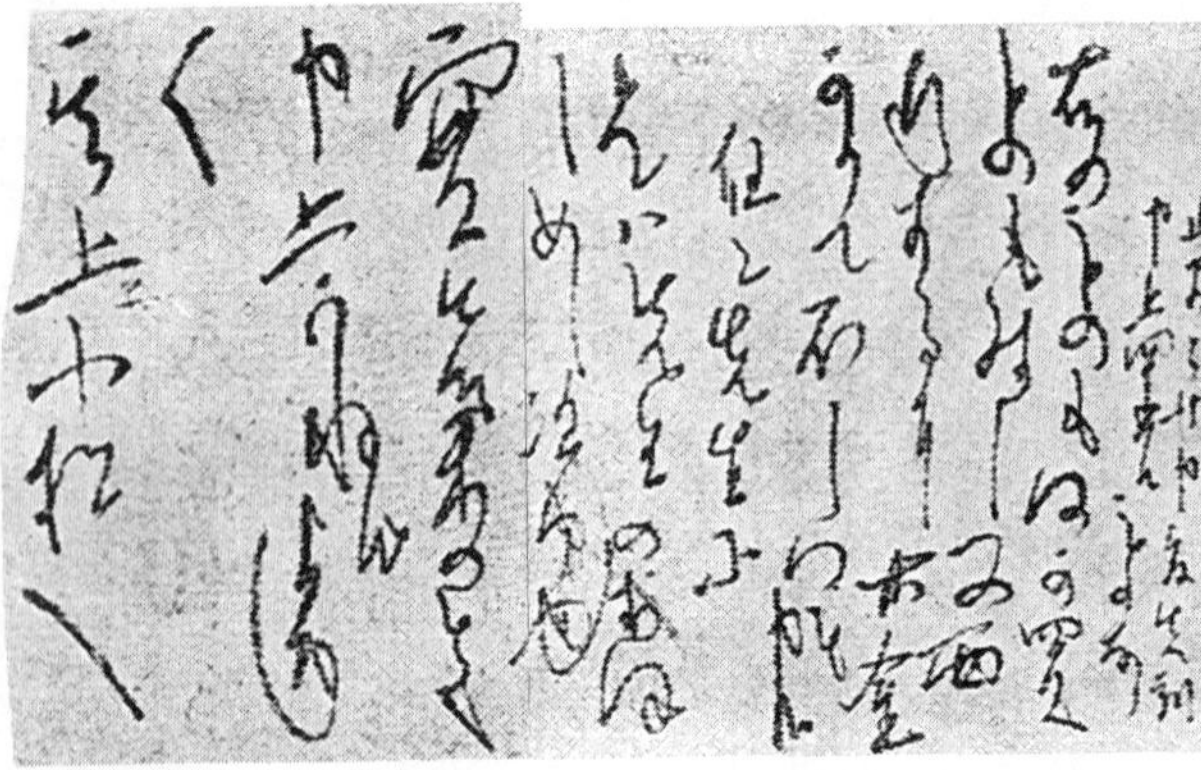

止まらせ申度、先刻
申上置候ものなり。
右のものも何か買
ものも致し、又西
行するに廿金
かりてほしいと申候。
　但シ先生に。
是ハ先生のおぼ
しめし次第也。
実御気のどく
申上かね候。よろし
く。
其上ヱ小松へ
御聞合被レ遣（つかはされ）
一人同船（蒸気船）の儀、御

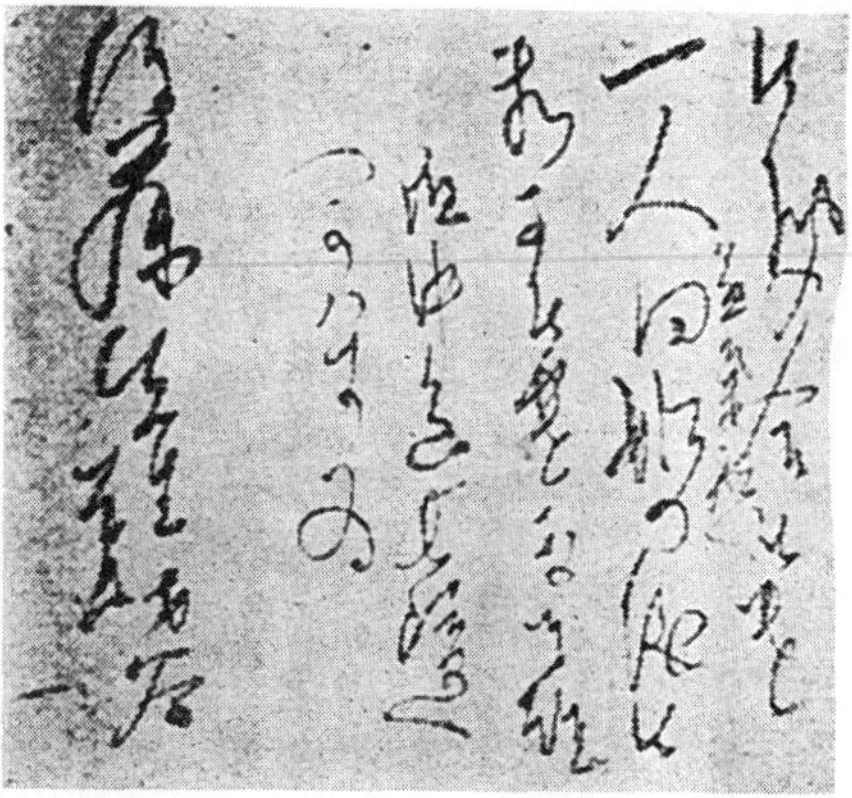

（「伯爵　後藤象二郎」）

頼可レ被レ遣度奉（ママ）レ願候。
　但、中島長崎へ
　　つかハす為。

　　　　　　　　　　才谷
後藤先生
　　左右

（岩崎小弥太旧蔵）

　慶応三年十月、大政奉還建白成就の直後、海援隊士中島作太郎（信行、書簡四八参照）を、いろは丸衝突事件の賠償金受理のため長崎へ遣わすべく、後藤象二郎へその旅費を依頼した内容。龍馬は自分の所持する金銭の出し入れまで率直に打ちあけ窮状を訴えている。後半は小沢庄次（戸田雅楽（うた）、書簡一〇九参照）も九州へ西行したいので二十両都合と、小松帯刀へ蒸気船依頼を願い出ている。

「慶応三年丁卯十月十九日、龍馬紀藩ト伊呂波丸賠償事件交渉ノ為メ、中島作太郎ヲ京師ヨリ長崎へ遣ハス」（海援隊始末三）。紀州側の減額要請により翌十一月七万両支払いで解決する。また戸田雅楽は龍馬に協力して新官制擬定書を作った後、「三条公へ報告する位のことは誰か外の人に托して、君は此に留まって我々と共に尽力せよ」と止められたがこれを拝辞したので、「若し予にして坂本の言に随ひ京師に同宿したりしならば、必ず共に難に遇ひしならん。さすれば今日従四位を贈られ招魂社に祭られて居る位だろう」（「尾崎三良自叙伝」）と述懐している。

前半は「龍馬全集」編纂中発見されて、東京静嘉堂文庫本「木夢帖」に載り、後半（写真）は大町桂月「伯爵後藤象二郎」（大正三年冨山房発行、大町桂月著）に接続している。

「木夢帖」は東京世田谷の静嘉堂文庫に収蔵されている。

幕末から明治維新の頃、後藤象二郎が受けた諸氏の手紙を、娘婿大江卓が編纂し筆写させたもので、「後序」に「明治十八年八月下浣、明治罪人大江卓謹識並書」とある。大江は高知支藩宿毛伊賀氏の世臣で、維新後神奈川県権令の時、マリヤローズ号事件で国際的な名声を博したが、明治十年立志社の獄で、林有造らと罪囚を蒙ったので、「明治罪人」としている。この大江が、後藤あての「書牘数十通焚之余、偶入謁」のもののうち「毎人収一束、得六十二件」を四巻に選収、後藤自ら「木夢」（十八年前、夢の跡のみの意）と揮毫し、甲乙丙丁に分ったとある。

坂本をはじめ山内容堂、吉田東洋、横井小楠、西郷隆盛、大久保利通、松平春嶽、木戸孝允、岩倉具視、三条実美、中岡慎太郎、岩崎弥太郎らがあり、ほかに近藤勇、永井尚志や手代木直右衛門等、幕臣の書簡もふくまれている。筆録集を残すのみで原書簡は発見できなかった。

一一四　慶応三年十月十八日

望月清平あて

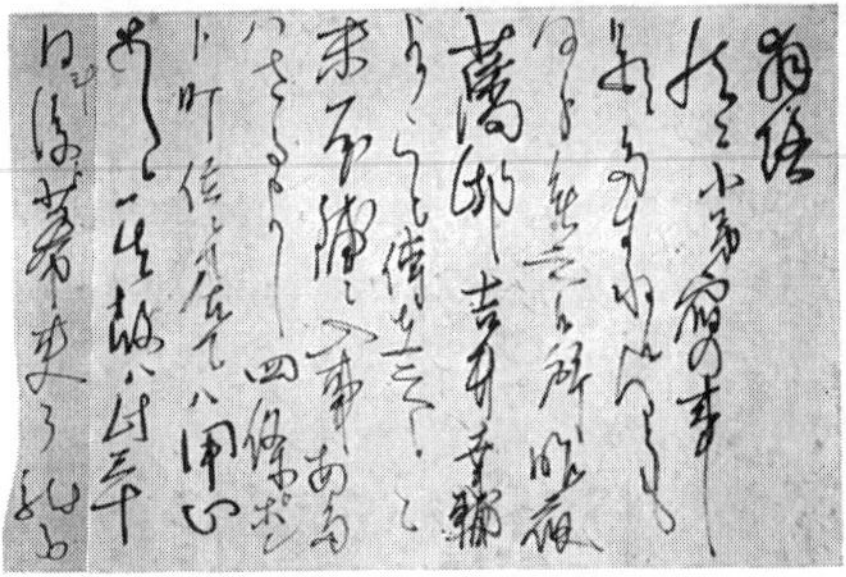

拝啓
然ニ小弟宿の事、
色ゞたずね候得ども
何分無レ之候所、昨夜
藩邸（薩摩）吉井幸輔
より、こと伝（づたへ）在レ之候ニ、
未（いまだ）屋鋪（土佐屋敷）ニ入事あた
ハざるよし。四條ポン（四条河原町二筋東）
ト町位（近江屋）ニ居てハ、用心
あしく候。其故ハ此三十
日計（ばかり）後（あ）ト、幕吏ら龍馬

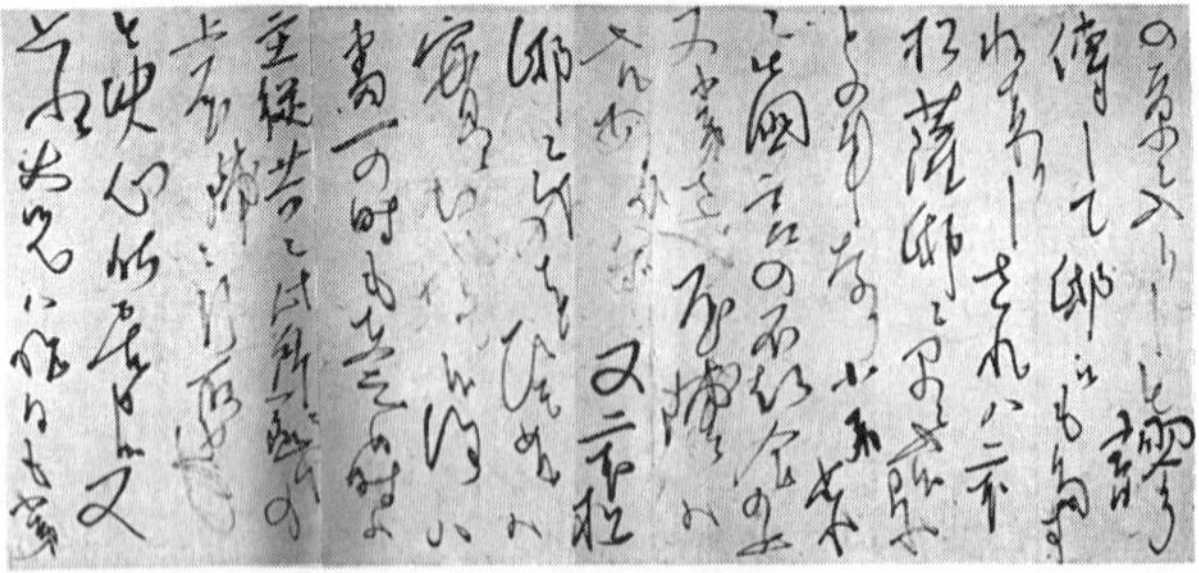

の京ニ入りしと謬（びゅう）
伝（でん）して、邸（土佐藩邸へ）江もたず
ね来りし。されバ二本
松 薩 邸（薩摩藩邸）ニ早〻入候よふ
との事なり。小弟思ふ
ニ、御国表の不都合（土佐国脱藩罪）の上、
又、小弟さへ屋鋪（土佐屋敷）ニハ
入ルあたハず。又、二本松（薩摩藩）
邸ニ身をひそめ候ハ、
実ニいやミで候得バ、
萬一の時も存レ之候時ハ、
主従共ニ此所ニ一戦の
上、屋鋪（土佐藩邸）ニ引取申べし
と決心仕居申候。又、
思ふニ、大兄ハ昨日も小弟

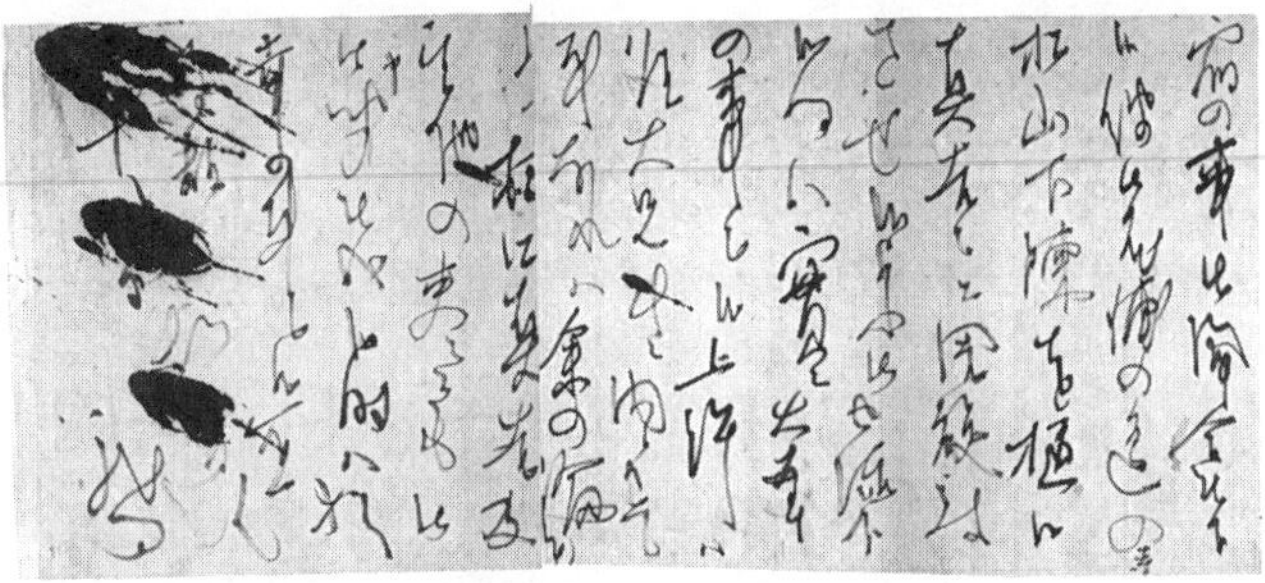

宿の事、御聞合被レ下(くだされ)
候彼御屋鋪の辺の寺、
松山下(松山藩)陳(陣)を、樋口
真吉ニニ(ママ)周旋致
させ候よふ御セ(世)話被レ下
候得バ、実ニ大幸
の事ニ候。上件ハ
唯、大兄計(ばかり)ニ内ゞ申上候
事なれバ、余の論を
以て、樋口真吉及
其他の吏ゞニも御(ママ)
御申聞被レ成(なされ)候時ハ、猶(なほ)
幸の事ニ候。不一
　宜敷　頓首〳〵
十八日　　　龍馬

（高知県文教協会）

望月清平様
机下
龍

此度の「龍馬の手紙」（旺文社文庫版）上梓の直前、同志望月清平に宛てた龍馬書簡が発見された。私は早速、高知へ飛び原書簡に接するを得た。慶応三年十月十八日と推定され、死の約一カ月前、龍馬身辺の切迫を伝える書で、龍馬のこころが惻々と伝わってくる。

高知県文教協会の前身、土佐記念館に戦前より、他の幕末尊王志士らの遺墨と共に伝わり、戦災を免れて今日陽の目を見た次第である。初章は、

龍馬の宿所の事を種々方々に尋ね探したが、「何分之無く候所」適当なところが見付からず、昨夜薩摩藩邸の吉井幸輔より伝言があって、

「貴方（龍馬）は未だ、河原町土佐屋敷には入ることが出来ない由。四条先斗町（わざと宿所を隠しているが、すぐ近くの四条河原町の近江屋を示す）のように、街中に居ては用心が悪いのです。其の訳は、此の三十日ばかり後（土佐言葉では以前のことを、其の日時より遡って後という語法を使う。ここでは慶応三年九月半ばを指す）幕府の役人らが、龍馬が京都に入ったと謬（誤）伝して、邸（土佐藩邸）へも尋問して来ました。それ故、二本松薩摩藩邸（現在、今出川烏丸、同志社大学）に

早々におはいり下さい」とのことである。

龍馬はこの年九月十八日、長崎から芸州船震天丸を借用して出航している。今春以来運動し扶けてきた大政奉還を実現さすべく、後藤象二郎を追って上方へ向っている。この際、倒幕路線にも具えるため銃器千挺を長崎で購入、土佐藩へ廻漕すべく高知に立ち寄っている。九月廿四日ひそかに城下に上陸、藩庁に渡し、且は脱藩以来はじめて坂本家を訪い永訣。翌十月九日大坂に上陸、中島作太郎(信行)、岡内俊太郎(重俊)、戸田雅楽(尾崎三良)ら数人を伴い、京都に入っている。その際の状況を戸田は「尾崎三良自叙略伝」に次のように重要な証言をしている。

「坂本初め我々京師に上ったとき、予も又土州藩小沢庄次で、河原町四条上る醬油屋某方(近江屋)に同宿した。其時坂本等の評判が高くなり、其頃散じ紙の新聞様のものを、時々発行する事がある。それを見ると、今度坂本龍馬が海援隊の壮士三百人をつれて上ったと書いてある。実際、我々脊士が僅か五、六人であると大いに笑ひたり。然るに坂本の知人より忠告して、君等に幕府方で目を付けているから、あぶないと云ふ者もあり(以下略)」

龍馬は十一日、幕臣永井尚志を訪い建白書採用を勧説、十三日は二条城で徳川慶喜が在京四十藩の重臣を召集して、政権奉還と決まる。このあと戸田らと近江屋で三職制案(新官制擬定書)を作っている。そして十八日に本状が近江屋より、すぐ近くの土佐藩邸にいた望月に発せられたのである。

望月清平は土佐郡小高坂村(高知市西町)の新留守居役望月団右衛門長男で、文久元年武市半

平太が土佐勤王党を結成した時、弟亀弥太と共に加盟。亀弥太はのち神戸海軍塾で龍馬らと共に居り、元治元年夏、池田屋事変に身を投じて闘死している。清平の家は上町（かんまち）の龍馬生家とも近く、二人は竹馬の友であった。坂本権平、乙女、平尾加尾らと一緒に、名人門田宇平より習った、小高坂一絃琴グループの一人。明治後も生きたが事績や没年未詳。

吉井幸輔（友実）は薩摩藩士で西郷、大久保らと共に京に在って、倒幕主流派として活躍。龍馬の伏見寺田屋遭難のときや、鹿児島新婚の旅にも、親身の世話をした人物（書簡三八、四四参照）で、維新後枢密顧問官、伯爵。

次章は、龍馬の身辺切迫の状と、彼の赤裸々な心境を打ちあけている。「小弟思ふニ御国表の不都合の上」は、土佐藩法を二度にわたって拒んできた（文久二年春脱藩亡命と、元治元年冬呼び返しを拒否）等の故、藩国に対し憚（はばか）りがあって、土佐「屋鋪（やしき）ニハ入ルあたハず」。また二本松邸（薩摩藩邸）に入って身をひそめることは「実ニいやミで候得バ」、即ちそのように振る舞うたら、かえって土佐藩に対しいやがらせ、あてつけがましくて矢張り他藩の薩摩には世話にならないで、この近江屋にとどまります。或は「いやニて」とも読めるが、薩邸に入ることは、他藩の監視下におかれるのはいやにて、とも解される。

万一、刺客に取り囲まれた場合は主従（従はのちに闘死した角力取りあがりの藤吉）共に此処で一戦の上、土佐屋敷に引取らせてもらう決心でいます。そこで「大兄（望月清平）ハ昨日も小弟（龍馬）宿の事」を心配して、方々に探し聞きあわせて下されているが「彼御屋鋪（土佐藩邸）の辺の寺」や「松山下陳（陣の誤字か、下陳なら官女の室を意味する）」を、樋口真吉に周旋致させることを、御世話下さるならば、まことに大幸であります。「御屋鋪の辺の寺、松山下陣」について、京都在住の立命館史学会西尾十四男氏の調査によると、近江屋と近い蛸薬師通にある松山藩屋敷（現在、日彰小学校）で、下陣とは本陣に対し小さい陣屋のことで、寺はすぐ筋向いの池の坊六角堂を指すのではなかろうか、との教示に接した。

樋口真吉は高知幡多郡中村（中村市）の郷士で、文化十二年（一八一五）生れ。土佐勤王党西郡の首領格、のち徒士目付で在京、武市ら勤王党投獄の頃は自重論を唱え、明治戊辰東征に小監督、軍裁判役をしている。

終章は、「上件」このような私の宿所のことは「大兄計(ばかり)ニ内〻申上候事なれバ」「余の論を以て」龍馬の名を出さないで、他の話に事よせて、樋口真吉や其ほかの藩吏にも「御申聞被レ成(なされ)候時ハ」「猶(なお)幸の事」であります、としている。樋口はさきに述べたように幡多郡郷士出で土佐藩吏としてかげながら龍馬の身を案じていたものであろう。彼は隣藩宇和島や松山に顔が利くので、龍馬の名を示さず、下宿斡旋(あっせん)を依頼したと解したい。

龍馬の近江屋での遭難は、それより二十九日目の十一月十五日である。死の影を背負った複雑な心境と彼の内面を窺える。そして当時の薄昏い政状、大政奉還上奏の前日、討幕の密勅が薩長藩主に下され、十二月九日慶喜らを除いた宮廷クーデターから王政復古号令までの、混迷の無気味な状況も暗々裡(あんあんり)に伝えている。

商人郷士出の龍馬のこころは、藩国への遠慮や他藩への心遣いに煩わされ、結果において目と鼻のさきの母藩の藩邸にも迎えられず、且は松山藩関係の寺にも何か事情があって入ることが叶わず、「四条ポント町位」（近江屋）の町家で暗殺の厄に遭って終る。ここに母藩土佐の龍馬へ示した資料があって、本状と符節を一にしている。

「龍馬、中岡が河原町で殺されたと聞き、西郷は怒髪天を衝くの形相凄じく、後藤を捕へて、ヲイ後藤貴様が苦情を云はずに土佐屋敷へ入れて置いたなら、こむな事にはならないのだ、……全体土佐の奴等は薄情でいかん、と怒鳴りつけられて、後藤は苦い顔をし、イヤ苦情を云った訳ではない、実はそこにその色々、……。何が色々だ、面白くも無い、如何だ貴様も片腕を無くして落胆したらう。土佐、薩摩を尋ねても外にあの位の人物は無いわ、……えゝ惜しい事をした、と流石の西郷も口惜泣きに泣いたさうです。」（お龍より安岡秀峰の聞書「反魂香」㈢）

また、本状は溝淵広之丞に宛てた手紙（慶応二年十一月、書簡三九）「人誰か父母の国を思ハざらんや。然ニ忍で之を顧ざるハ、情の為に道に乖り、宿志の蹉躓を恐るゝなり」と同様、めったにあらわさない龍馬の素顔が出ていて哀切である。

なお最終日付のあたりにある三カ所の墨汁は、受けとった後、誰かが大筆を誤って印したように考えられる。解説に横川正郎氏、西尾十四男氏より御協力を頂いた。

一一五　慶応三年十月二十二日

陸奥宗光あて

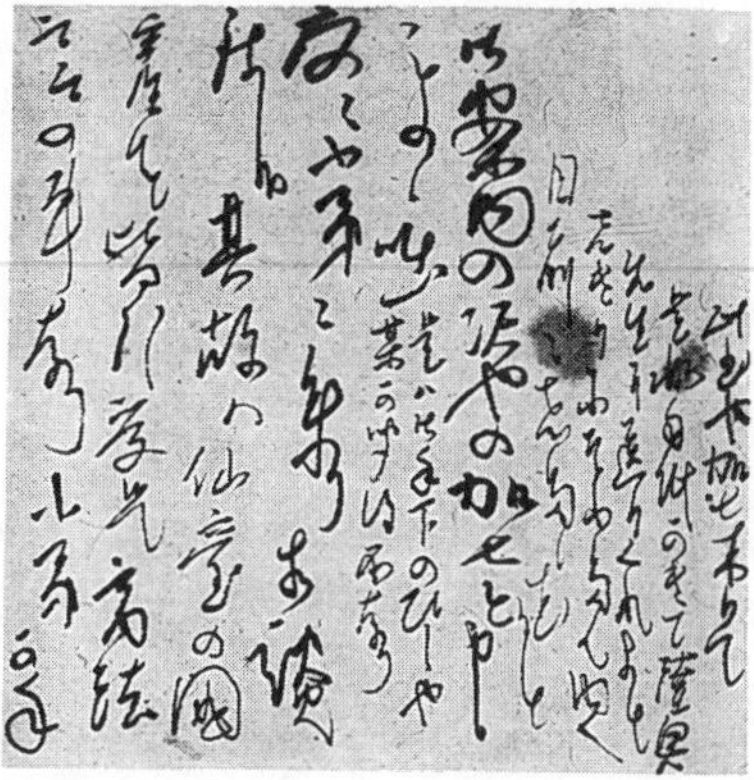

此書や加七来りて是非手紙かきて、陸奥先生に送りくれよと、しきりにそふだんゆへ、目前ニしたゝむ、かしこ。

御案内の沢やの加七と申候ものゝ咄、（是ハ御手下のひしや某が聞得所なり。）度ゝ小弟ニ参り相談致し候。某故ハ仙台の国産を皆引受候て、商法云云の事なり。小弟が手

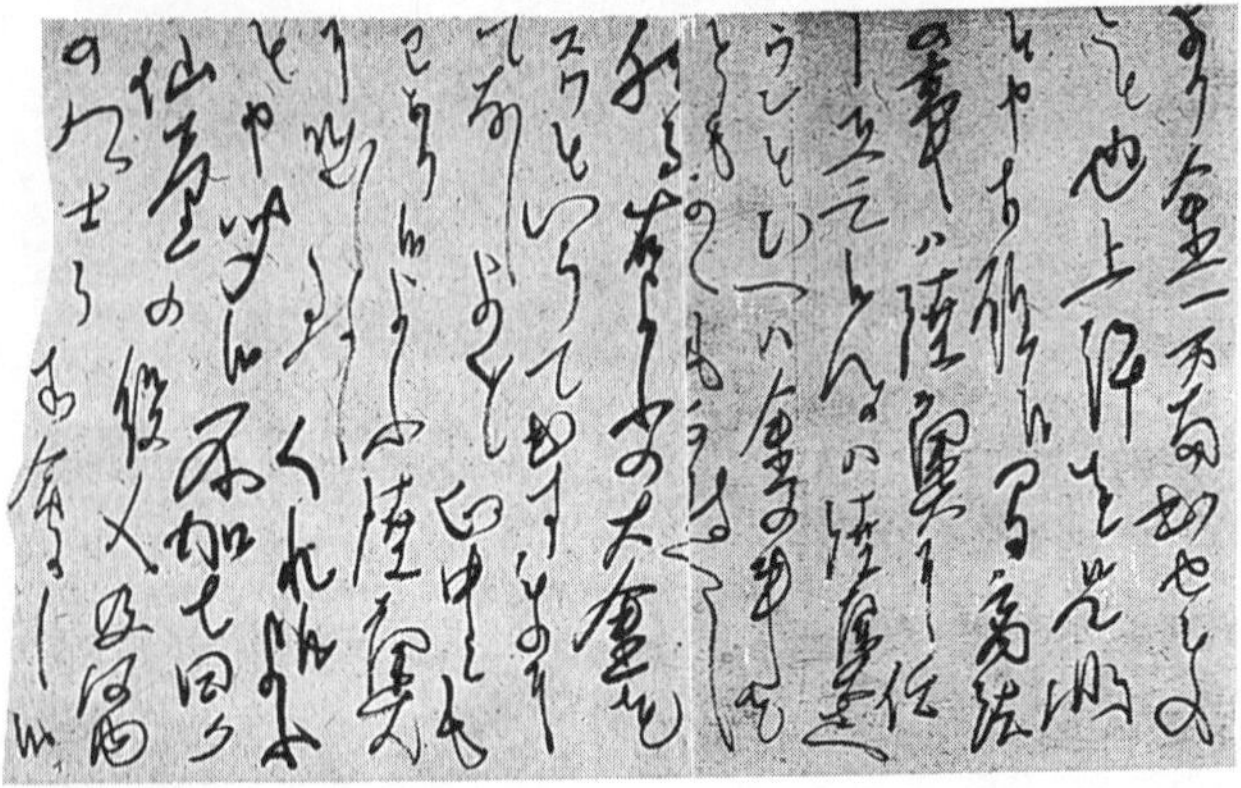

より金一万両出セとのこと也。上件を是非と申相願候間、商法の事ハ陸奥に任し在レ之候得バ、陸奥さへウンといへバ、金の事をともかくもかすべし。然る右よふの大金をスワというて出すものにてなし。よく〱心中ニもわかり候よふ、陸奥に咄し致しくれ候よふと申聞候所、加七曰ク、仙台の役人及河内の郷士ら相会し候

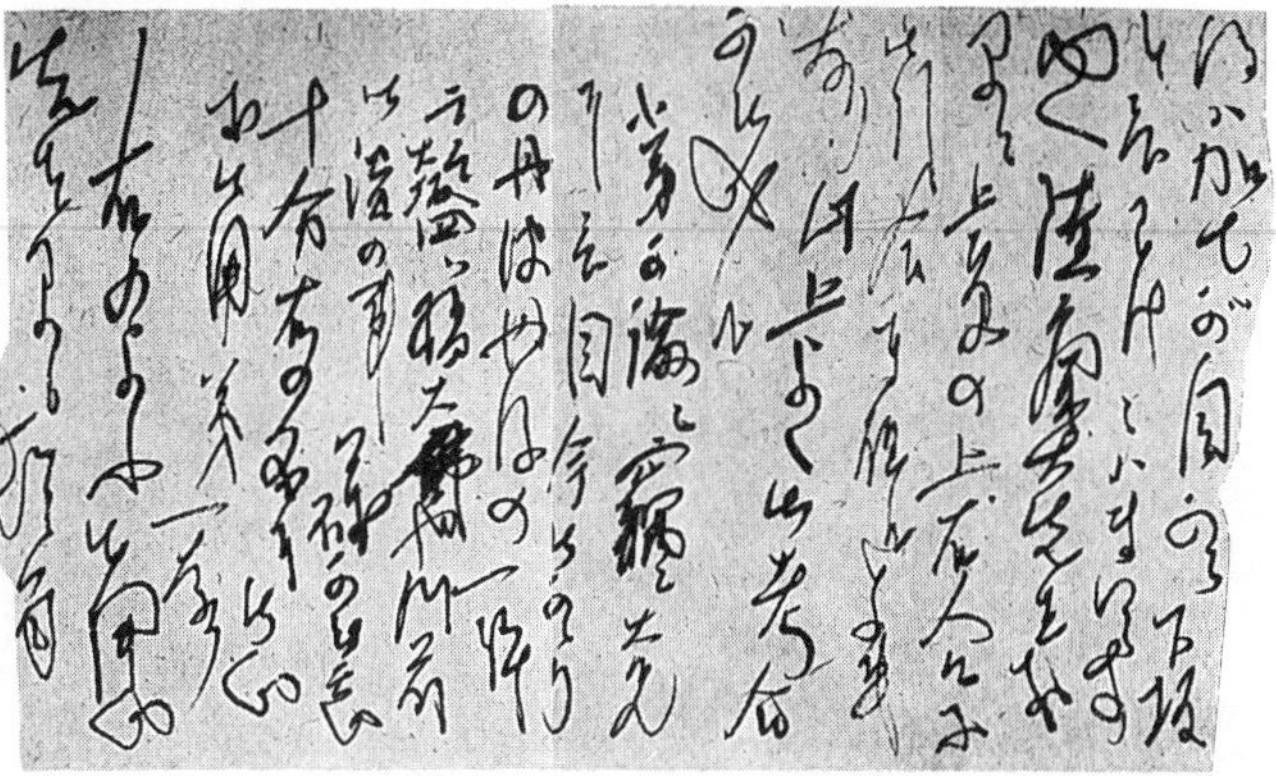

得バ、加七が自から下坂
と云わけニハまいらず
ゆへ、陸奥先生義(ママ)
早ゝ上京の上、右人々に
御引合奉レ願候との事
なり。此上よく御考合(おかんがへあはせ)
可レ被レ成(なさるべく)候。

小弟ガ論ニ竊(ひそか)ニ大兄
に言、目今御かゝり
の丹波丹後の一件
云々大坂四ツ橋大仏や門前
御談の事万不レ可レ被レ忘(わすらるべからず)、
十分右の所に御心
お御用第一なり。
右のよふ御用心、

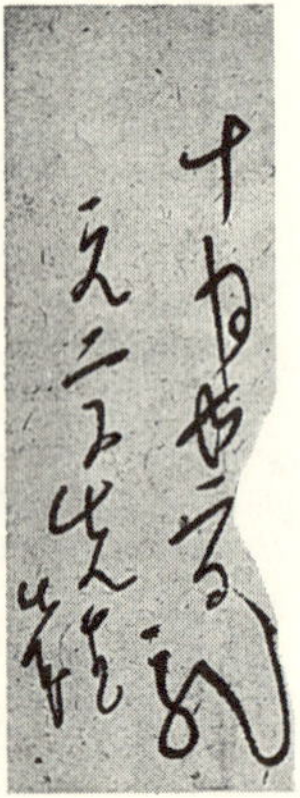
（国立国会図書館蔵）

先は早ゝ頓首。
十月廿二日　龍
元二郎先生
御本

陸奥宗光（書簡八八、一〇五参照）は文久二年十九歳で龍馬を知り龍馬に就いてより、前後六年間の師弟の仲であり、同志であった。陸奥は終生、龍馬を敬愛追慕している。「坂本は近世史上の一大傑物（けつぶつ）にして、其融通変化（へんげ）の才に富める、其識見議論の高き、其他人を誘説感得するの能に富める、同時の人、能く彼の右に出るものあらざりき」（陸奥宗光「後藤伯」）としたが、龍馬も陸奥を評して、「我隊中の者は、大小の物を取り上ぐれば皆路頭に立つ奴なれど、唯陸奥陽之助一人は喰ふに困る男に非ずと、実に知言と云ふべし」（坂崎斌、紫瀾「陸奥宗光」）とある。

龍馬はこの陸奥の商才を愛して、仙台の国産を引きうけ西国へ運送させ、また、丹波丹後との取引も企て、長崎から坂神に海援隊商事を組織さすはずであった、本状では仙台の国産取引をめざし河内郷士も加え、大坂にいる陸奥を京都へ呼びよせる指令状である。

陸奥は九月二十日下関で龍馬と別れ、菅野と共に銃器二百挺を携えて大坂に出てきていた。龍馬遭難の頃は京都にいて、死の床に駈けつけ、十二月七日天満屋事件の復讐戦に真っ先きに加わっている。「沢や加七」は京都四条通室町上ル西側、海援隊士たち投宿の沢屋旅館の主人。

一一六　慶応三年十月二十四日
岡本健三郎あて

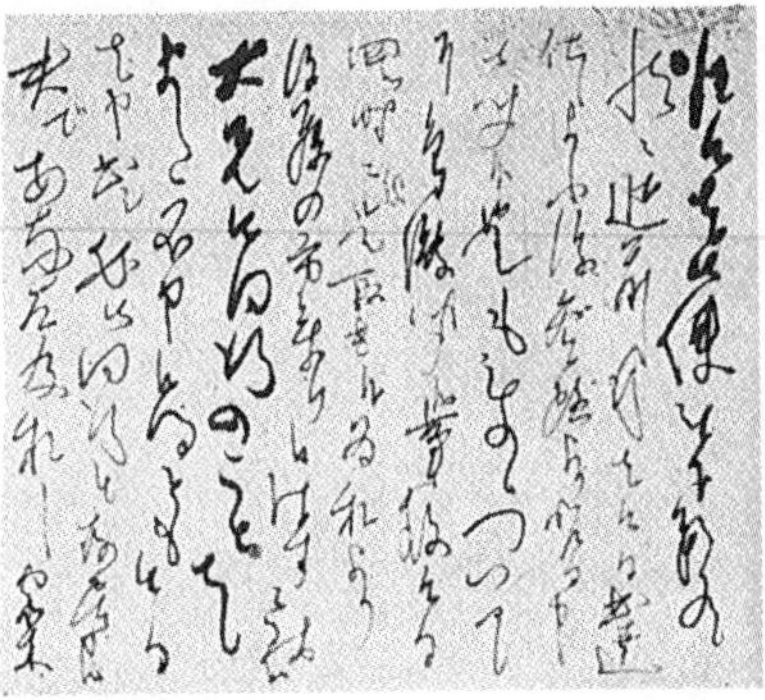

唯今は御使被レ下難レ有、
然ニ越前行は今日出達
仕候よふ、後藤参政より昨日申
被レ聞候。是も、ものゝついで
に鳥渡聞候事故、今日
四ツ時に彼是取遣候為、私より
後藤の方参り候はずニ致候。
大兄御同行のことは
まだ不レ申候得ども、今日
は申出シ必御同行と存居申候。
夫であなた及私し家来

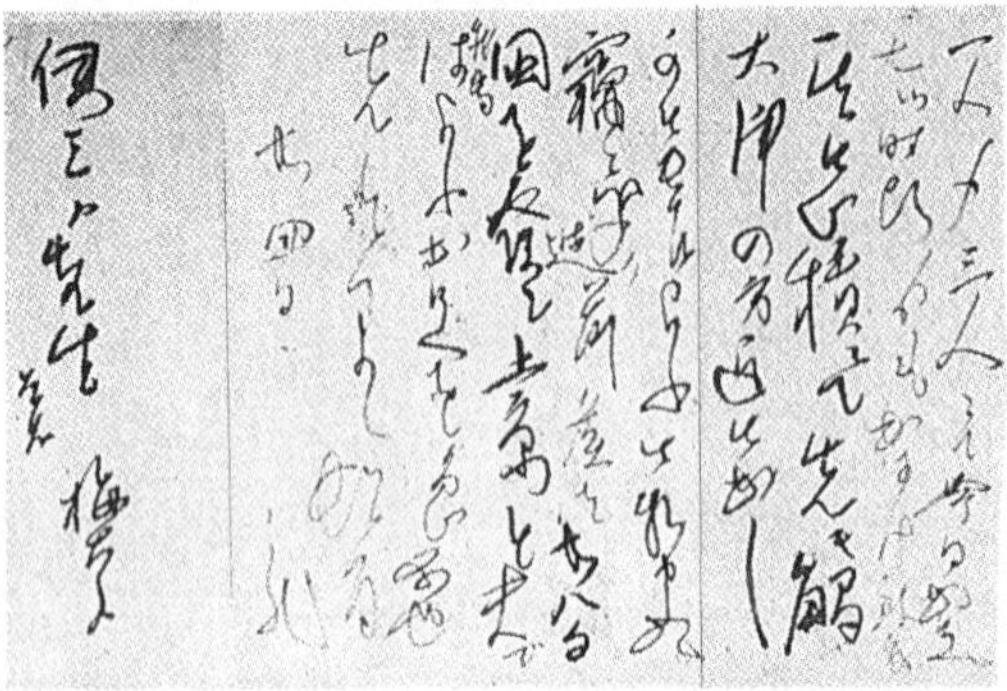

（京都　足立家蔵）

一人〆三人ニて今日出足
七ツ時頃よりも出かけ致度、
其御心積ニて、先キ触
大津の方迄御出し
可レ被レ遣候よふ御頼申入候。
竊ニ聞ク、越前侯は廿八日
国を発シ上京と。夫で
我等はよふ出足を急所也。
先は早ゝ、頓首。

廿四日　　　龍

健三郎先生　　　梅太郎

左右

大政奉還建白成就後、龍馬はお龍の待っている下関や海援隊の本拠地長崎に帰らなかった。経済政策や人員ポスト構成を新生日本のため設計しておく裏側の役目がある。歴史を達観してさっぱりと返上した慶喜にも感動している。慶喜もふくめた日本が、すべて良かれとなるまで京坂から脱け出ることは出来なかった。十月二十四日京都出足、二十八日越前福井城下に到着する。

——松平春嶽は後藤象二郎が建議して行われた大政奉還についても疑惑を感じている。象二郎の理論の背後に、なかば黒幕として控えていた坂本龍馬が象二郎の名代として、十月二十八日福井に赴いて、春嶽に山内容堂の親書を伝達し、上京を促した。——(前掲「天皇の世紀」大政奉還五、六)

龍馬は春嶽に会って親書を渡し、謹慎中の三岡八郎(由利公正)に会うことを願い出て許され、立会人同伴の三岡が龍馬の宿泊先烟草屋(福井市照手町)を尋ねて来る。

「烟草屋へ這入って龍馬と呼んだら、ヤー噺す事が山程あるといふ。其顔を見ると直に天下の事成就と思はれた。自分は罪人であるから立合人をつれて来たと断りごといへば、おれも同様付人がある、健三来よと呼ぶ、これは土佐の目付の下役で、岡本健三郎といふ人だ。共に聞けよとの事で、土佐越前の役人を左右に置き、坂本と私と両人は炬燵に這入って、徳川政権返上の次第、朝廷の事情等、曲さに聞いた。(中略)夫から名分財源経綸の順序まで、予の貯へた満腹の意見を語り、(朝五ツ時から)夜半九ツ過るまで我を忘れて咄した」(「由利公正伝」第二篇由利実話)

岡本健三郎は土佐郡潮江村(高知市)出身で龍馬より七歳若く維新後、立志社挙兵に加わり禁獄二年のち実業界に入り日本郵便会社創立に尽す。本状は岡本の恋人であった京都河原町四条薬商亀田屋お高の子孫足立家に伝えられたものである。

一一七　慶応三年十一月七日

陸奥宗光あて

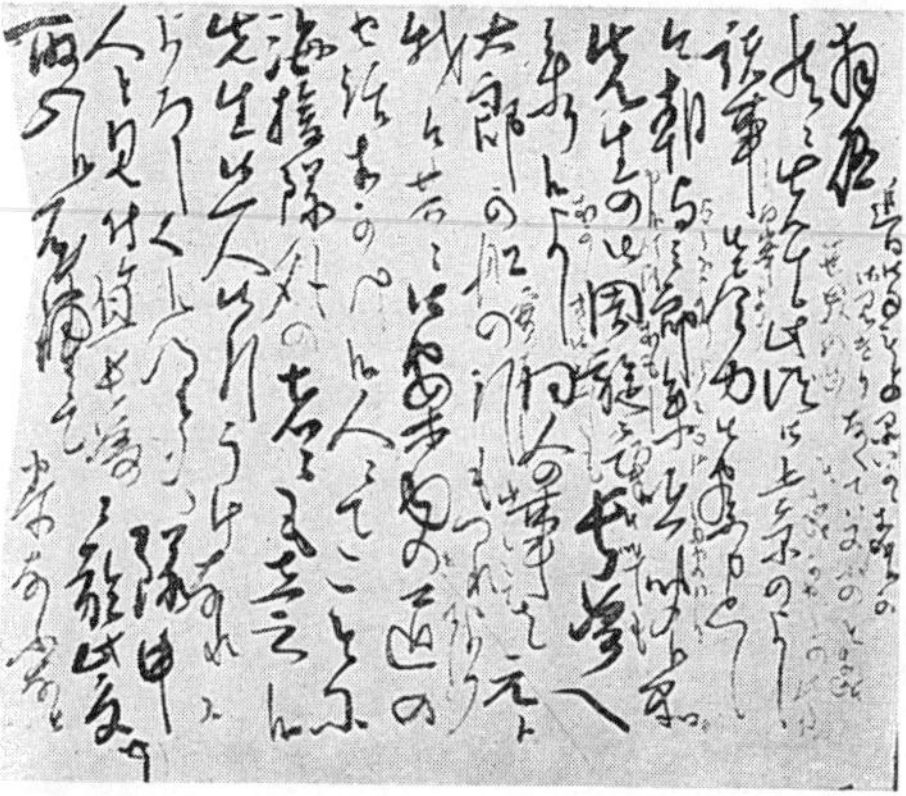

追白、御手もとの品いかゞ相成候か、
御見きりなくてハ又ふの（不能）と相成。
世界の咄（はな）しも相成可レ申か、此儀
も白峯より
与三郎より少ゝうけたまハり
申候。此頃おもしろき御咄しも
おかしき御咄しも
実に〳〵山ゝニて
候。かしこ。

拝啓。
然ニ先生此頃御上京のよし、

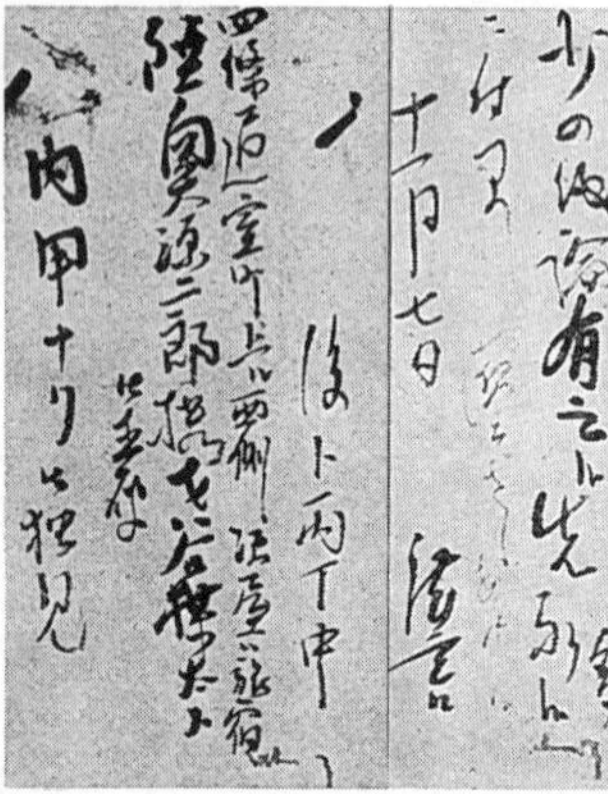

(国立国会図書館蔵)

諸事御尽力御察申上候。今朝与三郎参、咄聞候所、先生の御周旋ニて長崎へ参り候よし、同人の事は元ト大(太)郎が船の引もつれより、我々共ゝ御案内の通のセ話相かけ候人ニて、ことに海援隊外の者ニも在レ之候。先生御一人御引うけなれバよろしく候得ども、隊中人を見付ケ且、長崎ニ於、此度取入候屋鋪(やしき)ニて養なふなど少ゝ御用心無レ之候得バ、近(ちかく)立行カザルの御セ話がかゝり候と存候。小野(淳輔)生らが

一条にかゝる事ハ小弟ラ多
少の儀論(ママ)有レ之候。先承り候
ニ付、早々一筆さしあげ候。
十一月七日　　　謹言
〆　　　　　後ト丙丁中
四条通室町上ル西側沢屋御旅宿
陸奥源二郎様　　　　才谷楳太郎
御直披
内用ナリ御独見

死の九日前に京都四条河原町近江屋から、同じ四条沢屋にいる陸奥宗光に宛てたものである。

龍馬は京都における新政府の経済案等が出来上れば、再び「長崎ニ於、此度取入候屋鋪(やしき)」で「隊中人を見付ケ」て「養なふなど少々御用心」をすすめて貿易商事を盛にやるつもりであったろう。割書き（追伸）に「世界の咄しも相成申すべきか」とあって、日本国が京都を中心に東西二つに分れて燃え上ろうとしている時に、「世界の話」を考えていたのである。萩原延寿氏は本書簡について次のように所感を述べている。

——藩という障壁を越えて国という地点にまで精神のあゆみをつづけてきた坂本は、そこからさらに一歩をすすめ、つぎは世界という一つの大きな地平にむかって、行動をおこすこころの準備をととのえていた。これが死の直前に坂本の胸をたぎらせていた思想である。坂本の魅力は、この絶筆だと思われる手紙に登場する「世界の咄し」ということばの中によくうつし出されている。つまり坂本は休むことをしらない偉大な精神の旅行者であった。——（明治百年記念、高知県芸術祭、「龍馬がゆく」公演解説文）かつて西郷に答えたように「世界の海援隊」を創り、「外国に遊び候事」（続書簡一〇）を考え「世界の咄し」をしたがっていた。しかし運命は遂に「おもしろき御咄し」や「おかしき御咄し」も龍馬にさせないで終った。

白峰は越後出身の海援隊士白峰駿馬で、明治初年菅野覚兵衛（千屋寅之助）と共にアメリカに六年間留学、造船技術を学び帰国後神奈川で白峰造船所を創り龍馬の志を継いでいる。与三郎は竹中氏で海援隊と取引きのある商人。彼を隊士扱いとして長崎に出張させ、海援隊帆船大極丸のことで「セ話相かけ候人」とある。与三郎は先頃、大極丸をプロシヤ商人チョルチーより購入の際、買主として署名している。神戸で鳴海屋と称し薬業を営み、神戸海軍操練所時代より、龍馬や陸奥と親交があった。龍馬横死後、天満屋復讐に海陸援隊同志と共に商人ながら参加し、右手首を斬り落されるほど激しく闘っている。明治以後は不明である。

「太郎が船の引もつれより」は高松太郎（小野淳輔）が、大極丸船価支払いのため、近江商人から一万両を借用する算段をたてたが、これが不調に終ったことをさす。

「千里駒後日譚」（第四回）に「一戦争済めば山中へ這入って安楽に暮す積り、役人になるのはおれは否じゃ。退屈な時に聞きたいから月琴でも習って置け」と言ったとお龍が述懐している。遠流落人の末裔である土佐人の性癖であって、輝かしい舞台の主役シテ役は他人に譲り渡して自らは隠遁者乃至アウトサイダーの嗜好が龍馬の裡にある。

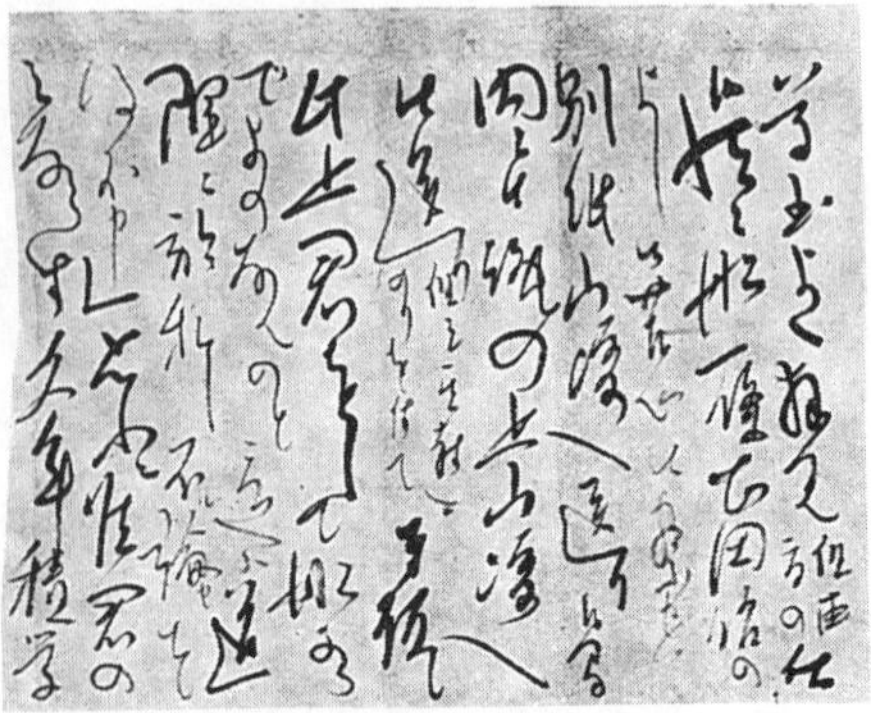

一一八　慶応三年十一月十日
林謙三あて

尊書よく拝見仕（但再度の）
候。然ニ船一条甚因循の
よし御苦心御察申上候。
別紙山崎へ送り候間、
内〻御覧の上山崎へ
御送り（但シ其封へのりを付て）奉ㇾ願候。
此上君をして船から
で（出）よの、なんのと云へバ、道
理ニ於、私し不（ル）ㇾ論（ゼ）を
得不ㇾ申」思ふニ唯君の
ミならず、久年積学、

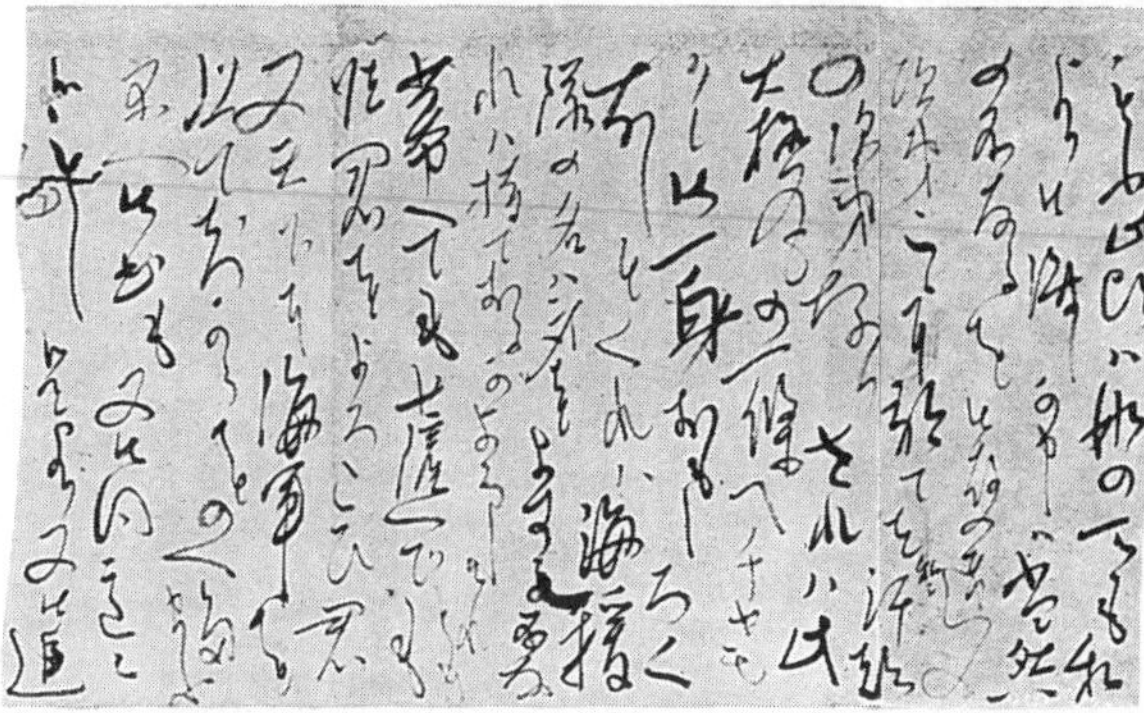

もふ此頃ハ船の一ツも、私
より御渡し可レ申ハ当然
の所なるを、御存(知)の通の
次第、ここに於ては私シ汗顔
の次第なり。されバ此
大極丸の一条へチヤモ
クレ、御一身おもしろく
なしとくれバ、海援
隊の名ハ身をよする所な
れバ、持ておるがよろし。それとも
幕へでも、薩へでも
唯君をよろこび、君
又天下に海軍を
以てちからをのべたまふ
所へ御出も、又御同意ニ

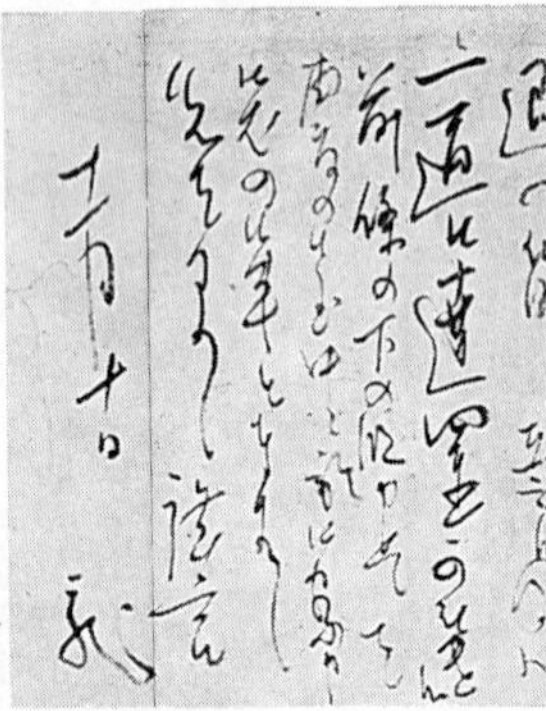

（高知県立歴史民俗資料館蔵）

候。もし是より又御進
退の筋も在ㇾ之候得バ、
一通御達置可ㇾ被ㇾ遣候。
前条の下の段申上候は
再度の御書中ニ於御察中、
御尤の御事と奉ㇾ存候。
先は早ゝ、謹言。
十一月十日　　　龍

「久年積学、もふ此頃ハ船の一ツも私より御渡し」申さねばならぬ海軍熟練者林謙三の「御進退」の筋につき返書を認めている。龍馬死の六日前の手紙である。林謙三は維新後、男爵海軍中将安保(あぼ)清康で、備後（広島藩）医家の出。当時は薩摩藩の海軍に聘用(へいよう)されていた。

平尾氏「海援隊始末記」に――林謙三は鹿児島から十月に上京してその頃、大坂に滞在していた。（中略）龍馬は国内戦で多くの人材を犠牲にすることをさけ、それらを蝦夷(えぞ)地の開拓に送りこみ、さらに将来のために海軍術を養成すべきだと、林謙三との間で論じ合い内談は成立していたのである。——このように北海道開発計画を実現するつもりが「大極丸の一条ヘチヤモクレ」(不調に終る国言葉）となり「私シ汗顔の次第」で「海援隊の名は身をよする所なれバ、持ておるがよろし」いが、「それとも幕（府）へでも、薩（摩）へでも」、「天下に海軍を以てちからをのべたまふ所へ御出」と、任意に希望達成をすすめている。山崎は後の天満屋襲撃事件に加わった山崎喜津馬ではなかろうか。

一一九　慶応三年十一月十一日

林謙三あて

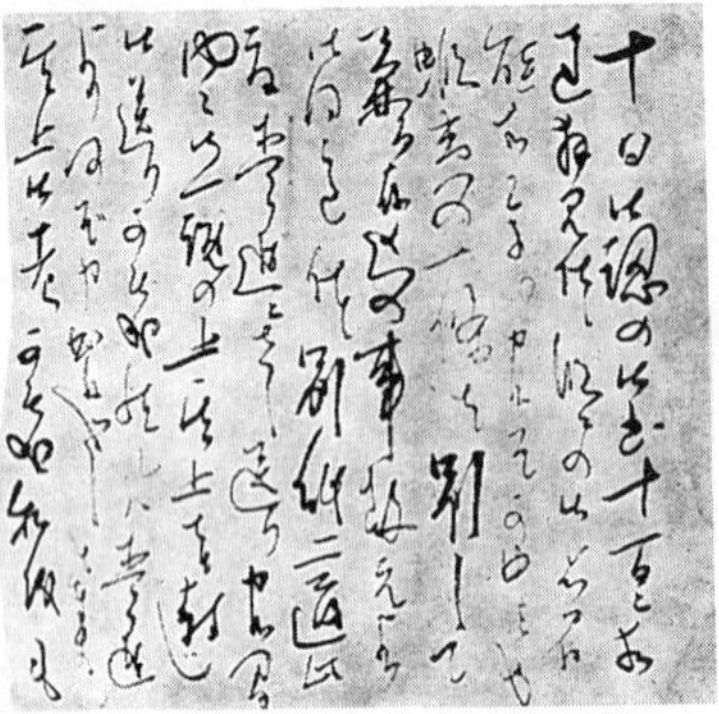

十日御認の御書、十一日ニ相
達拝見仕候。段ゝの御思召
能(よく)相わかり申候。そが中ニも
蝦夷の一条は別して
兼而(かねて)存込の事故、元より
御同意仕候。別紙二通此
度愛進(沢村惣之丞)ニさし送り申候間、
内ゝ御一覧の上、其上を封じ
御送り可ㇾ被ㇾ成、然レバ愛進
より何ぞ申出候べしと奉ㇾ存候。
其上御考可ㇾ被ㇾ成、私儀も

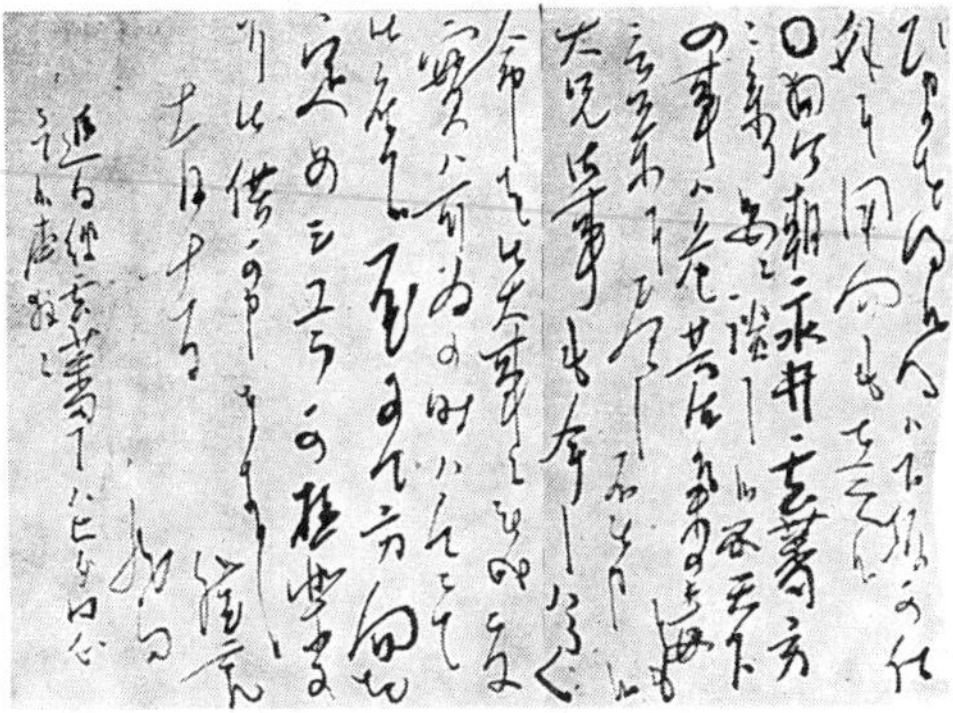

（高知県立歴史民俗資料館蔵）

ひまを得候へバ下坂可レ仕、
外に用向も在レ之候。
○扨（さて）、今朝永井玄蕃方
ニ参り色〻談じ候所、天下
の事ハ危（あやふしとも）共、御気の毒とも
言葉に尽し不レ被レ申候。
大兄御事も今しバらく
命を御大事ニ被レ成度、
実ハ可レ為（なすべき）の時ハ今ニて
御座候。やがて方向を
定め、シユラか極楽か
に御供可レ申奉レ存候。謹言。

十一月十一日

龍馬

追白、彼玄蕃ヿ（こと）ハヒタ同心

ニて候、再拝〻。

「是れ京都なる同氏より、在坂の林謙三に宛てたるものにして、即ち坂本氏被害のときより三日前の自筆なり」（「男爵安保清康自叙伝」）とある。永井は海舟と共に幕府海軍の創設者であり、亡びゆく徳川家を支えた開明派の官僚で、その明晰な頭脳は龍馬と意気投合している。

前月、龍馬は福岡藤次の紹介で、在京中の幕府大目付役の永井を訪ね、大政奉還建白採用を説いている。そしてこの建白を慶喜に踏み切らせたのは永井であったと言われる。永井は龍馬を「後藤よりも一層高大にて、説くところも面白し」と高く評価している。龍馬はこの日、永井と会って、徳川の天下を「お気の毒とも言葉に尽し不レ被レ申候」と惻隠の心を秘めたまま、数日後この徳川方の刺客にあって斃れたのである。追書にある「ヒタ同心」は、ぴったり心の合った仲間ほどの意味。書状の最終の言葉は偶然か故意か意味が深い。「大兄御事も今しバらく命を御大事に被レ成度、実ハ可レ為の時ハ今ニて御座候」とまるで自分自身に言いきかすが如く「やがて方向を定め、シユラ（修羅）か極楽かに御供可レ申奉レ存候」と結び、自分の運命を占っている観がある。この龍馬の最後の手紙に誘われるように、林は十一月十五日暗殺の日、大坂を発足十六日未明京都に入り近江屋を訪れている。そして龍馬遭難の現場に踏み込んで、凶行直後の「修羅場」に次の文書を残している。「処々ニ血痕ノ足跡ヲ認ム。余ハ坂本氏ノ安否ヲ正サント、覚ヘズ階上ニ突進シ、氏ノ室ニ入ルヤ、氏ハ抜刀ノマヽ流血淋漓ノ中ニ斃ル。眼ヲ次室ニ転ズレバ石川清之助（中岡慎太郎）半死半生の間ニ苦悶セリ。又隣室ヲ望ムニ従僕声ヲ放ツテ苦悶シツヽアリ。其背部ニ大傷ヲ見ル。既ニ絶命ニ近シ」（「龍馬全集」第三部、林謙三自記「犬尿略記」）

一二〇　慶応三年十一月十三日（推定）

陸奥宗光あて

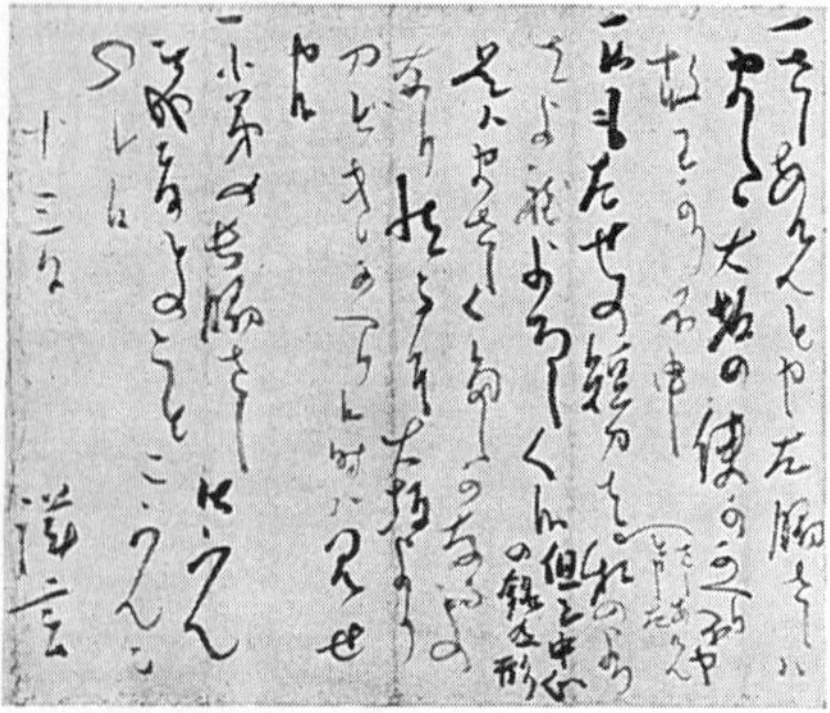

一、さしあげんと申た脇ざしハ、まだ大坂の使がかへり不ㇾ申故、わかり不ㇾ申。

一、御もたせの短刀は（さしあげんと申た）私のよりは、よ程よろしく候。（但し中心（なかご）の銘及形。）是ハまさしくたしかなるものなり。然るに大坂より刀とぎかへり候時ハ、見せ申候。

一、小弟の長脇ざし御らん

被レ成度とのこと、ごらんニ入レ候。

十三日　　謹言。

陸奥老台　　自然堂　拝

（高知県立坂本龍馬記念館蔵）

一、あなたにさし上げる脇差は、大坂よりの使者が帰らないので何時出来るかわかりません。

一、只今あなたより持って寄越した短刀は、私が差し上げようとしている脇差より、余程品がよろしい。刀の中心（なかご）の銘や形はたしかに立派なものです。大坂より刀を研いで帰ったら見せます。

一、私の長脇差を見たいとの御希望、御高覧に入れましょう。

一項目は贈る際の礼儀として、その刀を大坂の研屋に出してあったと推定。三項目にある長脇差について、普通脇差は一尺五寸未満をいい、一尺五寸より一尺九寸五分までの刀は長脇差と称した。ここでは龍馬の身長からまた当時浪士の長刀は流行であったので、二尺三寸六分、反り六厘九毛の愛刀「吉行」を、わざと長脇差と称したと推定する。今春兄権平より西郷に託して贈られた刀（書簡八一参照）ではなかろうか。

日付は十三日であるが、慶応三年十一月と推定する。龍馬暗殺の二日前の書で、現存する最後の手紙ではなかろうか。この手紙が慶応三年十一月十三日であるという根拠をあげてみる。十一月七日、同じく陸奥あての手紙の追白で「御手もとの品いかゞ相成候か、御見きりなくてハ」と短刀を手放すよう促している。その結果、まもなく「おもたせの短刀」として使いの者が短刀を持参、その返事としてこの手紙があるので、二つの手紙の関連を考えれば難しい考証は不要で、当然十一月十三日となる。

これより先、長崎で異人殺人事件に巻き込まれた龍馬と陸奥は、慶応三年九月十八日、芸州船震天丸で長崎を立ち、下関で二人は別れ、陸奥は一足早く大坂へ入り、龍馬は高知で鉄砲を藩庁へ引き渡し十月九日大坂へ着く。十一月七日の手紙には「四条通室町上ル西側沢屋」と陸奥の宿泊先が書かれているので「四条河原町近江屋」にいる龍馬のすぐ近くである。使いの者が短刀を持って往復することは可能である。

龍馬が近江屋で遭難した際、海援隊士で在京したのは、「酢屋」に下宿していた白峰駿馬と、「沢屋」に投宿していた陸奥源二郎宗光の二人だけであった。長岡ら他の海援隊士は大坂と長崎にいた。同月七日「沢屋」陸奥源二郎に宛て海援隊への指令書（書簡一一七）を発し、十、十一日と林謙三に海軍伸長と「蝦夷の一条」北海道開拓の意見書を発し、そしてこの十三日、再び陸奥宛てごくくつろいだ刀談義の飄々たる文章を認めている。龍馬は二日後、「ごらんニ入レ候」と自慢の「長脇差、吉行」を咄嗟の間抜くこともできず、鞘を削って闘死したのである。奇しくもこの絶筆は、刀のことで終っている。

本状は神戸の加納家文書から「龍馬全集」編述中、発見した。「自然堂」と自署した書簡は、この一通だけである。加納宗七は紀州の材木商で、侠気に富み同じ紀州藩出の陸奥宗光と懇意であった。同藩用人三浦休太郎がいろは丸事件賠償金取り立てを遺恨として、龍馬暗殺を使嗾したと見なし、その仇を復しようと企てた張本人でもある。事に当って金四両を斬込み同志の海陸援隊同志十五人に配り、十二月七日夜、三浦のいる油小路花屋町の天満屋に、商人ながらも真先きに踏みこんでいる。

維新後、加納は海軍塾ゆかりの神戸で船問屋を営み、産を成した。そして神戸港の築港や生田川改修に私財を投じて骨おり、今日の加納町の名を残す。幕末戦中派生き残りの、戦後明治を生きた姿である。

一二一　慶応三年十一月十四日
坂本清次郎あて

追白す
明朝より大坂へ下り小野惇助に謀り其上長崎行を思ひ立候得は蒸気の船便両三日中に在レ之候又出崎仕候得ハ海隊援（ママ）を□い候月俸を相談出可申とも存候此儀御決心の彼ニも萬一故申さんかと婆心より申上候　敬白

龍馬事　楳太郎拝

坂野先生

慶応三年十一月十四日、暗殺される前日、海援隊士で姪春猪の夫坂本清次郎（維新後、三好賜）へ与えた手紙である。「坂野宛龍馬遭難前夜の手翰云々」と出ている。これまで絶筆と判定された「陸奥老台、自然堂」（推定十一月十三日）より一日後の手紙で、「土佐維新史料」（書翰篇、史料平尾道雄文庫3、高知市民図書館、平成四年三月発行）より、追加掲載する。

平尾道雄氏の註記には次のように載せている。

○坂野は三好清明の変姓也。清明は慶応三年十一月長崎に赴かんと坂本龍馬に謀る。龍馬添書を与へ、加るに不日出崎汽船あるを報せられ、一夕十津川の邸を出長崎に赴かんと坂本を河原町の寓に訪ふ。不在なるを以て直に浪速に下の小野淳輔の土佐堀の寓に投す。翌早天昨夜坂本賊の為に斃の旨、京師より急報来を以、同夕再上京す云々。

また「丁卯日記」(越前藩士中根雪江筆「土佐維新史料」日記篇一、平尾文庫1)の十一月十五日当日は、

「一、薄暮より永井(尚志)殿へ罷出対話之次第」とあって、後藤象二郎と共に「坂本龍馬も参り候事ニ相成候得共(中略)象二郎トハ又一層高大ニ候而、説も面白く有レ之彼が申処至極尤候得共、未ダ時機不レ至と申聞候処、(中略)龍馬ノ秘策トハ持論ハ内府公関白職ノ事カ」と龍馬月旦を載せている。遭難前夜風邪で家居したのではなく、近江屋を留守して幕臣若年寄永井玄蕃頭を訪れるなど、身辺多忙にくれている。

続 坂本龍馬 書簡

一　清井権二郎あて

（推定、安政年間、五月二十五日）

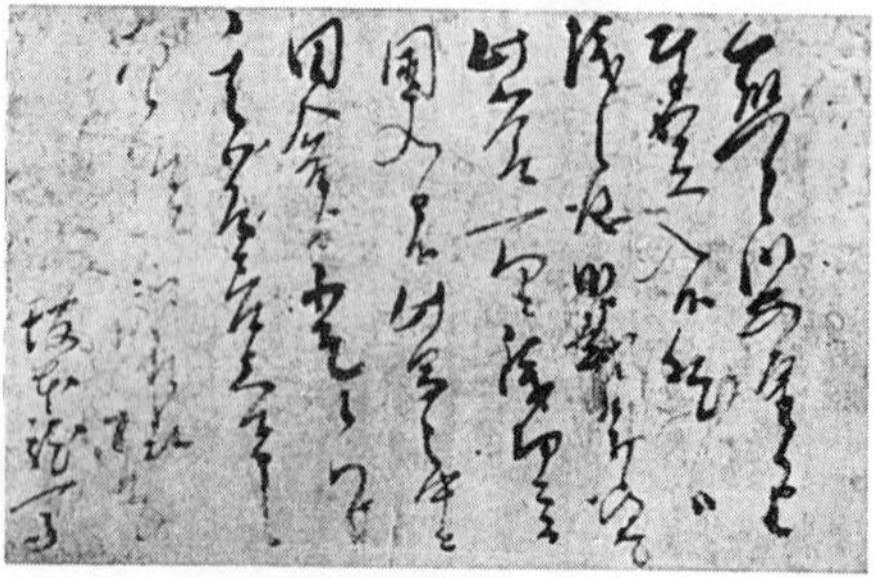

愈〻御安全之由、
奉レ賀入候。然バ
銭之議御申越被レ下候得共、
此節一向ニ銭切ニ而
困入申候。此間之中ニ
田舎より登候ハバ、
其節差上可レ申候。
（不明）

坂本龍馬

五月廿五日

清井権二郎殿（不明）

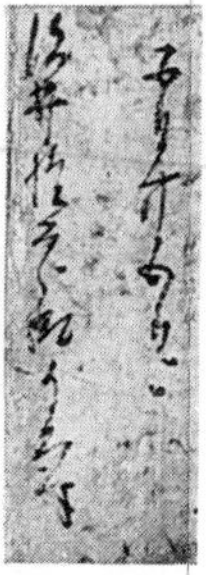
（高知　小松彰明氏蔵）

本状は龍馬真蹟と推定されるが、宛名の清井権二郎についても推測できる資料がない。清と権二は判読であって、他の読み方が正しいかもしれない。内容や年代も不詳。あるいは「続龍馬書簡八」における「佐井虎次郎」の名にまぎらわしいが、それも判読確定はむつかしい。

内容は借金に「一向ニ銭切」れ故、今は応じられないが、「田舎より登候ハバ（送ってきたら）」差し上げましょう、というほどの意味であろうか。

ただし龍馬は文久二年、二十八歳で脱藩し、その後は亡命の身を憚って家郷へは一銭の無心もしてない。本状は、筆蹟からみても安政の頃から文久のはじめ頃のものではなかろうか。後考を期したい。

本状も松岡司氏（青山文庫館長）が「龍馬研究」第一〇一号で疑（偽）書として指摘された。「馬」の字の筆順や「本」が問題となり、龍馬の筆の流れも左へゆく癖が著しく反対に流れ、疑点が残る。調査委員であった氏は「いささか心苦しいが、私は故平尾氏の見解にもかかわらず、今では本状にもやや疑問をもっている」という。

編者も二十数年前、「坂本龍馬全集」編述中、龍馬の筆勢に違和感を覚えたので、平尾師へ、「どうしましょう」と尋ねると、しばらくみつめておられて、「入れましょう、解説を考えて下さい」

と含みのある答が返ってきた。私は「全集」の解説に書いた、「本状は最近高知県下において発見されたもので龍馬真蹟と思われるが、清井権三郎についても不明故後考を期したい」と。その後平尾師は言われた、「後世によって訂正させられることもあるのは、私たち（編述者）の宿命です」と。

二　坂本乙女、春猪あて
（推定、文久三年秋頃）

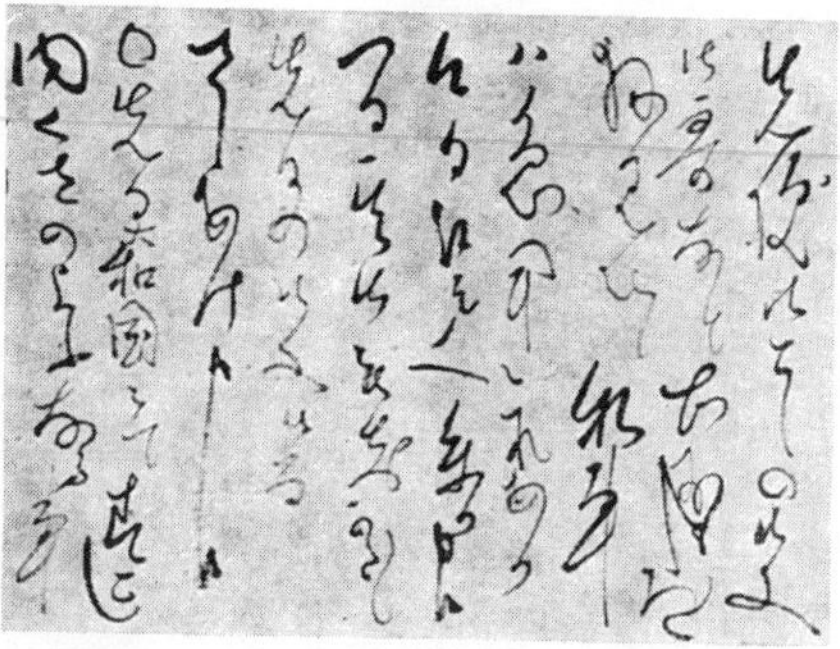

先便御こしの御文
御哥（歌）など、甚おもしろく
拝見仕候。私事
ハ急用これあり、
今日江戸へ参り申候
間、其御被レ知かたぐ
先日の御文御哥
さしあげ申候。
○先日大和国ニてすこし
ゆくさ（戦）のよふなる事

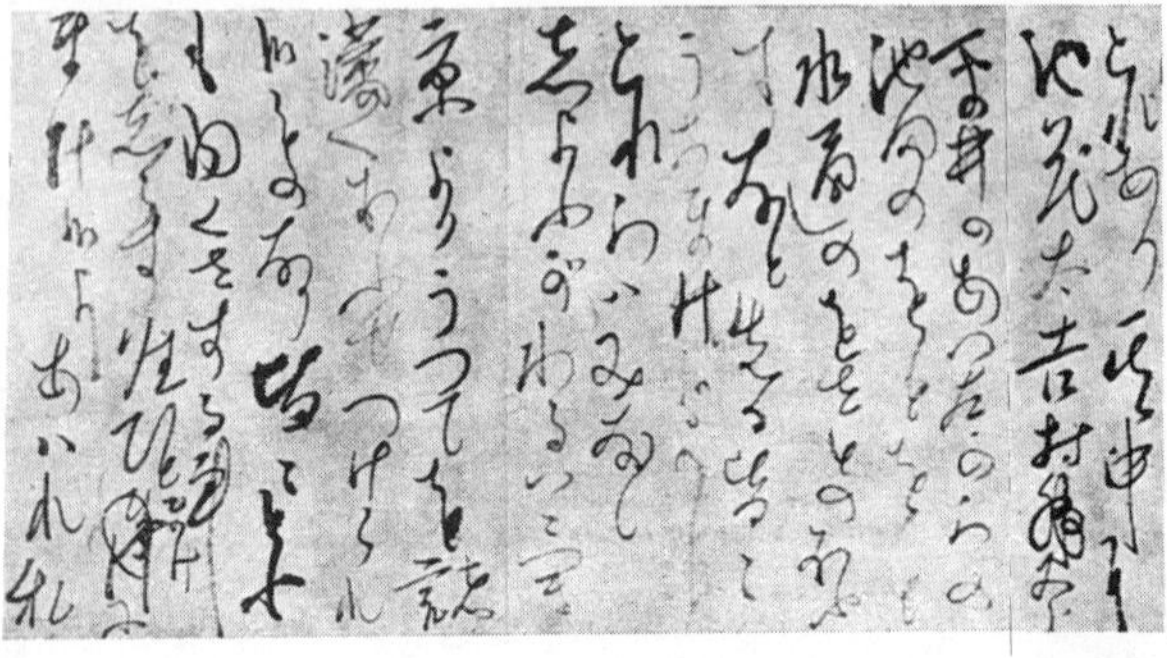

これあり。其中に
池蔵太、吉村虎太郎、
平井のあいだがらの
池田のをとをと、
水通のをさとのぼふ(坊主)
ずなど、先日皆〻
うちまけ候よし。
これらハみなく〱
しよふ(仕様)がわるいニつき、
京よりうつてを諸
藩へおふせ(仰)つけられ
候ものなり。皆〻どふ
もゆくさする事
をしらず、唯ひとまけに
まけ候よし、あハれ私

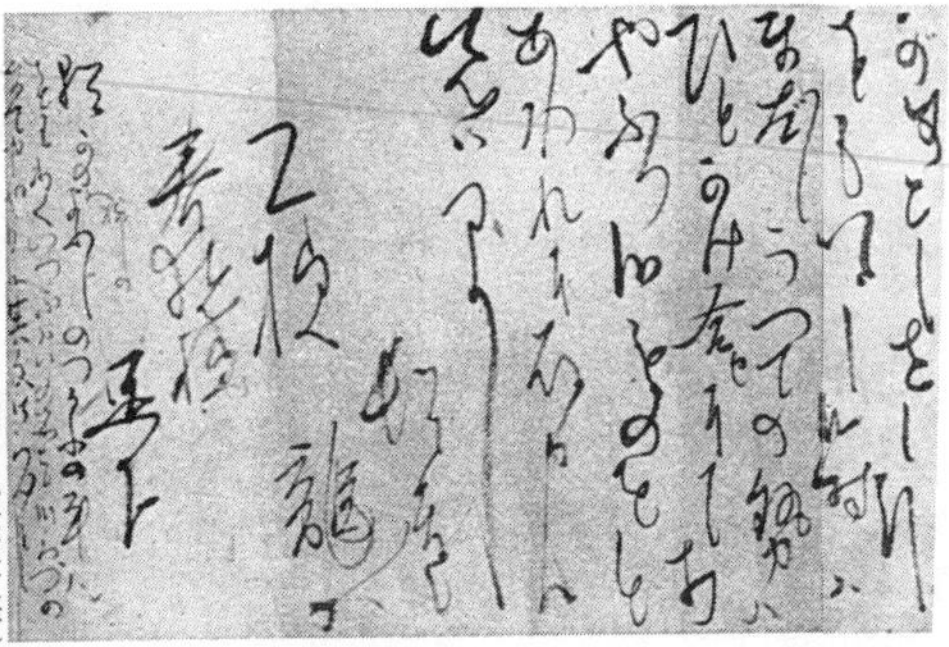

（高知　弘松家文書）

がすこしさし引（指引）
をもいたし候時ハ、
まだ〳〵うつての勢ハ
ひとかけ合セにて、打
やぶり候ものをと、
あわれに存申候。
先ハ早〳〵、頓首。

龍より

乙　様

春猪様

足下

猶かの柳のよふじのつがふの事ハ
をもわくいつふ（一杯カ）ハいの所は川らづか
まで申やり候。其文御らん〳〵。

文久三年秋頃、龍馬二十九歳の家信と推定される。この年は勝海舟と共に江戸より大坂に出て、十月神戸海軍塾塾頭となっている（書簡七、八、一〇、一四参照）。

本書状はこの夏おきた大和天誅組挙兵と敗走についての率直な所感である。「皆〻どふもゆくさする事をしらず、唯ひとまけにまけ候よし」と批判し、「私がすこし指引をもいたし候時ハ、まだ〳〵うつての勢ハひとかけ合セにて、打やぶり候ものをと、あわれに存申候」とある。

この七月十七日、土佐脱藩の吉村虎太郎や備前脱藩の藤本鉄石らが中山忠光卿を推して、天皇大和行幸の先駆を旗章となした挙兵は、翌十八日薩摩、会津の企てた京都政変にあって、忽ち逆賊として征伐される。ここに加わっていた龍馬の旧友同志、初期脱藩の若者がおびただしく犠牲となっている。吉田東洋刺客の那須信吾、安岡嘉助たち土佐郷士出身者十二人が戦死、斬刑にあい、このほか諸国浪士、十津川郷士ら数十人が犠牲となる。龍馬はこれを嘆いている。

殊に吉村虎太郎は龍馬と同時期数日早い脱藩第一号の男で、土佐高岡郡津野山郷庄屋出身の才質すぐれた青年であった。華々しく戦ったが大和鷲家口で「残念大将」として二十七歳で終る。池内蔵太は敵中を斬り抜け九死に一生を得、のち海援隊に入ったことは既述した。「水通のをさとの坊主」とは上田宗児（後藤深造）で、龍馬生家と目と鼻のさきにある水通町の茶道家出身で武芸の達人であった（書簡四二参照）。後書の「川らづか」は、慶応三年八月八日兄権平あて（書簡八六）でふれた、権平の妻千野の弟で徒士川原塚茂太郎。「平井のあいだがら（間柄、親類）の池田のをとをと」は、平井収次郎の従兄弟である池田虎之進の弟土井左之助。

三　宛先き、年未詳

（推定、元治元年九月十五日、勝海舟あて）

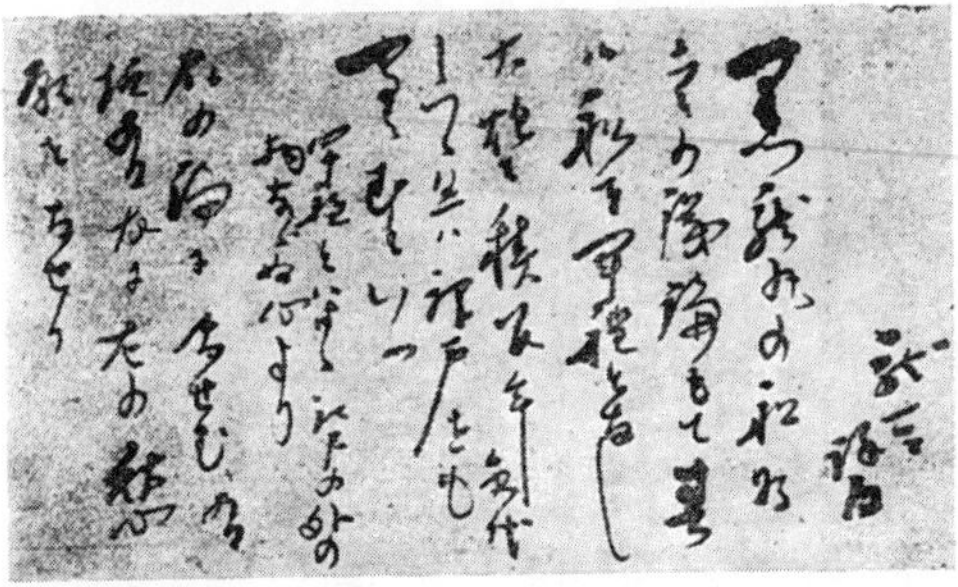

　　龍馬　謹白
黒龍丸の船将
云ゝの議論もて、其
御船を軍艦となし、
大炮を積、数年交代
しつゝ、且ハ神戸をも
守らむといふ。
　軍艦といはゞ江戸の外の
　物ならぬ心より、
右の論に決せむ。九月
拾五日、故に左の愁

願をなせり。

（阿刀弘敬氏蔵）

「黒龍丸」は、はじめ越前福井藩所持のアメリカ製新造蒸気船（馬力百、船価十二万五千弗）であったが、文久元年七月幕府御用船として購入された軍艦である。

「其御船」即ち黒龍丸で、江戸（将軍家）と神戸（京都朝廷側）を数年交替で守ろうと述べている。当時、尊王倒幕路線をひた走った志士の間に、龍馬の構想は「日本」を考え、親幕の気配さえ窺える。後文にあったはずの「愁願」文は不明である。勝海舟「追賛一話」坂本龍馬の項には「爾来、氏意を海軍に致す寧日（ねいじつ）なし。別紙掲ぐる所の者は、乃（すなわ）ち海軍に関する部下に対する規約なり」とある。

また「海舟日記」の元治元年六月十七日に「為（として）二乗替船一翔鶴丸、長崎丸、為（として）二引船一黒龍丸、入津。坂本龍馬下東、右船にて来る。聞く、京摂の過激輩数十人（二百人程）、皆蝦夷（えぞ）地開発、通商、為二国家一憤発す。此輩悉く黒龍船にて、神戸より乗廻すべく、此義御所並に水泉公（老中水野忠精）も御承知なり。且入費三、四千両同志の者所々より取集めたり。速に此策可レ旋と云。士気甚盛なり」とあって、龍馬は六月十七日、大坂より黒龍丸に乗船して江戸に帰り、海舟を訪うている。

本状はこの年九月十五日神戸あるいは大坂において龍馬が海舟に宛てたものと推定したい。出典は「海舟全集第十巻、流芳遺墨」であるが、原書簡は最近、京都阿刀家より京都国立博物館に寄贈された。本状巻頭には海舟の墨書で「坂下（ママ）龍馬書付」とあって、海舟が愛弟子の書状を明治に至って保存してきたことを示している。

なお後日（平成八年一月、高知「龍馬研究」一〇一号）、佐川町立青山文庫館長松岡司氏は、「『龍馬の手紙』（『坂本龍馬全集』）に一言」と題し、三カ所訓読の訂正（それらについては、ありがたくお受けした）をすすめられ、さらに、この龍馬書筆の印象が、これまでと著しく異なることを指摘されて「これを偽文書といっているわけではない。龍馬の言い口をとりまとめた勝家の史料の可能性は否定できない」と見ている。そして松岡氏は、龍馬筆蹟の特徴を幾例かあげて彼の「筆蹟とは異なる」と解釈している。しかし、師海舟の巻頭のおすみつきに照らしても偽文書と片づけるわけにはいかない、それが私の卒直な感想である。

四　池内蔵太あて

（推定、慶応元年夏、二十二日）

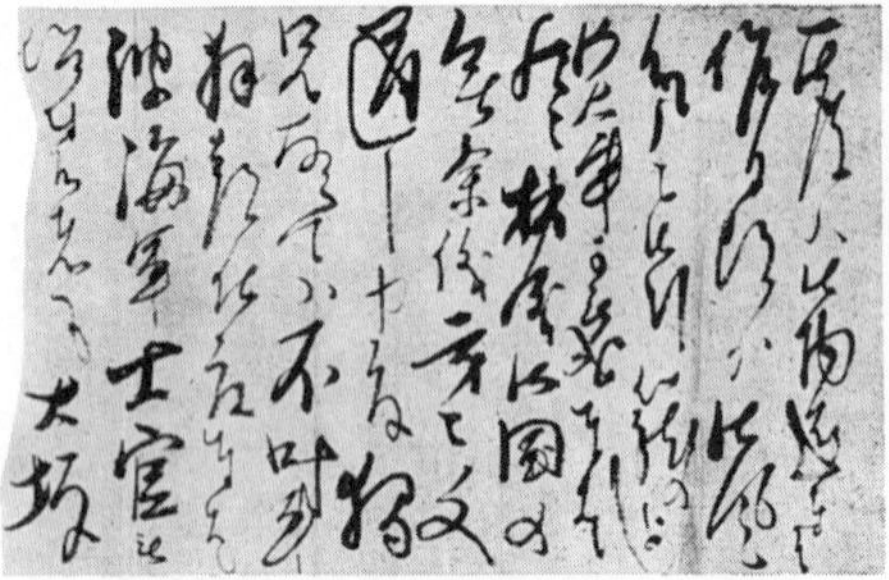

其後ハ御物遠奉レ存候。
作（ママ）日頃より御風
気ニ御引籠のよし
御大事可レ被レ成、奉レ存候。
然ニ拙儀御国の
無二余儀一方ニ文
通し申度、独
兄ならでハ不レ叶事
拝顔仕度奉レ存候。
彼海軍士官被二
仰付一候者も、大坂

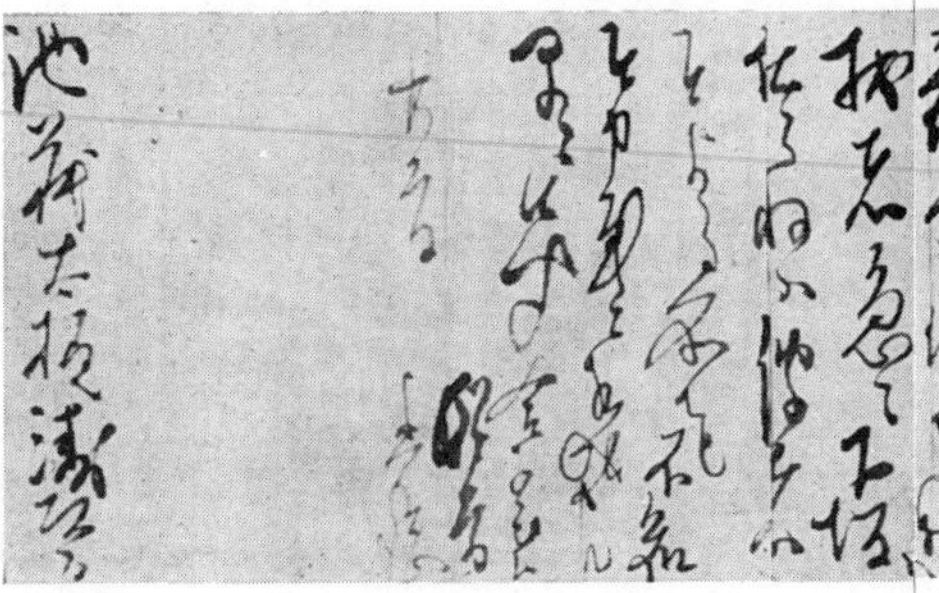

（高知県立歴史民俗資料館蔵）

表ニて被㆓仰付㆒候時ハ
拙者、急〻下坂
仕らねバ彼者
とよる所を不㆑知
と申事ニ相成申候。
早〻御聞合可㆑被㆑下候。　頓首。
　廿二日　直陰
池蔵（ママ）太様　濤次郎

龍馬は慶応元年閏（うるう）五月下関を中岡と共に発足し、九月二十九日上関帰航までを京坂に止まっている。内蔵太も同行上洛であった。本状は両人が京坂の間で相見えた時、同年夏頃取り交した消息文と推定しておく。濤次郎は龍馬変名。

五　宛先き、年月日、未詳
（推定、慶応元年夏、坂本乙女あて）

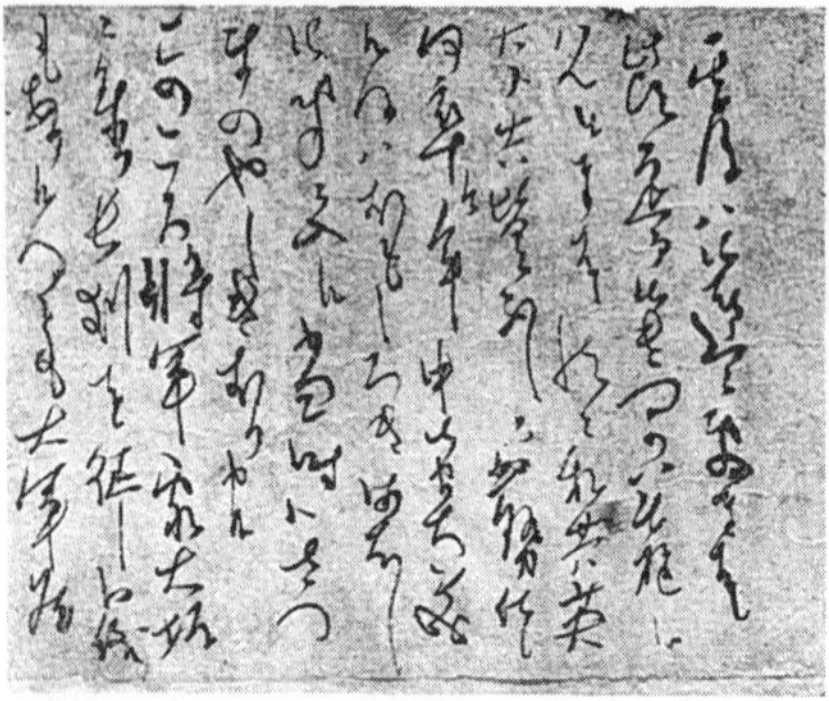

其後ハ御遠〻敷奉レ存候
此頃定而御きづかい被レ遊候
ハんと奉レ存候。然ニ私共英
太郎共皆〻ぶじニ出勢（精）仕候。
何卒今年中御まち被レ成
候得バ、おもしろきはなし
御聞ニ入候。当時ハさつ
まのやしき（屋敷）おり申候。
このころ将軍家大坂
ニ参り、長州を征し候儀
もあり候へども、大軍唯

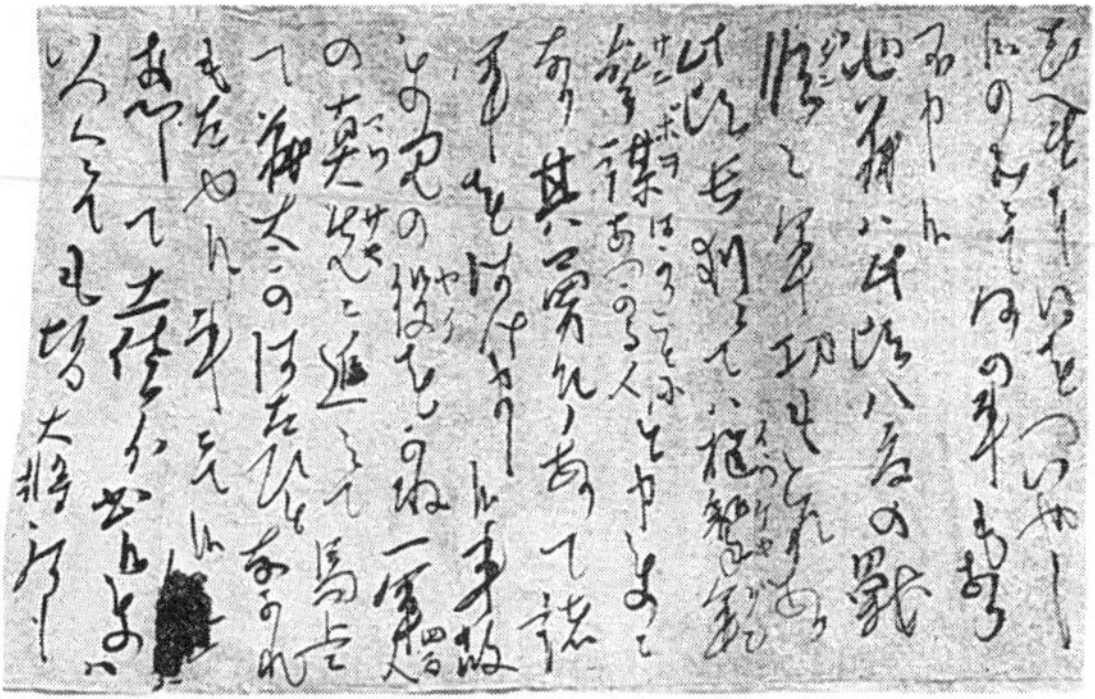

むへき(無益)に日をついやし
候のみニて、何の事もあり
不レ申候。
池蔵ハ此頃八度の戦
段(ダン)ミ軍功もこれあり、
此頃長州ニては遊撃軍(イウゲキグン)
参謀(サンボウ)(はかりごとにあづかる人)と申ものニ
なり、其勇気ありて諸
軍をはげまし候事故、
もの見の役(ヤク)をかね一軍四百人
の真先(マツサキ)ニ進ミて、馬上ニ
て蔵太がはた(旗)ひとながれ
もたセ候事ニて候。
惣じて土佐より出候ものハ
いづくニても皆大将致し

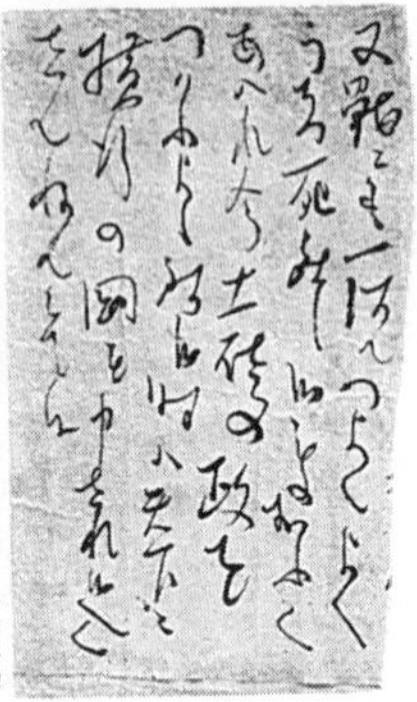

（高知県立歴史民俗資料館蔵）

又戦ニも一ばんつよく、よく
うち死致し候ものおふく、
あハれ今、土佐の政を
つがふよく致候時ハ、天下ニ
横行の国と申され候べく。
ざんねんニて候。

「其後ハ御遠々敷(おとどしく)奉レ存候。此頃定而(さだめて)御きづかい被レ遊候ハん」とあるから、文久三年六月二十九日（書簡一〇）乙女にあててより、元治元年は全く消息を絶ったので、このような書き出しをした、と推定しておく。この年九月七日京都より坂本家へ長州非常の状況報知（書簡一六）がある故、本書状はこの少し前、慶応元年七、八月頃、京都より発信のものと考えたい。英太郎は甥高松太郎。池内蔵太の「八度の戦」から長州遊撃軍参謀ぶりを報じている。

六　宛先き、年月日、未詳
（推定、慶応元年秋、坂本乙女あて）

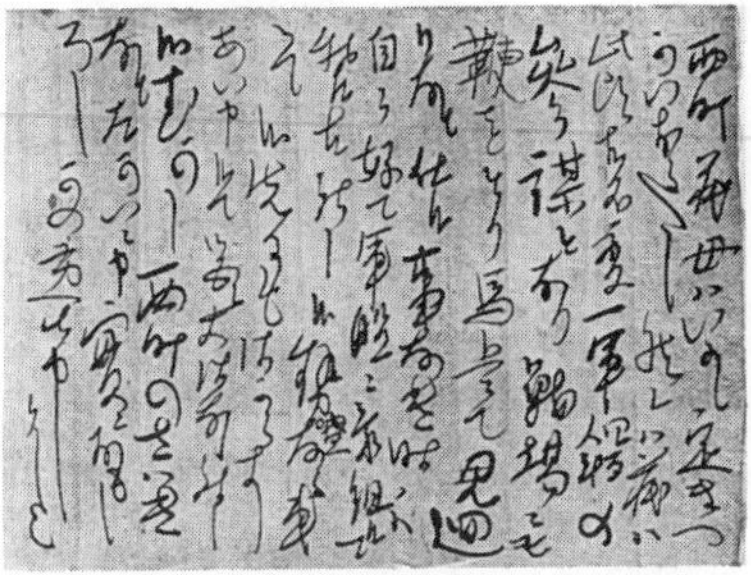

西町蔵母ハいかゞ、定きづ（さだめし）かいなるべし。然レバ蔵ハ此頃相不レ変一軍四百人計の参謀となり、戦場ニも鞭をとり、馬上ニて見廻りなど仕候。事なき時ハ自ら好て軍艦ニ乗組候て稽古致し候。勢盛なる事ニて候。先日もはからずあい申候て色〻大はなし致し候。むかし西町のさハぎ

などたがいニ申、実ニおもしろし。かの方へ御申し。

かしこ。

（高知県立歴史民俗資料館蔵）

この年龍馬が伏見寺田屋遭難のあと、池内蔵太は三月龍馬夫妻や西郷らと同船西下、下関で三吉らと下船して長州外人部隊に加わったのである。一軍四百人計の参謀となって馬上にて見廻りなどしている若者の生きざまを伝えているが、前便における「土佐の政をつがふよく致候時」は、即ち容堂の唱える佐幕公武合体策を退け勤王倒幕に変れば、薩長と肩を並べ得る「天下ニ横行の国」になれるのに――と、相も変らない土佐藩のお国事情を残念がっている。この因循が「あハれ」であり「戦ニも一ばんつよく、よくうち死」する若い同志を、龍馬は尚「あハれ」と見ている。

本状も前便にひきつづき秋十月頃、内蔵太の近況を報じ「かの方（池家族）へ御申し」と指示し、「西町（小高坂）蔵母ハいかゞ、定きづかいなるべし」と母の心を気遣っている。弟のように愛し、智勇を認めた年少の同志へよせるやさしさが、留守宅へ宛てた数通の手紙（書簡九、一八、二六）となっている。長州藩では慶応元年閏五月俗論党を処罰してより、翌年六月第二次長幕戦開始まで、国の上下をあげて戦備万端に大童であった。「むかし西町のさハぎ」は文久の頃高知城西井口村でおきた郭中侍と郷士の刃傷事件や、相継ぐ脱藩亡命沙汰の騒動を指す。

七　幕閣要人あてか

（推定、慶応二年三月）

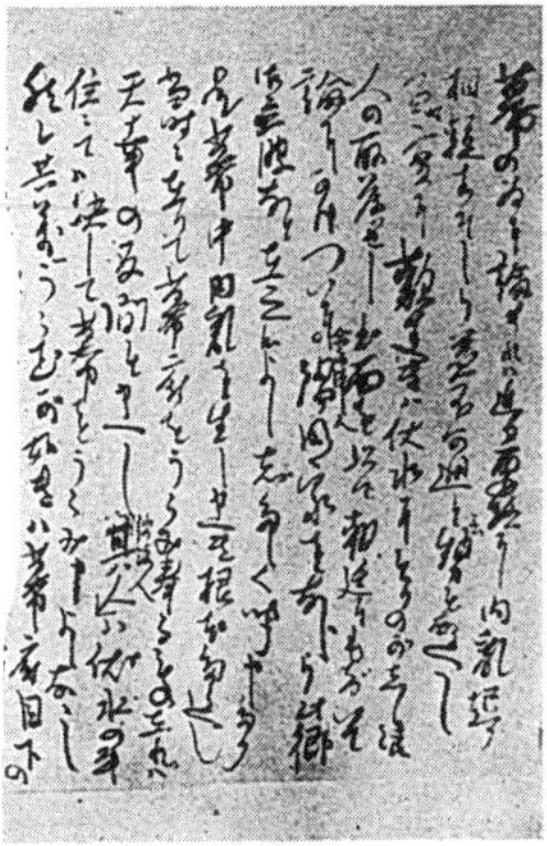

幕の為に論ずれバ、近日要路に内乱起り、相疑相そしり益不レ可レ通と言勢となるべし。当時実に歎ずべきハ伏水（見）にとりのがしし浪人の取落セし書面を以て、朝廷にもぢいて論にかけ、ついに会津人陽明家をなじり此郷（ママ）御立腹など在レ之候よし、したしく聞申たり。是幕中内乱を生じ申べき根本たるべし。当時ニ在りて幕府をうらみ奉るもの在れバ、天幸の反間と申べし。「其人」（彼浪人）ハ伏水の事位ニてハ決して幕をうらみ申よしなし。然レ共万一うらむが如きハ幕府目下の

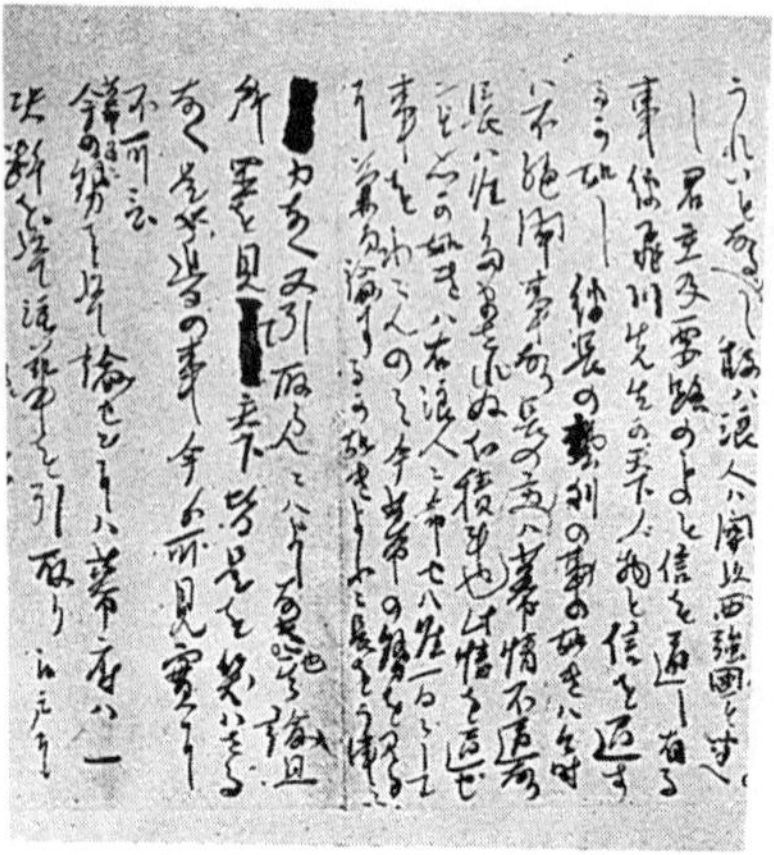

うれいとなるべし。故ハ浪人ハ関以西強国と聞へし君主、及要路のものと信を通じ有る事、彼飛川先生が天下人物と信を通ずるが如し。彼長の芸州の事の如きハ今時ハ不レ絶聞事なり。長の方へハ幕情不通なり。長ハ唯だまされぬ心積計也。此情を通センと思が如きハ、右浪人ニ命セバ唯一日ニして事をわらんのミ。今幕の勢を見るに兼而論ずるが如きよふニ長をうつニ力なく又引取らんニハよしなき也。其論且所置を見て天下皆是を笑ハざるなく、是必近日の事今より可レ見、実に不レ可レ言。
幕為ニ今の勢を以て論ゼンにハ幕府ハ一決断を以て浪輩を引取り、江戸に

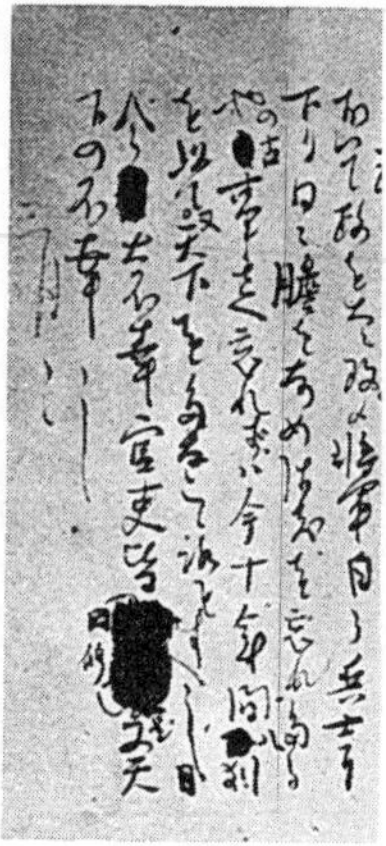

（東大史料編纂所蔵）

おいて政を大ニ改メ、将軍自ら兵士に
下り、日ゝ胆をなめはぢを忘れたる
やの古事さへ忘れずバ、今十年間八州
を以て又天下をたなごゝろとすべし。目
今大不幸、官吏皆因修(習)、是又天
下の不幸――
三月――

内容は龍馬が伏見寺田屋遭難直後の、大胆率直な幕府批判、幕政改造論である。

幕府は近い将来その内部要路筋に内乱がおき、意思統一が出来なくなるであろう。「伏水（見）にとりのがしし浪人」即ち龍馬が寺田屋で襲撃された際取りおとした薩長連合等の書面を、幕吏は取りおさえて朝廷にもぢいて（反対して）論をかけ、会津人（一橋、会津、桑名の幕府要人）は陽明家（近衛家）を批難し、公卿（親幕公武合体派の人々）らは立腹していると聞いた。このことは幕府の内乱を生ずる根本となるであろう。当時幕閣の処置を怨むものもあれば、落した書類が幕府側の手に入ったことは、たまたま反間の役目をしたと申すべきか。

「彼浪人其人」即ち龍馬は伏見でひどい目にあったが、これ位のことで決して幕府を恨む理由としてない。けれども一度、幕府を恨むことになるなら、幕府にとって心配事となるであろう。その理由は、浪人は関東以西の有力大名や幕府側要路者も含めて親交があり力があるからだ。あたかも飛川先生（勝海舟）が天下の人物に重きをなしているが如くに。

長州藩と芸州藩の事情は絶えず聞いている。第二次征長戦直前で幕府の状況は長州へ通じていないが、もし幕状をこの浪人が命ぜられて長州に通じようとするなら、只一日で了ってしまうであろう。幕勢を見ると、かねて論じているように長州に攻めかけても、敗れて引返す理由もなくなるであろう。

その幕府のやり方を見て、天下の人々は皆これを笑わないものはいまい。こうなることは必ず近日おきると予見できているのである。されば幕府はどうすればよいか。幕府はこの際、一大決断を以て京都にいる浪輩（新選組や見廻組、または長州征伐を目ざす幕府側諸勢力）を引払い、江戸において政治を改革し、将軍自ら兵士に下り、日々の臥薪嘗胆（がしんしょうたん）を味わうならば、幕勢は盛り返し、今後十年間、関東八州八百万石は善政によって、天下を掌握することが出来るであろう。しかし目下のところ大不幸は、幕吏は因習にとらわれ改革を事とせず、これは日本全体の不幸を招いているのである。

というほどの意味であろうか。伏見寺田屋でこの正月召捕り逃亡の浪人が龍馬自身を語っているので、この手紙草稿は遭難のあと、三月一日大坂薩摩屋敷に着いてより同月十日鹿児島に至る間に書かれたものと推定される。

時あたかも幕府は長州処分に強硬で、廟議を動かして第二次征長令を発し、二月幕軍は長州四境を包囲する。長州側は挙国戦備を整え、やがて六月戦闘に入り幕軍は海陸共に全面的に敗北、「天下皆是を笑ハざるなく、是必近日の事今より可レ見」と龍馬の予言した如くとなる。

本状は「龍馬全集」編述の際、編者が東大史料編纂所の所蔵目録中「坂本龍馬書翰草稿」（写真撮影を厚紙に貼付）とあって発見したものである。おそらく幕府要路側の人に差し出さんとして書いた草稿であろうが、伏見事件後の龍馬の思考を探る好資料として提供したい。

八　宛先き、年月日、未詳

（推定、慶応二年春）

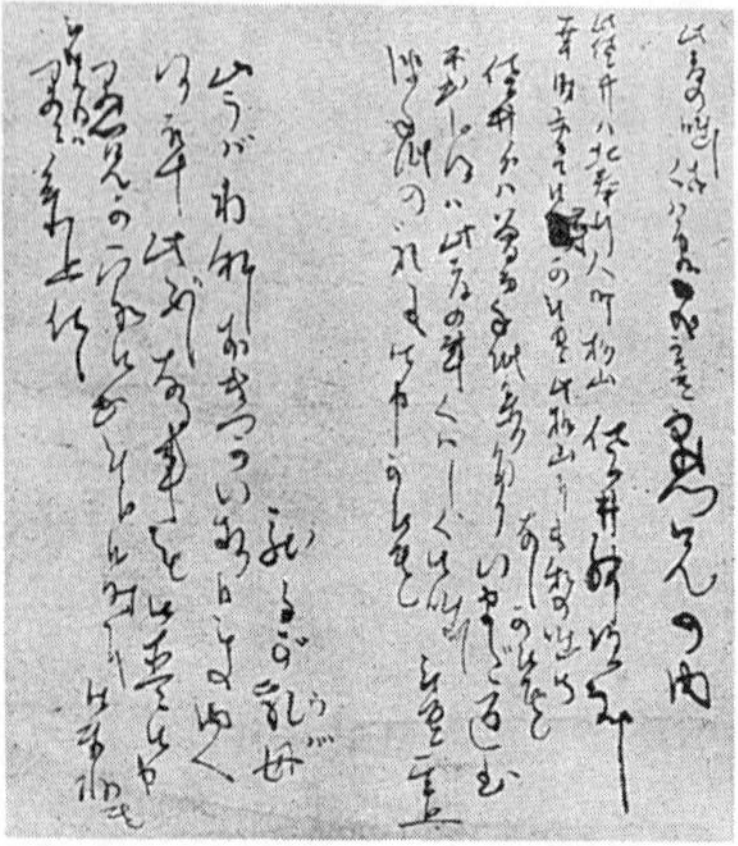

（高知　秦家蔵）

此度のお咄しお、くハ敷成可レ被レ遣候(しくなしつかはさるべく)。愚兄の内
此佐井ハ北奉行人(マヽ)町杉山　佐井虎次郎
幸助方ニて御尋可レ被レ遣、此杉山にも私の咄御
なし可レ被レ遣候。
佐井よりハ曽而(かつて)手紙参りたり、いまだ返書
不レ出候得バ、此度の事くハしく御咄し被レ遣、其上
彼手紙の礼も御申可レ被レ遣候。
龍馬が乳母(ウバ)
此うバわ私しお、きづかいおり候ものゆへ、
何卒此ぶじなる事を御直ニ御申、
愚兄が家(へ)御出被レ下候時に御まねき

被レ成候得バ、早々参上仕候。

高知へ帰る者（溝淵広之丞か）に、「此度のお咄し」（伏見寺田屋遭難事件か）を詳しく話して下さい、と自家と佐井と乳母への伝言を託したもの。佐井虎次郎は土佐勤王党血盟者の一人。

九　宛先き、年月日、未詳
（推定、慶応二年五月下旬、お龍あて）

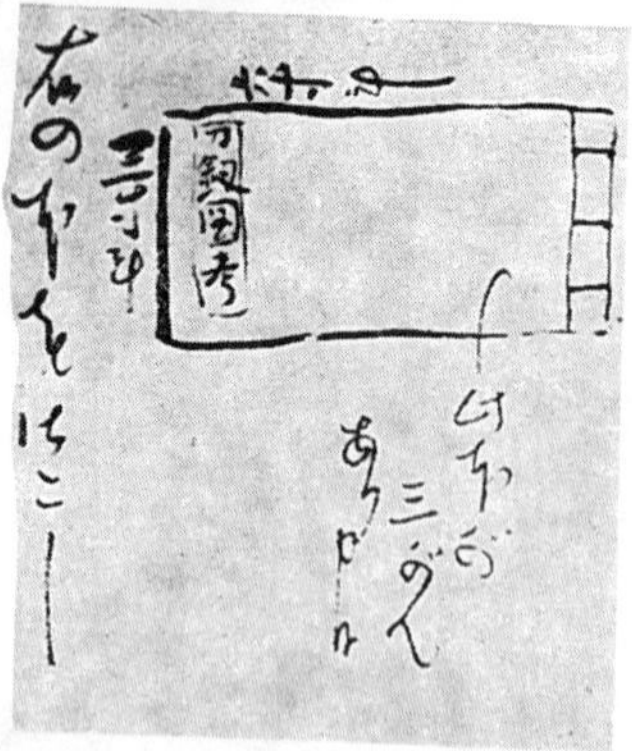

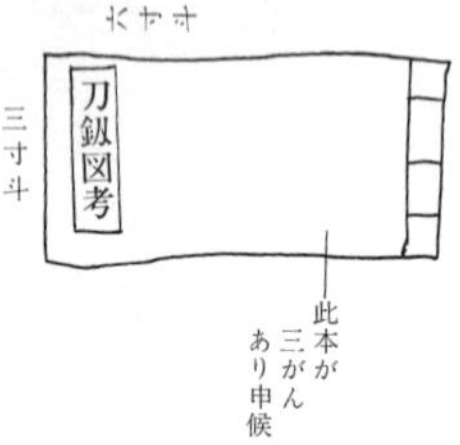

右の本を御こし

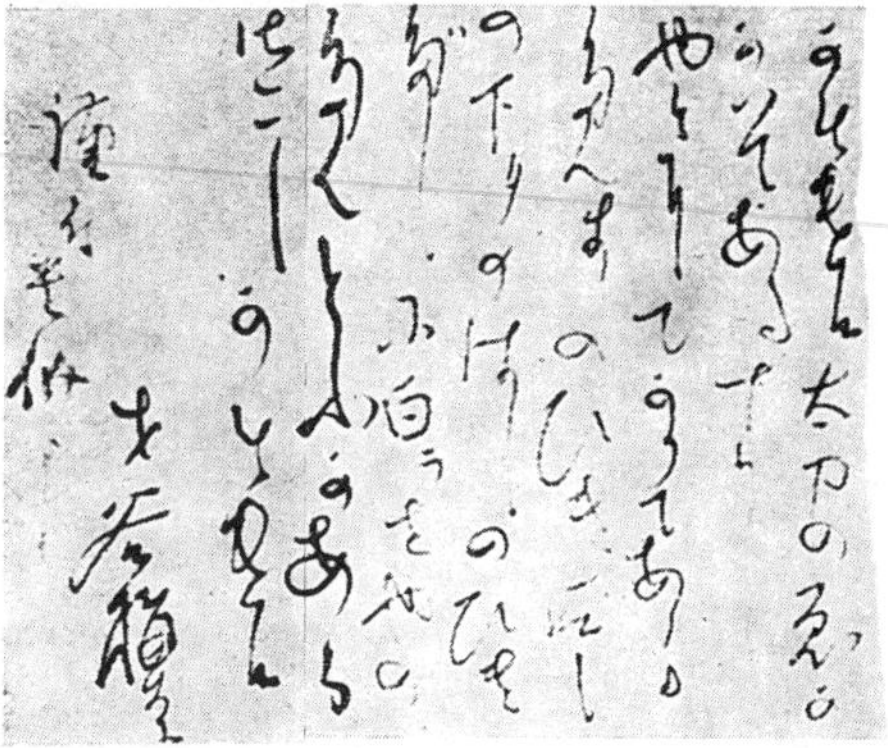

（土佐勤王志士遺墨集）

可レ被レ遣候。太刀のゑが
かいてあるナリ。
やどにてかりてある
たんすのひきだし
の下タのはしのひき
だしに、白ラさや（鞘）の
たんとふ（短刀）がある。
御こし可レ被レ遣（つかはさるべく）候。
才谷梅太郎
謹付二貴价一（つつしんできかいにふし）申候。

「此書簡は龍馬が姉おとめに贈りたるものなり」（「土佐勤王志士遺墨集」）とあるが、龍馬が慶応二年三月から六月までお龍と共に、鹿児島に滞在中、お龍に与えたものと推考しておく。「刀剣図考」三巻は薩摩に招かれていた軍学者で刀剣甲冑研究家栗原信充の著書で、白鞘の「短刀合口コシラヘ」のことが「龍馬手帳摘要」（同二年五月二十九日）に出ていて、龍馬の刀剣趣味をよく物語っている。

長崎における上野彦馬撮影の立像写真の、袴の紐に差した楠木正成合口拵と本状は符節を合わすことを、小美濃清明氏は「龍馬と刀剣、三」（「刀剣と歴史」平成四年七月号）で詳細に追求、考証している。

一〇　坂本乙女あてか

（推定、慶応二年夏頃）

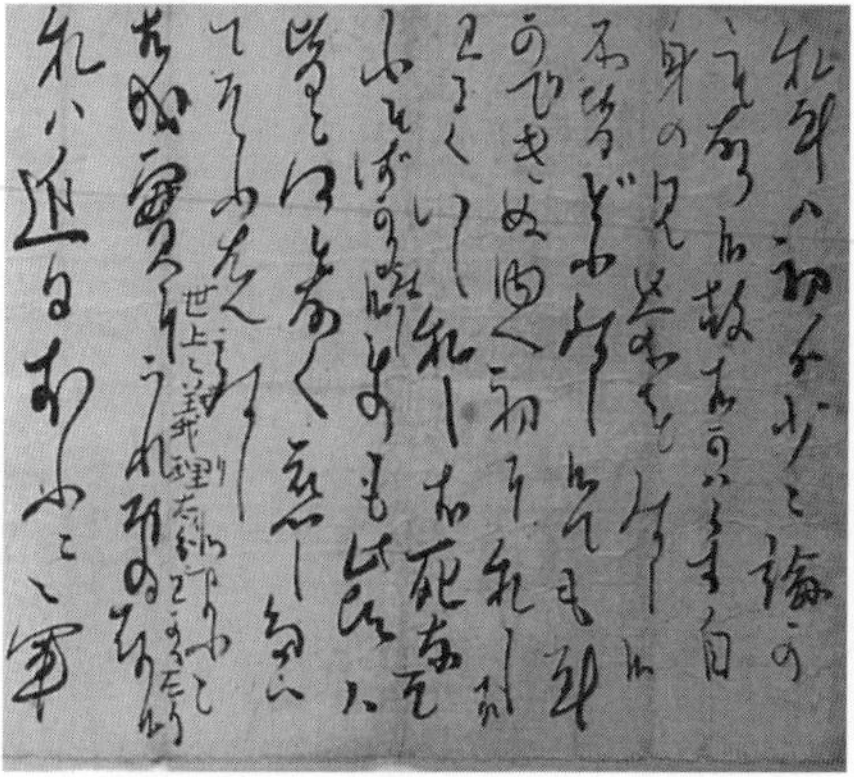

私事ハ初より少々論が
こと（異）なり候故、相かハらず自
身の見込所を致し候
所、皆どふ致し候ても事
ができぬゆへ、初（始め）に私しお
わるくいゝ、私しお死なそ
ふとばかり致し候ものも、此頃ハ
皆〻何となく恋したい
てそふだん致し候よふニ
相成、実に（世上ニ義理太イ分ンわかりたり。）うれ敷存候。
私ハ近日おふゝニ軍（いくさ）

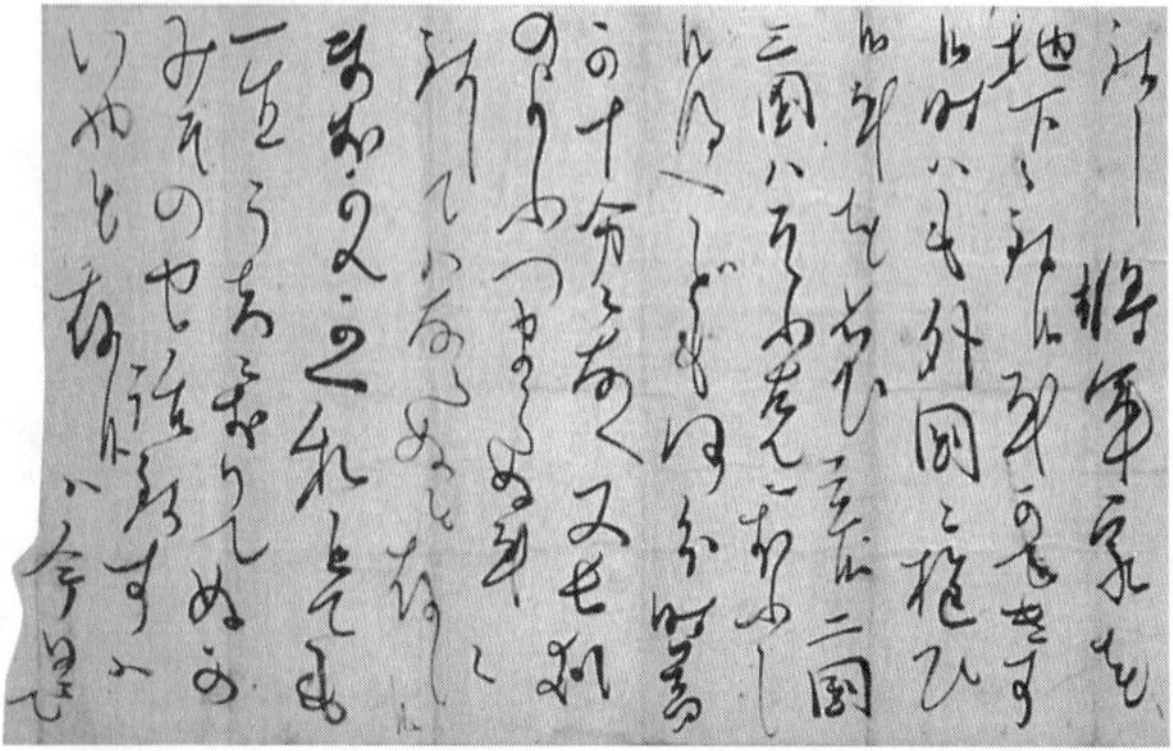

致し、将軍家を
地下ニ致候事ができず
候時ハ、(う)も外国ニ遊び
候事を思ひ立候。二国
三国ハそふだんニおふじ(応)
候得へ(マヽ)ども、何分時節
が十二分ニなく、又長州
のよふつまらぬ事ニ
致してハならぬと存じ候。
まおかん(マヽ)がへ私とても、
一生うちニおりてぬか(糠)
みそ(味噌)の世話致すハ
いやと存候バ、今日ニて
よく御存(知)被レ成度候。今
私が事あげ致候時ハ、

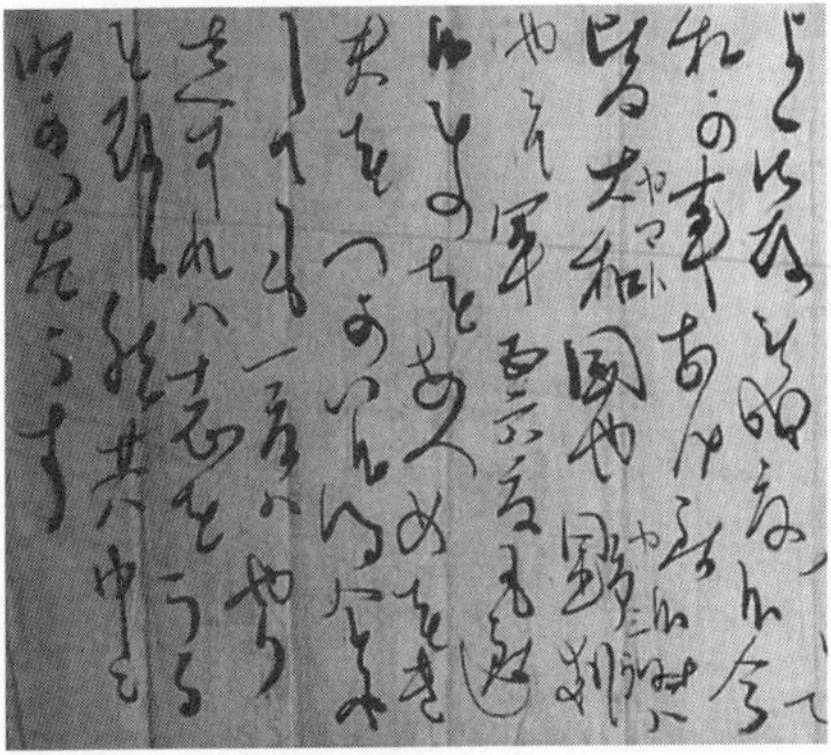

皆大和（ヤマト）国や野州（ヤシウ）
やニて軍五、六度も致し
候ものをあつめをき、
夫をつかい候得バ、どふ
しても一度ハやり
さへすれバ、志をうる
と存候。然共、中〻
時がいたらず。

（個人蔵）

「此書定めて兄権平か、或は姉乙女子にか贈りしものなるべし。稚気（ちき）を帯びたる文字の間に、よくも其雄大の抱負を洩らしたり」（千頭清臣「坂本龍馬」）とあり、平尾氏は、

——前後が欠け、月日もわからない。個人の所蔵（「坂本龍馬関係文書」巻一所収）となっているので、おそらく乙女か、近親あての手紙の草稿で、発送されなかったものではないだろう

か。内容から慶応二年頃、長崎時代のものと想像される。あきらかに武力討幕論で、薩長を結び、みずからも浪士隊をひっさげて戦線に立つことを考え、ひたすらその時機を待っていたようだ。もしそれが不可能ならば海外へ亡命することも思案していたのである。だが目的は「将軍家を地下に致し候こと」であった。換言すれば将軍職を徳川氏から除き、政権を朝廷に返すこと、すなわち王政復古にあったのだ。――（平尾道雄「龍馬のすべて」船中八策）

と解説をしている。龍馬が惧れたことは「何分時節が十分ニなく、又長州のよふつまらぬ事ニ致」すなと自戒している。寺田屋騒動や大和天誅組や但馬生野の挙兵、そして池田屋事変や禁門の戦争を見てきて、これを反省している。「二国三国ハそふだんニ」応ずるとは薩摩、長州そして母藩土佐の海援隊への協力出資を指摘する。「私とても、一生うちニおりてぬかみその世話致すハいやと存候バ、今日ニてよく御存知被レ成度候」は龍馬の家国（坂本家や土佐）を捨てて大義（日本国）を採った理由を示している。龍馬の死の九日前、陸奥に宛てた手紙（書簡一一七）にも「世界の話」をしたいとあるが、本状には「外国ニ遊び候事を思ひ立候」とあって、龍馬の思惟には常に日本列島をはなれ「世界」と「外国」が、念頭にあったことが考えられる。

本書簡は、平成十五年夏、京都国立博物館で展示された。写真は、同館主任研究官宮川禎一氏から提供して頂いた。

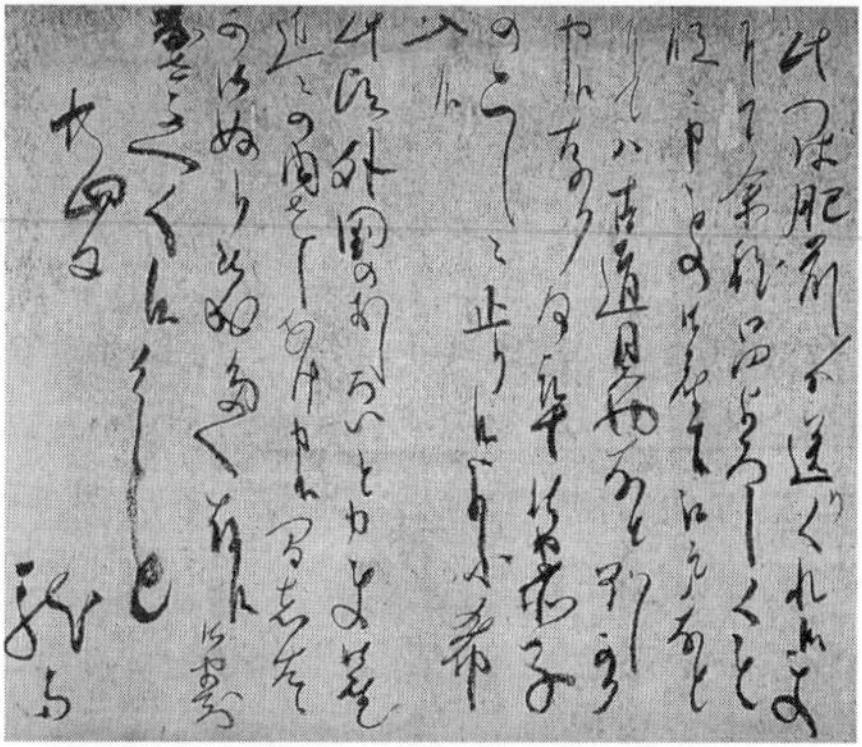

一一　坂本春猪あて

（推定、慶応二年秋、二十四日）

此つば（鍔）肥前より送りくれ候もの
にて、余程品よろしくと
段々申もの御座候。江戸など
にてハ古道具やなどほしがり
申候なり。何卒御養子
のこし（腰）ニ止り候よふ、希
入候。
此頃、外国のおしろいと申もの御座候。
近々の内、さしあげ申候間、したゝ
か御ぬり被ㇾ成たく存候。御まち
なさるべく候。かしこ。

（高知県立歴史民俗資料館蔵）

廿四日　龍馬

春猪御前

肥前（長崎）から送ってくれた刀の鍔を添えるから、其方の夫御養子清二郎の腰の差料に作るようにと言い、愛姪春猪御前には舶来のおしろいを後で送るので、したたか塗って美しうなれ、と希いからかっている。出典は「関係文書第一」の年月未詳欄より採った。そこでは、山崎好昭氏、若尾慎二郎氏旧蔵と記されていた。平成七年六月に、高知県立歴史民俗資料館に収蔵された。

一二　森玄道、伊藤助太夫あて
（推定、慶応二年八月十六日）

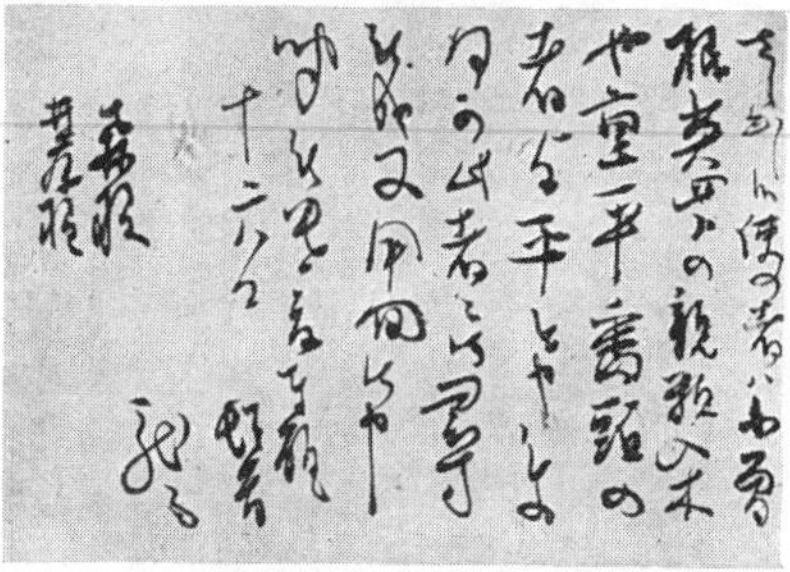

さし出し候使の者ハ小曽
根英四郎の親類入木
や重平番頭の
者、与平と申もの、
何か此者ニ御尋
被レ成、又用向御申
聞被レ遣度奉レ願候。頓首。

十六日　龍馬

森　様
井藤（ママ）様

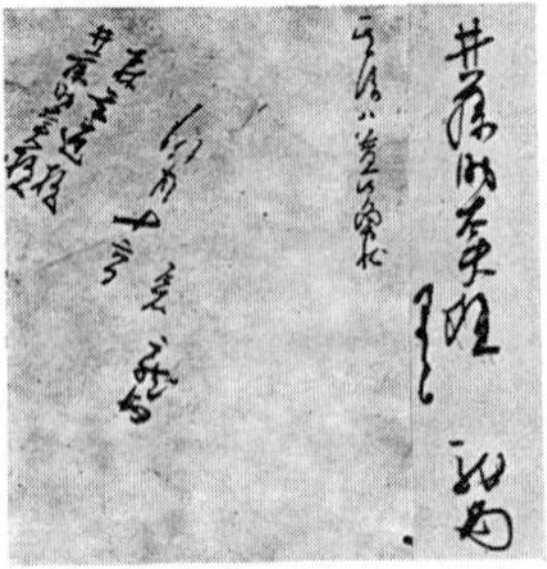

（東京　伊藤家文書）

井藤助太夫様　早〻　龍馬
其後ハ益御勇壮
左右　龍馬
八月十六日
森玄道様
井藤助太夫様

下関阿弥陀寺町東本陣大年寄の伊藤家は、長州における龍馬夫妻のアジトであり「自然堂」と屋号を付けて棲った馴染みの宿である。同家に所蔵される「伊藤家文書」より既に十通を紹介したが更に新発見の書簡を続一一、一二、一三の三通を加えることができた。

本状は森玄道、伊藤助太夫あて、長崎より番頭与平を紹介する連絡文である。慶応二年八月十三日（書簡三五）に同両人あて小曽根英四郎を気遣う手紙と関連があって、小曽根嫌疑事件直後、この番頭与平をさし出し英四郎を救解させようとしたものと思われる。

一三　伊藤助太夫あて

（推定、慶応三年春頃、二日）

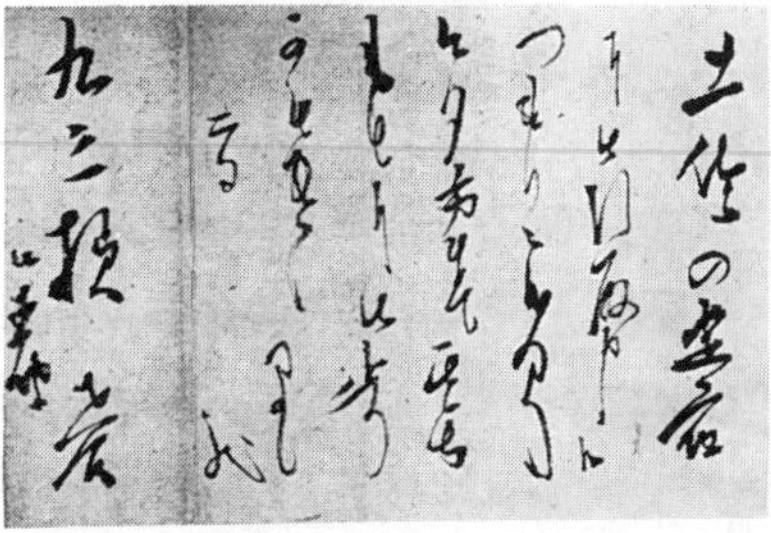

土佐の定宿（じょうやど）
に御引取申候
つもりニ候間、
今夕方まで其方
もとに御止り
可レ被レ遣候、早〻。
　二日　　　　龍
九三様　　　　才谷
　御直披

（東京　伊藤家文書）

本状は慶応三年五月二十八日付二通（書簡七七、七八）に関連して、長崎の曽根拙蔵（清三郎）を頼む文に引き続いたものと推定しておく。いずれも助太夫より四代目伊藤盛吉氏の提供のものである。伊藤助太夫（九三）家につき「長府と坂本龍馬」（既出）に次の記録がある。

「龍馬は下関にては、阿弥陀寺町の大年寄伊藤九三の家に滞在するを常とせるが、伊藤は別に家号を亀屋といへる二家ありて、海峡に於ける第一流の旧家なり。毛利氏以前より此に土著し、関ヶ原戦後に立花宗茂帰国のとき、此の家に多くの武器の保管を委託し、為に立花氏の家紋を鏤（ちりば）める土蔵を建てしことありといひ、其後江戸時代に柳河藩と続いて縁故ありしが如し。赤間宮に南隣し、春帆楼の前にありて、海岸に近し。昔はその建造も壮大なりしなるべく、明治天皇も西幸に一たび此の家を行在とし玉いしことあり。その遺址は養治小学校となれり、龍馬は此の家の坐敷、殊に慶応二年頃となりては幕府の刺客を恐れ、夜は室を換へて女中部屋に移りし事も少からず。その潜居の室もなほ現存す。（中略）和蘭の貢使が江戸往来の途次、屢（しばしば）此家に休泊したることあり。就中、キャプテン・ドーフが数日滞在して、その従行の医師、田子ノ浦の富士山を画き、ドーフが之に題賛したるは尤（もっと）も珍重するに足る。当時の主人杢之允（もくのじょう）頗る和蘭癖（らんぺき）あり」

一四　伊藤助太夫あて

（推定、慶応三年二月頃、十六日）

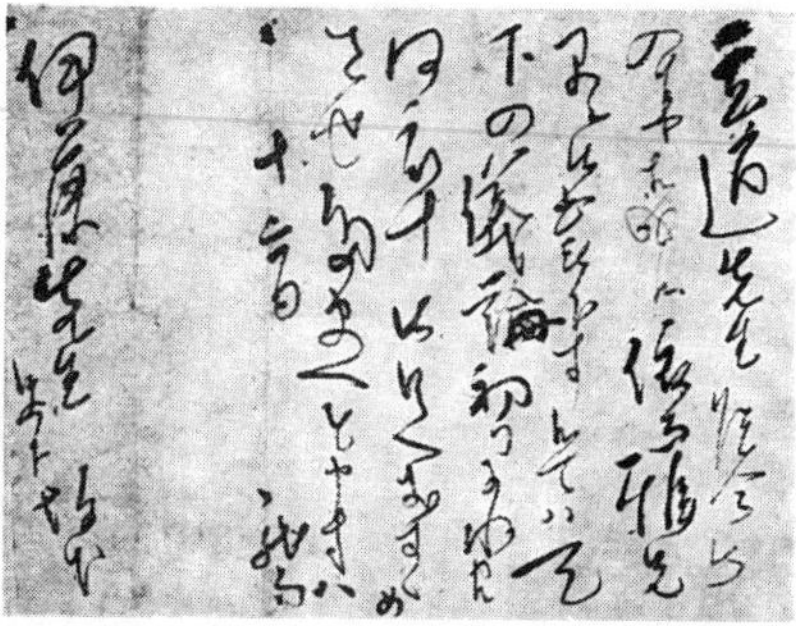

（東京　伊藤家文書）

玄道先生唯今御
入来相成候、依而（よつて）雅兄
早〻御出被レ下（くだされ）ず候てハ、天
下の儀論（ママ）初り（はじま）かね申候。
何卒御足おすゝめ
させたまへと申すハ

十六日　　龍馬

伊藤先生　　坂本

足下

一五　伊藤助太夫あて

（年月未詳、四日。推定、慶応三年三月）

私の志し実ニ十二ぶんも
はこび申候間、則大兄ニも
兼而御同意の事故、天下の
大幸と御よろこび可レ被レ遣候。
何夕方（いづれ）までの内、御咄し仕候。又
商会のものも御引合仕候。
四日　　　　　　　草々頓首。
九三老兄
　　　御直披　　　　　　龍

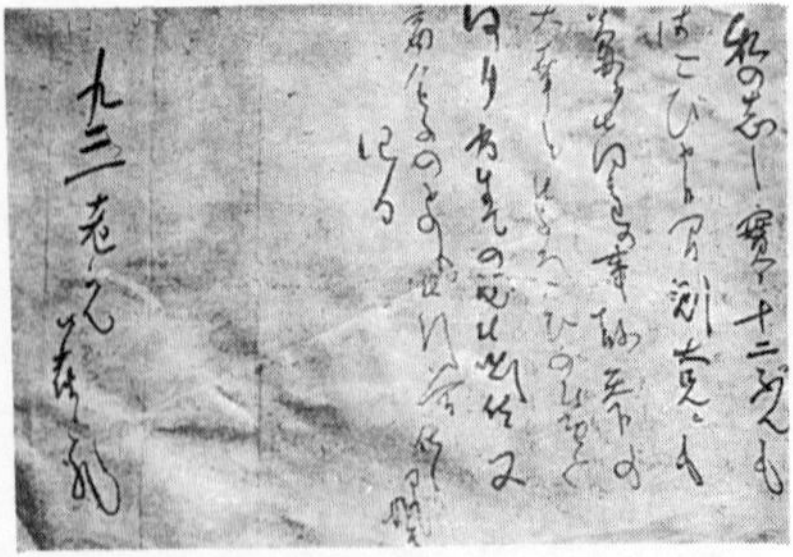

（東京　伊藤家文書）

前承「此の家に蘭人の贈りし等身大の人形若干ありしを攘夷の頃、報国隊来り人形を玄関に引出し、之を斬りて以て妖夷を斬るに擬したりといふ。（中略）ドーフは日本に於て始めて蘭和字彙の編纂に著手せし人にして、吾が文明史に於ける一大恩人なり。ドーフの翻釈せしは、ハルマ辞書にして世に之をドーフ・ハルマといふ。阿弥陀寺の伊藤は、ドーフの為にも一の記念地とすべし。此の如き因縁を有する家なりし事は、龍馬にも感興少からざりしならん」（「長府と坂本龍馬」）「玄道先生唯今御入来」があったので雅兄（伊藤助太夫）に早々御出かけして下さい、と報じている。玄道先生は、書簡三五、書簡三六に出る医師の森玄道であるが、本状は下関自然堂時代の慶応三年春頃と推定したい。

「私の志し実ニ十二ぶんもはこび――」の書状は、下関長府博物館より提供された新発見のもので、所蔵者は下関市長府町国香家である。長府博物館より次の紹介を添えられて来た。

――他の手紙（国香家文書）と天地を合わせる関係上、本書状を斜めに切断して貼ってあったものを、このように継ぎ合わせたものである。国香家は代々医家で幕末、下関中の町に住し、伊藤本陣とは近隣で交際があり、いつの日かこの書状を譲り受けたものと推定される。――

本状は慶応三年春、たとえば三月四日龍馬が海援隊成立の前夜、下関伊藤家を本拠におき、長崎と下関を往復して商事貿易に忙しかった頃のものと推考しておく。「私の志し」は正月長崎において後藤と会見し、二月福岡藤次らの計らいで龍馬の脱藩罪赦免の藩議があったことを指しているのか、後考に委ねたい。

一六　三吉慎蔵あて（推定、慶応三年春、二十二日）

大日本史（ママ）
　但本箱とも
右借用仕度、此使に御送り被レ遣候得バ、難レ有次第奉レ存候。頓首

舌代

龍
才（谷カ）吉

廿二日

三吉様

（上田　三吉家文書）

慶応三年春頃、下関伊藤家より長府の三吉慎蔵にあてたものと推定しておく。「大日本史」は水戸の徳川光圀の命で、明暦三年（一六五七）に編纂の始まった朱子学流の日本国史で、幕末の尊王論に大きな影響を与え、志士たちの原典とされた書。「長府と坂本龍馬」（既出）の三吉家文書に載せて「原本には史を吏と書す。急卒の際の乱筆なるべし」とある。

一七　高松太郎あて

（推定、慶応三年七月二十五日）

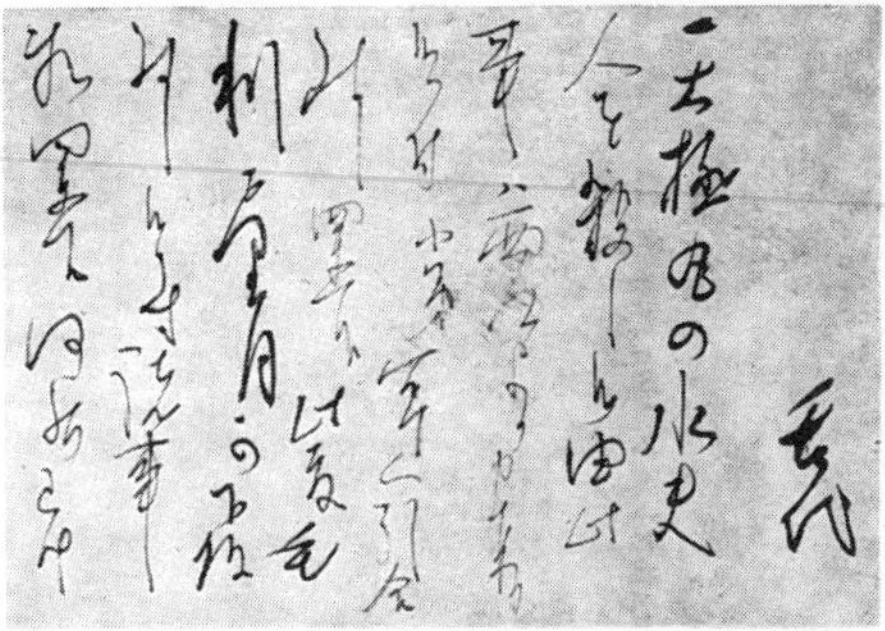

舌代

一、大極丸の水夫、
人を殺し候由。此
事ハ西郷より申来リ
候ニ付、小弟宜しく引合
致し置候。此度毛
利、望月が下坂
致し候ニ付、諸事
頼置候。何のわけ
も無事なるべしと奉レ存候。
一、昨日ハ御書拝見

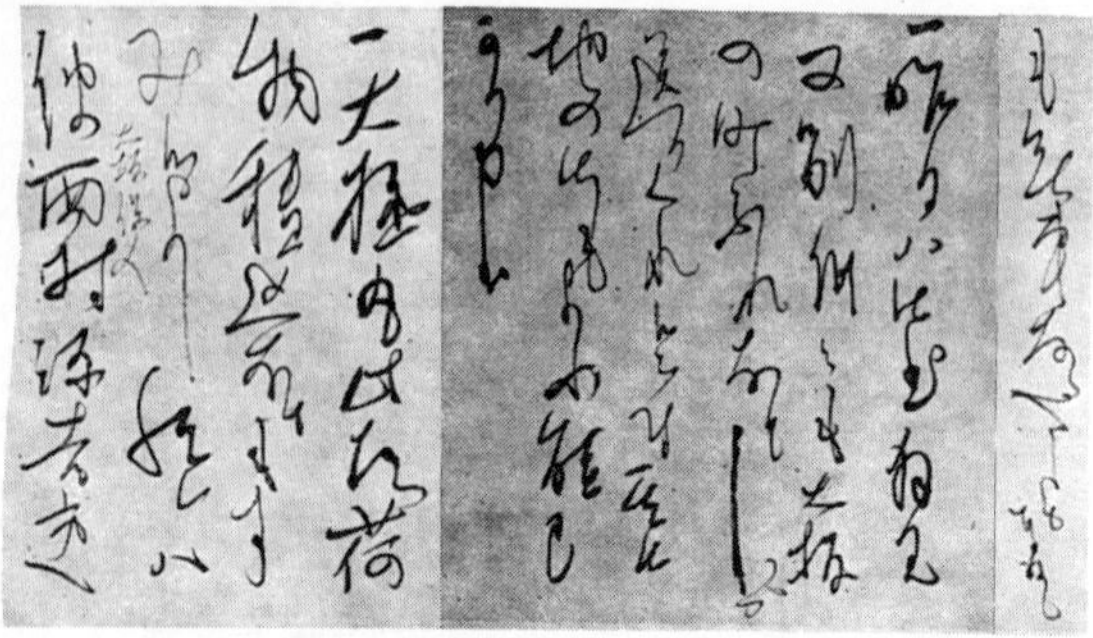

又別紙ニも大坂
の町ぶれなど――より
送りくれ候ニ付、其御
地の御もよふ能(よく)わ
かり申候。

一、大極丸此頃荷
物積込などもす
み候よし。然レバ
彼西村(大坂役人)源吉方へ
頼置候フラフ(旗カ)
御受取被レ成、御引替
可レ被レ成(なさるべく)候。此儀ハ別
紙松井周助兄
まで送り申候間、

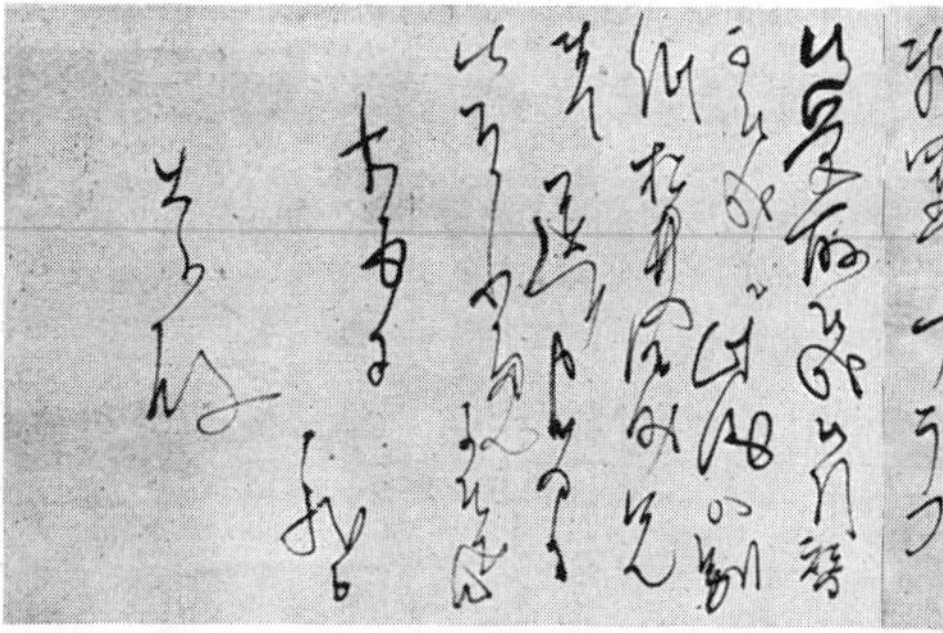
（京都　霊山歴史館蔵）

御そふだん可レ被レ下候。
　廿五日　　　　龍馬
太郎殿

大極丸は慶応二年十月、薩摩藩の援助でプロシヤ商人チョルチーから一万二千両で購入した洋帆船。この代価につき紛糾もあったが、龍馬は慶応三年七月二十日大坂より京都に到っているので、同月二十五日大極丸所属の甥高松太郎へ与えた指令書と考えたい。毛利は荒次郎恭助（書簡八一参照）。望月は清平（書簡八二参照）。松井周助は土佐商会員で後藤の属官。大極丸殺害のことは「大極丸殺害一件六ケ敷（むつかしく）なり、町奉行とやらの手に扱になり終に下手人とかは出奔させ、船は長崎へ乗込せたると藤次より申来る」（「保古飛呂比」巻十八）とあるが未詳。

一八　順助あて

（推定、慶応三年十一月十日）

先日も愚書さし出申候。御返書いまだ達し不ㇾ申、然に彼寺田屋のよくめの金於（を）私でふつごふに候間、元と金百両が出来ねば先日さし出候書の如く、去年よりの利金十八両だけなりとも、此使へ御渡し奉ㇾ願候。せめて利なりとも渡しことわり不ㇾ置ては、何分ふつがふに候。御ゆづう可ㇾ被ㇾ下候。其為人さし出申候。但使の名大浜三郎平がさしつかへ居候所へ参り候間、此者へ金御渡可ㇾ被ㇾ下候。一両日出来ぬ位いなれば、三郎平を大坂にとゞめ置候間、早々御周旋にて右金御渡奉ㇾ願候。

頓首。

十一月十日

龍馬

順助大人

（坂本直衛旧蔵）

元金百両が出来なければ去年よりの利息十八両だけでも「御ゆづう」して下さい。もし一両日に整わなければ三郎平を大坂へとどめておく故御周旋を頼むと、さし迫った催促状である。海援隊士で甥の高松太郎（坂本直）は慶応三年後半、小野淳輔と称したので淳輔（順助）と推考しておく。

坂本龍馬　文書

文書一　坂本龍馬手帳摘要

壬（乙カ）丑歳　　慶応元年
四月廿五日、坂（大坂）ヲ発ス。
五月朔、麑府（鹿児島）ニ至ル。
五月十六日、鹿府ヲ発ス。時午（ひる）ヲ過グ、
鹿児ヨリ四里、伊集院四里。
市来港止宿四リ、川内（センダイ）宿二リ。
十七日
川内川あり、海辺迄三里計ト云。然ニ海
船ヲ入ル、水深シ、大川泊二リ。
阿久根宿二リ。
十八日
野田二リ半。
此辺野田島町皆地巻士（ママ）也、泉米津までの
間平原然ニ水少シ物多シ、ハゼノ木多シ。
泉米津
右下（地本ノ書体）直右衛門と云もの右町役人也、部（ベッ）
当（トヲ）ト云旅人人馬断所々の世話ヲナスも
のなり、後日野間原泉口番所ニ至リテ
直右衛門ニ書テ与ヘバ、必ズ急ギ罷出
ル筈ナリ。
十九日、朝肥後ニ入ル。
右泉口米津ゟ（より）乗船。

廿三日宰府ニ至ル。渋谷彦助ニ会ス。
廿四日伝(転カ)法ニ謁ス(三条実美)。
小田村(素太郎)ニ会ス。
廿七日又謁ス。
廿八日宰府ヲ発ス。
二り山家宿止宿三リ。
廿九日
三リ内野、三リ。
飯塚、五リ大川アリ。
木屋之瀬宿止リ二リ。
朔日
黒崎平町乗船、赤間間(関カ)ニ至ル、西の端町
入江和作ヲ尋、但小田村ノ示ニヨル。城
ノ腰綿屋弥兵衛ニ宿ス。但シ官ノ差宿也。
二日

曽病アリ、依而養生ノ為、宿ヲ外浜町村
屋清蔵ニ取、□□(不読)医ヲ撰(えら)ンデ長府かなや
町多原某を求、不日ニ平癒スト、期一七
日トス。
四日、此日一夷舶アリ、馬関ニ泊ス。
五日、長府時田重次郎馬上ゟ来ル。
六日
桂小五郎山口ゟ来ル。
七日
船腹ニ横一白色ノ蛇腹アリ、砲門ノ如ク
見ユル。十日英船大サ順動丸ノ如シ。
スコールステヱン二ツ
ラツト
ラアトルカストの色黄白ニ見ユル。
西大寺ノ前西南ノ地方ニヨリ泊ス、売

買船也。然ニ上陸ノ者四人アリ、皆剣ヲ帯ビ士官ト見ユル。
夜ニ入、椋梨伝八郎来ル。
(同巻ヲ倒ニシテ巻首ヨリノ中程ニ突然ト左ノ数行アリ)
廿三日　将軍坂ニ下ル○廿三日ハ乙丑ノ九月ナリ校正者識
廿四日夜　大坂ニ下ル。
廿五日
廿六日　兵庫
廿七日
廿八日　予州青島泊。
廿九日　上関
十月
三宮(日カ)市

別巻

慶応二年

丙寅正月大
十日　下ヲ発。
十七日　神戸
十八日　大坂
十九日　伏見
廿日　二本松
廿二日　木圭、小、西、三氏会。
廿三日夜　伏水(見)ニ下ルニ時過ル頃――(本ノママ)
廿四日朝　邸ニ入ル。
卅日　夜京邸ニ入ル。
二月小
廿九日夜　伏水邸ニ下リ乗船。
三月朔日　大坂
四日　三邦丸ニ乗組。

五日　朝出帆ス。
六日夕　下ノ関ニ泊ス。
八日　長崎ニ至ル。
十日　鹿児府ニ至ル。
十六日　大隅霧島山ノ方、温泉ニ行、鹿児ノ東北七里計ノ地、浜ノ市ニ至ル。
　但し以レ舟ス、夫ヨリ日高山に至ル。
十七日　シヲヒタシ温泉ニ至ル。
廿八日　霧島山ニ発ス。温泉所ニ泊ス。
廿九日　霧島山山上ニ至ル、夫ヨリ霧島ノ宮ニ宿ス。
卅日　温泉所ニ帰リ。
四月大　シヲヒタシ温泉所ニ帰ル。
八日　日当山ニ帰ル。
十一日　浜ノ市ニ帰ル。
十二日　浜市ヨリ上舟、鹿児ニ帰ル。
十四日　改正所ニ至ル。
五月朔日　桜島丸来ル。
廿九日
　四両三歩　金
右寺内氏ヨリ借用セリ。
又弐両寺内ヨリ、
右短刀合口コシラヘ幷研（ならびにとぎ）。
備前兼元（光）無銘刀研代。
　合テ三両二朱余払フ。
六月朔　桜艦ニ乗組。
　是ヨリ先キ廿九日両氏ヲ問、時ニ西（西郷）曰（いわく）、
近日西客来ル、其時件（事カ）ニ付テハ曽テ木桂（圭カ）ヨリ来書アリ、其儀ニ曰ク、両国論

ヲ合(あわせ)テ云々ト、故ニ此国ニ来ラバ先ヅ其事件云々ヲ委曲、使ヲ以達可ク、然ラザレバ其西客ニ一名ヲ付て送ルベシト。

船買主与三郎

請人　小曽根英四郎

周旋　多賀ナリ。

廿二日　プロイセン商人チョルチーニ面会ス。船買入及商法ヲ談ズ。

廿三日　船見分此日夷人ヨリモ奉行へ引合邸留守居へ談ズ。

廿四日　朝邸留守居え行、但留守居ハ汾陽五郎右門也。

廿五日　朝五時頃呉半三郎亜商と取替ユル証文案紙成ル。

(廿六日ノ誤カ)
六日

廿七日

廿八日　船受取。

三両二歩也。

坂本龍馬　寺内新右(衛脱カ)門　多賀松太郎

菅野覚兵衛　白峯駿馬　陸奥元次郎

関　雄之助

右ハ当月何月分慥ニ頂戴仕候。以上。

寅何月何日

関　雄之助印

印鑑○関雄之助

右ハ印鑑を以て坂、寺、多賀、菅、白、陸、関七人之分、毎月三日壱人当三両弐歩宛頂戴仕候。以上。

寅十月三日

大洲イロハ丸

船将　国島六左衛門

○風薬　カミ(ッ)ルレ大　接花中　硃砂(トヲシヤ)

〔倒ニシテ巻首ヨリ如レ左（二冊トモ参考ニ用ナキ一時ノ心覚様ノ者多シ。此ニ其一類ヲ写シテ望蜀ノ念ナカラシム。）〕

貞観政要　大宗曰　忠良有レ異乎。魏徴曰、良臣使レ身獲二美名一君受顕号子孫伝レ世云々。

斉明天皇六年　始造二漏刻一。（はじめてろうこくをつくる）

卒報猶如二急変一

非子 賤二虚名一貴二実田一破二浮淫一督二耕戦一明二賞罰一営二富強一。

○術数有レ余（あまりありて）而至誠不レ足、

上杉氏之身ヲ亡ス所以ナリ。

丙寅五月二日ワイルウヱフ破船五島塩屋崎ニ於テ死者十二人。

船将　黒木小太郎

士官　池　蔵太

水夫頭　虎吉

熊吉

水夫　浅吉

徳次郎

仲次郎

勇蔵

常吉

貞次郎

加蔵

〆十二人

生残者三人

下等士官　浦田運次郎

水夫　一太郎

三平

〆三人

右死セル者朝暁ヨリ日出ニ至リテツクス
浦田運次郎
水夫一太郎
か児島ニ　幾太郎

残ス分
友　吉
安　吉
火焚　新　助
（以上草々ノ略記都テ後日結写文飾ヲ加ル者ニ勝リ、其真卒ナル当日ノ真ヲ見ルニ足ル故ニ写置　土方直行記）

「坂本龍馬手帳摘要」は慶応元年乙丑（一八六五）龍馬三十歳、四月、五月、閏（うるう）五月と記述し、六月、七月、八月は欠け九月は廿三日より廿九日まで、十月は三日で終っている。

この間のことを記すと、西郷らと薩船胡蝶丸で大坂より鹿児島へ五月一日行き、二週間滞在の後、熊本沼山津の横井小楠を十九日訪い、ついで太宰府延寿院で三条実美に廿四日謁見、閏五月朔日下関に入り六日時田重次郎（庄輔、五卿従士、長府藩士）の案内で桂小五郎と会見、薩長同盟のため鹿児島より到着予定の西郷を待つ。しかし二十一日中岡慎太郎は西郷を帯同せず下関へ単身来り両藩和解は一旦挫折する。この月七日以後は記載されてない。六月、七月、八月上洛して提携奔走のことは欠け、ようやく九月「廿三日」が現れ、薩船胡蝶丸で「廿六日兵庫」出航し「廿九日上関（かみのせき）」に至っている。十月は「三日宮市」で終る。

慶応二年は「別巻」に記載。正月「十日下（関）ヲ発」に始まり薩長連合のため桂を追って京都へ急ぐ。同盟成立の歴史的な日は「廿二日、木圭、小、西、三氏会」と記述。翌夜伏見寺田屋遭難のことは「廿三日夜伏見ニ下ル二時過ル頃……」とある。二月は廿九日お龍を伴い京都出立「伏見（薩）邸ニ下リ乗船」とある。三月以降は薩船三邦丸で西郷、小松、中岡、三吉らと同船し龍馬の新婚の旅となる。四月鹿児島で遊び、五月桜島丸がワイルウェフ号遭難を報じて来港、六月一日鹿児島を出航で終っている。それ以降は十月プロイセン商人より大極丸購入の頃で「廿八日船受取」と出、海援隊士への「三両二歩也」の給与のこと、「貞観政要」（唐時代、呉兢の撰書。太宗と群臣の政争を論じた書）の抜粋等を記載、正月近藤長次郎自刃の感慨を「術数有レ余而至誠不レ足」とのべ、ワイルウェフ号遭難破船の際の犠牲者と生存者を記名して終っている。日記というより雑録メモ帳であるが、多忙な奔走、旅程の中における龍馬の顔が浮び上る。

出典は「関係文書第二」に拠った。読み易くするため原文に句読点を付した。〔 〕内は筆写人土方直行の註解で、土方の次のような後記が載っている。「此手帳ハ小キ普通ノ横巻ニテ、坂本直（高松太郎）氏之蔵本ナルヲ借覧セリ。然ルニ龍馬氏之心覚ヘニ止マル略記、草々ノ揮毫ニテ字体モ難レ弁程ノ物モ有レ之、巻尾ト考ヘ披見スレバ倒マニナル処アリ。又取直シテ巻尾ヲ巻首トシテ見レバ可レ読処アリ、二冊トモ過半ハ白紙、年支日月アルモアリ、又総テナキアリ。縦横乱字、真ニ磊々落々ノ性今尚昔日相見ル之感アリ。其内ニ付キ引用トモ成ルベク、又読メル者ヲ写シ置ク如レ左」

土方直行は法学者土方寧の父で高知県高岡郡佐川町の出。この手帳原本の行方につき編者は北海道札幌坂本家や、京都国立博物館、東大史料編纂所その他縁者子孫の方々を探したが、遂に発見するに至らなかった。おそらくは大正二年十二月二十六日の釧路市大火のさい罹災し、坂本直旧蔵の龍馬書簡、刀剣と共に焼失したものと推定される。

文書二　海援隊約規

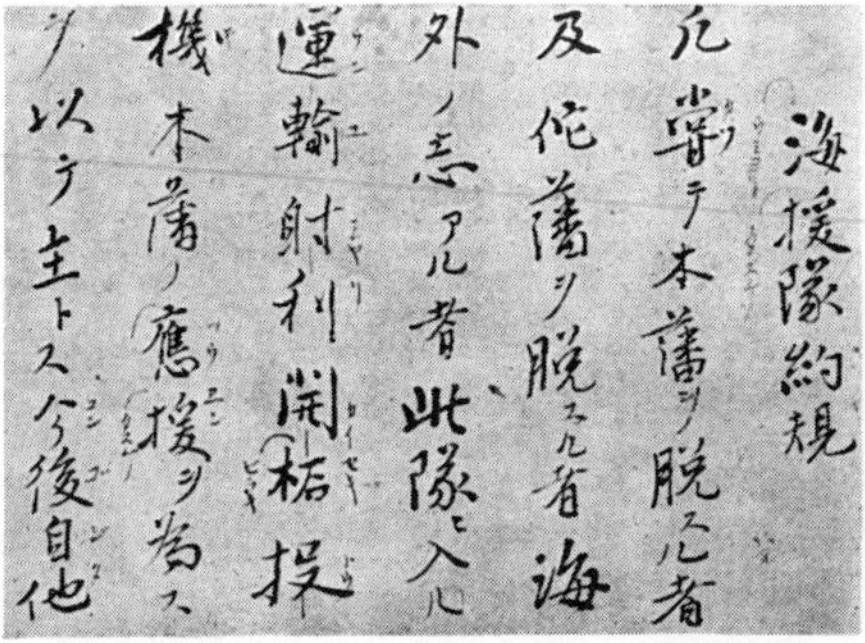
海援隊約規
凡嘗テ本藩ヲ脱スル者
及佗藩ヲ脱スル者海
外ノ志アル者此隊ニ入ル
運輸射利開柘投
機本藩ノ應援ヲ為ス
ヲ以テ主トス今後自他

海援(ウミヨリタスケ)隊約規(ヤツキ)
凡(およそ)嘗(カツ)テ　本藩ヲ脱スル者
及佗(たはん)藩ヲ脱スル者　海
外ノ志アル者此隊ニ入ル
運輸(ウンユ)　射利(シャリ)　開柘(カイセキ)(ママ)(ヒラキ)　投(トウ)
機(キ)　本藩ノ応援(ヲウエン)(タスケ)ヲ為ス
ヲ以テ主トス　今後自他(コンゴジタ)
ニ論ナク其志ニ従(シタガウ)テ撰(エラン)
テ入(イル)レ之(ニ)。

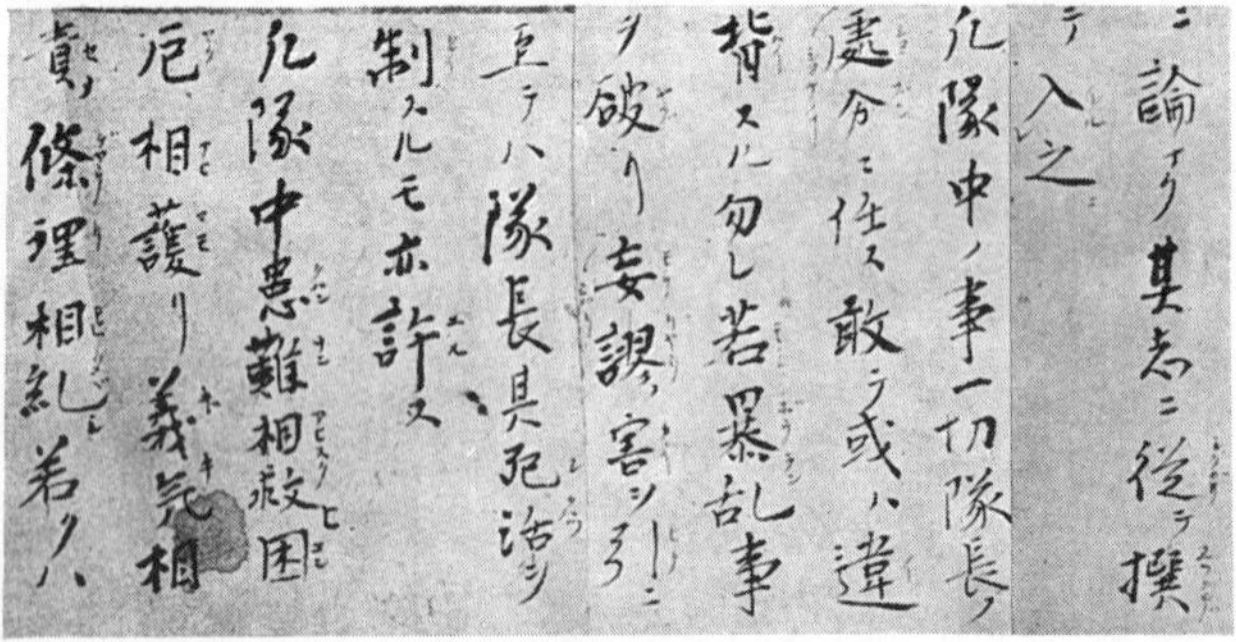
ニ論シ其志ニ従テ撰
テ入之
凡隊中ノ事一切隊長ノ
処分ニ任ス敢テ或ハ違
背スル勿レ若暴乱事
ヲ破リ妄謬害ヲ引ニ
至テハ隊長其死活ヲ
制スルモ亦許ス
凡隊中患難相救困
厄相護リ義気相
責メ條理相紊シ若クハ

凡隊中ノ事　一切隊長ノ
処分(ショブン／ショチノコト)ニ任ス　敢テ或ハ違(イ)
背(ハイ)スル勿レ　若暴乱(モシボウラン)事
ヲ破(ヤブ)リ　妄謬害(モウリヤウガイ／ミダリ)ヲ引(ヒク)ニ
至テハ　隊長其死活(シクハツ)ヲ
制(セイ)スルモ亦許(ユル)ス
凡隊中患難相救(クハンナンアヒスクヒ)　困(コン)
厄相護(ヤクアヒマモ)リ　義気(ギキ)相
責(セメ)　条理相紊(ヂヤウリアヒタダシ)　若クハ
独断果激(ドクダンクハゲキ)　儕輩(サイハイ／トモガラ)
ノ妨(サマタゲ)ヲ成シ　若クハ儕(サイ)
輩相推(ハイアヒオ)シ　乗レ勢(ジヨウジイキホヒニ)テ
他人ノ妨(サマタゲ)ヲ為ス　是尤(モットモ)

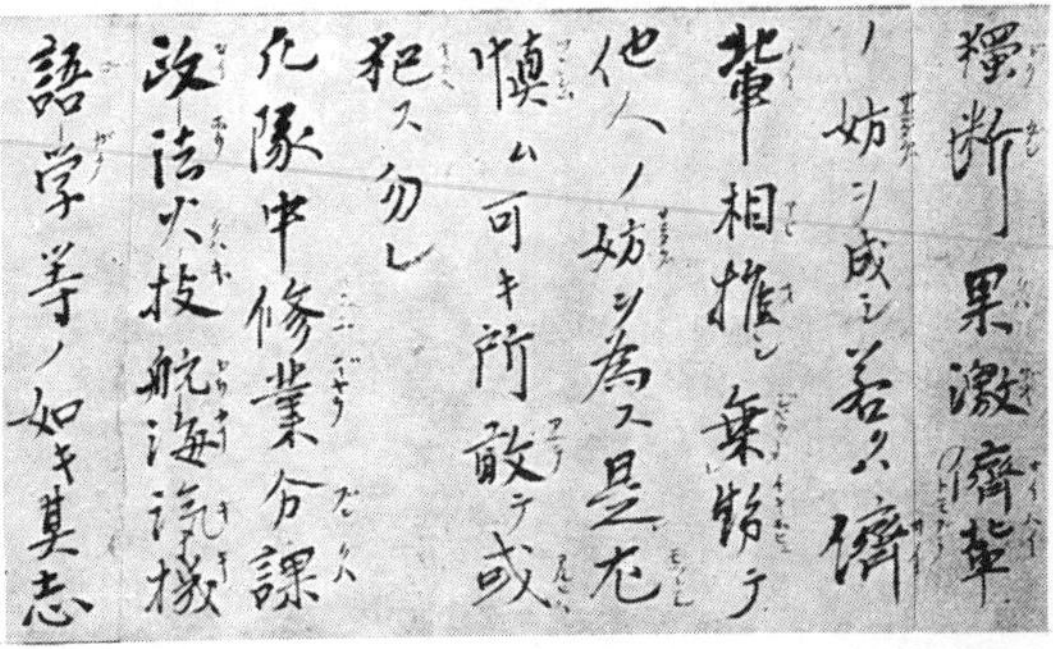
糧断果激儕輩ノ妨ヲ成シ若クハ儕輩相推シ乗勝テ他人ノ妨ヲ為ス是尤慎ム可キ所敢テ或犯ス勿レ
凡隊中修業分課政法火技航海滊機語学等ノ如キ其志

慎ム　可キ所　敢テ　或
犯ス勿レ
凡隊中修業分課
政法　火技　航海　滊機
語学等ノ如キ　其志
ニ随テ執レ之　互ニ相勉
励　敢テ或ハ懈ルコト
勿レ
凡隊中所費ノ銭
糧　其自営ノ功ニ取ル
亦互ニ相分配シ　私スル
所アル勿レ　若挙レ事
用度不レ足　或ハ学
料欠乏ヲ致ストキハ

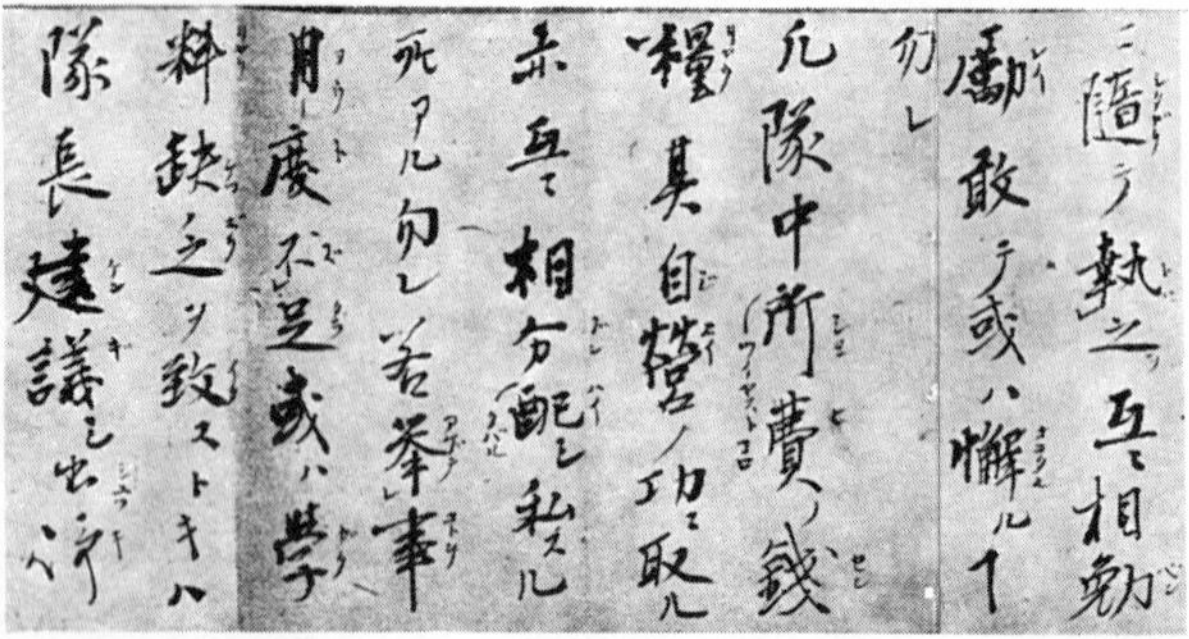
ニ随テ之ヲ執ル互ニ相勉
励敢テ或ハ懈ル勿レ
凡隊中所費ノ銭
糧其自営ノ功ニ取ル
亦互ニ相分配シ私スル
所アル勿レ若挙事
用度不足或ハ学
料欠乏ヲ致ストキハ
隊長建議シ出崎

隊長建議（ケンギ）シ　出碕（シュッキ）
官ノ給弁（キウベン）ヲ竢（マ）ツ

右五則（ソク）

「世界の海援隊」を目指して日本ではじめて商社（コンパニー）として出発した「海援隊約規」で、今日高知弘松家文書として伝わる。文字雄勁（ゆうけい）にして天空快々の趣きがある。慶応三年春頃、長崎において天執筆したものと推定される。五則あって、一、隊士の資格と隊の経営目標。二、隊長の権限。三、隊士の義務と約束。四、隊中修業勉励する分課の内容。五、隊中の給与。を明確に規定している。「海援隊日史」には、「坂本龍馬事才谷楳太郎右者脱走罪跡被㆓差免㆒、海援隊長被㆓仰付㆒也。但隊中之処分一切御任せ被㆓仰付㆒也。卯ノ四月」とあり、さらに朱書して載せている。

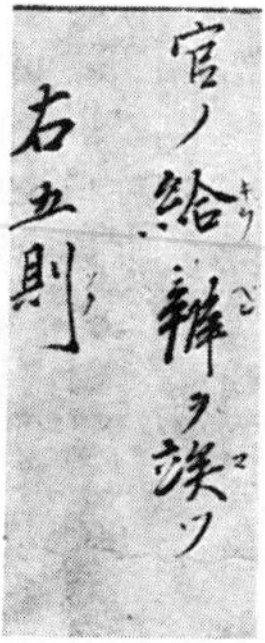
官ノ給辨ヲ竢ツ
右五則

（高知　弘松家文書）

「一、才谷既ニ此命ヲ拝シ七八年間共ニ佗（他）国ニ浪遊シ海軍ヲ皇（興）張シテ誓テ王事ニ死セント約セシ、本藩佗藩ノ脱生二十人計者此隊中ニ入ル。文官、武官、器機官、側量官、運用官、医官等ノ課ヲ分ツ。水夫火夫ヲ合セテ五十人ヲ得タリト」

文書三　船中八策

（慶応三年六月十五日）

一、天下ノ政権ヲ朝廷ニ奉還セシメ、政令宜シク朝廷ヨリ出ヅベキ事。
一、上下議政局ヲ設ケ、議員ヲ置キテ万機ヲ参賛セシメ、万機宜シク公議ニ決スベキ事。
一、有材ノ公卿諸侯及ビ天下ノ人材ヲ顧問ニ備ヘ官爵ヲ賜ヒ、宜シク従来有名無実ノ官ヲ除クベキ事。
一、外国ノ交際広ク公議ヲ採リ、新ニ至当ノ規約ヲ立ツベキ事。
一、古来ノ律令を折衷シ、新ニ無窮ノ大典ヲ撰定スベキ事。
一、海軍宜ク拡張スベキ事。
一、御親兵ヲ置き、帝都ヲ守衛セシムベキ事。
一、金銀物貨（ママ）宜シク外国ト平均ノ法ヲ設クベキ事。
以上八策ハ方今天下ノ形勢ヲ察シ、之ヲ宇内万国ニ徴スルニ、之ヲ捨テ他ニ済時ノ急務アルナシ。苟（いやしく）モ此数策ヲ断行セバ、皇運ヲ挽回シ、国勢ヲ拡張シ、万国ト並行スルモ、亦敢テ難シトセズ。伏テ願クハ公明正大ノ道理ニ基キ、一大英断ヲ以テ天下ト更始一新セン。

「船中八策」は日本近代史の開幕劈頭(へきとう)に建てられた、世界国家に参加させる一大金文字で、幕末維新史上注目すべき文書である。のちの「薩土盟約」や「大政奉還に関する建白書」「新政府綱領八策」(関係文書五参照)明治元年三月の「五ケ条御誓文」にも繋り踏襲されてゆく。

「坂本龍馬海援隊始末二」(坂崎紫瀾編述)によると「一、慶応三年丁卯六月十五日、後藤初テ大政返上建白ヲ藩論トスルニ決ス。龍馬為メニ長岡謙吉ヲシテ、八策ヲ草セシム。中岡日記ニ曰ク、同十五日晴、後藤面会聞、昨夜政府議論決ス云々。○才谷面会云々、所謂(いわゆる)八策ナルモノ左ノ如シ」とあって本文の記述がある。

本書成立が六月十五日とあるが実際は次のように考えられる。慶応三年六月九日龍馬は土佐藩参政後藤象二郎と共に、藩船夕顔に搭乗、長崎を出帆した。船長は由比畦三郎、土佐藩属官松井周助、高橋勝右衛門、海援隊文官長岡謙吉らも同乗。大政奉還建白策を京都にいる山内容堂にすすめ、実現さすためである。十二日朝兵庫に入港するが、この途上、船中で後藤と相談の上、時勢救済策の八カ条を作成し、長岡謙吉に書きとらせた。故に「船中八策」と称された。

文書四　新官制擬定書（慶応三年十月十六日）

関白　一人。

公卿中尤徳望智識兼修ノ者ヲ以テ、之ニ充ツ。

上一人ヲ輔弼シ万機ヲ関白シ、大政ヲ総裁ス。（暗ニ公ヲ以テ之ニ擬ス）

議奏　若干人。

親王公卿諸侯ノ尤モ徳望智識アル者ヲ以テ、之ニ充ツ。

万機ヲ献替シ、大政ヲ議定敷奏シ、兼テ諸官ノ長ヲ分掌ス。（暗ニ島津、毛利、山内、伊達宗城、鍋島、春嶽諸侯及、岩倉、東久世、嵯峨、中山ノ諸卿ヲ以テ之ニ擬ス）

参議　若干人。
公卿、諸侯、大夫、士庶人ヲ以テ、之ニ充ツ。大政ニ参与シ兼テ諸官ノ次官ヲ分掌ス。（暗ニ小松、西郷、大久保、木戸、後藤、三岡八郎、横井平四郎、長岡良之助等ヲ以テ之ニ擬ス）

　この「新官制擬定書」は、さきの「船中八策」を実際に運営する人材を選んだものと言えよう。

「慶応三年丁卯十月十六日、龍馬ハ戸田雅楽（後に尾崎三良）ト謀り、新官制ヲ擬定ス。尾崎三郎手扣ニ曰ク、坂本龍馬、中島作太郎、岡内俊太郎等ト共ニ河原町三条醤油屋某方坂本等ノ旅宿ニ会シ、与ニ事ヲ謀ル。天下ノ大政朝廷ニ帰スルト聞キ、坂本等ト事ヲ議シテ、朝廷大政総攬ニ関スル制度ヲ画策シ、之レヲ其筋ニ致ス。其制度ノ大略左ノ如シ」と坂崎紫瀾編述「海援隊始末三」（前掲書）にあって、本文の紹介がなされている。

　しかし「尾崎三良自叙略伝」（上巻、昭和五十一年、中央公論社）や「史談会速記録」（第七十九輯）及び「坂本龍馬関係文書第一」（岩崎鏡川編述、大正十五年刊）には、参議若干人「後藤、三岡八郎」の間に坂本の名が入っている。従って坂崎の編述した「坂本龍馬海援隊始末三」（「龍馬関係文書第二」）は、故意に龍馬の名が削られた形跡がある。龍馬の伝記小説「汗血千里駒」を書いた坂崎には、英雄龍馬のエピソードを証言するため必要な作業であったかも知れない。英雄のエピソードとは、

「西郷、龍馬に案中君を擬するの職なし、理由如何と問ふ。龍馬答へて曰く『僕は役人を厭ふ（中畧）左様さ、世界の海援隊でもやらんかな』」（千頭清臣「坂本龍馬」逸話一束）

　陸奥伯曰く

「此の時龍馬は西郷より一層大人物のやうに思はれき、龍馬あらば今の薩長人などは、青菜に塩

だね」（前掲書「遺事雑記」）

を指すが、しかし龍馬が妻お龍に語った、「一戦争済めば山中へ這入って安楽に暮らす積り、役人になるのは俺は否ぢゃ」（「千里駒後日譚」四回）

と証言している。「新官制擬定書」に名前があろうが無かろうが、龍馬自身、維新後は役人になる気はなかったのではあるまいか。

文書五　新政府綱領八策

（慶応三年十一月）

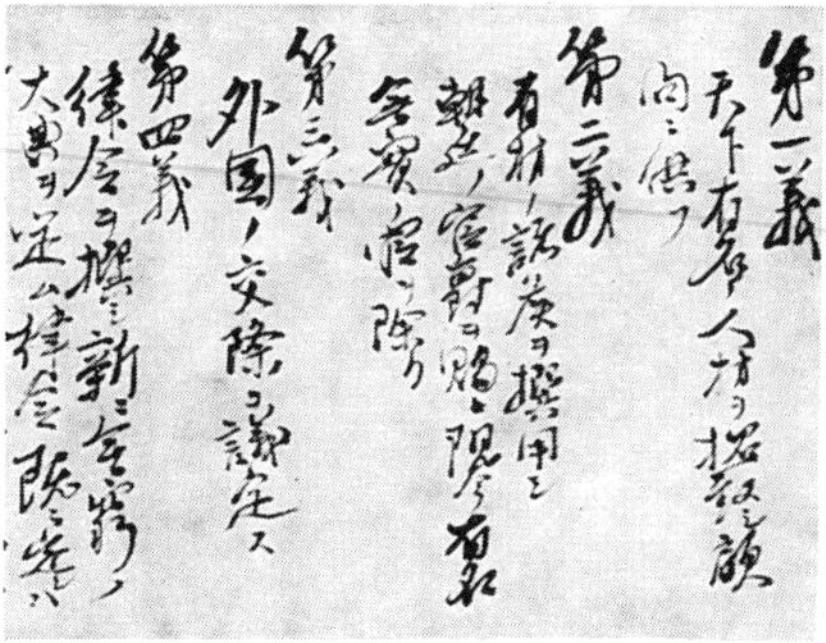
第一義
天下有名人材ヲ招致シ顧
問ニ供フ
第二義
有材ノ諸侯ヲ撰用シ
朝廷ノ官爵ヲ賜ヒ現今有名
無実ノ官ヲ除ク
第三義
外国ノ交際ヲ議定ス
第四義
律令ヲ撰シ新ニ無窮ノ
大典ヲ定ム律令既ニ定レハ

第一義
天下有名ノ人材ヲ招致シ　顧問ニ供フ
第二義
有材ノ諸侯ヲ撰用シ
朝廷ノ官爵ヲ賜ヒ　現今有名
無実ノ官ヲ除ク
第三義
外国ノ交際ヲ議定ス
第四義
律令ヲ撰シ　新ニ無窮ノ
大典ヲ定ム　律令既ニ定レバ

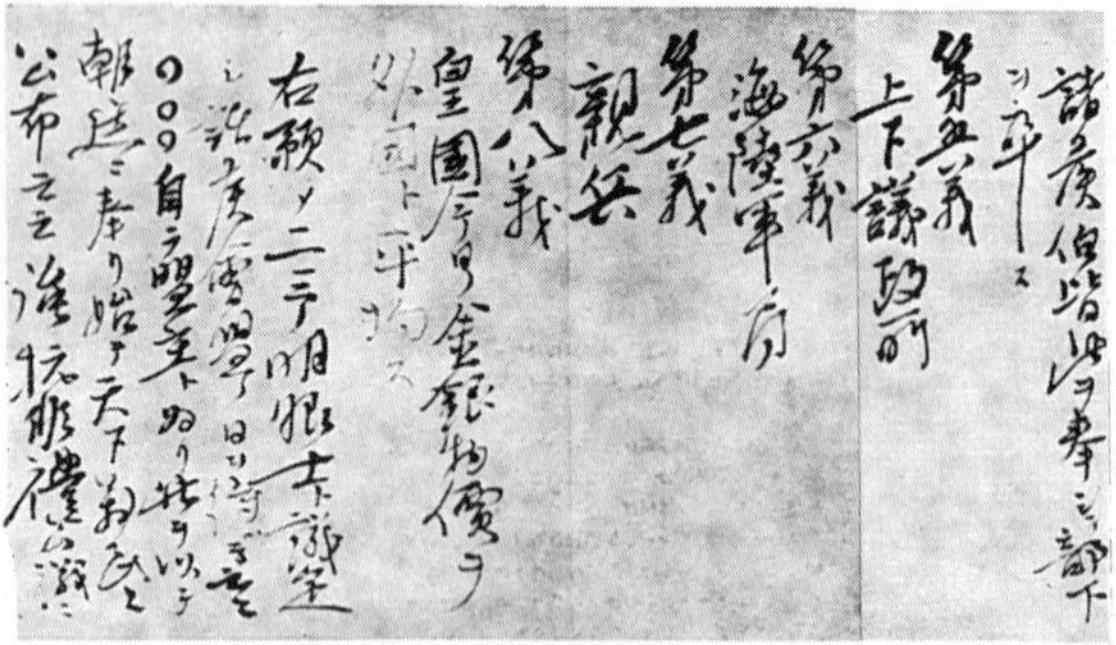

諸侯伯皆此ヲ奉ジテ部下
ヲ率ス
第五義
上下議政所
第六義
海陸軍局
第七義
親兵
第八義
皇国今日ノ金銀物価ヲ
外国ト平均ス
右預(アラカジ)メ二三ノ明眼士ト議定
シ　諸侯会盟ノ日ヲ待ッテ云々
〇〇〇自ラ盟主ト為リ　此ヲ以テ
朝廷ニ奉リ　始テ天下万民ニ

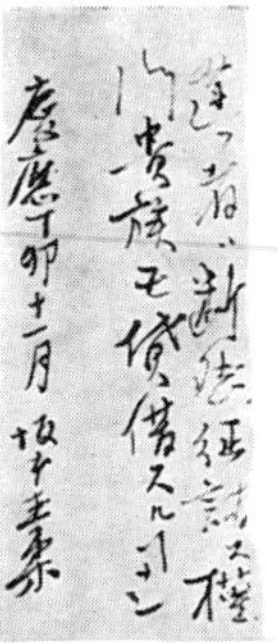

（下関　長府博物館蔵）

公布云々　強抗非礼公議ニ
違フ者ハ断然征討ス　権
門貴族モ貸借スル「ナシ
慶応丁卯十一月　坂本直柔

さきの「船中八策」を基案とした「大政奉還建白」は、十月十三日京都二条城において徳川慶喜の決意で受理される。この後、龍馬が実際化して、日本政府政体案として執筆した。十一月上旬龍馬が越前福井に三岡八郎（由利公正）を訪問帰京の直後と考えられる。龍馬直筆が二葉、今日長府博物館と国立国会図書館に伝えられている。〇〇〇は慶喜公を伏せたと言われている。「第四義」の最終は、長府博物館文書には「率ス」となり、国立国会図書館文書には「率ユ」となっている。本状は日本を世界の一国として加え、近代化を訴え、明治維新の原点が提示されている。――大政を将軍から奪った後も封建の時代の階級制度は廃止されてはいない。藩はそのまま残置されるのであった。坂本龍馬がこの案の作成に参加していても、当時の円満な経営を希望して、人がまだ作ろうとも気がついていない幕府に代わる官制を急いで書き下したものであろう。彼は夢見る気質に仕事師の現実的な性格を具えていて、実現不可能の事を持出さない――（前掲「天皇の世紀」大政奉還六）

坂本龍馬　詠草

詠草一　和歌

（龍馬より姉乙女子へ示せる和歌）

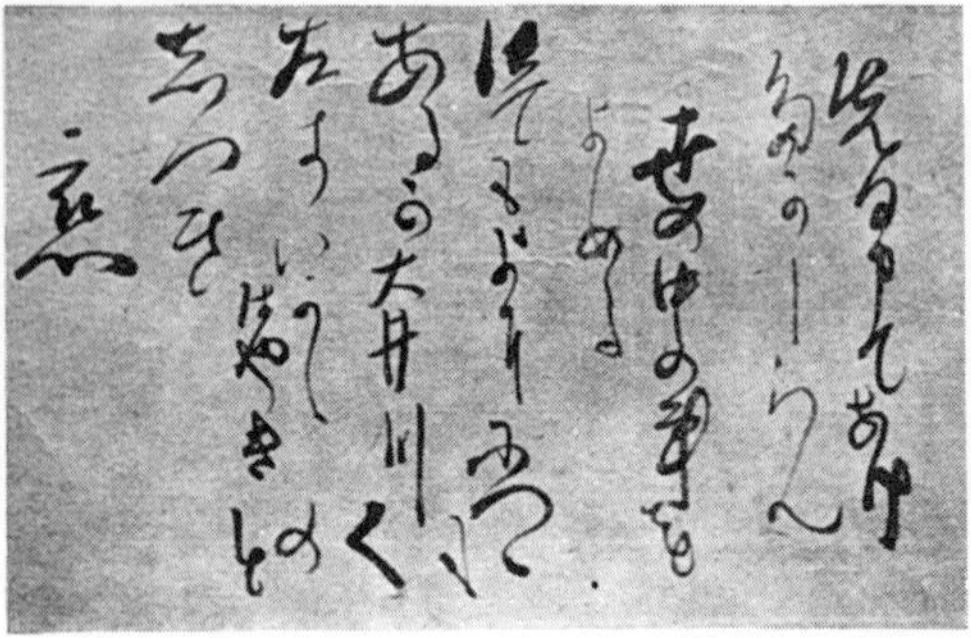

先日申てあげ
たかしらん
　世の中の事を
　よめる
さてもよににつゝも
あるか大井川く
だすいかだの
　はやきと
しつき
　恋
きゑやらぬ思ひの

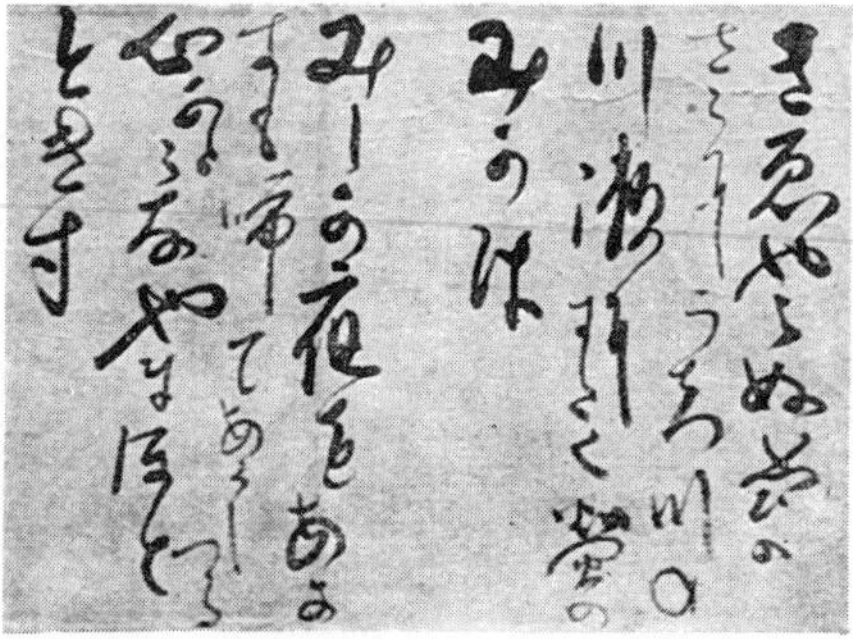

（京都国立博物館蔵）

さらにうぢ川の
川瀬に
　すだく螢の
みかは

みじか夜をあか
ずも啼てあかし
　つる
心かたるなやまほと
とぎす

龍馬詠草は和歌二十数首と俚謡数首が遺っているが、詠草三までは京都国立博物館蔵「坂本龍馬桂小五郎遺墨」一巻中に、三カ所に分って載っている。

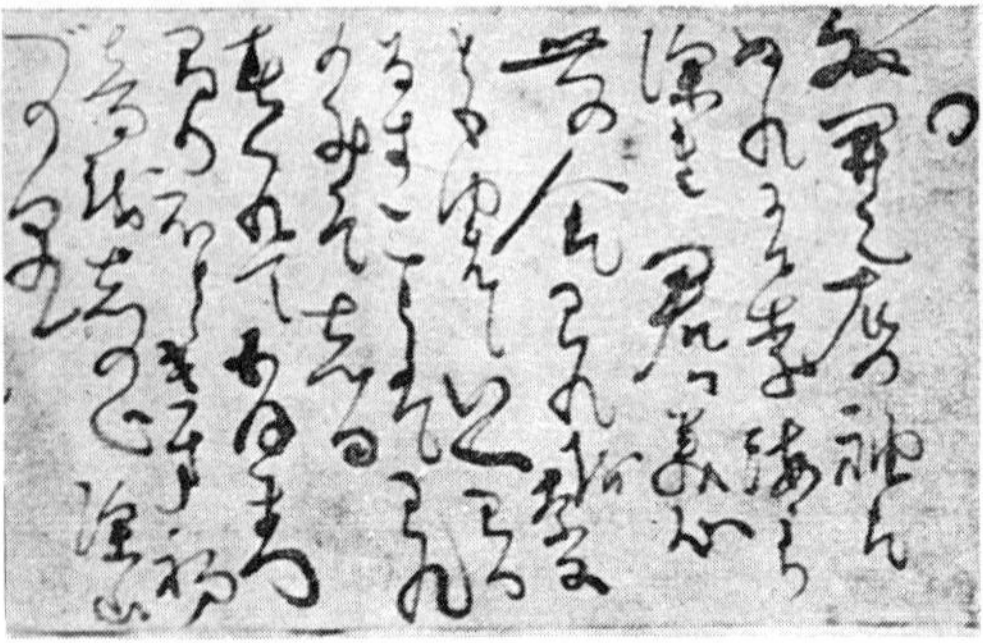

詠草二　和歌

○

文開く衣の袖は
ぬれにけり　海より
深き　君が美心(まごころ)

世の人はわれをなに
ともゆはゞいへわが
なすことはわれ
のみぞしる

春くれて五月まつ

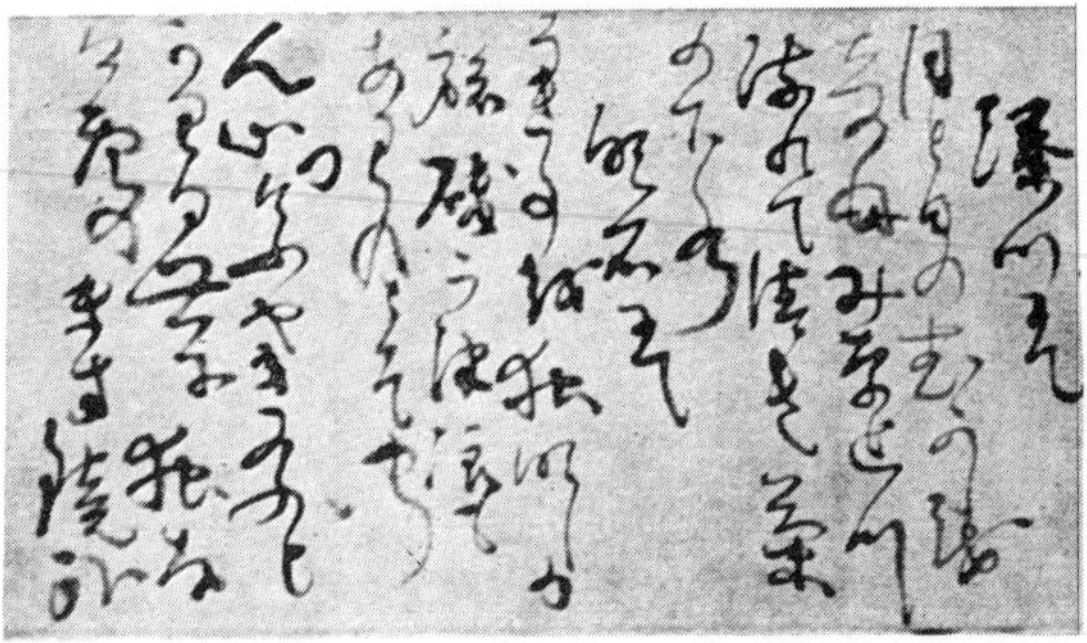

間のほととぎす初
音をしのべ深山
べの里

湊川にて
月と日のむかしを
しのぶみなと川
流れて清き菊
の下水

明石にて
うき事を独明しの
旅(枕脱カ)磯うつ浪も
あわれとぞ聞
○

人心けふやきのふと
かわる世に独な
げきのます鏡哉

（京都国立博物館蔵）

龍馬が歌や書によせる並々ならぬこころは、これまでの書簡（一七、一九）にも出てきた。また坂本家が普通の商家郷士ではなく、家学として南学から和歌国学の系統で培われてきた伝来の気風があった。才谷屋三代の八郎兵衛直益は当時の南学者グループの一人であり「順水日記」を残しており、五代目八蔵直澄の妻は土佐の国学者井上好春の娘で、龍馬の祖母に当る。父八平直足は土佐の万葉学者鹿持雅澄門下でもあった。祖母から父母兄姉、皆歌を詠んでいたことが書簡でわかる。

――「湊川（みなとがわ）にて」の歌は、龍馬が「新葉集」を愛読していた痕跡をよく残していると思います。菊の下水は「菊水」で、つまり楠正成の家紋を踏まえた歌なんですね。正成は湊川の戦いで戦死します。湊川の水が流れて清い菊の下水になっていると言っている。歌のこころは正成の残した志が今もなお清く流れている、それは湊川に流れているということだけではなくて、自分の心の中にも流れているということになると思います。だからこの歌は叙景というよりはむしろ龍馬自身の志を述べた歌だと思います――旺文社「坂本龍馬青春の旅」大岡信氏と編著者との対談。

詠草三　俚謡

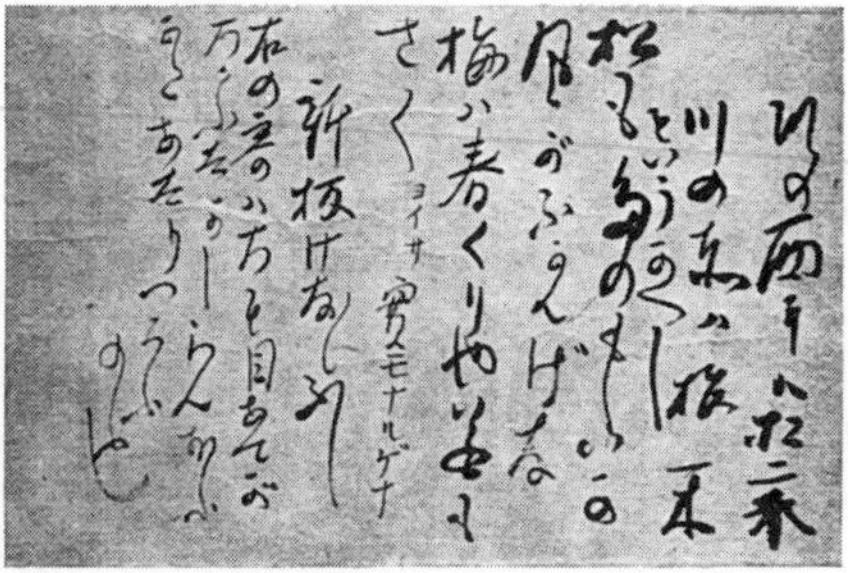

（京都国立博物館蔵）

川の西にハ松二木
　川の東ハ梅一木
　　というかへし
松もたのもしいが
風がふかんげな
梅ハ春くりや花も
さくヨイサ実モナルゲナ

　新板けなしぶし
右の哥ハちと目あてが
ちがふたかしらんおふ

かたあたりつろふのふし

土佐には「テニハ」という狂句が、安永天明の頃、土佐藩主九代山内豊雍に仕えた茶坊主川村一瓢によって広められた。「テニハ」は豊雍も、花盗人の題で「花盗人にげな（逃げるな）散るぞといはれけり」等の傑作を残した。土佐方言を使い庶民性を持った短詩文学で幕末明治まで、上下の間に盛行した。また坂本家の人々は歌舞音曲の嗜もあって、権平や乙女は当時一絃琴の名手門田宇平の弟子であった。殊に乙女は三味線、舞踊、浄瑠璃、謡曲、琵琶歌、義太夫まで修めた。龍馬が長崎滞在中のお龍に、月琴を習わせたのもこの家風を継いでいると言えそうだ。

もっとも幕末の志士たちは絃歌の中で自作即興の歌を詠う風懐があり、殊に長州系の志士間に盛んで、龍馬もこの間に出入していたのである（俚謡五参照）。都々逸の傑作とされる〽何をくよくよ川端柳水の流れを見てくらす　〽咲いた桜になぜ駒つなぐ駒が勇めば花が散る、は高杉晋作の作とも龍馬の作（矢田挿雲著「維新歴史小説全集」第九巻、大政奉還）とも伝えられる。しかし実際は江戸時代無名の民衆が歌った唄が明治初年「諸国盆踊唱歌」（西沢爽「雑学猥学」）として出版されたものと云う。「風が吹かんげな」「ちがふたかしらんおふかた（大方）あたりつろふのふし」の方言駆使にも土佐狂句や乙女の浄瑠璃調の影響余韻を聴くことができる。

詠草四　和歌

秋の暮れ
嵐山夕べ淋しく鳴る鐘に
　こぼれそめてし木々の紅葉

桂小五郎揮毫を需めける時示すとて
ゆく春も心やすげに見ゆるかな
　花なき里の夕暮の空

○
こゝろからのどけくもあるか野辺ハ猶
　雪げながらの春風ぞ吹

○

丸くとも一かどあれや人心
　あまりまろきはころびやすきぞ

　奈良崎（ママ）将作に逢ひし夢見て

面影の見えつる君が言の葉を
　かしくに祭る今日の尊さ

　父母の霊を祭りて

かぞいろの魂やきませと古里の
　雲井の空を仰ぐ今日哉

○

ゐにしらが艦寄するとも何かあらむ
　大和島根の動くべきかわ

（東京　伊藤家文書）

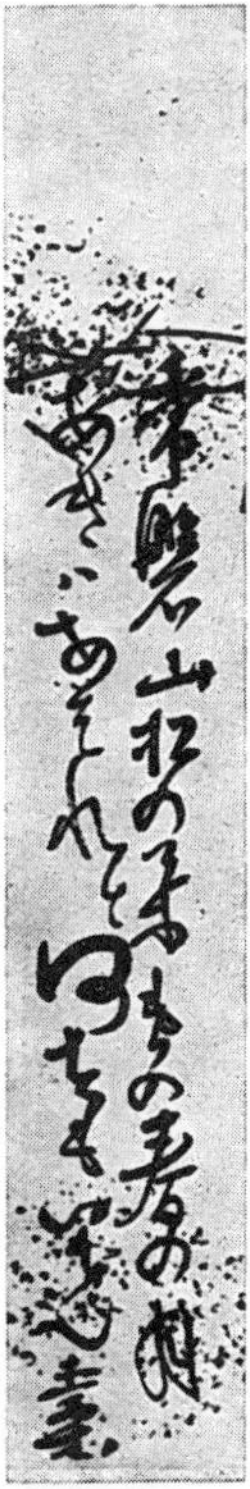

（上田　三吉家文書）

○
常磐山松の葉もりの春の月
　あきハあはれと何をもいけん

○
世と共にうつれば曇る春の夜を
　朧月とも人は言ふなれ

土佐で詠む
さよふけて月をもめでし賤の男の
　庭の小萩の露を知りけり

伏見より江戸へ旅立つとき
又あふと思ふ心をしるべにて
　道なき世にも出づる旅かな

淀川を遡りて
藤の花今をさかりと咲きつれど
船いそがれて見返りもせず

泉州名産挽臼
引臼の如くかみしもたがはずば
かかる憂目に逢はまじきもの

龍馬は幼少期から姉乙女の教育を受けて育ったが、特に「古今和歌集」の系統「新古今集」や「新葉和歌集」(書簡一七参照)を学んでいて、「坂本龍馬が『万葉集』ではなくて『古今集』を読んだということは、どうも大きな意味がありますね。それは彼の残した和歌の詠草ならびに俚謡、そういうものの中に脈々とその言葉遣いが生きていますね」と大岡信氏は編著者との対談(前掲書)で語っている。以下「ゆく春も心やすげに――」の歌について次のように話している。

――これは実に古今風ですね。古今集に加えて新古今集が入っている感じなんですね。〃ゆく春も心やすげに見ゆる〃のはなぜかというと〃花なき里の夕暮の空〃だからなんですね。花は桜のことです。桜が散ってしまった夕暮の空を見上げると、なぜゆく春も心やすげに見えてしまうのか、新古今時代の西行もそうでしたが、「古今集」以後の歌人たちは皆その桜のあまりの美しさと同時に簡単に散って行く、そのための心せわしさに桜の特徴を見ていたんですね。（中略）龍馬の歌の場合はその桜がもはや散ってしまった後なんですね。だから、あの心せわしい桜もないから、のんびりと行く春を味わうことが出来るというのです。これは「古今集」の紀友則の有名な歌で〃久方の光のどけき春の日にしづこころなく花の散るらむ〃をふまえているわけです。龍馬の歌はその桜も散り終った。ああ晩春はこれまたいいものだ、とこういう意味なんですね。ですから、ずいぶんしゃれた歌だと思いますよ――

「伏見より江戸へ旅立つとき」はお龍に与えた歌と思われるが、大岡氏は次のように解している。

――〃又あふと思ふ心をしるべにて道なき世にも出づる旅かな〃はやはり誰かに書き残していく典型的な別離の歌だと思います。また会うことができるだろうと思うその心だけを頼りに、道もない世の中に出て行く旅であると。その〃道なき世〃というのは、いわゆる倫理道徳の道でもあると同時に、波乱にみちている政治的な状況ですね。ですから道もはっきり見えなくなっている世間という所に、俺はこれから出て行くんだぞ、という志を述べているわけです。しかし、また会うと思う心をしるべにしているというところに、別れを告げる相手に対する思いやりがあるんですね——。

なお「詠草四」の出典考証にふれておく。

「常磐山松の葉もりの——」以外は「関係文書第一」に拠った。「こゝろからのどけくも——」は「関係文書」には「将軍大政返上のことありける時」の傍題を添えてあるが、実際は慶応三年春、下関伊藤家自然堂にお龍と滞在中、歌会での詠草（書簡五七参照）で、伊藤家文書（東京杉並区）の短冊を撮影したもの。「常磐山——」は未発表のもので、三吉慎蔵末裔の上田市三吉治敬氏より提供を頂いた。お龍回想談「千里駒後日譚」（三回）にこの「常磐山——」と「ゆく春も——」は「助太夫の家で一晩歌会をした時」の龍馬の歌であると述懐している。

「嵐山夕べ淋しく——」は「坂本中岡両氏遺墨記念帖」（明治三十九年刊）には「こぼれ初けり」となっていて、大石円（まどか）（弥太郎）所蔵とある。「面影の見えつる——」と「かぞいろの魂や——」の二首は安岡秀峰「反魂香」第一回にお龍の談話として、「慶応三年八月十六日、長崎元博多町のゴゾネ（小曽根）と云ふ質屋の奥座敷で、お良の父奈良崎（ママ）将作と自分の父母の霊を祭りました。其時の歌に」以下二首を紹介し、「嗚呼、之の魂祭りが龍馬生存中の最後の手向けでした」とある。記憶力のよいお龍の明治三十年か三十一年頃の回想で、二首とも龍馬詠草の調べであるので採記した。「自分の父母」は、龍馬の父八平直足、母幸を指す。慶応三年は二年の誤りではなかろうか。二年夏はお龍と共に小曽根家に滞在しているが、翌三年八月十六日は、イカルス号事件で、前日高知より長崎に入航、この事件解決に奔走の最中である。「ゐにしらが——」は、和田天華著「坂本龍馬」（東亜叢書房、明治四十五年刊）の巻頭写真短冊に「龍馬」と署名して載っている。字体にいささか疑点も残るが、龍馬初期の歌として紹介しておく。「千里駒後日譚」（三回）でお龍は「さよふけて――」は、土佐で詠んだもので「又あふと思ふ――」は、伏見より江戸旅立ちのとき詠んだと述べている。「淀川を遡りて」「泉州名産挽臼（ひきうす）」の二首は平尾道雄「龍馬のすべて」（作歌と遺詠）より採ったが、後者には「吉村虎太郎作とも伝えられる」と注がある。

詠草五　俚謡

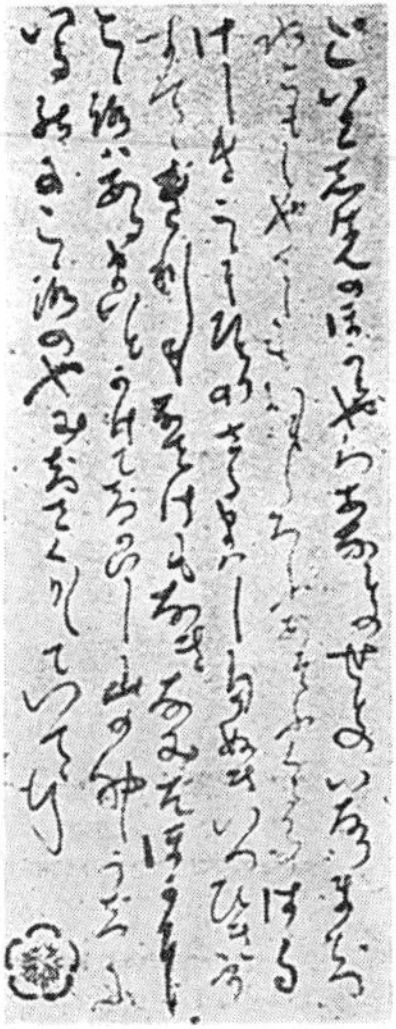

（下関　梶山家蔵）

こい（恋）わしはん（思案）のほかとやら　あなど（長門）のせとのいなり（稲荷町）まち

ねこもしやくしもおもしろふ　あそぶくるわ(廓)のはる
げしき(春景色)　ここにひとりのさるまハし(猿廻し)　たぬきいつぴき(一匹)ふり
すてゝ　義利(理)もなさけもなきなみだ(涙)　ほかに
こゝろハあるまいと　かけてちかいし山の神　うちに
いるのにこゝろのやみぢ(闇路)　さぐり〱て　いでゝ行

とんとんと登る梯子の真中程で
国を去つて薩摩同志　楼に上る貧乏の春
辛抱しやんせと目に涙

「龍馬は風流閑日月(かんにちげつ)あり。時に政友と稲荷町に遊び、対酌談論し興に任かせて一宿して帰ることあり。おれう頗る懌(よろこ)ばず。龍馬亦た困す。偶(たまたま)、長府の一青年来る。龍馬、おれうをして酒を供せしめ、突礎(とっき)に都々逸を賦す。即ち床間の三絃を執って弾じ、且つ歌ふ。おれうも漸く破顔す。龍馬此の歌を書して、終りに才谷梅太郎の印を押す。梅花の中に才谷太郎と訓せるもの、風流瀟(しょう)

洒(しゃ)愛すべし」（前掲「長府と坂本龍馬」）。「猿廻し」は龍馬自身を「たぬき一匹」「山の神」はお龍のことを指している。慶応三年春頃自然堂にいた頃と推定。

「とんとんと――」について「三巴遠を変じて薩摩同志とせるか。三巴は高知吸江(ぎゅうこう)湾に迫る三ツ頭、大坂通い船の発着所、故郷高知は遠いと嘆いたもの。『楼に上る貧乏の春』はお龍氏も亦お春と改名し居たり」（「千里駒後日譚」第三回）と川田雪山が記述、お龍に与えたものとしている。

龍馬寄せ書袱紗

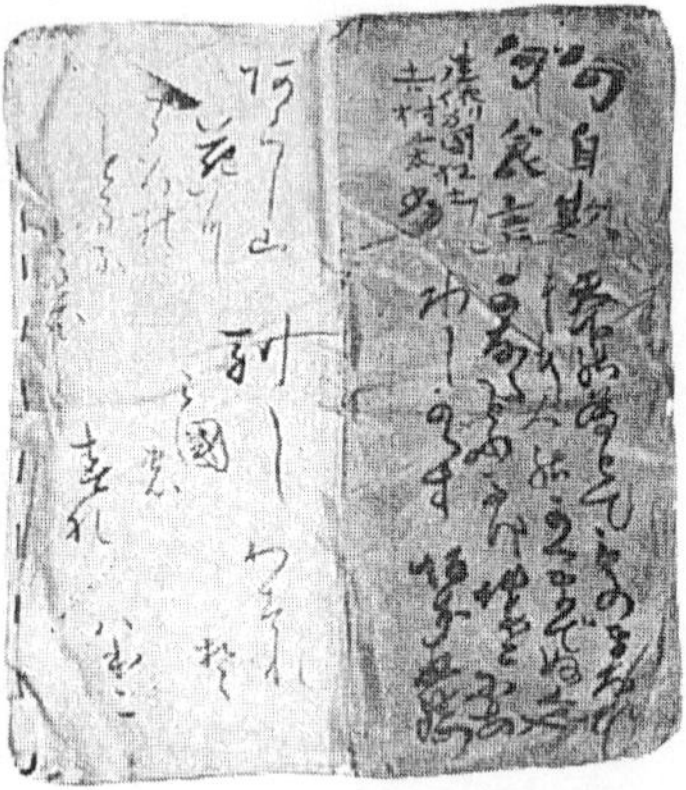

（西山家・平井家文書
高知県立歴史民俗資料館）

昭和五十六年師走、編者が平井加尾、西山志澄夫妻の墓を、東京青山墓地に訪ねたのが機縁となり平井家文書が公開され、納めた文箱(ふばこ)から龍馬ゆかりの袱紗が発見された。袱紗は縦三十五糎、横三十三糎金茶色絹地で、表に三人、裏に二人による筆墨鮮やかな寄せ書きで、表右上方に「勿㆓自欺㆒(みずからをあざむくなかれ)勿㆓食言㆒(しょくげんするなかれ)建依別国(たけよりわけのくに)狂士吉村三太書」とある。その下に四行書きで、

天下能(の)為とてものまなび
に行人能(ゆくひとの)かくまでぬくや
かなるどふかけ誠ニにあ
わしからず　坂本直陰

とあり、左半分は白絹に三行分けの和歌「あらし山花にこゝろのとまるとも／馴しミ国の春な／わすれそ　八本こ」と認めて吉村、坂本の横に並べて後日縫いつけたと推考される。

袱紗裏側は「静　望月清平」「明二其道一不レ謀レ巧　池敬」と並べて大書してある。若さの充溢した書体で、文言も青年らしい直情や理想を謳っている。「坂本直陰」は龍馬が三十二歳まで用いた諱で慶応二年十月（書簡三八）以後は「直柔」である。書体のてらいのない自己流の崩し方も龍馬のものである。吉村三太は「頭のはげたわかいしゆ（若衆）これあり候」（書簡一七）に出る人物で、丸岡莞爾の旧名である。天保七年土佐郡久万村（高知市久万）に生れ、のち海援隊士、維新後官途につき沖縄県、高知県知事、歌人として「明治現存三十六歌仙」の一人。望月清平は既出（書簡一一四）、池敬は池内蔵太ではなかろうか。編著者はかつて、「龍馬全集」資料蒐集中、神田の某古書店で「池家文書」中、内蔵太の筆蹟を見たので、その記憶があった。

坂本直陰の傍らに白布を縫いつけた「八本こ」は何者であろうか。この袱紗を大切に伝えた、龍馬初恋の人と言われる平井加尾ではなかろうか。しかし孫の西山綾子さんに尋ねても、加尾が「八本こ」と号したという証言はない。ただこの和歌の書体は女性のものと思われ、歌意も「嵐山（京都）の花に心はとまっても、馴れし御国（土佐）の春を忘れないで下さい」と希っている。文久の頃在京した兄平井収二郎へ、或は脱藩した龍馬へ寄せた想いとも解される。「八本こ」は謎であるが、これを縫いつけて家に伝えたのは加尾である。後考を俟ちたい。「かくまでぬく（温）やかなるどふかけ（胴掛）誠ニに（似）あわしからず」と兄貴風を吹かせ、三人の生真面目を冷やかし気味に眺めている。平井家文書や詳細な考証は「坂本龍馬、男の行動論」（ＰＨＰ文庫）に載せた。御子孫西山綾子さん、西山志茺氏にはお世話を頂いた。

学術文庫版（『龍馬の手紙』改訂増補版）のあとがき

――亀井勝一郎と大佛次郎――

ここに私は、二人の先師のことを語りおきたい。私の八十年に垂とする生涯の師は、文学・歴史・人間・宗教・美学・社会・思想を含めて、深い影響を受けた先達の人、文芸評論家亀井勝一郎と、「天皇の世紀」「鞍馬天狗」の作家大佛次郎である。

昭和二十六年春、土佐の高知市から脱藩して、未だ焼跡だらけの東京に着いた私は、吉祥寺御殿山の亀井家の門を叩いた。

戦争末期、亀井の著書「大和古寺風物誌」を携えて大和飛鳥路を歩いた勤労学徒動員の一人であった。国のまほろばを瀆め、先祖の重い文化と訣別して、ひたすら殉国するつもりであったことを告白し、入門を希った。

太宰治の弟子たちも集まっていて、私たちはゲーテの「詩と真実」を同人雑誌の題名に頂き二十号ほどを続けた。この間亀井勝一郎は人生論宗教論から批評のアフォリズムを採り上げて誌面をかざってくれた。斐子夫人は戦争中の絶唱「井伏鱒二、太宰治も落ちゆきて残れるははた愚かに似たり」を掲げて励まして下さった。

亀井家出入りの客人たち、火野葦平、五味康祐、阿川弘之、小山清、上村占魚なども詩歌短章を寄稿してくれた。

昭和三十年（一九五五）秋、歴史家遠山茂樹らが、岩波書店から「昭和史」と題する書き下しの現代史が刊行された。

敗戦後、皇国の歴史は自信を喪い、どんな歴史を読むべきかに迷っていた国民は、この本に新しい歴史観を求める人も少なくなかった。ところが、翌春、亀井勝一郎はこの本を批判して「人間不在の歴史である」と厳しく批評し、松田道雄らも「昭和を貫く私たちの疼痛が出てない」と叙述内容をめぐって論争がおきた。

このことはかえって、国民に対する歴史認識と文学者の歴史小説から国民の広い知識に啓蒙の役目や影響を与えられる等、その後の歴史ブームのはしりとなった。

亀井は文芸評論家であったが、自らその枠を越えて、原典を数回読み歴史家として作家の目で自由に日本人の精神史の研究を、中世から古代に遡り「人間の素顔」を索めた著書を著わした。「日本人の精神史研究」は、

第一部「古代知識階級の形成」

第二部「王朝の求道と色好み」

第三部「中世の生死と宗教観」
第四部「室町芸術と民衆の心」
昭和四十一年十一月十四日癌肝臓転移で死するまでの五十九歳の四年間を、孜孜として「万葉集」「源氏物語」の原典と向い合い「精神史」を書き続けた。この間菊池寛賞を授かり芸術院会員に推される等の栄誉なことがあった。昭和四十二年に「日本人の精神史」(全六巻)は亀井斐子夫人解題で、文藝春秋から刊行された。亀井の生誕地、北海道は函館市青柳町の丘陵地には、「人生」の碑が建っている。

「人生　邂逅し　開眼し　瞑目す」

とある。亀井勝一郎の名アフォリズムで歴史と人間の出会いの基本が讃えられている。歴史の邂逅から人間の邂逅まで、そして開眼と瞑目が繰り返されてゆく人生と歴史である。

亀井は北方の海をへだてて、永遠のアフォリズムを発信している。例えば歴史でいうなら近代の坂本龍馬に勝海舟と西郷隆盛のような大きな歴史的邂逅が、時勢のターニングポイントにはあった。これからもあるに違いない。

歴史の開眼と邂逅に人類は期待している。亀井は北方の誕生地から二十一世紀を越えて、今日も「人生」を翹望している。

昭和三十九年正月のある日、私は初めてこの高名で多忙な作家から、私信を頂いた。

「昼間の歌舞伎を見て夜は家内の誕生日でシナメシを食べるので、その方もおつき合ひ下さるとお話も出来ると存じます。一度お目にかかりたく勝手な措置に出ました」とあって、招待券特等席のチケットが入っており「鎌倉市雪の下大佛次郎」とあった。出版社を通じて私が送本した歴史小説新刊書への思いがけない返信であった。私は約束の芝居を見て、帰りは赤坂の飯店でシナメシを馳走になった。

NHKテレビが放映中、第二十四回文化勲章受章の年でもあった。「赤穂浪士」は時に大佛次郎は六十七歳。「パリ燃ゆ」続篇「焦土」を「世界」へ連載中。つづいて昭和四十二年はあたかも明治百年記念の年で、「天皇の世紀」序の巻が朝日新聞に連載。「三姉妹」がNHKテレビで放映された。

大佛次郎の静かなブームが湧き上がる十年間である。作家大佛次郎の最も輝いた晩年であるが、肝臓癌と闘いながら長篇記録文学「天皇の世紀」を次々と執筆していった。体を冒しはじめた癌は、次第に拡がり、それに伴い増大する痛みと闘いながらも執筆は止めなかった。小休載は幾度かしたが、執念となって継続していった。

「昭和四十二年一月、明治百年記念として連載開始してより、同四十八年四月二十五日、病気休載」(四月三十日逝去の五日前まで)千五百五十五回(約、原稿用紙七千八百枚)の長篇歴史文学となった。

「天皇の世紀」は、明治百年が、日本を代表する作家大佛次郎に執筆させた日本人への最大の歴史の贈物であった。そして、幕末に登場する数百数千の大名、藩士、浪士、志士、公卿、学者、庶民あらゆる階層から出た人物の中で大佛が最も注目し評価を与える人物の一人が龍馬である。「客の座」「諸家往来」「大政奉還」の各章で説いた人物は、他ならぬ土佐脱藩浪士坂本龍馬その人であった。「客の座」にいる人が、龍馬その人であった。


「藩の区別を考えない自由人の彼は、この二強藩（薩摩と長州）が常に不和で仇敵視して争っているとしたら国の未来はいつまでも老朽した世界から脱し得ない」と考え、「共和政治」を基とする「雄藩連合の発想の芽」を幕府崩壊の上に夢想している。

「この大望を思い当った時、彼自身、白い大きな海鳥となって、波濤の上の空に翔けのぼるように感じたことだろう。自らを燃焼して焔となる情熱であった」

　と美しい文章で龍馬を評している。そして、薩長同盟の息詰（いきづ）まる危機と龍馬の働きを大佛は評価し文献を引用し公正に見ている。

「西郷、小松など薩摩の者は彼（龍馬）を土佐人としてよりも同志として見ていた」（「諸家往来」）と歴史を多面的複眼的な視座で見抜いている。

「諸家往来」（七）には、大政奉還後の将軍慶喜をどう待遇するかの重大問題について、龍馬が後藤象二郎にあてて、書面で打ち明けている。

「此余、幕中の人情に行われざるもの一ヶ条これ在り候。其儀は江戸の銀座を京師ニうつし候事なり。此一ヶ条さへ行われ候得バ、かへりて将軍職は其まゝにても、名ありて実なければ恐るるにたらずと存じ奉り候」（慶応三年十月十日頃）

この手紙について大佛は、経済人龍馬と国際人坂本への讃辞と共感を贈っている。視点は鋭くシニックで海外の民衆の視点から展望している。

「この時から数年後一八七一年（明治四年）パリーの市民が組織したコンミューン政府が、百日近く籠城して戦費や財政資金のないのに苦しみながら、市内にあるフランス銀行に一度も手をつけず、後の論者から人民政府はフランス銀行の前をただ敬礼して通った、と敗北の原因となった無智と怠慢を酷評された。

日本の歴史文献としてこれほど高い評価を得た例は他に知らぬ。それに較べて一介の脱藩者で郷士出身の坂本龍馬が、大政奉還をまだ人が気がつかぬ面で見ていたわけである。表面的な政変だけで終わらせず、貨幣鋳造の権利を幕府から奪い、江戸の銀座を京都へ移せば、よし将軍の名を残したところで、これで幕府の体制が無に帰する。これが大政奉還の肝心の条件と見ていたのであった」（「諸家往来」七）

と龍馬評を贈り、「他人が考え及ばぬことを頭に描いていた事実を示している」と結んでいる。

文芸批評家小林秀雄は大佛が亡くなった直後、「友人の最後の見事な文業で百歳をこえないと終らない。歴史家の無私な眼である」と贈り讃えた。

参考文献
○「三鷹文学散歩」（三鷹市図書館発行）井の頭公園をめぐって
○宮地佐一郎「大佛次郎私抄」（日本文芸社）

文庫本「龍馬の手紙」は、昭和五十九年旺文社文庫として、編集部入江康哲氏、成川慶一郎氏らの尽力により、宮地が「坂本龍馬全集」（光風社出版）を定本として編述したものである。けれども間もなく出版界不況で、旺文社文庫は廃刊となる。

旺文社文庫の後を、ＰＨＰ研究所の文庫部金田幸康氏らによって、平成七年復刊再編、刊行されると版を重ねた。

平成十四年、ＰＨＰ文庫出版部の根本騎兄氏と、講談社学術文庫出版部の福田信宏氏の話し合いにより、「龍馬の手紙」は講談社学術文庫に円満に移ることが決まり、今日の刊行次第となった。私は講談社とはすでに縁があって、ほとんど十年前のこと、文庫本「坂本龍馬・幕末風雲の夢」（杉山嘉美氏の労を頂いた）を出していた。

今日、「龍馬の手紙」が学術文庫の中に入って後世に伝えられることは、「全集」編述者として、龍馬研究家としてまことによろこばしいことである。根本、福田の両氏の御尽力と労に感謝する次第である。

講談社学術文庫の話があった頃から龍馬書簡の新出が重なり、新発見の書簡三通を加えることが出来た。旺文社文庫版では百二十七通、PHP文庫版では百三十六通であったものが、今回の講談社学術文庫版では百三十九通を数えることになった。また、活字化していたが、その原文の書簡が出現し、写真の掲載が可能になったものが四点あり、その他、漏れていた部分を追加した新しい写真に差し替えたものが一点ある。

今年は龍馬没後百三十六年である。歳月茫々として、尚、龍馬は未来に向かってもっと生きていくだろう。

今夏、私は少しばかり体調不良で入院加療に暇どってしまった。この際、東京龍馬会顧問で「坂本龍馬・青春時代」「坂本龍馬と刀剣」（いずれも新人物往来社刊）の著者小美濃清明氏に、「龍馬の手紙」増補改訂事業への多大な御助力を頂き、新発見の書簡の解説文執筆（村田巳三郎あて）から校閲に至るまでお願いし、多くの修正を施すこともできた。ただし文責はすべて宮地にある。

高知県立坂本龍馬記念館長小椋克己氏には、長年の友情に支えられて、「龍馬の手紙」の記念館特別版の増刷の労をとって頂き、また、このたび、講談社学術文庫版でもお力添えを頂いた。

東京龍馬会の田村金寿会長とはもう十年を超える友誼が続いているが、今回は医師の立場からありがたい御助言を頂いた。ヨーロッパで取材している画家で、河田小龍の研究家谷是氏(ただし)には、昨秋の県文化賞受賞以来、公私ともにお世話を頂いてきた。

縁あってこの世で五十年、常に傍らにいて枝折戸(しおりど)の如き存在に甘んじてくれた妻、宮地真蓮(しんれん)へ、万幅の感謝を捧げる。

皆、よき諸人(もろびと)のお蔭様であった。在天の懐かしい旧師から友人にも報じて謝したい、——平尾道雄、山本大、奈良本辰也、司馬遼太郎、井上清、綱淵謙錠、坂本藤良、尾崎秀樹、江藤治雄、西尾秋風……。石火光中にこの身を寄せた半世紀であった。ありがたい次第でした。

宮地佐一郎

平成十五年十月吉日　於井ノ頭神田川畔壺宙庵

—— ま行 ——

—— や行 ——

—— ら行 ——

—— わ行 ——

〈事項索引〉

—— あ行 ——

—— か行 ——

—— や行 ——

—— ら行 ——

—— わ行 ——

—— は行 ——

—— ま行 ——

―― な行 ――

―― た行 ――

―― さ行 ――

―― か行 ――

人名・事項索引

〈人名索引〉

―― あ行 ――

KODANSHA

本書は、一九八四年十一月刊行の旺文社文庫版、一九九五年八月刊行のＰＨＰ文庫版を増補改訂したものです。

宮地佐一郎（みやじ　さいちろう）

1924年，高知市生まれ。法政大学国文学科卒。作家。日本文芸家協会員。2005年３月没。主な著書に，『闘鶏絵図』『宮地家三代日記』『菊酒』『坂本龍馬、男の行動論』『海援隊誕生記』『土佐歴史散歩』『坂本龍馬　幕末風雲の夢』『龍馬百話』『中岡慎太郎』『坂本龍馬写真集』，編述に，『坂本龍馬全集』『中岡慎太郎全集』などがある。

講談社学術文庫

定価はカバーに表示してあります。

龍馬(りょうま)の手紙(てがみ)

宮地佐一郎(みやじさいちろう)

2003年12月10日　第１刷発行
2023年５月８日　第18刷発行

発行者　鈴木章一
発行所　株式会社講談社
東京都文京区音羽2-12-21 〒112-8001
電話　編集（03）5395-3512
販売（03）5395-4415
業務（03）5395-3615

装　幀　蟹江征治
印　刷　図書印刷株式会社
製　本　株式会社国宝社

© Makiko Miyaji　2003　Printed in Japan

落丁本・乱丁本は，購入書店名を明記のうえ，小社業務宛にお送りください。送料小社負担にてお取替えします。なお，この本についてのお問い合わせは「学術文庫」宛にお願いいたします。
本書のコピー，スキャン，デジタル化等の無断複製は著作権法上での例外を除き禁じられています。本書を代行業者等の第三者に依頼してスキャンやデジタル化することはたとえ個人や家庭内の利用でも著作権法違反です。Ⓡ〈日本複製権センター委託出版物〉

ISBN4-06-159628-4

「講談社学術文庫」の刊行に当たって

これは、学術をポケットに入れることをモットーとして生まれた文庫である。学術は少年の心を養い、成年の心を満たす。その学術がポケットにはいる形で、万人のものになることは、生涯教育をうたう現代の理想である。

こうした考え方は、学術を巨大な城のように見る世間の常識に反するかもしれない。また、一部の人たちからは、学術の権威をおとすものと非難されるかもしれない。しかし、それはいずれも学術の新しい在り方を解しないものといわざるをえない。

学術は、まず魔術への挑戦から始まった。やがて、いわゆる常識をつぎつぎに改めていった。学術の権威は、幾百年、幾千年にわたる、苦しい戦いの成果である。こうしてきずきあげられた城が、一見して近づきがたいものにうつるのは、そのためである。しかし、学術の権威を、その形の上だけで判断してはならない。その生成のあとをかえりみれば、その根は常に人々の生活の中にあった。学術が大きな力たりうるのはそのためであって、生活をはなれた学術は、どこにもない。

開かれた社会といわれる現代にとって、これはまったく自明である。生活と学術との間に、もし距離があるとすれば、何をおいてもこれを埋めねばならない。もしこの距離が形の上の迷信からきているとすれば、その迷信をうち破らねばならぬ。

学術文庫は、内外の迷信を打破し、学術のために新しい天地をひらく意図をもって生まれた。文庫という小さい形と、学術という壮大な城とが、完全に両立するためには、なおいくらかの時を必要とするであろう。しかし、学術をポケットにした社会が、人間の生活にとってより豊かな社会であることは、たしかである。そうした社会の実現のために、文庫の世界に新しいジャンルを加えることができれば幸いである。

一九七六年六月　　野間省一